海外中国
研究丛书

刘 东 主编

伍跃 著

中国の捐納制度と社会

中国的捐纳制度与社会

江苏人民出版社

图书在版编目(CIP)数据

中国的捐纳制度与社会/伍跃著. --南京:江苏人民出版社,2013.1(2021.11重印)
(海外中国研究丛书/刘东主编)
书名原文:中国の捐納制度と社会
ISBN 978-7-214-09193-2

Ⅰ.①中… Ⅱ.①伍… Ⅲ.①官制-研究-中国-古代 Ⅳ.①D691.42

中国版本图书馆CIP数据核字(2013)第016426号

Chugoku no Enno Seido to Shakai
Copyright © 2011 Wu Yue
Chinese translation rights in simplified characters arranged with Kyoto University Press Inc through Japan UNI Agency, Inc., Tokyo
Simplified Chinese edition copyright © 2013 by Jiangsu People's Publishing Ltd.
All right reserved.
江苏省版权局著作权合同登记:图字10-2012-405

书　　名	中国的捐纳制度与社会
著　　者	伍　跃
责任编辑	孙　立　史雪莲
装帧设计	陈　婕
责任监制	王　娟
出版发行	江苏人民出版社
地　　址	南京市湖南路1号A楼,邮编:210009
照　　排	江苏凤凰制版有限公司
印　　刷	南京新洲印刷有限公司
开　　本	652毫米×960毫米　1/16
印　　张	40.5　插页4
字　　数	537千字
版　　次	2013年4月第1版
印　　次	2021年11月第3次印刷
标准书号	ISBN 978-7-214-09193-2
定　　价	98.00元

(江苏人民出版社图书凡印装错误可向承印厂调换)

序"海外中国研究丛书"

中国曾经遗忘过世界,但世界却并未因此而遗忘中国。令人嗟讶的是,20世纪60年代以后,就在中国越来越闭锁的同时,世界各国的中国研究却得到了越来越富于成果的发展。而到了中国门户重开的今天,这种发展就把国内学界逼到了如此的窘境:我们不仅必须放眼海外去认识世界,还必须放眼海外来重新认识中国;不仅必须向国内读者迻译海外的西学,还必须向他们系统地介绍海外的中学。

这个系列不可避免地会加深我们150年以来一直怀有的危机感和失落感,因为单是它的学术水准也足以提醒我们,中国文明在现时代所面对的绝不再是某个粗蛮不文的、很快就将被自己同化的、马背上的战胜者,而是一个高度发展了的、必将对自己的根本价值取向大大触动的文明。可正因为这样,借别人的眼光去获得自知之明,又正是摆在我们面前的紧迫历史使命,因为只要不跳出自家的文化圈子去透过强烈的反差反观自身,中华文明就找不到进入其现代形态的入口。

当然,既是本着这样的目的,我们就不能只从各家学说中筛选那些我们可以或者乐于接受的东西,否则我们的"筛子"本身就可能使读者失去选择、挑剔和批判的广阔天地。我们的译介毕竟还只是初步的尝试,而我们所努力去做的,毕竟也只是和读者一起去反复思索这些奉献给大家的东西。

刘　东

目 录

序章　捐纳制度研究的回顾与思考　1

第一章　明代的例监与纳贡　33

　　序言　33

　　第一节　明代国子监监生资格捐纳的实施　35

　　第二节　纳贡例监出现的原因　49

　　第三节　捐纳出身者的身份意识与社会地位　61

　　结语　70

第二章　清代的报捐制度　74

　　序言　74

　　第一节　"事例"　75

　　第二节　报捐的手续　81

　　第三节　代办报捐　104

　　第四节　报捐者参加科举考试问题　118

　　结语　123

第三章　清代的报捐与印结　125

　　序言　125

　　第一节　捐纳与印结　126

第二节 印结手续费与清末的印结局　147

第三节 印结银的分配　161

结语　170

第四章　捐纳出身者的铨选问题与候补制度　173

序言　173

第一节 清代的候补制度　175

第二节 捐纳与候补　195

第三节 在外候补者的实态　209

第四节 候补官差委和署事　218

第五节 候补官补缺问题的对策　236

结语　239

第五章　清代官僚的晋升与捐升——以捐升制度的确立为中心　242

序言　242

第一节 清代的官僚晋升制度　243

第二节 清代捐升的开始　264

第三节 清代捐升制度的确立　276

结语　290

第六章　官僚的惩戒处分与捐复制度——以捐复制度的确立为中心　296

序言　296

第一节 捐复前史　298

第二节 清代官僚人事考课制度的概要　305

第三节 清代捐复制度的确立　316

结语　339

第七章　清代的赈捐——以光绪十五年江浙赈捐为中心　343

序言　343

第一节 清代赈捐概要　348

第二节 光绪十五年江南水害的概况　372

第三节　光绪十五年江浙赈捐的实施　*378*

　　结语　*394*

第八章　捐纳制度的实施与商人　*398*

　　序言　*398*

　　第一节　以国家的制度为商机　*400*

　　第二节　票号的代办报捐业务　*410*

　　第三节　代办报捐的利益　*441*

　　结语　*452*

终章　*457*

附录一　清代报捐者的群像
　　　——《造送浙江赈捐第十三次请奖各捐生履历银数底册》的统计分析　*470*

附录二　高山景行　厚德载物
　　　——学习《清代捐纳制度》的一点体会　*532*

日文版跋　*562*

中文版跋　*569*

主要参考文献一览　*571*

伍跃:《中国の捐納制度と社会》　范金民　*599*

索引　*609*

图表目录

表-序-1　南朝宋泰始二年卖官鬻爵规定　6
表-序-2　北魏孝庄帝入粟之制　7
表-序-3　元朝泰定二年入粟拜官　10
表-1-1　明朝文官年间俸米　39
表-1-2　由明代科则推算土地面积　39
表-1-3　捐纳出身国子监监生人数　47
表-1-4　正德三年南京国子监在籍监生人数　47
表-2-1　乾隆元年定捐纳监生标准　77
表-2-2　咸丰年间户部发给福建空白执照　91
表-3-1　清末报捐监生和知府任官资格等的结费规定　148
表-3-2　己酉等年印结簿统计　152
表-4-1　光绪年间知县月选概念表　177
表-4-2　康熙四十五年吏部拟定分拨发往西南四省候补官员名额　188
表-4-3　康熙二十三年双月知县分缺　199
表-4-4　嘉庆十九年豫东事例捐纳者铨选序列　201
表-4-5　光绪十年海防事例知县捐纳班铨选序列　205
表-4-6　光绪三十三年候补官员籍贯与候补直省　211

表-4-7　光绪三十三年各直省候补官人数　212

表-4-8　光绪三十三年全国在外候补者补缺概率　213

表-4-9　光绪三十四年顺天府候补官统计　222

表-4-10　宣统元年安徽省中简各缺知县委署轮次　224

表-5-1　景泰二年武职纳粮升授规定　265

表-5-2　康熙四十五年捐马事例现职文官捐升规定　269

表-5-3　康熙五十六年甘肃湖滩河所事例现职文官不论年俸捐升规定　270

表-5-4　康熙十四年乙卯捐例部分候选文官捐升规定　271

表-5-5　康熙四十五年捐马事例候选文官捐升规定　272

表-5-6　康熙三十年大同张家口捐纳事例捐免保举规定　275

表-5-7　雍正九年酌定营田事例知州知县捐升规定　277

表-5-8　乾隆三十九年川运事例捐升知府规定　278

表-5-9　乾隆三十九年川运事例铨选序列　281

表-5-10　嘉庆三年川楚善后筹备事例改捐规定　285

表-5-11　嘉庆三年川楚善后筹备事例捐离任规定　287

表-5-12　嘉庆三年川楚善后筹备事例主要官职捐免坐补规定　288

表-6-1　清代官僚的惩戒处分　309

表-6-2　清代外省盗案处分　312

表-6-3　康熙十四年乙卯捐例捐复规定　317

表-6-4　康熙十九年贵州捐纳事例捐复条款　318

表-6-5　康熙年间捐复实施概况　319

表-6-6　河工事例豫工事例下捐复举例　323

表-6-7　乾隆三十五年地方文官捐复降级离任规定　332

表-6-8　乾隆三十五年地方文官降等捐复革职离任降等规定　333

表-6-9　嘉庆二十四年地方文官捐复革职离任规定　334

表-6-10　清代文官捐复制度（道光二十九年）　335

表-7-1　顺治十一年赈捐规定　350

表-7-2　康熙二十八年直隶捐纳事例报奖规定　351

表-7-3　康熙三十一年西安捐纳事例报奖规定　351
表-7-4　清代后期京外文武官员报捐封典规定　366
表-7-5　清代现行常例报捐监生贡生规定　370
表-7-6　清代后期捐纳翎枝规定　371
表-8-1　蔚泰厚票号垫付报捐资金　414
表-8-2　大捐履历记载报捐概略　423
表-8-3　大捐履历记载代办报捐业务概况　436
表-8-4　欧阳骏捐免试俸历俸　447
表-8-5　蔚泰厚票号得自代办报捐监生资格的部分利益　448
表-终-1　清代知州知县的出身资格　459
表-附-1　浙江赈捐第十三次请奖各捐生履历银数底册概要　483
第二章照片1　东京大学东洋文化研究所藏光绪二十六年马秉元监照　85
第二章照片2　中国社会科学院历史研究所藏同治十一年徽州府祁门县廖钦恩报捐实收　87
第二章照片3　中国社会科学院历史研究所藏光绪年间空白监照　93
第二章照片4　中国社会科学院历史研究所藏乾隆十二年黟县舒行五交捐纳银议约　113
第八章图表1　各类报捐承办人所占份额（金额）　437
第八章图表2　各类报捐承办人所占份额（件数）　438
附录1书影1　《造送浙江赈捐第十三次请奖各捐生履历银数底册》　472
附录1书影2　《光绪十五年十月　日奉各宪札饬查明本省灾区筹办赈务抚恤卷》　473
附录1图表1　实际报捐者721人的年龄分布　476
附录1图表2　报捐者省籍分布　477
附录1图表3　浙江省籍报捐者府籍分布　478
附录1图表4　报捐项目分布　479
附录1图表5　报捐金额　480

序章　捐纳制度研究的回顾与思考

众所周知,捐纳常常被解释为"卖官"。但是,严格地说,在明清时期的捐纳制度下买卖的并不是官位或官职,而是做官的资格。从政府的角度来说,就是出卖官僚的出身资格(伍案:例如贡生或监生)、任官资格(伍案:例如道员、知县等等)和铨选资格(伍案:例如不论双单月)。从捐纳者的角度来说,他可以购得出身资格,也可以在此基础上购得任官资格和铨选资格,但是不能直接购得官职。换句话说,购得了铨选资格的人在未完成铨选等相关手续之前只不过是无职无位的官。另一方面,那些现任、候选和候补的官僚可以利用捐纳取得升职晋级的资格。这样,我们不妨给捐纳下一个稍稍严格的定义,即明清两朝的政府为了解决财政问题,向社会出售出身资格、任官资格、铨选资格以及升职晋级的资格。简而言之就是政府出卖各种与做官有关的资格。而且,这种资格的出卖还被延伸到减轻或解除处分、国家荣典乃至没有实权的虚衔。所以,捐纳是国家的一项制度,不同于个人之间的买官卖官。前者的收入原则上被纳入国家财政,而后者则进入了包括皇帝在内的私人腰包①。

---

① 例如,后汉时期的董太后,"及窦太后崩,始与朝政,使帝(灵帝)卖官求货,自纳金钱,盈满堂室。"曹操之父曹嵩就在这次卖官时,"以货得拜大司农、大鸿胪,代崔烈为太尉。"见(刘宋)范晔《后汉书》,卷十下,董皇后纪,第447页;卷七十四上,袁绍传注引《续汉志》,第2394页。可见,灵帝卖官应该属于皇帝的个人行为。

在这个意义上,捐纳问题的研究对象是作为制度行为的官僚资格的买卖。

明朝景泰年间(1450—1456),政府开始出卖国子监——国家最高学府兼国家最高官僚养成所——的学籍,此后,直到捐纳做为国家制度从历史舞台上销声匿迹的20世纪初为止,在大约450多年的时间里,这一制度给国家的财政和官僚人事制度带来重大影响,并且成为中国人日常生活的一个重要部分,对社会发生过巨大的影响。如果我们将通过权钱交易获得国家特权和社会利益的行为称为"捐纳现象"的话,那么可以发现,这种现象没有随着它往日的载体——捐纳制度——的消失而匿迹,依然飘荡在人类社会之中。研究捐纳制度就是旨在探究该制度在中国明清时期、其中特别是捐纳制度在清代的历史变化及其所具有的社会机能。

卖官作为一种政治制度在世界历史上是一种普遍现象。除中国之外,它曾经存在于东亚世界的日本、朝鲜、越南,西欧的英国和法国,乃至西班牙统治下的美洲大陆①。此外,十字军时代欧洲天主教会贩卖的免罪符和当今美国的分肥制(伍案:spoils system,或曰政党分赃制②)从权钱交易的角度来说也具有卖官的要素。

在权钱交易这一点上,捐纳与卖官鬻爵可以说是人类历史上的同类制度。但是,中国明清时代的捐纳制度与其他国家和其他民族的同类制度相比,有如下特点,即它跨越了明清两代王朝和汉满两个统治民族,做为国家的一项基本制度一直延续了将近五百年。而且,两代王朝始终注意对该制度的控制管理。同时,该制度也得到了来自社会、尤其是广大庶民的支持。这些在世界历史上应该说是非常特异的现象。在这个意义上,我们可以将中国明清时代的捐纳制度视为人类历史上同类制度中的一个特例。也正是在这个意义上,我们通过对中国捐纳制度的研究不仅可以加深对中国社会的认识,也有助于我们对人类历史的认识。

---

① (美)爱森斯塔德,S. N. 著,阎步克译《帝国的政治体系》,第155—156页。
② (日)铃木康彦《アメリカの政治と社会》,第85—86页。(日)久保文明《アメリカ政治》,第13—14、78页。

以下,首先概观性地介绍明清时期以前卖官鬻爵的历史,然后介绍关于捐纳问题研究的学术史。此后就捐纳问题研究中存在的几点问题谈谈作者本人的意见,最后将说明本研究的基本思路和主要内容。

一、先秦至元末卖官概观

如上所述,捐纳制度登上历史舞台是在明代的景泰年间。具体到"捐纳"这一术语的使用,目前可以追溯到明代后期的天启年间①。在古代中国,通常将政府出卖官职和爵位的行为称为"卖官爵"或"鬻爵"等等,其历史可以追溯到先秦的战国时期。为了更好地理解始于明代的捐纳制度,有必要看一看从战国时期到宋元时期为止的卖官鬻爵的基本情况②。

包含了战国后期齐国的诸多法家学说的《管子》一书中认为,出卖官爵的政策必将导致国家灭亡③:

> 良田不在战士,三年而兵弱。赏罚不信,五年而破。上卖官爵,十年而亡。倍人伦而禽兽行,十年而灭。

韩非子"观往者得失之变",在著名的《五蠹》中对理想的政治和现实的政治做了这样的表述④:

> 夫明王治国之政,使其商工游食之民少而名卑,以寡趣本务而趋末作。今世近习之请行,则官爵可买。官爵可买,则商工不卑也。

---

① 《明熹宗实录》,卷七十,天启六年四月己卯,第3344—3345页。"户部尚书李起元等奉旨会议兵饷,汇为十一款。……一,议输助。王府勋戚士绅商贾富家征职皆宜风劝捐纳。"
② 本节除标注史料之外,还参考了以下论著,获益颇多,恕不一一出注。许大龄《清代捐纳制度》,燕京大学哈佛燕京学社,1950年(《燕京学报》专号之22),后收入许大龄《明清史论集》。王曾瑜①《秦汉至隋唐五代卖官述略》,武汉大学历史地理研究所《石泉先生九十诞辰纪念文集》,第368—389页;②《宋朝卖官述略》,《史学集刊》,2006年第4期,2006年7月,第60—78页;③《辽金元卖官述略》,北京大学中国古代史研究中心《邓广铭教授百年诞辰纪念论文集》,第925—936页。
③ 黎翔凤《管子校注》,卷五,八观第十三,第271页。
④ (清)王先慎《韓非子集解》,卷十九,五蠹第四十九,第455页。

此外,他还在《八奸》中认为,"明主之为官职爵禄也,所以进贤才劝有功也"。但是实际上却是"财利多者","买官以为贵"①。

由此可见,以韩非子和齐国学者为中心的一部分战国时期的思想家,对于当时存在的"上卖官爵"和"官爵可买"的情况表示不满,并将此种政策视为"亡国之风"。但是,另一方面也存在着肯定卖官鬻爵政策的意见。据说出于战国后期"法家后学"之手的《商君书·去强篇》中就有这样的议论②:

> 兴兵而伐,则武爵武任,必胜;按兵而农,粟爵粟任,则国富。兵起而胜敌,按兵而国富者王。

蒋礼鸿认为,文中所说的"粟爵粟任"就是"以致粟多寡锡爵任官"。也就是说,国家根据提供谷物的数量向提供者赏赐爵位或官职。

从上述两种相互对立的意见可以看出,在先秦时代,"财利多者"从国家购买"官爵"的情况已经发生,而统治者也将"锡爵任官"作为在和平情况下保证"国富"的重要政策之一。

史书中对鬻爵实施情况的明确记载至少可以上溯到秦王政四年(公元前243年)十月,《史记》中说③:

> 蝗虫从东方来,蔽天。天下疫。百姓内(纳)粟千石,拜爵一级。

此处所说的"爵"应该是秦国在商鞅主政期间制定的二十等爵。我们通常将秦始皇统一天下的公元前221年视作中国做为一个统一国家的起点。从上述先秦诸子的议论和秦国实施的政策中可以看出,卖官鬻爵的历史比中国做为一个统一国家的历史还要悠久。这些爵位所体现的是有爵者在国家体系中的身份和地位,而不是做为国家官僚的职权。因此,我们可以将鬻爵视为明清时期捐纳国家荣典(伍案:例如,虚衔、追

---
① (清)王先慎《韓非子集解》,卷二,八奸第九,第57—58页。
② 蒋礼鸿《商君书锥指》,卷一,去强第四,第34页。
③ (汉)司马迁《史记》,卷六,秦始皇本纪,第224页。

封父母祖父母等)的原始形态。

西汉文帝(前179—前156)和景帝(前156—前141)统治时期,为了救助"岁恶"、"大旱"和"蝗"造成的灾害,政府除了出卖爵位之外,还推出新的政策,允许庶民之间将爵位自由买卖①。

汉武帝(前140—前88)时期,由于与"四夷"的连年战争和国内频兴"功利",导致了国家财政的紧张。为了解决这一问题,西汉王朝创设了新的"武功爵"制度。在这一制度下,爵位与铨选资格被联系在一起,其中第一(伍案:造士)至八等(伍案:乐卿)的爵位允许买卖。例如,购得第五等爵位(伍案:官首)之人可以优先得到吏的铨选资格,这一点可以视为明清时期捐纳铨选资格的滥觞②。

进入东汉时期以后,卖官鬻爵的范围被进一步扩大。安帝永初三年(109),"三公以国用不足,奏令吏人入钱谷,得为关内侯、虎贲、羽林郎、五大夫、官府吏、缇骑、营士各有差。"这样,西汉时期尚不能出售的关内侯(伍案:二十等爵之第十九等)、以及虎贲和羽林郎等宿卫等也成为卖官鬻爵的对象。"吏人"用"钱谷"甚至可以买到和诸侯享受同等待遇的关内侯③。

东汉末年以后直到魏晋南北朝时期的买官鬻爵行为依然存在,兹举以下二例。

南朝宋明帝泰始二年(466),为了解决"国用"不足和镇压宗室的叛乱,政府从当年三月十六日开始向提供"米"、"钱"和"杂谷"之"民"授予相当于"县"、"令史"和"郡"的官职(【表-序-1】)④。

---

① (汉)班固《汉书》,卷四,文帝纪,第131页;卷二十四上,食货志上,第1128、1135页。
② (汉)司马迁《史记》,卷三十,平准书,第1422—1424页。(汉)班固《汉书》,卷二十四上,食货志上,第1137页;卷二十四下,食货志下,第1159—1160页。
③ (刘宋)范晔《后汉书》,卷五,安帝纪,第213页。
④ (梁)沈约《宋书》,卷八十,刘子勋传,第2060页;卷八十三,吴喜传,第2117页;卷八十四,邓琬传,第2138页。(唐)李延寿《南史》,卷三,宋明帝纪,第79页。

表-序-1　南朝宋泰始二年卖官鬻爵规定

卖官鬻爵规定			卖官鬻爵项目
米(斛)	钱	杂谷(斛)	
200	50000	500	同赐荒县除
300	80000	1000	同赐五品正令史满报
400	120000	1300	同赐四品令史满报
500	150000	1500	同赐三品令史满报
700	200000	2000	同赐荒郡除

史料来源：(梁)沈约《宋书》，卷八十四，邓琬传，第2138页。(唐)李延寿《南史》，卷三，宋明帝纪，第79页。

宫崎市定认为，此处所说"荒县"和"荒郡"均指名义上的行政单位，"同赐荒县(郡)除"意为授予上纳者相当于县令和郡守的名誉职位。"同赐○品令史满报"意为授予上纳者相当于中正品五、四、三品的"庶官"任满时可以得到的出身①。

北朝在北魏孝明帝的孝昌三年(527)二月初四日，朝廷鉴于"苍生流波，耕农靡业，加诸转运，劳役已甚"的情况，决定实施"输赏之格"②：

> 凡有能输粟入瀛、定、岐、雍四州者，官斗二百斛赏一阶；入二华州者，五百石赏一阶。不限多少，粟毕授官。

孝明帝末年，北魏国内发生了战乱。战乱之后登基的孝庄帝面对着"仓廪虚罄"的情况，下令实施了"入粟之制"【表-序-2】。

---

① (日)宫崎市定《九品官人法の研究—科举前史》，《宫崎市定全集》第6卷，第227—228页。阎步克认为，此处的"品"为中正品，"某品令史"即为"某品吏"。阎步克《品位与职位》，第326页。
② (北齐)魏收《魏书》，卷九，明帝纪，第246页。此处所云"二华州"为华州和北华州。

表-序-2　北魏孝庄帝入粟之制

	入粟标准（石）		卖官鬻爵项目
爵位	8000		散侯
	6000		散伯
	4000		散子
	3000		散男
官职	职人	1000	赏一大阶,授以实官
出身资格	白民	500	依第出身
		1000	加一大阶
	无第者	500	正九品出身
		1000	加一大阶
僧官	4000		本州统/大州都
	3000		畿郡都统
	500		本郡维那/外郡维那
	700		县维那

史料来源：(北齐)魏收《魏书》,卷一百十,食货志,第2861页。

由此可见,在北魏孝庄帝时期的"入粟之制"之下,国家卖官鬻爵的对象包括了爵位、"实官"、出身资格,乃至僧官的职位等等。

唐朝的卖官问题同样值得注意。

实际上,自唐朝创立直至安史之乱爆发为止,唐朝政府在长达一百多年的时间里未曾实施过卖官政策。安史之乱发生之后,肃宗至德元年(756)九月,面对着"军兴事殷,国用不足"的情况,唐朝政府"诏权卖官及爵,度僧尼,节级纳钱",给予"纳钱物"者空名告身。结果导致"官爵轻而货重,大将军告身一通才易一醉"。第二年七月,御史郑叔清"量文武才艺,兼情愿稳便",制定了新的规定,向纳钱者授予出身资格、官职、免役免税特权。例如,纳钱"百千文"可以得到国家授予的"明经"出身,根据该人的识字程度、平素所为和考试情况,可以"量减二十千文"或"五十千文"。如果该人是"未曾读学,不识文字者",则须再"加三十千"。对于纳

7

钱后"应授职事官并勋阶邑号及赠官等",除了填写告身之外,还给予一定的免税优惠。对于纳钱的商人,不仅允许他们于"所在收税",而且对将私财"十分纳四助军者",给予"终身优复"的免税特权。至于年70以上"情愿授致仕官者",则给予八折的减价优惠。此外,僧侣根据这一规定不仅可以将身份回授(转让)和还俗,并在"不拘常格"的特殊措施之下合法占有"奴婢、田宅、资财"①。至德乾元年间,"以财雄于乡里"的梓州盐亭县出身的严震根据上述规定"助边军"之后,被授予"州长史"和"王府谘议参军"②。

以后,唐朝政府于德宗贞元三—四年(787—788),宪宗元和十二年(817)和僖宗乾符五年(878)年又先后实施了卖官鬻爵。但是,所有这些均属于临时性的措施,对官僚人事和当时的社会并未产生太大的影响③。

进入宋代以后,国家推行的卖官鬻爵通常被称为"纳粟"、"进纳"、"入赀"、"纳赀"、"献纳"和"献助"等等。其中,"进纳"又进一步分为"进纳补官"、"进纳出身"和"进纳买官"等④。宋代最初的卖官始于太宗淳化五年(994)。《宋会要辑稿》中收录了当年正月颁布的下述诏令⑤:

> 诸州军经水潦处,许有物力户及职员等,情愿自将斛斗充助官中赈贷,当与等第恩泽酬奖。一千石赐爵一级,二千石与本州助教,三千石与本州文学,四千石试大理评事,三班借职,五千石与出身,奉职,七千石与别驾,不签书本州公事,一万石与殿直、太祝。

根据这一规定,政府鼓励"有物力户"和"职员"提供用于水灾赈贷的

---

① (唐)杜佑《通典》,卷十一,食货,鬻爵,第244页。(后晋)刘昫《旧唐书》,卷二十八,食货志上,第2087页;卷四十二,职官志,第1804页。
② (后晋)刘昫《旧唐书》,卷一百一十七,严震传,第3404—3407页。(宋)欧阳修·宋祁《新唐书》,卷一百五十八,严震传,第4942—4943页。
③ 李锦绣《唐代财政史稿》下卷,第1194—1196页。
④ (清)徐松辑《宋会要辑稿》,职官五五之四三,建炎元年九月二十七日,第3620页;同职官五五之三八—三九,大观三年九月二十日,第3617—3618页。(宋)杨仲良《皇宋通鉴长编纪事本末》,卷一百三十二,宣和七年六月乙丑,第4156页。
⑤ (清)徐松辑《宋会要辑稿》,职官五五之二九,太宗淳化五年正月,第3613页。

粮食,并且根据他们提供粮食的数目"酬奖"爵位、散官(伍案:助教、文学、别驾)、试秩(伍案:试大理评事)、武阶(伍案:三班借职、奉职、殿直)、入仕资格(伍案:出身、太祝),等等。直至南宋末年为止,政府多次实施了"进纳"。为了广为招徕,在实施过程中还引入过减成上纳的降价政策①。

在北宋时期,"进纳"者所能得到的除了上述的散官和入仕资格等等之外,主要是没有任何实际职权的"寄俸"或"寄禄官",至于可以行使实际职权的"差遣"则与他们无缘。此外,在铨选时禁止向"纳粟授官人"授予"司理"、"司法参军"等负责司法审判的亲民官职②。但是,进入南宋以后,政府规定"进纳人"的任职只要经过"七考",而且有监司、知州和通判三人的"奏举",即可以担任亲民官职③。在这一规定之下,"纳粟"和"进纳"之人在参加南宋吏部铨选的官员之中占有了一定的比例。例如,宁宗嘉定六年(1213),在参加吏部四选的38870人之中,"纳粟补官"者3员,"进纳"者937员④。由此可见,宋代的"纳粟"、"进纳"者在上纳之初最多只能得到入仕资格,而不能直接得到官职。他们如果想成为名副其实的官僚,就必须根据国家的官僚人事制度参加吏部的铨选。明清时期的捐纳制度继承了这一点。

由契丹民族和女真民族创立的辽金两代王朝也推行了卖官鬻爵。辽道宗大安四年(1088)四月二十一日,政府为了赈济贫民,"立入粟补官法"⑤。

金代为了弥补财用不足多次实施了"入粟补官"和"鬻度牒"。例如,从世宗大定元年(1161)至五年(1165)的五年之间,政府为了解决"兵兴岁歉"的问题,在推行"进纳补官"的同时,还贩卖"僧、道、尼、女冠度牒,

---

① (宋)李心传《建炎以来系年要录》,卷一百九十四,绍兴三十一年十一月壬申,第775—776页。
② (清)徐松辑《宋会要辑稿》,职官五五之三五,庆历七年二月二日,第3616页。
③ (宋)韩元吉《南涧甲乙稿》,卷十,措置武臣官升札子,第139—140页。
④ (宋)李心传《建炎以来朝野杂记·乙集》,卷十四,嘉定四选总数,第757—758、770—771页。
⑤ (元)脱脱《辽史》,卷二十五,道宗本纪,第296页。

紫、褐衣师号,寺观名额"。宣宗贞祐二年(1214),政府又颁布了"权宜鬻恩例格"。根据这一规定,政府允许"粟草"提供者"进官升职",而且允许服丧中的"丁忧人""应举求仕"①。金王朝灭亡前的天兴元年(1232)八月,政府再一次实施卖官,有人在"入赀"之后得到了"刺史"的官职②。

元朝晋宗泰定二年(1325),政府为应对"郡县饥",实施了"入粟拜官"。其具体规定如下(【表-序-3】):

表-序-3　元朝泰定二年入粟拜官

入粟标准(石)	拜官项目
1500	从七品
1000	正八品
500	从八品
300	正九品

史料来源:(明)王圻《续文献通考》,卷五十,选举考,赀选,第756页。

在元代末年以前,向"入粟"者"实授"的主要都是属于"茶盐流官"和"钱谷官"的低级职位。元朝末年的顺帝至正十五年(1355),"路府州司县官"也成为"入粟补官"的项目。由于元王朝大势已去,故应者寥寥,"人无愿之者"。某地方官"曲承使命,不问民有粟与否,拘集属县巨室,点科十二名。"他不顾百姓"号泣求免",用"拷掠"的方法强压"承伏"后,"即填空名告身授之"。有些地区,"竟无一人应募者"③。

从以上叙述可以看出,传统中国的卖官鬻爵从最初的战国时期直到两汉时代为止,政府向纳粟者提供的主要是做为国家荣典或曰国家资格的爵位,而不是具有实际职权的官位。这种贩卖爵位的做法实际上可以视为捐纳制度的起源。从魏晋南北朝时代开始,在爵位之外,历代政府还开始贩卖任官资格和出身资格等。但是,所有这

---

① (元)脱脱《金史》,卷五十,食货志,第1124—1126页。
② (明)王圻《续文献通考》,卷五十,选举考,赀选,第756页。
③ (明)王圻《续文献通考》,卷五十,选举考,赀选,第756—757页。(明)陶宗仪《南村辍耕录》,卷七,鬻爵,第93页。

些都是临时性的聚财措施,对社会的影响远远不如明清时期的捐纳制度。其中,出身资格和任官资格的贩卖在以后成为捐纳制度的重要组成部分和特征。

二、明清时期来华外国人对捐纳制度的观察

在回顾捐纳问题的研究史之前,我们先来看一看同时代的外国人是如何观察评价捐纳制度的。

明代中期以后,来到中国的耶稣会传教士们向他们的故乡——欧洲——报告了他们的所见所闻,其中包括了中国的官僚人事制度。但是,与他们对科举制度的详细介绍相比,对包括捐纳在内的卖官鬻爵问题的介绍则显得十分简略。例如,利玛窦(Matteo Ricci,1552—1610)在他的著作中详细介绍了科举制度和行政制度,除了提及武进士"必须花钱谋求官职"之外,没有谈到卖官鬻爵的问题①。

以笔者管见,较早向欧洲介绍捐纳问题的是葡萄牙人安文思。安文思(Gabriel de Magalhães,1609—1677)于崇祯十三年(1640)来华,亲身经历了明末清初的社会变动。顺治七年(1650),他奉教会之命撰写一部关于中国历史和基督教在华传教史的著作,这就是我们今天可以看到的《中国新史》。他在该书中介绍国子监的时候提到了在学学生的八种身份,其中第五种为"监生"。他介绍说②:

---

① (意)利玛窦·(法)金尼阁《利玛窦中国札记》,第27—63页。
② (葡)安文思《中国新史》,第107页。该书书稿原为葡文,脱稿于1668年,未刊,当时题名为《中国的十二特点》。1689年,巴黎的 Chez Claude Barbin 出版社根据葡文本出版了法文本,题名为《中国新志》(*Nouvelle relation de la Chine, contenant la description des particularitez les plus considerables de ce grand Empire*)。随后伦敦的 Samuel Holford 出版社又出版了译自法文本的英文本,题名为《中国新史》(*A New History of China, containing a description of the politic government, towns, manners and customs of the people*, etc)。根据中文版序言可知,该本译自1689年伦敦英文本,"个别章节译自法文本",并曾经核对过1957年澳门葡文本。另请参看矢泽利彦《西洋人の見た中国官僚》,第189—194页;计翔翔《十七世纪中期汉学著作研究——以曾德昭〈大中国志〉和安文思〈中国新志〉为中心》,第237—241页。

那些曾一度是学士（伍案：指生员）的人，在他们未能通过硕士（伍案：指举人）考试后，或者怕失去学士的头衔，便献给皇帝一笔钱，因此皇帝赐给他们监生之衔，保证他们留在学士的等级，使他们能够被推选为曼达林。

安文思的上述介绍应该是源于他的见闻。就在他动手写作本书前一年的顺治六年（1649），清朝政府为了筹措军饷，下令开捐，监生就是其中的一个项目①。

安文思死后，康熙二十四年（1685），白晋（白进，Joachim Bouvet，1656—1730）和李明（Louis Le Comte，1655—1728）等传教士受法国国王路易十四世派遣来到中国。他们来华以后的一段时期恰逢康熙皇帝为筹集军饷和赈灾先后多次开办捐纳，如直隶捐纳事例（康熙二十八年，1689）、山西捐纳事例与大同捐纳事例（均在康熙二十九年，1690）、大同张家口捐纳事例与甘肃捐纳事例（均在康熙三十年，1691）、西安捐纳事例（康熙三十一年，1692）等等。康熙三十六年（1697），白晋在致路易十四世的报告书即著名的《康熙帝传》中说②：

（康熙皇帝）为了进一步满足灾民的需要，他还俯允那些已经获得一定功名的富人只要提供相当数量的粮食并运至最急需的灾区，便可捐得一个官职。而这个官职原须经过考试才能证明他们能否胜任的。

由此可见，在白晋笔下，康熙皇帝为了赈灾目的，允许"已经获得一定功名的富人"捐得官职，他同时说明，这些官职"原须经过考试才能证明他们能否胜任"。

与白晋相反，李明在他的《中国近事报道1687—1692》中却只字不提实际上存在的捐纳。相反，他称赞清朝政府"不卖官鬻爵，而是按功行

---

① （清）鄂海《六部则例全书》，户部则例，卷下，捐叙，第79a页。
② （法）白晋《康熙帝传》，中国社会科学院历史研究所清史研究室编《清史资料》第一辑，第210页。

赏"。他说:"(康熙皇帝)根本不会去兜售官职。①"

我们在这里看出,早期来华的欧洲人对捐纳问题的介绍是十分简单的。同时,如利玛窦和李明那样,有些欧洲人对或是对捐纳只字不提,或是作出与实际情况相反的介绍。在实际的社会生活中,人不一定说出自己的真实见闻,其中的因素无疑十分复杂。我认为,某些欧洲人之所以对中国的捐纳,尤其是任官资格的捐纳问题不感兴趣,甚至认为中国不存在卖官鬻爵,应该不是出于对中国的刻意美化,而是源于他们的文化背景。

前面说过,卖官鬻爵是人类社会的一种普遍现象,欧洲自然不能例外。就在这些传教士来华前后,卖官鬻爵在欧洲,尤其在法国是国家的制度之一,几乎所有的官僚都是通过买官卖官得到职位的②。在法兰西斯一世(1515—1547)统治时期的1522年,创设了专门负责官职买卖的bureau des partie casuelles(临时收入局)。亨利三世(1574—1589)在1578年,宣布开征marc d'or(官职转让附加税),公开允许官职的买卖。此后,亨利四世(1589—1610)于1604年颁布了La Paulette(布莱特敕令)。根据这一法律的规定,只要官职保有人向国王缴纳相当于该官职价格1/60的droit annuel(官职年税),官职就可以成为个人财产的一部分,受到国王的承认和保护。可见,以法国为代表的欧洲中世纪的卖官鬻爵与明清时期的捐纳不同。在法国,购入的官职与土地和私宅一样成为个人私有财产的一部分,国王除了运用经济手段购回该项官职之外,不能对保有者行使罢免和调动的权利③。在这种官职私有意识之下,传教士们在明清时期的中国自然找不到类似于欧洲的卖官鬻爵。难怪这一时期的某些传教士对中国的制度倍加赞赏,其程度甚至令中国人都感到惊讶。他们对中国的描写直接影响到包括伏尔泰、卢梭、孟德斯鸠、魁

---

① (法)李明《中国近事报道1687—1692》,第219、237页。
② (日)福井宪彦《フランス史》,第175—176页。
③ 《岩波講座世界歴史15,近代世界の形成Ⅱ》,第250—253页。

奈等人在内的启蒙运动思想家们①。

但是,与来自欧洲的传教士相反,来自朝鲜的士大夫则有不同的看法。他们不仅熟读中国的古代典籍,更重要的是本国也实施着与中国的捐纳相类似的"纳粟"②。

在白晋和李明来华之前的康熙十七年(1678)正月十七日,衔命出使北京的朝鲜官员孙万雄在北京与"甲军张旺"之间有过如下对话:

问:州县之职皆纳银做得,有若汉时之卖官云。诚有是事否?

答:果有之。知县,纳银三千两;知州,纳银三千五百两;知府,纳银三万两。然后差除。

问:纳银然后赴任否,赴任然后纳银否?

答:先纳价银,然后乃可差职。故称贷而纳者之任之后,既征做官之银,又为自己衣食之资征敛多般,民实难堪。

问:卖官卖科,积银何用?

答:将以备征南军饷也。

问:既以财得官,则罪亦以财免乎?

答:求官者行赂于吏部,负罪者贿于正堂。皆随其愿,无不可图云。

当时,为了筹集军饷,镇压三藩之乱,清朝政府自康熙十四年(1675)起实施了乙卯捐例。双方的对话提到的"纳银"应该就是这一事例。从上述对话中我们可以看出一个普通"甲军"对捐例内容的了解,也可看到朝鲜士大夫将眼前的"纳银"与汉代的"卖官"联系在一起③。

乾隆三十年(1765),朝鲜士大夫洪大容随使团前往北京。一行在归

---

① (法)魁奈《中华帝国的专制制度》,中译本序言、英译本绪论。
② 例如,被后世誉为"海东尧舜"的世宗国王(在位 1418—1450)曾经多次实施"纳粟",他本人认为此举是"不害于义"的"一时权宜"。《世宗实录》,卷五十九,十五年一月壬申,《朝鲜王朝实录》第3册第439页。按:世宗十五年相当于明宣德八年(1433)。
③ (朝)孙万雄《野村集》,卷四,燕行日录,第369—370页。所载捐纳标准与缪荃孙介绍的康熙十四年"乙卯捐例"有出入。缪荃孙《云自在龛笔记》,《古学汇刊》第四编,下册第6a—7b页。

国途径永平府的时候,见到了前来府城会审案件的、"笔法颇钝拙"的抚宁县知县贾熙,使团副使和贾熙之间进行了如下笔谈:

> 副使:知县何年进士?
> 贾熙:曾选贡生而已。
> 副使:贡生亦为知县乎?
> 贾熙:援例捐纳。
> 记室唐氏:皇上有防河筑城等役,许人捐纳财货以补官。此旧例也。

当时,参加了这次笔谈的洪大容留下了以下感想:

> 余心窃叹曰,以财得官,不可使闻也。外国疏远,讳之亦可也。乃据实直言,不思秘讳。华俗之真实,真可敬也①。

如果说朝鲜士大夫对捐纳问题的了解来自于他们的亲身体验,那么江户时代的日本文人对捐纳问题的了解首先是来自对清朝典章制度的研究。兹举一例。

日本亨保七年(康熙六十一年,1722),江户幕府将军德川吉宗命令著名学者荻生观对明清两朝的制度进行对比研究,为此向他提供了保存在幕府藏书楼——红叶山文库的《本朝则例类编》、《本朝六部则例全书》、《集政备考》和《(康熙)大清会典》。以上各书的借阅期间都在三个月至半年左右,如《(康熙)大清会典》的借阅期间为当年十月初六日至次年四月二十九日。

荻生观的研究分成两个部分。首先,他以六部体系为纲,以解释专用名词的形式介绍了清代的国家制度。以捐纳为例,他先后说明了"考

---

① (朝)洪大容《湛轩燕记》,卷二,贾知县,第275—276页。根据履历档记载,贾熙,河南彰德府武安县人,以俊秀身份捐得贡生之后,援乾隆十一年(1746)开办的新江赈捐捐得"知县双单月即用",乾隆二十三年(1758)二月被选为抚宁县知县。可见,他所说的"曾选贡生"不是事实。秦国经等编《清代官员履历档案全编》,第18册第82、93页。另见《大清仕籍全编》,第1册第58b页;《(光绪)抚宁县志》,卷十,职官,第4b页。

察捐纳官"、"实收部照"、"捐纳"、"捐赈"、"捐积米谷"和"捐叙"等词。例如,他将"实收部照"解释为,"发给捐纳者的证明"。然后,他对比明清两朝捐纳制度的异同。他认为,明朝的捐纳主要是名义上的,富民通过捐纳仅仅能得到褒美和监生;但是,清朝的监生还可以捐纳官职,官僚也可以利用捐纳升官晋级,减轻处分或恢复原官。应该说,荻生观通过文献的对比研究,基本上准确地把握了明清两代捐纳的主要区别。

在研究的最后,荻生观还分析了导致上述异同的原因。他认为,清代的捐纳是"无法避免的弊害"。因为,清朝的"在京官人"为9685名,远多于明朝的1212名。而且,清朝还要负担"外藩蒙古"的俸禄,国家需要大量的财源。但是,与明朝相比,田赋和丁银的来源有限,康熙二十四年(1685)的天下田土总计为"六百七万八千四百三十二顷",仅相当于万历六年(1578)的三分之一,人口也仅仅相当于万历六年的三分之二,即"二千三百四十一万七千四百四十八口"。所以,他认为是"国用不足"导致清朝政府必须开捐才能维持财政收入①。

日本人和朝鲜人一样前来中国直接了解捐纳情况是在19世纪中叶。日本文久二年(同治元年,1862),江户幕府派遣的使节团乘千岁丸抵达上海。与一行中的日比野辉宽交流的"松江府学优贡生顾麟"在向他介绍中国的科举和官僚制度时说:"吾邦有文学而不仕者,亦有纳粟而作官者"②。

以上就是明清时期的外国人通过亲身经历或者文献研究对中国捐纳进行观察分析的大致情况。

三、近代以来的捐纳研究

在外国人观察分析捐纳问题的同时,中国人自身对捐纳问题也一直

---

① 《名家丛书》下,第205—248页。另请参看(日)大庭修《解题》,同书,第533—546页。荻生观之兄为著名学者荻生徂徕。
② (日)日比野辉宽《没鼻笔語・乾集》,小岛晋治《幕末明治中国見聞録集成》,第149页。

有种种议论①。例如,在捐纳盛行的清代道光初年编纂的《皇清经世文编》中,就收录有不少批评这一制度的文章,在其他几部经世文编中也是同样。不过,捐纳成为近代中外学术研究的一个课题还要等到19世纪末叶。

1882—1887年(光绪八—十三年,日本明治十五—二十年)之间,井上陈政受日本政府派遣来中国留学。在留学期间,他先是师从前驻日公使何如璋学习"制度掌故",以后又问学于"俞樾大史"。井上陈政返回日本以后,结合留学中的"闻见经历",完成了介绍研究清朝国家制度的著作——《禹域通纂》。在该书的"政体"部分,他专立"捐官事例"一项,介绍了捐纳制度。他介绍说,捐官就是"向捐资的人民士庶授予官职或虚衔"。他留学的时期恰逢清朝政府正在开办海防事例和郑工事例,而这两个事例的捐纳标准分别是在筹饷事例的基础上减成。故他在书中详细列出"在京文职各官捐额"、"各省文职各官捐额"等等,根据筹饷事例的规定介绍了捐纳的项目和捐纳标准。关于清朝政府实施"捐官"的原因,他认为,由于镇压太平天国和捻军的军事行动导致财政困难,政府遂发布了捐官之令,近年由于清法战争和黄河决堤也迫使清朝政府借捐纳解决财政困难。他认为,捐纳"伤害国体,纷扰吏治","今日应该断然废止捐纳实职"。但是,对于为慈善事业"投资者"则"应该量与大小虚衔以示表率"②。19世纪末叶包括日本在内的外国人对清朝捐纳制度的研究介绍,井上陈政的该书也许是最早的成果之一。

1900年(光绪二十六年),内藤湖南在《太阳》第6卷第9号上发表了《清国创业时代的财政》。在该文中,内藤湖南介绍了为平三藩和征噶尔

---

① 关于明朝人对捐纳问题的议论,请参看拙稿《明代捐纳制度试探》,《明清论丛》第七辑,北京,紫禁城出版社,2006年,第55—80页。
② (日)井上陈政《禹域通纂》,第365—427页。他还翻译了阎敬铭的"请道府州县四项无庸减成疏"和顾琮的"论捐官疏"(原题:请分繁简重名器疏)的概要。阎疏全文见(清)饶玉成《皇朝经世文续编》,卷十七,第1a—3b页。顾疏全文见(清)贺长龄(清)魏源《皇朝经世文编》,卷十七,第432—433页。
　　井上陈政(1862—1900),原姓楢原。归国后进入外务省,曾经在马关条约谈判中担任翻译。1899年以日本驻清国公使馆二等书记官身份来华,1900年义和团事变中负伤身亡。

丹实施的捐纳。他认为,康熙年间的捐监、捐封、捐级、捐复等等均由各开捐事例独自规定,常例在这一时期尚不存在,常例的确定要等到乾隆嘉庆之际①。在经过了大约十年之后,内藤湖南再一次提到了捐纳。那是在辛亥革命的武昌起义爆发后的 1911 年(宣统三年)11 月 24 日至 12 月 8 日期间,当清朝的军队与起义军在汉口和汉阳隔江对峙的同时,内藤湖南在京都帝国大学就清朝的命运问题做了三次特别演讲。他在演讲中谈到了清朝财政经济的变迁,认为康熙年间每逢发生事变都要实施捐纳,雍正年间以后逐渐成为常例,每年由捐纳增加的收入在 300 万两左右②。

1902—1909 年(光绪二十八—三十四年),服部宇之吉应清朝政府邀请前来担任北京大学前身的京师大学堂正教习。1905 年(光绪三十一年),他在北京完成了研究清朝国家制度的著作——《清国通考》。在该书的学校制度和文官人事部分,服部谈到了捐纳制度。他说,捐监生至少要考中乡试,否则无法做官。在关于文官铨选的部分,他分析了"利用捐纳图速进"的情况③。以后,服部又参加了《北京志》的编纂工作,负责该书与官僚制度有关的部分,说明了通过捐纳取得监生资格和利用捐纳任官升迁的问题④。在这些著作中,服部认为,捐纳与科举、吏员同为文官的出身资格。囿于该书体例,服部在研究中没有涉及清代捐纳的出现与发展,以及捐纳对清朝国家和社会所发生的影响和作用。

---

① (日)内藤湖南《清国創業時代の財政》,《内藤湖南全集》第 5 卷,第 261—277 页。《太陽》第 6 卷第 9 号发行于 1900 年 7 月 1 日。
② (日)内藤湖南《清朝衰亡论》,《内藤湖南全集》第 5 卷,第 222 页。本文最初由京都帝国大学以文会刊行于 1913 年 3 月 13 日。
③ (日)服部宇之吉《清国通考》,第一篇第 102—107 页,第二篇第 58—60 页。服部宇之吉的传记见(日)白井胜美等《日本近现代人名辞典》,第 823 页。关于服部宇之吉在京师大学堂任职期间的职务名称,《日本近现代人名辞典》和"清国通考解题"(山根幸夫撰)均做"北京大学堂师范馆总教习"。《北京志》则做"北京大学堂正教习兼文学博士"。郭卫东等编《北京大学历史系简史》第 441 页将服部宇之吉的任职期间系为 1903—1910 年,职务为"教习"兼"大学堂速成科正教习"。
④ (日)清国驻屯军司令部《北京志》,第 135—136 页。

比服部宇之吉稍晚，美国人马士(Morse, Hosea Ballou 1855—1933)在其关于清朝外交制度的著作中，认为捐纳属于租税制度中的杂税。由于该书旨在研究中国的对外关系，未能涉及捐纳制度本身以及与官僚人事制度的关联①。

大约与马士同时，日本的法学者织田万等人在《清国行政法》中研究介绍了清代的捐纳制度。该书在第四篇（财务行政）第二章（收入）中专门为捐纳设立了专节（第四节），详细地分析了捐纳制度。该节由四个部分组成。第一部分为"概论"，介绍了捐纳的性质和历史沿革，以及截止至1905年（光绪三十一年）为止的清朝捐纳的发展历史。在第二部分详细分析说明了捐纳的14个项目，即捐职官、捐花样、加纳、改捐、捐升、降捐、捐离任、捐免、捐加级纪录、加成过班、捐复、捐分发以及捐分发指省、捐职衔和捐封典。第三部分中说明了捐纳的方法，介绍了捐纳的手续、报捐者资格以及捐纳的时期。在最后的第四部分中谈到了来自捐纳的财政收入问题②。

《清国行政法》的编纂者们将捐纳视为中国特有的制度。从该书章节篇目的分类可以看出，他们与内藤湖南同样，都认为捐纳属于清朝国家财政制度的一个组成部分。该书取材于清朝的成文法，而且编纂于包括捐纳制度在内的清朝国家制度尚在实际运作的时代，所以书中对捐纳的说明完全依据现实中的捐纳。特别是该书对捐纳项目的叙述，远较以后出版《清史稿》详细，至今仍然具有不可替代的参考价值。不过，该书的叙述说明主要着眼于制度构成，没有触及捐纳制度对清朝国家和社会的作用问题。

1930年代之后，中国学者也开始陆续发表关于捐纳问题的研究。

1931年，汤象龙发表了《道光朝捐监之统计》一文。该文利用军机处旧藏档案史料，统计出道光年间捐纳监生人数为315825人，得银33886630

---

① （美）马士《中华帝国对外关系史》第1卷，第41页。
② （日）织田万《清国行政法》第6卷，第203—246页。

两。稍后,罗玉东在关于厘金的问题的研究中,利用了大量的"户部银库大进册",首次究明了雍正至咸丰年间捐纳在清朝政府财政收入中所占比重的变化①。这些是利用档案史料研究捐纳实态的早期成果。

1940年,王锺翰向燕京大学研究院文化研究所历史学部提交了硕士论文,题目为"清代则例及其与政法关系的研究"。王锺翰在该论文的第八章"则例与捐纳"中指出,捐纳"最为政治上之一大污点,尤为士大夫所羞道;而历代捐例所以不见于《会典》官书以及其他记载者,即坐此也。"他认为,"欲研究此种特殊政治之捐纳,焉可不从捐例加以注意乎?"因该文重点在论述则例与行政的关系,故对捐纳制度本身着墨不多②。

由上述可见,最早着手捐纳问题的研究是日本学者,他们在捐纳作为清朝国家制度尚在发挥机能的时代已经开始研究这一问题。到20世纪40年代,也就是捐纳作为国家制度退出历史舞台大约30年后,以清朝末年的捐纳制度为中心已经取得了初步的,但却是重要的成果。

1947年6月,许大龄师向燕京大学历史研究所提交了硕士学位论文——《清代捐纳制度之研究》。以后,该论文改名为《清代捐纳制度》,作为《燕京学报》专号第22号公刊于1950年③。许先生关于清代捐纳制度的研究,除了大量利用关于捐纳问题的具体规定即捐例以及相关公牍之外,还在指导教授邓之诚的介绍下走访了清末曾担任吏部文选司掌印郎中的崇彝④。在本书中,著者高屋建瓴,首先将清朝一代的捐纳区分为

---

① 汤象龙《道光朝捐监之统计》,《社会科学杂志》,第2卷第4期,1931年12月,第432—444页。罗玉东《中国厘金史》,第6—7页。
② 王锺翰《清代则例及其与政法关系的研究》,《王锺翰清史论集》,第三册,第1695—1846页。
③ 香港龙门书局和台北文海出版社分别于1986年和1977年两次影印了该书。2000年,该书又被收入许先生高徒王天有教授为先生编纂的论文集——《明清史论集》中。另请参看本书附录2。本书中凡引用《清代捐纳制度》,均据《明清史论集》本。
④ 邓之诚《邓之诚日记》,民国三十六年三月十九日,第4册第237页。"作书致崇黼丞,允许大龄携去。许欲问铨选法,黼丞曾官吏部文选司掌印,故为之介。"按:崇彝字黼丞,亦字泉孙,号巽庵、选学斋主人,姓巴鲁特氏,正蓝旗蒙古人,宣统二年(1910)夏起任吏部文选司掌印郎中。《大清搢绅全书》,第1册第23b页。崇彝著有《道咸以来朝野杂记》。其祖父为咸丰八年(1858)戊午科顺天乡试案中被处极刑的大学士柏葰。

开创期(伍案:顺治——康熙)、因袭期(伍案:雍正——道光)、变更期(伍案:咸丰——宣统)、随后从暂行事例和现行常例的区别、捐纳的具体规定和报捐者的铨选问题等三个角度说明了清代捐纳制度的基本构造。在该书的最后部分,著者在分析捐纳造成的恶果的同时,还介绍了清朝人就取代捐纳而提出的种种方案。由于许先生的努力,曾经被蔑视为"书办之学问"的捐纳终于成为学术研究的对象,并且由此"开辟清代政治史研究的一个领域"①。这部著作以丰富坚实的史料为基础,提出了不少经得住历史考验的结论。即便是在经过了半个世纪、大量史料尤其是档案史料被公开的今日,该书依然是研究捐纳制度时必不可少的重要参考书。

在许先生的著作公刊大约两年之后的 1952 年,日本学者和田博德发表了书评向日本学术界介绍该书。据笔者管见,这是在日本发表的对许先生著作的最初的介绍。和田博德评价该书是对"清朝史上重要问题"的捐纳"首次进行详细论考的大著"。他说,著者收集了实录、则例、事例、章程、诏令、奏议和笔记等史料,不厌繁杂,完成了这一研究,读者在阅读过程中不难想像著者的"努力苦心的程度"。在书评的最后,和田博德认为,"该书构筑了清代社会经济史研究的贵重的基础"②。

现在,日本的《アジア歴史事典》、《東洋史辞典》和《歴史学事典》等主要工具书的"捐纳"项下都将许先生《清代捐纳制度》推荐为重要参考书③。日本著名中国近代政治外交史学者坂野正高在他的著作《近代中国政治外交史》将许先生的研究称为"犀利的制度史"④。

---

① 冯尔康《清史研究与政治》,《史学月刊》(开封,河南大学),2005 年第 3 期,2005 年 9 月,第 5—11 页。
② (日)和田博德《許大齡著清代捐納制度》,《史学》(东京,庆应义塾大学三田史学会),第 25 卷第 3 号,1952 年,第 176—177 页。
③ 贝冢茂树等《アジア歴史事典》,第 1 册 412 页。京都大学东洋史辞典编纂会《東洋史辞典》,第 102 页。尾形勇等《歴史学事典》,第 12 卷,第 62 页。
④ 坂野正高《近代中国政治外交史》,第 558 页。此外,松丸道雄等《中国史》,第四卷的参考书目中也介绍了许先生的著作。

21

如果说许先生的研究重点是在制度史方面,那么近藤秀树的研究重点则是在政治史方面。1963年,近藤秀树发表了长篇论文《清代の捐纳と官僚社会の終末》,他在许先生研究的基础上利用爵秩全函和搢绅录中的记载,统计了官僚的出身资格,用具体的数据说明了清代捐纳出身官僚与科举出身官僚的势力消长,并结合其他文献史料论述了清朝官僚制度分崩离析的过程①。

在台湾方面,1960年代后期,政治大学政治研究所的陈宽强在王云五和萧一山指导下研究清代捐纳制度,收集资料时"方在外人著作中见许大龄先生著作书名",由于在台湾、香港、日本遍觅不得,"几经设法,方托好友在哥伦比亚东方图书馆觅得,并摄成照片"。1968年,陈宽强完成了博士学位论文,论述了捐纳制度的事例沿革和运行,并且对"政治权利商品化"的捐纳所导致的政治现象做了一定的分析②。

中国大陆史学界自1950年许先生的著作出版之后,在相当长的一段时间里,将捐纳问题视为旧时代政治的腐败现象,虽然在许多著作论文中常常被提及,但是捐纳本身没有成为学术研究的对象。例如,1976年以后,中国学术界集体编纂的《中国大百科全书》中立有"捐输、捐纳、捐例"一条。该条虽然对捐纳问题做了扼要的说明,美中不足的是存在着一些失误。例如,一方面说康熙雍正时期"只捐虚衔,不能作实官",但另一方面又列举康熙平三藩之际有"捐纳知县五百余人"。前后叙述之间存在着明显的矛盾。实际上,康熙雍正年间,不仅可以捐虚衔,也可以捐实官。在说明的最后,作者写道:"清统治者为捐纳制度虚伪掩饰,故《大清会典》不载"。这一说明完全不符合《大清会典》的实际情况③。

---

① (日)近藤秀树《清代の捐纳と官僚社会の終末》,《史林》(京都,史学研究会)第46卷第2号,1963年3月,第82—110页;同卷第3号,1963年5月,第77—100页;同卷第4号,1963年7月,第60—86号。
② 陈宽强《清代捐纳制度》(国立政治大学政治研究所博士论文),1968年。在收集该论文的过程中,承蒙唐立宗先生鼎力协助,谨表谢忱。
③ 中国大百科全书总编辑委员会中国历史编辑委员会《中国大百科全书·中国历史》,第501—502页。

1980年前后开始编纂的《中国历史大辞典》对"捐纳"、"捐复"、"捐班"、"捐监"等项目做了简要的说明①。

1980年代以后,中国大陆和日本的学者们开始重新审视捐纳问题,陆续发表了一批研究成果。例如,渡昌弘对明代例监生问题的研究②,山田耕一郎针对清朝初年(伍案:指顺治康熙年间)捐纳问题的研究③,刘凤云对清代康熙年间捐纳对吏治和官僚铨选制度影响的研究④,还有一些文章在捐纳与中国近代社会的关系(伍案:例如洋务运动、民族资产阶级、清末新政、清末官民关系)方面着力颇多⑤,一些学者还致力于分析特定的捐纳事例⑥,等等。这一期间虽然没有论述捐纳问题的专著面世,但是在明清时代制度史研究的著作中有不少涉及到这一问题。例如,郭培贵对明代例监问题的考释,艾永明在《清代文官制度》中运用清代官书对捐纳制度的说明,等等⑦。此外,由于大量清代历史档案史料被公开,研究捐纳问题的史料状况较之以往有了很大改善,在此基础上出现了运用档案史料的研究。例如,王志明在《雍正朝官僚制度研究》中,运用清朝

---

① 中国历史大辞典编纂委员会《中国历史大辞典》,第2434页。
② (日)渡昌弘《明代捐納入監概観》,《集刊東洋学》(仙台,东北大学中国文史哲研究会),第56号,1986年11月,第20—35页;《捐納監生の資質について》,《歴史》(仙台,东北史学会),第68辑,1987年4月,第115—123页。
③ (日)山田耕一郎《清初の捐納——三藩の乱との関係を中心にして》,《駿台史学》(东京,駿台史学会),第66号,1986年2月,第21—50页;同《清初の捐納出身者対策について——仮冒頂替の情弊をめぐって》,《山根幸夫先生退休記念明代史論叢》,第1107—1128页;同《監察御史陸隴其と捐免保挙問題》,《神田先生古稀記念論集清朝と東アジア》,第289—309页。
④ 刘凤云《清康熙朝捐纳对吏治的影响》,《河南大学学报(社会科学版)》,第43卷第1期,2003年1月,第6—11页;《康熙朝的捐纳制度及其对铨制的影响》,《明清论丛》,第四辑,北京,紫禁城出版社,2003年,第182—192页。
⑤ 谢俊美《晚清卖官鬻爵新探》,《华东师范大学学报(哲学社会科学版)》,第33卷第5期,2001年6月,第50—61页。李银涛等《论晚清捐纳制度下的官民关系》,《辽宁教育行政学院学报》,第21卷第5期,2004年5月,第28—29、80页。叶小青《捐纳制度与清末新政》,《宜宾学院学报》,第8期,2006年8月,第31—33页。
⑥ 晏爱红《乾隆九年福建捐监案研究》,《清史研究》,2007年第3期,2007年8月,第39—44页。和为国《从广西捐呈案看清代呈政》,《清史研究》,2007年第4期,2007年11月,第70—77页。
⑦ 郭培贵《明史选举志考论》,第79—85页。艾永明《清朝文官制度》,第57—61、119—125、197—205页。

官员的履历档案分析了康熙、雍正年间的捐纳制度①。另外,曾经被弃若敝屣的捐纳"实收"和"执照",也成了收藏家把玩的对象②。

2000年以后,伍跃发表了一系列关于捐纳问题的研究。他在《清代捐纳制度論考——報捐を中心に》中尝试着从清代的国家制度和社会的不同角度分析捐纳制度问题。在这篇论文中,他根据清代的捐纳事例、户部则例和档案史料复原了捐纳的运作程序,通过包揽捐纳的问题观察了报捐的实际情况,论述了一般庶民如何利用捐纳取得学位和任官资格的问题③。以后,伍跃又先后发表了几篇论文,研究了与报捐有关的印结问题、捐纳制度和候补制度的关系问题、捐复的问题,以及明代的纳贡和例监④。

四、捐纳研究中值得注意的问题

目前的中国捐纳制度史研究主要存在着以下的问题。

第一,近年以来,关于捐纳问题的研究虽然取得了一些进展,但是与中国明清时代政治制度史研究的其他方面相比,依然处于比较落后的状态。捐纳制度本身过于复杂,无疑是造成这种情况的原因之一。但依笔者愚见,更为根本的原因恐怕在于,学界对这一制度在明清时期曾经产生过的巨大的历史作用和影响缺乏足够的认识。以往的捐纳制度研究者,往往视自己所在的时代为中国历史的一个到达点,将这一制度斥为旧时代的弊政,虽然在捐纳制度的构成等方面取得了不少研究成果,但是对该制度的运用没有给予应有的重视,对这一制度的社会影响基本上持批判否定的态度。毫无疑问,捐纳制度是造成政治和社会腐败的重要原因之一。但是,我们不应该忘记,捐纳做为一种国家制度在明清时期延续了大约五百年,而其原初形态至少可以上溯到秦统一中国以前的战国时期。在这个意义上,我们在以下领域中尚有进一步探讨的余地,即捐纳做为一种屡屡遭人

---

① 王志明《雍正朝官僚制度研究》,第313—354页。
② 廖文伟《"职方如狗"终是祸》,《收藏界》,2004年第6期,第64—67页。
③ 夫马进编《中国明清地方档案の研究》,第103—130页。这一论文构成了本书第2章。
④ 这些论文构成了本书的主要章节。详细情况请参看本书日文版跋文。

诟病,甚至皇帝也认为"本非善政"的制度得以长期存在的社会原因。

第二,对于捐纳制度本身存在着一些误解。其原因之一就是上面说过的捐纳制度自身过于复杂,难以理解。

关于这方面的误解主要有如下两种。

首先,一些研究者认为国家在捐纳制度下直接向报捐者授予官职。遗憾的是,在关于捐纳制度的议论之中,此类误解比较多。例如,何炳棣在他关于科举与明清中国社会问题研究的大作之中举出过清嘉庆三年(1798)的一份"珍贵的名簿"。他根据这一史料认定,当年国家出售了1437 个京官职位(1,437 central offices)和 3095 个外官职位(3,095 provincial and local offices)。他在此基础上说,这所卖的 4532 个职位至少相当于国家文官总数的三分之一①。但是,这一说明是对史实的误解。捐纳不同于为了得到某种特定利益或某一特定职位的行贿,报捐者在捐纳制度下得到的不过是任官或升职的资格。以文官为例,在得到了该资格之后,他还必须经过"内选"(伍案:或曰"部选")或"外补"等一系列人事铨选程序才能成为名副其实、有职有位的官僚。因此,如果仅仅是为了就任某一官职进行了报捐,实际上并不等于得到了可以就任该官职的具体保证。而且,只要仔细阅读何炳棣所说的"珍贵的名簿",即《川楚事例文武官生名次全录》就可以知道,该名簿记载的是根据援例报捐者的履历和铨选的顺序。故何炳棣所说的上述数字不是购得京官职位和外官职位的人数②,而是报捐诸项官职铨选资格的人数。

例如,何炳棣在书中说,卖得最多的官职是县丞,一共卖了 1258 个。翻阅该书便可以知道,这"1258"仅仅是报捐了县丞的各类铨选资格的人数,即"不论双单月"(928 名)、"双月"(174 名)、"单月"(7 名)、"本班"(33

---

① Ping-ti Ho(何炳棣),*The Ladder of Success in Imperial China : Aspects of Social Mobility*, *1368 -1911* ,Columbia University Press, New York,1964,p. 47.
② 史料保存的情况也许互有不同,根据我本人在北京大学图书馆和中央研究院傅斯年图书馆确认后的结果,该名簿记载的报捐京官官职的人数是 1435,报捐外官官职的人数是 3099,总人数为 4534 名。

名)和"分发"(116 名)。根据制度规定,想要当县丞的人只有在报捐时一并捐纳上述某一铨选资格,才有可能成为铨选的对象。因此,那"1258"不是被出售的县丞的"职位"数,而是报捐县丞铨选资格的人数①。

其次,对捐纳事例的误解。捐纳事例是关于捐纳实施方法,即捐纳的具体标准、实施期间和地点的规定。通常也将按照该规定实施的捐纳本身称作某某事例。例如,根据《川楚善后筹备事例》,从清嘉庆三年(1798)起实施的捐纳被俗称为"川楚事例"。在实施期间之内,只要按照该事例的规定,无论在何时何地报捐,均属于该事例的出身者。有的研究者根据清代官员履历档爬梳了康熙、雍正年间捐纳出身官员的资料,极具参考价值。美中不足的是将履历档中开列的各个报捐时间和地点一律当作彼此独立的捐纳事例进行统计,结果在康熙、雍正年间"发现"了超出史实的大量"捐纳事例"②。兹举一例。该著者根据胡世勋的履历,认为康熙四十五年(1706)实施过"黄纯祐顶捐例"。但是,清朝政府并未开办过所谓的"黄纯祐顶捐例",当年实施的捐纳事例的正式名称为"捐马事例",该事例源于康熙三十六年(1697)于成龙建议的捐马条例。只是由于前一年发生了著名的黄纯祐包揽捐纳案(伍案:详细情况可以参看王鸿绪为此事所上密折),故将"捐马事例"俗称为"黄纯祐顶捐例"。可见,在重视档案史料的同时,还应该重视对其他资料的检阅③。还有些

---

① 《川楚事例文武官生名次全录》,县丞。
② 王志明《雍正朝官僚制度研究》,第 338—345 页。
③ 秦国经等编《清代官员履历档案全编》,第 14 册第 277 页。胡世勋履历中所言"顶捐"之"顶"即"顶替"之"顶",即包揽捐纳。由此可见,清代官员履历档中对捐纳事例的称呼并不一定使用正式名称,有时会使用当时尽人皆知的简称。黄纯祐包揽捐纳案请参看《康熙朝汉文朱批奏折汇编》,第 1 册第 291—306 页。又,根据档案史料可知,黄纯祐包揽捐纳案事发于康熙四十四年。另请参看许大龄《清代捐纳制度》,第 29、151—153 页。

此外,还有割裂原文后"发现"的"捐纳事例"。如著者根据汪文煜的履历认为,雍正元年实施过"户部照驼例"(王志明《雍正朝官僚制度研究》,第 345 页,汪文煜)。实际上,著者所据汪文煜履历中的原文为,"于雍正元年正月二十二日遵钦奉上谕事例在户部照驼例报捐本项应升之缺即用"(《清代官员履历档案全编》,第 9 册第 156 页)。细读原文后可知,汪文煜是在户部按照"驼例"报捐,否则"户部"之前的"在"字无解。实际上,有清一代不曾存在过所谓的"户部照驼例",汪文煜所援"驼例"的正式名称为"湖滩河所捐驼例"。详细情况请参看(清)朱植仁《本朝政治全书》之"户例·捐叙"。

属于忽略事例概念和内容造成的误解。例如,谢俊美认为,开始于咸丰元年(1851)的筹饷事例与以往事例的明显不同在于,"它是实官捐纳,即所谓大捐"。实际上,清代的实官捐纳至少可以上溯到康熙年间,而大捐则是后世对此类事例的俗称①。

还有学者在研究乾隆年间的捐纳制度时,认为这一时期实施捐纳的特征是"明码标价"。实际上,"明码标价"是国家在是捐纳或卖官鬻爵时的必要措施,其历史至少可以上溯到战国时期的秦国。就清代来说,康熙年间在已经多次实施了"明码标价"的捐纳。故"明码标价"既非始于乾隆年间,也不是乾隆年捐纳制度的特征②。

实际上,以上所列的两种误解,在许先生的著作中已经有明确的叙述。此类误解的存在,从一个方面说明了许先生的研究成果尚未被学界充分吸收,这是十分令人遗憾的事情。

第三,强调指出捐纳的非道德性和腐败,忽略了该制度得以存在的制度和社会原因。在此基础上,有人将捐纳资料的稀少归之于政府的"虚伪掩饰"。例如,黄仁宇在关于明代财政史的著作中认为,16世纪以后,每年大约40万两的捐纳收入远远超过了来自其他工商业的税金,"如果没有此项收入政府运作几乎难以为继"。但是,另一方面,他又认为,明代的捐纳没有制度化,明朝政府考虑到捐纳的"非道德性","讳莫如深",在"事实上不可能公布"捐纳的"官方记录"。但是,这种说明存在着一个简单的疑问,那就是既没有制度化,也没有公布相关规定的明朝政府,在上百年的时间里究竟是如何推行捐纳,如何获得远远超出其他工商业的税金的问题。遗憾的是,黄仁宇对此没有说明③。上面曾经提及的《中国大百科全书》中"捐输、捐纳、捐例"也有同样的问题。该条目作者对《大清会典》的性质和编纂体例缺乏了解,认为清朝政府"虚伪掩

---

① 谢俊美《晚清卖官鬻爵新探》,《华东师范大学学报(哲学社会科学版)》,第33卷第5期,2001年6月,第50—61页。
② 顾善慕《清代乾隆年间的捐纳制度》,《黑龙江社会科学》,2006年第5期,第158—159页。
③ 黄仁宇著,阿风等译《十六世纪明代中国之财政与税收》,第320—321页。

饰，故《大清会典》不载"①。与黄仁宇等人的说明相反，我们从《明实录》和《皇明条法事类纂》等史料中可以得知，明朝政府在实施捐纳之际公开颁布过相关规定。清朝编辑的五部《大清会典》之中均收录有关于捐纳问题的资料。总而言之，明清两朝多次公开出版发行过关于办理捐纳事务的有关规定。由此可见，导致上述误解的原因一方面是对史料的把握问题，另一方面就是在关于捐纳问题的基本思考中过度地考虑了这一制度本身的重大缺陷即非道德性，最终导致了将复杂的捐纳问题简单化，无助于认识和分析捐纳问题。

有学者开列了"中国古代卖官鬻爵的出现和发展"的"三个普遍条件"。即，一，商品经济的某种程度发展，使官爵可以成为商品；二，官爵成为肥缺，方得有愿意买官的可能；三，秦汉以来，实行专制主义中央集权体制下的各种形式的官员等级授职制，方有卖官的可能②。众所周知，官爵是否可以成为肥缺，见仁见智③。以清代为例，捐纳之后贫困潦倒者在人数比例上应该超过科举出身者。至于该学者所开列的上述"三个普遍条件"，不仅存在于中国古代，而且存在于当今的世界。具体到捐纳问题来说，为什么在明清时期的中国形成了如此完备、如此堂而皇之的制度呢？相反，在商品经济发展程度远超古代，公务员的人气居高不下（伍案：至少在东亚国家是如此），等级授职制更加发达的当今社会中，为什么作为制度的捐纳却无法存在呢？可见，仅仅靠上述"三个普遍条件"是无法解答这一问题的。至于该学者所坚称的马克思主义主张的直接选

---

① 中国大百科全书总编辑委员会中国历史编辑委员会《中国大百科全书·中国历史》，第501—502页。
② 王曾瑜《中国古代卖官鬻爵的教训》，《北京日报》，2006年9月18日。该文结论与作者其他三篇文章（请参看本文注5）的结论在文字上几乎完全一致。
③ 关于宋代的官僚生活，请参看衣川强：《宋代の俸給について——文臣官僚を中心として》，《东方学报》（京都，京都大学人文科学研究所）第41册，1970年3月，第415—466页；《官僚と俸給——宋代の俸給についての続考》，《东方学报》，第42册，1971年3月，第177—208页。以上两篇文章以后被收入衣川强《宋代官僚社会史研究》（东京汲古书院2006年排印本）。关于清代的官僚生活，请参看张德昌《清季一个京官的生活》（香港中文大学1970年排印本）。

举制是否可以成为彻底解决"各种官场腐败"的灵丹妙药,只能等待人类今后的历史发展来证明。

无论是在明清时期的中国社会,还是在现代社会,恐怕无人否认捐纳的非道德性,而且几乎一致认为捐纳是腐败的温床,是一种本不应该存在的"腐恶"。但是,包括不少精英人物(伍案:例如顾炎武、林则徐等等)在内,对这种"可怕而可憎"的"腐恶"事物却恋恋难舍,不仅自己援例纳捐,而且为亲人援例纳捐。问题在于,我们应该如何认识以下问题,即当时提议实施捐纳的官僚们的想法,皇帝在批准实施捐纳时的判断,以及试图通过捐纳获得特权的庶民们的行动。也就是说,当时的人们对于这种"腐恶"是如何思考如何行动的,乃是问题的关键所在。进而言之,我们应该通过他们的思考和行动去认识明清时期的中国社会。也正是因为如此,如果仅仅满足于批判捐纳的非道德性,我们就无法认识此种"恶"为什么能够长期存在,也容易滋生以上的误解。

己所不欲,勿施于人。如同我们不希望后人否定我们的努力,苛求我们一样,我们也不应该苛求前人,不应该要求古人以当今的财政理论去应对他们所面对的现实。捐纳固非善政,但是在特定的历史环境之下,前人为了应付财政上的急需,是否有比包括捐纳在内的"腐恶"更切实可行的方法呢?众所周知,以田赋为基础的明清王朝的财政制度难以应对紧急的财政需要。正是"腐恶"的捐纳在相当程度上解决了类似于康熙年间平三藩以及和平噶尔丹,雍正年间平定罗布藏丹津,乃至清朝末年为应付内外困局所需的种种财政问题,从而维护了国家的统一,为中华文化保存了赖以生根落叶的土地。所以,我们应该在承认捐纳是"腐恶"制度的同时,客观地分析这一制度的历史作用。

五、捐纳研究的视点与几点心得

捐纳制度具有政治、经济、社会、思想意识等多方面的要素。故应该对这一问题进行多角度多方面的观察研究。笔者囿于学识,仅从以下两个视点关注这一问题。

首先是官僚人事制度的视点，探讨捐纳在制度史，其中尤其是在官僚人事制度史中究竟占有何种地位的问题。捐纳制度作为国家制度在中国明清时期，尤其是清代运转了至少两百年以上。除了财政方面的功能之外，该制度的特征之一就是与官僚人事制度保持着密切的关系。无论是庶民还是官僚，他们援例报捐无疑具有某种明确的目的，即期待着成为官僚、期待着升官晋级、期待着取消或减轻处分，等等。如果这些期待根本无法满足，那么捐纳制度根本不可能成为一项可以长期延续的制度。而且，清代中期以后，如何解决难以计数的捐纳出身者的铨选问题始终困扰着中央吏部和皇帝。包括捐纳出身者的铨选问题在内的官僚人事制度问题，归根结底是关系到清朝时期国家统治的根本问题之一。笔者在这种思考之下研究了报捐与捐纳者的铨选问题，以及利用捐纳取得晋升资格和取消处分的问题。

其次是社会史的视点。探讨捐纳对社会究竟产生了何种影响，也就是说捐纳在社会史中所占地位的问题。捐纳制度在明清时期的中国存在了几百年。除去身份上属于"贱籍"的人之外，任何社会成员在理论上都可以报捐。在这个意义上，我们有理由认为捐纳制度具有相当广泛的"庶民性"。但是，在捐纳制度之下，政府将财力视为选官升官的基准，允许受到处分的官僚依靠财力减轻或解除处分。换句话说，这种具有广泛的"庶民性"的制度具有为社会带来腐败并且进一步加深腐败的危险性。对捐纳制度的批判实际上从该制度登上历史舞台的那一天起就已经出现。笔者的关心在于，明清时期的中国人是如何观察这一制度，他们在社会中为了自身地位的上升以及为了维持自身的地位究竟是如何利用这一制度的。也就是说，分析生活在那一时代的人们如何看待捐纳，尝试一下从他们的视角观察这一臭名昭著的制度，进而探寻该制度虽然受人诟病，但是却一直"顽强地"延续到清朝统治末年的社会原因。

以上就是笔者在思考捐纳问题时的基本思考。

笔者在研究中以官书公牍为基本史料，除了明清两朝的几部《会典》

之外,根据本研究主要研究的是清朝时期的捐纳问题这一特点,从把握官僚人事制度的特点出发,特别注意利用各种则例,其中特别是清代中期以后由官方编纂的捐纳则例。则例类史料枯燥繁琐,在昔日属于"不肖齿及"的"书办之学问",但却是国家行政准则之所在。因为"有清一代行政,大约例之一字,足以概括无余"。且"则例所标,为一事,或一部一署,大小曲折,无不该括"①。有鉴于此,笔者以《会典》为纲,以则例为目,以求尽可能准确地了解昔日的国家制度。此外,为了把握国家制度运作的实际状况,笔者还注意利用近年逐步公开的各种明清时期官方档案。

为了研究捐纳制度对社会的影响问题,笔者主要利用了明清时期的登科录、缙绅录、职官录,以及别集、笔记、日记、年谱和信函等史料。因为捐纳制度曾经是明清时期中国社会生活的一部分,或者说是一个具有相当强韧的生命力的"鲜活"的制度。为了把握这样之一制度,就必须考虑到生活在该制度框架之中的人。笔者意在通过这些史料把握除"贱籍"以外的、包括官员在内的社会成员对制度的思考,借助他们的视角观察捐纳制度。与此同时,根据包括登科录等名簿类史料的解读分析,梳理社会流动的不同路径,由此加深对捐纳制度所具有的社会机能的理解。

在本书的最后附有主要参考文献一览,以供读者检寻检证。

本书除序章和结语之外,共分以下 8 章:

第 1 章,明代的例监和纳贡。

第 2 章,清代的报捐制度。

第 3 章,清代的报捐和印结。

第 4 章,捐纳出身者的铨选问题与候补制度。

第 5 章,清代官僚的晋升与捐升——以捐升制度的确立为中心。

第 6 章,官僚的惩戒处分与捐复制度——以捐复制度的确立为中心。

第 7 章,清代的赈捐——以光绪十五年江浙赈捐为中心。

---

① 王锺翰《清代则例及其与政法关系的研究》,第 1697—1701 页。

第8章,捐纳制度的实施与商人。

除此之外,另有两篇附录:

附录1,清代报捐者的群像——《造送浙江赈捐第十三次请奖各捐生履历银数底册》的统计分析

附录2,高山景行　厚德载物——学习《清代捐纳制度》的一点体会

第一章 明代的例监与纳贡

序 言

国子监监生资格的捐纳始于明代景泰年间。在景泰年间以前,历代王朝卖官鬻爵的主要项目是官僚的任官资格和爵位。在中国的科举制度和捐纳制度、以及官僚人事制度的历史上,国家最高学府的监生资格成为可供买卖的项目一事本身,是值得研究者重视的具有划时代意义的问题。这首先是因为监生资格本身兼有学位和任官资格的双重性质。这就是说,监生既是国家最高学府的学生,同时也是可以参加官僚铨选的资格之一。

我们之所以认为明朝国家开办国子监监生捐纳一事具有划时代意义,还因为制度上的此种变化令我们必须思考以下问题,即为什么这一变化发生在明朝中期?它究竟是时间上偶然的巧合,还是中国社会历史发展中的必然现象?捐纳国子监监生资格一事的开始及其以后的变化,向我们诉说了什么?这些问题是我们在考虑明代中国社会时不应忽视的。

在明清时代教育制度史、科举制度史以及官僚人事制度史的研究中,很多学者探讨过这一问题①。其中,虽然有不少研究涉及了明代中期以后国子监监生捐纳的具体情况,但几乎所有的研究都仅限于指责始于景泰年间的这种制度上的巨变对明清时代的学校管理、培养人才乃至社会风气造成的恶劣影响。

毋庸讳言,国子监监生资格的捐纳给社会带来的负面影响是巨大的。顾炎武就曾经称之为"秕政"②。不过,我们首先应该看到,始于明朝景泰年间的这一变化最终成为国家的一种制度或一项政策,历经明清两代大约五百年左右的时间,一直延续到20世纪初。这一不争的史实告诉我们,我们不能将捐纳制度的形成和延续单纯地理解为统治者强加于一般民众,即社会成员的。制度与政策如果丝毫也不能满足来自社会与民间的需要、不能适应社会与民间的实际情况,那么是难以横跨两个王朝,延续了大约五百年之久的。在这个意义上,我们通过对顾炎武所称"秕政"的研究,可以了解到明代中期以后的社会变化,可以了解到人们对捐纳的看法的变化。我们可以在此基础上,观察明清时期乃至宋代以后中国社会的发展变化。

本章将主要讨论明清时期捐纳制度中最具庶民性的部分,即国子监监生资格的捐纳问题,分析这一政策的开始和发展,以及成为国家制度的过程,进而说明国子监监生资格的捐纳对人们的社会流动的影响。在叙述上,首先将说明景泰年间国子监监生资格捐纳的开始,然后回顾明初以来国子监监生地位的变化,最后将谈及明朝社会对这一问题的看法。

---

① 参看许大龄《清代捐纳制度》,第10—12页。何炳棣著,寺田隆信・千种真一译《科挙と近世中国社会～立身出世の階梯——》,第32—53页。林丽月《明代的国子监生》,第14、16、87、101—103页。
② (清)顾炎武著,(清)黄汝成集释《日知录集释》,卷十七,生员额数,第964页。

第一节　明代国子监监生资格捐纳的实施

一、捐监政策的开始

正统十四年(1449)八月,发生了著名的"土木之变",明英宗被俘,明朝国家面临着前所未有的危机局面。景泰元年(1450)正月,明朝政府为了筹措应对危机所需的紧急资金,延续正统年间以来的政策①,宣布实施捐纳②。

> 命舍人军民有输米豆二百五十石,或谷草二千束,或秋青草三千束,或鞍马十匹于大同宣府助官者,悉赐冠带,以荣其身。

根据这一规定,民间人在上纳一定数量的马匹或草料之后,可以得到政府赏赐的"冠带",即着用官服的资格。

两天之后,在"土木之变"后的明朝政府中居于举足轻重地位的于谦在上奏中表示,"在京各营马少,乞敕户部申明买马给授冠带事例"③。虽然史料中没有说明于谦所指"买马给授冠带事例"的具体内容,但估计应该就是上述规定。

这一规定颁布之后不久,南直隶常州府无锡县廪膳生员张贤在根据政策规定纳马之后,成为"纳马冠带生员"。但是,张贤希望能够"送监",即越过等待成为贡生的"挨贡",直接进入国子监,成为一名监生。但是,他的这一要求未能得到批准④。因为,根据上述规定,对于捐纳马匹草料

---

① 关于明代开办捐纳的时间,以往多认为是景泰元年(1450)。根据史料记载,武职的捐纳始于正统七年(1442)前后。见《明英宗实录》,卷九十二,正统七年五月癸酉,第 1862 页。在正统八年(1443),政府向提供赈灾粮食的人授予了"七品散官"。见《(嘉靖)香山县志》,卷八,杂志,第 411 页;同书,卷六,黎献志,第 367、372—373 页。
② 《明英宗实录》,卷一百八十七,景泰元年正月壬寅,第 3801 页。
③ 《明英宗实录》,卷一百八十七,景泰元年正月甲辰,第 3803 页。
④ 《明英宗实录》,卷一百九十一,景泰元年四月己卯,第 3911 页。"直隶常州府无锡县纳马冠带生员张贤以不准送监,奏乞将食过廪米于籍还官,照依冠带民人分豁生员闲住。从之。"日后,张贤捐纳麦八百石,成为了一名国子监监生。见《明英宗实录》,卷二百五十六,景泰六年七月壬午,第 5517 页。"直隶无锡县学生员张贤先以纳马赐冠带,今复纳麦八百石,乞送监读书。从之。"

的"舍人军民",政府的回报只是奖励"冠带"。在这个意义上,政府拒绝了张贤的请求,可以理解为不过是循例处理公事而已。即便如此,我们从张贤的举动可以看出,某些地方儒学生员、尤其是等待"出贡"、即按照岁贡规定送往国子监的廪膳生员中的一些人,他们在利用捐纳得到荣耀——"冠带"——的同时,更企望得到实际利益,即国子监生员的资格。

张贤的目的虽然没有达到,但是府州县儒学生员中要求政府格外施恩的情况仍然陆续出现。景泰二年(1451),曾经被"达贼"虏去的"顺天府房山县儒学生员"傅宁逃回,同时还献上了"所获马"。明朝政府根据相关规定,即"例"准备向他行赏,但是他表示"辞赏而愿入监"。最后,他如愿以偿地成为了一名国子监监生[1]。这一个案在当时虽然没有立即作为国家政策或制度固定下来,但是它表明,在为国家做出某种贡献之后是有可能得到国子监监生的资格的。张贤和傅宁的事例也告诉我们,地方儒学生员中的一部分人,一直在摸索在"岁贡"制度之外进入国子监的途径。

政策的变化发生在景泰四年(1453)。景泰三年(1452)和四年,北直隶、山东、河南一带连续遭受水灾,"济宁、徐州饥荒,民多死亡。"景泰四年(1453)三月二十五日、明朝政府派遣礼部右侍郎兼左春坊左庶子邹干携银三万两前往受灾地区,会同右少监武艮和刑部尚书薛希琏等人筹粮救济,"或将淮安官仓预备粮储雇船载至饥荒之处赈济,或收买,或劝谕军民富实之家助力为之"。明朝政府同时表示,如果"其他有可赈济之策,皆听尔等等便宜处置"[2]。同年四月二十二日,邹干与武艮等自受灾地区上奏,说他们收到了"临清县学生员伍铭等愿纳米八百石,乞入监读书"的申请。由于这一申请超出了"便宜处置"的权限,涉及到前所未有的向纳米者授予国子监监生资格的问题,故邹干和武艮上奏请求指示。他们二人在上奏中建议:"今山东等处正缺粮储,乞允其请,以济权宜。"结果,不仅伍铭等人纳米入监的请求得到了批准,而且明朝政府顺势将

---

[1]《明英宗实录》,卷二百八,景泰二年九月丙午,第4471页。
[2]《明英宗实录》,卷二百二十七,景泰四年三月壬午,第4968—4969页。

这一地区性的行政措施变为国家的一项政策，向全国推广："并诏各布政司及直隶府州县学生员能出米八百石于临清、东昌、徐州三处赈济，愿入监读书者，听。①"

政府之所以将这一措施推广于"各布政司及直隶府州县"，首先是因为这一提案本身的魅力。因为，对于政府来说，政府可以通过向社会提供"国子监监生"的资格，就可以换回以往需要金钱和冠带才能得到的赈灾用粮食。换句话说，政府只要允许捐纳者入监，即可以在无须任何费用支出的情况下获得最大的财政方面的效益。而且，政府同意将这一措施向全国推广，是因为政府了解到在等待"出贡"的廪膳生员们中有相当部分希望借捐纳实现自己成为国子监监生的理想，也就是说，社会中存在着对国子监监生资格的"消费需求"，存在着一批等待"购买"国子监监生资格的"潜在消费者"。对于这些"潜在消费者"来说，国子监监生的资格的魅力远远超过向民间捐纳者赏赐的冠带。

大约一个月之后的五月初四日，明朝政府又下令将捐纳国子监监生资格的标准从"八百石"降低到"五百石"②。这种以地方儒学生员身份通过捐纳取得国子监监生资格的人被称为"纳贡生"③。

我们由以上情况可以看出，捐监成为国家的一项政策起源于地方儒学生员们的提案。在景泰年间以前，明朝的捐纳基本上是政府为了解决财政上的紧急需要主动提出、并付诸实施的。而景泰四年（1453）实施国子监监生资格的捐纳却是源于民间人的提案，并且在得到政府认可之后实施于全国的。可见，这一政策是由民间首创的、自下而上地经政府认可之后推广于全国的。因此，我们不妨将纳贡的出现称为传统中国科举制度和学校教育制度的历史上一项来自民间的"创举"。

科举制度从隋代创立以来，经过长期的发展变化，到明初与学校教育制度结合在一起，以国子监为顶点的各级学校成为科举制度得以付诸实施

---

① 《明英宗实录》，卷二百二十八，景泰四年四月己酉，第4993页。
② 《明英宗实录》，卷二百二十九，景泰四年五月庚申，第5002页。
③ （清）张廷玉《明史》，卷六十九，选举志，第1681—1682页。

的保证,人才的教育与人才的选拔被有机地结合在一起。明朝初年,国子监监生的主要来源是会试下第举人、岁贡、荫监和恩生,等等①。这几种监生或者是依靠本身学力,或者是仰仗父祖的余荫或皇帝的特恩。虽然无人忽视在求知问学过程中财力因素的重要,但是财力仅仅被认为是维持学业的经济基盘,尚未成为可以与学力相提并论的、判断入学与升学可否的基准。

景泰四年(1453)出现的国家政策上的转变,使财力成为国家最高学府——国子监——在接受学生时的基准之一,也就是说,在学力基准之外,财力也堂而皇之地成为录取学生的基准。这不仅是明朝学校教育制度史上的空前变化,也是中国历代王朝的教育制度史上的重要变化。如果我们联想到明朝的学校教育制度还肩负着培养官僚预备军的使命,那么我们有理由认为,这一变化所带来的影响将绝不会仅仅局限于国子监的大门之内。在纳贡登场之前,社会成员在考虑自身的社会流动时,得以依据的主要手段之一就是科举制度。在这种情况下,学历的高低与否在很大程度上决定了社会流动的方向(伍案:指上行流动或下行流动)和幅度(伍案:指流动的跨度)。财力隐藏在学力的背后,不能堂而皇之地走到前台。在这个意义上,源于民间提案的纳贡对已经拥有一定学位的生员(伍案:例如地方儒学中的廪膳生员)又提示了一个新的社会流动方式,即他们可以凭借财力的神通获得一种带有双重意义的身份——国家最高学府的学生资格兼官僚的任官资格。这样一来,在原有的敲门砖(伍案:学力=科举)之外,又出现了一个源自民间提案的新的敲门砖——财力(伍案:即捐纳)+学力。

在这一时期,能够利用此种新的社会流动方式的是那些在具有一定学位(伍案:主要指廪生)的同时,还能够向国家提供 800 石或 500 石谷物的富裕阶层。下面,我们根据明初规定的官僚俸禄标准和纳税税则,看看这一富裕阶层的大致情况。

---

① (清)《明史》,卷六十九,选举志,第 1679—1682 页。林丽月《明代的国子监生》,第 11—20 页。郭培贵《明史选举志考论》,第 54—79 页。

根据洪武二十五年(1392)修订的明朝官俸规定(【表-1-1】)可以知道,800石或500石分别高于正二品或正三品高级官僚一年的"俸米"。

表-1-1　明朝文官年间俸米(单位:石)

官品	俸米	官品	俸米
正一品	1044	从五品	168
从一品	888	正六品	120
正二品	732	从六品	96
从二品	576	正七品	90
正三品	420	从七品	84
从三品	312	正八品	78
正四品	288	从八品	72
从四品	252	正九品	66
正五品	192	从九品	60

史料来源:《(正德)大明会典》,卷二十九,户部十四,第1册第320—325页。

以下再根据缴纳田赋的"科则"推算一下获得800石或500石谷物所需要的耕地面积。由于税则因地而异,我们根据《(正德)大明会典》的史料作了如下的大致推算(【表-1-2】)。

表-1-2　由明代科则推算土地面积(单位:亩)

土地分类	科则	八百石谷物所需耕地面积	五百石谷物所需耕地面积
官田	五升三合五勺	14953	9346
民田	三升三合五勺	23881	14925
重租官田	八升三合五勺	9581	5988
没官田	一斗二升	6667	4167

史料来源:《(正德)大明会典》,卷十九,户部四,第1册第232页。小数点以下四舍五入。

由【表-1-2】可见,800石或500石的谷物至少相当于4000多亩土地一年的税额。当时,北方地区一户农民平均耕种的土地面积为40亩,年间生产谷物大约为 32 石①。在这种生产力水平之下,在纳税之外还能拿得出如此大量的谷物用于捐纳的人,无疑属于相当程度的富裕阶层。囿于史料的局限,我们尚无法得知"临清县学生员伍铭等"人家庭的经济情况,但是考虑到临清县"洪武原额"的"官民田地"为"一万四百六十五顷"、"秋粮"为"一万七千七百三十六石"②,那么,在交纳 500 石的情况下,其家庭至少占有"官民田地"的 0.39% 或"秋粮原额"的 2.8%,属于相当程度的土地所有者。根据学者研究,在明代的北方地区,有地 100 亩以上者即为地主。这样,如【表-1-2】所示,有地数千亩乃至上万亩的人无疑属于大地主③。当然,临清位于大运河沿岸,是各地商人云集的商业城市,"县学生员伍铭等"人很可能就出身于商人家庭,他们在捐纳时完全有可能使用购自市场的谷物,或自身储备的谷物。总而言之,从政府的角度来说,在纳税之外能够一次性向政府提供 800 石或 500 石谷物的人无疑属于富裕基层。我们在得知景泰四年(1453)的捐纳基准相对较高的同时,也可以看出,从明朝建立以来,经过数十年的经济和社会发展,在临清这样一个北方的商业都市已经出现了一个富裕阶层。我认为,这一阶层的出现与捐纳制度开始登上历史舞台有着密切的关系。

二、明代捐监发展变化

景泰四年(1453)之后,明朝政府为了解决赈济和兵饷等方面的财政支出的急需,虽然承受着来自多方面的批判④,但还是多次实施了国子监

---

① 高寿仙《明代农业与农村社会》,第 75—80 页。
② (清)于睿明修,(清)胡悉宁等纂《(康熙)临清州志》,卷二,赋役,第 13a—14a 页。
③ 高寿仙《明代农业与农村社会》,第 135 页。
④ 例如,景泰四年七月二十五日,亦即上述政策变化发生三个月之后,河南开封府儒学教授黄鉴上奏指责,"夫纳粟拜官,古衰世之政虽有之,犹未闻以纳粟而贡士者。今以纳粟贡士,臣恐书之史册,将取后世作俑之讥矣"。对此,户部尚书金濂等协商后认为,"纳粟贡士乃救荒权宜之策,而非经久常行之道。请俟秋成,仓廪稍实,饥民得所,然后停罢。"皇帝批准了金濂等人的建议。见《明英宗实录》,卷二百三十一,景泰四年七月庚辰,第 5062—5063 页。关于明朝政府内部围绕景泰初年捐纳问题的议论,请参看拙稿《明代捐纳制度试探》。

监生资格的捐纳①。而且,为了确保来自捐纳的临时性财政收入,将国子监监生的报捐对象从最初的地方儒学廪膳生员(廪生),逐步扩大到增广生员(增生)和附学生员(附生),最后甚至扩大到一般庶民。

成化二年(1466)春,南直隶地区发生了饥馑。三月,"奉敕赈济南京流民"的李宾等人建议:

> 欲令浙江、福建、江西三布政司并南直隶府州县儒学廪增生员及南京文武官员军民人等子弟纳米,送南监读书。

这一提案的目的之一是为了将国子监监生的捐纳对象从景泰四年(1453)的廪生扩大到增生。因为府州县儒学中增生的数目与廪生相同,故捐纳对象范围的扩大,可以吸引更多的人参与捐纳,从而为政府带来更多的临时收入。

礼部尚书姚夔对这一提案表示了反对意见,他说:

> 切惟国子监乃育材之地,朝廷资以致治者也。近因各处起送四十岁并纳草纳马生员,动以万计,已不胜其滥。今又行此令,将使天下以货为贤,士风日趋于弊陋矣,尚何望其有资于治理哉?宜别为处置。

宪宗皇帝对此表示同意:

> 祖宗设太学以教育贤才,非由科贡者不得滥进。今宾等建议,欲令官民子弟出钱谷以赈饥民,补太学生,古无此比。且天下财赋所出,其途孔多。学校岂出钱谷之所哉?礼部议是,其勿许②。

但是,十天之后的闰三月初二,总督南京粮储右都御史周瑄上奏说:

> 南京军民饥馑,兼以四方未宁,恐有奸人乘机窃发。……应天、凤阳居民百倍他处,预备仓粮数少,乞不为常例,移文江西、浙江并南直隶,儒学廪膳生能备米一百石,增广一百五十石,运赴缺粮处上

---

① 渡昌弘《明代捐纳入监概观》,载《集刊東洋学》,第 56 号,1968 年 11 月,第 20—35 页。
②《明宪宗实录》,卷二十七,成化二年三月癸亥,第 544—545 页。

纳者,许充南京国子监生。

结果,宪宗皇帝似乎忘记了十天以前说过的话,以"所言皆救荒防患急务"为由,批准了周瑄的上述提案①。

这样,国子监监生资格的捐纳对象从廪生扩大到增生,廪生的捐纳标准也从景泰四年(1453)修改后的500石降为100石。在捐纳标准方面,增生要比廪生多捐米50石,才能得到国子监监生的资格。我们在此看到了身份序列在捐纳价格上的反映。

成化二十一年(1485)闰四月,国子监监生的捐纳对象从有名额限制的廪生增生扩大到没有名额限制的附生。当时,"各边军储近屡告急",一些官员建议开办国子监监生资格的捐纳。户部上奏说:

> 前此巡抚延绥都御史吕雯奏准各学生员纳米送监事例,道远少有应者。续该本部左侍郎李衍奏准,令生员于本部纳银,廪膳二百五十两,增广三百两,应者亦才十四。

虽然廪生和增生的报捐人数寥寥无几,但是附生中却有人要求报捐。户部在上奏中继续说:

> 兹有附学生员愿纳者,宜如增广银例,令再加三十两,亦许入监,且仍通行各学召纳。

户部的这一提案得到了皇帝的批准,国子监监生资格的捐纳范围被扩大到没有名额限制的附生。附生们在交纳银330两之后,即可以与廪生和增生同样,得到国子监监生的资格②。尽管我们现时尚不知道"附学生员愿纳者"的具体情况,但由此可见,与景泰四年(1453)开办国子监监生资格捐纳同样,附生们能够捐纳国子监监生资格也是他们自身力争的结果。这样,府州县儒学的各类在学生员都可以利用纳贡成为

---

① 《明宪宗实录》,卷二十八,成化二年闰三月癸酉,第551—552页。根据《南雍志》的记载,成化二年南京国子监在籍者为6200名,成化三年的在籍者为5720名。成化二年闰三月的上述捐纳提案的实施情况尚值得研究。(明)黄佐《南雍志》,卷十五,储养考,第352页。

② 《明宪宗实录》,卷二百六十五,成化二十一年闰四月戊戌,第4492—4493页。

国子监监生了。

进入正德年间以后,明朝政府开办捐纳的目的主要是筹措"赈济"和"防御房寇"的资金或粮食,此外还有一些名目不明的"传奉"。随着财政需求的逐渐增大,捐纳的对象范围也逐步扩大。在这种情况下,府州县儒学中的廪生、增生、附生之外的"俊秀子弟",即没有任何学生身份的民间人也可以循捐纳取得国子监监生的资格①。正德三年(1508),南京的国子监中首先出现了"遇例纳银民生"②。这里所提到的"俊秀"和"民生"都是指通过捐纳得到国子监监生资格的民间人③。在重视身份序列的明代,府州县儒学生员捐纳国子监监生的行为被称为"纳贡",而民间人的同样行为被称为"捐监"。通过"捐监"进入国子监的监生被称为"例监生"或"例监"。

嘉靖年间以后,明朝政府继续实施捐纳政策。从这一时期起,捐纳还被用来筹集兴修皇帝陵等大规模土木工事的费用。在这种情况下,"民间子弟"仍然被包括在捐纳对象的范围之中。嘉靖十六年(1537)五月,由于"修饬七陵、预建寿宫,及内外各工凡十有九所,工所月费常不下三十万金,而工部库贮仅百万"。为了筹措资金,明朝政府决定"广开纳事例",其中规定,"民间子弟,亦许纳银,俱入国子监肄业"④。此时的捐纳标准额虽然没有明确的记载,但是从身份序列的角度分析,我们有理由相信它应该高于附生的纳贡标准。

上述正德嘉靖年间捐纳政策的变化与景泰四年(1453)的政策变化具有同样重要的意义。在此之前,明朝的国子监监生资格的捐纳仅仅是"纳贡",即政策的实施对象是那些府州县地方儒学中的各类生员。但是,在正德嘉靖年间之后,"纳贡"之外又出现了"捐监","民间子弟"也可

---

① (明)黄佐《南雍志》,卷十五,储养考,储养生徒之权例,第345—347页。
② (明)黄佐《南雍志》,卷十五,储养考,储养生徒之名数,第352页。
③ (清)张廷玉《明史》,卷六十九,选举志,第1679页。"迨开纳粟之例,则流品渐淆,且庶民亦得援生员之例以入监,谓之民生,亦谓之俊秀,而监生益轻。"
④ 《明世宗实录》,卷二百,嘉靖十六年五月戊申,第4210—4212页。

以通过捐纳越过入学(伍案:即通过童试进入地方儒学)和补廪(伍案:即在地方儒学中成为身份序列最高的廪生)直接进入国子监。上面说过,景泰四年(1453)的政策变化使"学力+财力"的敲门砖成为社会流动的有效工具,而正德嘉靖年间的政策变化更是使某些人可以凭借财力的神通实现自身的社会流动。此外,这一政策的实施表明以国子监和府州县儒学为代表的明代官立教育体系已经失去了原有的培育官僚人才的机能,开始蜕变成为一个单纯地取得入仕资格的机构。这种政策上的变化在以后又被清朝政府继承,一直延续到科举制度被废除为止。

随着捐纳的不断发展,嘉靖中期以后,一些民间人在利用捐纳时希图取得身份序列相对较好的"贡生",即生员捐纳所得的"纳贡"身份。为了满足这些人的需要,社会上出现了府州县儒学"准生员资格"、即"附学名目"和"附学名色"的捐纳。例如,嘉靖二十四年(1545),浙江地区的一些"民间子弟欲肄业国子监,类以不得由学校为耻。"浙江提学副使孔天胤有鉴于此,为了筹措赈济资金,故向上司建议①:

> ……愿入学者,入米五十石,许其三日即以附学名色起送,纳银入监籍名。

这一建议使那些交纳的五十石米的"民间子弟"享有"附学名色",亦即"准生员资格"。这些人用"附学名色"的身份捐纳国子监监生资格,就不是一般"民间子弟"的"捐监",而是生员的"纳贡"了。在隆庆年间,这种捐纳"附学名目"和"附学名色"的政策被作为"事例"固定下来②。

---

① 《(万历)杭州府志》,卷七,国朝纪事下,第134页。
② 《明神宗实录》,卷四十九,万历四年四月己巳,第1121—1122页。"礼部右侍郎管祭酒事孙应鳌言,太学非举贡及勋胄恩荫不入,自景泰初年边储匮极,始议开纳,然亦以生员廪增附为差,亦时行时辍。至隆庆间,遂令停廪、降增及降附、发社并黜退者,皆得纳银入监。提学宪条何以行于生儒乎?提学所摈斥,尽可归诸太学,则太学毋乃为提学藏垢纳污之薮欤?至于民间后秀子原令赴提学,告准附学名目,故谓之新附,与两京见任官随任子弟未入学者,并纳银入监,亦隆庆以来复定事例也。此例一开,而商贾舆台隶役咸厕其中,甚有身未成童,一丁不识者,皆骤猎贤关,他日服官,为民蟊贼,不问可知矣。下户部。议,社生、黜生及民间不堪作养子弟,以后俱不许援纳,并请停预纳光禄寺监事及鸿胪寺序班。上纳应鳌议,而令监事序班仍旧。"

这种"准生员资格"具有两重性质。它既是捐纳国子监监生资格的身份,也是与其他地方儒学在校生员一起直接参加"岁考"的资格。有些人就是利用"准生员资格"越过童试参加了"岁考"。明末清初的著名学者顾炎武就是其中之一。

天启五年(1625),顾炎武的继祖父顾绍芾见他"天资颖异,合早取科名",为13岁的顾炎武循"纳谷寄学"例取得了"准生员资格"。根据规定,如果顾炎武能在当年的"岁考"中及格,即可获得正式的附生资格。但是,顾炎武在该次考试中失利,未能如愿以偿地取得附生资格。第二年的天启六年(1626),顾炎武参加了童试,以第22名的成绩进入昆山县学,成为一名附生。以后,顾炎武在崇祯三年(1630)和十二年(1639)的两次乡试中落第,最后于崇祯十六年(1643),即明朝覆亡的前一年,以附生的身份捐纳,成为一名纳贡生员①。

三、明代纳贡例监生员人数

自从景泰四年(1453)开办捐纳监生之后,这一政策成为明朝政府解决财政问题的应急措施之一。根据渡昌弘的研究,明朝政府在景泰四年(1453)至万历二十四年(1596)之间,至少实施了38次监生的捐纳。在实施的频率上,景泰、天顺、成化年间基本上为期1—3年,而且并非是连续实施。正德年间之后,实施的频率明显增加,有时甚至持续多年②。明朝中期的学者陈建(1497—1567)在谈到明代捐纳政策实施情况时说③:

> 生员吏典纳银事例,弘治以前犹暂行复止,人数有限,今则无限数、无止息之期矣。

在他看来,国子监监生资格的捐纳在弘治年间以前不过是一时的权

---

① 周可真《顾炎武年谱》,第28—30、61页。顾炎武的继祖父顾绍芾本人为"数试"未能合格的"诸生",以后循"例"成为国子监监生。同书,第4页。
② 渡昌弘,前揭(注16)论文。
③ (明)张萱《西园闻见录》,卷四十五,礼部四,国学,前言,第5b页。

宜之策,对实施的期间和通过捐纳获得资格的人数都曾经有过一定的限制,而在那之后则没有了任何"限数"和"止息之期"了。他所说的"限数"和"止息之期"在弘治年间以前确实存在过。例如,成化二十年(1484)九月,为了赈济山西和陕西地区的饥荒,明朝政府实施了以"各处儒学廪增生员"为对象的纳贡,规定"大率以一千名为额,明年三月终期尽",即实施期间截止于成化二十一年(1845)三月,允许纳贡的人数被定为"一千名"①。

进入弘治年间之后,陈建所说的"限数"开始被突破,成了有名无实。例如,正德十二年(1517),湖广地区发生水灾,明朝政府为此开办了赈捐。当初规定了"开纳事例生员三百名",并决定以南直隶 100 名、江西和浙江各 70 名、湖广 60 名的比例分配给各地实施。政府在实施不久之后发现,由于"人多乐趋,得银甚速",分配给南直隶的 100 名很快用完,故决定追加 500 名,分别派捐于南直隶、河南、山西和湖广等地②。

嘉靖年间以后,"开纳事例(捐纳)"作为解决财政困难的对策被多次延长。例如,嘉靖二十九年(1550)十月,户部为了筹措"兵食"开办了捐纳事例,国子监监生资格和上述的"准生员资格"都是捐纳的项目之一。最初规定该事例的实施期间为三年。但是,到了嘉靖三十一年(1552)三月,户部以"财用绌乏"为理由,要求将实施期间延长一年,直至嘉靖三十四年(1555)年底,得到了皇帝的批准③。我们由此可以看出,明朝政府试图通过延长捐纳政策的实施期间、增加名额等手段获得尽可能多的财政收入,故原有的"限数"和"止息之期"被不断突破。

关于景泰至正德年间捐纳出身国子监监生的人数,请参看【表-1-3】。

---

① 《明宪宗实录》,卷二百五十六,成化二十年九月戊子,第 4320—4322 页。
② 《湖广图经志书》,卷一,总理赈济都御史吴廷举参酌议处事宜,第 41 页。
③ 《明世宗实录》,卷三百六十六,嘉靖二十九年十月戊子,第 6557—6558 页。"户部奉诏计处兵食事宜。……一,酌定开纳事例。军民舍余纳银三百两者,授以正五品文职散官,有司馈羊酒,仍许得自建坊;二百五十两以上者,授从五品散官,立扁表其间;一百两者,授七品官,有司礼待,仍免杂差。箚付预发各司府,填名给授。生员援例入监及俊秀子弟愿授在学名目者,俱赴本司府上纳。"同书,卷三百八十三,嘉靖三十一年三月壬寅,第 6777 页。

表-1-3 捐纳出身国子监监生人数

年代	人数	备注
1. 景泰年间[1]	千余人或八九百人	
2. 天顺年间[2]	七千余名	"纳马监生之数"
3. 成化二年(1466)[3]	万余人	"纳马入监者数"
4. 成化十一年(1475)[4]	一千五百余人	"纳粟实边得入监者"
5. 成化二十二年(1486)[5]	六七千人	"两监纳粟入监"
6. 正德三年(1508)[6]	九百三十六名	"遇例纳银民生"
7. 正德十二年(1517)[7]	八百名	"奉勘合开纳事例"

史料来源：
1. (明)黄佐《南雍志》,卷十五,储养考,储养生徒之权例,第345页。
2. (明)张萱《西园闻见录》,卷三十一,吏部,异途,前言,第1a—2a页。
3. 《明史》,卷一百五十九,高明传,第4349页。
4. 《明宪宗实录》,卷一百四十六卷,成化十一年十月丙申,第2687页。
5. (明)黄佐《南雍志》,卷十五,储养考,储养生徒之权例,第345页。
6. (明)黄佐《南雍志》,卷十五,储养考,储养生徒之名数,第352页。
7. 《湖广图经志书》,卷一,总理赈济副都御史吴廷举参酌议处事宜,第41页。
另外还参考了渡昌弘《明代捐纳入监概观》。

【表-1-3】的数字中,除了第6的正德三年之外都是"纳贡生"的人数。其中第1,5,6的数字可能是在南京国子监的"纳贡生"人数。正德三年的数字是"遇例纳银民生",即庶民通过"捐监"得到"例监生"资格得人数。我们参考《南雍志》的记载,可以知道正德三年(1508)南京国子监中各类监生的人数和比例(【表-1-4】)。

表-1-4 正德三年南京国子监在籍监生人数

身份	名数	比例(%)
举人(举监)	153	11.50
官生	1	0.08
岁贡	241	18.10
遇例纳银民生	936	70.32
合计	1331	100.00

史料来源：(明)黄佐《南雍志》,卷十五,储养考,储养生徒之名数,第352页。原文为1326名。

由以上统计可以看出，正德三年时南京国子监中在籍监生的大约70％是捐纳出身的"民生"。

关于嘉靖年间以后的国子监监生人数，林丽月根据《皇明太学志》记载的北京国子监的在籍监生人数制作了《嘉靖二十二年至万历九年国学各类监生人数比例表》。在这个表中统计的39个年份之中，北京国子监在籍捐纳出身监生低于监生总数三分之一的仅有5个年份，即嘉靖二十六年(1547)，隆庆三年(1569)，万历四年(1576)，五年(1577)和八年(1580)。与此相对，捐纳出身监生人数超过在籍监生总数百分之五十的有18个年份，其中有些年份甚至占到了在籍监生的百分之七十。例如，嘉靖三十年(1551)占在籍监生总数百分之七十七的657人为捐纳出身的监生。由此可见，明代中期南北两监中绝大部分的监生为捐纳出身的纳贡和例监①。

关于明代晚期捐纳出身监生人数，明朝人谢肇淛有过如下说明②：

> 国朝设太学以待天下之英才，最重其选，铨选京职方面，与进士等。乃后来举贡之外，一切入赀为之，谓之援例。其有子弟员屡试不利于乡而援入成均者，犹可言也。民家白丁，目不识字，但有余资，即厕身衣冠之列，谓之俊秀。大都太学之中，举贡十一，弟子员十二，而此辈十之七也。……

他所说的"子弟员屡试不利于乡而援入成均者"为纳贡生，而"但有余资"的"民家白丁"捐纳后"厕身衣冠之列"者为例监生。总之，根据他的说明，明末国子监在籍监生的大约百分之七十为捐纳出身之人。这与上述林丽月的研究结论是基本一致的。由此可见，明代中期以后国子监监生的大约百分之七十来自捐纳。

国子监监生资格为什么会成为捐纳的对象？为什么府州县儒学生员积极要求捐纳国子监监生的资格？下面我们来看一看产生纳贡和例监的原因，首先来看一看制度方面的原因。

---

① 林丽月《明代的国子监生》，第18页。
② (明)謝肇淛《五杂组》，卷十五，事部三，第327页。

第二节　纳贡例监出现的原因

一、社会上的功名意识

宋代以后,随着科举制度的确立及其与官僚人事制度的连动,国家授予的生员、举人、进士等功名所具有的价值得到社会的广泛承认。对于士大夫阶层来说,保有一定的功名不仅是他们的身份象征,而且也是维持他们现有的社会地位乃至追求更高的社会地位时不可或缺的条件之一。对于一般庶民、即农工商阶层来说,他们为了向社会公认的最高的社会阶层流动,换句话说就是成为士大夫阶层的一员,其最重要的条件就是获得上述的某项功名。众所周知,在宋代以后的中国传统社会中,士大夫的社会身份与社会地位不是固定的,而是处在不间断的再生产和变动之中。祖先的金榜题名并不能自动保证子孙后代可以享有和祖先同等的社会身份和社会地位。子孙如果未能取得一定的功名,那么就会在社会流动的过程中下滑,失去祖先曾经享有的社会身份和社会地位。在充满了身份的流动性和不安定性的社会之中,维持或提高自身的社会身份和社会地位的首要手段就是取得儒学的生员学籍,进而在乡试和会试中考中举人和进士。在这个意义上,对于希望在社会中改变自身的社会身份和社会地位,或者维持祖先得到社会身份和社会地位的人来说,最重要最基础的条件就是取得学籍。

在这里我想强调,对功名的关注实际反映出宋代以后社会的一个重要特征,即庶民势力的成长。而此种庶民势力的成长是以他们对功名的渴求表现出来的。宫崎市定曾经指出,宋代以后,世人发现成为"士"是一条致富和改善社会地位,并且在致富后维持财产和既有社会地位的最佳途径,故从事农工商的人弃其本业,使社会上出现了几乎所有的人都想成为"士"的状态①。

---

① 宫崎市定《科举史》,载《宫崎市定全集》,卷15,第188页。该书原名《科举》,由大阪秋田屋初刊于1946年。

应该说,这种所有人都想成为"士",或者说人们都在努力成为"士"的现象本身反映出,伴随着庶民势力的发展,他们谋求得到以功名为代表的更高的社会身份和社会地位。

这种功名意识在明代得到社会的广泛承认,成为社会的一种"常识"。追求功名成为一种普遍的社会意识。例如,地方志中收录的大量列女们含辛茹苦抚育后代成名的事例就说明了这一点。兹举一例。徽州府歙县汪氏28岁丧夫,她"家贫纺织,孝舅姑,教子胜有成"。结果,其子何胜于弘治三年(1490)考中进士①。有些商人在激励自己的孩子努力读书求得功名时甚至不惜自贬身家,说出"毋效贾竖子为也",告诫子孙牢记"非儒术无以亢吾门也"②。

在士大夫们中间,这样的"常识"当然也是存在的。万历三十一年(1603)中举,万历四十四年(1616)考中进士的袁中道在41岁曾经写下了这样一段文字③。

> 追思我自婴世网以来,止除睡着不作梦时,或忘却功名了也。求胜求伸,以必得为主。作文字时,深思苦索,常至呕血。每至科场将近,扃户下帷,拼弃身命。及入场一次,劳辱万状,如剧驿马,了无停时。岁岁相逐,乐虚苦实。屈指算之,自戊子(万历十六年,1588)以至庚戌(万历三十八年,1610),凡九科矣。自十九入场,今年亦四十一岁矣。以作文过苦,兼之借酒色以自排遣,已得固疾,逢时便发。头发已半白,鬓已渐白,须亦有几茎白者。老丑渐出,衰相已出,其所得果何如也?

这种在睡觉时也不会忘记"功名"的人在明清时代绝对不会只有袁中道一个人。进入清代以后此种风气依然没有任何改变。著名的刑名

---

① 《(弘治)徽州府志》,卷十,人物四,列女,第319页。
② (明)汪道昆《太函集》,卷六十七,明赠承德郎南京兵部车驾司署员外郎事主事江公暨安人郑氏合葬墓碑,第85—87页。
③ (明)袁中道《珂雪斋近集》,卷三,文钞,心律,第11—12页。

幕友汪辉祖在母亲临终时曾经发誓,为了改变汪氏一族六百年以来尚无一人考中科举的历史,自己自今之后"专治举业,逢场必到,死而后已"①。

这种社会意识反映在科举制度中就是应试人数和生员人数的增加。洪武三年(1370)在南京举行乡试时,由于"兵后学废",结果"其来试"者只有133人②。洪武二十六年(1393),在南京举行应天乡试时,"衣巾笔牍而至者八百人。"而四年后的洪武二十九年(1396),应天乡试的"至者千余人",建文元年(1399)则达到了"千五百人"③。由此可见,在大约30年之间应天乡试的参加者增加了10倍左右。生员人数方面的情况也是如此。根据吴金成的估算,洪武年间各类生员的总数大约为3万左右,宣德、正统年间则上升到6万④。这些数字在一定程度上说明了有多少人已经或即将如愿以偿,而由此又可以推想尚有多少人仍然在希望和努力之中。

这种数字上的增加还有另外一层含义。它从另外一个角度说明了追求功名的难度。这就是说,从明代的洪武年间到正统年间,博取"功名"的竞争日趋激烈。对于很多希望通过科举的途径实现梦想的人来说,他们在现时社会中将会遇到很大的阻力,其中最主要的就是来自科举制度本身的阻力。正是在这种情况下,国子监监生的资格显示出它的魅力,得到了社会的承认。

二、国子监生地位特殊性

洪武年间,在朱元璋的主导之下,在全国范围内形成了以府州县卫儒学为基础,以国子监为顶点的国家教育制度的体系。这一体系的终极目标,是为国家培养官僚的后备军,实现官僚和社会核心价值的再生产。

---

① (清)汪辉祖《梦痕录余》,第30b页。
② (明)宋濂《宋学士文集》,卷六,庚戌京畿乡闱记录序,第3b—4a页。
③ (明)方孝孺《方正学文集》,卷十二,应天府乡试小录序,第39a—41a页;(丙子)京闱小录后序,第41a—42a页;(己卯)京闱小录后序,第41b—43b页。
④ (韩)吴金成《明代社会经济史研究》,第61页。郭培贵《明史选举志考论》,第102页。

在国家教育制度逐步完备的过程中,明朝的科举制度也日趋完备。"科举必由学校"就是对明代教育制度和科举制度之间关系的最好说明①。由于教育制度与科举制度结合在一起,结果出现了一个极具特征的现象,即国子监监生被赋予了一种特殊的双重身份。

其一是国家最高学府的学生。在景泰四年(1453)以前,国子监监生由"举监"(伍案:会试落第举人),"岁贡"(伍案:地方儒学根据规定推荐进入国子监的廪生),"荫监"(伍案:亦称"官生",高级官僚的子弟)和恩生(伍案:经皇帝特许入学者)构成②。他们进入国子监需要凭借本人的学力或者父祖的余荫,乃至来自皇帝的恩典。

其二是进入仕途的任官资格。在明代,从国子监监生中直接选拔官僚开始得比较早。洪武五年(1373),国子监监生的王铎被任命为"摄监察御史"。洪武七年(1374),国子监监生的李扩被任命为监察御史。洪武十七年(1384),明朝政府重新开办科举,并且创立了国子监监生的历事(后述)制度。在这种情况下,仍然有一些监生被直接授予官职。例如,夏原吉在洪武二十五年(1392)以监生身份被任命为户部主事,他在以后的官僚生涯中发挥了理财的才能③。洪武二十六年(1393),刘政,龙镖等六十五人被任命为"行省布政,按察两使,及参政,参议,副使,金事等官"。此外,担任"台谏"到"府,州,县六品以下官",乃至"四方大吏"中有不少人是从监生中直接选拔的④。由此可见,在洪武年间,直接被授予各级官职是国子监监生的重要出路之一。

洪武二十九年(1396),明朝政府确立的国子监监生的历事制度。根

---

① 《明史》,卷六十九,选举志,第 1675 页。
② 《明史》,卷六十九,选举志,第 1676、1679—1682 页。"入国学者,通谓谓之监生。举人曰举监,生员曰贡监,品官子弟曰荫监,捐赀曰例监。"林丽月《明代的国子监生》,第 11—12 页。郭培贵《明史选举志考论》,第 54—79 页。
③ (明)王圻《续文献通考》,卷五十五,学校考,太学,太学出身事例,第 834—835 页。
④ 《明太祖实录》,卷二百三十,洪武二十六年冬十月丙申,第 3361—3363 页。根据《明史》的记载,与刘政一起得官者为 64 名。《明史》,卷六十九,选举志,第 1678 页。

据史料记载①：

> （朱元璋）命吏部选国子生年三十以上者，分隶诸司，练习政事，月给米一石。三月则考其勤怠，能者擢用之。

在历事结束时，政府根据监生们"勤怠"的情况，分别给予"勤谨"，"平常"，"才力不及"和"奸顽"等项的评定，以次决定去取②：

> 引奏勤谨者，仍历，俟阙官，以次取用。平常再历。才力不及，送监读书。奸顽充吏。

建文二年(1400)，明朝政府修订了"监生历事考核法"，将监生的历事期间延长为一年，并以上中下三等的标准进行考评③：

> 上等不拘选用。中等、下等，仍历一年再考。上等者依上等用，中等者不拘品级，随材任用，下等者回监读书。

总而言之，国子监监生只要经过三个月或一年的历事，只要没有得到"奸顽"或"下等"的考核结果，都可以以"听选监生"的身份得到入仕的资格。

朱元璋发明的国子监监生"历事"制度在传统中国，尤其是科举制度确立之后的国家教育制度和官僚人事制度的历史上，是一项十分特殊的制度。在原来意义上，国子监监生主要的任务是，以在科举考试中取得优异成绩，金榜题名为目标，继续深入学习儒教的经典。他们只要在乡试中合格，即可以被授予一定的官职。在这一点上，他们与同样享有乡试资格的府州县学生员是同样的。但是，以国子监监生为对象的历事制度，是通过在行政现场的训练尽早发现官僚人才，并直接授予官职的制度。这也就是说，成为国子监监生一事本身就意味着已经在很大程度上

---

① 《明太祖实录》，卷二百四十六，洪武二十九年六月甲辰，第3571页。《(正德)大明会典》，卷一百七十三，国子监，拨历事例，第2册505页。
② (明)黄佐《南雍志》，卷一，事纪，第64—65页。
③ (明)黄佐《南雍志》，卷一，事纪，第64—65页。

获得了任官的资格。而这一点是府州县学的生员们无法无法享受的"特殊待遇"。因为,他们不是历事制度的对象。在这种情况下,对于那些已经成为国子监的监生们来说,相对于难以预测在何时的乡试中可以考中举人来说,历事是一条可以对成功的前途做出某种预测的途径。

总而言之,与府州县生员相比,在南北两京国子监中学习的生员在科举上已经居于十分有利的地位①。而更重要的是,国子监监生身份本身也是为官入仕的资格。换句话说,对于那些有志改善自身社会身份和社会地位的人来说,拥有上述双重性质的国子监监生身份在在上行流动过程中起着一种"双保险"和"防滑链"的作用。国子监监生资格所具有的魅力即在与此。

三、生员之盛

永乐年间以后,明朝开国初年存在的官僚欠员问题基本得到解决,举人和进士在官僚人事制度上日益得到重视。而另一方面,府州县学的在籍生员人数也在不断增加。

明朝初年规定了府州县儒学中的生员定额,即在京府学 60 名,在外府学 40 名,州学 30 名,县学 20 名。同时,政府向他们发放廪馔,优免其家二丁差徭。洪武二十年(1397)十月,朱元璋又决定在府州县学生员的上述定额之外,招收"不拘额数"的"增广生员",虽然不向他们发放廪馔,但是允许为他们的家庭优免二丁差徭②。宣德三年(1428),礼部尚书胡濙上奏说③:

……以近时学校之弊言之,天下郡县应贡生员,多是记诵文词,不能通经,兼以资质鄙猥,不堪用者亦多。此皆有司不精选择,教官

---

① 明代乡试中南北两直隶的解额多于其他各省。请参看林丽月《明代的国子监生》,第 103—104 页。
② 《明太祖实录》,卷一百八十六,洪武二十年冬十月丁卯,第 2789 页。"上以北方学校无名师,生徒废学。命吏部,迁南方学官之有学行者教之。增广生员,不拘额数,复其家。"
③ 《明宣宗实录》,卷四十,宣德三年三月戊戌,第 979—980 页。

不勤教诲,是以学业无成,徒废廪饩。

明朝政府有鉴于此,一方面决定对在籍生员进行考核,对那些"食廪膳七年以上,学无成效者",发往附近布政司或府州"充吏",对那些食廪膳"六年以下,鄙猥无学者",则向他们"追还给过廪米,罢黜为民"。更重要的一条规定是将原无定额的增广生员确定为与廪膳生员同额,即"在京府学六十名,在外府学四十名,州学三十名,县学二十名"。但是,这种严格淘汰和收窄门户的对策似乎并未收到明显效果,生员人数扩大的趋势没有发生根本的改变。

大约在同一时期,在廪生和增生之外,还有一些人以"寄名"的形式进入了府州县儒学。据凤阳府知府杨瓒的解释,"寄名"是在廪生和增生之外尚未入学的"聪明之士",他们"入学寄名以俟补增广之缺"。从这一说明中可以看出,洪武年间起开始实施的教育政策和官僚人事制度中的关键已经渗透到社会中,这一关键就是,进入学校,成为生员是做官的前提条件。

杨瓒还说,这些"寄名生员"往往"无路出身",令人"未免沧海遗珠之叹"。他建议废除宣德三年(1428)起实施的增生人数定额,对于自愿入学者,只要经过一定的选拔,即可允许入学:

> 乞敕该部通行天下学校,今后增广生员不拘额数,但系本土人民子弟,自愿入学读书,听府州县正官与学官公同考选,俊秀者即作收增广生员。凡遇开科,考其学问,优长者许令应试。

正统十二年(1447)三月,礼部在协商后认为:

> 请令如有此等子弟,准其入学待缺,补充增广。

这样,在原有的廪生和增生之外,府州县儒学中又多了不限名额的附学生员,亦即附生[①]。

[①]《明英宗实录》,卷一百五十一,正统十二年三月癸酉,第2959—2960页。

清朝的史官在《明史》中对明朝的教育制度不惜笔墨,大加称赞①:

> 盖无地而不设之学,无人而不纳之教。庠声序音,重规叠矩,无间于下邑荒徼,山陬海涯。此明代学校之盛,唐宋以来所不及也。

从在全国遍设学校和生员人数的增加来看,清朝史官的上述称赞并非言过其实。但是,在教育繁荣的表象之下掩盖着一个不争的事实,即国家造就出了供大于求的生员群体。也就是说,国家培养生员成为官僚预备军,但是到头来国家自身却无法将他们吸收进入官僚的队伍之中。如前面引用过的研究中所说,明代洪武年间的生员数为大约3万人,而国子监监生捐纳开始以前的正统年间,这一数字达到了6万人②。

一般来说,成为儒学生员之后即获得了可以参加乡试的资格,如果考中举人则不仅可以举人身份任官,亦可以进一步参加会试,向进士资格挑战。由于举人仅仅下进士一等,且为正途出身,故对于生员们来说,中式成为举人实在是梦寐以求。但是,除去必须有相当程度的学力和得以维持常年专心治学的财力之外,在乡试竞争率高于会试,合格者被称为"金举人,银进士"的时代,要走通此路谈何容易③。

明朝人文征明曾经说过:"乡贡率三岁一举。合一省数郡之士,群数千人而试之,拔其三十之一,升其得隽者曰举人。"由此可见,乡试的及格率大约为三十分之一。他的友人陆世明,"天才复出,矢口迅速,藻丽烨然。每就试,据案疾书,视他人章追句琢,方事思惟,而君数百言已就,莫不长达隽永而傅于礼。……然每试应天,辄斥不售"。结果,陆世明自弘治八年(1495)至正德十四年(1519),"凡九试始得举于乡"。前后用去了

---

① 《明史》,卷六十九,选举志,第1686页。
② (韩)吴金成《明代社会经济史研究》,第61页。郭培贵《明史选举志考论》,第102页。
③ (清)顾公燮《丹午笔记》,金举人银进士,第68页。"……然乡试难而会试易,乡试定额,科举三十名中一人,不过二三千人入场。其得与干宾兴者,殁后,且著之行述以为荣。至于会试,进士有三百余名,其途宽矣。故俗有金举人银进士之谣。"关于明代乡试的竞争率,请参看陈宝良《明代儒学生员与地方社会》,第269—273页。另请参看钱茂伟《国家,科举与社会》,第94—106页。

二十四年的时间①。可见,在乡试中考中举人决非易事,"入学→生员→举人"对于大多数士子来说,这是一条虽然梦寐以求,但又可望而不可及的"险路"。

这样,"入学→生员→举人→进士"的流动途径对于大多数生员来说无疑是充满了巨大的魅力,但是却存在着许多不确定的要素,其中最主要的就是无法对未来作出大致的预测。对于他们中的一部分来说,更加现实的选择则是,首先是成为廪生("补廪"),然后以岁贡生等资格被"保送"进入国子监("出贡"),以便既可以用监生的资格准备参加乡试,也可以凭借监生的资格博取一官半职。

明朝初年,"进士,监生及荐举者,参错互用"。永乐,宣德年间以后,"渐循资格",弘治,正德之后,"资格始拘"②。但即便在正德,嘉靖年间,国子监监生"尚选教职及知州知县等官。"到了隆庆年间,监生虽"双月考中第一者,亦仅得州同知,州判官③。"可见,虽然与举人进士相比尚有差距,但是监生资格所特有的既可进(应乡试)亦可守(就教职等)的双重性质,是士子们取得尽可能高的社会地位,以及维持自身社会地位的特殊途径,所以不少生员在考虑自身出路的时候将"补廪→出贡→历事→任官(教职或佐杂)"作为现实的选择之一。

与上述"入学→生员→举人→进士"的流动途径相比,这是一条可以对前途做出某种预测的途径。循这条途径获得官职,虽然在日后升官等方面与举人进士相比有诸多不利因素,但是,对于希望获得一定的社会身份和社会地位的人们来说,获得享有双重性质的国子监监生资格毕竟是一个十分重要的手段。

但是,在这条"补廪→出贡→历事→任官(教职或佐杂)"的途径上存在着两个难关,它们就是"补廪"与"出贡"。以下,我们分别看一看这两个难关。

---

① (明)文征明《文征明集》,卷十七,送周君振之宰高安叙,上册第 462 页;卷二十五,三学上陆冢宰书,上册第 583—586 页;卷十七,送陆君世明教谕青田叙,上册第 460—461 页。
②《明史》,卷七十一,选举志,第 1717 页。
③ (明)沈德符《万历野获编》,卷十一,监生选正官,第 282—283 页。

四、两个难关：补廪与出贡

(1) 补廪

补廪是指增生和附生在廪生出缺之后，按规定递补为享受政府支给廪饩的廪生。与学校的"扩招"部分的增生和附生相比，廪生享受很多特权。除了享受定额廪饩和固定号舍，为童试的应试者充当"廪保"等之外，最重要的一点是，只有廪生才可以享受岁贡生员的制度，通过保送进入国子监。这样，在童试及格入学之后，对于那些增生和附生的生员来说，他们马上又需要向新的目标继续努力，争取早日成为廪生。

如上所述，府州县廪生有名额的限制。即洪武年间规定的在京府学60名，在外府学40名，州学30名和县学20名。洪武二十年（1387），朱元璋允许不支廪饩亦不受名额限制的增生开始进入学校之后，增生等候廪生出缺的补廪开始出现了[①]。宣德三年（1428），增生的名额被限制在与廪生同等的水准[②]。正统十二年（1447），政府又允许府州县儒学可以招收没有名额限制的附生入学[③]。这样，生员在入学之后，首先面临着的问题是与廪生之外所有生员竞争补廪的空缺。

成为廪生大致需要两个条件。第一是生员自身的条件，即必须在岁试和科试中取得"一等一、二名"的成绩。第二是客观条件，即廪生名额出现了空缺。明末清初的叶梦珠曾经说[④]。

> 前朝学校最盛，廪贡最难。凡岁科两试，不列一等一、二名，无望补廪。甚或有一、二名而无缺可补。

根据他的说明，生员从入学到补廪大约需要等待20年以上的时间。在人文荟萃的江南地区，这一问题更显得突出，文征明就曾经说过，在他

[①]《明太祖实录》，卷一百八十六，洪武二十年十月丁卯，第2789页。
[②]《明宣宗实录》，卷四十，宣德三年三月戊戌，第979—980页。
[③]《明英宗实录》，卷一百五十一，正统十二年三月癸酉，第2959—2960页。
[④]（清）叶梦珠《阅世编》，卷二，学校，第29页。

的家乡苏州府,有"增附二十年不得升补者"①。他所说的"升补"应该包括通过"补廪"成为廪生的情况。

从通常情况来看,补廪只有当廪生在乡试中考中举人,或者被以岁贡生员送往国子监之后出现空缺的情况下才有可能。但是,如上所述,在竞争率极高的乡试中脱颖而出绝非易事,以岁贡生员身份进入国子监"出贡"(后述)也并非举手可得。结果,虽然在岁试和科试中取得了优异的成绩,也不等于可以立即成为廪生。

(2) 出贡

岁贡生员的制度确立于明初的洪武年间。岁贡名额虽然几经调整,作为国家的一项制度一直延续到明末,清朝在日后也继承了这一制度。岁贡生员制度的理念在于,从地方儒学中将成绩优秀的生员选拔进入国子监,让他们在继续学习的同时,通过监生的历事制度培养行政官僚。从教育与实际相结合的观点来看,这种制度在培养人才方面确有独到之处。不过,这一制度也存在矛盾与不安。

生员在补廪成为廪生之后,就开始漫长的"挨贡",即等待以岁贡生员身份被保送进入国子监。此处的"挨"意味着排队等候。纳贡登场之前的正统六年(1441),明朝政府修改了岁贡的规定,廪生名额分别为府学 40 名,州学 30 名和县学 20 名。府州县儒学可以保送的岁贡生员名额为,府学每年 1 人,州县每 3 年 2 人,县学每 2 年 1 人②。如果我们不考虑廪生在乡试中考上举人或死亡等情况,依这一标准单纯计算的话,那么府州县儒学中在籍的某一年度的廪生全部以岁贡生员保送进入国子监,至少需要 40 年的时间。例如,某人在 15 岁有幸成为廪生,他如果想循岁贡生员的途径进入国子监的话,恐怕需要等上 40 年之久。在此需要注意的是,能够以岁贡生员身份被送往国子监的仅仅是那些廪生。因此,这里所说的需要等待 40 年,其对象仅限于廪生。如果对方是如上述

---

① (明)文征明《文征明集》,卷二十五,三学上陆冢宰书,上册第 583—586 页。
②《明史》,卷六十九,选举志,第 1680 页。

那些连补廪都首先要用去 20 年岁月的增生或附生,则所需的时间无疑会更加漫长。

弘治十七年(1504),南京国子监祭酒章懋在上奏中曾经提到,"岁贡诸生始得廪必二三十年,而后贡"①。叶梦珠亦曾说过:"廪生非二十年之外,无望岁贡。甚或有三四十年,头童齿豁而始得贡者。②"可见,廪生需要等 40 年以上才有望岁贡的计算确实不是耸人听闻。这种情况在人文荟萃之地更令人胆寒。

以明代中期的苏州府而论,根据上引文征明所说,一府一州八县的十所儒学共有生员 1500 名,三年之内,中式不足 30 人,所贡不足 20 人,亦即三年之内仅有 50 人(3.3%)的生员在仕途上如愿以偿③。按照这一数字计算的话,即便没有新的生员入学,剩下的 1450 名生员至少要等 85 年才有全部走上仕途的可能。不啻为死路一条。难怪明朝人曾经说"选贡瘟,举人瘴"。因为,"瘟无不死,瘴则有死,有不死"④。可见"挨贡"的一个"挨"字包含着何等的心酸悲哀。实际情况也确实如此,江苏太仓州生员张俸,"久困诸生间,至食廪三十年而不及贡",直到 73 岁下世时为止,始终也没有"挨"到出贡的机会⑤。

本章第一节中提到的"临清县学生员伍铭"等人的具体身份现在尚不清楚。以他提出"纳米入监"请求来看,即便他属于廪生,在"挨贡"的顺序中恐怕也并非名列前茅。根据南京礼部尚书张瑛在宣德七年(1432)的估算,全国的廪生总数为"三万有奇"⑥。我们暂且不考虑其他

---

① (明)黄佐《南雍志》,卷四,事纪四,第 114 页。
② (清)叶梦珠《阅世编》,卷二,学校,第 29 页。陈宝良认为,文中"三十四",应做"三四十"。是。见陈宝良《明代儒学生员与地方社会》,第 274—275 页。
③ (明)文征明《文征明集》,卷二十五,三学上陆冢宰书,上册第 583—586 页。
④ (明)姚旅《露书》,卷八,第 866 页。
⑤ (明)王世贞,《弇州山人四部稿》,卷八十四,第 7a—9a 页。
⑥ 《明宣宗实录》,卷九十六,宣德七年十月辛丑,第 2168—2169 页。"南京礼部尚书张瑛言,天下儒学廪膳生员,府四十人,州三十人,县二十人,通计三万有奇。岁食廪米不下十数万石,朝廷养士之隆,自古鲜比。"

因素,姑且以洪武二十一年(1388)有 1027 人成为岁贡生员的比例计算[1],假设每年有大约 1000 名廪生可以依岁贡生员制度进入国子监,这"三万有奇"的廪生全部"挨"入国子监,大约需要 30 年时间,这与上述文征明、叶梦珠等人所说的情况基本吻合。如果"伍铭"等人的身份是尚在等待"补廪"的增生或附生的话,那么其命运就更可想而知了。明朝中期的一些文人就曾经之处,此种"廪生久滞"的情况已经成为社会问题[2]。

由此可见,在既成的制度之下,即便是廪生也很难得到出头之日。当然,上面的这些单纯计算只是为了说明制度设计中对出贡的限制,在实际生活中,生员们为了早日得到出身往往会想方设法缩短等待补廪和出贡的时间,在有限的人生中尽快上升。如果真是到了"头童齿豁"才得以出贡,那么也就没有多少作官的可能了。所以,生员们中的一部分人并不是消极地对待自己的人生的,他们不放过一切可以利用的机会,并且十分关注国家制度和政策上的变化,甚至诱导国家的制度和政策向着对自己有利的方面变化。伍铭等人利用政府筹措赈济食米之机提出"纳米入监"的请求,无疑就是为了尽快得到出头之日。倘若以伍铭等人为刚刚补廪的县学廪生计算,他们用"纳米八百石"为自己最多可以赢得大约 30 年左右的时间。伍铭等人主动提出纳贡的真实动机就在于此。

我们在这里可以看出,在明朝捐监政策确立的背后,存在着生员们的积极活动。这就是说,中国捐纳制度史上捐监制度的出现,在相当的程度上是生员们"努力"的结果。

第三节 捐纳出身者的身份意识与社会地位

一、捐纳出身者的身份意识

如上所述,捐纳出身的例贡生和例监生进入国子监之后,除了继续

---

[1]《明太祖实录》,卷一百八十八,洪武二十一年正月,第 2817 页。
[2] (明)陆容《菽园杂记》,卷十二,第 151—153 页。

深造争取在乡试中取得优异成绩考中举人之外,还可以循历事制度在行政的实际事务中得到锻炼,以求早日得到任官入仕的资格。永乐年间,积分法废止之后,监生们"唯有历事,乃得出身"①。正统年间,监生的拨历"一以坐监年月为深浅",即根据在国子监实际学习的年限决定历事的先后顺序。"天顺以前,在监十余年,然后拨历诸司,历事三月,仍留一年,送吏部铨选。"这就是说,在成为监生十余年之后,只要经过三个月的历事期间,再经过一年之后,即可以被送往吏部参加铨选。为了争取早日得到拨历,"诸生互争年月资次",争辩不已。前面曾经说过,生员从补廪到出贡通常要"挨"上很多年。假定某生员有幸在25岁时成为监生,进入国子监十多年之后才有机会"拨历诸司"去"历事"三个月,然后再等上一年,便有资格去参加吏部的铨选。倘若他十分幸运,立即得到了官职,那么大概已经在40岁上下。由于监生所得之缺多为坐冷板凳的府州县佐杂官或教职,那么他在有生之年恐怕很难成为州县官。因此,监生们都希望能够尽早得到拨历,以便尽可能快地获得参加吏部铨选的资格。只有这样,才有可能在社会中尽早地实现自身社会身份与社会地位的上升。为此,国子监监生之间往往就拨历问题发生争执,甚至导致互相攻击倾轧。但是,明朝政府在根本上轻视监生的"就业"问题,结果是空发议论,始终未能解决这一问题②。当大量的府州县儒学生员纳贡进入国子监之后,围绕拨历问题的争论更是火上加油。

成化十一年(1475)十月二十日,"国子监生三百六十一人"上奏说③:

> 臣等皆发身科贡,循资入监。而各学生员近有纳粟实边得入监者一千五百余人。况有未经食廪,临时寄名冒籍者,率多幼稚,而拨历反在臣先。乞通查冒滥者,从宜处分。其在学曾为廪膳者,亦与臣等相兼拨历为便。

---
① (明)黄佐《南雍志》,卷十六,储养考,上叙,第373—375页。
② 《明史》,卷六十九,选举志,第1683—1684页。
③ 《明宪宗实录》,卷一百四十六,成化十一年十月丙申,第2687页。

这361名"循资入监"的贡生们对最近利用捐纳手段进入国子监的1500余名监生中的"未经食廪,临时寄名冒籍者"表示了强烈的不满,他们认为这些人"率多幼稚",但是反而在"循资入监"之前得到了"拨历"。他们要求政府对上述1500余人中的"冒滥"者进行调查和处分,对于其中曾经"在学曾为廪膳者",亦即纳贡监生则不妨与自己一样,"相兼拨历"。可见,这361名监生攻击的对象是那些"未经食廪"和"临时寄名冒籍者",也就是除纳贡廪生之外的所有利用捐纳手段成为国子监监生的人。

针对这种指控,"纳粟实边得入监者一千五百余人"之中的"纳粟生二百一十二人"不甘示弱,他们也上奏说:

> 臣等皆出自学校,亦有曾经科举者。朝廷以边储缺用,下输粟入监之例,初不以年齿长少论也。

他们强调自身也是学校出身,也曾参加过相应的科举考试,而且理直气壮地声明,"输粟入监"乃是响应朝廷的号召,急国家之所急,何况朝廷在开办纳粟入监时并未规定要考虑"年齿长少",故而自己在上述361名"循资入监"者之前得到"拨历"是合情合理的。

结果,这两种意见都被交给礼部。礼部在经过商议后做出了如下决定:

> 科贡乃祖宗旧典,纳粟实一时权宜。况纳粟送监及复班之日多在科贡入监之先,若仍缘旧规以次取拨,是使纳粟者得以遂捷取之愿,而科贡者不能无淹困之嗟。宜敕国子监,于此两途酌其多寡,相兼拨用。俟纳粟数尽,然后奉例如旧。

礼部的意见是从原则论开始的,首先承认科贡乃"祖宗旧典",而纳粟乃"一时权宜"。礼部认为"国子监生三百六十一人"的指控并非空穴来风,纳粟监生的"送监及复班之日"确实比科贡出身者快,导致后者"不能无淹困之嗟"。但是,对他们控告的纳粟监生中存在着"未经食廪","临时寄名冒籍者"等问题却不置一词,避免就此做出判断。因为如果承认这些指控,势必要涉及到对所有利用捐纳进入国子监的纳贡生和例监生进行一次资格的重新审核。那样的话,问题很可能闹到难以收拾。朝廷将这一问题交给并非直接负责捐纳事务的礼部解决,其用意就是希望将问题化解在礼部的职权范围内。礼部对此心领神会,将皮球直接踢给了具体管理监生拨历问题的国子监。礼部建议在"纳粟"出身者的拨历问题彻底解决之前,由国子监斟酌两者的"多寡"之后"相兼拨用","俟纳粟数尽,然后奉例如旧"。至于如何"相兼拨用",礼部未提出任何方案。由此可见,礼部的意见实际上是维持拨历问题的现状,对纳粟入监者是有利的。这说明礼部不想,也没有能力解决"循资入监"的361名贡生们提出的问题。这不应该看作是礼部的推诿,而是礼部在考量了关系国家安危的"边储"和各种利益关系之后,做出的判断。至于国子监,倘若当初能够"相兼拨用"的话,也就不会出现上述问题了。皇帝在得到礼部上述方案之后,也只能是"报叫"而已。

在这一事件中值得注意的是,"纳粟实边得入监者一千五百余人"之中的"纳粟生二百一十二人"的态度。这些人中的相当部分很可能是前面提到的增生纳贡者①。他们面对"循资入监"的"国子监生三百六十一人"的指责,采取了毫不退让的对策。他们不去分辨指责中的"未经食廪",只是强调自身也是学校出身,也曾经参加过科举考试。同时,他们特别说明纳粟是堂堂国策,自己纳粟成为贡生是急国家之所急。在这里,我们完全看不出纳粟出身监生在"循资入学"的岁贡生员面前显露出哪怕是一丝一毫的自卑和羞耻②。

嘉靖七年(1528),南直隶应天府溧阳县出身的马一龙向"外兄史恭甫贷金三百,以二百援例入太学,以百金充路费",离家前往北京。行前赋"援例北发"诗一首③。

---

① 增生捐纳国子监监生资格始于成化二年(1466)闰三月,见本章第一节。
② "国子监生三百六十一人"指责的"纳粟实边得入监者",共计"一千五百余人"。除其中的"纳粟生二百一十二人"提出不同意见之外,其余的大约一千三百余名"纳粟监生"没有任何回应,礼部对此也只字不提。这一事实令人颇感兴趣。
③ (明)马一龙《玉华子游艺集》,卷五,第300页;同书,卷十七,考妣年谱,第622页。

匣琴囊剑少年游,迟日春风一客舟;
色上桃花如索哄,香分竹叶且忘忧。
三千鸟道应过夏,九万鹏程已待秋;
□□黄金买身贵,当年卜式岂吾俦。

马一龙援例成为监生之后,中嘉靖二十六年(1547)进士。虽然他有捐纳的经历,但是并没有妨碍他官至南京国子监司业。在这首"援例北发"诗中,我们完全看不出纳赀入监的羞愧。相反,我们在诗中可以看到他一点儿也不否认自己是"黄金买身贵",并且充满了"匣琴囊剑少年游"的豪气。这位将自己比作"当年卜式"的作者在捐纳之后立即期待着"九万鹏程"的到来。

明代中期的学者陈建就"生员吏典纳银事例"的实施发表了如下看法①。

> 生员吏典纳银事例,弘治以前犹暂行复止,人数有限,今则无限数,无止息之期矣。向犹接济军旅饥荒之用,出于不得已,今则接济土木之工矣。向犹以为不美之政,廷臣屡经议革,今则寻习视为当然,为常事,为不可已之规,不可无之举,而无复有訾议之者矣。世变于兹益验。

陈建的上述言论告诉我们,以弘治年间为界,在捐纳政策本身发生变化的同时,这一点在上文中已经言及。此处的关键在于,社会对捐纳问题的看法也发生了很大变化。捐纳曾经被视为"不得已"的"不美之政",经常有大臣要求废止。到了明代中叶以后,捐纳已经被社会视为理所当然的"不可已之归"和"不可无之举",几乎已经见不到有"訾议之者"了。

谢肇淛虽然对"民间白丁"利用捐纳"即厕衣冠之列"表示了不满,但是又认为,"其有弟子员,屡试不利于乡而援入成均者,犹可言也。"对地

---

① (明)张萱《西园闻见录》,卷四十五,礼部四,国学,前言,第5b页。

方儒学在籍生员的纳贡表示了理解①。顾炎武在对明末的生员大加抨击的同时,对于纳粟入学一事写道:"此一时之秕政,遂循之二百年。"他以其特有的过人眼光看出,"考试至于鬻生员"为"不在王莽、安禄山、刘豫之下"的"一代之大变",并且借管子之言感叹说,"四维不张,国乃灭亡"②。这也许基于他对明末清初的社会巨变所作深刻反思之上。但是,"此一时之秕政"为什么能够"循之二百年",这"一代之大变"的原因,意义何在,顾炎武似乎没有做进一步的追究。这除了他本人的生员资格就来自这一"秕政"——捐纳之外,也反映出包括他本人在内,当时的社会意识上虽然目捐纳为"秕政",但在内心却认为是"寻习视为当然"和"不可无之举"了③。

二、捐纳出身者的社会地位

捐纳事例开办之后,依靠捐纳进入国子监的监生们属于异途,"仅得选州县佐贰及府首领官;其授京职者,乃光禄寺,上林苑之属;其愿就远方者,则以云、贵、广西及各边省军卫有司首领,及卫学,王府教授之缺用,而终身为异途矣。④"在论及社会上对捐纳出身监生的看法时,沈德符曾经说过,在成化年间以前,由于这些人所企望的"不过一命为荣,无有留意帖括者。于是士子叱为异类,居家则官长凌忽之,与齐民不甚别矣。⑤"不过,严格说来,这种情况仅仅限于那些在捐纳贡监之后没有继续取得更高功名的人。当纳贡例监之人在捐纳之后经过科举考试得到更高的身份和地位之后,社会对他们也就不得不刮目相看。沈德符提到的

---

① (明)谢肇淛《五杂组》,卷十五,事部三,第 327 页。
② (清)顾炎武著,(清)黄汝成集释《日知录集释》,卷十七,生员额数,第 964 页。同书,卷十八,锺惺,第 1071—1073 页。
③ 寺田隆信《顧炎武《生員論》をめぐって》,《東北大學東洋史論集》,第十一輯,2007 年 3 月,第 259—282 页;后收入《明代鄉紳の研究》。寺田隆信认为,顾炎武的《生員论》并非否定生员和生员制度,主旨是为了讨论生员的学力和名额,以及学习内容和教官人事等问题。
④ 《明史》,卷六十九,选举志,第 1679 页。
⑤ (明)沈德符《万历野获编》,卷十五,纳粟民生高第,第 405 页。

罗玘就是其中的佼佼者①。

罗玘"试于乡六七,竟不为有司所知。"他曾经"旦旦企踵数贡期",希望在40岁前后能够"挨贡"成为国子监监生,然后"就翰林试,幸中选吏部"。但是,他到了40岁仍"困诸生"。成化二十一年(1485),他"应入粟赈济之诏,例升国监"。成化二十年(1484),明朝政府为了在陕西和山西赈灾,决定自当年九月起至第二年三月止开办捐纳,"各处儒学廪增生员有愿输粟者,于陕西西缺粮所在上纳,廪膳八十石,增广一百石,许送国子监读书。大率以一千名为额,明年三月终期尽。"罗玘很可能就是根据这一政策纳贡后成为国子监监生的。他形容自己纳贡时如同"羁鸟脱笼,信尔飏去"。罗玘纳贡进入国子监后的第二年,即成化二十二年(1486)举顺天府乡试解元,次年登进士后被选为翰林院庶吉士,官至南京吏部右侍郎,并曾经署国子监。他的传记在日后被收入《明史·文苑传》。而多次与他一起参加过乡试的友人万良弼由于没有纳贡,最后"挨"为贡生,"分教松阳",成为一名地方儒学教官。据说,万良弼以贡生身份进入国子监后,见罗玘"既官翰林",且"从诸冠裳之后",不由得"悔其前之踽踽也"②。昔日同窗,一官翰林,一任县学,此间之差,不啻云泥。纳贡有时给士子带来的命运变化竟是如此之大。我们从他们两个人身上,可以看出利用"财力+学力"的方法早日求得功名的魅力。

罗玘在纳贡后连中举人进士,以后又曾担任过国子监的官职。正如沈德符所说的那样,此后"于是士人始有刮目此辈者",这一事例向社会发出了一个强烈的信号。这就是,利用捐纳可以帮助人们跳过需要很长

---

① 实际上,罗玘以前也曾有过捐纳出身者考中进士的事例。例如,成化五年(1469)殿试以"首甲"合格的山西籍贡士张璿,"以援例抑置二甲第一"。见(明)何良俊《四友斋丛说》,卷十,第86—87页。另请参见方志远《明代国家权力结构及运行机制》,第165页。据《成化五年进士登科录》所载(第8a页),张璿的身份为"河东运司学生"。果如此,则明朝在开办国子监监生捐纳的同时,还开办其他学校生员资格的捐纳。

② (明)罗玘《圭峰集》,卷七,送万良弼分教松阳序,第102—103页。《明宪宗实录》,卷二百五十六,成化二十年九月戊子,第4320—4322页。《明史》,卷二百八十六,罗玘传,第7344—7345页。(明)焦竑《国朝献征录》,卷二十七,费宏《南京吏部右侍郎赠吏部尚书谥文肃圭峰先生罗公玘墓志铭》,第399—400页。

时间的补廪和出贡，一举得到参加乡试的资格和任官的资格。当时，有些人正是在这一信号的影响之下，走上了通过捐纳进入国子监的。上述的马一龙就是其中之一。

对于那些渴求改变自身社会身份和社会地位的人来说，这种通过"异途"（捐纳）走入"正途"的事例是很有启发意义的。科举社会在本质上是一个资格社会，因为体现这种社会核心价值的是选拔有特定资格者成为官僚，而在官僚人事中最受重视的莫过于正途的出身资格，即号称天子门生的进士，其次是举人。在这样的社会中，人们关注的是最终的出身，或曰最终学历。社会对某人是否是进士出身常常斤斤计较，而对他究竟是通过何种方式获得进士却往往不加过问。有些人过分强调进士出身的"正途"与包括捐班出身在内的"异途"的对立。殊不知，在"正途"出身者之中就有不少罗玘、马一龙那样首先利用捐纳的手段取得一定的身份资格，再利用考试的手段，即"正途＋异途"的手段巧取功名的人①。

正是由于出现了这样一批"成功人士"，引得群起效尤，社会风气逐渐发生了变化。明代中期的成化年间以后，社会对利用捐纳进入国子监的监生的看法大致可以分为两类。对于那些捐纳之后以国子监监生的身份告老的人，社会的视线是比较冷淡的，即沈德符所说，"于是士子耻为异类，居家则官长凌忽之，与齐民不甚别矣"。而对那些在捐纳进入国子监之后又获得了举人或进士资格的人，社会的视线是十分复杂的。其中虽然也许有不满和嫉妒，但更多的无疑是宽容和羡慕。所以，陈建

---

① 类似的情况在明清两代可谓层出不穷。例如，清代学者凌廷堪（1757—1809）生于书香之家，7岁启蒙，13岁时因故"弃书学贾"。乾隆四十七年（1782），26岁的凌廷堪在北京开始师从著名学者翁方纲。第二年，他奉翁方纲之命，准备参加顺天乡试。为了取得参加乡试的资格，他根据捐纳制度的规定，于乾隆四十八年（1783）四月三十日"援例入成均"，即成为一名监生。凌廷堪在乾隆五十五年（1790）年34岁时终于考上进士。如果没有当年的"援例"，恐怕他考上监生还要再费一些周折。关于凌廷堪在学术上的成就，江藩、阮元和焦循等清朝的学者以及最近的研究者都给予了很高的评价。但是至于他"援例入成均"一事，几乎无人提及。（清）张其锦《凌次仲先生年谱》，第515—516、518—519、524—525、533页。张寿安《以礼代理——凌廷堪与清中叶儒学思想之转变》，第9—16、175—179页。

才说,"今则寻习视为当然,为常事,为不可已之归,不可无之举,而无复有訾议之者矣。"

一些官员为了亲戚友人的仕进公然捐纳,并且将有关文字刊诸文集,炫示天下。例如,严嵩曾经将女婿黎天监"携之入京,从输粟例,卒业太学",为他捐纳了国子监监生的资格①。至于为友人捐纳国子监监生撰文赋诗填词祝贺者更是屡见不鲜。例如,官至山东兖州知府的嘉靖四十四年(1565)进士宋诺曾为友人曹少泉"纳粟入监"填词一首,称友人"纳粟入监,袭上庠之文章,友天下之善士,沐天朝之洪恩,改间巷之瞻视。"并且说:"仕籍因之以通,宦途由此而始",明确地将"纳粟入监"与"仕籍"和"宦途"联系在一起②。

在明代中叶以后编纂的许多地方志中,捐纳入监者已经不仅仅是被"视为当然,为常事,为不可已之规,不可无之举"(上引陈建语),而且是被视为与进士举人同样的"本地名人",在开列进士举人的姓名之后,也将他们的姓名一并刊入。此例一开,遂成风气。例如,《(正德)汝州志》中,不仅记载了当地 15 名捐纳出身者的姓名,而且详细记载了其中 14 人的任官情况,其中包括知县 1 名,县丞 3 名,主簿 3 名,税课局大使 1 人,卫经历 2 人,王府典仪 1 人,王府典簿 1 人,鸿胪寺序班 1 人,卫千户所吏目 1 人③。我们从此可以对明代中期捐纳出身国子监监生的仕途有一定了解。《(嘉靖)尉氏县志》中记载了捐纳出身者 30 人的姓名,并且说明了记载了理由④:

> 例贡 国家为充边储,救岁歉,令士民得入粟与锾,以升胄监列朝班,实民生之计,非济民之私也。尉氏应例,世有其人。该惟阶此

---

① (明)严嵩《钤山堂集》,卷四十,赠鸿胪寺署丞黎天监墓志铭,第 345 页。
② (明)宋诺《宋金斋文集》,卷二,贺曹少泉纳粟入监词,第 308 页。
③ 《(正德)汝州志》,卷六,人物,输粟入监,第 14b—15a 页。
④ 《(嘉靖)尉氏县志》,卷三,第 68b—70a 页。此处所言华钥为江南常州府无锡县人,嘉靖元年(1522)举人,二年(1523)进士,官至刑部郎中。(明)张弘道等编《皇明三元考》,卷十,第 1b 页。《嘉靖二年进士登科录》,第 8b 页。

以行其志,如近代罗(名玘)与华(名钰)之为可也。苟幸此而徼其
利,如前代卜(名式)与崔(名烈)之流不可也。名秩并载,自贵为良。

由此可见,该地方志编纂者强调捐纳入监乃"实民生之计,非济民之私
也",亦即此举为国家大政方针,应例捐纳者如同罗玘那样,不过是"阶此
以行其志",而并非卜式为谋私利而捐纳者。将捐纳之人区分为"志"捐
纳和为"私"捐纳两类。总而言之,在地方志记载捐纳者的姓名,是为了
彰显那些通过向国家提供财政支援而实现自身志向的人。

我们应该注意到这样一点,即地方志的编纂通常由地方官领衔,具
体事务主要由各地方的头面人物,亦即地方社会的精英(élite)们操办。
这样,地方志编纂过程中反映的主要是这些地方精英们的意识。所以,
我们从地方志中记载的捐纳出身者的姓名等等可以看出,至少有相当一
部分的社会成员认为通过捐纳进入国子监是一件光彩的事情。

结　语

以上叙述了明朝捐监政策的出现及其导致这一政策出现的制度性
原因,并且说明了捐纳出身者的社会地位。最后,根据以上议论谈几点
意见。

在明朝初年创立的重视原额的财政制度之下,明朝政府在很长时期
内倍受财政问题的困扰,难以解决来自行政、军事、宗室等方面不断增加
的财政需要。在这种情况下,捐纳成为在正规财政之外增加政府收入,
尤其是解决政府的紧急财政需要时的重要手段。特别是明代中期以后,
捐纳成为支撑明朝国家财政的重要支柱之一,尽管明朝政府上下对这一
政策可能带来的弊害有一定的认识,但是始终没有放弃它。

通过捐纳获得国子监监生的政策始于景泰年间,与其说是时间上的
偶然,不如说是以富裕阶层的存在为代表的庶民势力发展的必然结果。
在文中提到,从景泰年间到成化年间,社会上存在着一个为了捐纳可以
一次向政府提供数百石谷物和数百两银子的富裕阶层。成化十一年

(1475)时国子监中有"纳粟"入监者"一千五百余人",我们由此可以察知该富裕阶层的人数①。其后,捐纳的标准额不断下调,只要是具有一定财力的人都可以通过捐纳得到国子监监生的资格。这些属于富裕阶层的庶民并不是超越时代的世界观的所有者,他们的世界观和他们追求的目标与士大夫的世界观和目标是基本一致的。就是说,取得国家承认的身份资格,成为士大夫阶层的一员,进而在日后成为国家的官员②。即便是没有成为官僚,他们依然可以凭借手中的国子监监生身份享受特权,既可以保住"身家",也可以提高一族的社会地位。正是为了这样的目标,他们在如何有效地利用科举制度,和如何有效地提高自身社会身份和社会地位问题上不惜驱使自身的财力。从具体做法上来看,他们将使用财力的对象锁定在具有双重性质的国子监监生资格上,诱导国家的政策向着对自己有利的方向倾斜。

国子监监生资格的捐纳在景泰年间成为国家的一项政策,还有一个原因来自明朝的学校制度本身。以培养官僚后备军为目的的学校制度,被与选拔官僚的科举制度挂钩。两者之间保持着密切的关系。参加科举考试所必须的是国子监监生资格和府州县卫儒学的在籍生员资格。其中,最有魅力的无疑是具有双重性质的国子监监生。来自富裕阶层的捐监提案正是看到了国家制度上的这种特点。另一方面,从国家的角度来说,国子监监生的资格首先是一种学籍,由于还需要经过"历事",故也可以将这一资格解释为并不能直接成为参加官僚的铨选。这也就是说,国家没有同意可以通过捐纳直接获得参加官僚铨选的资格。国家可以借此摆脱"卖官鬻爵"的污名,比较容易地接受并推广来自民间的捐监提案。

在接受了来自富裕阶层的庶民提案之后,明朝政府开办了国子监监生的捐纳。此举说明,庶民们通过驱使财力提高自身社会身份和社会地

---

① 《明宪宗实录》,卷一百四十六,成化十一年十月丙申,第 2687 页。
② 岛田虔次《中国における近代思惟の挫折》,第 262—275 页。

位的手段,被国家承认,并且被作为国家的一项制度固定下来。此举还说明,这种可以满足一部分社会成员希望的,具有"庶民性"的制度,虽然颇具争议,最终还是为社会大众所接受。社会对用财力获取国家资格行为的反映,不仅是宽容的,甚至还是积极的。如果再联想到利用财力的"赎罪"和食盐专卖的"开中法"下财力和专卖权之间的"交易",我们有理由相信,对于当时的很多人来说,他们在根据国家的政策和制度规定,对陷入财政困境的国家提供资金支援之后,从国家那里得到某种资格是值得赞扬表彰的事情,并非卑屈羞耻之事。即便是有些人将这一政策或制度指为"秕政",其责任也在推行者,即国家的身上,与利用者的个人毫无关系。明朝末年,明朝政府为了开辟新的财源征收"矿税",结果在各地爆发了民众的大规模抗议。相反,我们至今尚未从史料中发现过反对捐纳的民众运动①。我们在这里看到,推行政策和确立制度的过程中,能否满足社会成员的需要是至关重要的。而捐监的实施为广大社会成员提供了一个在国家制度的框架内部,即利用科举制度的前提之下,使用财力改变自身社会身份和社会地位的重要途径。正是因为如此,诞生于明朝的国子监监生资格的捐纳制度,才能在明朝灭亡之后依然维持着它强韧的"生命力",一直伴随着科举制度走到20世纪的初年。

在考虑科举制度和社会流动问题时,捐纳制度的作用是不可忽视的。何炳棣等一部分学者在研究中利用科举合格者的人数,推测社会流动的幅度。正如已经有学者指出的那样,这个方法有一个很大的缺陷,即统计的对象仅限于科举的合格者,那些不合格者从一开始就被排除在外②。我认为,这种研究方法还有一个问题。这就是,它只统计"正途"合格者的最终学历,没有考虑到存在着类似罗玘和马一龙那样的,利用"异

---

① 在标榜重视道德的东林党人之中,也有人主张在发生自然灾害时,为赈济饥民不妨开办捐纳。《明史》,卷二百四十八,李继贞传,第6426页。(清)陈鼎《东林列传》,卷十九,李继贞,第13b页。
② 例如,Benjamin Elman(艾尔曼)《再生産装置としての明清期の科挙》,《思想》,第810号,1991年12月,第95—112页。

途+正途"的途径寻求出身的人。这种方法忽视了捐纳实际上在很大程度上维持着科举制度的运转,忽视了捐纳在利用科举的社会流动中曾经起过巨大的作用。实际上,林丽月在研究中就曾经指出,从永乐十年(1412)至万历二年(1574)之间,进士合格者的52%来源于国子监监生,在某些年度,国子监监生出身者甚至占到了进士合格者的90%①。考虑到明代中期以后国子监监生的大约70%是捐纳出身的纳贡和例监,那么可以看出捐纳制度对科举制度和社会流动所产生的影响之大。因此,我们在考虑通过科举手段实现社会流动的问题时,应该不要忘记社会上存在着通过"异途"进入"正途"的途径②。

---

① 林丽月《明代的国子监生》,第106—107页。
② 登科录记录了会试合格者履历资料,是研究科举的重要资料。但是,由于体例所限,登科录对于进士履历中"国子生"和"太学生"的出身资格是如何取得的却没有记载。例如,成化二十三年考中进士的罗玘的履历记载在《成化二十三年进士登科录》中,关于他的履历,仅仅记载为,"贯江西省建昌府南城县,民籍,国子生"。至于获取该"国子生"资格的途径则未有记载。见该书第28a页。

第二章 清代的报捐制度

序 言

　　清代的捐纳制度集合着政治、经济和文化等诸多方面的要素,与当时的官僚人事制度之间有着十分密切的关系。从制度史的角度上说,这个制度具有双重的含义。其一,对于一般人民来说,捐纳与科举、恩荫等并行不悖,是得到任官资格的重要途径之一。而利用捐纳取得任官资格,对当时的社会生活和社会意识产生过巨大的影响。其二,对于已经取得任官资格、或者实际在任的官员来说,捐纳是官僚人事制度的一个重要部分。从官僚的铨选、任免、升进和考评,直到为双亲等申请封典,要而言之,当时由吏部负责的许多官僚人事制度的手续都可以用捐纳的方法办理。因此,为了了解清代的官僚制度和社会状况,就有必要对捐纳制度问题进行分析研究。

　　学界对清代的捐纳制度问题已经进行了很多研究①,但是在本章将要涉及的报捐问题上依然存在着可以进一步探讨的空间。而且,随着近

---

① 详细情况请参看本书序章。

年以档案史料为主的新史料的大量公开,使我们利用新史料对捐纳制度问题进行更加深入的研究成为可能。

在本章中,将主要研究捐纳制度的第一步,即报捐的问题。报捐就是指一般人民根据国家规定,通过捐纳得到国子监监生的身份和官僚的候选候补的资格。也就是说,在研究庶民是如何利用国家制度取得更高的社会身份和社会地位的问题的同时,分析报捐所带来的财政方面的利益问题和承揽报捐业务的商人和行会的作用等问题,由此加深对当时社会状况的认识①。在此基础上,我们有可能获得对清代官僚制度和清代社会新认识。在本章的行文中,为了叙述的方便,有时也会涉及到现任官僚的捐纳问题。

以下将首先介绍捐纳的规则——事例,然后依次分析在中央和地方的报捐。

第一节 "事例"

一、清初捐纳的开始

"事例"亦称"捐纳事例",包括捐纳的项目、标准价格,以及铨选的相关规定等等,是关于捐纳的具体规定。清初的顺治六年(1649)清朝中央

---

① 这里所说的"庶民"是指在清代户籍规定上属于"良民"的民籍、军籍、商籍和灶籍的人。属于"贱籍"的奴仆,倡优和隶卒等人户的报捐受到法律的禁止(《(光绪)钦定大清会典》,卷十七,户部,第180页)。但是,"贱籍冒捐"的情况却时常发生。乾隆三十九年(1774),江南颖州府亳州监生韩起甲向都察院告发了报捐郎中的李书学。理由是李书学的父亲为皂隶,所以他属于被禁止报捐的"皂子"。都察院表示,如果李书学果属"出身微贱,冒滥报捐",定将从严"查办"(张伟仁《明清档案》,第221册,第143号)。另请参看《嘉庆年间皂役及其子孙冒冒考史料》,载《历史档案》,1998年第1期,1998年2月,第29—37页。岸本美绪对"贱籍"之人的报捐问题做过专门研究。请参看《清代における"贱"の概念——冒捐冒考問題を中心に——》,《東洋文化研究所紀要》,第144册,2003年12月,第81—131页。

75

政府为了筹措军费,宣布实施"捐监",即国子监监生资格的捐纳①。康熙十三年(1674)和十四年(1675)为了筹措镇压三藩之乱所需的经费,开办了包括知县等官职的任官资格在内的捐纳,史称乙卯捐例。有学者统计,在康熙一朝就开办了大小捐纳四十五次之多②。其后,雍正年间(1723—1735)也曾多次开捐,用于军需、河工、赈济和营田等方面的财政需要。但是,直至雍正末年为止,捐纳的项目和捐纳的标准等相关规定并非相对固定,而是根据实施捐纳时的财政需要,临时公布的。以后,随着捐纳收入在国家财政中所占的重要性不断提高,清政府开始对以往因事开例的政策进行了某些调整。其基本原则就是将某些经常性的项目固定下来。

乾隆元年(1736)正月二十一日,乾隆皇帝即位伊始,在下令各捐纳项目"一概停止"的同时指出③:

> 夫议捐纳者,未尝不出于士子之口。而留生童捐监一款,是士子首以捐资为进身之始矣。其应停应留之处,著汉九卿及翰詹科道会同确议论具奏。

相对于其他捐纳项目的"一概停止",仅将"生童捐监"的"应停应留"交予大臣讨论。我们由此可以看出乾隆皇帝作为新君的圆滑之处。这就是,他内心希望保留"生童捐监",但却要设法避免从自己嘴里说出。大臣们似乎理解了乾隆皇帝的这份苦心。二月十二日,户部上奏表示,

---

① 在此七年前的崇德六年(1642),已经统治了辽东地区的满洲政权内部曾经有人提议,开办旨在筹集赈灾资金的捐纳。详细情况请参看本书第7章。《清世祖实录》,卷四十四,顺治六年五月癸未,第3册第354页。"户部等衙门疏言,我朝敷政,首重恤民。定鼎以来,罢去横征,与民休息。但今边疆未靖,师旅频兴,一岁所入,不足供一岁之出。今议开监生吏典承差等援纳,给内外僧道度牒,……以裕国家经费之用。报可。"(清)鄂海辑《六部则例全书》,户部则例,卷下,捐叙,捐监原例,第79a页。"康熙十二年八月户部覆,……查顺治六年,因兵饷不敷,臣部援纳监生……。"
② 山田耕一郎《清初の捐纳——三藩の乱と関係と中心にして——》(《骏台史学》,第66号,1986年2月,东京,明治大学骏台史学会,第21—50页)。
③ 《清高宗实录》,卷十一,乾隆元年正月丙辰,第9册第352页。此处所言"汉九卿"指六部、都察院、通政使司和大理寺,"翰詹科道"指翰林院、詹事府、六科给事中和各道监察御史。

应该保留"生童捐监"。关于"生童捐监"的收入，户部有如下建议：

> 臣等又考《周官·大司徒之职》，"以荒政十有二聚万民"，发仓廪以予民者，仅居其一。其根本所恃则在"五党为州，使之相赒"。而士师掌荒辩之法，令民通财。汉文帝时，许民自卖爵。盖以民俗日浇，使相赒则富民吝而不出，使相贷则贫民久而不归。故使各有所利，以通其财，然后可以御天灾而救民困也。若以每岁捐监交部之银留为各省一时岁歉赈济之用，勿充他费，以存古昔帝王劝民相养之义，其于士民均有裨益。

户部在上奏中为捐纳的正当化开列了根据，引用《周礼》和汉代的典故，建议将"生童捐监"的收入用于"各省一时岁歉赈济之用"。关于监生的捐纳标准，户部提出了以下的方案【表-2-1】，并得到乾隆皇帝的批准。

表-2-1 乾隆元年定捐纳监生标准

报捐时身份	俊秀	附生	增生	廪生	武生	青衣生
标准银额(两)	108	90	80	60	100	100

史料来源：《上谕条例》，乾隆元年，议停捐纳止留户部捐监一条。中国第一历史档案馆编《乾隆帝起居注》，第1册第21页。

这样，乾隆元年（1736）在停止其他所有捐纳项目的同时，唯独将监生资格的捐纳作为经常性的捐纳项目保留了下来①。清代，通过捐纳得到国子监监生资格的人因其报捐时身份的不同，而有不同的称呼。由廪生报捐者被称为"廪监"，由增生报捐者被称为"增监"，由附生报捐者被称为"附监"，由俊秀报捐者被称为"监生"，而由捐纳取得上述监生资格

---

① 《上谕条例》，乾隆元年，议停捐纳止留户部捐监一条。中国第一历史档案馆编《乾隆帝起居注》，第1册第21页。乾隆皇帝在即位之后曾经发出关于"捐资赈助"的上谕，其中引用了《周礼》的上述部分。户部在为监生捐纳政策的正当化寻找根据时引用《周礼》的同一部分，很可能是考虑到几个月前乾隆皇帝的上谕。《清高宗实录》，卷五，雍正十三年十月乙酉，第9册第239—240页。

者又被统称为"例监"或"例监生"①。

其后,乾隆九年(1744),鉴于直隶和山东一带发生旱灾,开办了旨在筹措赈济经费的直赈事例。根据这一事例,除了可以报捐监生,以及同知和中书等官职之外,还可以捐纳贡生和封典等项目。乾隆十年(1745)十月十日,由于当地的旱情已经缓解,"赈务俱已完竣,水利工程办理亦有头绪",乾隆皇帝在上谕中指示大学士鄂弥达等人商议停止直赈事例的时间和具体办法。御史杨开鼎在得知乾隆皇帝的上谕之后上奏说②:

> 直隶捐款现在奉旨令大学士等酌定期限停止,原所以慎重名器。但贡生与监生同为士子上进之阶,非捐纳职衔可比。且捐贡例无铨选,不碍正途,应请酌留。至封典,孝治攸关。但身沾一命之荣,皆思显扬其祖父。况所给只属空衔,与实授官职有间,亦请酌留。

大学士们经过商议,认为杨开鼎提出的保留与"实授官职"无关的捐纳贡生和捐纳封典等项目的建议切实可行,于是向乾隆皇帝建议:"应如所请"。据此,乾隆皇帝下令,将捐纳贡生和捐纳封典等项目"令户部入于捐监案内一体办理"。这样,贡生和封典等项目的捐纳作为与"实授官职"无关的经常性捐纳项目被固定下来,与前次的捐监同样归属户部办理③。

与上述的捐纳监生的称呼同样,捐纳出身贡生也因报捐时身份的不同有不同的称呼。由廪生报捐者为"廪贡",由增生报捐者为"增贡",由附生报捐者为"附贡",由俊秀报捐者为"贡生",而这些又被统称为"例贡"或"例贡生"④。

---

① 瞿同祖《清代地方政府》,第289页,注20。
② 《清高宗实录》,卷二百五十一,乾隆十年十月庚申,第12册第240页。中国第一历史档案馆编《乾隆朝军机处随手登记档》,第3册第261页。
③ 《清高宗实录》,卷二百五十,乾隆十年十月戊申,第12册第229—230页;卷二百五十一,乾隆十年十月庚申,第12册第240页。
④ 瞿同祖《清代地方政府》,第289页,注19。

二、"现行事例"

"现行事例"亦称"现行常例"、"常例"和"常捐例",即常年开办的捐纳,旨在筹措经常性经费。乾隆十年(1745)以后,随着捐纳的不断扩大,"现行事例"的项目也逐渐增加。例如,嘉庆年间(1796—1820)以后,根据"现行事例"的规定,报捐者虽然不能得到任官的资格,但是可以捐纳以下的项目①:

捐捐加级记录	捐复降革留任	捐复降革离任
降革加五捐复	捐复原衔	捐入补班
捐复原资	捐免坐补	捐免试俸
捐免实授	捐免保举	捐免考试
捐离任	捐职衔(虚衔)	捐封典(封赠)
捐分发		

由上述项目可以看出,"现行事例"确实与"实授官职"无关。但是,对于希望获得出身资格乃至任官资格的人来说,"现行事例"的存在是非常重要的。庶民可以根据"现行事例"中"捐职衔"项下的规定报捐监生或贡生的资格,成为"例监生"和"例贡生",从而获得了出身资格。而这一资格对于今后报捐任官资格是必不可少的。此外,庶民也可以报捐与行使职权无关的职衔(伍案:亦称虚衔)。现职官员除了可以根据"现行事例"捐纳职衔、封典之外,还可以通过捐纳取消行政处分、获得加级记录。在任期未满之前急于离任他往的现职官员可以根据"现行事例"的有关规定纳银后离任。综上所述,可以按照"现行事例"捐纳的包括有现职官员,候选官员和候补官员,以及希望得到监生和贡生出身的"俊秀"。

三、"暂行事例"

与常年举行的"现行事例"不同,"暂行事例"是在一定时期之内开办

---

① 《现行常例》,原奏,第1页;现行常例目录。

的捐纳事例,其目的是为了筹措军费、工程费、赈灾费等项特定经费,亦被称为"大捐"。例如,康熙十五年(1676)年开办的江西福建湖广事例、雍正八年(1730)开办的广西开垦事例、乾隆七年(1742)开办的乐善好施例、十九年(1754)开办的河工事例、道光十三年(1833)开办的筹备经费事例、咸丰元年(1851)开办的筹饷事例、光绪十年(1884)开办的海防事例和二十七年(1901)开办的顺直善后实官捐等均属于"暂行事例"。清末,由于中央政府的财政日益困难,虽然捐纳收入在政府整个财政收入中所占比重已趋减少,但是中央政府依然不得不依赖捐纳筹集经费。所以,名义上虽然称为"暂行",但实际上已经是经常性的捐纳。例如,清末影响最大的筹饷事例原为解决太平天国问题而开办于咸丰元年(1851),以后几经延长,一直延续到了光绪五年(1879),前后实施了将近三十年①。

除了开办时间的不同之外,暂行事例与现行事例最大的区别是,报捐者根据各种暂行事例的规定可以捐纳郎中以下京官和道员以下外官的任官资格。在这个意义上,暂行事例与现行事例相比,在更大的程度上扩大了捐纳的范围,也使捐纳这一原本着眼于财政的措施与文官的铨选制度发生了联系。

暂行事例与现行事例的另一点不同是对报捐者资格的限制。可以援引暂行事例报捐的仅限于现职官员和已经拥有做官资格的监生和贡生。普通生员和俊秀(伍案:清代称没有任何出身资格的汉族人为俊秀)在原则上不具有援引暂行事例进行捐纳的资格。但是,这一原则上的规定实际上并不能阻止这些人援引暂行事例报捐。例如,在开办暂行事例、即大捐的时候,生员或俊秀们可以先根据现行事例的规定报捐监生或贡生的资格,然后再根据暂行事例报捐所需要的官职。在这个意义上可以说,捐纳官职是从报捐监生和贡生的资格开始的。

---

① 许大龄《清代捐纳制度》(收入许大龄《明清史论集》),"康熙捐例表"和"雍乾以后捐例表",第28—29,67—69页。

无论在现行事例还是在暂行事例中,对于报捐者的年龄没有明确具体的规定。在实际中通行的是如下规定①:

> 捐生须及岁也。除无关铨补之虚衔、贡监,幼止一岁,亦准预捐。若各项候补候选实官,虽不禁捐,亦准注册,然非年满二十,例不开选,亦不分省。故廿岁方合例也。

根据这一规定,关于报捐者年龄没有任何限制,哪怕是一岁的孩子也可以报捐虚衔、贡监生以及实际的官职。只是对于报捐官职的人来说,在他们年满二十岁以前,不能进入铨选或补缺的程序。当然,对于为了将来下场应考而报捐了监生和贡生的儿童来说,事实上当然也不可能立即下场应考。例如,在光绪十六年十月编纂的《造送浙江赈捐第十三次请奖各捐生履历银数底册》中就赫然列有报捐了监生的浙江省嘉善县出身的张宗浚,时年3岁,属于报捐者中的年龄最小的。包括他在内的10岁以下的儿童共有11人,报捐的项目除了有"监生"、"十成监生准予一体乡试"、"国子监典籍衔"和封典等②。

以下,我们来看一看报捐的大致手续。

第二节 报捐的手续

报捐既可以在中央政府所在地的北京进行,也可以在各省进行。在北京的报捐由主要户部主管,在各地报捐则主要由各省的布政使司主管③。

---

① 《出山指南》,第 1b 页。《(光绪)钦定大清会典》,卷七,吏部,第 89 页。
② 《造送浙江赈捐第十三次请奖各捐生履历银数底册》。请参看本书附录 1。
③ 在户部主管的报捐之外,内务府也设有"办理捐输助赈事宜处",管理着与内务府官职有关的报捐事宜(《捐输助赈头卯人员执照档》,中国第一历史档案馆所藏内务府档案)。此外,兵部,顺天府和京铜局也管理着捐纳事务。为了便于叙述,文中的说明以户部所管捐纳为主。

一、北京报捐

户部在统辖全国捐纳事务的同时,还具体管理北京的捐纳事宜。户部中设有由户部尚书直属的办理捐纳事务的具体机构——捐纳房。该房的司官编制为满汉各 6 名。根据规定,捐纳房不设专官,这满汉共计 12 名的司官由尚书从户部的郎中、员外郎、主事以及小京官中指名兼任,任期二年。实际上办理各项具体事务的是胥吏。捐纳房"额设"经承 4 名、贴写 16 名。此外,经承 1 名可以推荐"帮办稿件贴写"2 名、贴写 1 名可以"保结"、即推荐额外贴写 1 名。这样,除了定额的 20 名胥吏之外,捐纳房原则上还可以有不超过 24 名的额外胥吏①。

关于在户部的报捐,《户部则例》中有以下的规定②:

> 凡一切捐生具呈到部(原书双行夹注:每十日为一卯),由捐纳房办给笴付粘连小票,详载姓名、官阶、银数,按名注明某省某州县人,令其赴库交纳,银库据付收银后,即将籍贯造入花名册,并于付回小票内逐一戳注某月某日上库字样,毋得遗漏,以凭查察。

本条是关于报捐的基本规定。下面,综合《户部则例》和其他史料中的有关规定,具体说明在户部报捐的具体流程③。

①【具呈】

报报捐者首先要以"呈文"的形式提出捐纳的书面申请。在呈文中要开具姓名、籍贯、年龄、身高、容貌、身份以及三代的姓名。报捐者在向户部提交呈文的同时,还必须提交证明自己身份的五、六品以上同乡京官的印结(伍案:满洲人在具呈时则须提出佐领的图结)④。户部在收到报捐者提交的"呈文"之后,要按照事先规定的"卯期"对"呈文"进行登记

---

① 《(光绪)钦定大清会典》,卷二十四,户部,第 245 页。《(同治)钦定户部则例》,卷九十八,通例,收捐给照事宜,第 34b 页。
② 《(同治)钦定户部则例》,卷九十八,通例,收捐给照事宜,第 28b—29a 页。
③ 《(同治)钦定户部则例》,卷九十八,通例,收捐给照事宜,第 25a—41b 页。
④ 印结是钤有衙门印信的身份保证书。关于报捐之际的印结问题,请参看本书第 3 章。

处理①。

②【行查】

户部在受到了报捐者提出的书面申请——呈文——之后,便开始对该报捐者进行审查。根据规定,捐纳房在受到呈文的两天之内,要在户部内部调查该报捐者是否拖欠有银300两以上的赋税。对于有拖欠赋税者,要求他们在完税之后才能报捐。同时,以户部的名义向在京有关衙门发送文书,对该报捐者进行调查。例如,请吏部核实该人的"原资"(即原有功名和官职)以及是否在丁忧和告病期间,请刑部调查他们是否与官司有牵连。各衙门在受到户部的来文之后,在五天之内核查各衙门保管的文书档案,然后向户部通报调查的结果②。

③【向报捐者交付札付和小票】

捐纳房在受到在京各衙门的"查复",确认了报捐者身家清白,没有疑问之后,按照"每十日为一卯"的规定,以每十天为一个报捐单位,向报捐者发放"札付"和"小票",通知他们前往户部银库"上兑"、即纳银。此处的"札付"实际上就是付款通知书,而"小票"上则注明了报捐者的姓名、籍贯、报捐项目以及根据有关事例规定的应纳银两数目。与此同时,户部还以"咨文"将开列有"各项捐生姓名银数"的"汇总印付"送交银库备案③。

④【上兑】

报捐者在领到户部发给的"札付"和"小票"的六天之后,即在逢六之日(伍案:例如每月的初六、十六和二十六日)前往户部银库上兑。他们

---

① "卯期"是处理捐纳事务时预先设定的申请期间。现行事例通常以10日为一个卯期,暂行事例以两个月或数个月为一个卯期。"卯期"的顺序即为报捐者的顺序,是决定候选和候补顺序时的重要基准。在事务处理上,捐纳主管当局根据不同的"卯期"编制捐纳者的名簿。
② 根据清末的史料,"行查"需要手续费银9两。(清)李圭《入都日记》,第22b页。
③ 《(同治)钦定户部则例》,卷九十八,通例,收捐给照事宜,第34a—b页。在银之外,还有以铜、骆驼和谷物等交纳的捐纳事例,此不赘述。根据《(光绪)钦定大清会典》的记载,"箚付"为没有统属关系的衙门之间使用的下行文书。例如,提督致府厅州县,巡抚致副将等。《(光绪)钦定大清会典》,卷三十,礼部,第301页。

除了按照有关"事例"的规定交纳银两之外,还要交纳名为"饭费"的手续费①。户部银库在受到报捐者交来的银两之后,在"小票"上盖上"某月某日上库"的戳记,然后填上具体的日记。这样,"小票"又成了一张收据。报捐者在上兑时必须根据户部的规定,以库平的标准交纳捐纳银两。例如,在使用用重量为库平5两的"元宝"交纳各项费用时,元宝的表面上必须有保证元宝成色的银号的戳记②。

⑤【给照】

在户部报捐最后的手续是"给照"。这里的"照"就是指"执照"、即监生、贡生以及其他捐纳项目的身份证明书。完成了上兑的报捐者,要将标有上兑日期的小票交给捐纳房。捐纳房在收到小票后五天以内,向报捐者本人交付"执照"。在交付之前,捐纳房预先将交付的日期通知报捐者。报捐者在制定的日期前往户部,"当堂具结",领取"户部执照"。报捐者领取了"户部执照"之后,在户部的报捐手续就完成了。但是,对于报捐监生和贡生的报捐者来说,他们还需要领取国子监颁发的"监照"、即"国子监执照"。户部在向监生和贡生的报捐者发放"户部执照"的同时,还要将监生、贡生报捐者的姓名、容貌、籍贯和三代姓名编纂成册送交国子监。国子监根据户部送来的簿册向报捐者颁发"监照"。报捐者在前往国子监领取"监照"时必须携带已经领取的"户部执照"作为凭证③。

现在,在海内外不少图书馆保存着当年由户部(伍案:1906年以后为度支部)和国子监颁发的执照。关于"户部执照"将在下面介绍,此处首先对"监照"做一介绍。以下是光绪二年(1876)二月初四日国子监发给马秉元的"监照"④。

---

① 暂行事例下饭费的标准是,"每正项百两,收饭银三两"。(清)盛康《皇朝经世文统编》,卷十三,郑世任《敬陈理财用人疏》,第11a—14a页。另见《道咸同光四朝奏议》,第1册,第364—365。许大龄《清代捐纳制度》,第96—97页。
② (清)黄爵滋《黄爵滋奏疏》,卷三,银库收捐疏,第24—25页。
③ 《(光绪)钦定大清会典》,卷七十六,国子监,第779页。
④ 东京大学东洋文化研究所藏光绪二十六年马秉元监照。

国子监　为请

旨给发监照事。准户部知照，[马秉元]系[陕西米脂县人]，

　　捐年[五十一]岁，身[中]，[面]，[　]须，由[俊秀]在

　　[直隶劝办湖赈]

　　捐输，准作监生。相应给予监照，以杜假冒等弊，

　　须至监照者。　　[实]

　　　　曾祖[开礼]　　祖[士杰]　　父[凌云]

　　　　　　右照给[马秉元]收执

（国子监印）

光绪[二十六]年[二]月[初四]日给

监　　　　　　　　　　　　　[行]

"监照"印制在一张纸上，文中[○○]的部分是根据户部的"册"、即"知照"填入的部分，包括了报捐者的姓名、籍贯、年龄、身高、容貌、报捐时的身份以及三代的姓名等项目。在发行年月处钤有满汉合璧的"国子监印"。"实"为确认各项记载无误，"行"为批准发行的指示、报捐者姓名、报捐项目和"监照"发行日期处的点和圈，这些都是根据官文书发行制度所作的标朱。在"监照"的上部还可以看到发行时的半印字号。

（照片1，东京大学东洋文化研究所藏光绪二十六年马秉元监照）

二、地方报捐

（1）地方报捐的流程

报捐者除了前往北京，直接向户部报捐之外，也可以按照规定在各

地报捐。在以往的研究中几乎没有涉及地方报捐的手续问题。由于地方报捐事务不属于户部的业务管辖范围,故在《户部则例》中对地方报捐的手续没有明确记载。以下,根据《福建省例·捐输例》①中收录的捐纳规定和其他史料,概括地说明地方报捐的流程。

①【投呈】

地方的报捐者在报捐时要以书面形式向布政使司提出申请,这一手续被称为"投呈"。关于"呈"的内容在《福建省例》中有明确的规定:

> 报捐各生,应令遵用刊发呈式,开明籍贯、年貌、履历、三代,并捐输或银或钱若干数目,以及请捐何项官职,或愿登仕版,愿得职衔,逐一叙明。

根据这一规定,报捐者要按照规定的格式呈报自己的籍贯、年龄、容貌、履历、三代、捐纳银钱的数目以及报捐官职和职衔。如果报捐者拥有监生、贡生的资格或者职衔的话,必须在投呈时提交"户部执照"或"监照"等可以证明身份的文书。如果报捐者是"议叙候选人员"的话,亦须将有关文书在投呈时一并提出。在投呈时,如果报捐者已经取有同乡官员印结,也可以将该印结于投呈时提出。此外,关于"投呈"的受理日期,福建省规定于"三八堂期",即在逢三逢八之日受理报捐的申请。

②【批示】

布政使司衙门内主管捐纳事务的部门在受理了报捐申请之后,要根据捐纳的有关规定对报捐者的申请进行审批。这一手续称为"批示"。根据福建省的规定,审批由布政使司衙门内的经历司或照磨所负责。在审核无误之后,在报捐者的申请"批示"许可,随后用布政使的名义悬"牌"公布上兑的日期。

③【上兑】

各地的上兑通常是在各省的藩库进行的。上兑必须按照"批示"和

---

① 《福建省例》,捐输例,筹办收捐上兑请奖章程,第1051—1057页;同书,闽省现办捐输酌议章程,第1072—1075页。

"牌"规定的日期。福建省规定,逢三投呈的人,必须在逢八之日上兑。同样,逢八投呈的报捐者则必须在逢三之日上兑。举例来说,初三日投呈之人要在初八日上兑,而初八日投呈之人要在十三日上兑。

④【交付】

在报捐者上兑的次日,胥吏要将正副两枚"实收"填好。"实收"实际上就是报捐者上兑银两的收据和临时的报捐资格证明书。和"户部执照"一样,"实收"也是事先已经印好,等到报捐者上兑之后,即在相关的部

(照片2,中国社会科学院历史研究所藏同治十一年徽州府祁门县廖钦恩报捐实收)

分填入姓名、年龄等有关内容,编号用印后发给报捐者。以往的研究没有涉及"实收"的问题。以下,结合实例对"实收"做一简要说明①。

　　　　　　　　　　赣字第三万五千一百九十五号
江西筹赈捐输总局、司、道为
　给发实收事。照得光绪二十五年四月,江西吉、临、南各府
　　　属大雨经旬,洪水陡发,冲没田庐人畜圩堤,灾情极重。
　　　详奉
江西巡抚部院松奏请,援案开办,推广赈捐,藉资工赈,以济灾黎。奉
朱批,著照所请,该部知道。钦此。钦遵。劝办所有收捐章程,应照
　　　现办各省赈捐成案,凡虚衔、加级、封典、升衔、顶戴、贡监等项,
　　　均照三成新章银数报捐。其翎枝一项,应援湖北奏案,照章均

---

① 中国社会科学院历史研究所藏江西筹赈捐输总局给余联瀛捐监正实收。第二天的二十六日,余联瀛利用刚刚入手的例监生身份,捐纳了"布政司理问"的职衔。中国社会科学院历史研究所藏江西筹赈捐输总局给余联瀛捐职正实收。

加一成,按九成兑

收,并推广二品顶戴,以广招徕。兹据[俊秀余联瀛]呈称,现年[二十五]岁,身中,面[　]须,系[安徽婺源县]人,报捐实银[三十二两四钱],请给予[监生]。核与减成新章相符,除由局汇案造册,详请

奏咨请奖。俟奉

部照到日再行缴换外,相应填发实收付本人收执,以昭凭信。

须至实收者。

　　　　　　　　　　　母[查氏]
曾祖[启梓]　　祖[开祺]　父[益杰]
　　　　　　　　　　　妻[程氏]

(江西等处承宣布政使司之印)

光绪二十[七]年[七]月[廿五]日给[余联瀛]收执

局　　　　　　　　　　　　　[行]

光绪二十五(1899)年四月起,江西省吉安、临江、南康三府所属州县连降大雨,导致洪水泛滥成灾。江西省当局以巡抚松寿的名义请求准许江西省自行开办捐纳,利用捐纳的收入来赈济遭受水灾的难民。为了保证此次捐纳有尽可能多的收入,江西省当局采用了清末捐纳中广泛采用的"减成"、即降低捐纳所需银两数目的方法,实施了"减成新章"。根据这一章程,原来需要108两的监生,现在仅需纳银32.4两就可以到手。光绪二十七年(1901)七月,安徽省徽州府婺源县的"俊秀"余联瀛根据这一"减成新章",纳银32.4两,得到了监生的资格。这张光绪二十七年七月二十五日发行的"实收"就是余联瀛报捐时的收据和监生资格的临时证明书。在事先印好的"实收"上填写了余联瀛的姓名、籍贯、年龄、容貌、报捐银数、报捐资格以及三代姓名,在"实收"上还钤有"江西等处承宣布政使司之印",并且标有朱字的"行"。

监生和贡生的人仅仅凭"实收"无法参加科举考试,报捐了实官的人在办理铨选手续时也必须出示执照。清代末年,有些人不知道这一手续的重要性,以为领到了"实收"就完成了报捐的所有手续。在清末出版的《出山指南》中就此特别提醒报捐者注意①。

> 实收当投部换照也。……而不谙例者竟持实收终身。讵无关选补之贡监虚衔犹可任便,若实官花样衔翎俸级非得照于户部,无案于吏部,贻误岂轻。故凡捐领实收,务当请换户照,再取文结,赴吏部验照注册。

到了清代末年,"咨部换照"失去了原有的重要性。当时,各省为了能够尽快筹措资金,在向中央申请开办捐纳时,申请废止通常需要一年时间的"咨部换照",要求中央发给空白执照,通过简化手续以招徕更多的报捐者。这一要求得到了中央政府的任可。例如,咸丰年间,福建巡抚王懿德为了筹集军费以对付太平天国,在申请开办地方捐纳的同时,要求户部下发空白的文武职衔和贡监生的执照。户部同意了他的这一要求,下发了空白执照7935张。其具体情况如下【表-2-2】。

表-2-2 咸丰年间户部发给福建空白执照

执照种类	张数	字号
都　司	5	福建户字第○号
营卫守备	10	
守千总	10	
卫千总	20	
营千总	20	
把总	20	

---

① 《出山指南》,第2b页。中央研究院历史语言研究所藏清代内阁大库档案,第117702号,乾隆六年(1741)七月都察院左都御史兼管国子监事刘吴龙,国子监为未及换照之监生一体录科送试;另见《明清史料癸编》,第5册,第471页。

续 表

执照种类	张数	字号
正五品	40	福建封字第○号
从五品	50	
正六品	30	
从六品	100	福建封字第○号
正七品	40	
从七品	30	
正八品	60	
从八品	40	
正九品	20	
从九品	1000	福建八字第○号
封　典	40	福建县字第○号
贡　生	200	
部监照	3000	
国子监贡照	200	
国子监监照	3000	

史料来源:《福建省例》,捐输例,闽省筹办捐输兵饷酌议条款,第1062—1068页。

在清末发行的空白执照中,这7935张不过是冰山的一角。例如,光绪三十二年(1906)四月,户部在一封上奏中提到,自光绪二十八年(1902)十一月起共向直隶和四川、广东、广西、江苏、江西、奉天、山东、甘肃等省颁发过436700张空白执照[①]。正是由于空白执照的滥发,"咨部换照"变得毫无意义。

通过上面的叙述,我们知道对于报捐者来说,领取执照是在北京和地方报捐的最后一项手续。关于领取执照,还有两点需要说明。

首先,在领取执照的时候,报捐者如果发现"误填乡贯",以及"字画

---

① 《谕折汇存》,光绪三十二年四月户部片奏。未见,转引自织田万《清国行政法》,第6卷,第240页。

讹脱、无此地名、或此省无此州县名、或旗民籍互相错误、或捐册实收互异"等错误,凡"有实据可考者"可以在取具同乡官印结的情况下随时要求更换。而"无实据可考者"则限一个月以内取具同乡官印结,呈部换发;而超过了一个月以上的话,则应在原籍提出申请,由地方官在取具该人"邻族甘结"之后,通过督抚呈请换发①。在换发执照时要求提出同乡官或地方官的"印结"以及"邻族甘结",都是为了证明申请换照者确为本人,防止有人投机取巧骗取执照。

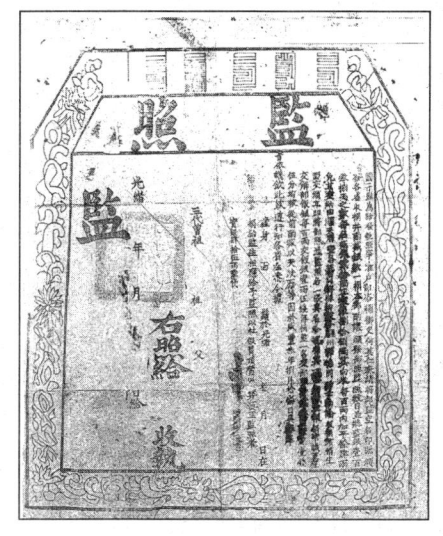

(照片3,中国社会科学院历史研究所藏光绪年间空白监照)

其次,报捐者不慎将执照丢失或者因火灾水害致使执照损坏时可以分别向原籍的地方官或顺天府申请补发。如果是在本籍地丢失,地方官府必须在"取具印甘各结并抄录失事原案"之后向户部报告,经审核后补发执照②。由于报捐者在拿到执照之后往往需要在北京吏部办理官僚人事方面的有关手续,故有可能在北京将执照丢失。遇到这种情况,首先须由本人书面向顺天府报告,同时还要提出同乡京官的"印结"。顺天府以"咨文"通知户部,户部则通知五城步军统领衙门进行调查(伍案:即行查),户部根据调查的结果决定是否重新发行执照。在顺天府档案中就保留有重新发给执照的记录。例如,四川省叙州府宜宾县籍的张昭远在原籍由俊秀报捐监生,随后又报捐了县丞职衔。宣统元年(1909)闰二月十二日,他在北京的火车站下车后不慎将装有监生和县丞职衔执照的箱

---

① 《(同治)钦定户部则例》,卷九十八,通例,收捐给照事宜,第25a—b页。
② 《(同治)钦定户部则例》,卷九十八,通例,收捐给照事宜,第25b—26b页。

子丢失。他立即写好"呈文",连同"同乡京官印结一纸"一并提交给顺天府衙门,履行了申请补发新执照所必须的报失手续①。

(2) 外省人的报捐问题

在各地开办的捐纳与户部掌管的在北京的捐纳有一定的区别。在地方开办的捐纳中有些属于全国性的,其目的是为了解决中央政府面临的财政问题,例如,清末在全国范围内举办的筹饷事例就是以筹措用于镇压太平天国的军事费为目的的。这些项目既可以在北京报捐,也可以在外省报捐。在各地开办的捐纳中,还有一部分是为了解决当地的地方财政中面临的问题。例如,清末光绪十五年(1899)在江苏、浙江两省开办的江浙赈捐就是为赈济水灾灾民筹集资金②。在上述这两类捐纳事例中,对报捐者的省籍没有限制,即既允许当地居民报捐,也允许外省人在居住地报捐。

从康熙年间开始,地方经费中最主要的部分——存留——开始不断减少,地方政府的财政状况日趋穷困。当时,为了解决地方政府面临的财政问题先后开征附加税,并且以"捐廉"和"摊捐"的名义扣发官员们的俸禄和养廉银收入,通过扩大正额外财政的方法维持地方的开支③。清代末年,地方性捐纳的实施已经成为维持地方经费的必不可少的办法之一。

清代末年,几乎所有的省都以赈济灾害、兴修水利、战后复兴等名目向中央政府要求开办地方性的捐纳。在上述光绪十五年(1889)的江浙赈捐之外,秦晋实官捐、顺直善后事例等地方捐纳的开办都是这些省的

---

① 中国第一历史档案馆藏顺天府档案第九卷,第 023 号。
② 关于光绪十五年的江浙赈捐,请参看本书第 7 章。
③ 安部健夫《耗羨提解の研究》,《東洋史研究》,第 16 卷第 4 号,1958 年 3 月,第 108—262 页(后收入安部健夫《清代史の研究》,第 533—715 页,以及东洋史研究会编《雍正時代の研究》,第 322—476 页)。宫崎市定《雍正帝による俸工銀扣捐の停止について》,《東洋史研究》,第 22 卷第 3 号,1963 年 12 月,第 1—24 页(后收入宫崎市定《アジア史論考》下卷,第 384—409 页,以及《宫崎市定全集》第 14 卷,第 236—262 页)。岩井茂树《中国専制国家と財政》,《中世の政治と戦争》,第 273—310 页(后收入岩井茂树《中国近世財政史の研究》,第 487—516 页)。

地方官要求的结果①。

在得到了中央政府的认可之后,地方各省在独自实施各自的"捐纳事例"时,为了尽可能多地获得正规财政之外的收入,在允许省内本省籍居民报捐的同时,也允许居住在本省的外省籍的居民报捐。例如,道光二十四年(1844),福建省在实施"推广捐输事例"时有如下规定②。

> 凡外省在闽贸易游幕之绅士商民,均准报捐。

各地在省内努力招徕外省籍报捐者的同时,还在省外主要城市设立承揽捐纳业务的"局",直接从外省吸取捐纳收入。在本章第3节中将要提到的"捐局"就是其中一例。以下先来看看外省籍居民在居住省分报捐时的有关手续,这也是对前面提到的地方报捐手续的补充。

外省籍居民在居住省份报捐时,要根据上述的相关报捐规定办理。由于该人不是本省居民,故还要通知该人原籍所在的州县。关于这一点,请看如下事例。

乾隆前期,陕西布政使司实施的《陕省各府州县捐监粮数条例》中规定③。

> 其外省生俊在陕捐纳者,藩司随时报院,移咨本省知照。

根据这一规定,凡遇有外省居民在陕西省报捐时,布政使要及时向总督和巡抚报告,然后由督抚"知照"报捐者原籍的省分。除此之外,还要通知报捐者原籍的州县。例如,乾隆四十三年(1778)十月二十九日,安徽省徽州府休宁县籍的"俊秀"程瑜在甘肃省凉州府永昌县捐纳"粟米四十石",得到了"监生"的资格。当天,永昌县向他的原籍安徽省徽州府休宁县发出了如下"关文"④。

---

① 《光绪朝朱批奏折》,第80辑,第602号,锡良、岑春煊等奏为参考晋省成案变通江宁近章吁恳特旨准开秦晋实官捐输冀集巨款以救两省生灵恭折仰祈圣鉴事,第645—647页。
② 《福建省例》,捐输例,筹办收捐上兑请奖章程,第1051—1057页。
③ 《陕省各府州县捐监粮数条例》,第47页。
④ 《徽州千年契约文书》,清民国编,卷二,乾隆四十三年甘肃省凉州给休宁县关文,第7页。该关文拟应著录为"甘肃省凉州府永昌县给休宁县关文"。

甘肃凉州府永昌县正堂加三级记录三次林　为遵
　　旨议奏事。案奉
　　　　甘肃凉州府信牌，奉
　　　　甘肃甘凉道宪牌，准
　　　　甘肃布政使司移，蒙
　　　　兵部尚书总督陕甘部堂勒案验，准
　　　　户部咨，今将甘省凉州府等处开捐事例，转饬收捐各地方
　　　　　官出示晓谕，如有别省商贾流寓在甘省，
　　　　著准其与本省生俊一体报捐等因，遵奉在案。今于乾隆四
　　　　　十三年十月二十九日，据俊秀程瑜呈称，窃瑜系
　　　　江南徽州府休宁县民籍，在甘省贸易，现年三十岁，身中，
　　　　　面白，微须，习书经，曾祖维炳，祖逢仕，父文秀。
　　　　今遵例在永昌县仓纳京斗粟米四十石外，交公费银四两，
　　　　　仓费银三两三钱三分，照银七两三钱二分。伏乞查收，
　　　　　填发实收，
　　　　以便赴
　　　　部换照，并乞移知原籍注册施行，等情。据此，除将该生捐
　　　　　输银石公仓费银，照数收贮仓库，并即填发永字
　　　　四千二百八十四号实收一张，给与该生收执赴
　　　　部换照外，拟合移知。为此合关
　　　　贵县，请烦查照。仍将该生姓名注册施行。须至关者。
　　　　　右　　　　　　　　　　　　　　　　关
　　　　江南徽州府休宁县正堂加三级记录三次
（永昌县印）
乾隆四十三年十月二十九日移
　　　前事
　　　　关　　　　押

由此可见,开捐地的方官要将外省籍报捐者的姓名、籍贯、容貌、三代以及报捐数目、实收的字号用"关文"通知报捐者原籍地的地方官。在文书的最后,要求报捐者原籍地的地方官履行相应的"注册"手续。

前面提到,一些省还在省外设立专门办理报捐事务的"局",通过这种方法尽可能地扩大正规财政之外的收入。这些"局"在受理了报捐之后也要向报捐者原籍所在地发出文书,以便报捐者原籍地的地方官为报捐者"注册"。请看以下移文[①]。

> 钦派办理江浙晋赈捐输转运沪局三品衔即选户部正郎姚　为移知事。案照本局奉
>
> 直东爵阁督部堂　山西　爵　抚宪　会奏,钦奉
>
> 谕旨,允准推广收捐道府州县及翎枝等项,以济赈需。当经设局劝办在案。兹据俊秀邵家锺系安徽休宁县人,
>
> 赴局报捐监生,除将捐项弹兑,填给执照,并案月一卯
>
> 汇案
>
> 奏咨外,查该捐生籍隶
>
> 贵治,相应备文移知。为此合移
>
> 贵县,请烦查照,注册施行。须至移者。
>
> 　　　　计开
>
> 捐生邵家锺,年三十四岁,身中,面白,无须。
>
> 　　三代
>
> 　曾祖士映　祖嘉琪　父启僖
>
> 右　　　　　　　移
>
> 安徽休宁县正堂
>
> (奉办江浙等省晋赈捐输转运总局关防)
>
> 光绪五年二月初一日移

[①] 《徽州千年契约文书》,清民国编,卷三,第96—97页,光绪五年休宁县邵家锺捐监生移文。该移文应拟应录为"办理江浙晋赈捐输转运沪局为休宁县邵家锺捐监生事致休宁县移文"。

光绪五年(1879),山西省为了在省外、特别是号称富庶的江南地区筹措赈灾资金,设立了"奉办江浙等省晋赈捐输转运总局",办理报捐事宜。上述文书是设立在上海的该局的分支机构——"办理江浙晋赈捐输转运沪局"送给报捐者邵家锺的原籍安徽省徽州府休宁县的"移文"。在这件"移文"中首先说明了开办以"晋赈"为名目的捐纳的根据,然后开列报捐者邵家锺的姓名、籍贯、容貌和三代等项目,最后要求休宁县为邵家锺"注册"。从这件文书来看,清末设立的一些专门办理捐纳事务的"局"被上级衙门授权可以向有关地方衙门发送"移文",享有一定的权限。

上面引用的"关文"和"移文"在最后的部分都提到为报捐者办理"注册"手续。这里所说的"注册"很可能就是修改户籍中的有关记录。根据清代的法律规定,监生和贡生等享受包括免税和礼仪等方面的很多特权,如果是捐纳了一定的职衔或者某一官职任官资格的话,例如,知府衔或知县,则可以享受与知府或知县同等的待遇。如果捐纳的职衔或任官资格的品级与原籍州县的现任地方官的品级相等,甚至高于该地方官的品级的,还可以享受到地方官的礼遇①。报捐者通过捐纳,使自己的身份从"俊秀"变成了"监生",或者是可以享受官僚礼遇的人,这样就有必要修改户籍中的相关记录。这一点不仅对报捐者本人来说是重要的,对负责处理当地日常政务的现任地方官员来说更是至关重要的,不能有丝毫马虎。这些由办理了捐纳事务的府州县地方衙门和"局"向报捐者本人原籍地发送的"关文"和"移文",就是修改户籍记录的根据。

从社会流动的角度来说,修改户籍记录一事本身意味着某人的社会地位发生变化,有必要以文书形式将这种变化记录在案。

(3) 围绕着地方报捐的财政利益问题

在地方开办的捐纳,不仅影响到中央以及该地方的财政利益问题,而且也影响到地方之间的财政利益问题。因为,各省当局在开办捐纳的

---

① 关于包括监生在内的精英阶层的社会特权问题,请参看张仲礼《中国绅士——关于其在十九世纪中国社会中作用的研究》,第32—44页。

时候,以获得尽可能大的财政外收入为目标,在考虑了当地的银价、谷价等要素之后确定报捐的"定价"。在某些场合,地方当局为了借广泛招徕报捐者以确保收入,不惜采用"薄利多销"的办法,实施"减成报捐",将"定价"压低。这样,各地区之间的报捐价格就出现了不一致。由于捐纳实际上属于一种身份和官职的买卖,对于作为购买者的报捐者来说,既然通过报捐得到的身份和资格是同样的话,他们当然会选择在价格较低的地方报捐。在这种"消费心理"的驱使之下,报捐价格较高的省份的报捐者就会前往那些报捐价格较低的省份报捐。这种情况的结果无疑会直接影响到某些省份的报捐收入、即正额外财政的收入。

例如,乾隆五年(1740),四川巡抚硕色在上奏中报告了当地常平仓的情况。他在上奏中提到四川各州县常平仓所贮存的谷物为110万石,低于规定的177.4600万石。而且,在常平仓上纳谷物报捐的人之中没有一个人是来自于甘肃省和陕西省交界的保宁、松茂等35州县的。硕色在上奏中分析了上述四川省保宁等府州县的报捐者流向甘肃省和陕西省的情况时说:

> 又因川陕连界,而陕甘捐监之费稍减于川省。小民计较锱铢,率多希图少费。又闻有陕省商民在川贸易者代为包纳,以致川省生俊,舍近求远,纷纷赴陕捐监,而川省缺额州县无复报捐之人矣。

硕色在这里列举了两个原因,其一是陕西省和甘肃省的"捐监之费"低于四川省,这一点吸引了四川的报捐者;其二是"陕省商民"直接在四川包揽捐监。在受到硕色的上奏之后,户部曾经奉命对当地的报捐情况进行过调查,结果发现在甘肃省报捐的人几乎都是甘肃省以外其他省的出身者,这些外省出身者所捐谷物的数量为甘肃省籍出身者所捐谷物数量的约九倍。户部在奏报中说:

> 今查甘省开捐事例,其本地生俊只捐过五百余名,外省商贾人等实捐过四千四百余名,是该省本籍捐监之人诚属稀少。

硕色为了自己的考成和四川省的财政利益,要求中央政府禁止跨省报捐,即不许本省人前往外省报捐,也不许接受本省籍以外报捐者的报捐。户部以甘肃省和陕西省的捐纳与"边储"有关,对硕色的上述提案表示反对。此外,江西巡抚和山西巡抚也曾经提出过同样的意见,也是在遭到户部的反对之后被否决的①。

我们从这种情况不仅可以看出原本应该在省内报捐的资金流向了省外,直接影响到该省的正额外财政收入,也可以看出围绕着捐纳收入的利益分配问题上各方的打算。对于中央政府来说,"边储"的重要性远远高于一省的常平仓问题。而对于要求禁止本省人赴外省报捐的四川等省来说,报捐资金向省外的流失无论从本省的财政问题来考虑,还是从与包括"大计"在内的个人考评来考虑都是难以容忍的。而甘肃省和陕西省则以"边储"为理由,从省外聚敛了大量正额外财政收入。乾隆二十八年(1763)十月,甘肃巡抚常钧在上奏中继续要求,"江浙二省之人情愿在甘捐监者听其自便",其目的明显是为了从江南的财富之区吸收正额外财政收入②。这一点表明,当时在各省与中央政府之间、省与省之间为了争夺正额外财政收入的重要提供者——报捐者——曾经发生过激烈的争执。

(4) 地方报捐中的强迫行为

如上所述,地方报捐不仅关系到中央政府的财政外收入,更直接地关系到各省地方政府的财政外收入。地方政府为了完成任务,也为了尽可能地扩大由捐纳所得的财政外收入,不惜使用美其名曰"劝捐"的强迫手段,甚至直接将空白执照强行"推销"给那些本不情愿报捐的人或商铺。

成书于17—18世纪的长篇小说《醒世姻缘传》中对地方报捐中的强迫行为有许多令人拍案叫绝的生动描写。这一时期恰逢康熙年间,清朝

---

① 中央研究院历史语言研究所藏清代内阁大库档案,第 024446 号,协理户部事务讷亲奏复川省民人赴甘报捐事,张伟仁编《明清档案》第 98 册。
② 中央研究院历史语言研究所藏清代内阁大库档案,第 067495 号,甘肃巡抚常均奏请江浙二省之人情愿在甘捐监者听其自便一折。

为了西北用兵、赈灾和河工曾经多次开捐。兹举一例①。

某年,"适值朝廷开了事例,叫人纳监。绣江(伍案:山东省章丘市的别称)是个大县,额定要16个监生。"可见中央政府有时是将报捐的名额层层摊派给地方衙门承办。奉到命令之后,"县里贴了告示,招人援例"。由于"告示贴了一个多月,鬼也没个探头",加之"布政司催这纳监的银子急如星火",故县衙门"只得叫那各里里长报那富家的俊秀,后来也不拘俊秀,只论有钱的便报"。在这种情况下,"若是肯使几两银子与里长,他便把你名字去吊,另报一人"。结果,里长和乡约得知村农侯小槐发了"横财","单单的把他名字报到县中。差了快手,拿了红票,捉他去上纳监生"。"世代务农,眼中不识一字"侯小槐向知县呈上"辩豁的状子",申诉自己无学无财,难以援例。审理时知县和侯小槐的对答十分有趣,对制度运用的描写入木三分,特转录于下。

侯小槐:"小人是个种田的农夫,一个十字也画不上来;乡约有仇,报小人上来。"

知县:"乡约报你别的事情,这是合你有仇;如今报你纳监,往斯文路上引你,你纳了监就可以戴儒巾、着圆领,见了府县院道都是作揖,唤大宗师,这往青云路上引你,怎是乡约合你有仇?"

侯小槐:"小人可以认得个'瞎'字,好戴那头巾,穿那圆领,如今一字不识,似盲牛一般,怎么做得监生?"

知县:"因你不识一字,所以报你纳监,若是认几个字,就该报你做农民了。"

侯小槐:"小人只有四十亩地,赤历可查。这四十亩地卖不上一百两银子,小人拿什么纳监?"

县官:"谁叫你卖地?你把你媳妇抵盗汪为露的银子纳监还使不尽哩!快出去凑银完纳!纳完了银子,我还与你挂旗扁;若抗拒延捱,打了你自己,还拿你家属送监!"

---

① (清)西周生《醒世姻缘传》,第四十二回,妖狐假恶鬼行凶,乡约报村农援例,第547—550页。

最终，万般无奈的侯小槐自认倒霉，在知县的勒捐之下被逼成了一名例监生。

这种情况绝非小说家的杜撰。光绪十年(1884)十二月二十一日，广东省在筹措经费时将目光盯在省内1513间当铺身上。根据广东布政使提案、并经两广总督和广东巡抚批准，广东省当局派出了大批委员"携带空白实收"，前往各地，向当铺"劝捐"监生。当时定下的"标准"是："当户生理平淡，每间捐监生一名，生理较旺者，每间捐监生二名。"每捐一名监生所需要的费用是银114.432两。在这里，报捐并不是出于对方的自愿，而是由政府派人"携带空白实收"登门"劝捐"。其次，报捐的标准是按照该当铺的"生理"旺淡与否，对于"生理较旺者"，根本不问该当户是否有两名男丁，硬性规定要"捐监生二名"。至于"生理"旺淡的标准、该户是否有男丁、以及有几名男丁的情况，绝无一字言及。假设某当铺被当局认定为"生理较旺"，但却只有一名男丁，最终被强行"劝捐"监生两名。那么，在发给该铺户的"实收"中至少有一张是用凭空捏造的人名填写的。由此可见，这种号称"劝"的作法实际上无异于强迫当铺在法定的税金之外再按照营业的情况缴纳法外之费。结果，自光绪十一年(1885)二月至光绪十三年(1887)正月底，广东省在"当户报捐监生正项"之下共收银147844.2013两①。

顾名思义，"劝捐"的原意是向臣民晓以大义，鼓励他们主动地向暂时遇到困难的国家提供金钱。但实际上的"劝捐"不过是捐纳主持者欲盖弥彰的遮羞布而已。史料中还有关于"派捐"和"勒捐"的记载，这些记载一针见血地挑明了"劝捐"的实质就是在中国历史上屡见不鲜的"强迫自愿"。这种冠冕堂皇地称为"劝"的强迫有时是非常残酷的。同治初年，有人上奏弹劾邓尔巽在署理贵州省遵义府绥阳县时"勒偪民捐，不输者以香灸背"，"添班卡勒捐，设立木站笼，制人死命。河南陈州府沈丘县知县丁士选之父，家不中赀，因勒捐不遂，一家五人均毙囹圄。(邓尔巽)

---

① (清)陈坤等《东粤藩储考》，卷九，候报部各款，当户报捐监生正项，第75a—b页。

调任遵义县知县后,将生员文新元勒捐押入站笼,令其倾家以赎。"邓尔巽的所作所为导致了民众"激变从贼",他本人弃城而逃。结果被"拔去花翎,撤消勇号,革职叙用,从重发往新疆效力赎罪,以示惩儆。"①

有些官员曾经主张应该注意"勒捐"和"派捐"所带来的负面影响。咸丰元年(1851),为了镇压太平军,清政府开办了清末规模最大的"筹饷事例"。咸丰二年(1852),刑部尚书周祖培就该事例的实施上疏,明确反对"派捐"的作法:"按户派捐,先敛怨于民。请饬各督抚确查巨富之家,劝谕激发忠爱,力图报效。②"皇帝本人也并非不知道这种"强迫自愿"的害处。同治三年(1864)十二月二十一日,同治皇帝在一道上谕中无可奈何地说:"捐务之兴,原系朝廷不得已之举。必须准情酌理,多方劝谕,方可以免怨尤。若派捐勒捐,自不免人言藉藉。"③

"勒捐"和"派捐"所凸现出来的绝不仅仅是某些官员的恶劣作风和贪婪之心,更突出地反映出了制度本身存在的问题。在开办捐纳时政府所期待的无疑是财政外收入多多益善,在金额方面根本没有一个明确而具体的目标。具体办理捐纳事务的官员为了完成任务,也为了借此向上司表明自己的成绩,自然是想方设法增加捐纳收入的数目。而在报捐者来说,连续的开捐已经使他们趋于疲惫,看看那些交纳了报捐银两,却迟迟得不到正式任命的候选候补官的命运,难免互相观望,裹足不前。在这种情况下,虽然皇帝也称"必须准情酌理,多方劝谕",但那些号称"爱民如子"的地方官们为了完成任务,往往采取强迫命令的方法来聚敛报捐银两。

以上,我们通过史料初步复原了报捐的基本流程,并且分析了由报捐问题而引起的财政利益问题。以下,我们来看一看报捐的实际,即代理报捐的问题。

---

① 《清穆宗实录》,卷二百十,同治六年八月戊戌,第49册第722—723页。
② 《清史稿》,卷三百九十,周祖培传,第11730页。
③ 《清穆宗实录》,卷一百二十五,同治三年十二月戊子,第47册第744页。

第三节 代办报捐

1. 北京报捐的总汇：北京的金融商

在第二章中，主要根据则例和捐纳事例对报捐的手续做了简要的说明。但是，报捐的实际状况要远比上述的规定丰富多采。在小说《官场现行记》中有这样一段情节。从陕西农村进京赶考的赵温在当年的会试中名落孙山，在他正准备打点行装回乡的时候，受到了父亲寄来的信以及 2000 两银子。他的父亲在信中说："倘若联捷，固为可喜；如其报罢，即赶紧捐一中书，在京供职。"赵温对捐纳一事一窍不通，于是请同行而来的革职典史钱伯芳去打听在什么地方报捐最便宜，也就是让钱伯芳去找代办报捐的人①。光绪十三年（1897），浙江候补知州李圭为了"捐免保举"和"引见"等手续自宁波北上，八月初九日进入北京。他在旅店住定之后，立即命人"投片源丰润管事苏人汪子垣"。源丰润是清末的著名票号，李圭之所以一进北京立即与它取得联系，首先是因为用于捐纳等项的"资斧"已经先期汇入该票号，更重要的是因为"引见公事亦由其托部承经办"，即与引见有关的各项事务均托该票号代为经办②。从这两个故事中我们可以看出，当时在北京的报捐往往不是本人直接去衙门办理，而是托人代办。而且，由于代办者的不同，所需的捐纳费用也不尽相同。

当然，报捐者根据上一章中叙述的有关规定，完全可以自己前往户部等衙门办理报捐的各项手续。但是，由于报捐的规定过于复杂，类似赵温那种初到北京的报捐者，要他们读懂各种"则例"和捐纳"章程"等一般人难以理解的专门法规几乎是不可能的。另一方面，报捐者在前往北京报捐时，不可能随身携带所需的大量金银，大多是如上述李圭那样，通过票号、钱庄和银号等金融机构将所需资金寄到北京去。除此之外，报

---

① （清）李宝嘉《官场现形记》，第三回，苦钻差黑夜谒黄堂，悲镌级蓝呢糊绿轿，第 31 页。
② （清）李圭《入都日记》，光绪十三年八月初九日，第 8b—9a 页。

捐者携带大量资金到达北京或者是在北京收到寄来的资金之后,通常也不会将它保存在会馆等人员出入往来较多的地方,通常是存入钱庄和银号之中,委托金融机构代自己管理。在第二节中还介绍过,报捐者在"上兑"时交纳的"元宝"必须符合户部规定的规格和成色。这样,报捐者为了将携来的资金铸成一定规格的"元宝",并且在其表面打上保证成色的"戳记",都要请银号或金店帮忙①。

清代,银号等金融机构与政府之间保持着相当密切的关系。例如,中央政府和地方政府通常要将征收来的税银熔化后再按照一定的规格铸成"元宝"。此项业务基本上是委托给银号经办的。有时候,还将征收来的税银暂时委托给银号保管②。

由于有这样的特殊关系,银号等金融机构与报捐者和政府衙门都保持着密切的关系,自然地成为报捐的中介或者代办机构。乾隆年间,银号是北京报捐的主要代办者。以后,金店取而代之成为北京报捐的主要代办者。下面就简要介绍一下清末北京的金融机构代办捐纳的情况。

清代末年,北京内城的隆福寺和东四牌楼一带是金融业的中心。乾隆和嘉庆年间先后创立的号称"四大恒"(伍案:亦称"四恒号"),即"恒久"、"恒和"、"恒利"和"恒源"的四大金融巨头就设在这里。另外还有许多其他的中小银号和金店遍布于城内各处③。"四大恒"的创业者主要是浙江宁波和绍兴籍的商人。道光年间,以北京附近通州的商人为首,北京和天津一带出身的商人取代浙江商人主宰了北京的金融业。众所周知,六部胥吏中人数最多的是浙江省籍的出身者。而仅次于浙江省籍出

---

① 齐如山《故都三百六十行》,第 2 页。(清)黄爵滋《黄爵滋奏疏》,卷三,银库收捐疏,第 24—25 页。
② 《仁井田陞博士辑北京工商ギルド史料集(一)》,第 141 页。广畑茂《支那货币钱荘攷》,第 314 页。中央研究院历史语言研究所藏清代内阁大库档案,第 097459、091050、097541、092398、095506 号。
③ 例如,在北京前门外"西河沿东口路北"的宝典银号,和位于前门外"果子巷北口路东"的同丰银号就是专门办理捐纳业务的"捐号",而且被写入清末北京的消费指南——《都门汇纂》。见《都门汇纂》,杂记,第 18a 页。

身者的就是北京附近通州一带的出身者①。

金店的业务内容原来主要是经营金银等贵金属的买卖、将"荒金"（粗金）改铸为"赤金"（成色较高的金块）以及发行"银票"等等②。一些后起的金店为了增加收入便开办的代办报捐的营业项目，在店内设置专门办理报捐事宜的柜台——"捐柜"，为报捐者代办各种手续。在清代末年的北京，有代办报捐业务的金店被称为"公金店"，而没有此项业务的金店则被称为"母金店"③。

"公金店"的经营者为了使代办报捐的业务能够顺利展开，让自己的店员学习包括各种"则例"和"事例"在内的与捐纳有关的各种规定。有些金店为了拉生意，甚至为顾客准备鸦片。这些金店负责为报捐者准备报捐所需的各种文件，介绍作为保证人的同乡六品以上京官，代报捐者领取执照等等。总之，报捐手续中的所有环节都可以代办。他们还向报捐者提供各种建议。例如，捐纳何种官职最好，为了得到某一官职首先捐纳何种"虚衔"最好，为了尽快得到实官实职捐纳何种"花样"（伍案：参加铨选时的优先权）最好，如何避开被"分发"（伍案：以试用人员的资格被送往中央或地方衙门）到不愿意去的地方，例如边远省份等等。如果报捐者一时没有准备好足够的资金，金店则向他提供贷款（伍案：即所谓的"京债"）。对于报捐"分发"和"指省"（伍案：报捐者利用捐纳手段指定自身去何省试用）的报捐者，有些金店只要报捐者肯出具"期条"（伍案：还款证明）就先代他们交纳所需的报捐银两。金店在代理报捐业务时，

---

① 关于"四大恒"请参看以下史料。① 崇彝《道咸以来朝野杂记》，第 104 页。② 加藤繁《支那经济史考证》下卷，第 559—562 页。③《仁井田陞博士辑北京工商ギルド史料集（三）》，第 473 页。关于六部胥吏的出身籍贯，请参看中国第一历史档案馆藏刑部档案阖署胥吏卯册（清光绪四年三月）及徐珂《清稗类钞》第 3 册，爵秩类，捐生以武阳山会为最多，第 1360 页。关于报捐与山西商人的关系，请参看本书第 8 章，以及刘鹏生等《山西近代经济史》，第 311—316 页，和黄鉴晖《山西票号史（修订本）》，第 100—107、160—165 页。

② 金受申《老北京的生活》，第 309—310 页。当时，在总计超过一百家的金店中，发行"银票"的不过一、二十家。其中最有信用者当推"四大恒"所发行的"银票"。

③ 金受申《老北京的生活》，第 309—311 页。《仁井田陞博士辑北京工商ギルド史料集（三）》，第 473 页。

还要"加平"、即收取手续费。各家金店在收取手续费时基本上采取的是定额制,即每百两收取9.5两或10两①。

对于来自各地的报捐者来说,他们虽然可以直接前往户部报捐,但是却往往不知道究竟需要什么手续,需要按照什么程序办理。即使知道如何办理也要自己按照程序一步一步去做,其间还会遇到办事官员胥吏的层层需索。户部的"把门人役"就往往"任意刁难"前来办理报捐手续的报捐者②。为了得到报捐所需的同乡六品以上京官的印结,也要携带礼物登门拜访。而收入微薄的京官将报捐者视为财主,是否出具印结则取决于礼物的丰厚。甚至他们的门房如果嫌"门包"太少,则托言主人忙于公务,拒不传达引见。与这些层层盘剥相比,报捐者当然乐于在交纳一定的手续费之后将各种手续委托"公金店"代理。前面提到的《官场现行记》中的赵温以及清末在北京的报捐者们往往是通过金店等代办报捐手续的。

"公金店"为了代办报捐业务能够顺利展开,让一些店员专门负责和经办捐纳事务户部捐纳房、内务府,以及办理文官铨选事务的吏部文选司保持联系。这些店员的工作主要是联络上述衙门的司官和胥吏,从而尽快得到有关捐纳和铨选的有关信息。对于代办报捐的金店来说,保持与衙门之间的密切联系以及借此得到有关信息,是他们在代办报捐业务的激烈竞争中得以生存并且战胜同行的必要条件。例如,如果自己的顾客能够较快地被"分发"到离故乡较近、"委员"或"署理"等临时性的差事较多、收入较丰而且"补缺"的机会较多的省份的话,无疑会提高本店的信用度和知名度。

具体代办报捐业务的是金店和银号等金融机关。由于捐纳的盛行,每年有大量的金钱流向北京。在这种情况下,这些金融机关的行业组织——行会——也将代办报捐业务视做本行业经营中主要的利益来源

---

① 待余生《燕市积弊》,第5—6页。关于"加平",请参看本书第8章。
② 中国第一历史档案馆藏顺天府档案,第9卷,第038号。

之一,对此事十分重视。道光二十七年(1847)六月,金融业行会在改订行会条规时特意增加了如下规定①。

> 一,议。本年六月二十四公议,敬神演剧,兼请捐纳房、司务厅、堂房、后库、国子监诸友。希图交付缘簿,写项充公,整理管事,修盖义园起见。以后议定年例,正月初五日、三月十五日、六月二十四日、九月十七日,一年四次敬神演剧。向例,请客之日不准搭席。此次仍应照旧办理。以后无论是否请客,每号各准搭席一桌。惟正面池子内,尽让同人公中起座,以为司事,得以联络,议及公事,不得迁占。请客之期,楼上议公请之客。搭席之家,至日任凭正副司事现派。

根据这一规定,每年的正月初五日、三月十五日、六月二十四日和九月十七日,以"敬神"的名义在金融业行会办事机构的所在地——正乙祠——演戏,邀请捐纳房、司务厅(伍案:六部各部中负责收发外省衙门文书的办事机构)、堂房(伍案:六部尚书办公处,大约相当于现在的部长办公室)、后库(伍案:位于户部衙门内的银库)和国子监的"诸友"出席。通过招待这些官员和胥吏,加强和衙门之间的联系,从而确保代办报捐而得到的营业利润。另一方面,由于道光十一年(1831)以后为了确保所收银两的成色,要求在银锭上标明银号的"字记"。某些银号遂借此号称自己获准代办报捐。黄爵滋就曾经指出,由于"外间不知,遂谓库中非此等银号之银不肯收纳",于是委托这些银号代办报捐。当然,官员和胥吏通过这种方法可以从银号方面得到好处,通常是按照千分之五的比率收取规费。道光十二年(1832)九月,有人控告库丁戴云丰营私舞弊,前后共"分肥至一万两"②。此外,期待着"印结银"收入的京官也请"公金店"为他们介绍来自同乡的报捐者。这样,"公金店"就变成了北京报捐的

---

① 《仁井田陞博士辑北京工商ギルド史料集(一)》,第105页。
② (清)黄爵滋《黄爵滋奏疏》,卷十,请饬议银库事宜疏,第82—84页。同书,卷三,银库收捐疏,第24—25页。戴云丰案另见《清宣宗实录》,卷二百二十,道光十二年九月戊辰,第36册第287页;卷二百三十二,道光十三年二月壬戌,第36册第475—476页;卷二百四十五,道光十三年十一月庚午,第36册第683页。

"总汇"、即实际办理报捐事务的中心①。

但是,金店等金融机关代办报捐并非享有依法的授权,在法律上属于非法行为。当时,清政府允许的代办报捐仅限于亲戚和友人,对于金店和银号的代办报捐虽然视为"包揽",但是由于报捐者人数太多,仅靠捐纳房根本来不及办理,所以不加禁止,采取了默认的政策②。在这种情况下,有些人认为有机可乘,他们利用报捐者急于得到功名的期待心情,打着代办报捐的名义榨取钱财。例如,乾隆十九年(1754),舒重华等人在北京宣武门外菜市口地方开设会通银号,谢蘭圃等人则在北京正阳门外西河沿地方开设广泰银号,"包揽捐纳"。他们甚至"将土做成银包数百封",装点店铺的门面,"诓骗上捐人银两"。结果,前后被他们诈骗了15000多两银子③。乾隆三十九年(1774),北京前门外某"奸匪银号"的经营者携带借代办报捐的名义收取的大量银两潜逃,受害者达到8000人之多④。对于代办报捐中的诈骗行为,政府只是在案发时呼吁报捐者自行办理相关手续,同时要求有关官员严格取缔"影射骗撞包揽,捏索规费"的行为。但是,政府在实际上没有采取任何行之有效的根本性对策⑤。

以上,介绍了北京代办报捐的情况。下面想通过代办报捐来看看行会所起的作用。

在关于中国行会问题的研究中,有些学者曾经存在过这样一种倾

---

① 夏仁虎《旧京琐记》,第96页。清末住在北京的日本人也将金店看做报捐的"总汇"。见清国驻屯军司令部编《北京志》,第425—426页。
② 根据曾经在银号当过店员的尚受珊的回忆,清末代办报捐变成了合法的营业行为,但是必须向度支部提出申请的"呈文"。见尚受珊《北京炉房、钱铺及银号琐谈》《文史资料选辑》,第44辑,北京,文史资料出版社,1980年,第249—276页)。
③ 中央研究院历史语言研究所藏清代内阁大库档案,第097641号。
④ 中央研究院历史语言研究所藏清代内阁大库档案,第019838号,京畿道监察御史炳文奏请报捐人员务令亲身赴部交纳银两,张伟仁《明清档案》第222册,第B124769—B124771页。
⑤《汇刊条例册》,第十二册,报捐贡监并职衔者亲身赴部始准报捐,乾隆五十三年六月二十九日奉旨。《(同治)钦定户部则例》,卷九十八,通例,收捐给照事宜,第41a页。

向,即认为行会与代表着国家的政府之间的关系是根本对立的①。近年,夫马进在《中国善会善堂史研究》中指出,行会与代表着国家之间的关系是一种"切也切不断的关系"。根据夫马进的研究,同业行会通过向善会和善堂捐款,从而求得国家政权对自己的庇护,而国家对同业行会和跨行业行会则进行着监督和指导②。

众所周知,在行会与国家之间,政府作为国家的代表基本上处于主导地位。但是,行会方面也不是处于完全被动的地位的。上面介绍过的北京金融业行会的情况就是一例。北京的金融业行会每年在行会的办公所在地——正乙祠——四次招待与办理捐纳事务有关的"诸友",就是在得到国家权力的庇护、接受政府的指导和监督的同时,为了全行业的利益,想方设法地拉拢有关的官员和胥吏。换句话说,其目的就是为了保护通过代办报捐所获得的商业利润。正是通过行会的这些活动,金融业经营者和官员、胥吏之间的联系得到了加深。以六部胥吏为例,他们与金融业行会之间的关系十分密切。六部胥吏不仅从行会和金店、银号得到好处,而且还向行会提供捐款。光绪二十一年(1897),号称"浙东善士,燕北寓公"的户部银库科房胥吏的"孙吉堂先生"率先向北京金融业行会倡议重建行会的共同墓地——义园,他不仅率先捐赠白银800两,并且通过恒裕银号购入北京南城永定门外"十九亩二分"的土地,捐赠给金融业行会。为此,北京金融业行会在正乙祠为此立碑纪念。这种捐赠一方面表明了胥吏方面对经常提供利益的行会方面的感谢,也表明了胥吏和行会之间的密切关系③。

通过上述事例可以看出,在行会与国家的关系中,行会并不总是处于被动的地位,他们为了自身的经营利益而努力地利用国家权力,希望在与国家的关系方面掌握主动权,常常表现出一种积极的态度。在这里

---

① 仁井田陞《中国の社会とギルド》,第227—230页。根岸佶《中国のギルド》,第173—174页。李华《明清以来北京工商会馆碑刻选编》,第1—46页。
② 夫马进《中国善会善堂史研究》,第584—603页。
③《仁井田陞博士辑北京工商ギルド史料集(一)》,第113—115页。

也可以看到夫马进所指出的"切也切不断的关系"。

下面来看看代办报捐在地方上的情况。

2. 地方的代办报捐

(1)"捐局"

关于代办报捐在各地的情况,我们首先来看看负责捐纳事务的各种"局"。

上一章中已经介绍过地方报捐是在布政使司所管辖的藩库上兑的。实际上,各省除了布政使司接受报捐之外,还在省内和省外设立负责捐纳事务的"局",作为布政使司办理捐纳事务的专门机构直接受理报捐。例如,厘金制度的创办者、当时任"帮办军务刑部右侍郎"的雷以诚奏请在"江南泰州、宝应分设捐局"。咸丰三年(1853)八月,户部经过审议后同意他的建议①。前面曾经引用过"江西省筹赈捐输总局"颁发的"赣字第三万五千一百九十五号"实收,上面使用的印章是"江西等处承宣布政使司之印"。这表明"江西省筹赈捐输总局"是做为布政使司的直属机构办理报捐事务的。在清末的四川省成都,"捐"局林立,除了本省设立的四川赈捐局之外,还有新海防捐局、奉(奉天)捐局、桂(广西)捐局、江南捐局、山东工赈捐局和北洋饷捐局等等②。地方当局设立这些"捐局"既是为了将有关的捐纳事务集中办理,也是为了借"捐局"中"总办"、"坐办"和"委员"等临时性的职务来安置某些等待任命的候补官。此外,一些地方上有钱有势的人也在得到地方官的许可之后设立所谓的捐纳"分局"。例如,《官场现行记》中写到的曾任监察御史的"王乡绅",在自家门前就挂出了"劝募秦晋赈捐分局"的牌子③。

清代末年,一些捐局在办理报捐业务时,为了招徕尽可能多的报捐者,还利用诞生不久的近代报纸,在上面刊登广告。此类事例不胜枚举,兹举一例。宣统元年(1910)前后,在"上海宁波路二百七十二号"设有

---

① 《清文宗实录》,卷一百三,咸丰三年八月己丑,第 41 册第 534—535 页。
② 傅崇矩《成都通览》,第 59 页。
③ 李伯元《官场现行记》,第二回,钱典史同行说官趣,赵孝廉下第受奴欺,第 15 页。

"各省赈捐并七项实官常捐局",负责人名叫"孙镜湖"。宣统元年五月初五日前后,该局以孙镜湖的名义在《申报》一连数天刊登广告,宣传该局代办捐纳"贡监"、"衔翎"和"封典"等项业务,号称"约期不误",保证在指定期间之内办完所有手续。《申报》发行数量较多,读者中包括了不少捐纳的"顾客"——童生和生员①。这不妨称为利用报纸广告的捐纳"促销策略"。

由于这些"局"或"分局"不同于正式的衙门,在这里捐纳是否可以得到"执照"、是否可以得到所希望的资格和官职,这些对于报捐者来说是一个非常切实的问题。在《官场现行记》中有这样一段故事。浙江省绍兴府出身的何顺在署理山西太原府知府阎佐之手下当幕僚,何顺觉得在阎佐之手下赚钱太少,便利用山西赈灾的名义,通过主人阎佐之得到了山西巡抚发给的允许开设"赈捐局"的札文,前往上海办理赈捐事务。何顺在前往上海途中乘灾民之危买下了"五十多个女孩子",除了几个"预备将来自己收用"之外,"或是卖给亲戚,或是卖给朋友",剩下二十多个则在到了上海之后"大大的卖了一笔钱"。然后,他在下榻的旅馆门前挂起"奉旨设立报销山西赈捐总局"的招牌,堂而皇之地办理报捐业务。在三个月之后,他一共受到了30多万两报捐银。尽管有报捐10000或8000两的,他都"一齐作为六七千两"报告给山西巡抚。这样,那些报捐银数在六七千两以上的报捐者自然不可能得到他们所希望的资格和官职②。由这种"赈捐局"代办的报捐事务实际上就是一种诈骗。

在这种捐局林立、鱼龙混杂的情况下,清末的四川出现了为捐局做信用评估的人。傅崇矩在他编辑的《成都通览》中指出,严卜琴于宣统年间在成都开设了山东工赈捐局和北洋饷捐局,代办报捐事务。有一天,严卜琴突然携款逃走。为此而蒙受损失的"捐生"聚众前往四川总督衙门控告。傅崇矩认为这种利用报捐进行欺诈的捐局"最不可靠",其理由是严卜琴

---

① 《申报》,宣统元年五月初五日。大马进《中国善会善堂史研究》,第814—816页。
② 李伯元《官场现行记》,第三十五回,捐巨款纨绔得高官,吝小费貂珰发妙谑,第590页。

没有得到"北洋委提"。与此相对,傅崇矩认为湖北捐局是"可靠"的①。

(2) 个人的代办报捐

地方上代办报捐的除上述捐局之外,还有个人的代办报捐。早在乾隆初年,有些人觉得"由本省投捐,层层不免使用",所以借上京之机,"皆择同乡亲方,转相嘱托,或一人自捐,从而兼带多名,除交库正项之外,另送路费"②。为了托人请人代办,有时会立下如下的"凭约"(照片4)③。

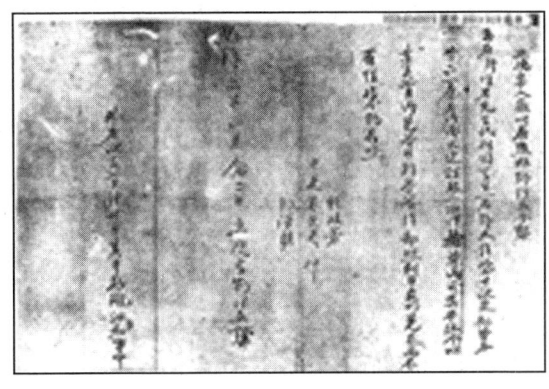

(照片4,中国社会科学院历史研究所藏乾隆十二年黟县舒行五交捐纳银议约)

　　立凫字人徽州黟县舒行五,今恳
朱府讳唯若先生代捐国学生一名舒大信,凭议定部费各项
等事一应在内,面议定课银一百四十七两,其率依令照兑,
其银七月内兑七十两,余七十七两待部照到日交明兑足。两
不有误。凭约存照。
　　　　　　　　　　　　程岐芳
　　　　　　　　中见　　朱文光　　押
　　　　　　　　　　　　舒汉瞻
乾隆二年正月念二日　立凫字舒行五(花押)
　　　　　外有议字,其七月付卅两,其率每鲍油加平七钱七分

---

① 傅崇矩《成都通览》,第59页。
②《钦颁上谕条例》,乾隆五年九月,各省捐监本地换照。
③《徽州千年契约文书》,清民国编,卷一,第305页,乾隆十二年黟县舒行五交捐纳银议约。

乾隆二年(1737)，安徽省徽州府黟县的舒行五请朱唯若为舒大信代办报捐国子监生的手续。在三位中人见证之下，舒行五立下了这张"凭约"。根据这张"凭约"，舒行五要将包括部费在内的各种报捐费用共147两以及"率"(即火耗)交给朱维若。不过，这147两不是一次付清，而是在当年七月首先付70两，剩余的77两要等到所有的报捐手续均告完成、"户部执照"到手之后再付。朱唯若根据上述条件代办从"投呈"到"换照"的各种报捐手续。报捐监生的费用通常如下①。

监生资格	108.00 两
部费(饭费银)	5.40 两
京官印结银	8.00 两(各省不一，安徽为8两)
印结随封	0.30 两(各省不一，安徽为0.3两)
部照银	0.30 两
监照银	0.15 两

这样，报捐监生的所需费用合计为113.85两。当然，这并不表明朱唯若可以赚取余下的大约20余两银子。因为除了上兑时的加平之外，朱唯若并不一定是自己亲自前往北京办理有关的报捐手续，很可能是托其他人代为办理。关于这一点可以参考下面将要叙述的代办换照的情况。

(3) 代办换照

在代办报捐之中，还有专门代办换照的情况。乾隆初年，湖广汉阳府汉口镇的"脚子"朱正思往来于北京和汉口之间，负责商业书信的传递。在汉口经营米谷的商人周五赏(伍案：湖南省衡州府衡山县籍)认识朱正思，请他利用业务和熟人之便代为"换照"。周五赏将需要换照的三枚"实收"委托给朱思正，并且支付了"盘缠银"6两。朱思正来到北京之后，并不是自己前往户部或国子监办理换照手续，而是将此事托给熟悉

---

① 上海图书馆藏户部给曹肇基执照。《各省印结》。

北京某银号的商人滑文成(伍案:浙江省绍兴府余姚县籍)办理①。将换照事务托给朱思正那样往来于北京的人办理,而他们在到达北京之后再托给北京的商人去办理。根据捐纳的规定,本人实际上完全可以自行办理报捐手续,在各地报捐的人可以等待政府换发执照。但是,在重视人际关系的中国,类似上述周五赏、朱思正、滑文成那样与其自己忍受种种刁难前去衙门办理各项手续、或者坐待政府换发执照,不如利用人与人之间的信赖关系代办包括报捐在内的各种正式手续的办法,在当时恐怕是比较普遍的。

  导致上述情况的原因是多方面的。首先,在各地报捐之后的换照是一项非常重要的手续。虽然可以按照现有的规定,通过各级衙门换照。但是,通过衙门换照不仅需要较长的时间,而且还要忍受官员和胥吏的勒索。换照的延迟对于急于注册铨选的报捐者来说,换照延迟甚至可能影响到他们今后的前途。对于急于以监生的身份参加乡试的人来说,换照延迟会使他们无法参加考试。所以,这些花钱购买了任官资格的报捐者总是希望用切实可信的方法完成报捐的最后一道手续——换照。在这种情况下,或者是自己亲身前往北京户部换取执照、或者是拜托熟人代为换照,对报捐者来说都不失为一种令人安心的方法。根据史料记载,在乾隆初年,如果托人赴北京代办,"数十日即可携取执照以归"②。其次,虽然在制度上报捐者可以自行前往北京换照,但是在实际上却并不现实。这里并不仅仅是是否了解有关规定和有关手续的问题,这里还有交通、安全、言语、饮食、住宿、银钱汇率以及费用等多方面的问题。总之,一位当年的旅行者在途中遇到的种种不便要远远地超过在现代社会中旅行的我们。而克服这些不便对于一位来自乡间的报捐者来说,实在

---

① 中央研究院历史语言研究所藏清代内阁大库档案,第 023291 号,户部尚书海望奏报广西垦田捐纳监生实收铃盖印信不符请敕巡抚审拟,张伟仁《明清档案》第 83 册,第 B47131—B47133 页。
② 《钦颁上谕条例》,乾隆五年九月,各省捐监本地换照。

是难上加难。在各地代办报捐的商业性行为正是在这种情况下出现的①。

3. 靠代办报捐获取利润的社会集团

如上所述,政府为了获得正规赋税以外的财政收入,推行捐纳政策,出售生员的资格、官员的任官资格、官员的人事手续以及封典等等。根据规定,无论是在中央还是在地方的报捐都必须由报捐者自身前往衙门办理有关手续。但是,以北京为例,报捐实际上主要是通过金店、银号等报捐的"总汇"进行的。当时,由于捐纳的连续的、大规模的实施,导致了数目巨大的银两在国内流动。以金融业为中心的商人们希望在如此巨额的资金流动中得到利益,因此开始了代办报捐的金融业务。他们通过代办报捐所获得的利润是相当大的。前面讲过,在代办报捐时商人们要向报捐者收取大约百分之十的手续费。根据《光绪会计录》的记载,光绪十九年(1893)户部的捐纳收入为3481043两。假如这些都是通过金店和银号代办的话,那么根据上述手续费的比率,代办报捐的手续费收入就在34万两左右②。而道光七年(1827),户部实施了"酌增常例",仅头、二两卯就收到了捐纳银"二千余万两"。在这种情况下,代办报捐的手续费收入无疑将会超过光绪十九年的34万两③。

商人通过代办报捐所得到的利益的一部分流向官员和胥吏。例如,户部负责银库的官员和胥吏按照千分之五的比率从商人处收取"规费",五、六品的京官通过为同乡出具报捐所必须的"印结"收取"印结银"。他们和商人同样地参加到捐纳这一项商业性的活动中。根据史料的记载,

---

① 除了个人在地方上代办报捐之外,也有在各地代办报捐的金融机构。例如,清末成都的金融机构中就有被称为"捐号"的代办报捐事务专门店。详见傅崇矩《成都通览》,第99页。
② 李希圣《光绪会计录》,第14a—15a页。
③ (清)盛康《皇朝经世文续编》,卷十三,郑世任《敬陈理财用人疏》,第11a—14a页。"至户部大捐,每正项百两收饭银三两。查酌增常例,头二两卯捐银二千余万两,计收部饭银六十余万两。筹备经费例,捐银八百余万两,计收部饭银二十四万余两。除一半归公外,其余一半银两,史兵二部分半中之半。户部分半中之半,堂官三成,办捐司官三成,办捐书吏三成,心红一成。"

四川、广东、江苏、浙江出身的京官年间的印结银收入甚至可以超过"千两"①。自太平军兴起的咸丰元年(1851)至光绪十一年(1885)年底,在长达30余年的期间之内,清政府将文武官员的俸银和养廉银减成发放。在这种情况下,"印结银"和上兑时向报捐者强制征收的"饭银"就成了维持京官生活的重要收入来源。有人曾经指出,饭银"除一半归公外,其余一半银两,吏兵二部分半中之半,户部分半中之半。(户部)堂官二成,办捐司官三成,办捐书吏三成,心红一成"②。关于户部堂官可以分得多少饭银,请看王文韶的事例。光绪五年(1880)年,位居正二品、以户部左侍郎入直军机处的王文韶全年只在八月十二日领到"秋俸四十六两五钱",这大致仅相当于一个七品知县的足额俸禄。但是他几乎每个月都要收到户部捐纳房送来的"饭银",总额达到了23517.38两,这笔收入占了他当年总收入的百分之九十③。

这样,在报捐者和国家之间存在着一个靠代办报捐获取利润的既得利益集团。这个集团并非一种组织,而是靠着人际关系结合而成的。这就是说,报捐实际上离不开以户部捐纳房为顶点的全国性网络,以及由北京的金融商人以及分布于各地的代办报捐者们组成的次一级网络。虽然这个网络没有人进行管理,但是在北京的商人和户部衙门之间、在商人和胥吏之间、在商人与出具"印结"的京官之间、在北京的商人和地方的商人之间完全是依靠着彼此之间"双赢"的利益关系进行合作,共同地遵循着一定的规则。这个集团所从事的代办报捐的业务并不合法,但是在国家的默认之下却得以长期存在。报捐者们实际上是受到这个集团的控制,他们所交纳的一部分报捐资金实际上是在这个集团的内部进行再分配。用当时流行的话说,就是国家开办捐纳,这个集团得到捐纳的"余润"④。

---

① 何刚德《话梦集》,卷上,第13页。关于印结的问题,请参看本书第3章。
② (清)盛康《皇朝经世文续编》,卷十三,郑世任《敬陈理财用人疏》,第11a—14a页。
③ (清)王文韶《王文韶日记》,下册,第593—601页。
④ 夏仁虎《旧京琐记》,第50页。

应该看到,这个靠代办报捐获取利润的既得利益集团并不是独立于国家和社会之外的。例如,在这个集团中发挥着重要作用的金融商人以民间人的身份代办报捐,在一定程度上参与了国家的行政事务。在报捐者的眼中,这些商人是衙门的代表者,是与"官"站在一条线上的。但是从政府方面来看的话,这些商人最终不过是在得到了"官"的默许的情况下,做为报捐者的代表来办理有关手续的"民"。让民间人代行一部分行政事务在中国历史上是一种屡见不鲜的统治方法。在这里,代办报捐的商人同时代表着"官"与"民",在他们身上"官"和"民"两种本来并不相同的性质浑淆在一起。

第四节　报捐者参加科举考试问题

对于报捐之后领到了执照的例监生和例贡生来说,他们面前有两条路。一条是被称为"异途"或"杂途"的路,即继续利用捐纳的方法,捐纳任官的资格①。还有一条是第一章中已经说明了的"异途+正途"的路,即在利用"异途"的方法(捐纳)得到乡试的下场资格之后(伍案:例如例监生或例贡生),争取在乡试中考上举人,从而步入"正途",进而再向会试进军。以下,通过"异途+正途",即例监生参加科举考试的问题,探讨捐纳出身者的社会意识。

从明清时代的科举制度来说,例监生作为国子监在籍学生,享有参加乡试的资格。乾隆元年(1736),在商议捐纳监生应否被固定为国家的一项制度的时候,户部等衙门在商议之后认为,应该将捐纳监生的制度固定下来,理由是"以广生童应试之阶"②。这里所说的"应试",无疑是指乡试。

清代的乡试制度为保证监生有一定的及格率,特意留有专门录取监生的"中额"。这就是顺天乡试中的"皿字号"。例如,顺治十七年(1660)

---

① 关于这一问题请参看本书第4章。
②《上谕条例》,乾隆元年,议停捐纳止留户部捐监一条。

规定,顺天乡试中额为 105 名,其中"皿字号"应取中 43 名。清代乡试的"中额"因皇帝的"特恩"经常发生变化,但专门用于录取监生的"皿字号"始终存在①。

在例监生们的身份证明——"监照"中,明确注明他们可以参加乡试。例如,有的"监照"上就注明:"该捐生一面交银,立即将部照并监照各一张填名给领,准其一体乡试"②。对于那些在乡试之前刚刚捐纳、尚未领到"监照"的例监生,政府允许他们只要提交可以证明其例监生身份的"地方官文结"或"同乡京官印结",便允许他们下场应试③。

在明清两代,以例监生身份参加乡试者不胜枚举。本书第一章中提到的罗圮、马一龙和凌廷堪,都是在乡试之前利用捐纳才得到下场资格的。再举二例,湖南省常德府武陵县的王成骧以例监生资格下场,考中在道光二十九年(1849)顺天乡试中取得举人资格,咸丰九年(1859)又考中进士。著名学者袁枚"鸿博报罢,落魄京华,由某某两太史荐至嵇中堂府第训蒙,岁修二十四千。一二年间,备尝苜蓿阑干之苦。同征友之显贵者,醵资为先生捐监,应戊午科顺天乡试。是科领乡荐,……次年会试,连捷成进士。"④

在乡试之外,关于例监生应童试的问题也有相应规定。童试由县试、府试和院试三次考试构成,是童生为考取府州县儒学生员资格的考试。因此,在身份上高于府州县儒学生员、已经取得了参加乡试考试的资格的国子监监生(伍案:含例监生和例贡生)通常是不会折回头

---

① 《钦定科场条例》,卷十九,乡会试中额,第 226—241 页。
② (清)梁章钜《南省公余录》,第五,第 194 页。上海图书馆藏给曹肇基执照。张仲礼《中国绅士——关于其在十九世纪中国社会中作用的研究》,第 186 页。
③ 中央研究院历史语言研究所藏清代内阁大库档案,第 117702 号,乾隆六年(1741)七月都察院左都御史兼管国子监事刘吴龙,国子监为未及换照之监生一体乡科送试,《明清史料癸编》,第 5 册第 471 页。
④ 《山东同官录》,王成骧。(清)蒋敦复《随园轶事》,二十四千训蒙捐监应试,载王英志主编《袁枚全集》第八卷。袁枚"鸿博报罢",即博学鸿词科未捷乃在乾隆元年(1736),顺天乡试考中举人是在乾隆三年(1738),考中进士是在乾隆四年(1739)。"嵇中堂"为文华殿大学士嵇曾筠。

来参加童试的。不过,在走"异途"取得监生之后幡然悔悟,意欲重走"正途"的人毕竟存在。这就是说,放弃原本选择的"异途+正途"的道路,转而寻求"纯粹"的正途出身。乾隆四十五年(1780),广东巡抚报告说,许仁杰呈请辞去监生,以"原名"参加童试。清朝政府为此特意规定:

> 监生志切正途,查无别故,准其辞监,以原名就应童试。

根据这一规定,只要辞去捐纳所得的监生资格,即可以参加童试。咸丰八年(1858),清朝政府再一次重申了这一规定①。

在实际中有这样的事例,有些监生意欲参加童试,却因考试资格被人举报,几乎发展成为围绕承认考试资格与否的行政诉讼。兹举一例。

光绪九年(1883)十月,身为例监生的安徽省徽州府祁门县的黄肇华通过抱呈黄春延,以童生的名义请"官代书"作成了诉状。其内容如下。

> 禀为试期渐近,乞恩收考,栽培寒士事。童读书原图应试。前赴县试,宪因汪绍谟控童已捐监,恐例不符。沐详府宪,已阅一月,未沐批回。然考期渐逼,府宪本月二十八日大收。童思监应童试,与例符合,宪必准童考。即与例不符,童愿将监照缴销,以图正路进取。伏读《学政全书》,已革贡监生员,尚邀恩原名应试。童愿缴照应考,理无不合。汪绍谟百般陷害,童无过犯。现际应考大事,汪绍谟不得揹阻留难。为此,粘呈监照一张,伏叩宪大父师恩准收存监照,候批详到日,再行缴销。是否。乞先赏收补考,录送府试。栽培寒士,感德上禀。

根据诉状的内容可知,黄肇华在光绪九年(1883)准备参加祁门县的童试时,被同乡的汪绍谟指控,理由是黄肇华已经捐纳了监生,他以监生

---

① 《钦定学政全书》,卷五十一,页监事例下,第 150 页。《(光绪)大清会典事例》,卷三百八十五,礼部,学校,例贡例监事宜,第 10180、10185 页。

身份参加童试有违例之嫌①。祁门县知县在收到指控之后，宣布暂时不允许黄肇华参加童试，同时向徽州府知府请示处理方法。时间过去了一个月，徽州府迟迟没有回音。由徽州府主持的"大收"（伍案：估计是县试的补考）将在十月二十八日举行，黄肇华将"大收"视作最后的机会，故向知县提出，"缴照应考"，即以辞去例监生资格为交换条件，希望允许他参加"大收"。

以下几点令人颇感兴趣。

上面曾经说过，关于例监生参加童试的问题，清朝政府有相应的法律规定，即以该人只要辞去监生，即允许他参加童试。黄肇华最初没有言及缴销监照与否，试图直接参加童试，结果被汪绍谟抓到把柄。事情发生之后，由于祁门县和徽州府一直没有作出明确的回复，考虑到"大收"已经迫在眼前，黄肇华才被迫表示愿意缴销监照。

在诉状中，拥有例监生资格的黄肇华声称，自己参加童试"与例符合"，知府一定会批准的，但是却没有指明是哪一条"例"。诉状中引用的是《学政全书》中关于被革去身份的监生参加乡试的规定，并作了十分牵强的解释。因为，既然"已革贡监生员，尚邀恩原名应试"，那么自己在缴销监照之后也完全有理由参加童试。估计他"伏读"的是《学政全书》中"原名应试"的部分②，由于该部分的规定是针对被革去贡生和监生资格的人，故与他的情况并不符合。

他作为交换条件提出了缴销监照。这原本是监生参加童试时的必要条件。就在他"伏读"的《学政全书》中"原名应试"的部分之后，就是关于此类问题的规定——"贡监事例"③。但是，黄肇华对此没有只字言及。估计他担心言及相关规定之后，官府和对立面的汪绍谟会追究他当初试

---

① 我们通过《儒林外史》等书的描写可以知道，童试的竞争十分激烈。为了减少哪怕是一个竞争对手，不少考生总是想方设法将他们认为不具备考试资的人赶出考场。齐如山《中国的科名》，第33页。
② 《钦定学政全书》，卷四十八，原名应试，第103—107页。
③ 《钦定学政全书》，卷五十一，贡监事例下，例贡生例监生，第148—158页。

图"朦混"参加童试的问题。由此也可看出黄肇华最初的小算盘,即既保留监生身份,也参加童试。有意思的是,当初受理的汪绍谟指控的祁门县对《学政全书》中的上述规定并不了解,没有援引相关规定当场宣布黄肇华在保有监生资格的情况下不能参加童试,而是向徽州府请示处理方法。

这个诉状有"官代书"的戳记,但是没有祁门县受理的"内号",自然也没有知县的"批"。由于史料的限制,我们无法知道是黄肇华最终放弃参加童试,故未将诉状提出,还是祁门县衙门没有受理立案[①]。

透过上述史料,我们可以看出19世纪末监生在选择成功之路时的意识。这一时期,例贡生与例监生的捐纳已经是"现行事例"的一个组成部分,无论何时何地均可报捐。但是,循正途求得成功的途径依然是不可忽视的。光绪二十四年(1898)十一月初六日,鲁迅(周树人)与其弟周作人一起在故乡绍兴参加了县试,即童试。周作人晚年回忆说,县试的意义在当时"很是重大",因为"这是知识阶级……出身唯一的正路,很容易而又及其艰难的道路"[②]。张仲礼也认为"读书应试"是19世纪中国知识人阶层的"主要活动"[③]。此外,近藤秀树也曾经指出,在19世纪后期,科举的魅力虽然有所下降,但是在民间依然存在着很强的吸引力[④]。

同样生活于19世纪末期、已经保有监生资格的黄肇华,并没有彻底放弃循科举"正途"出身的希望。他完全可以利用手中的监生资格,进而捐得任官资格。实际上,有不少人选择了那样的道路。但是,他提出缴销监照,参加童试一事说明,如果有可能还是愿意走科举正途求得在社会上的成功。正因为如此,他本人在诉状中才表示说,"读书原图应试",和"图正途进取"。如上所述,清代末年,科举的魅力虽然有所下降,甚至

[①]《徽州千年契约文书》,清民国编,卷三,第120—121页,光绪九年祁门县黄肇华乞允应试禀文。本文书不是"禀文",而是写在格眼状纸上的"诉状"。另请参看商衍鎏《清代科举考试述录》,第5—6页。
[②] 周作人《知堂回想录》,第48—58页。
[③] 张仲礼《中国绅士——关于其在十九世纪中国社会中作用的研究》,第184—192页。
[④] 近藤秀树《清代の捐纳と官僚社会の终末(下)》,《史林》,第46卷第4号,1963年7月,第60—86页。

还出现了废除科举的议论。但是,直到20世纪初科举被正式废除为止,对于例贡生和例监生中的相当一部分人来说,科举依然是入仕为官的"唯一的正路"。他们在选择社会流动的途径时,不会选择单一道路,随意放弃任何一个可能对自己有利的途径。我们透过黄肇华前后的举动,可以看出19世纪末20世纪初一部分捐纳出身监生在社会流动问题上的意识,即不会轻易放过任何一个入仕为官的机会。

结　语

清代捐纳制度是作为解决财政问题的对策而实施的,在解决财政问题的同时,它给国家的政治、社会和文化等方面留下了深深的影响。在本章中,从一般人民如何利用捐纳制度的角度出发,在根据史料还原报捐诸诸手续的基础上,探讨了与报捐有关的中央与地方的财政利益问题、金融业商人及其行会代办报捐和确保报捐利益的问题,以及依存于报捐的利益集团的问题。最后,透过监生参加童试的问题,分析了清朝末年监生的社会意识。在上述探讨和分析的基础上,我们在一定程度上加深了对清代报捐问题的实态的理解。

在本章最后,将叙述经过上述探讨和分析后获得的几点体会。

第一,在清代,捐纳固定成为国家的一项制度,其最大的原因就是清朝皇帝,其中尤其是乾隆皇帝本人的积极推动。乾隆皇帝本人在不否认捐纳可能带来的弊害的同时,陆续同意了监生、贡生和封典,乃至任官资格的捐纳。虽然其中财政方面的考虑是十分重要的,但是,至少到乾隆中期以后,将尽可能多的人、特别是具有一定财力的士人和一般社会成员以捐纳的方法吸收到体制内部的考虑,应该也在乾隆皇帝的意图之中。此外,我们还不应忘记来自民间的需要也是促成捐纳制度化的要因之一。在当时的社会中,人们对例贡生和例监生所具有的双重性格有相当的了解,知道它们既是乡试的下场资格,也是报捐任官资格的基本条件。获得了例贡生和例监生的资格,就意味着社会身份与社会地位不仅有了一定程度的提高,而且有了进一步提高的可能。在这个意义上,我们可以说,清代捐纳制度的形成是在"官"和"民"的共同推动下实现的。

第二,清朝政府在实施捐纳的时候,努力对捐纳项目进行分类管理。这就是将与官僚铨选人事无关的项目归入"现行事例",而将与官僚任官资格等项目归入"暂行事例"。在这种分类方法之下,只是在需要时才开办与官僚铨选人事有关的项目,既可以保证官僚后备军供应的平衡,也可以保证官僚铨选人事始终牢牢地掌控在中央政府手中。所以,当乾隆四十一年(1776)"川运军粮事例"结束之后,大臣们曾经多次要求开办暂行事例,但是都遭到了乾隆帝的批驳①。相反,嘉庆年间以后,财政上捉襟见肘的清朝政府多次开办暂行事例,结果孕育出了其自身无法吸收的庞大的官僚后备军,动摇了国家赖以维持的官僚体制。关于这个问题,请参看本书4章。

第三,我们透过代办报捐,看到了"国家——商人等代办者——报捐者"之间的关系。关于这一问题在本书第8章中还将涉及。总而言之,捐纳这一国家制度在社会上之所以得以维持和运用,完全离不开代办报捐的商人及其行会的存在。换句话说,明清时期中国的许多制度之所以能够运转和发生作用,除了"国家——民众"这种单纯的模式之外,还存在着"国家——中间人——民众"这种比较复杂的模式。

但是,仍然有许多问题的研究有待于深入。例如,在报捐者与政府之间的关系问题上,仅仅借乾隆年间四川省的一个事例探讨了与地方报捐密切相关的中央和地方的财政利益问题。至于地方报捐中得来的正规财政以外的收入是如何在中央和地方之间分割的问题,还有必要做进一步的研究。此外,关于代办报捐中报捐者、金融商人、政府的三者关系问题,以及报捐者在得到资格之后如何入仕的问题,还要从收集新资料开始入手。弄清这些问题可以进一步推进对捐纳的第一步——报捐——的研究,也可以加深对捐纳制度和清代社会的认识。

---

① 许大龄《清代捐纳制度》,第43—44页。

第三章 清代的报捐与印结

序 言

在研究近代以前的中国的时候,我们常常看到这样的现象。这就是,官僚利用执行公务的机会谋取私利,而政府对此类行为往往熟视无睹。更加令人不思议的是,在天子脚下的北京居然还公然设有负责管理和分配此类金钱的机构。但是,这些事情在当时的官僚组织内部和社会上都被认为是理所当然的。清代末年办理捐纳事务中的同乡京官印结、印结银和印结局就是其中有代表性的事例。

在第 2 章中,笔者从普通庶民如何利用捐纳制度的角度出发,在根据史料还原报捐诸诸手续的基础上,探讨了与报捐有关的中央与地方的财政利益问题,金融业商人及其行会代办报捐和确保报捐利益的问题,以及依存于报捐的利益集团的问题。其中曾经指出,印结是报捐时必须提交的身份证明文书之一。

到目前为止,没有关于印结问题的专论。在以往的研究中,虽然也有学者涉及过印结问题,但基本上没有涉及印结的由来及其管理制度[①]。

[①] 许大龄《清代捐纳制度》,第 97—99 页。张德昌《清季一个京官的生活》,第 47—49 页。

本章的目的是,在以往研究的基础上,利用近年公开的档案史料,在说明捐纳与印结的关系的同时,对清代官僚制度的内部进行观察。我认为,通过这一研究,可以使我们了解印结在清代捐纳制度中的重要性、印结的管理制度以及印结与官僚生活的关系,加深对中国官僚制度史、官僚生活史和官僚人际关系史的认识。

以下,首先对印结的由来作一简要介绍,依次讨论捐纳与印结的关系,以及印结的管理制度。然后,在分析印结对官僚生活产生的影响之后,就印结上反映出的从传统社会向近代社会的转型谈一些浅显的意见。

第一节 捐纳与印结

一、作为行政文书的印结

印结的由来至少可以上溯到后汉时代。根据《后汉书》的记载,后汉明帝时,"下令禁民二业,又以郡国牛疫,通使区种增耕。而吏下检结,多失其实,百姓患之"。这里所说的"检"是指检查后上报的文书,而"结"是指保证文书。在宋代、元代和明代,史料中的"结押"、"甘结"和"印信保结"等所指就是保证文书。在流传至今的徽州文书中,还可以见到明代保结文书的实物①。

在清代的行政文书中,印结是一种常见的保证文书。它很可能是自前代的"印信保结"继承而来的。"印"是指"印信",即官印。"结"是指"保结",即证明某人的身份并为其担保。因此,印结可以解释为钤有官印的保证书。

在清代,印结作为行政文书的一种,从官僚的人事管理制度(伍案:

---

① (刘宋)范晔《后汉书》,卷三十九,刘般传,第1305页。《庆元条法事类》,卷三十,财会门,钱会中半,第319页。《通制条格》,卷六,选举,举保,第101—102页。《(万历)大明会典》,卷十二,吏部十一,考功清吏司,第220页;同书,卷二百一十,都察院二,第2802页。《徽州千年契约文书》,宋元明编,卷二,第422页,隆庆二年徽州府汪胜保结犯人文书。

如铨选、大计京察、告病出缺等等)到日常的行政事务(伍案：如新旧官员交代、报告灾害等等)，都需要使用印结。在《大清律例》和许多"则例"中都有关于印结使用的规定①。随着印结用途的日益广泛，清代乾隆年间出现了规范印结使用范围和印结文书格式的动向。

例如，《直隶册结款式》是直隶布政使司根据直隶总督兼巡抚方观承的指示，参考浙江省的有关规定编纂的公文范本②。这里的"册"是指利用详文等文书向上司报告时附加的说明文书，"结"包括前面说过的印结，还有官僚和进士举人等使用的"亲供结"(伍案：如官员亲年七十以上告请终养亲供结式)以及民间人使用的"甘结"(伍案：如公举节妇结式)。该书共收录33种印结文书格式。其中，与捐纳有关的册结主要有以下几种：

捐纳官员试俸年满实授亲供结式

捐纳官员试俸年满实授印结式

捐纳官员试俸年满实授册式

捐纳贡监生考职亲供结式，里邻亲族甘结，州县印结

捐纳官赴选亲供结式，里邻亲族甘结，州县印结

新选捐纳贡监出身官领凭结式，里邻亲族甘结，州县印结

未考职捐纳贡监生丁忧/起复亲供结式

未考职捐纳贡监生丁忧/起复里邻亲族结式，州县印结

捐纳官生原捐收照水火盗财遗失补给亲供结式，里邻亲族甘结，州县印结

这样，我们利用该书，可以了解到直隶的府厅州县等地方文官衙门

---

① 关于官僚告病时的印结，请参看拙稿《清代地方官の病死・病気休養について》，《東洋史研究》(京都，東洋史研究会)，第59卷第2号，2000年9月，第31—67页。
②《直隶册结款式》，序文。类似的书籍还有《云南省册结式》。笔者于1999年夏曾利用出差机会在北京中国科学院国家图书馆阅览过该书，得知其内容与《直隶册结款式》十分相似，都是行政文书的范本。

在处理行政事务中使用的印结种类和文书格式①。

由上述可见,印结在以文书行政为特征的传统中国的行政体系当中被广泛使用,是不可缺少的行政文书之一。在行政事务中使用印结的目的,应该是为了明确责任的所在,也就是说,将责任明确到出具印结的官僚个人身上。

以下,我们来看一看捐纳与印结的关系。

二、捐纳中印结使用的开始

清代捐纳制度规定,报捐者在报捐时必须同时提交同乡五、六品京官出具的印结。该印结是确认报捐者身份的必要文件。在没有近代的识别方法,户籍记录混乱的情况下,为了防止冒名顶替,印结是被长期使用的有效方法。我们首先来看一看报捐时提交印结是从何时开始的。

顺治六年(1649),为了筹集军费,清朝开办了入关以后的首次捐监。以后,为了筹措镇压三藩之乱的军事费,从康熙十四年(1675)开始了任官资格的捐纳,史称乙卯捐例。在目前能看到的这一时期的捐纳规定中,没有关于印结问题的记载②。但是,在这一时期的官僚题本中,有人提及了在报捐时使用印结的问题。康熙十六年(1677)十一月十三日,巡视中城江南道监察御史和盐鼎在题本中说③:

> 臣前有推广捐纳并申停止之期一疏,今停止届期,有愿纳者,不论已任未任,俱取具同乡京官印结,即准纳银上库,随咨吏部查照,庶不致稽迟急公。

---

① 《直隶册结款式》,目录。另见该书第 10a、11a、12a—b、30a、43a—b、51a—b、52a—b、53a—b 页、64a—b 页。
关于印结的格式,还请参看(清)黄六鸿《福惠全书》,卷一,筮仕部,第 24—25 页。
② (清)鄂海《六部则例全书》,户部则例,卷下,捐叙,纳监原例,第 79a—b 页。缪荃孙《云自在龛笔记》,列朝二,《古学汇刊》,第 4 编下册,康熙十四年乙卯捐例,第 6a—7b 页。(清)叶梦珠《阅世编》,卷六,赋税,第 138 页。
③ 《康熙初年有关捐纳御史奏章》,《历史档案》,1993 年第 2 期,1993 年 5 月,第 14 页。

和盐鼎的这一题本在十三日提出之后,康熙皇帝于十九日发下圣旨:"知道了。该部知道"。

根据这一史料,我们可以知道,在康熙十四年开办的乙卯捐例中,报捐者在办理相关手续时,已经需要"取具同乡京官印结",方准"纳银上库"。可见,印结至迟在康熙初年的乙卯捐例实施时已经是报捐的必要文书。

康熙二十九年(1690),在办理"例监吏员捐纳候选主事小京官同知通判知县等官"的铨选手续时发现,在这1700余人中,"有投供验到者,亦有未经验到者"。清代官僚人事制度规定,未经验到者不能参加铨选。而且,吏部在这1700余人中发现有"假冒顶替情弊"。所以,吏部提出,以往在办理铨选人事时,"臣部俱准户部咨取同乡京官印结及互结选授,原无府州县卫所印结。今捐纳各官内既有假冒顶替情弊,自应通取地方官印结"①。根据这一建议,在办理捐纳相关的官僚人事手续时,除了依以往规定要求提交同乡京官印结之外,还要求该人提交原籍地方官的印结,从而保证报捐者和参加铨选之人并非"假冒顶替"②。这一建议在日后得到批准,并且被固定为一条"例",即"行查捐纳候选官印结定限"。

以下,我们来看一看报捐时的印结问题。

三、捐纳之际的印结

利用捐纳制度者,不仅有普通庶民,也有在职的或候选候补的官僚。故在报捐时需要提交印结的,包括了从普通庶民到官僚的所有报捐者。我们根据上述两者的报捐手续,探讨报捐之际的印结问题。

(1)普通庶民报捐官僚的任官资格

【报捐】报捐是捐纳的第一步,俊秀和生员依照现行常例等的规定,

---

① (清)陆海《本朝则例类编》,吏部,卷上,选法,行查捐纳候选官印结定限,康熙二十九年五月,第10b—11a页。
② 关于"冒捐"问题,请参看山田耕一郎《清初の捐纳出身者对策について——仮冒顶替の情弊をめぐって》,载《山根幸夫教授退休记念明代史论丛》,第1107—1128页;岸本美绪《清代における〈贱〉の观念——冒捐冒考问题を中心に》,载《东洋文化研究所纪要》,第144号,2003年12月,第81—131页。

可以得到例贡生和例监生的身份。此后,他们可以循暂行事例的规定,捐纳官僚的任官资格①。

在北京报捐时,他们可以从相识的同乡京官或经代办商人中介得到印结,在"具呈"时要和其他有关文件一起提交给户部捐纳房。对于普通的报捐者来说,提交同乡京官印结本身意味着前来办理报捐手续的就是自己本人,而并非冒名顶替者。

关于报捐问题,在本书第2章中已经作了介绍,这里附带说明一下举人等身份所有者报捐时的印结问题。举人与一般不同,在科举制度的规定下,他们已经取得了仅下进士一等的身份地位。但是,与进士不同的是,在仕进的道路上,进士的出路会得到某种保证(伍案:例如进入翰林院成为庶吉士,或者以六部主事、外省知县任用等等)。相比之下,举人除了继续争取考中进士之外,还有"拣选"、"大挑"和"截取"等入仕途径。以拣选为例,清初顺治九年(1652)规定,举人会试三科之后,准其拣选,以知州知县等官考用。这一制度几经变化,一直沿用到清代末年。根据规定,远省举人(伍案:远省指福建、湖南、四川、广东、广西、云南和贵州)于会试一科后,近省举人(伍案:除远省以外各省)于会试三科后,可以赴部注册,参加拣选。为拣选举人准备的官职有国子监监丞和博士、翰林院待诏、知县、直隶州州同等②。但是,包括拣选在内,这些途径均需要等候多年。兹举一例。

嘉庆二十三年(1818)出生的杜凤治为浙江省绍兴府山阴县籍,道光二十四年(1844)乡试合格,成为举人。咸丰五年(1855),杜凤治"谒选北辕",前往北京参加拣选。他在同治五年(1866)回忆说:

予自乙卯(伍案:咸丰五年,1855)春赴部投供,应拣十余年间。凡遇各省拣荐,无不亲到,约计不下三十余次。

---

① 关于报捐的手续,请参看本书第2章。
② 《(光绪)钦定大清会典》,卷七,吏部,文选清吏司,第91页。《(钦定)光绪大清会典事例》,卷七十三,吏部,除授,举人拣选,第6031—6034页。

由此可见,举人参加拣选得缺绝非易事。用杜凤治的话说,就是"拣发难凭"。在这种情况下,举人中的一些人为了尽快入仕,故和普通庶民一样采用捐纳的方法谋求任官资格。我们仍然来看杜凤治的事例。

……予自到京之七年,辛酉(伍案:咸丰十一年、1861)冬,仰同乡顾姓请代笔札,馆谷稍丰。癸亥(伍案:同治二年、1863)夏,韩姓继顾,予即假馆于韩司。计拣发难凭,马齿日长,偶有余力,忽兴入赀之想。是冬,托汪友于江北江道清骥筹补局(伍案:江清骥,咸丰十一年时为"办理江南粮台署常镇通海道")中,由拣选举人加捐不论单双月知县兼不积班选用。

这样,杜凤治于同治二年(1863)利用捐纳得到了知县的任官资格,即以"不论单双月知县兼不积班选用"在吏部等候铨选。与不知道何时才能熬到出头之日的"拣选"相比,这一候选资格使他在候选三年之后的同治五年(1866),终于得到了广东省肇庆府广宁县知县的官职①。

根据捐纳制度的规定,杜凤治虽然身为举人,但是也必须在办理捐纳手续时提交印结。第2章中曾经介绍过小说《官场现形记》中的一个故事。举人赵温在会试失利之后,准备捐纳"中书",留在北京供职。他一面托人,"替他打听,那里捐的便易,预备上兑",一面"找同乡,出印结"②。我们由此可以知道,举人在捐纳时也必须提交印结。

根据捐纳的相关规定,报捐者在捐纳京官的六部郎中、员外郎和主事等,以及外官的道员、知府、知州和知县等官职的任官资格时,还必须同时捐免保举。只要这样,希望通过捐纳走入仕途的条件才能算基本具备。在捐免保举时,也需要一张同乡京官的印结。

此外,为了在候选候补阶段尽快得到官职,还可以捐纳各种各样的铨选资格。清代末年,这些铨选资格多不胜数,如果某候选官没有其中

---

① 《(清)杜凤治《望凫行馆宦粤日记》,载《清代稿钞本》第10册第9—15页。江清骥,见《清文宗实录》,卷三百四十四,咸丰十一年二月癸未,第44册第1094页。
② (清)李宝嘉《官场现形记》,第三回,苦钻差黑夜谒黄堂,悲镌级蓝呢糊绿轿,第31—32页。

一种或几种铨选资格,那么他至死也不可能得缺。以下扼要说明主要几种铨选资格。

双月:只能参加双月大选的资格。

三班加捐:即本班先用、单月即用、不论双单月即用。此资格在轮到候选者所属"班次"时,可以参加双月大选和单月急选的铨选。以在吏部候选的官员为例,此处的"班"有三层意思。其一是根据铨选性质区分的"六班",即除、补、转、改、升、调之班①。其二是在上述"六班"内由候选理由细分的候选序列组织,如"补班"内的"裁缺候补"之班和"病痊候补"之班,等等②。其三是根据捐纳者所用捐纳事例区分的候选序列组织,如"海防班"、"郑工班"、"海防新班"等等③。

过班:这是一个以旧换新的资格。在新的捐纳事例开办之后,尚未得缺的候选者可以借此得到新的铨选资格。例如,光绪十三年(1887)开办郑工事例之后,在光绪十年(1884)开办的海防事例下捐得任官资格的人,可以按照郑工事例中关于"过班"的规定,再缴纳一笔银子,"更新"原有的铨选资格。

分发:以试用人员的资格被送往中央或地方衙门。

指省:报捐者利用捐纳手段选择自己去何省试用。

此外,为了尽早得缺,还可以利用捐纳免除与铨选有关的人事手续。例如,"捐免验看"(伍案:利用捐纳免除得缺后在午门阙左门的验看)和"捐免试俸"(伍案:利用捐纳免除得缺后的试用期间)。总之,在官僚铨选的人事手续中,除了"掣签"之外几乎都可捐免④。在捐纳上述各项铨选资格和铨选手续时,报捐者本人应该提交和报捐项目数相同的印结。也就是说,每捐纳一个项目就要提交一枚印结。

【注册】在循"暂行事例"办完报捐手续之后,报捐者可以拿到"户部

---

① 关于"六班",请参看本书第5章。
② 关于"补班",请参看本书第4章。
③ 关于与捐纳事例有关的班次,请参看本书第4章。
④ (日)织田万《清国行政法》,第6卷,第213—223页。

执照"等捐纳资格证明文书。但是,在这时他仅仅得到了任官资格,尚未得到实际上的任何官职。例如,捐纳知县官职的人在完成捐纳手续之后,只不过是一名"候选知县"而已。他为了得到实际上的官职,就必须参加吏部的铨选。而在此前,他必须前往吏部办理"注册"手续。

注册就是吏部核实候选官员呈交的各类身份证明文件,在确认无误之后将该候选官员的姓名登记(伍案:即"注")于铨选名册(伍案:即"册")。这是十分重要的人事手续,如果铨选名册上没有该候选官员的姓名,那么他的命运不问可知。注册时的手续比较复杂,以下结合有关史料对注册进行扼要说明①。

例如,在地方报捐后成为候选官者首先要向原籍地的地方衙门提交申请注册的"呈文",请地方官员发行证明身份的"赴选册结"。在通常情况下,他在提交呈文时,还要附上族邻甘结②。报捐者原籍地的地方官在收到呈文半个月之内,要以详文或申文的形式,将该候选官所需要清册和印结、即赴选册结送往上级衙门。同时将该候选官提交的呈文、族邻甘结附上。上级地方衙门在收到这些文书之后,再附上印结等相关文书,呈送给再上一级的地方衙门。在经过多层的转呈之后,这些文书都被送交给吏部衙门。

顺天府档案保存了与注册有关的资料。以下是顺天府大兴县籍的"遇缺先选用未入流陈溢鸿"的注册资料③。

(文书一·陈溢鸿本人呈文)

> 窃职年四十一岁,系顺天府大兴县人。由俊秀于光绪二十七年七月在劝办秦晋实官赈捐六次案内报捐十成监生,又在第十八

---

① 《(光绪)钦定大清会典事例》,卷四十三,汉员铨选,第5603—5611页。《(同治)钦定户部则例》,卷九八,通例,收捐给照事宜,第32b页。《(道光)钦定吏部铨选汉官则例》,卷四,捐纳候选,第262—263页。《(光绪)钦定六部处分则例》,卷三,陞选,各省捐纳人员赴选,第98—99页。
② 在北京报捐者则由户部直接通知该人原籍地方衙门。
③ 中国第一历史档案馆藏顺天府档案,第8卷,第017、024—026号。由于顺天府属于特殊衙门,故文书流程不同于其他地方衙门。知县将文书呈送给兼管顺天府尹事务和顺天府尹,再由兼管顺天府尹事务大臣和顺天府尹转送给户部。

次案内加捐未入流不论双单月遇缺先选用。均于二十八年九月十六日经户部核准给照在案。委系身家清白，亲身赴选，并无假冒违碍，及隐匿犯案，改名朦捐情事。除本籍外，别无先行流寓寄籍，置买田产，开设典铺，亦无祖孙父子胞伯叔兄弟经商贸易，暨在各衙门遊幕，襄办刑钱，并例应回避亲族等事。理合开列三代姓氏存歿，邀同邻族投具甘结，呈乞加结赐册，转申咨部注册，俾得铨选，实为德便。

曾祖 父万春 歿 母戴氏　　祖 父华延 歿 母刘氏　　父理堂 歿 母王氏

（文书二·邻族甘结）

具甘结 左右邻 邢毓如 方鉴 族长陈天庆今于

与甘结事。依奉结得，遇缺先选用未入流陈溢鸿系顺天府大兴县人，委系身家清白，亲身赴选，并无假冒违碍，及隐匿犯案，改名朦捐。除本籍外，别无先行流寓寄籍，置买田产，开设典铺，亦无祖孙父子胞伯叔兄弟经商贸易，暨在各衙门遊幕，襄办刑钱，并例应回避亲族等事。所结是实。

光绪二十九年　月　日

（文书三·知县印结）

顺天府大兴县今于

与印结事。依奉结，据左邻邢毓如，右邻方鉴，族长陈天庆等结称，结得遇缺先选用未入流陈溢鸿系顺天府大兴县人，委系身家清白，亲身赴选，并无假冒违碍，及隐匿犯案，改名朦捐。除本籍外，别无先行流寓寄籍，置买田产，开设典铺，亦无祖孙父子胞伯叔兄弟经商贸易，暨在各衙门遊幕，襄办刑钱，并例应回避亲族等事。等情。据此，卑县覆查无异，合加印结是实。

（大兴县印）

光绪二十九年　月　日知县杨同高

(文书四·大兴县申文)

顺天府大兴县为申送文册赴选事。据遇缺先选用未入流陈溢鸿呈称,(伍案:此处引用本人的呈文)。等情。据此,卑县覆查无异,拟合照缮甘结,加具印结,粘连钤印,造册具文,申送宪台核咨。为此备由具申,伏乞照验施行。须至申者。

计申送　清册三本　印甘结三套

右　　　　　　　　申

钦命兵部尚书兼管顺天府尹事务加十级纪录二十次徐
钦命顺天府尹堂加十级纪录二十次陈

（大兴县印）

光绪二十九年　月　日知县杨同高

(文书五·大兴县造送遇缺先选用未入流陈溢鸿赴选清册)

顺天府大兴县

呈,今将捐输官员年岁、籍贯、履历、三代理合造送,须至册者。

计开

遇缺先选用未入流陈溢鸿,现年四十一岁。由俊秀于光绪二十七年七月在劝办秦晋实官赈捐六次案内报捐十成监生,又在第十八次案内加捐未入流不论双单月遇缺先选用。均于二十八年九月十六日经户部核准给照在案。理合登明。

曾祖 父万春 母戴氏 殁　　祖 父华廷 母刘氏 殁　　父理堂 母王氏 殁

（大兴县印）

光绪二十九年　月　日

我们通过档案中候选官"遇缺先选用未入流陈溢鸿"的注册关系资料,可以了解到捐纳出身者在办理吏部注册手续时所需要的各类文书的概要。在这些文书中,县的申文(文书四)和清册(文书五)是在引用本人呈文(文书一)基础上作成的,知县的印结(文书三)基本上全文引用邻族甘结

135

(文书二)。这样,本人的申请与邻右同族的证明是最重要的原始文书,地方衙门官员发行的印结等文书是在上述原始文书的基础上作成的。

各省的总督和巡抚,在经过府和布政司"转详"而来的上述文书之后,附上"咨文",送交给户部,再由户部通知吏部。吏部在收到户部的通知之后,要求该候选官自身前来吏部履行注册手续。候选官在履行注册手续时,要提交本人的呈文和同乡六品以上京官印结。吏部据此与"原捐衙门咨文"和"捐册"进行核对(伍案;即"行查"),如果没有问题则将该候选官的姓名登入铨选名册。对于那些在指定期间内未能提交印结的候选官,则暂时中止他的注册手续。

注册用同乡京官印结的内容是逐步完善的。例如,乾隆五十年(1785)规定,该印结除扼要叙述候选官本人的履历之外,还应开列父母的年龄、存殁状况,有无兄弟等情况。光绪元年(1875)有规定,印结中须声明"身家清白","并无假冒违碍,及隐匿犯案,改名朦捐"等内容。其实例请看以下史料。

道光七年(1827)六月二十日,曾在豫东事例实施期间捐得监贡生和双单月县丞的安徽省宁国府泾县民籍吴士骐,又循酌增事例纳银1100两,捐得州判和双月本班、单月准单月的"花样"。他为了今后能够参加州判的铨选,故向吏部提交了自己的呈文和同乡京官吏部考功司主事程厚出具的印结[①]。

(文书一·报捐者吴士骐的呈文)

　　具呈候选县丞吴士骐

　　呈为注册铨选事。窃职现年四十四岁,系安徽省宁国府泾县民
　　　籍,由监贡生遵豫东例捐双单月县丞。今
　　遵酌增事例捐州判,双月本班,单月准单月。共银一千一百两。
　　道光七年六月二十日上库,领有执照,并豫
　　　东例起有赴选文结在案。理合取具同乡京官印结粘连投递。伏乞

[①] 中国第一历史档案馆藏清代吏部档案,卷23。

^{中堂}恩准注册铨选,实为德便。上

呈。计粘连印结一纸。

道光七年　七月　卅　日

(文书二·同乡京官程厚的印结)

吏部考功司主事程厚,今于

　　　　　　　　与印结事。依奉结得,同乡吴士骐

现年四十四岁,系安徽省宁国

府泾县民籍,由监贡生遵豫东例捐双单月县丞。今遵酌增事例

捐州判,双月本班,单月准单月。共银一千一百两。道光

七年六月二十日上库,领有执照,并豫东例起有赴选文结在案。

今赴

大部注册铨选,委系亲身。所结是实。

曾祖　父 廷珊　　　祖　父 豹文　　　父 学礼
　　　　母 翟氏 殁　　　母 翟氏 殁　　母 王氏 殁
继曾祖母 刘氏　　继祖母 刘氏

道光七年七月　日

　　吏部注册

在这个印结中,官居吏部考功司主事(伍案:正六品)的程厚(伍案:嘉庆十四年进士,安徽省徽州府歙县籍)首先叙述了安徽省同乡吴士骐(伍案:宁国府泾县籍)的年龄、本籍和以往的报捐经过,然后说明他根据酌增事例的规定,报捐了州判的任官资格和铨选资格,即双月本班,单月准单月,现在已经领到执照。最后,印结声明,保证前往吏部办理注册手续的确为吴士骐本人。随后还开列了吴士骐三代的姓名等。在日期的部分,钤有一枚官印。

从上述二人的籍贯可以看出,出结者程厚为安徽省徽州府歙县籍,报捐后注册者吴士骐为安徽省宁国府泾县籍。身为京官的程厚虽然有

可能知道候选官吴士骐的个人履历和家庭情况,但是这种可能性应该不会太大。如果这一推断成立,那么印结中关于个人履历和家庭情况的部分——这也是需要提供担保的重要部分——的叙述,就只能是照抄吴士骐本人提供的有关资料而成。在这里,印结意义在于证明吴士骐本人的身份、个人履历和家庭情况。而一旦出具了印结,程厚就要负担连带责任。

以上说明的依据主要是关于官僚铨选以及捐纳的规定,属于清末的一般情况。但在实际上,报捐时所需要的印结张数,随着时间和原籍地的不同而有所变化。光绪元年(1875)十月二十八日《申报》发表了一篇署名为"唤醒梦梦子"的来稿,指斥云南和广东两省印结局在发行印结时存在的问题。其中说①:

> 若云南印结,则作法自敝,更属可笑。凡有到京验看、引见者,其结费、张数虽不及广东之多,已多余贵州两倍。故近日云南捐生多冒籍贵州,或冒大兴。计本年自四月至七月,竟无一人验看取结。为渊驱鱼,何益之有?

(2) 官僚报捐时的印结

以上,主要说明了普通庶民在报捐时的印结问题,也涉及了捐纳出身候选官的印结问题。以下简单地介绍一下现任官员和候补候选官员捐纳时的印结问题。

与普通庶民的报捐者不同,这些现任官员和候补候选官员不用捐纳出身资格,即贡监生等。他们报捐的主要是现行常例中的某些项目和暂行事例中的任官资格。前者包括加级纪录、离任、分发指省、封典、虚衔的捐纳,还包括降革留任、降革离任、原衔和原资的捐复、以及坐补、试俸、保举、历俸和实授等项目的捐免。这些都是乾隆十年(1745)以后,作为经常性的捐纳项目逐步固定在现行常例中的②。

---

① 《申报》,光绪元年十月二十八日,揭广东云南印结之弊。
② 关于"现行常例"和"暂行事例",其参看本书第2章。关于加级的问题,请参看大野晃嗣《清代加级考》,《史林》(京都,史学研究会),第84卷第6号,2001年1月,第1—35页。

例如，清代的府州县地方官在任职一定年限（伍案：即"历俸年限"，知府以下官员通常为两年半或三年）之后，可以循规定升任或转任。其中一些希望尽早升转的官员，可以按照规定，用捐纳的方法将"历俸年限"缩短（伍案：一任三年之内可以捐免一年），也就是说，用银子买断"历俸年限"。此种捐纳被称为"捐免历俸满年限"。希望立即离任高就或他就的官员，还可以捐纳"离任"。

此外，现任官员等利用捐纳还可以取消或减轻本人所受的行政处分。例如，官僚因犯罪或过失被判赴新疆或黑龙江等边远地区充军戍边时，可以援引有关规定，用捐纳的方法将服刑期间缩短或彻底免除。这就是所谓的"捐免戍限"。通过捐纳还可以取消革职离任和降革留任的惩戒处分，恢复被褫夺的进士和举人的出身资格①。

除了循上述现行常例的捐纳之外，现任官员等还可以按照暂行事例的规定，利用捐纳得到更高官职的任官资格或候选候补资格②。

根据《（同治）钦定户部则例》和印结局作成的印结发行规章的规定，无论是现职官僚，还是候选候补官僚，在循现行事例和暂行事例报捐和报捐后履行相关人事手续时，都必须提交同乡京官的印结③。上述候选官吴士骐提交的印结就是一例。

四、印结与官印

官印是皇帝将权力授与某一官员的象征，官僚在行使权力的时候，不能没有官印。丢失印信，将受到国法的惩处。如上所述，官僚出具的保结文书被钤上官印之后，才能被称为"印结"。否则，只是以个人名义出具的"甘结"。以下说明印结与官印的问题。

---

① 《增修现行常例》，捐免实授，第 45b—46a 页。（日）织田万《清国行政法》，第 6 卷，第 220—237 页。另请参看本书第 6 章。
② 关于这一问题，请参看本书第 5 章。
③ 例如，"各直省大小官员报捐加级记录，一体加具同乡京官印结，粘连投递"。《（同治）钦定户部则例》，卷九十八，通例，收捐给照事宜，第 27b 页。又，《重订浙江印结简明章程》，常捐结费，第 13b—14b 页；同书，常捐章程，第 14b—16b 页。

首先，根据《(同治)钦定户部则例》的规定，能够出具捐纳所需印结的是"本省五、六品京官"。但严格说来，仅仅限于享有官印使用权限的五、六品京官。这就是说，可以为报捐者出具印结的是保有官印的大兴和宛平两县的知县，以及享有使用本衙门官印权限之人。后者包括有六部各清吏司的郎中、员外郎和主事、宗人府与起居注馆的主事、光禄寺署正等。这些官员没有本官职专用的官印，但是他们享有使用所属衙门官印的权限。前面介绍过候选官吴士骐提交的印结上钤盖的官印，应该就是出结官程厚所属的吏部考功清理司的官印（伍案：说明见后）。五、六品的京堂（伍案：如钦天监监正、光禄寺少卿、国子监司业等①）以及负责监察的给事中和御史，没有被授予发行印结的权限。没有本职官印翰林院修撰和编检、内阁中书等也不享有出具印结的资格②。

相比之下，享有官僚资格的候选官员中的五、六品京官可以出具印结。咸丰九年（1859），李慈铭在福建捐局报捐了郎中的任官资格。同治二年（1863），他北上入京，同年五月以户部学习行走的名目被分配到户部，成为一名试用官员，开始了候选生涯。由于郎中为正五品官职，他便享有了出具印结的资格，自然也开始享受印结银的分配。就在进入户部一个月后的六月十二日，李慈铭收到了浙江省印结局送来的五月分印结银（伍案：说明见后）"十二两五钱四分六厘"③。

其次是印结上钤盖的官印。如上所述，印结是钤盖了官印的身份保

---

① （清）朱彭寿《旧典备征》，卷五，大年，第133页。"按京卿自一品之尚书以至六品之国子监司业，皆为各署长官，统称京堂。"

② 徐珂《清稗类钞》，第7册，廉俭类，姚学塽不取印结银，第3189页。"京曹有印官可出结者，为六部郎中、员外郎、主事，宗人府起居注主事，光禄寺署正，顺天府治中粮马通判，大兴宛平两县知县。而五六品京堂，给事中、御史弗与，体制崇也。翰林院修撰编检、内阁中书亦弗与，无印也。"另请参看，《（道光）钦定吏部铨选汉官则例》，卷八，杂例，稽查出结，第413页；《（光绪）钦定重修六部处分则例》，卷十，印信，稽查印结，第261—262页。

③ 张德昌《清季一个京官的生活》，第70页。（清）李慈铭《越缦堂日记》，同治二年五月初五日、十四日、六月十二日，第2342、2347、2367页。《（光绪）钦定大清会典》，卷七，吏部，文选清吏司，第89页。

证书。州县地方官在出具印结时使用的是州县衙门的官印,京官则使用所属衙门的官印。前引吏部考功司主事程厚为候选官吴士骐出具的印结上所钤官印的文字已经难以辨识,但是该官印的尺寸为 7.7 cm×7.7 cm,也就是 2.4 寸×2.4 寸。这样,我们从官印的尺寸和程厚本人的官职可以推测出,该官印应该是考功清吏司的官印①。

五、出具印结的责任问题

以上,我们说明了印结自身的问题。官员对于出具的印结究竟要承担何种责任呢?关于这一问题,我们分"出结官"和"查结官"进行说明。

(1)"出结官"的责任

前面介绍的享有出具印结资格的官员在制度上被称为"出结官"。我们先来看一看"出结官"是如何出具印结的。

如上所述,捐纳所需的印结,其作用在于证明报捐者本人的身份、个人履历和家庭情况。总之,出具印结是保证该人有资格报捐。通常来说,出具印结的官员应该在充分了解报捐者的情况之后,以连保人的身份出具印结。在办理捐纳事务时要求提交印结的目的,也在于此。但是,现实问题却是,让住在北京的京官熟知来自原籍地的报捐者,在报捐者相对较少的情况下虽然说不是完全没有可能,但是在清代中期以后报捐者源源不断的情况下,要做到这一点几乎是不可能的。此外,在清代末年,报捐者本人直接请同乡京官出具印结的情况不是很多,他们多是将印结等报捐手续一并委托给代办报捐的金融商人②。这样,"出结官"与需要印结的报捐者之间彼此相识的可能性,基本上接近于零。

兹举一例。光绪十三年(1887),杂途出身的州同李圭(伍案:江苏省江宁府江宁县籍)因保奖得到了知州的任官资格。当时他身在浙江省,

---

① 《(光绪)钦定大清会典》,卷三十四,礼部,铸印局,第 347 页。关于官印与行政的关系,请参看拙稿《官印与文书行政》,载周绍泉等编《'98 国际徽学学术讨论会论文集》,第 332—358 页。
② 关于代办报捐的问题,请参看本书第 2 章。

为了得到在浙江省候补的资格,随即根据规定北上上京,在捐免保举之外,办理注册、验看、分发和指省等人事手续,同时参加铨选程序上十分重要的引见。他在到达北京第二天的八月初十日,将办理上述手续的文件交给"源丰润票号管事苏人汪子垣"之后,每天忙于走访同僚、观赏京剧等。对于汪子垣为他介绍一位同是江苏省出身的"出结官",李圭"只知其人,尚未识面"。在这种情况下,"出结官"是不可能充分了解报捐者的。同年八月二十日,李圭在日记中写道①。

> 至煤市街小椿树胡同,拜赵贯之主政学曾。贯之丹阳人,官刑部湖广司主事(伍案:附贡出身)。子垣约其为余出识认结者。实则余只知其人,尚未识面。而余于同乡实缺,惟识潘似山农部(伍案:潘敦仁,时任户部陕西司员外郎,江苏省江宁人,监生出身)。慎之(伍案:黄思永,光绪六年庚辰科状元,时任翰林院修撰,江苏省上元县籍)先于十四日嘱余由似山出结。余不知出识认结事。此次公事,早由子垣经办。次日,因语子垣,拟由似山出结。而结已办妥矣。知州识认结需银九十九两。九十两归公,九两归出结者。为数甚微,益见京官清苦矣。

关于"出结官"出具印结的情况,我们不妨再看一看前面介绍过的吴士骐提交给吏部的呈文,和同乡京官程厚出具的印结。对比吴士骐的呈文和程厚的印结可以看出,印结中关于个人履历的部分完全是照抄本人的呈文。透过这一事例,我们可以知道,京官熟识报捐者的情况虽然不能完全否定,但是在出具印结时,往往不是缘于与报捐者本人的相识,而是照抄报捐者本人提供的资料。

但是,"出结官"无论与报捐者本人相识与否,只要是出具了本人名义的印结,就成为连保人,承担相应的法律责任。当发现担保的内容有虚伪成分,或者是有意造假之后,该"出结官"要被问以"冒滥出结"之罪。

---

① (清)李圭《入都日记》,光绪十三年八月初十日、二十日,第 9b、20a 页。《大清缙绅全书》,光绪十三年冬季版,第 1 册。

《钦定重修六部处分则例》中有如下规定①。

> 凡冒滥出结应行议处之案，由吏部径咨各该衙门，查取原出结官职名，照例议处。

办理捐纳问题中的"冒滥出结"通常会被处以"降一级留任"或"降一级调用"。史料中有"出结官"被议处的实例。直隶滦州的刘廷璘自乾隆三十八年(1773)起至乾隆五十三年(1788)，曾经在州衙先后承充"快役"(伍案：亦称"快手"，是负责治安的差役)和"户书"(伍案：户房书吏)。嘉庆七年(1802)，这位当年的"快役"前往北京报捐了监生。当时，滦州知州的莫某在刘氏的亲供和族邻甘结的基础上，"加结转详"，出具了报捐所需的详文和印结。根据当时的规定，"快役"是一种"贱役"，类似刘廷璘这种曾经承充"贱役"之人是不能参加捐纳和科举的。为此，滦州的生员们在得知刘氏报捐的消息之后，向直隶学政和管辖滦州的通永道、永平府揭发了这一情况。嘉庆九年(1804)，生员们更以知州偏袒刘氏，"回护出结"为理由，前往北京向都察院呈告。事情发展成京控之后，都察院将此案向皇帝报告。以后直隶总督奉皇帝"秉公严审"的上谕，审理了这一案件。结局，刘廷璘以"冒捐"罪名被褫夺了监生身份，知州的莫氏以违反"娼优隶卒及其子孙概不准入考捐监"的规定为理由，被问以"滥行出结"之罪，处以"解任"和"交部议处"②。

(2) "查结官"的责任

清代，当"出结官"出具的印结正式提交给户部捐纳房之前，还需要经过审查。清代的法律中有如下规定③。

> 例应出结各官，俱令于每年开印时在户部联衔呈明，始准出结。

---

① 《(光绪)钦定重修六部处分则例》，卷十，印信，稽查印结，第262页；卷三，陛选，各省捐纳人员赴选，第98—99页。
② 《嘉庆年间皂役及其子孙冒冒考史料》，《历史档案》，1998年第1期，1998年2月，第35—37页。《(同治)钦定户部则例》，卷九十八，通例，第39a页。
③ 《(同治)钦定户部则例》，卷九十八，通例，第33b页。《(光绪)钦定六部处分则例》，卷三，陛选，各省捐纳人员赴选，第99页。

并于各省令应出结京官内,呈明一二员,其本省京官所出印结,均令查核书押,以专责成。

这就是说,在每年正月二十日前后的"开印"时,要以各省的印结局(伍案:说明见后)为单位将今后一年中有资格出具印结的五、六品京官的姓名通知户部。此外,还需要以省为单位,从"正途出身人员"中"公举"一至二人为负责人,将他们的姓名通知户部。该二人主要负责审核同乡京官出具的印结,并且加具花押和戳记。户部据此承认该京官出具的印结为有效。这种负责审核印结之人被称为"查结官"。光绪四年(1878)四川省印结局的"查结官"为刑部郎中的刘正品(伍案:咸丰六年进士)和敖册贤(伍案:咸丰三年进士)[1]。光绪十三年(1887)江苏省印结局的责任者为以下诸人[2]。

管印结官:黄元文　同治七年进士,户部四川司员外郎兼钦差管理宝泉局监督

　　　　　薛尚义　同治四年进士,户部山西司主事
查印结官:俞锺颖　同治十二年拔贡,光绪二年乡试副榜,吏部文选司员外郎

同治四年(1865),由浙江省籍京官组成的浙江省印结局在推举新任"查结官"时,印结局现任负责人与前任的负责人进行商议,决定"照照科分先后,为乡评所允服者一人接办"[3]。由此我们可以知道,推举"查结官"的重要标准是该人的正途出身和论资排辈。

但是,推选正途出身者充当"查结官",并不等于要求该人的出身全部是循正途所得,只要是最终出身为正途即可,至于在此之前是否曾经捐纳,则付之不闻不问之列。例如,上述光绪十三年(1887)江苏省印结局的查印结官俞锺颖(伍案:从五品员外郎),他是同治十二年(1873)的

---

[1]《清德宗实录》,卷六十七,光绪四年二月庚寅,第53册第32—33页。
[2] (清)李圭《入都日记》,光绪十三年八月二十一日,第21a页。
[3]《重订浙江印结简明章程》,同局规约,第23a—b页。

"拔贡",光绪二年(1876)在乡试中考中"副榜"。而管印结官的薛尚义(伍案:正六品主事)为同治四年(1865)的进士。以"拔贡"获得"副榜"出身的俞锺颖的官位居然高于比自己早数年得到科举考试最高资格的薛尚义,正是因为他利用了捐纳。根据《履历档》的记载,俞锺颖在光绪五年(1879)二月被任命为"实缺七品小京官"。一个月之后的当年三月,他捐免历俸,在五月升为主事,迎头赶上了进士薛尚义。本来需要三年的在任期间被他捐免历俸,短缩到了仅仅只有三个月①。从此事例我们可以知道,捐纳之人中也不乏正途出身者。

关于"查结官"审核印结,可以参看以下的史料②。

户部山西司主事韦继贤今于

与印结事。依奉结得,同乡张增仁年三十四岁,安徽寿州监生。

遵例捐从九品,指分北河试用。所捐银两在山东甘捐局上兑,领有执照在案。该员实系身家清白,并无隐匿犯案,改名朦捐情弊。今赴

大部注册,委系亲身。所结是实。

曾祖	父 士伦 殁	父 翰维 殁	父 希亮 殁
	母 周氏	母 胡氏	母 栢氏 存年六十岁
			胞弟增义侍奉

从九品指分北河试用

光绪元年十一月二十日

注册

> 安徽查结官工
> 部郎中庆锡纶

花押

---

① 秦国经等编《清代官员履历档案全编》,第6册第249—250页。
② 中国第一历史档案馆藏清代吏部档案,第二十二卷。

根据这张印结,原籍安徽省凤阳府寿州,由监生捐纳了从九品、指分北河试用(伍案:北河为北河同知,受直隶河道总督管辖,负责管理直隶境内河川)的张增仁为办理注册手续,取得了同乡京官、户部山西司主事韦继贤的印结。在光绪元年(1875)十一月二十日出具的该印结中,韦继贤根据张增仁本人提出的文书,说明了他的身份和个人履历,说明他按照捐纳的规定在山东甘捐局交纳银两,已经领有从九品与指分北河试用的执照,并且保证他身家清白,没有"隐匿犯案,改名朦捐"等违法行为。在印结最后,韦继贤保证前赴吏部办理注册手续的"委系亲身"。

在这张印结的日期部分钤有官印,文字已经难以判读。从印的尺寸(伍案:7.7 cm×7.7 cm,即2.4寸×2.4寸)可以判断,该印应为出结官韦继贤所属户部山西清吏司的官印。在日记部分的右下方钤有"安徽查结官工部郎中庆锡纶"的戳记,尺寸为6.5 cm×2.5 cm,其下有一花押,估计为庆锡纶的花押。由此可知,担任当年安徽省印结局查结官的工部郎中庆锡纶(伍案:咸丰二年进士)在审核户部山西司主事韦继贤出具的印结时,加具了戳记和花押。可见,查结官对已经审核的印结会加具戳记和花押。

但是,查结官是根据什么资料审核以出结官名义发行的印结呢?恐怕仅仅对印结进行文字上的审核。不过,一旦发生"冒滥出结"的问题,出结官会依上述规定被"议处",而查结官则要被"罚俸一年"或"降一级留任"[1]。

总而言之,出具印结以后,责任问题随之产生。从制度的层面来说,该印结是以个人名义出具的,则出具者本人及其管理者都要负担一定的责任。

综上所述,五、六品京官根据国家的法令,为来自原籍省的报捐者出具捐纳所需的印结。捐纳制度正是用此种方法来防止冒名顶替。在这个意义上,印结的发行属于官僚的职务权限,或者是官僚行使手中的权力。政府在实施捐纳时采用这种方法的目的在于,将出结官僚的担保责

---

[1]《(光绪)钦定重修六部处分则例》,卷三,陞选,各省捐纳人员赴选,第98页。

任和他们的官职连在一起,借此加强官僚的责任感,确保捐纳出身官僚后备军的素质。所以,在发现冒名顶替和"滥行出结"的时候,需要承担责任的不是官印所表示的衙门,而是使用了该官印的官僚本人。在捐纳制度上引入印结的另一个目的应该是考虑到制度之间的统一性问题。如上所述,印结是在日常行政中广泛使用的一种行政文书,在办理捐纳出身者以外的官僚人事手续时通常需要提交印结。在这种情况下,如果捐纳出身者可以被免除提交印结的义务,不啻成为一种对捐纳出身者的优待,将对印结制度乃至人事制度和行政制度带来恶劣影响,危及制度全体的统一性。在这个意义上,我认为办理捐纳手续以及捐纳出身人员在办理其他相关手续时均须提交印结并非针对此类人员的特殊政策,而是源于清代官僚人事制度的规定。

在本章开始时说过,传统中国的官僚经常假公济私,利用权力谋求个人私利。关于这一点,我们以印结手续费为例分析。

第二节 印结手续费与清末的印结局

一、印结手续费——"结费"

现在,当我们要求行政机关出具某种证明文件时,通常要向该行政机关缴纳一定的手续费。但是,在清代末年的中国,报捐者在取得印结时固然需要缴纳手续费,但是不是向官印表示的衙门,而是向出具印结的京官个人,或者该京官所属的印结局。这种印结手续费在当时被称为"结费"。

这也就是说,出结官在履行公务时,可以为自己收取某种费用,或者说将该部分收入合法地转为私人收入。关于这一问题,清代既无认可的规定,也无取缔的法条,属于不闻不问的灰色地带。但是,从这一收入源于公务行为来说,这在性质上属于一种假公济私的行为。

结费的由来尚不清楚,估计起源于个人之间的酬谢。在《钦定户部则例》和捐纳的相关规定中对此没有具体的规定,而是由"出结官"们构成的印结局在经内部商议之后制定了关于手续费的相关规定。印结手续费的金额因省而异。

《各省印结》是清末在北京代办捐纳事务者使用一种手册①。该手册中,根据各省印结局的规定,按省开列了报捐者在捐纳监生和贡生、任官资格、虚衔和封典时需要缴纳的印结手续费,以及相关规定。以下是报捐监生、知府任官资格和注册分发的印结手续费【表-3-1】。

表-3-1　清末报捐监生和知府任官资格等的结费规定(单位:银·两)

省别	监生	知府	(知府)注册赴选	(知府)分发
奉天	14.0	160.0	150.0	75.0
直隶	16.0	110.0	56.0	55.0
山东	8.0	100.0	80.0	50.0
山西	10.0	110.0	110.0	110.0
河南	9.0	120.0	100.0	100.0
江苏	10.0	100.0	80.0	100.0
安徽	8.0	100.0	80.0	100.0
浙江	10.0	100.0	100.0	80.0
江西	8.0	100.0	100.0	80.0
福建	10.0	120.0	96.0	180.0
湖南	8.0	160.0	160.0	160.0
湖北	8.8	170.0	170.0	85.0
广东	8.4	120.0	120.0	120.0
广西	13.5	125.0	187.5	375.0

---

① 《各省印结》。在出具印结时,印结局还要收取"随封"、"小费"和"喜金"等,见《各省印结》,江苏,第1a页;广东,第2a—4a页。

续　表

省别	监生	知府	(知府)注册赴选	(知府)分发
四川	9.0	150.0	75.0	75.0
陕西	11.0	100.0	100.0	50.0
甘肃	10.0	100.0	80.0	100.0
云南	10.0	210.0	126.0	147.0
贵州	12.0	210.0	210.0	273.0
平均	10.2	129.7	108.9	121.8
史料来源:《各省印结》。				

在上表中我们可以看到,捐纳监生的印结手续费以直隶的16两为最高,而捐纳知府任官资格是云南和贵州的210两居于榜首,知府注册赴选的印结手续以贵州的210两居首,知府分发的印结手续费则是广西的375两拔得头筹。在当时,这些地区并非经济上的先进地区,按照今日的意识来看,这些地区的居民收入水准大都低于全国平均水平。与这些雄踞榜首的地区相比,即便是在今天依然属于经济发展先进地区的江苏省和浙江省,该地区出身者所需缴纳的印结手续费均低于平均价格。由此我们可以推测,各地印结局在决定印结手续费标准的时候,似乎并没有考虑到本省的收入水平和经济状况。下面将会叙述,由于印结手续费在日后转化为京官的额外收入,所以在决定收费标准是很可能考虑到该省籍的京官人数和京官们的希望,以及该省籍报捐人数的多寡。

二、印结局的"营业收入"

各印结局根据各自的印结手续费征收标准,在一年之内可以有多少"营业收入"? 关于这一点,我们可以利用中国第一历史档案馆所藏《己酉等年印结簿》来推测。

《己酉等年印结簿》是由河南省印结局作成的一册帐簿,记录了道光二十九年(1849)正月至咸丰二年(1852)十二月之间河南省籍报捐者缴纳的结费金额,和印结局内部分配的印结银金额。笔迹似乎出自一人之

149

手,故该人可能是负责河南省印结局会计事务之人。该帐簿的记账方法如下例①。

  己酉四月廿九卯
  吴葆晋　光州　知府二级　裕泰　八十四两
  王孝莛　商邱　监生　同丰　九两
  张光璧　商城　监经历分发浙江验看　自交　一百四十五两
  毛建中　襄城　由候选从九捐尽先分发陕西验看　自交　五十八两五钱
  五月十日卯
  王金和　荥阳　监生　西天元　九两
  石麟瑞　祥符　同知　分发　浙江二百廿两
  廿日卯
  师映垣　济源　嘉禾知县一级　同丰　三十两
  张万华　孟县　从九　裕隆十一两
  以上三卯,共银五百六十六两五钱。以二十一分算,每分该银二十六两,余平二十两〇五钱,归下月。
  随封十一两七钱。

这是道光二十九年(1849)四月二十一日至五月二十日的记录。"卯"指"卯期"。如本书第2章所述,清末开办捐纳时,以一定的期间(伍案:通常为十日或一个月乃至数月)为单位设定卯期。卯期既是处理捐纳事务的截止期限,也是决定捐纳者顺序的标准。例如,在"五月十日"截止的卯期办理捐纳手续的报捐者,通常在办理人事手续时要优先于"(五月)廿日"截止的卯期的报捐之人。

人名以下的部分,是在各卯期申请印结的报捐者的姓名、县籍、报捐的项目和代办捐纳手续的金融机关的名称。例如,光绪九年(1883)三甲

---

① 中国第一历史档案馆藏清代吏部档案,第七十一卷,《己酉等年印结簿》。

六名进士的吴葆晋为光州出身,享有知府头衔。他通过"裕泰"捐纳了"加二级",并向河南省印结局缴纳了所需结费"八十四两"。根据上面介绍过的《各省印结·河南》记载,知府捐纳加级时,每一级需要印结手续费四十二两,此处的八十四两正好符合上述规定。又,原籍济源县的师映垣为监生出身,道光二十八年(1848)就任湖南省桂阳州嘉禾县知县。他通过"同丰"捐纳了"(加)一级",缴纳了印结手续费"三十两"①。这两名现职地方官捐纳的项目都是加级,其目的相信是为了在受到降级处分时便于用来"抵销"②。在上述 8 名中,除了 1 人情况不明之外,自己缴纳印结手续费的有 2 名,其余 5 名则是通过金融机构代办捐纳,代缴印结手续费的。

"以上……下月"的部分是关于印结手续费收入和印结银分配的记录。上述总额为 566.5 两的结费成为河南省印结局当月的"营业收入"。在四月二十一日至五月二十日期间,河南省印结局的成员(伍案:即出结官)为 21 名,他们平均每人得到了 26 两的印结银收入,其余 20.5 两被归入下个月。

最后记录了"随封十一两七钱",这是与印结手续费一起征收的附加费用。例如,河南省印结局规定,报捐监生时,在缴纳印结手续费九两之外,还需要缴纳"随封三钱",报捐加级时为"随封每名一两"③。但是,这笔费用的用途尚不清楚。

道光二十九年(1849)至咸丰二年(1852)的四年间,河南省印结局收入的印结手续费请参看【表-3-2】。

我们从内容详细的《己酉等年印结簿》可以知道,在道光二十九年(1849)正月至咸丰二年(1852)十二月的四年之间,负责河南省印结局会计事务的人按月登记捐纳者人数、出具印结的理由、缴纳印结手续费的

---

① 《(民国)嘉禾县图志》,卷十九,人物,官师表,第 886 页。
② 请参看本书第 6 章。
③ 《各省印结·河南》。

表-3-2 己酉年印结簿统计

年度	回数	报捐者数	结费	前月结余	小计	经费	分配用额	出结官	分配额	分配总额	结余
己酉	1	6	560.5	0	560.5	1.8	558.7	21	26	546	12.7
	2	29	944	12.7	956.7	3.3	953.4	21	45	945	8.4
	3	25	644	8.4	652.4	0	652.4	21	31	651	1.4
	4	27	576.5	1.4	577.9	0	577.9	21	27	567	10.9
	5	56	679	10.9	689.9	17.9	672	21	32	672	0
	6	8	566.5	0	566.5	0	566.5	21	26	546	20.5
	7	5	202	20.5	222.5	0	222.5	21	10	210	12.5
	8	5	58	12.5	70.5	0.6	69.9	20	3	60	9.9
	9	13	428.4	9.9	438.3	4.9	433.4	20	21	420	13.4
	10	16	268	13.4	281.4	5	276.4	21	13	273	3.4
	11	17	556	3.4	559.4	0	559.4	21	26	546	13.4
	12	67	788	13.4	801.4	62.56	738.84	21	35	735	3.84
	13		201	3.84	204.84	0	204.84	21	9.5	199.5	5.34
计	13	274+	6471.9	110.34	6582.24	96.06	6486.18			6370.5	115.68
庚戌	1	26	278	5.34	283.34	0	283.34	21	13	273	10.34
	2		97.5	10.34	107.84	0	107.84	20	5	100	7.84

续 表

年度	回数	报捐者数	结费	前月结余	小计	经费	分配用额	出结官	分配额	分配总额	结余
庚戌	3	36	481	7.84	488.84	0	488.84	21	23	483	5.84
	4	74	866.4	5.84	872.24	10.64	861.6	21	41	861	0.6
	5	41	877	0.6	877.6	409.94	467.66	21	22	462	5.66
	6	20	472.7	5.66	478.36	0	478.36	21	22	462	16.36
	7	52	497	16.36	513.36	50.4	462.96	21	22	462	0.96
	8	8	95	0.96	95.96	0	95.96	22	4	88	7.96
	9	10	240	7.96	247.96	15.12	232.84	22	10	220	12.84
计	9	267+	3904.6	60.9	3965.5	486.1	3479.4			3411	68.4
辛亥	1	25	422.6	12.84	435.44	20	415.44	23	18	414	1.44
	2	6	118	1.44	119.44	0	119.44	23	5	115	4.44
	3	8	260	4.44	264.44	30	234.44	26	9	234	0.44
	4	27	444	0.44	444.44	16.62	427.82	25	17	425	2.82
	5	47	664	2.82	666.82	0	666.82	24	27	648	18.82
	6	44	447	18.82	465.82	50.6	415.22	25	16	400	15.22
	7	27	433.5	15.22	448.72	0	448.72	25	17	425	23.72
	8	23	444	23.72	467.72	18.2	449.52	24	18	432	17.52

续 表

年度	回数	报捐者数	结费	前月结余	小计	经费	分配用额	出结官	分配额	分配总额	结余
辛亥	9	8	236	17.52	253.52	0	253.52	24	10	240	13.52
	10	7	99	13.52	112.52	0	112.52	23	4	92	20.52
	11	39	732	20.52	752.52	400	352.52	22	16	352	0.52
	12	12	335	0.52	335.52	2.6	332.92	23	14	322	10.92
	13	113	1441.4	10.92	1452.32	79.5	1372.82	24	57	1368	4.12
	14	27	410	4.12	414.12	3.5	410.62	24	17	408	2.62
计	14	413	6486.5	146.86	6633.36	621.02	6012.34			5875	136.64
壬子	1	47	826	2.62	828.62	50	778.62	25	31	775	3.62
	2	52	631	3.62	634.62	3.6	631.02	26	24	624	7.02
	3	50	820	7.02	827.02	0	827.02	26	31	806	21.02
	4	27	690.9	21.02	711.92	0	711.92	26	27	702	9.92
	5	29	1088.4	9.92	1098.32	53.4	1044.92	24	43	1032	12.92
	6	84	1587	12.92	1599.92	37.84	1562.08	24	65	1560	2.08
	7	9	114	2.08	116.08	0	116.08	29	4	116	0.08
	8	11	367.5	0.08	367.58	15	352.58	31	11	341	11.58
	9	11	462	11.58	473.58	0	473.58	32	14	448	25.58

续 表

年度	回数	报捐者数	结费	前月结余	小计	经费	分配用额	出结官	分配额	分配总额	结余
	10	33	378	25.58	403.58	0	403.58	31	13	403	0.58
	11	27	871	0.58	871.58	0	871.58	29	30	870	1.58
	12	37	619.5	1.58	621.08	3.4	617.68	28	22	616	1.68
壬子	13	53	530	1.68	531.68	47	484.68	29	16	464	20.68
	14	48	597	20.68	617.68	29.12	588.56	28	21	588	0.56
	15	追纳	48	0.56	48.56	0	48.56	23	2	46	2.56
	16	11	163	2.56	165.56	0	165.56	27	6	162	3.56
	17		246.2	3.56	249.76	4.18	245.58	29	8	232	13.58
计	17	529+	10039.5	127.64	10167.14	243.54	9923.6			9785	138.6
合计		1483	26902.5	445.74	27348.24	1446.72	25901.52			25441.5	459.3

【说明】结费为印结手续费。报捐数和出结官为人数,其余为银两。斜体:计算数据。回数:印结银分配次数。小计:结费+上月结余。分配用额:小计-结费。分配总额:出结官×分配额。结余:分配用额-分配总额

155

金融机构名称或个人姓名,印结手续费的收入总额、印结银分配方法以及相关经费的数额。

我们由这一帐册可以看出,报捐者人数和报捐项目经常发生变化,印结手续费的收入也因之出现变动。最多的时候一个月的收入多达1400多两,而少的时候只有58两。咸丰元年(1851)以后,随着可以"筹饷事例"的登场,可以捐纳任官资格的"大捐"为社会带来新的"捐纳商品",捐纳的"市场"呈现出活跃景象,不仅报捐者开始增加,印结手续费的收入也呈回升趋势。这一帐册为我们提供了一个印结局收入和分配情况的实例。

印结手续费的征收标准是由印结局制定的,印结银的分配也是在印结局的管理下进行的,印结局究竟是一个什么样的组织呢?印结手续费的征收标准是如何制定的呢?以下我们来看一看这些问题。

三、清末印结局的构成及其性质

由于史料的制约,我们对清末以前的印结和印结管理机构的情况所知不多。下面以清末印结局为例,分析印结局的构成及其性质。

清末,在北京存在着由各省京官按省籍组成的印结局,对发行印结、征收印结手续费和分配印结银进行一元化管理。各省的印结局虽然名称为"局",但是不同于清末地方行政中出现的、负责一定行政事务的"局"(伍案:例如发审局、厘金局等等)。各省的印结局原则上由可以出具印结的全体京官构成。在这个意义上,加入印结局的全体京官以同乡身份对以下问题提供担保,即某一京官出具印结的资格、他出具的印结的有效性、以及领取印结银的资格。

各省印结局的负责人由印结局全体成员"公举",条件是成员中的"年高德邵"之人。该人也被称为"管印结官",任期通常为两年[1]。李慈

---

[1] 许大龄《清代捐纳制度》,第97页。张友鹤《清代的官制》,载(清)李宝嘉《官场现形记》,第1075页。

铭在日记中曾经记载说,浙江省印结局的负责人由"部曹之进士出身者"担任,即进士出身之六部司官①。

包括这名"管印结官"在内,印结局的全体成员之间不是按照官职,彼此之间以"局友"或"友"相称。这给人一种感觉,似乎印结局的内部关系不同于衙门内的上下级关系,而是建立在某种公共原理之上的平等关系。如果真是这样,那么清末的印结局是一种近乎互助会式的组织,或者是类似现代日本社会中"身份保证人协会"那样的组织。

四、出具印结的规定

前面介绍过报捐监生和知府任官资格时所需的印结手续费,但那只是计算的标准。在实际的报捐过程中,各印结局都对印结手续费有独自的规定。清代末年的各省印结局,针对出具印结和所需费用都有一系列的规定,有些甚至刊刻发行,公诸天下。以下将要介绍的《重订浙江印结简明章程》就是这样的资料。

清代末年,浙江省印结局几乎每年都要商议修订印结章程,然后以小册子的形式刊刻出版。这部经过多次修订的《重订浙江印结简明章程》,就是浙江省印结局在"公议"之后发行的该印结局的印结发行便览②。该书由大捐、注册、验看、识认、投供领凭、声明知照、捐免保举、花样·升衔翎支、劳绩保举、五六品京官、常捐旧章、增定常捐、海防捐、郑工捐、津贴章程、同局规约和代收园馆各捐等 17 个部分组成。

浙江省印结局每逢新的捐纳事例公布时,都会推出关于发行印结的新规定,以便配合该项新捐纳事例的实施。这些规定涉及的主要是,在新的捐纳事例之下如何计算印结手续费的问题。例如,清政府于光绪十

---

① (清)李慈铭《越缦堂日记》,光绪四年正月二十九日,第 7751—7752 页。
② 《重订浙江印结简明章程》。据目前所知,该书最后一次修订是在清光绪二十九年(1903)三月。上海图书馆另藏有浙江省印结局于清咸丰七年(1857)修订《公议印结条款章程》。

年(1884)开办海防事例之后,浙江省印结局很快制定了《增订海防新例印结章程》。其第一条规定①:

> 由举贡生监报捐京外实官,或由各项官职加捐改捐者,除注册各项仍照向章核收外,再按注册银数,收取全费。

这是关于报捐后履行注册手续时所需印结的规定。根据这一规定,循海防事例报捐了京外实官的举贡生监在申请注册用印结时,虽然出具的印结只有一张,但是需要缴纳双倍的手续费。请看以下事例。浙江省籍报捐知府任官资格的注册用印结的手续费标准为每张100两,但是根据浙江省印结局的《增订海防新例印结章程》的上述规定,实际收取手续费为100两×2=200两。此外,上述规定中有"注册各项"的说法,这就是除了注册用印结之外,报捐者还需要提交"识认"和"捐免保举"的印结,自然也要缴纳办理这些印结所需的手续费。

光绪十三年(1887),为了修复郑州附近的黄河堤防,清政府开办了郑工事例。浙江省印结局相应地制定了《增订郑工新例印结章程》。该章程的第1条是关于郑工事例实施期间印结手续费的整体规定②。

> 由郑工报捐人员应出各结,一概照海防加三成收费。道府州县五项正印,各加五成。

这就是说,在郑工事例施期间,所有的报捐者支付印结手续费时,按照捐纳项目分别在海防事例的基础上加收30%至50%的费用。以知府的注册为例,在开办海防事例时已经加倍征收,郑工事例将在此基础上加征50%。这样,在"郑工事例"下,浙江省籍报捐者在捐得知府任官资格之后办理注册手续时,就至少需要缴纳(100两×2.0)+(100两×2.0×0.5)=300两的印结手续费。

---

① 《重订浙江印结简明章程》,增订海防新例印结章程,第17a页。
② 《重订浙江印结简明章程》,增订郑工新例印结章程,第20a页。

可见,印结局可以任意地修改有关规定,而不须作出任何说明。这无疑是为了确保发行印结可以获得尽可能高的收益,而印结局之所以可以这样任意提高"价格",恰恰是因为印结局在经营形态上属于垄断经营。

人心叵测,为了防止"出结官"利用私人关系任意出具印结,私吞印结手续费,印结局规定为相识同乡出具印结之后所得手续费必须交公。例如,浙江省印结局规定①:

> 捐纳各员铨选、过堂、领凭,及分发、验看等结,各就熟识同乡官取结,结费随同交局。

也许发觉有人依然不按照上项规定执行,故浙江省印结局将发行与捐纳有关的印结的权限收归印结局专管,要求在此类印结上必须钤盖印结局的戳记:

> 凡有关捐输各项印结,无论大小,均归公局输出,盖戳以便稽查,而免舛错。

在这一规定下,这就是说,浙江省籍京官个人虽然可以为熟识同乡报捐者直接出具印结,但是必须加盖印结局戳记,否则该印结被视为无效。当然,在加盖印结局戳记时,必须按照印结局的规定上缴一定份额的结费②。但是,私自出结私取结费的情况依然存在。为此,浙江省印结局在同治四年(1865)经"同人公议"后制定了"罚规"③:

> 各项大结向用查结官戳记,近有捐生用无戳私结,粘呈投递。并虽经取结,而翎衔花样并未叙明,殊不足以昭核实。现经同人公议罚规,凡应用各项大结,倘不赴局盖戳,私自呈递,以及隐漏花样

---

① 《公议印结条款章程》,第5b页。《重订浙江印结简明章程》,同局规约,第23a页。
② 例如,清末的江苏省印结局规定,知州识认印结的结费为银99两。如果出结官直接为熟知之人出具印结,则须将其中的90两上缴给印结局。(清)李圭《入都日记》,光绪十三年八月二十日,第20a页。
③ 《重订浙江印结简明章程》,同局规约,第23a—b页。

翎衔各项,一经吏部查出知照,出结官照章收取结费,并向出结官追取查费二成,作为查结书吏犒赏。如出结官不将结费查费一并交局,即在应分公费内照数坐扣。

清代末年,各省印结局对于"局友"、现任官员和正途出身者的报捐取结均有优待措施。根据捐纳制度的规定,现任官员在"降捐"(伍案:为了将来有更好的出路、或者为了避开某不愿就任的"应升之缺",特意报捐在官品上低于现有官职的任官资格)和"改捐"(伍案:京官捐外官的任官资格)时①,都需要同乡京官的印结。例如,山东省印结局就规定,"改捐者降捐者均照大捐之数减四成"。这样,山东省籍的京官改捐知府的任官资格所需的印结手续费为,$100\text{ 两} \times 0.6 = 60\text{ 两}$②。

某些省的印结局对现职京官的子孙和亲戚也有优待措置。例如,江苏省印结局规定现任京官报捐加级时的印结是"公送",即不收任何费用。对现任京官的子孙亲友也有"公送"的规定③。

> 现任京官子孙及胞兄弟侄报捐七品以下京职,印结公送。报捐外官及六品以上,仍出结费。

这样,有资格出具印结的京官根据公共原理组成印结局,对发行印结和征收手续费等进行统一管理问题。这种类似于互助会式的组织在行使权力发行印结的时候,首先考虑的是印结局整体的利益,同时还会照顾到包括印结局成员个人和家庭在内的有关人员的利益。印结局根据自身制定的各种规定发行印结,征收印结手续费。那么,印结局在发行印结过程中征收的手续费是如何分配给"出结官"们的呢?在分配的过程中存在何种问题?以下我们对此进行考察。

---

① 关于"应升之缺"和"改捐",请参看本书第5章。
② 《各省印结》,山东,第2a页。
③ 《各省印结》,江苏,第3b、1b页。浙江省印结局也有类似的规定,见《重订浙江印结简明章程》,同局规约,第25a页。

第三节 印结银的分配

一、印结银的分配原则

如上所述,印结局的全体成员都有资格领取印结银。印结银的分配原则主要有以下两点。

第一,"品位之崇卑",即按照官品高低进行分配。后面将会介绍浙江省印结局的分配方式,以及围绕着印结银的分配问题产生的争论。我们透过这一事例可以看出,即便是按照公共原理组成、彼此之间互称为"友"的印结局在利益分配问题上,身份序列的原理在官僚社会中依然占有支配地位①。

第二,"平均分配原则",即所有成员领取同额的印结银。关于这一点,我们再来看看前面介绍过的河南省印结局的史料②。

> 以上三卯,共银五百六十六两五钱。以二十一分算,每分该银二十六两,余平二十两〇五钱,归下月。

如前所述,河南省印结局在道光二十九年(1849)四月二十一日至五月二十日之间,收取了 566.5 两的印结手续费。在此基础上,河南省印结局对同一期间局内的 21 名"出结官",以每人"银二十六两"的标准分配了印结银,剩下的 20.5 两被归入下一次分配时使用。

我们透过这一事例,可以看出一种现象。这就是在注重出身资格、官品高低和年功等要素的传统中国官僚社会的内部,存在着一个无视这些要素、依"平均"原则进行利益分配的组织。这一组织就是依公共原理成立、成员之间以"友"互称的印结局。这一点在考虑清末的官僚社会时是非常令人感兴趣的。

---

① 徐珂《清稗类钞》,第 7 册,廉俭类,姚学塽不取印结银,第 3189 页。
② 中国第一历史档案馆藏清代吏部档案,第七十一卷,《己酉等年印结簿》。

此外，由于"出结官"加入印结局的时间互有先后，故分得的印结银会有数额的变化。例如，河南省印结局就有如下规定①：

> 结局向定章于月尽分费，凡入局者初五以前全分，二十日以前半分，逾二十日不入分单。出局者，二十五日以后全分，十五日以后半分，不逾十五日者不入分单。倘有出京时，并不知会结局、仍行冒领者，查出按数扣抵。

类似的规定在其他省印结局中也有。曾经是浙江省印结局成员的李慈铭在日记中就记下许多关于领取印结银的实例。例如，同治十年(1871)正月，李慈铭辞去浙江书局事务再次上京，于二月二十三日到达北京。由于他到达北京时已经过了二月二十日，故未能自浙江省印结局领得二月分的印结银。从三月份起，他开始领取印结银，当月得银8.2两②。

二、公开经营信息

在印结局调整内部利益的问题上，经营信息的公开是值得关注的。浙江省印结局对此有如下规定③：

> 局中每月向刊出结各单。今议刊捐生姓名籍贯，逐款添刻银数，并加刻在局各友姓名单一纸，随同公费分送，庶同局各友一览了然，以示无私(伍案：旁点为笔者所加)。

这是光绪四年(1878)秋天增加的规定。在此之前，浙江省印结局每月以书面形式公布出结的情况。在此之后，浙江省印结局还按月公布报捐者的姓名籍贯、出具印结的名目和手续费金额、以及当月在局出结的成员名单。根据浙江省印结局的说明，此举是为了表示"无

---

① 《河南印结汇定章程》，未见。转引自许大龄《清代捐纳制度》，第97—98页。
② 张德昌《清季一个京官的生活》，第79页。
③ 《重订浙江印结简明章程》，同局规约，第24b—25a页。

私",也就是通过向全体成员公示局务的方法,调整印结局内部的利益关系。

浙江省印结局为什么在光绪四年(1878)决定公开经营信息呢?实际上,正是在较早时期,浙江省印结局围绕着印结银的分配问题展开了激烈的争论。

根据李慈铭日记的记载,问题导火索是印结局的负责人为谋私利,利用自己的身份地位,隐瞒印结手续费的收入和印结银的支出状况,任意决定对自己有利的印结银分配方法,结果导致了内部管理混乱:

> ……丙子(光绪二年、1876)冬季,忽议,进士月增四分之三。而京官之告假出京者,又私侵蚀之,至三四十分。

前面说过,印结局的负责人为"部曹之进士出身者",这些人为自身谋利益,决定给进士出身者每月增加"四分之三"的印结银。印结银的财源为印结手续费,而印结手续费随报捐人数的多寡而发生变动。在财源经常出现波动,未能得到确实保证的情况下,提高进士出身者印结银的分配标准,很可能会导致印结局其他成员收入的减少。这明显是对进士出身者的优待政策。李慈铭自诩天份甚高,目空一切,但是在会试中不能如愿以偿,是不得以才循捐纳出身的。包括他在内的一些印结局成员,由此对正途出身的印结局负责人产生了强烈的不满。

光绪四年(1878)正月二十九日,在当年度的公议召开之前,户部员外郎汪树堂造访,与李慈铭就印结局的内部情况交换了意见。以"名士"自负的李慈铭在当天的日记中,指名批判浙江省印结局历代负责人。

> 吾浙印结局以部曹之进士出身者轮管,朋占渔利,出入不谨。近来此辈皆无赖村氓,不通一字,而无耻益甚。……此朝廷用进士之弊也。谬种流传,至为市井贱贾所不屑为之事。哀哉。自吾乡孙庆咸、谢钺、戴尧臣等相续管局,争竞锥末,物议沸腾。至宁波人凌行均、湖州人章乃畬沿其流下,遂同盗贼矣。

可见,李慈铭对历代进士出身的印结局负责人进行了辛辣的批判,指责他们简直就如同"盗贼"。与此同时,他还不忘点评国家重用进士的弊端,借以发泄会试失利的闷火。从他的日记中,我们看到,印结局内部和其他衙门一样存在着腐败,在利益分配的问题上,重视身份序列的官僚原理依然存在。

同年二月十日,李慈铭参加了浙江省印结局的公议,回来后在日记中写道:

> 至者四五十人,眇有似人状者。与此举为伍,可发大噱也。

两天后的二月十二日,他致书友人,"以闻昨日章乃畚辈公议印结事"。他在信中,"悉发其诈私及顽钝无耻之迹",请友人将信交予章乃畚辈等一阅,并说:"少有知觉者,当厚颜入地矣"。三月十四日,李慈铭更直接致书章乃畚,表示不满①。

这样,浙江省印结局内部在光绪四年(1878)二月前后,围绕着印结银的分配问题发生了激烈的对立。这一对立最终导致了浙江省印结局在当年秋天选出了新的负责人,并且决定了上述的公开经营信息的方针。

在其他省的也有类似的动向,甚至发生过围绕着印结银分配问题爆发严重对立的情况。其中有些对立在印结局内部无法得到解决,最终发展到向都察院告状。以下就是一例。光绪初年,四川省印结局的印结发行方法是,"各出印结官均将印结交总局存用",即出结官将出具印结的权限委托给印结局,由负责印结局的查结官决定使用何人出具印结。光绪四年(1878),四川出身的刑部主事董华国认为,印结局负责人的刘正品(伍案:刑部郎中)在未告知他的情况下,以他的名义出具了71张印结,其中包括为"淮商陈仁熙"出具的印结,向都察院控告刘正品"私卖得银四百两"。但是,原告董华国最初选定的被告不是刘正品,而是"淮商

---

① (清)李慈铭《越缦堂日记》,光绪四年正月二十九日、二月初十日、二月十二日、三月十四日,第7751—7752、7764、7766、7819页。

陈仁熙"。估计是因为此时的董华国考虑到同乡关系和官僚组织内部的上下级关系,没有直接告发自己在刑部的上司兼印结局负责人的刘正品,而是采取迂回战术,以"欺蒙"为理由告发申请发行印结的商人陈仁熙。当这一告发被驳回之后,原告的董华国抛弃了对同乡关系和官僚组织内部的上下级关系的顾虑,直接向都察院实名举报自己的上司刘正品。董华国之所以敢于告发自己的上司,原因之一无疑是为了追回他认为应该属于自己的 400 两印结银①。

印结局内部为什么在印结银分配问题上发生意见对立呢?其中最主要的原因是,印结银是京官们维持生活不可缺少的收入。

三、维持京官生活的印结银

清代京官的俸禄按照官品,由正俸与恩俸构成。与可以得到养廉银的外官相比,京官的收入十分微薄。咸丰年间以后,由于中央政府在财政上的捉襟见肘,京官的正俸和恩俸都被减额。在这种情况下,外官奉送的炭敬、冰敬和别敬等对于维持京官生活固然是十分重要的,但是可以得到这些的主要是那些高官。对于出具印结的五、六品京官来说,印结银就成了俸禄之外最重要的收入②。即便是在可以正常领取俸禄的情况,年间数十两乃至上百两的收入也是十分可观的数目。当时,京官们将印结银称为"公费"。

印结银的财源是报捐者缴纳的印结手续费,来自本省的报捐者人数的多寡,直接影响到京官们的印结银收入。例如,由于来自本省的报捐者较多,故四川、广东、江苏和浙江籍京官的印结银收入颇丰,有人甚至年入"千金"以上。福建籍京官每年的印结银收入在 200 两前后。此外,道光二十九年(1849)至咸丰二年(1852)之间,河南籍京官每年平均所得

---

① 《清德宗实录》,卷六十七,光绪四年二月庚寅,第 53 册第 32—33 页。
② 关于京官的生活,请参看张德昌《清季一个京官的生活》,第 46—49、52—57 页。

的印结银在 379 至 576 两之间①。与这些省相比,直隶相对贫穷,报捐者比较少,但是在中央各衙门任官的直隶籍京官缺相对较多。结果导致了直隶籍京官所能分到的印结银比较少,年间平均在 30 两至 40 两之间,仅为河南省的十分之一。可见,同为京官,但是印结银的收入却存在着较大的悬殊。

对于直隶籍出结官来说,上述微薄的印结银究竟意味着什么呢?成书于清代晚期的《都门竹枝词》中有如下歌咏②:

> 最是长安居不易,京官一例总清贫。算来还是郎曹好,到底多分印结银。

关于京官的清贫,请看以下事例。

光绪三年(1877)考中进士后曾经担任内阁中书的直隶清苑县籍的李锡彬,由于收入微薄,故全家四口人每天只能吃两餐。因煤炭柴薪的费用较高,所以他家不举火,每天早上以银一钱购买开水,供一日饮用和洗漱。每天的饭费限制在"京钱一千"之内,只能买四斤馒头和佐餐用的葱、酱、咸菜。据他本人说,"印结费一项,作一月伙食费足矣"。当时的银钱兑换率为银一两换"京钱十五六千",据此计算,李锡彬可得印结银仅为 2 两前后,年间不过 24 两。直隶籍京官所得印结银之薄,由此可见一斑。因此,对于直隶籍京官来说,这微薄的印结银实际上就是关系到

---

① 中国第一历史档案馆藏清代吏部档案,第七十一卷,《己酉等年印结簿》。

年　度	年间平均值	备　考
己酉(道光二十九年,1849)	490 两	五品京官的年间俸银为 160 两,六品京官的年间俸银为 120 两。
庚戌(道光三十年,1850)	379 两	
辛亥(咸丰元年,1851)	420 两	
壬子(咸丰二年,1852)	576 两	

史料来源:表-3-2。
《(乾隆)钦定户部则例》,卷九十一,廪禄,中外文员俸,第 436 页。
《大清仕籍全编》,京外额俸。

② 雷梦水等编《中华竹枝词》,第 1 册,第 135 页。

他们生死的救命钱①。

除去地区性的要素之外,印结银的收入也随着政策发生变化。为此,京官们十分关注与捐纳和印结有关的信息。例如,光绪七年(1881)前后,因为在外省候补官员太多,已经无法安置,政府根据督抚们的要求暂时停止了向直隶、江苏等省"分发",并允许一些省籍的报捐者在办理捐纳手续时免交印结。李慈铭在当年二月二十九日的日记中感叹道②:

> 直隶、江苏、湖北、浙江、贵州久停分发,近日广东、广西、云南、湖南、江西、福建亦皆停结。此事将绝,吾辈首阳之期至矣。

因为,分发的停止对于报捐者来说,他们就无法如愿以偿地前往这些省份候补。问题并不局限于此,而是会产生连锁反应。这就是,停止分发必然导致捐纳者的减少,而捐纳者的减少势必引起印结发行量的减少,最终造成印结手续费的减收。而免交印结更是直接影响到印结局的收入。总而言之,分发的停止会直接打击到京官的印结银收入,故李慈铭哀叹"吾辈首阳之期至矣"。实际情况也确实如此。以李慈铭本人为例,他在光绪六年(1880)得到印结银收入为306.9两,而光绪七年当年一下子减少到163.4两,这给他的个人生活无疑造成了很大打击③。

咸丰同治年间以后,针对捐纳所得财政收入有所减少的问题,一部分人将其原因归罪于印结手续费较高。例如,前面引用过的光绪元年(1875)《申报》的消息中就此指责了印结局的作为。该消息认为,印结局只顾眼前的私利,将印结手续费的标准不断调高。结果,不少人因为交不起印结手续费,不得已放弃了捐纳。这种作法客观上导致报捐者减少,实在是害人害己,印结局的收入没有增加,户部的捐纳收入也因之减少④。这种议论将得自捐纳的财政收入的减少归罪于印结手续费,客观

---

① 何刚德《话梦集》,第12—13页;何刚德《春明梦录》,第136页。著者在清末曾任吏部司务厅掌印郎中和吏部侍郎。
② (清)李慈铭《越缦堂日记》,光绪七年二月二十九日,第8966页。
③ 张德昌《清季一个京官的生活》,第64页。
④ 《申报》,光绪元年十月二十八日,揭广东東云南印结之弊。

地来说,是一种偏颇的意见。因为,此种意见完全忽视了捐纳后的出路问题,因为捐纳出身候补官的异常增加导致了他们长年无法得缺,这一点给捐纳者心理带来的影响是很大的①。不过也由此可以看出,当时确有相当一部人,对印结手续费持批判的态度。以后,户部内部出于增加捐纳收入的考虑,有人提议户部收捐时免去印结。光绪十二年(1886)正月二十九日,得知这一消息的李慈铭在日记中愤愤不平地写道②:

> 今日户部百计求利,谓捐例既开,而无来者,由印结之费太重。因议裁此费,凡户部上兑者概不须结。于是京官之恃此为命者,皆当立槁墙壁矣。

这样,报捐者缴纳印结手续费在最后变成一种法外收入,以印结银的形式流向京官,维持着京官们的生活。需要说明的是,这里说印结银是一种法外的收入,是指印结银不受清代官僚俸禄制度的约束,而国家颁布的制度规章中也没有关于如何向官僚发放印结银的规定。这种法外收入,完全是在一种约定俗成的规定之下,由有关官僚们自行征收、自行管理和自行分配的。社会上虽然有人表示不满,但是没有人认为此类收入属于违法所得。

由上所述可知,对于京官来说,印结银是十分重要的收入。正是因为这一点,我们完全可以理解以李慈铭为代表的一部分印结局成员对印结局负责人的所作所为表示的不信任。实际上,这种不满还有更深一层的原因。我认为,这种原因就是俸禄与印结银在根本性质上是完全不一样的。

俸禄在名义上来自皇帝,从当时的社会意识来说,领取俸禄者不可能对俸禄的金额和发放方法抱有疑念。但是,印结银与俸禄完全不同。它原本是得自报捐者的印结手续费,以后转化为官僚的一种津贴。由于京官俸禄微薄等特殊原因,导致印结银取代了俸禄,成为京官收入的主

---

① 关于捐纳出身候补官的得缺问题,请参看本书第 4 章。
② (清)李慈铭《越缦堂日记》,光绪十一年正月二十九日,第 10658 页。

要部分。以李慈铭为例,他在同治二年(1862)至光绪十四年(1888)之间得到的收入中,除了最后的光绪十四年(1888)之外,印结银的收入都远远超过了官俸的收入。例如,前面说过他在光绪六年(1880)分到了306.9两印结银,而当年的官俸收入仅有16两,外加养廉28两和俸米7.8石[1]。问题在于,管理这种京官"救命钱"的不是皇帝或户部,而是在名义上互相平等、以"友"相称的印结局的负责人。在重视个人利益的传统中国官僚社会中,每个人从心里难以相信掌握此类金钱的人,可以说是一种"常识"。在此让人感兴趣的是,官僚们使用何种方法在彼此难以信任的社会环境下维持自己的组织——印结局?

如上所述,在经过印结局内部的意见对立之后,有些印结局开始采用了公开经营信息的方针。这就是说,利用公开经营信息这种近代的方法,将负责人的"无私"公示于全体成员。这种方法看似缘于意见对立之后印结局内部的利益调整,但它的出现绝非偶然,应该是受到了清代末年出现的时代潮流、即"征信"的影响。也就是说,它是在"征信"影响下出现的一种特殊现象[2]。当时,源于民间社会福利事业经营中的"征信原理"的影响在逐步扩大。在这种时代背景之下,为了解决印结局内部的意见对立,印结局的负责人很可能会采用"征信原理",也就是说,在"无征不信"的原则之下,将印结局的经营信息向有关人员公示,向他们表示自己的"无私",取得他们的信任。进而言之,带有公共精神的"征信原理"是在包括浙江省在内的江南地区首先出现的,并且逐渐扩大到社会福利事业以外的领域。联想到这一点,我们有理由认为,浙江省印结局内部为了将内部关系建立在"信"的基础之上,采取了"征",即公开信息的作法绝非偶然。

清代末年,由民间人主持的社会福利事业是通过出版"征信录"取得社会信任的。当时,国家处在这一潮流之中,也在一定的范围之内采取

---

[1] 张德昌《清末一个京官的生活》,第64页。
[2] 夫马进《中国善会善堂史研究》,第751—752、813—839页。

了具有公共精神的"征信原理",某些地方衙门出版了"征信录",公开政务①。与民间和政府发行的征信录相比,我们尚无法把握印结局公示信息的全部内容。但是有一点可以指出,印结局采用公开经营信息的作法在最终是为了调整其内部的利益关系。李慈铭曾经从捐纳出身者的角度对进士出身者掌管的印结局进行过辛辣的批判,但当他自己成为进士之后,则立即转到进士的立场上考虑自身的利益问题。而且,征信的对象仅仅限于印结局内部,没有类似于民间社会福利事业那种通过向神灵征信来保证人与人之间互相信任的作法。这就是说,印结局虽然在组织和公开信息的层面引入了公共精神,但是在本质上依然是建立在身份序列上的官僚组织。印结局的负责人和普通成员并非为实现某种理想而从事公共事务,他们只是在调整个人之间利益的时候,才不得不采用了具有公共精神的"征信原理"。所以,印结局采用的公共原理带有很大的局限性。

当然,指责印结局在采用公共原理上的局限性并不是全盘否定它的意义。印结局的成员之间互相以"友"相称,通过公开信息"以示无私"。这些作法在上千年来以身份序列为标准的中国官僚制度和中国官僚社会的历史上是值得注意的现象。它表明,在延续了几千年的中国官僚社会的历史上,终于显露出了某种带有近代意义的要素。

结　语

以上分析了印结使用的由来和捐纳与印结的关系,在此基础上探讨了印结局对印结、印结手续费和印结银的管理,说明了印结银与京官收入的关系。

清代康熙年间,政府为了保证捐纳出身官僚的素质,防止冒名顶替,同时为了加强现任官僚的责任感,在捐纳事务中导入了印结制度。但

---

① 例如,昆山县在光绪十五年(1889)出版了《光绪十五年分熟田地漕等银民欠散数征信册》。

是，京官们在为来自本省的报捐者出具印结时，实际上难以对报捐者的情况有详细的了解。特别是在嘉庆、道光年间以后频繁开捐的时代，印结的发行基本上由代办报捐的金融机构等负责中介，"出结官"出具印结和"查结官"审核印结主要是根据报捐者本人提交的有关文书。这样，虽然则例以及档案史料给人一种制度运转十分正常的感觉，但是至少在印结问题上已经与制度的规定相去甚远。此类情况，在研究传统中国的制度史时可以说屡见不鲜。当时的清朝政府不可能不知道捐纳制度以及印结制度中存在的问题，不可能不了解在提出的印结的背后存在着何种交易。他们是如何处理对应这些问题的呢？

对于这些问题，为了解决财政问题而频繁实施捐纳的清朝政府采取了灵活的对策。如上所述，政府通过制定《钦定六部处分则例》等规定，明确了印结问题上的责任所在和罚则。但是，对于提交印结为止、即印结的作成阶段的一切，政府概不干涉，完全委托给官僚和印结局办理。但是，当印结被提交之后，如果发现了违反上述规定的行为，政府则要追究出具和审核印结的官僚的责任。

对于印结手续费和维持京官生活的印结银等问题，政府的对策也是十分灵活的。通过以上的叙述可以看出，官僚们通过出具印结得到手续费乃至法外的收入。出具印结需要官印，故印结属于钤有官印的行政文书，可是出具这一文书的手续费却转化为官僚的个人收入。在这个意义上可以说，官僚手中掌管的象征着国家权力的官印，成为官僚"挣钱"的工具。这种在现代社会中可以被称为私吞公款的行为，在当时却得到了政府的默认，堂而皇之地进行着。清代末年，财政上捉襟见肘的政府在减少或停发官僚正规俸禄的同时，依然需要通过官僚维持国家机器的运转。在这种情况之下，政府自身既然不能按照规定向官僚们发放俸禄，解决官僚们的生活问题，就只能默认这种"私吞公款"的行为。结果，政府对印结手续费和印结银的问题也采取不干涉主义的政策，完全委托给官僚们自己组织的印结局。

由于清末的政府在上述问题上采取了相对灵活的政策，故本非政府机构的印结局变成了管理印结业务的"准政府机构",负责着从发行印结到分配印结银的各项业务。官僚们在公共原理的影响之下,结成了以"友"相称的印结局。印结局的负责人为了调整印结局内部的利益关系,在"征信"潮流的影响之下公开经营信息公开,向全体成员表示他们的"无私"。我们在这里看到,处于近代前夜的传统中国的官僚社会内部出现了在一定范围内导入公共原理的动向。在注重身份序列的官僚社会内部出现的这种动向,虽然从整体来看尚属微小,但是这种重视平等关系的公共原理侵蚀着既存的重视身份序列的官僚社会意识,在考虑从传统官僚制向近代官僚制转型期的中国社会和中国官僚制度时是非常重要的。这是因为,它的出现是受当时中国社会潮流的一种反映,是当时中国社会中孕育的诸种要素影响的结果。它具有一种划时代的意义,在中国社会的历史上,尤其是中国官僚社会的历史上是值得注目的新动向。

第四章　捐纳出身者的铨选问题与候补制度

序　言

　　在本书第 2 章和第 3 章已经指出,清代的捐纳制度是清朝政府为了解决自身的财政问题,依照现行事例和暂行事例的规定,向庶民出卖国子监学籍,向官僚出卖任官资格和官僚人事手续等的制度。庶民通过捐纳可以得到国子监的学籍以及官僚的任官资格,官僚们则可以得到官职的升迁资格和处分的免除等等。总而言之,庶民和官僚们利用捐纳制度可以提高或维持自身的社会身份和社会地位。如果从明朝政府开办国子监监生的捐纳开始算起,这个制度是中国明清时代国家制度中不可或缺的一个组成部分,前后实施的时间长约五百年,给明清时代的政治与社会带来了极大的影响。

　　相比之下,候补制度顾名思义,"候"为等候,"补"为补缺,或曰补充空缺。这一制度在原来意义上是,因各种原因暂时离任的官僚等候国家任命他们担任新的官职的制度,或者说是国家根据规定任命官僚补充官职空缺的制度。这种等候重新任命的官僚,在清代被称为"候补官"或"候补官员"。由此可见,候补制度至少不是以录用那些刚刚走入仕途的新官僚为目的的制度。从创设这一制度的原义来说,捐纳制度与候补制度之间本来并无关连。但是,清代中期以后,只要说到"候补",基本上是指捐纳之后等待录用的"候补官"。这两者之间存在着何种关系?而该种关系又是如何发生的呢?

在传统中国,尤其是在清朝统治时期,官僚制度从其理念上来说,政府有责任录用所有享有任官资格之人,其中既包括正途出身的进士举人,也包括捐纳出身者。但是,在现实社会中,由于官僚职位是有限的,即便考虑到在官僚人事中需要一定的后备军,上述理念也是永远无法变成现实的。结果,社会上就会出现大批超出实际可录用官职数目的候选候补官员,即"冗员"。特别是清代中期以后,实际上根本不存在全部录用此类官员的保证,但是在制度的理念上依然维持着全部录用的招牌,政府也在此招牌之下采取过一些缓解宦途壅滞的政策,让那些候补候选官员略略尝到浩荡的皇恩。在这种情况下,有不少候补官长年咬紧牙关,忍饥挨饿地等待不知何时才能轮到的"署理"的机会,至于得缺则更是难上加难。这种近似于失业者的庞大的候补官群体存在于社会之上,在世界的官僚制度史上恐怕是十分特殊的现象。清代出现的这种现象,在研究传统中国的政治史和官僚制度史,以及在思考从传统向近代的转型时期的中国社会是非常重要的课题之一。

遗憾的是,在以往的研究中,对这一问题没有给予足够的重视。因此,包括捐纳出身者在内的候补官员的录用问题尚值得进一步探讨。其中包括以下问题,捐纳的规定是如何运用的?捐纳出身者是如何进入仕途的?捐纳出身者是如何成为候补官的?吏部的铨选、即以录用人事为中心的传统中国的官僚制度是如何变化的?等等。进而言之,上述这些变化出现清代的社会的和制度的原因究竟是什么?这些变化在传统中国官僚制度的历史具有何种意义?我们在前人研究的基础上有责任将关于这些问题的研究继续深入下去。

在本章中,笔者将以前人的研究为基础①,运用近年新公开的档案文献资料,研究捐纳制度与候补制度的关系,以及清代后期捐纳出身者候补官的实际情况。通过这一研究,分析清代的中国官僚后备军"就业难"问题的产生原因和政府的对策。

以下将以清代地方文官的铨选问题为中心,首先扼要地叙述清代的候补制度,然后分析捐纳出身者的录用制度和该制度与候补制度的关系,最后将探讨清朝政府的对捐纳出身候补官问题的对策,在此基础上观察传统中国官僚制度的历史变化。

第一节 清代的候补制度

一、清代的月选

因为清代的候补制度是当时的官僚人事制度、特别是铨选制度的一个组成部分,所以我们先来看一看构成清代铨选制度最重要部分的"月选"。

(1)【月选】

清代,除去闰月和举行京察、大计的时候之外,每个月都要实施官僚的铨选,即"月选"。月选由正、三、五、七、九和十一月实施"单月急选",和二、四、六、八、十和十二月实施"双月升选"组成②。这是月选最重要的部分,在中央吏部等待录用的文官主要是通过单月急选和双月升选得到任命的。因此,清代的月选通常就是指在单月急选和双月升选时通过"掣签"选拔官员。根据清代官僚人事制度的规定,月选时录用官员必须

---

① 例如,织田万《清国行政法》,第一卷,第370—390页;同书,第六卷,第203—246页;清国驻屯军司令部《北京志》,第137—139页。以上著作将候补制度视为一种任官形式,扼要说明了捐纳制度与候补制度的关系。狩野直喜虽然说明了候补制度,但是没有涉及与捐纳制度的关系。见狩野直喜《清朝の制度と文学》。许大龄《清代捐纳制度》中论述了捐纳出身者的任官原则。关于捐纳出身者的任官问题,包括上述先行研究在内,尚有进一步探讨的余地。
② 《(光绪)钦定大清会典》,卷九,吏部,文选清吏司,第111—117页。

遵循一定的序列。这个序列也就是参加月选的候选官员的身份序列。关于清代末年知县的候选顺序,请参看【表-4-1】。

(2)【地方官缺中的选缺】

在清代,并不是所有在吏部等待铨选的候选官员都可以通过月选得到录用。最晚在清代雍正年间以后,由吏部负责地方官员铨选人事,已经并不包括所有的地方官缺。以道府州县正印官(伍案:即道员、知府、知州和知县)的任命来说,能够成为吏部月选对象的官缺十分有限。这是因为,道府州县正印官的官缺根据其所在地的重要性被区分为"请旨缺"(伍案:限于道员和知府)、"拣补缺"、"题补缺"、"调补缺","留补缺"和"选缺"。铨选的方法根据根据官缺的类别而有所不同。就是说,不同的官缺有不同的录用方法。在上述6种"缺"之中,由吏部的月选负责录用的仅仅限于"选缺"。清代末年,在全国185个知府缺中,选缺为55缺,在145个知州缺中,选缺为81缺,在1339个知县缺中,选缺为936缺①。

在考虑官缺时应该注意以下问题。即这些"选缺"在出现空缺之后,并不等于这些空缺自动成为吏部月选的对象。这是因为,选缺随其出缺原因的不同(伍案:例如裁缺、升迁、转任、病死、革职等等),有不同的补缺方法。其中,地方督抚可以按照制度的规定将一部分选缺"扣留外补",然后在当地的现任和候补官员中挑选并任命合适的人选,然后以题本请旨任命。例如,乾隆七年(1742)规定②:

> 云南、贵州、四川、广东、广西、福建等省,与内地近省不同,凡裁缺各员,准留本省补用。

根据这一规定,上述各省因裁缺所出空缺可由该省在候补和现任官

---

① 《(光绪)钦定大清会典》,卷八,吏部,文选清吏司,第104—109页;同书,卷九,吏部,文选清吏司,第111页。刘子扬《清代地方官制考》,第28—29页。傅宗懋《清代文官部选缺之选用》,傅宗懋《清制论文集》,上册,第152—176页。
② 《(光绪)钦定大清会典事例》,卷四十七,吏部,汉员铨选,裁缺留补,第5680页。

表-4-1 光绪年间知县月选概念表

顺番	单月急选 正月	双月升选 二月	单月急选 三月	双月升选 四月	单月急选 五月	双月升选 六月	单月急选 七月	双月升选 八月	单月急选 九月	双月升选 十月	单月急选 十一月	双月升选 十二月
第1缺	丁忧服满	进士	丁忧服满	进士	丁忧服满	进士	丁忧服满	进士	丁忧服满	进士	丁忧服满	进士
第2缺	丁忧服满	进士	丁忧服满	进士	丁忧服满	进士	丁忧服满	进士	丁忧服满	进士	丁忧服满	进士
第3缺	丁忧服满	进士	丁忧服满	进士	丁忧服满	进士	丁忧服满	进士	丁忧服满	进士	丁忧服满	进士
第4缺	丁忧服满	进士	丁忧服满	进士	丁忧服满	进士	丁忧服满	进士	丁忧服满	进士	开复应补	进士
第5缺	开复应补	进士	开复应补	进士	开复应补	进士	开复应补	进士	开复应补	新进士	开复应补	新进士
第6缺	开复应补	新进士	开复应补	新进士	捐纳	新进士	开复应补	新进士	开复应补	新进士	开复应补	新进士
第7缺	捐纳	新进士	捐纳	举人	捐纳	举人	捐纳	举人	捐纳	举人	捐纳	举人
第8缺	捐纳	举人	捐纳	举人	捐纳	举人	捐纳	举人	捐纳	举人	捐纳	举人
第9缺	捐纳	举人	捐纳	举人	进士	举人	捐纳	举人	捐纳	举人	捐纳	举人
第10缺	进士	举人	进士	举人	进士	举人	进士	举人	进士	举人	进士	举人
第11缺	进士	举人	进士	举人	进士	举人	进士	举人	进士	举人	进士	举人
第12缺	进士	俸满教职	进士	俸满教职	进士	俸满教职	进士	俸满教职	进士	俸满教职	进士	俸满教职
第13缺	进士	俸满教职	进士	俸满教职	俸满教职	俸满教职	进士	俸满教职	进士	俸满教职	进士	俸满教职
第14缺	进士	俸满教职	进士	俸满教职	俸满教职	俸满教职	进士	俸满教职	进士	俸满教职	进士	俸满教职

续 表

顺番	单月急选 正月	双月升选 二月	单月急选 三月	双月升选 四月	单月急选 五月	双月升选 六月	单月急选 七月	双月升选 八月	单月急选 九月	双月升选 十月	单月急选 十一月	双月升选 十二月
第15缺	新进士	恩诏荫生	新进士	恩诏荫生	新进士	恩诏荫生	新进士	恩诏荫生	新进士	恩诏荫生	新进士	恩诏荫生
第16缺	新进士	殉难荫生	新进士	殉难荫生	新进士	殉难荫生	新进士	殉难荫生	新进士	殉难荫生	新进士	殉难荫生
第17缺	举人	捐纳	举人	捐纳	举人	捐纳	举人	捐纳	举人	捐纳	举人	捐纳
第18缺	举人	捐纳	举人	捐纳	举人	捐纳	举人	捐纳	举人	捐纳	举人	捐纳
第19缺	举人	捐纳	举人	捐纳	举人	捐纳	举人	捐纳	举人	捐纳	举人	捐纳
第20缺	举人	捐纳	举人	捐纳	举人	捐纳	举人	捐纳	举人	捐纳	举人	捐纳
第21缺	俸满教职	推升	俸满教职	推升	俸满教职	推升	俸满教职	推升	俸满教职	推升	俸满教职	推升
第22缺	俸满教职	推升	俸满教职	推升	俸满教职	推升	俸满教职	推升	俸满教职	推升	俸满教职	推升
第23缺	盐场期满	推升	盐场期满	推升	盐场期满	推升	盐场期满	推升	盐场期满	推升	盐场期满	推升
第24缺	京升		京升		京升	孝廉方正	京升		京升		京升	孝廉方正

史料来源:《(光绪)钦定大清会典》,卷九,吏部,文选清吏司三,第111—117页。《(光绪)钦定大清会典事例》,卷四十四,吏部,汉员铨选,第5629—5634页。

说明:本图旨在说明有双月大选和单月急选构成的清代吏部月选中最基本的部分,即"正选"。"正选"指根据一定的顺序和定员铨选候补官员铨选。图中所描述均为"正选"的顺序和定员。此外,为了保证各类候选候补官员在铨选时的平衡,"正选"之外还有"即选"、"插选"、并选"、"抵选"和"坐选"等情况。例如,知县缺双月大选在录用举人10名之后,要插选"举人教习二人"和"贡生教习二人"。如果知县缺双月大选时没有进士出身之人,则以"进士教习"抵选。

员中挑选合适人选，直接以题本请旨后补用。这样，势必导致可供"月选"的"选缺"的减少。例如，根据《(光绪)钦定大清会典》的记载，清末全国共有知州缺 145 个，其中 81 缺为可供月选的选缺。但是由于各省将出缺的选缺知州"尽扣外补"，导致光绪五年(1879)七月至光绪六年(1880)十月的一年多时间里，吏部的月选中没有 1 个可供铨选的知州缺，自然也没有 1 名候选知州通过月选得到录用①。

(3)【班】

吏部在月选中，根据录用方式的不同，将参加月选的官员分成 6 个"班"，即 6 种录用序列。根据《大清会典》的记载，这 6 个"班"分别是"除班"、"补班"、"转班"、"改班"、"升班"和"调班"。关于各"班"的含义请参看本书第 5 章，本章将主要讨论"补班"，即等待重新任命的候补官员的问题。

以下，让我们从候补的类别来看一看清代的候补制度。

二、候补的类别

候补官员的人数与官职的空缺正好相等，无疑是非常理想的。当然，在现实的社会中，这个理想只能是一个永远的空想。在科举制度下获得举人或进士出身的官僚后备军是定期进入铨选程序的(伍案：例如进士是在会试年份)，相比之下，那些由于各种原因等待重新任命的官员几乎是每天都会出现。清代的候补制度，就是为了解决这些人重新获得任命的制度。上述的"补班"，首先就是由这些在候补制度下等待重新任命的官员构成的。根据清代官僚人事制度的规定，"补班"被进一步细分成以下几种情况②。

裁缺候补。对象是因衙门或官职的裁撤失去职务的官员。

---

① 《通行条例》，议奏给事中奏知州选缺壅滞请饬部彷照知县定章办理章程，光绪六年十一月二十七日具奏。
② 《(光绪)钦定大清会典》，卷七，吏部，文选清吏司，第 93 页。

回避开缺候补。对象是因回避离任的官员。例如，父亲因升迁或调任成为其子的上司，则其子必须回避。

丁忧服满候补。对象是因服丧离任、现已期满的官员。

终养事毕候补。对象是因奉养年七十以上父母离任、当父母去世之后希望重新担任官职的官员。

病痊候补。对象是离任养病、现已痊愈的官员。

降革开复候补。对象是那些被解除了降级留任调任和革职等处分的官员。

援例捐输开复候补。对象是用捐纳手法解除了降级留任调任和革职等处分的官员。

远缺改近候补和亲老事毕候补。这两者有一定关系。前者的对象是为了照顾父母辞退已经得到的远方官缺，申请在距父母较近地方任职的官员。后者的对象是前者得缺之人在照顾父母之后申请重新回到最初铨选的远方官缺之人。

省亲修墓送亲归娶假满候补。对象是请假探亲、扫墓、送父母归乡和回乡完婚之后假满等候新的任命的官员。

因差开缺差竣候补。对象是因公离任出差，任务完成后等待新的任命的官员。

部员出学差任满回京候补。对象是京官中因担任地方乡试考官等离京，任满后等待新的任命的官员。

降调候补。对象是受到降级调用处分，等待任命的官员。

由上述可见，属于"补班"的候补官与刚刚走入仕途的举人进士等不同，他们不是等候初授，而是由于某种理由离开了原先的官职，现在在等候新的任命。

三、"在部候补"与"在籍候补"

这些等待新的任命的候补官根据制度还要被区分为"在部候补"和"在籍候补"。

候补官们的候补资格不是被自动赋予的。他们必须要在前往吏部"投供验到",其候补官的资格才被正式承认。雍正年间编纂的《钦定吏部铨选汉官则例》中对投供验到有如下规定①:

> 凡候补官员取具赴补之文,道府以下各官取具原任或原籍督抚布政司地方官印文,旗下取具原任之文都统之文,俱令人文到部。于双月初一日投供验到,单月二十五日遇缺照赴补之文先后挨补。

这里所说的"遇缺照赴补之文先后挨补"是指,按照候补官们提交的文件日期的先后进行录用,即掣签。但是,在掣签之后,候补官员们还要经过"引见"和"验看"等程序才能正式得到赴任的"文凭"②。

> 清时定制,各省候补人员,自道员知府同通州县与夫库大使盐大使等官,例须引见。非引见后奉旨发往,领得吏部文凭,不能到省听候差委。其余佐贰杂职,例不引见者,亦非到京经钦派王大臣验看,吏部发给文凭后,亦不能到省听候差委。

这里的"引见"指皇帝接见候选候补官员中的"道员知府同通州县与夫库大使盐大使等官","验看"指皇帝钦派王公和大臣接见候选候补官员。这种作法的目的是,在吏部按照规定完成了相应的人事程序之后,由皇帝亲自或皇帝钦命之人对上述官员再次进行考核,以便表示"乾纲独断","一切用人听言大权,从无旁假"③。

这样来看,至少候补官员中的"道员知府同通州县与夫库大使盐大使等官"在"投供验到"之后,必须一直在北京等候引见或验看。这就是在部候补。

但是,如果所有的候补官员都要亲自前来北京向吏部提交"候补之文"等候掣签,那么对于很多人来说旅费交际等方面的负担将是很大的。

---

① 《(雍正)钦定吏部铨选汉官则例》,卷一,候补调补,候补人员取文到部,第455页。《(光绪)钦定大清会典事例》,卷四十三,吏部,汉员铨选,候补文结,第5611页。
② 周询《蜀海丛谈》,卷二,候补人员,第319—325页。
③ 《清高宗实录》,卷三百二十三,乾隆十三年八月辛亥,第13册第334页。

即便是在六部以"额外司员"身份候补的京官,在北京的生活也十分艰难。同治年间担任过福建巡抚的王凯泰就曾经说过①:

> 闻部寺各署额外司员少则数十人,多则数百人。衙门以内,司署为之拥挤,内城以外,租宅为之昂贵。实则补缺无期,徒耗旅食。

在北京候补的京官尚且如此,外官的候补官进京候缺之艰难则不难想像。由于引见是皇帝召见,不好作假。相比之下,验看则有人上下其手,蒙混过关。例如,有些应该验看的候补"佐贰杂职"便想方设法应付,"多有暗送小费与吏部,托人在京顶名代往验看。沿习既久,王大臣亦体恤末秩无此远涉资力,竟知而不究"②。乾隆十一年(1746),清朝政府援引康熙六十一年(1722)关于正八品以下候选官"在籍候选"的规定,决定"正八品以下各官"可以"在籍候补"。这些杂职官员无需"投供验到",当他们被任命了新的官职以后,吏部会将相关咨文和文凭送交当地督抚,由督抚在验看之后发给本人③。

四、候补官的铨选

前面说过,清代的铨选基本上可以分为在单月举行的单月急选和在双月举行的双月升选。这不是时间上的单纯区分,而是为了处理不同类别的铨选人事,前者的铨选对象主要是属于"补班"的人员,即候补官员和改任官员,后者的对象则主要是属于"除班"和"升班"的人员,即初授人员和等待升迁的官员。这样,单月急选和双月升选就如同月选制度的两个支柱或车轮一样,发挥着各自的作用,共同支持着月选制度的运转。关于这一点,我们再以选缺知县的铨选为例加以说明。

---

① (清)葛士浚《皇朝经世文续编》,卷十,治体十,王凯泰,《应诏陈言疏》,第 9a—10b 页。
② 周询《蜀海丛谈》,卷二,候补人员,第 319—325 页。
③ 《(道光)钦定吏部铨选汉官则例》,卷二,铨选汉官,京外官员候补取文到部,第 179—180 页;同卷,官员给凭,第 213 页。《(光绪)钦定大清会典事例》,卷四十三,吏部,汉员铨选,正八品以下候选候补官,第 5613 页;同书,卷七十一,吏部,汉员升补,各项佐杂人员回籍候补,第 6017 页。

《(雍正)钦定吏部铨选汉官则例》关于缺选知县的单月急选有如下规定①：

> 用应补四人,捐纳四人,进士四人,举贡四人,十六人为一班。

根据这一规定,由 16 名有资格参加知县铨选的人员构成一个铨选单位,其中包括有候补官员(伍案:指"应补")和候选人员(伍案:指"捐纳"、"进士"和"举人")。当有知县的空缺时,依上述顺序掣签录用。就是说,首先考虑 4 名候补官员,然后依次考虑 4 名捐纳出身者,再次是 4 名进士出身者,最后是 4 名举人出身者。当有第 1 个空缺时,首先考虑排在候补官员第 1 名之人(伍案:即"应补"第 1 名),第 5 个空缺录用排在捐纳出身者第 1 名之人,其余以此类推,只有该月有 16 个知县的空缺时,排在最后的举人出身者第 4 名才能得到铨选的机会。可见,单月急选中的知县第 1 缺到第 4 缺是为候补知县准备的。由于通常可供每次月选时铨选的官缺不会超过等待该官员的候补候选者的人数,所以排在后面的人基本上没有多少得缺的希望。也正是在这个意义上,我们可以说单月急选的优先照顾候补官员的铨选项目。

与此相对,选缺知县的双月升选则依如下顺序掣签②：

> 用进士五人,举人五人,捐纳四人,推升三人,十七人为一班。

这个铨选单位由 17 个人组成。等待掣签的顺序是,进士出身者 5 人→举人出身者 5 人→捐纳出身者 3 人→推升 3 人(伍案:关于推升,请参看本书第 5 章)。从这一顺序我们可以看出,"选缺"知县的"双月升选"是优先录用进士和举人等正途出身初授者的铨选。

从以上叙述中可以看出,以候补官员为对象的月选只有单月急选。结合前面说明的清末光绪年间知县月选概念表(伍案:【表-4-1】)可以知道,清末的候补知县在吏部月选中等候得缺的机会每年不超过 48 个。

---

① 《(雍正)钦定吏部铨选汉官则例》,卷一,候补调补,单月急选,第 459 页。
② 《(雍正)钦定吏部铨选汉官则例》,卷二,大选,双月升选,第 472 页。

五、"在外候补"

关于"在外候补"制度（伍案：亦称"外补制"）的创立，近藤秀树曾经认为是雍正二年(1724)七月在雍正皇帝的直接提案下形成的①。近年，随着《康熙朝满文朱批奏折全译》和《雍正朝满文朱批奏折全译》等新史料的公开，使我们可以更好地了解外补制度形成的过程。以下，让我们在先行研究的基础上，结合新近公开的史料，对外补制度的形成过程再作一次考察。

(1) 补充月选不足的署理制度

在说明外补制度之前，我们先来看一看署理制度。

由单月急选和双月升选构成的月选制度，从制度设计的角度来看似乎是相当合理的制度。但是，在实际的运用过程中，月选制度却存在着一个难题，即难以及时补充官僚的员缺。清代，在辽阔的全国各地分布着大约两万名地方官僚，也就是说有大约两万个左右地方官的职位②。在这些地方官的职位之中，几乎每天都会出现由于各种原因离任之人，也就是说出缺。例如、病死、革职、出差等等③。例如，顺治四年(1674)十一月二十九日，浙江巡抚萧起元以"揭帖"向朝廷报告浙江省山阴县知县李烨然和开化县知县蓝云蛟相继病故，要求吏部尽速补充所遗员缺。同年十二月，湖北巡按御史曹叶卜报告说，"襄阳府宜城县知县王文桢丁母忧回籍守制，谷城县知县张公荙病故"，要求吏部"立推铨补"④。

在通常情况下，根据汉人文职地方官员的人事制度，出缺报告如果

---

① 近藤秀树《清代の銓選——外補補制の成立》，《東洋史研究》(京都，东洋史研究会)，第17卷第2号，1958年9月，第34—55页。
② (清)贺长龄・(清)魏源《皇朝经世文编》，卷十七，吏政，储方庆《铨政》，第409页。光绪六年(1880)时的地方文官为13007名，武官为7464名。光绪六年(1880)春季《大清缙绅全书》，第一册，职官总目，第6b—9a页。
③ 关于清代地方官员病死和病养问题，请参看拙稿。《清代地方官の病死・病気休養について——人事管理に関する一考察》，《東洋史研究》(京都，东洋史研究会)，第59卷第2号，2000年9月，第31—67页。
④ 中央研究院历史语言研究所藏清代内阁大库档案，第085713、085860号。

是在每月二十日以前送到吏部,那么吏部会在二十五日进行铨选。在掣签之后,由于还需要验看、引见、画凭和领凭等手续,大约需要一个月左右。从北京至官职所在省的省会以及所在地需要的时间,因距离远近定有"凭限"。例如,从北京到前述浙江省绍兴府山阴县的"凭限"为五十五天。此外,制度上通常会允许官员在赴任途中回乡扫墓或措资,往往会在规定的"凭限"之外稍微通融一些时间。如果在赴任途中生病或者遇到自然灾害等事先无法预测的情况,并且取得了情由发生地的地方官员的证明(伍案:通常为印结),则可以在"凭限"中扣除养病等所需的时间①。

这样,就出现了这样一种可能,即地方衙门中在相当一段时间里没有正印官,县衙门中无知县,府衙门中无知府。可见,将官僚的铨选大权"乾纲独断"地掌握在中央手中,对于维持中央集权的统治无疑是十分必要的。但是,如果一定要等待吏部的铨选程序完成之后才能补充员缺,那么就无法尽快地解决地方衙门的缺员问题。特别是在以文书行政和使用官印为特征的传统中国的行政制度之下,掌管官印和负责文书标朱的正印官在原则上是不允许出现哪怕是一天的空缺的。所以,在吏部负责的月选之外,为了尽快回避这种正印官出缺的问题,清代还有署理制度,即临时代理制度。当地方府州县的正印官出缺时,地方的督抚在奏报皇帝、要求吏部尽快遴选继任人选的同时,根据署理制度赋予的权限,派遣"署事官员"前往该地,临时代理相关的行政事务。

《大清会典》对"署理"的解释是,"有署理以权其乏",即由地方督抚或布政使任命同级官员临时代理来解决一时出现的员缺②。这种制度作为缓和月选制度难以及时补充员缺的不足之处的有效手段,一直运用到清代末年。

举凡任何一项制度都有一个逐渐确立的过程,署理制度亦不例外,

---

① 《(道光)钦定吏部铨选汉官则例》,卷二,铨选汉官,官员给凭,第211页。《(光绪)钦定重修六部处分则例》,卷七,赴任,凭限,第193—200页;同卷,外官赴任违限,第205—208页。
② 《(光绪)钦定大清会典》,卷七,吏部,文选清吏司,第89页。

它的登场至少可以追溯到康熙年间。在康熙四十年代以前,地方督抚在决定某省"署事官员"人选的时候,有时选择的是"邻近州县"官员①。

> (康熙)十五年议准,委署州县印务,该督抚酌其事简者,令邻近州县署理,事繁者于同知州判等官内选择廉能之人署理。

当时,各省的"闲员"为数不多。以"邻近州县"官员署理"事简"之处的"印务",固然可以尽快解决某处州县正印官的空缺问题,但是却会导致另一处州县的正印官出现新的空缺,或者出现一位州县官员兼摄两处篆务的情况。这种委署的方法在康熙年间曾经长期沿用,甚至出现了在本省找不到可供选择之人,不得已只好从邻省借人署理的情况。例如,康熙四十五年(1706)五月,吏部官员就云南、贵州、广西和四川等省官员委署问题上奏题本:

> 其云南、贵州、广西、四川四省官员或有升选等事离任者,如本省内无可委署之员,令该抚会同总督,将邻省就近官员暂行委署,以俟部选之员到日,令其交代,仍赴原任②。

这种拆东补西的作法不能从根本上解决地方州县正印官缺的临时代理问题。相反,还会引发其他问题。因为,无论是署理,还是兼摄篆务的官员,他们在心理上都会觉得自己不过是临时代理,其责任心明显低于正式担任该官职的官员。康熙四十年前后曾任川陕总督的博霁曾经说过③:

> 去一官则必令一官署理印务。生手赴任后,又转缴钱粮一次,迎送两次,民犹受累,然而署理印务官员以为暂且坐缺,苟且从事,

---

① 《(光绪)钦定大清会典事例》,卷八十二,吏部,处分例,委署失当,第6163页。
② 例如,康熙二十五年二月规定,决定广西省南宁、太平、庆远、思恩四府的"道员以下,教职以上"的空缺由"广西省内品级相当见任官员"中挑选熟知地方状况的"廉能"官员调补。《六部颁行本朝定例成案合钞汇编》,卷二下,南太庆思四府调补,康熙二十五年二月,第51b—52a页。
③ 中国第一历史档案馆编《康熙朝满文朱批奏折全译》,川陕总督博霁奏请补授陕甘州县员缺折,康熙四十六年十二月初五日,第554页。

不加抚慰民人,亦未可量。

由此可见,这种地方官员,尤其是正印官出现空缺的情况必须尽快解决,长此以往,势必会危及一方的社会安宁和国家统治的稳定。包括康熙皇帝本人在内的许多人都看到了这一点。因此,为了有效地解决地方官员的出缺问题,康熙皇帝于康熙四十五年(1706)决定采取向边远地区专门派遣"备遣官员",让他们在当地等待录用的制度。

(2)派遣"备遣官员"

就在上述康熙四十五年(1706)五月户部等衙门上奏题本之后,康熙皇帝发下圣旨。康熙皇帝在圣旨中首先指出了户部建议存在的问题:

> 若依此议,官员仍不能急速到任,且令邻省官员署事,恐邻省官少,又必至于旷缺。

康熙皇帝认为吏部的这一建议既不能让后任官员急速到任,反而有可能使邻省出现"旷缺"的问题。他在否定了上述建议之后决定:

> 此四省(伍案:指云南、贵州、广西和四川)现出有知府以下官员缺,俱行查明归于单月掣补,将候缺官员视省份之大小,缺之多寡,一省或拟十员十五员,或二三十员,亦归单月,一年一次,令其掣签分拨发往,遇有缺出,该督抚照名次挨补,一面咨部。若无员缺暂令食俸,如此则员缺不致久悬,于事有益。

康熙皇帝的意图是,按照各省和官缺的具体情况,每年从等候单月急选的官员中掣签决定分拨发往的人员,让他们在当地等候补缺。一旦出有员缺,则由督抚按照掣签的名次顺序任命,并且以咨文形式通知吏部。这实际上已经基本提出了外补制度的雏形。康熙皇帝认为,这样可以保证尽快补充员缺。

吏部等在接到康熙皇帝的上述指示之后表示,如此"则员缺断不致久悬,于地方大有裨益",随即按照身份和官缺拟定了"分拨发往"上述四省的名额(请参看【表-4-2】)。

表-4-2 康熙四十五年吏部拟定分拨发往西南四省候补官员名额

省份	知府	同知	知州	通判	知县	合计
云南	3	2	5	2	10	22
贵州	2		2	1	10	15
广西	2	1	2	2	15	22
四川	2	1	5	2	30	40
共计	9	4	14	7	65	99

史料来源:(清)陆海《本朝则例类编》,吏部续增新例,云贵川广知府以下员缺将候缺官分拨发往,第9a—11b页。

这里虽然仅仅涉及99名地方官员,但与以往完全由中央一手控制的官员铨选人事制度相比,他们可以由地方督抚直接任命,可以称得上制度上的一大变化。吏部对地方督抚直接任命的方式等也作了规定:

> 至发往各员造册,行令各该督抚……遇有应补员缺照名次挨补,咨送吏部注册。……至各员发往时,吏部发给执照,各员到省后,该督抚将日期报部,遇缺补用。应停其给凭,将到任日期一面咨部注册,执照送部查销。

根据吏部的报告,当这一制度付诸实施之后,有在吏部候补候选的知府2员、同知3员、通判7员和候选知县205员当即"具呈情愿效力"。吏部以"效力者俱系情愿之人"为理由,建议"未经补授以前不必给俸"。这些都得到了康熙皇帝的批准①。吏部的这一建议随后成为清代的一项制度。即未得缺的候选候补官无俸禄,未署事差委的候补官无薪水。

此时的康熙皇帝在作出上述指示的同时并非愿意将录用地方官的人事权限完全交给地方督抚,他实际上十分慎重,并不准备将这一制度推广到上述四省以外的地区,以防大权旁落。康熙四十六年(1707),川陕总督博霁在上奏中表示以上述四省为对象的政策"十分周到",希望在

---

① (清)陆海《本朝则例类编》,吏部续增新例,云贵川广知府以下员将候缺官分拨发往,第9a—11b页。

自己管辖的陕西和甘肃也实施同样的制度①：

> 陕西、甘肃属州县官共有一百十七员，其中每年为丁忧事件告退之官仍多……奴才请将陕西、甘肃省州县官员，亦照四省例，由部分遣酌补官员，令赴陕西省候缺，视缺出即行补授办事。如此，则各尽厥职，且民人亦免迎送之苦。

对于博霁的这一上奏，康熙皇帝的反映是十分慎重的。

> 这备遣官员，除云南、贵州、广西、四川省外，其他省断不可行，施行则必出夤求之弊。现在这四省虽没办法而施行，但仍不能消弭其弊。议论纷纷，暂不得缺而到处求请者，亦不计其数，亦未必能常久施行。

康熙皇帝认为向上述四省派遣备遣官员不过是权宜之策，不仅不希望扩大到其他省份，即便这四省也不准备长期实施这一制度。透过康熙皇帝的上述指示，我们可以看出，这种指示无疑是基于这样一种理念，即官僚人事的大权必须始终掌握在中央，不能轻易地交给地方。

这样，从康熙四十五年（1706）起，在远离北京的云南、贵州、广西、四川等省，为了尽早解决地方官的员缺和署理制度本身的不足，清朝政府创设了备遣官员的制度。但是，在全国范围内，依然沿用着以往的作法，即由吏部负责铨选填补空缺的官员，在该人到任以前，由省内选人临时署理印务。

（3）外补制度的确立

在战后的清史学界，近藤秀树首先研究了清代的外补制度。他认为，在外补制度确立之前，雍正皇帝首先创设了向各省派遣"分发试用委署人员"的制度。近藤秀树认为，这一制度的对象是那些选期尚远的候

---

① 中国第一历史档案馆编《康熙朝满文朱批奏折全译》，川陕总督博霁奏请补授陕甘州县员缺折，康熙四十六年十二月初五日，第554页。近藤秀树认为，雍正皇帝为了清楚署事中的弊端而实施了外补制度。我认为，包括"备遣官员"制度在内，应该研究对外补制度实施以前的地方官欠员对策。

选人员,将他们以"分发试用委署人员"送往各省,让他们接触实际的行政事务,当"试用"期间结束之后,对其中确有成绩之人,或留在该省交督抚任用(伍案:即"外补"),或送回吏部参加铨选①。这样,雍正年间创设的分发试用委署人员的制度与上述康熙年间创设的备遣官员制度在形式上虽然不完全一致,但是在交由当地督抚任用这一点上却是十分相似的。下面,结合近藤秀树的研究,让我们来看一看向各省的分发。

雍正皇帝即位之后不久,他在继承乃父康熙皇帝创设的向上述四省派遣备遣官员的制度的同时,还根据自己的判断对地方督抚要求派遣备遣官员或者批准,或者驳回。例如,雍正元年(1723)十月,吏部为"拣选发往四川、陕西、云南之人"一事奏明:

> 十月以后,三省所出之缺,暂停铨选。行文各该督抚,俱题补用。

雍正皇帝同意了吏部的上述建议。次年(1724)二月,在拣选发往湖北、湖南人员时,吏部建议:

> 应照发往四川、山西、云南之例,将二月以后所出湖北、湖南州县之缺,暂停铨选,给予各该员执照,令其前往,行文该督抚,俱题补用。

最终,雍正皇帝在引见之后,从吏部拣选出的45名官员中选出40名,分别向湖北和湖南派遣了各20名。在上述五省中,向四川和云南派遣"备遣官员",始于其父康熙皇帝在位时的康熙四十五年(1705),至于向山西的派遣始于何时尚不清楚,而向湖南和湖北的派遣明显是在继承前代制度的基础上,将其适用范围扩大②。河南布政使田文镜在同年六

---

① 分发指"有分发以练其事"。包括向中央衙门和地方衙门派遣尚未任官的人员,让他们在行政的实际中接受锻炼。《(光绪)钦定大清会典》,卷七,吏部,文选清吏司,第89页。
② 国立故宫博物院编《宫中档雍正朝奏折》,第2辑,隆科多等,奏为铨选州县缺请旨折,雍正二年正月二十六日,第273页。中国第一历史档案馆编《雍正朝满文朱批奏折全译》,吏部奏请铨选州县缺折,雍正二年正月二十六日,第634页。

月二十二日的上奏中向雍正皇帝报告了河南地方官的情况:

> 伏查豫省州县各官,其中才堪任使、政务练达者止有数员,而循分供职、暂获一时无过者,比比皆然。乃自兴筑大工以来,又多调赴河工,刑名、钱粮以及一切应行事宜,每致壅滞。若再遇事故及被劾员缺,求其就近可以檄委署理者,竟无其人,即或间有才情略可兼摄之员,非现居冲繁紧要地方,即动隔数百余里,往返奔驰,不无顾此失彼之虞。

他在上奏中说,现在河南缺知府2员、知县16员,由于"缺多员少,不敷调用",故上述员缺中有"离任经今八个月有余,无人员到任"者。他要求"皇上格外施恩,将卓异候补候选人员内简选二十员,勒限到豫,酌量委用。如果才能称职,详请抚臣俱题实收"。他的要求最终得到了皇帝的同意①。这样,雍正皇帝将乃父开创的"备遣官员"制度扩大到了河南。

这一时期的雍正皇帝和乃父一样,对于来自各地督抚的此类要求并非一概同意。例如,雍正二年(1724)正月二十五日,闽浙总督满保与福建巡抚黄国材连名上奏,报告了福建地方知县的员缺状况:

> 查得福建地方知县一职甚是重要。今知县出缺八人,虽由邻县官员署理,均因山路相隔较远,兼办两县事务实有难处。同知、通判又空缺六人,尚未选员补缺。是以署理空缺办理事务尚缺人手。叩请圣主轸念福建地方重要,选适合补放知县之官员二十人派往福建,斟酌出缺之情形,一面具奏补放,一面即令署理印务办事,将与地方大有裨益。

对于福建地方官员的这一要求,雍正皇帝的态度显得十分慎重②:

---

① 国立故宫博物院编《宫中档雍正朝奏折》,第2辑,田文镜,奏恳简发贤员以勤盛治折,雍正二年六月二十二日,第787—788页。
② 中国第一历史档案馆编《雍正朝满文朱批奏折全译》,闽浙总督满保等奏请补放出缺知县折,雍正二年正月二十五日,第628页。

> 由省里选员派遣,非长远之计,今似乎不妥。第一,表面似乎任人唯贤。第二,将有请托之嫌。若劣员参后改补,将遇妥员。除劣选贤,大有裨益。未令属下官员持其把柄、大公无私之大臣方有此能力,非一般之辈所能。了解此情后,斟酌轻重,尽力遵行,不可优柔寡断。

在此前后,直隶总督李维钧和河南巡抚石文焯也提出过同样的要求,都被雍正皇帝驳回。在给直隶总督李维钧的朱批中,雍正皇帝这样解释不同意的理由[①]:

> 近省非如山西之大,更革者使不得。即远省亦不过止此一二次,非常策也。

由上述可见,雍正皇帝在解释时使用的言词与数十年前乃父康熙皇帝的言词几乎是完全一样的。但是,雍正皇帝并非无视来自督抚们的要求,而是在考虑全盘的解决方法。

雍正二年(1724)七月,雍正帝向吏部发出如下指示[②]:

> 远省州县员缺,旧例部选月官,领凭赴任。每至需迟累月,甚而悬缺日久,署印屡易其官,以致贻误地方不少。朕意将拣选举人选期尚远者,挑选命往各省,听候缺出,委用署事。至应选时,仍来京候选。庶远省署事,不致乏人,于吏治有益。尔部可定议具奏。

可见,雍正皇帝有意将康熙年间以解决远省员缺问题为目的创立的备遣官员制度稍作扩大,而且将派遣的对象限制在会试下第后参加拣选的举人。但是在录用问题上,他显得比乃父慎重,坚持这些派往各省的人只能用于"委用署事",其录用仍然须回到北京办理。

在这个问题上,吏部则表现得比较积极,建议依然按照康熙年间的

---

① 国立故宫博物院编《宫中档雍正朝奏折》第2辑,李维钧,奏请简员发用折,雍正二年正月二十七日,第277—278页;石文焯,奏陈愚悃仰恳圣恩折,雍正二年正月二十二日,第250—251页。
② 《清世宗实录》,卷二十二,雍正二年七月庚戌,第7册第353页。

制度,将"才守兼优"者在当地补用:

> 会试后下第举人,应取具同乡京官印结,吏部拣选引见,发往云贵川广五省,委署试用。如果才守兼优,著有实效,该督抚保题,于本省补用。平常者,咨部请旨,有情愿会试者,听。

这样,与上述就事论事地同意田文镜等人要求的情况不同,康熙四十五年(1706)时确立的备遣官员的制度被正式扩大到了广东和广西。其后,在雍正七年(1729),雍正皇帝在答复四川按察使吕耀曾要求将"部发人员",即"分发试用委署人员"的派遣范围扩大到"各省"时说①:

> 近一二年,凡遇要缺,皆如此用也。

可见,作为外补制度形成过程中的重要措施,即"分发制度"至此已经基本确立了。

其后,雍正九年(1731)十二月,清朝政府完成了按照"冲繁疲难"的原则对全国地方官缺进行分类的工作,决定将地方官缺中的"最要缺"和"要缺"用于在各省补用"分发委署试用人员"。

> 吏部遵旨议覆,直省府州县等缺,地方之要简不同,人才之优绌各异,必人地相宜,方于吏治民生均有裨益。嗣后除道府员缺系请旨补授,并沿海沿河苗疆一切应行题补之缺,仍照旧例遵行外,其同知、通判、知州、知县内、经督抚册报系冲繁疲难四者俱全,或兼有三项之缺,最为紧要,请令各该督抚于见任属员内,拣选熟谙吏治,品级相当之员,具题调补。所遗之缺,归部铨选。至冲繁疲难四项内,兼有二项,以及专有一项之缺,据各省册报,十居八九。若概归在外题补,恐外省调缺太多,见任属员,不敷拣选调补之用。应照例归于月分升迁。……再,各省丁忧病故,在外所开之缺,向来扣留。知照督抚,将试用人员委署。今冲繁疲难既经分别,则在外所开缺内,如

---

① 国立故宫博物院编《宫中档雍正朝奏折》,第十二辑,吕耀曾《奏报地方政务折》,雍正七年二月十六日,第465—466页。

系四项俱全,或三项相兼者,请照旧例扣留,令该督抚将见任属员选择调补。所出之缺,将试用人员署理。其不兼四项三项之缺,归部铨选。……从之。

吏部的这一覆奏标志着外补制度,也就是在外候补制度的正式形成①。

在这一制度形成的时候,归吏部铨选的同知、通判、知州和知县缺大约"十居八九",随着官缺分类的变化,和上面曾经提到的"扣留外补"制度的存在(伍案:例如,丁忧和病故所出之缺属于不必交还吏部,可由督抚调补),结果是"十居八九"的官缺归于外补,真正可由吏部决定补缺人选的反而仅有"十之一二"。所以,清代中叶之后,通常在说到"候补"的时候,如果是地方官的员缺,那么通常是指按照外补制度的规定由各地督抚"具题调补",即所谓的在外候补的员缺。

如近藤秀树指出的那样,外补制度的确立带来了清代官僚人事制度上的一个重大变化,督抚利用手中的人事权强化自身的权力。在这一制度出现之后,清朝的官僚铨选分成了两部分,一是由吏部掌管的部分,一是独立于吏部的、由各省或各督抚独立掌管的部分。后者的管辖对象是那些不用经过吏部铨选的"分发委署试用人员",这些人在分发到各省之后,通常被督抚用于包括署理在内的各种行政事务,并且可以根据督抚的判断在各省补缺。当时,在雍正九年(1731)以后,虽然存在着在外候补的制度,但是捐纳出身者利用这一制度前往各省谋求早日录用的情况尚不多见。关于这一点,将在以下论及。

雍正年间外补制度形成之后,那些分发委署试用人员开始陆续前往各省候补。与清朝末年候补官有如过江之鲫的情况相比,清朝中期每次送往各省的分发委署试用人员不是很多,特别是州县正印官相对比较少。乾隆二十八年(1763)全年的分发委署试用人员共计580名,其中州县正印官员仅为知县6名。乾隆二十九年(1764)全年共向各省派遣分

---

① 《清世宗实录》,卷一百十三,雍正九年十二月戊申,第8册第510页。

发委署试用人员534名,其中知州8名,知县76名①。这是因为只有在前次派遣的分发委署试用人员基本补缺完毕之后,才派遣下一批前往。在各省候补的州县正印官员也远远少于清代后期。以乾隆三十年(1765)为例,在江苏省仅有候补知县1名,安徽省有候补直隶州知州1名候补知县1名,江西有候补知县3名,浙江有候补知县6名,福建有候补知县2名,等等②。乾隆四十年(1775)在开办川运军粮事例的时候规定,捐纳知县者可以加捐分发,但是规定,"大省分发不得逾十二人,中省不得逾十人,小省不得逾八人"。由于云南和贵州需要解送铜铅的官员,故特许云南二十人,贵州比照大省标准③。关于清末光绪年间的分发问题,请参看本章第3节。

第二节 捐纳与候补

如上所述,无论是在部候补还是在籍候补,或者是在外候补,本来都不是专为解决捐纳出身者录用问题而创设的制度。在部候补与在籍候补的对象都是那些等候重新任命的官员,而在外候补的对象则不同。既有候选之人,也有候补之人。根据在外候补的制度,吏部从候选候补之人中选择选期尚远者,以分发委署试用人员的身份发往各省,供督抚任用。这些人在试用期满之后,可由督抚直接录用。与上述情况不同,依靠捐纳获得任官资格者在身份上属于初授,没有任官的经历。他们为了获得实际官职,通常参加吏部的月选,也就是说在吏部候选。《钦定吏部铨选汉官则例》中专门设有"捐纳候选"的项目,收录了关于捐纳出身者初授问题的规定④。

但是,清代乾隆年间以后,只要提及"候补",几乎都是捐纳出身、而

---

① 《缙绅全书》,乾隆三十年春,京师宝名堂刊本。
② 《大清仕籍全编》,乾隆二十七年夏,京师卿云阁刊本,文编第2册。
③ 《上谕条例》,第二册,川运军粮捐纳知县准加捐分发,乾隆四十年九月二十七日。赵尔巽《清史稿》,卷一百十二,选举志七,捐纳,第3242—3243页。
④ 《(道光)钦定吏部铨选汉官则例》,卷四,捐纳候选,第262—268页。

且尚未担任过官职之人。关于捐纳出身者与候补制度之间存在着何种关系、这一关系又是如何发生的问题，让我们从捐纳出身之人的铨选问题开始分析。

一、捐纳出身者的注册

捐纳出身者在完成了任官资格的捐纳手续之后，可以领到户部执照。在这时，他虽然得到了担任某一官职的任官资格，但是并没有任何实际的职位，即清代所说的"缺"或"官缺"。例如，报捐了知县的人在此时的身份只是一名"候选知县"。他们只有参加吏部主管的铨选，才有得缺的可能。在参加吏部铨选之前，他们首先要完成一项十分重要的手续，这就是注册。

注册是吏部对候选官员提交的各种证明文件（伍案：即"具呈"）进行审查，在确认该人享有铨选资格之后，将该人的名字登录（伍案：即"注"）在用于月选或分发的名册（伍案：即"册"）上。这是十分重要的人事手续，只有完成这一程序，该人才能正式进入等候铨选的序列。

在办理注册手续时，除了证明身份的户部执照之外，在原籍报捐者还需要由原籍州县出具"赴选册结"。在《钦定吏部铨选汉官则例》中对此是这样规定的[①]：

> 至贡监生初捐各员，领有执照，即在籍呈请起文，或由户部知照各本籍督抚，于准咨之日，即行知布政使转发，严饬各州县。该州县奉文之日为始，毋庸俟本员具呈，即查明该员有无违碍事故，取具邻族甘结，逐名造具赴选册结，限以半月出详，再以出详日起，至府司转详督抚出咨之日止，中间扣除程途日期，再限半月，统以一月之期咨部。

[①]《（光绪）大清会典事例》，卷四十三，汉员铨选，第5603—5611页。《（同治）钦定户部则例》，卷九十八，通例，收捐给照事宜，第32b页。《（道光）钦定吏部铨选汉官则例》，卷四，捐纳候选，第262—263页。《（光绪）钦定六部处分则例》，卷三，升选，各省捐纳人员赴选，第98—99页。《钱谷指南·亨·议叙议处》，《明清公牍秘本五种》，第361页。《直隶册结款式》，捐纳官赴选亲供结式，第43a—b页。另请参看本书第三章第一节。

在北京报捐者除了要提交户部执照和同乡六品以上京官印结之外，户部还要行文督抚，按照前述地方报捐者取具赴选册结的程序，为本人办理注册和铨选所需的册结：

> 官生等上捐后，领有户部执照。……令该员取具同乡六品以上京官印结，具呈吏部，呈验执照。查与捐册相符，即准其注册铨选。
>
> 其有亲身在部报捐，未及回籍，……即遵照定限，径详督抚，咨部铨选。毋庸本员亲赍，以杜弊窦。

当上述的"赴选册结"达到北京之后，注册和铨选的程序方才启动：

> 其报捐各员取具本籍赴选文结到部，毋庸自行具呈验照。吏部于二十日内查明原捐衙门咨文，具稿注册。……查照捐纳日期及同日捐纳之员掣定名次先后，各归各班，挨次选用。

这里所说的"各归各班，挨次选用"是指根据各人报捐的任官资格，分别归入不同的铨选单位，然后按照报捐卯期等的先后顺序，等待参加月选。关于清代官僚铨选人事制度中的"班"，许大龄先生有如下说明①：

> 班之字意义有三。捐纳系士子进身之一途，立为一班，即俗称之捐班也。内外诸官有各立一班，便铨选也。捐纳事例自分数班，明先后也。三者最易混淆，不可不察。

由此我们可以知道，在决定捐纳出身者的铨选顺序时至少有三项"标准"，因为他们至少属于三个"班"，即捐班、内官班或外官班和捐纳事例班。不过，这里说"至少"，是因为他们还要按照报捐的任官资格（伍案：例如报捐知州者归知州班，报捐知县归知县班）和"花样"（伍案：即在同一班次内决定铨选顺序的资格，例如本班先用，本班先用前等等）分属不同的班。由所有要素构成"班次"，即等待铨选的顺序。包括捐纳出身者在内的候选官们就是按照这个顺序等候铨选的。顺便说一句，正是因

---

① 许大龄《清代捐纳制度》，第125页。

为有这些班次,而且这些班次的信息是完全公开的,故候选官员根据班次和铨选规定,可以大致推测何时可以轮到自己。例如,杜凤治在同治二年(1863)冬天,循筹饷事例"由拣选举人加捐不论单双月知县兼不积班选用",次年春"奏案到部"之后,被归入筹饷事例的"第三十七卯",七月分掣定为"不积班"的第3名。这就是说,等到知县班中的筹饷事例班内报捐了"不论单双月"、而且有"不积班"资格的候选者的"第三十七卯"第1和第2名得缺之后,才能轮到他。当时轮到了"三十六卯",杜凤治屈指算来,"约非七、八年不可,自叹命蹇,已无望矣"①。

二、捐纳出身者月选定员的变化

因为捐纳出身的初授官员是通过单月急选和双月升选得缺的,那么在每次月选中最多能有几名捐纳出身者得缺。下面,我们根据单月急选和双月升选中有关知县的规定,探讨捐纳出身者月选定员的变化问题。

根据许大龄先生研究,知县分班铨选,始于康熙十四年(1675)。当时规定,进士、举人、五贡和捐纳各为一班②。但是,每班由几人构成尚不清楚。康熙二十三年(1684),根据吏部提案,清朝政府决定了"知县分缺之法",根据这一规定,在双月选时为捐纳出身者准备的铨选名额为3个③:

> 嗣后,如知县出有十缺,除推升二员外,其大选八缺内,将进士选授二缺,贵州捐纳即用知县一缺,云南捐纳知县一缺,其长沙等处捐纳知县,俱为数较少,应令其轮班选授一缺,举人贡监以知县用者,员数甚多,选授三缺。

根据这一规定,在双月选用于初授官员的8缺之中,进士和举贡监生共占5缺,其余3缺是捐纳出身者专用缺。这些缺的铨选顺序如【表-4-3】所示。

---

① (清)杜凤治《望凫行馆宦粤日记》,载《清代稿钞本》第10册第9—15页。
② 许大龄《清代捐纳制度》,第125页。
③ (清)鄂海《六部则例全书》,吏部则例,卷上,分缺,进士举人贡监捐纳分缺,第26a页。

表-4-3 康熙二十三年双月知县分缺

铨选顺序	铨选对象
第1缺	推升
第2缺	推升
第3缺	进士
第4缺	进士
第5缺	云南捐纳事例(伍案:康熙二十年开办)下捐得知县者
第6缺	贵州捐纳事例(伍案:康熙十九年开办)下捐得即用知县者
第7缺	江西福建湖广事例(伍案:康熙十五年开办)下捐得知县者
第8缺	举人
第9缺	贡生
第10缺	监生
(清)鄂海《六部则例全书》,吏部则例,卷上,分缺,进士举人贡监捐纳分缺,第26a页。	

在本章第一节曾经介绍过,雍正年间知县缺单月急选的铨选单位为16名候选官组成的"一班",其中用于捐纳出身者铨选的是第5、6、7、8缺,共4缺。在通常条件下,第5个知县缺将授予在该月捐纳知县班中排在第1位的人,其余以此类推,直至第8缺为止。在这个意义上,在铨选顺序上相当于该月捐纳知县班的第5位的人,则无希望参加该月的铨选,包括进士班在内的其他候选官也是同样。

乾隆年间,清朝政府修订了知县单月急选的规定,将原来的"一班"16名候选候补官改为"一班"18名候选候补官,新增加了2个候补官的铨选名额。这样,从第1缺至第6缺为候补官铨选用,捐纳出身者依然是4名,铨选顺序改为第7至第10缺,后面是进士和举人各4缺[1]。到了清末,知县的"单月急选"的"一班"扩大到了24名,但是用于捐纳出身者铨选的依然是雍正年间规定的4名[2]。

---

[1]《(乾隆)钦定吏部铨选汉官则例》,卷二,铨选汉官,单月急选,第173页。
[2]《(光绪)钦定大清会典事例》,卷四十四,汉员铨选,单月选法,第5633页。

知县双月升选的情况也基本相同。雍正年间的"一班"17名逐步增加到清末的23名。但是,用于捐纳出身者铨选的定员没有变化,一直是雍正年间规定的4名①。

由此可见,假如清代末年的知县月选中,能够按照上述规定的最大限度,每月有23或24名候选候补知县得缺得话,那么通过吏部的月选每年可以有284人得到官缺,其中捐纳出身被录用为知县者可达48名(伍案:请参看【表-4-1】)。众所周知,实际上每年通过吏部月选得到知县缺的人数远远低于上述规定。例如,乾隆三十六年(1771)六月分录用知县12名,低于双月升选"一班"17名的定员②。又如,同治十二年(1873)全年经月选被任命为知县的仅有47人,仅相当于上述284人的约17%③。由此可见,月选的定员规定不过是一个大致的基准,并不意味着每年会有284个知县的空缺,也不意味着每年将有284名候选候补官可以通过吏部的月选得缺。所以,上述月选时由十几名或二十几名构成的"班"也不意味着一定会有相应的空缺可以用于铨选。组成这样的"班"只是在考虑了各种可能性之后,将参加月选的候选候补官员人数控制在一个大致合理的范围之内。这种作法既可以避免参加月选的人数过多,徒增事务负担,也可亦避免参加月选者过少,临时忙于应付。

三、捐纳出身者的铨选方法

在月选的时候,考虑到参加某一官缺铨选的候选候补官的不同序列(伍案:即进士、举人和捐纳出身者等),按照一定比例决定参加铨选的各序列候补候选官人数,在此基础上掣签。这种作法可以将选官时人为的因素限制在尽可能小的范围之内。不过,在实施上却是十分复杂的。这

---

① 《(光绪)钦定大清会典事例》,卷四十四,汉员铨选,双月选法,第5630页。
② 《邸报》,乾隆三十六年六月二十五日。清乾隆年间公慎堂木活字本。
③ 《申报》,同治十二年二月—同治十三年二月。

主要是因为有资格参加铨选的候选候补官员的人数往往超出实际铨选的官缺数。以报捐了知县任官资格的捐纳出身者为例,他们的铨选定员数无论单月还是双月都仅有 4 名,但利用捐纳得到知县任官资格的人不可能每次只有 4 个人。特别是清代的嘉庆年间以后,以前的捐纳出纳出身者尚未完全得缺,在新的捐纳事例下刚刚得到任官资格的人又接踵而至。在一个相对较短的时期之内,根本无法解决所有的捐纳出身者的铨选问题。在这种情况下,分配给捐纳出身者用的 4 个缺是如何使用的呢? 换句话说,就是如何决定捐纳出身者参加月选的顺序的呢? 我们还是以知县的铨选为例说明。

嘉庆十九年(1814),为筹措河工经费,清朝政府开办了"豫东事例"。在实施过程中,根据吏部的建议,以 45 名捐纳出身候选官为一个铨选单位(伍案:俗称"一周"),按照"以新压旧"的原则铨选,具体作法是"四新一旧"。这就是每铨选过豫东事例捐纳者 4 人之后,铨选以前捐纳事例的捐纳出身者 1 人【表-4-4】①。

表-4-4 嘉庆十九年豫东事例捐纳者铨选序列

	捐纳第一缺	捐纳第二缺	捐纳第三缺	捐纳第四缺
正月	豫东事例	豫东事例	豫东事例	豫东事例
二月	土方事例	豫东事例	豫东事例	豫东事例
三月	豫东事例	捐输事例	豫东事例	豫东事例
四月	豫东事例	豫东事例	衡工事例	豫东事例
五月	豫东事例	豫东事例	豫东事例	土方事例
六月	豫东事例	豫东事例	豫东事例	豫东事例
七月	捐输事例	豫东事例	豫东事例	豫东事例
八月	豫东事例	工赈事例	豫东事例	豫东事例

---

① 《豫東事例》,原奏。未见,转引自许大龄《清代捐纳制度》,第 116 页。《推广捐输条例》,道光二十四年十二月十九日,第 1a 页。

续表

	捐纳第一缺	捐纳第二缺	捐纳第三缺	捐纳第四缺
九月	豫东事例	豫东事例	土方事例	豫东事例
十月	豫东事例	豫东事例	豫东事例	捐输事例
十一月	豫东	豫东事例	豫东事例	豫东事例
十二月	川楚事例	（豫东事例）	（豫东事例）	（豫东事例）

豫东事例始于嘉庆十九年（1814），土方事例始于嘉庆十三年（1808），捐输事例始于嘉庆十一年（1806），衡工事例始于嘉庆八年（1803），工赈事例始于嘉庆六年（1801），川楚事例，即川楚善后筹备事例始于嘉庆三年（1798）。
史料来源：《豫东事例》，原奏。

这种"四新一旧"就是优先录用在新的捐纳事例中得到任官资格的人。这种政策主要是着眼于在新的捐纳事例实施期间可以招徕更多的报捐者。如表所示，月选中用于捐纳出身者的 4 个缺在第 1 轮是均分配给当时实施中的豫东事例报捐者，捐纳班的第 5 缺、亦即第 2 轮的第 1 缺则分配给 6 年前的土方事例报捐者。相比之下，在 16 年前实施的川楚善后筹备事例报捐、此时终于挨到了该事例候选官序列第 1 位的人，必须要等到第 45 缺出现的时候才有掣签的可能。

需要说明的是，在决定相同事例报捐之人的铨选顺序、亦即参加上述掣签的顺序时，首先要考虑该人的卯期，卯期在前者选期也在前。如果卯期相同，则要考虑是否捐有花样，不同的花样决定了铨选顺序的先后。如果卯期和花样都相同，则要考虑该人的注册日期，等等。万一以上所有要素都完全相同，则用抽签来决定顺序。

从以上叙述可以知道，知县月选中用于录用捐纳出身者的 4 个缺是按照"以新压旧"的原则分配的。嘉庆年间以后，财政上捉襟见肘的清朝政府陆续开办可以捐纳任官资格的大捐，导致捐纳出身者有如过江之鲫，纷至沓来。上述嘉庆十九年（1814）时由 45 名捐纳出身候选官组成的铨选单位，到了咸丰元年（1851）开办筹饷事例时，扩大到 132 名[①]。让

[①]《筹饷事例条款》，原奏，第 16b—17b 页。未见，转引自许大龄《清代捐纳制度》，第 130 页。

人不由得仰天长叹的是,50余年前的嘉庆三年(1798)实施的川楚善后筹备事例的报捐者被排在最后,即第132缺。这就是说,等到吏部月选轮到捐纳出身者的第132缺铨选时,该人才有参加掣签的资格。按照上述年间最多可以录用48名捐纳出身者计算,第132缺的铨选最快也要等到两年零九个月之后。但是现实中无疑将会需要更长的时间。因为前面已经说过,月选中实际录用的官员要远远少于月选的规定。不应忘记的是,此人"有幸"名列第132缺是因为,他在尚未得缺的川楚善后筹备事例报捐者中名列第1。在筹饷事例的铨选规定中,特意将第132缺的铨选资格给予50余年前川楚善后筹备事例的报捐者一事本身就有力地说明了在吏部等候参加月选的艰难。

四、"花样"及其捐纳

这样,捐纳出身者即便有幸进入了有上述132人组成的铨选单位,也不等于保证一定可以如愿以偿地得到录用。为了尽可能地提高参加铨选的可能性,就只有想方设法提高自身的候选顺序。前面说过,决定候选顺序的有事例、卯期、注册日期和花样的多种要素。在这些要素中,除了花样之外,都是无法变更的。试想,在几年前实施的事例捐纳、并且领到了执照的人不可能简单地将执照上注明的事例和金额改成新的事例和新的金额。这样,在新的事例实施期间,根据规定捐纳花样就成了提高自身候选顺序的有效方法。

花样是指一种铨选的优先权。清朝政府在实施捐纳事例的时候,通常将任官资格明码标价的同时,也将各种花样明码标价。就在同一事例下的捐纳出身者来说,他们为了争取尽快参加铨选,在报捐任官资格的同时,还可以加捐花样。

花样与任官资格的捐纳几乎是同时登上历史舞台的。康熙十四年(1675),清朝政府为了筹措平定三藩的军饷,开办了入关以后最大的乙卯捐例。在这个捐例中,报捐者除了可以报捐任官资格之外,还可加捐"先用"、"遇缺即用"和"先先用"等名目的花样。相对没有加捐花样的人来说,捐有花样者可以优先参加铨选①。从道光年间起,各种名目繁多的花样开始陆续登场,如"本班尽先"、"本班分缺间"、"分缺先"和"遇缺先"等等。而且,与不断"减价促销"的任官资格相比,花样的价格始终居高不下。例如,在光绪十三年(1887)开办的"郑工事例"下,由监生捐得知县的任官资格不过只需银 1998 两,相当于乾隆年间至嘉庆初年的半价。但是,知县的"遇缺先"花样却需要银 3808.8 两,几乎是知县任官资格的一倍。而且,清代中期以后,在实施新的捐纳事例的通常往往规定可以加捐"过班",即将旧事例下捐得的花样再次利用捐纳手段变成新事例的花样。这样一来,没有加捐花样或过班的捐纳出身者,实际上已经很难挨到铨选之日了。

清代末年,由于花样成了决定捐纳出身者候选顺序的重要依据,几乎不存在没有花样的捐纳出身候选官。在这种情况,月选时的"以新压旧"的轮缺方法,也从以新旧事例排序,变成了以新旧花样排序。兹举一例。光绪十年(1884),清朝政府开办了海防事例。当时创设了两个可以最优先参加铨选的花样,即"海防新班先用"和"海防新班即用"。吏部也随即决定了月选时捐纳出身者的轮缺顺序。以知县缺为例,捐纳出身候选官的顺序为,"海防新班先用"2 人、"海防新班即用"1 人,"旧例银捐遇缺先"1 人和"各项轮用班次"1 人。这就是说,月选中用于录用捐纳出身候选官的 4 个缺中的第 1 缺和第 2 缺分配给捐纳了"海防新班先用"的候选官,第三缺分配给捐纳了"海防新班即用"的候选官,第 4 缺分配给"旧例银捐遇缺先"的候选官。如没有"旧例银捐遇缺先"的候选官,则从"旧例银捐遇缺"的候选官中录用②。这样,在 4 个缺轮完之后,下一次月选时的第 1 缺分配给"各项轮用班次"的候选官。如此一轮之后,再从"海防新班先用"的候选官开始,周而复始。详细情况请参看【表-4-5】。

---

① 请参看许大龄《清代捐纳制度》第 24 页。
② 此处所言"旧例"为咸丰元年(1851)至光绪五年(1879)之间实施的筹饷事例。"遇缺"是同治五年(1866)设立的花样。"遇缺先"是同治八年(1869)设立的花样。织田万《清国行政法》,第六卷,第 214—215 页。

表-4-5 光绪十年海防事例知县捐纳班铨选序列

	捐纳第一缺	捐纳第二缺	捐纳第三缺	捐纳第四缺
正月	海防新班先用	海防新班先用	海防新班即用	旧例银捐遇缺先/旧例银捐遇缺
二月	各项轮用班次	海防新班先用	海防新班先用	海防新班即用
三月	旧例银捐遇缺先/旧例银捐遇缺	各项轮用班次	海防新班先用	海防新班先用
四月	海防新班即用	旧例银捐遇缺先/旧例银捐遇缺	各项轮用班次	海防新班先用
五月	海防新班先用	海防新班即用	旧例银捐遇缺先/旧例银捐遇缺	各项轮用班次
六月	海防新班先用	海防新班先用	海防新班即用	旧例银捐遇缺先/旧例银捐遇缺
七月	各项轮用班次	海防新班先用	海防新班先用	海防新班即用
八月	旧例银捐遇缺先/旧例银捐遇缺	各项轮用班次	海防新班先用	海防新班先用
九月	海防新班即用	旧例银捐遇缺先/旧例银捐遇缺	各项轮用班次	海防新班先用
十月	海防新班先用	海防新班即用	旧例银捐遇缺先/旧例银捐遇缺	各项轮用班次
十一月	海防新班先用	海防新班先用	海防新班即用	旧例银捐遇缺先/旧例银捐遇缺
十二月	各项轮用班次	海防新班先用	海防新班先用	海防新班即用

史料来源:《海防事例》,海防铨补新章,第3b—4b页。

清代末年,花样在官僚人事中的重要性日趋重要。这一点不仅对身为异途的捐纳出身者来说是重要的,对正途出身者也是重要的。《清史稿》中被赞为"循吏"的陈豪于同治九年(1870)以正途的优贡得到知县的任官资格之后,为了早就实缺,捐纳了花样。其原因之一是,分配给优贡出身者的月选知县缺非常少,而且是没有定额的,只能在双月贡生教习用过2人之后才有一个机会,而贡生教习要等到举人用过10之人才有两个机会①。可见,如果他没有花样的话,几乎就没有参加铨选、得到实缺的可能。为此,他的亲戚王麟书修书一封,对他的行动称赞不已②。

> 吾弟加花样极是。年力方强,得一实缺,庶足从容展布,可为地方造福。

许大龄先生曾经引用过一本清光绪末年的知县单月急选的规定,即《选轮定例》③。该书中记录了大约20种以上的花样,其中居然包括有"捐纳进士先"的花样。这种花样的出现说明,到了清朝末年,即便贵为"天子门生"的进士也难以在铨选中得缺,他们如果不捐纳这一花样,恐怕前程难料。更令人啼笑皆非的是,由于被推荐为"孝廉方正"而获得任官资格的候选官,如果不去捐得一个"捐纳孝廉方正先"的花样的话,无论他如何励行孝道,无论他多么品行方正,不仅不可能得到实缺,甚至连参加铨选的机会都轮不到他。

五、加捐"分发"与捐纳出身者"在外候补"的出现④

以上,我们结合新近公开的史料叙述了捐纳出身候选官的铨选流程及其运用的概要。通过上述的说明可以看出,清代中期以后,尤其是为筹措镇压太平天国所需经费的筹饷事例开办之后,大批的捐纳出身者涌入仕途,候选候补官的铨选问题日趋恶化。在文官官缺数依然在2万左右的情况下,希望在吏部的月选中得到一官半职的候选候补官中的大多数人实际上已经不可能挨到得缺之日。即便是可以通过加捐花样使自己的铨选顺序尽可能提前,但是花样的并非法力无边,它只是在有缺可

---

① 《(光绪)钦定大清会典》,卷九,吏部,文选清吏司,第115页。另请参看【表-4-1】。
② 陈汉第等辑《冬暄草堂师友笺存》,第569—572页。赵尔巽《清史稿》,卷四百七十九,陈豪,第13083—13084页。
③ 许大龄《清代捐纳制度》,第131—138页。
④ 分发在严格意义上包括"分"和"发"。前者全称为"分衙门学习行走",对象是京官。后者的全称是"发省差委试用",对象是外官。本文涉及的主要是后者。《(光绪)钦定大清会典》,卷七,吏部,文选清吏司,第89页。

选和加捐相同花样的人相对较少的情况下才会发生一定作用,不是得缺的保票。面对这种"茫茫宦海,正不知何日得登彼岸"的情况①,一部分的捐纳出身者放弃参加月选,寻求利用"分发"的方法直接前往各省,以"在外候补"的身份等候任用。

在上面曾经说过,分发始于雍正二年(1724)。当时,雍正皇帝继承了康熙年间的备遣官员制度,开始向一些省派遣"分发委署试用人员"。这些人多是选期尚远之人,他们被派到各省之后,在奉督抚之命署缺办差的同时,等候正式的任命。这种分发制度的存在,是捐纳制度在最终与候补制度之间发生联系的重要因素。不过,分发在最初一段时间里是中央政府根据各省对署缺人员的需要,不定期实施的。

加捐分发的开始最晚不迟于乾隆二十二年(1759)九月。当时,乾隆皇帝从两江总督尹继善之请,同意在河工事例中,定限2年,准捐分发②。但是,这一时期的分发尚未归入现行事例,不是可以常时报捐的项目。此后的乾隆三十九年(1774),清朝政府在大小金川地区用兵,为了筹集军费粮草,开办了川楚军粮事例,允许在捐纳任官资格的同时加捐分发。第二年,即乾隆四十年(1775),当川楚军粮事例结束之时,原来属于暂行事例的加捐分发,被与捐免保举和捐免试俸一起归入了常捐例,即现行事例,成为可以常时捐纳的固定项目。例如,捐纳了知县的任官资格的人再捐银1200两,即可不问选期是否尚远,直接被分发去各省试用。这样,加捐了分发的报捐者实际上得到了分发的优先权③。应该注意的是,这一时期开始加捐分发,还只是捐纳分发的资格,至于分发去何省,则由吏部根据职权掣签决定。

清朝政府对分发制度的运用出现重大变化是在嘉庆年间。如上所

---

① 陈汉第等辑《冬暄草堂师友笺存》,第239—244页。
② 《乾隆二十六年各部院条例册豫工事例奏议》。未见,转引自许大龄《清代捐纳制度》第41页。
③ 《颁发条例》,乾隆四十年十二月二十二日,奏准川捐递捐分发捐免考试保举试俸坐补及捐实授捐复各条例列入常捐例内随时报捐。《上谕条例》,第三册,川运例酌留数条列入常捐,乾隆四十年十二月二十四日。关于暂行事例和现行事例,请参看第二章第一节。

述,分发制度的本意是为了让候选候补官在各省通过实际接触政务,得到相应的训练。但是,进入嘉庆年间以后,随着以川楚善后筹备事例为首的多次大规模捐纳的实施,享有任官资格的候选候补官员的人数远远超出官僚制度所能容纳的限度。在这种情况下,吏部的铨选不仅难以解决这些人的录用问题,甚至连天子门生的进士也求缺无门。嘉庆十年(1805),嘉庆皇帝在会试结束后承认铨选出现"壅滞"之后,对录用进士的问题作了如下指示①:

> 向来新进士以知县即用者,原欲令其早日服官,用资造就。近年因录用人员较多,铨选不无壅滞,需次仍复稽迟。是以此次新进士引见后,特降旨交吏部签掣分发各省,以知县即用。因思辛酉(伍案:嘉庆六年,1801)、壬戌(伍案:嘉庆七年,1802)两科进士内即用知县,现在未经铨选者尚多。中式在前,而得缺转后,未免偏枯。著吏部查明一体掣签分发各省。其有现在未经到部投供者,并著该部代为掣定省分,行知各该员原籍,由本省督抚给咨径赴该省补用。以示朕体恤寒畯,俾得及时自效至意。

这一指示的关键在于,停止新进士的月选,将他们都以"即用知县"的身份"分发"去各省。而且,这一政策的适用范围不仅有当年的新科进士,还上溯到五年以前考中进士、尚未参加月选的进士们。此处的"即用"即"进士即用班"。这是对进士出身者的一种优待措施,当一旦出现空缺时,他们可以即时获得任用。这种措施明显是在恶用分发制度,将"部选"的"壅滞"推到各省。换句话说,这也是清朝中央政府发出的一个十分明确的信号,即吏部的铨选在客观上已经无法彻底解决候选候补官的"壅滞"问题,而且政府自身也无意在修改官制问题上作出丝毫努力。

有些捐纳出身者出于对自身铨选问题的考虑,对这种信号是十分敏感的。有些人放弃了在吏部挨缺,希望通过分发前往各省。好像是为了

---

① 《清仁宗实录》,卷一百四十三,嘉庆十年五月丁酉,第29册第961页。

满足此类人的要求,从道光年间起,在捐纳分发之外,还出现了加捐"指省分发"。报捐者可以根据自己的需要,在捐银之后"自由"选择分发去何省①。

根据加捐指省分发的规定,报捐者可以在加捐分发的基础上加倍纳银,得到"发委署试用人员"的身份,选择前往无须回避的省份。例如,享有知府的任官资格者报捐分发需银 1280 两,如果要报捐指省分发,则须缴纳银 2560 两(1280 两×2＝2560 两)②。

这样,在道光年间以后,捐纳出身者加捐指省分发,以"分发试用委署人员"的身份前往各省在外候补的情况不断增加。对于捐纳出身者来说,与其在北京等待北京选期不如前往地方等待合算。因为,对于外官们来说,在北京候选候补的话,除了处馆之外几乎很难找到可以糊口的差事,而且包括各种花费又层出不穷。而以"分发试用委署人员"前往各省候补,不仅有机会接触到手握人事大权的督抚,而且有机会享受到"署事"和"差委"的好处。

这样,捐纳出身者中的一部分人放弃了在吏部等候铨选,加捐分发或指省分发,以候补官员的身份前往各省在外候补,等候得缺。

第三节 在外候补者的实态

一、在外候补者的人数

众所周知,清代末年,在北京和各省等待补缺的官员多不胜数。学界对候补官群体在清代末年政治舞台上的作用,已经作了很多研究③。在本节中,将结合以往的研究,着重分析与捐纳制度有关的在外候补官员的问题。

---

① 《推广捐输条例》,道光二十四年十二月十九日,第 10b—12b 页。
② 《增修现行常例》,捐分发,第 70a—72b 页。
③ 例如,肖宗志《候补文官群体与晚清政治》,成都,巴蜀书社,2007 年。

在分析在外候补官问题之前,让我们先来看一看官僚预备军——例监生的人数问题。在清代开办的种类繁多的捐纳之中,监生资格的捐纳始于顺治六年(1649),乾隆元年(1736)被固定为可以常时捐纳的项目,一直延续到清朝末年。最初,报捐者在捐纳了监生资格之后,可以越过州县和府主办的童试,直接获得参加乡试的资格。当暂行事例的捐纳开始之后,监生资格又成为报捐任官资格的必要条件。这就是说,对于希望走上仕途的人来说,利用捐纳获得监生资格是进一步捐得任官资格的捷径。

在有清一代的大约300年间,究竟有多少人利用捐纳获得过例监生的资格,恐怕是一个天文数字。汤象龙曾经利用档案资料分析过道光年间捐纳出身例监生的数字。根据他的研究,道光元年(1821)至三十年(1850),除北京和直隶以外,在全国17个省总共出现了315825名"例监生"[1]。这些兼具"官僚予备军"身份的例监生相当于全国地方文官定员13007名的大约24倍[2]。

以下,我们来看一看光绪年间捐纳出身候补官的大致人数。

光绪三十三年(1907),北京琉璃厂槐荫山房出版的《大清直省同寅录》中记载了在全国21个省候补的正印官、一部分佐贰官和杂职官,其中有道员、知府、同知、直隶州知州、知州、通判、直隶州同知、知县和布政司库大使。其中除了候补官的姓名之外,还记载了他们的籍贯和候补地[3]。该名簿收录的总人数为8560名,其中明确记载了出身籍贯的为8091名[4]。其详细情况可以参看【表-4-6】和【表-4-7】。

---

[1] 汤象龙《道光朝捐监之统计》,《社会科学杂志》,第2卷第4期,1931年12月,第432—444页。根据该文说明,315825名监生共纳银3388万6630两。

[2] 光绪六年(1880)春季《大清缙绅全书》,第一册,职官总目,第6b—9a页。

[3]《大清直省同寅录》。该史料还记载了盐政与河工的候补官员,在此省略。光绪三十二年(1906)八月二十四日的《申报》报道说,根据吏部资料,全国共有"候补候选人员"为"二十五万七千四百余员"。承蒙京都大学人文科学研究所岩井茂树教授赐教,谨致谢忱。

[4] 肖宗志根据宣统三年秋季《大清缙绅全书》载《直省候补同官录》也作了类似的统计。肖宗志《候补文官群体与晚清政治》,第44—47页。

表-4-6 光绪三十三年候补官员籍贯与候补省份

候补地\籍贯	奉天	吉林	直隶	江苏	安徽	山东	山西	河南	陕西	甘肃	新疆	福建	浙江	江西	湖北	湖南	四川	广东	广西	云南	贵州	合计
八旗	21	11	47	59	16	44	29	40	10	8		18	21	17	36	5	42	32	15	5	4	481
奉天	1		16	9	3	4	9	6		2	1		1	4	2		1		2			60
吉林	1				1																	2
顺直	11	6		65	30	134	78	116	2	5		14	27	34	50	19	65	39	14	8	4	721
江苏	6	1	106		89	81	19	65	1	1	1	29	262	93	106	32	37	45	15	10	4	1002
安徽	6	4	131	247		46	18	44	4	2		12	70	97	55	18	27	21	14	1	1	818
山东	4	1	60	32	18		19	66	6	1		3	11	8	8	6	22	9	4		4	282
山西			23	15	5	13		45	8	5		3	2	4	6	4	14	11	2			163
河南	3		40		12	43	17		4	2			12	21	31	10	23	9	4	1	1	247
陕西	1		8	4	3	7	29	14		12		2	3	3	9	4	43	1	2	1		144
甘肃			4	2	1	1	4	4	8		8	9	3	2	2		19	2	1	1		69
新疆							1															1
福建	2		10	34	2	4	5	13	1	1			33	22	12	9	10	35	7	5	1	206
浙江	9	3	97	267	59	55	31	49	1	3		78		94	54	24	47	60	9	7	6	953
江西			21	87	45	9	3	21	4	1		20	35		61	58	29	40	9	4	2	449
湖北	3		18	74	47	12	18	30	17	3		10	38	78		34	58	13	8	2	4	467
湖南	1		20	221	64	13	6	20	7	6	8	26	62	78	95		60	57	35	14	30	823
四川					13	14	7	21	14			32	18	23	53	21		20	13	28	41	387
广东	1		16	41	23	4	6	8	1	2		32	18	30	23	14	14		41	5	2	266
广西	1		22	23	5	2		4				6	11	11	2	16	15	53		10	3	158
云南			7	10	7	3	3	7	2	2		1	6	9	4	9	54	11	10		27	172

续表

候补地籍贯	奉天	吉林	直隶	江苏	安徽	山东	山西	河南	陕西	甘肃	新疆	福建	浙江	江西	湖北	湖南	四川	广东	广西	云南	贵州	合计
贵州	1		8	12	2	8	2	3	5	1		3	11	4	10	16	72	13	21	28		220
总计	71	27	658	1226	445	497	308	576	95	68	17	298	644	630	619	299	652	471	226	130	134	8091

史料来源：《大清直省同寅录》。

表-4-7 光绪三十三年各直省候补官人数

候补地	奉天	吉林	直隶	江苏	安徽	山东	山西	河南	陕西	甘肃	新疆	福建	浙江	江西	湖北	湖南	四川	广东	广西	云南	贵州	合计
道员	8	2	109	210	28	27	17	40	6	4		23	25	40	53	20	34	19	23	13	5	706
知府	9	6	49	100	40	36	27	25	7	5	3	29	80	93	56	15	27	41	26	11	15	700
同知	13	6	43	82	28	27	16	20	7	2	2	26	63	37	33	17	18	20	11	9	15	495
直州			23	28	40	20	34	14	3	3	3	8		5	20	9	26	21	5	1	4	262
知州	3	5	20	29	11	31	7	24	2				5	50	24	6	10	11	11	22	7	228
通判	6	2	36	117	34	18	30	34	12	9		27	69		51	30	48	67	12	14	19	685
直州同				5	5	3	2	2		2		5			5	3	6	4		1		40
知县	32	6	375	652	259	334	171	417	55	42	9	177	406	405	368	197	481	288	138	59	69	4940
布库			3	3	1	1	6		3	1		3	1		9	2	2			1		35
总计1（已知出身籍贯）	71	27	658	1226	445	497	308	576	95	68	17	298	644	630	619	299	652	471	226	130	134	8091
总计2（已知出身籍贯＋待查＋汉军＋出身籍贯不详）	97	33	687	1301	454	553	322	598	107	84	20	306	672	648	646	307	686	488	232	177	142	8560

史料来源：《大清直省同寅录》。

从【表-4-6】的统计中可以看出,江苏省籍的候补官最多,为1002名,其次是浙江省籍的953名,以后依次为湖南省籍的823名,安徽省籍的818名和来自直隶的721名。而且,在江苏省等待任用的候补官人数同样高居榜首,为1226名,直隶有658名,在四川省有652名,然后是浙江省的644名和江西省的630。根据【表-4-7】可以看出,在各省候补的官员之中,以候补知县为最多,共计4940,其次是候补道员706名和候补知府700名。

在这里,我们再来分析一下上述可以知道出身籍贯的8091名候补官的补缺概率。详细情况请看【表-4-8】。

表-4-8 光绪三十三年全国在外候补者补缺概率

官职	全国官缺数	外补官缺数	候补官人数	补缺概率%
道员	101	16	706	0.02
知府	198	28	700	0.04
直隶州知州	73	57	262	0.22
知州	143	62	228	0.27
通判	105	35	685	0.05
直隶州同知	34	7	40	0.18
知县	1339	393	4940	0.08
布政司库大使	20	0	35	0.00
平均补缺概率				0.13
史料来源:表-4-5及《(光绪)大清会典》,卷八,第105—107页。				

通过【表-4-8】,我们首先可以了解光绪三十三年(1907)全国的道员、知府、直隶州知州、知州、通判、直隶州同知、知县、布政司库大使的官缺数和外补官缺数,然后可以了解到在各省候补上述官缺的候补官人数。通过外补官缺数和候补官人数,我们可以计算出上述候补官的补缺概率。即外补定员数÷候补官人数=补缺概率①。

---

① 《大清最新百官录》,直省文职总表,第9a—12a页。刘子扬《清代地方官制考》,第459—523页。肖宗志在他的统计中"为了有助于明确地观察官缺与候补文官之间的比例,判断候补文官冗沓的程度,专门在备注栏中"列入各省法定的正印官数量"。这一想法与笔者相同。但是应该注意,"各省法定的正印官数量"不等于可以援引外补制度任命的官缺数,故肖宗志的统计不能准确反映"官缺与候补文官之间的比例"。肖宗志《候补文官群体与晚清政治》,第45页,注1。

由这一统计可以看出,循外补得缺机会最高的是知州,大约每5个候补知州可以有1个补缺机会。而知县则是大约12个候补知县争夺1个位子。至于道员,补缺的机会则微乎其微了。但也好过根本无望补缺的布政司库大使。应该说,这一统计反映了清末在外候补的大致情况。

但是,应该注意以下两点。其一,【表-4-8】中的"外补官缺数"仅限于制度上明确划为可由督抚任命的"题补缺"和"调补缺"。至于"扣留外补"后的"留补缺",由于数目难以预测,故在统计中无法反映。如果考虑到"扣留外补"后的"留补缺",那么在外候补官的补缺概率还可能会有小幅度的上升。例如,全国可以由督抚在外直接任用的知府只有16个,但是在各省候补的知府却有706名。这种情况说明,他们中有相当一部分是寄希望于"扣留外补"可以提供更多的补缺机会。应该注意的第二点是,上述的"外补官缺数"是制度的规定,至于该官缺何时可以用来任命候补官,则完全无法预料。因此,上述统计中的"补缺概率"仅仅是一个仅供参考的数值。

二、在外候补者的增加

如上所述,为了筹措镇压太平天国的军费,清朝政府开办了捐纳历史上实施期间最长的暂行事例,即咸丰元年(1851)至光绪五年(1879)之间实施的筹饷事例。这一事例长期实施的结果,导致了各省候补官的大幅度增加。丁日昌在上疏中曾经这样说明同治八年(1869)前后江苏省候补官的情况①:

> 即如江苏一省言之,道员可由外补之缺不过二三员,府州县同通可由外补之缺亦不过数十余员。而候补道约有六七十人,候补同通州县(伍案:指同知、通判、知州、知县)约有一千余人。夫以千余人补数十员之缺,固已遥遥无期,即循资按格而求署事,亦非十数年

---

① (清)盛康《皇朝经世文续编》,卷十八,吏政一,丁日昌《条陈力戒因循疏》,第17a—23a页。

不能得一年。

根据上述【表-4-7】,到了光绪三十三年(1907),在江苏省的候补道员上升为210名,候补的"同通州县"仅已知出身籍贯者即为880名。在大约40年的时间里,候补道员的人数增加了三倍,"同通州县"的人数虽然略有减少,但是补缺的情况没有什么根本的改变。导致候补道员人数增加的原因之一是,为了大肆招徕,清朝政府在清代后期实施捐纳事例时,多次推行"减成报捐"的政策。在这一政策下,包括道员的任官资格在内,报捐的"定价"不断下调。例如,在开办筹饷事例的第一年,即咸丰元年(1851),道员任官资格的报捐标准为银11808两,但是到了第二年便减为9446.4两,然后再减为7084.8两。到了光绪二十六年(1900),这一价格已经变成4723.2两,仅相当于最初的40%[①]。候补道员大增的第二个理由时,如果想在清代后期出现的新型地方行政机构,即"局"(伍案:例如发审局、洋务局等等)中谋得"总办"或"会办"一类的职位,通常需要有候补道的身份。例如,宣统年间,四川省的"候补道多至五十余人,知府二十余人。府少于道之原因,则以每局总会办,皆以道员充之。局差位置较宽,有资力者,但能捐府,即可捐道。故当日戏呼候补道为万能,非虚谑也。知府则只充提调,每局且仅一席,且有不设提调者,差位较隘也"。此外,在四川省候补的"同通州县"最多时曾经达到400余人,"佐贰杂职"有600至700余人[②]。

直隶的情况也基本相同。光绪二十二年(1896)十月二十一日,直隶总督王文韶报告说[③]:

> 兹查在省候补道员已有三十五员,知府二十六员,直隶州十九员,地方河工同知通判九十九员,知州知县三百二十八员,地方河工

[①] 许大龄《清代捐纳制度》,第七章,银数,历届捐例贡监生捐纳官职银数表(二)外官,见许大龄《明清史论集》,第104—107页。
[②] 周询《蜀海丛谈》,卷二,候补人员,第322—323页。
[③]《大清直省同寅录》,直隶。《光绪朝朱批奏折》,第八十辑,光绪二十二年十月二十一日,王文韶《奏为捐纳劳绩人员壅滞日甚请暂停分发以渐疏通恭折仰祈圣鉴事》,第498—499页。

215

佐贰杂职一千一百六十六员。其长芦盐务候补人员亦甚壅滞,尚不在内。

包括以下将要涉及的湖北省在内①,其他各省的情况均是大同小异。结果造成了在各省候补的官员人数,不仅远远超过了可以用于在外补缺的官缺数,甚至大大超过了所在省某些官缺的总数。即以王文韶上奏的光绪二十二年前后为例,直隶全省有知州缺17,知县缺123,仅仅相当于328名候补知州知县的45%②。同治年间担任过福建巡抚的王凯泰曾经这样形容各省候补官之多的"盛况"③:

> 至于各省候补人员,更较京中倍蓰。向来道员候补最少,近则各省或多至数十员,府厅州县以数百计,佐杂则以千计。每逢衙参之日,官厅几不能容。

三、交换候补信息

当时,在各省候补的官员们对于本省和其他省的候补官人数非常关心。因为候补官人数的多寡直接关系到他们自身或亲友补缺的早晚。前面提到的陈豪在同治九年(1870)以"优贡"得到知县的任官资格之后,就曾经为如何得到实缺而四处打探。同治十年(1871)十月,当时在湖北省候补的汪曾唯在致陈豪的信中向他介绍了如下情况④:

> 鄂省候补人员,日见其多。道府六十余员,同通七十余员,州县二百六十余人,佐杂几及千人。茫茫宦海,正不知何日得登彼岸也。

以后,陈豪加捐了"分发"。他的亲戚王麟书从江西省致信称赞他的作法"极是"的同时,还介绍了候补的情况⑤:

---

① 《大清直省同寅录》,湖北。陈汉第等辑《冬暄草堂师友笺存》,第239—244页。
② 《大清搢绅全书》,清光绪二十三年夏荣禄堂刊本,直隶。
③ (清)葛士浚《皇朝经世文续编》,卷十,治体十,王凯泰《应诏陈言疏》,第9a—10b页。
④ 陈汉第等辑《冬暄草堂师友笺存》,第239—244页。
⑤ 陈汉第等辑《冬暄草堂师友笺存》,第569—572页。

> 兄来江时，本班廿三，今则已次第五。循次序补，当在三、五年之间。

根据这一说明，我们可以知道陈豪所属的"班"一共有23名候补官，现在已经轮到了第5名，如果不出意外，陈豪在三年或五年后可望得到实缺。我们知道，这里所说的"当在三、五年之间"不过是一种大致的估算，并非一种保证。结果，陈豪经过多方比较，还是前往湖北省候补，光绪三年（1877），得到署理房县的机会①。

日本国立国会图书馆藏有一部《安徽同官全录》，书中的"新例试用直隶州州判"的部分有如下一行文字②：

> 己亥（注，光绪二十五年）七月廿五，刘谷民云，直判本班先已有一人，如捐分缺先，二缺到班，惟出缺尚须送部选一次，要三次出缺方可补。

上述文字估计出于该书所有者之手。该人报捐了直隶州州判的候补资格，准备加捐可以最优先参加铨选的"分缺先"花样。此时，"刘谷民"告诉他如果有"分缺先"的花样，那么在"分缺先"现有的1名候补官补缺之后即可轮到（伍案：即"到班"），补第2个缺。但是，直隶州州判出缺时并非都可以留在地方补用，因为规定上必须按照每出2缺须将1缺送回吏部铨选。这样，他就要等到第3次出缺时才有望补缺。

在高级官僚中，有些人为了亲友的候补托人照应或打听消息。林则徐在鸦片战争后被流放到新疆，在流放结束后署理过陕甘总督，随后被任命为陕西巡抚。他在陕西巡抚任上时，为了帮助"家业荡然"，且"读书未成"的"妻兄之孙"，为他捐纳了未入流、指省陕西和本班尽先，以便带在自己身边给予照顾。以后，林则徐又被任命为云贵总督，离开了陕西。道光二十七年（1847）五月十一日，林则徐由成都致信继任陕西巡抚的杨

---

① 赵尔巽《清史稿》，卷四百七十九，陈豪，第13083—13084页。根据史料记载，光绪三十三年（1907）江苏省有候补知县652名，湖北省有候补知县368名。《大清直省同寅录》，江苏，湖北。
② 《安徽同官全录》，第五册，新例试用直隶州州判，第4b页。

以增,请他代为照应①:

> 现有分发来陕之未入郑组成,系弟妻兄之孙,乃祖曾任山西知县,身后为子所败,家业荡然。其孙人甚笃实,读书未成,竟无谋生之路。不得以于上年捐局内助其捐一指陕之尽先未入,缘彼与弟可不回避也。兹伊来而弟已行,毫无倚傍,如荷爱推乌屋,训诲成全,铭感实无既极。

此外,还有官僚为了子孙的补缺问题,写信向友人打听补缺的消息。咸丰年间,担任内阁学士、深谙金石之学的吴式芬的长子报捐了"指省分发",准备前往河南省候补。吴式芬为此致信河南布政使瑛棨,了解河南省候补官员的情况。信中说②:

> 惟闻豫中补缺亦不容易。未知现在候补者几人,在省候补之时是否尚有差事可以敷演?

这里所说的"差事"就是"差委"和"署事",都属临时性的工作。当时,很多候补官就是依靠此类临时性的工作才得以维持生活的。以下,我们来看一看差委和署事。

第四节 候补官差委和署事

根据在外候补制度创立时的宗旨,候补官加捐分发或指省分发之后,被派往各省,与其他候补官同样,在实际政务中接受训练,以备补缺之用。差委和署事就属于实际政务中的训练。在本节中,将介绍与候补官有关的差委和署事问题。

一、"到省缴照"

对于被吏部掣签分发,或者是加捐指省分发的候补官来说,如果想

---

① 《林则徐致杨以增书札(下)》,《文献》,第八辑,第129—130页。
② 北京大学图书馆古籍善本特藏部编《清代名人手札汇编》,第一册,第38—39页。

正式成为在外候补的一员,"到省缴照"就是十分重要的手续。他们在完成这一手续之前,虽然尚未得到实缺,但是在身份上毕竟属于"官"的一员。因此,他们必须和那些得到实缺的官员一样,履行呈缴委任状或身份证明的手续。在通常情况下,在吏部铨选得缺者应该在指定期间之内(伍案:即"凭限")前往该缺所在省份,将"凭"通过督抚呈缴回吏部。这样,他才完成了赴任过程中重要的"到省"手续。清代,在外候补者的到任手续被称为"到省缴照"。候补官只有将从吏部领到的"执照"呈缴给督抚,他的候补官身份才能得到正式承认,才开始成为名副其实的候补官。从这一意义上来说,"到省缴照"的意义与吏部铨选之前的"注册"十分相似。兹举一例。

光绪二十七年(1901)正月至七月,清朝政府为了义和团运动之后的善后问题,开办了"顺直善后实官捐"。当年七月,在两淮盐运司候补的"试用运判"的刘艺,在这一暂行事例中"捐升知府指分江苏试用"和"捐免保举"。他于光绪二十八年(1902)五月赴北京验看和引见,随后于六月十六日领取了"执照",离京前往江苏。在途中先后"风阻患病",刘艺最终于九月二十四日达到江苏巡抚的所在地苏州。在到达苏州之后,他以"禀缴"的形式,即以"禀文"向江苏巡抚报告自己已经"到省",同时提交"执照"。在完成了这些手续之后,他才有了在江苏省候补的资格①。

"到省缴照"手续是非常重要的。因为,地方督抚在考虑署事和差委的人选,以及在计算候补资格、决定补缺与否的时候等等,"到省"日期是一个重要的参考条件。例如,广东省明文规定②:

> 各项分发领照来省人员,以禀缴执照到司之日为到省日期。

这里的"司"指布政司。当"禀缴执照"之后,他们才能参加决定候补顺序的掣签③:

---

① 中国第一历史档案馆所藏顺天府档案,第九卷,第 005 号。《出山指南》,第 5a 页。
②《粤东省例新纂》,卷一,吏,呈缴凭照,第 1b 页。
③《粤东省例新纂》,卷一,吏,试用人员到省掣签,第 2a 页。

分发试用人员,到省照例掣签(原书双行夹注:本省以缴照之日作为到省日期)。如在照限九十日内到省者,应扣满例定日期掣签。如限外到省,与同例同月到省人员概行截至下月初五日为止,一同掣签。俟掣定名次,由藩司造册申送抚院,咨部查核,挨次轮补。

广东省的上述规定在清末具有一定的普遍性。东京大学东洋文化研究所藏有一部《海防新班文职官册》[①]。该书收录了在负责山东省境内运河等河川管理的"东河河道总督"处的39名候补官员的履历资料。这39名候补官在光绪十年(1884)开始实施的"海防事例"报捐了河道官任官资格,于光绪十一年(1885)至十二年(1886)间先后抵达"东河河道总督"处候补。在履历部分明确记载了各人"到工"、即到达河工衙门的日期。对于同一天"到工"之人,则抽签决定他们的候补顺序。例如:

新班试用通判任来茹,年二十岁,顺天府大兴县人,祖籍甘肃宁朔县。由监生遵海防新例报捐通判、分发东河试用,并于直东赈捐案内捐提举升衔。验放领照,光绪十一年十月十五日到工。

……

海防新班先用县丞乔汝楫,年三十四岁,正黄旗汉军李占云佐领下监生,由府经历职衔遵海防新例报捐县丞指分东河新班即补用。验看领照,于光绪十三年三月十三日到工。复遵海防例加捐新班先补用。是年四月内呈验户部知照。四月复准吏部知照,加捐海防先补用作四月初四日到工日期。掣签第二名。

二、署事与差委

署事指临时代理知府、知州、知县和县丞等职务的空缺,差委即"差遣委任",主要是从地方官负责的司法、征税和其他行政事务中细分出来的事务。例如,查办案件、办理保甲、洋务教务、押送京饷、清理田赋等

---

① 《海防新班文职官册》。

等。此外,清代中期以后陆续设立的各种"局",如发审局、银元局、厘金局、官报局等等也是差委的对象①。署事与差委的任命权属于各地的督抚。

中国第一历史档案馆收藏的顺天府档案全宗中,有两份光绪三十四年(1908),顺天府所属宛平县作成的候补官名单,即《候补正印各员衔名单》和《候补佐杂各员衔名单》。从格式和内容上可以知道,这两份候补官名单是宛平县为了掌握候补官的情况而做成的②。

根据这两份史料,我们可以了解到当时在顺天府的候补官员的情况。对正在署事和差委的官员,则注明他们所在的衙门,而对于尚未得到署事和差委的官员则注明住址等。例如,《候补正印各员衔名单》中是这样记载的:

　　候补通判　董开沅　预审所
　　候补知州　黄　璵　老墙根
　　大挑试用知县　林起峰　船捐局
　　大挑知县　杨同高　署大兴县
　　……

名簿中对候补官中的死亡和下落不明者也有相应记录。例如,《候补佐杂各员衔名单》中有这样的记载:

　　候补县丞　汪洪钧　久未来辕
　　……
　　京县县丞　何德基　已故

上面的"老墙根"为住址,"久未来辕"是指长期失去联系,住址生死一概不明。这 127 名候补官的大致情况请看【表-4-9】

---

① 关于候补官员与差委,请参看肖宗志《候补文官与晚清政治》中的有关叙述,第 139—249 页。
② 中国第一历史档案馆所藏顺天府档案,第四卷,第 023,024 号。

表-4-9 光绪三十四年顺天府候补官统计

	署事	差委	赴省	请假	死亡	下落不明	其他	合计
候补正印各员	13	22	3	2			21	61
候补佐杂各员	12	20	1		2	8	23	66

史料来源：《顺天府档案》，第 4 卷，第 023、024 号。

与顺天府管辖的候补官情况相同，包括上述"海防新班"的候补官在内，光绪初年在"东河河道总督"处的候补官共有 188 名，他们几乎全部都根据东河河道总督的命令，被派往下辖的河北道(伍案：驻武陟)，河南开归道(伍案：驻开封)，山东运河道(伍案：驻济宁)，兖沂曹济道(伍案：驻兖州)担任差务①。

由此可见，候补官中的一部分人以署事或差委的形式担任着某种公务。他们在利用署事和差委为今后获得实缺积累资历的同时，也借此机会获得了维持候补生活的经济来源。

三、署事的任命方式

署事因对象官缺的不同可以大致分为两类，其一为"轮委"，其二为"酌委"。这种区分是因为，各缺"或优瘠不同，或繁难要治，均应量才器使"②。例如，安徽省规定属于酌委的缺有，道府缺，直隶州知州及知州缺，知县缺中的要缺(伍案：清代规定，冲繁疲难四字俱全者为最要缺，三字者为要缺)③。广东省规定，"道府直隶州缺出，由两院会核委署"之外，将同知 6 缺、通判 1 缺、知县 43 缺等划归酌委缺。属于酌委各缺由督抚酌情补用，而轮委缺则"按班挨委"④。可见，由于各省官缺被区分为轮委缺与酌委缺的情况不尽相同，故地方督抚行使署事任命权的方式也不完全一样。清代乾隆年间以后，一些省为署事作了专门的规定。例如，广

---

① 《文职候补官册》。《海防新班文职官册》。
② 《粤东省例新纂》，卷一，吏，委署，酌委各缺，第 13a—b 页。
③ 陈师礼《皖政辑要》，吏科，委署，第 94 页。
④ 《粤东省例新纂》，卷一，吏，委署，第 3a—13b 页。

东省的"各官委署"、"佐杂互相调署"、"候补与即用知县轮补次序"①,江苏省的"州县缺出分别委署"(同治三年)、"佐杂委署章程"(同治三年)②,安徽省的"知县轮委章程"和"佐杂酌委章程"③等等。

轮委类似于吏部的月选,候补官们根据官职被编为不同的"班"(伍案:同知通判班、知州知县班等等),按照事先决定的顺序等待督抚的任命,即"在省逐队趋公而以"④。以知县为例,道光年间的广东省将候补知州知县编为"一班",然后再根据候补官的情况将他们分成"超委"、"挨委"和"烟瘴俸满"3个班,各班内的名次也是事先排好的。"超委"主要用于照顾在省内边远苦缺(伍案:例如海南岛和粤北地区的州县)实任或署事了一定期间之人,"烟瘴俸满"则是曾经在指定的烟瘴缺、即海南岛南部的崖州、感恩、昌化和陵水实任或署事之员,其余的候补官员均归入"挨委班"。各班内的顺序主要是按照到省日期或署事卸任回省日期排定的。广东省的知州知县班的委用顺序为⑤:

一超委,二挨委,一烟瘴俸满。计四缺为一轮。

这就是说,当需要决定署事人选的时候,以4个缺为一个轮选单位,依次决定人选。当某县知县出缺时,先从"超委班"按顺序任命1人。再有需要的话,则按"挨委班"2人、"烟瘴俸满班"1人的顺序任命。当轮完一次之后,再由"超委班"起,周而复始地任命署事人选。这种作法与吏部的月选十分相似。

与道光年间广东省的"四缺为一轮"的作法相比,宣统年间安徽省的知县署事则以16缺为"一轮"。兹以表格表示如下(【表-4-10】)。

---

① 《粤东省例新纂》,卷一,吏,委署,第3a—22b页。
② 《江苏省例》,同治三年,第1a—6b页。《江苏省例续编》,同治十三年,第19a—22a页。
③ 陈师礼《皖政辑要》,吏科,委署,第94—98页。
④ (清)张集馨《道咸宦海见闻录》,第104页。
⑤ 《粤东省例新纂》,卷一,吏,委署,各官委署,第3a—6b页。

表-4-10 宣统元年安徽省中简各缺知县委署轮次

出缺顺序	任用班次	出缺顺序	任用班次
第1缺	正途超委一人	第9缺	正途超委一人
第2缺	正途挨委一人	第10缺	正途挨委一人
第3缺	劳绩超委一人	第11缺	劳绩超委一人
第4缺	法政及高等以上学堂毕业一人	第12缺	法政及高等以上学堂毕业一人
第5缺	捐纳超委一人	第13缺	捐纳超委一人
第6缺	新例考取一、二等一人	第14缺	新例考取一、二等一人
第7缺	同知、通判一人	第15缺	课吏馆超酌委一人
第8缺	法政及高等以上学堂毕业一人	第16缺	直州州同、州判一人

史料来源：陈师礼《皖政辑要》，吏科、委署，第94页。

此外，也有不分"一轮"，只是以不同班次轮流委任者。同治三年(1864)，江苏省公布了"州县缺出分别委署"的章程，其中规定①：

> 除各项要缺照旧酌委外，其部选缺出，遵照部行指饬，将在省候补、即用、试用各员分立正途、劳绩、试用三班，各归各班，遇有缺出，以出缺先后，挨次按班轮委。

与按照事先决定的顺序依次任命署事人员的"轮委"不同，"酌委"是地方督抚根据自己的判断任意决定署事人选。即，"或以实缺人员调署，或于候补试用人员内拣选酌委"②。前面说过，在道光年间广东省的97个知县缺中，可以由督抚酌情决定署事人选的"酌委缺"占43。光绪年间四川省的同知、通判、知州和知县的官缺总数大约在140个左右，"其中三十六处素称繁要，归入酌委，不依班次，例由大吏遴选贤劳"。江苏省除"部选缺"之外，所有的"要缺"都归"酌委"专用③。

---

① 《江苏省例》，同治三年，第1a—b页。
② 《粤东省例新纂》，卷一，吏，委署，各官委署，第3a页。
③ 《粤东省例新纂》，卷一，吏，委署，酌委各缺，第12a—13b页。周询《蜀海丛谈》，卷二，候补人员，第320页。(清)张集馨《道咸宦海见闻录》，第104页。《江苏省例》，同治三年，第1a—b页。

"酌委缺"内部也分为两种情况。以广东省为例,一类是类似首县南海县那样的缺。这种缺既属于"肥缺",但更主要是有着"繁要难治"的另一面,必须挑选有能之员。另一类是嘉应直隶州镇平县那样"苦缺",通常无人愿意前去①。在决定这些地方署事人选的时候都需要督抚的挑选人地相宜的人材,并且照顾到"肥缺"与"苦缺"之间的平衡。但是,无论如何,可由地方督抚自由决定人选的"酌委缺"在重要性上要超过"轮委缺",对于普通的在外候补官来说,得到"酌委缺"往往是可望而不可即的。

四、"差委"的任命方式

前面说过,差委是督抚派遣候补官去办理从府州县等地方衙门细分出来的司法、征税和其他行政事务,以及清代中期以后陆续设立的各种"局"负责的行政事务。这些事务和差委的任命权通常由地方督抚直接掌管,办事之人直接向地方督抚负责。有些局就干脆设在督抚衙门之内。例如,光绪十六年(1890),东河河道总督许振祎奏请设立了"河防局"。该局条规中规定,"河防局设在署内。所以设在署内者,以既改新章,自以责成本部堂为始。"②我们在清代中期以后的许多省编纂的"省例"中可以找到很多关于署事的任命规定,但是几乎看不到关于任命差委人员的有关规定。这一点恰恰说明差委属于督抚的专管事项。

由于差委由督抚直接任命和直接管理,所以其重要性在某种程度上超过署事,而且将来的出路甚至要好于署事。例如,清代中期以后,各地设立了由按察使领衔、直接向督抚负责的"发审局",专门审理"情节重大纠葛"的"省控案件"和"发回原省讯问"的"京控案件"。奉派担任"发审委员"的候补官如果能够在审案中表现突出,那么将比远在官僚体系末端的知州知县更容易受到督抚的重视,甚至有可能得到督抚的保举。例

---

① 《粤东省例新纂》,卷一,吏,委署,酌委各缺,第 12a—13b 页。
② 《奏定东河新设河防局章程》。

如,道光二十六年(1846)二月,湖广总督裕泰"以襄阳府同知候补知府姚华佐先后审结要案三百余起,奏请以湖北湖南两省遇有合例知府缺出,尽先补用"。道光二十八年(1848)二月,两江总督李星沅"以江苏候补知府锺殿选审结命盗等案三百十四起,奏请遇有江苏安徽合例应补知府缺出,奏请补用"。结果这两起保奏都"奉旨允准"。吏部在此基础上制定了《审案出力人员议叙章程》[①]。此外,某些差委,尤其是下面将要叙述类似负责征收厘金的"厘金局"和负责地方报捐事务的"赈捐局"等,由于往来经费颇丰,往往是候补官设法钻营的对象。

这些"局"从本质上来说毕竟属于一种衙门,各局的总办、会办、提调和委员有定编定员。清末四川省设有发审局、通省学务处和兵工厂等24个特别行政机构。在这些机构中的总办、会办多由候补道员充当,提调由候补知府充当,至于同通州县和佐贰杂职只能充当委员。根据记载,"道差约三四十席,府差约二十席,同通州县与佐贰杂职各约二三百席"[②]。根据前述【表-4-7】的记载,光绪三十三年(1907),四川省有候补道34名,候补知府27名,候补同知18名,候补通判48名,候补直隶州知州26名,候补知州10名,候补知县481名。由此可知,仅候补知县一项的人数就已经超过了应由"同通州县与佐贰杂职"担当的"约二三百席",可见得到差委也并非轻而易举之事。

五、任命的实际情况

候补官的人数不仅远超官制的规定,也大大超出了临时性行政事务所能容纳的人数。这一现实在实际中成为诱发不正行为的温床。候补官之间通行的"常识"与其说是关于署事补缺的种种公开规定,不如说是包括"门路"和"贿赂"等等在内的"潜规则"。

[①]《各部院通行条例》,道光二十八年,审案出力人员议叙章程。
[②] 周询《蜀海丛谈》,卷二,候补人员,第322—323页。

清末小说《二十年目睹之怪现状》将候补官分做四大宗①：

> 第一宗,是给督抚同乡,或是世交,那不必说是一定好的了。第二宗,就是藩台的同乡世好,自然也是有照应的。第三宗,是顶了大帽子,挟了八行书来的。有了这三宗人,你想要多少差事才够安插?除了这三宗之外,腾下那一宗,自然是绝不相干的了,不要说是七八年,只要他的命尽长着,候到七八百年,只怕也没有人想着他呢。

现实中的情况确实基本如此。请看清末直隶两位候补知县的例子。光绪元年(1875)出生的吴宝棻在光绪二十七年(1901)由监生捐纳了县丞和分指直隶试用,次年九月被直隶总督袁世凯保举为知县并加同知衔,十月又被委任了"河东厘捐分卡"的差务。两个月之后的同年十二月,他再次得到袁世凯的保举,于光绪二十九年(1903)年初赴京"验看"和"引见",正式得到了在直隶候补的资格。吴宝棻在三月二十二日返回直隶后,于四月被任命为"西北河厘捐分卡"委员。这样,捐纳出身的吴宝棻不仅成为直隶最年轻的候补知县,而且担任着令人羡慕的厘金委员。相比之下,直隶候补知县中最年长的是生于道光十八年(1838)的王寰清。王寰清在咸丰十一年(1861)失去了祖父和父亲,在吴宝棻出生的光绪元年(1875)中举,光绪十二年(1886)48岁时成为进士,随后"以知县归部铨选"。在等待3年之后,光绪十六年(1890)被"截取"分发到直隶候补。此时的王寰清已经是52岁。当27岁的吴宝棻取得知县候补资格的光绪二十九年,65岁的王寰清已经在那里候补了十多年。在此期间,这位进士出身的"即用知县"以候补之身先后被差委过海运、河工、冬抚、赈灾以及"稽查师范学堂事宜",但是一次也没有署理过知县,更没有担任过"厘捐"那样的肥差②。这位王寰清估计属于上述"第四宗"之人,

---

① 吴趼人《二十年目睹之怪现状》,第十四回,宦海茫茫穷官自缢、烽烟渺渺兵舰先沉,第112—119页。
② 《畿辅同官录》,第4册,候补,各项知县。关于生员的期望寿命,参看张仲礼《中国绅士——关于其在十九世纪中国社会中作用的研究》,第102—106页。

而吴宝棣很可能属于"第一宗",即督抚的同乡或世交①。清末的四川省也是同样。根据记载②:

> 至光宣之际,藉新政需才,破格用人,仕途益滥。凡与长官有结援之人,或报捐而未经引见验看,或捐升而未经引见,或参革而未经开复,或开复而未经引见验看,或丁忧而尚未服阕,或仅捐虚衔并非实官,亦皆同样得膺差使及委署。稽诸布政使署官册,并无其人。

在这种官场环境下,属于上述"第四宗"的候补官们,自然不会甘心坐等"七八年"或"七八百年"。他们当中的一些人为了尽早得到署事或差委,便想方设法利用贿赂上司来寻找门路。而上司也视贿赂多少决定去取。李鸿章的儿女亲家张集馨的日记中有如下内容。

咸丰六年(1856)十一月,被任命为署理甘肃布政使的张集馨离京赴任途中经过保定。某日,他与直隶的首府(伍案:即保定府)首县(伍案:即清苑县)及候补官数人小饮。其间,众人谈起总督桂良治下的直隶官场的风气③:

> 何道奎:桂良之孙金华太守麟趾来省张罗,并同其祖至永定河巡查工段,连河员及地方,共鸠金三万余两。如卑职之候补苦员,亦致送五百金,否则此官不能做矣。
>
> 高墨缘:卞子城署冀州,所费不赀,每节尚以千金为馈,是以署事几及年余,未曾更动。……枣强现在出缺,已托人纳贿疏通,并请丈人陈子嘉来省穿插,子嘉与桂良有手尾。
>
> 余荫朝:屡次到班,非纳贿不能下委,余已求桂良门纪某,如能委署南宫,当以七百金为谢,上五数而下二数也。

与这些虽自称"候补苦员",但是尚能拿出"五百金"的人相比,真正

---

① 《畿辅同官录》,第四册,候补,各项知县。袁世凯《袁世凯奏议》,卷二十,直隶防军先次剿平拳土各匪汇案择优请奖折,光绪二十八年九月二十二日,中册第658—664页。
② 周询《蜀海丛谈》,卷二,候补人员,第322—323页。
③ (清)张集馨《道咸宦海见闻录》,第199页。

的"候补苦员"为生活所迫,连纳贿的能力的都没有。如《二十年目睹之怪现状》中所说,陈仲眉"也是个榜下的知县,而且人也很津明的。却是没有路子,到了省十多年,不要说是补缺、署事,就是差事也不曾好好的当过几个。近来这几年,更是不得了。有人同他屈指算过,足足七年没有差事了。你想如何不吃尽当光,穷的不得了!前几天忽然起了个短见,居然吊死了"。身后留下的除了妻子之外,仅有"一个棕榻、一条草席"①。

在清代后期的相当长的时间里,署事与差委一直是解决候补官员任用问题的主要方法。但是在捐纳出身者接踵而至,候补官员纷至沓来的清代后期,彻底解决候补官员的在外补缺问题,"固已属遥遥无期",即便是让全体候补官署事一次,"亦非十数年不能得一年"②。同治六年(1867),江苏候补知县龚之格"以实缺候补十七年,名在最前,久不得补"。一直等到第二年四月,在苦等18年之后,才终于轮到一次署事的机会③。

六、署事和差委的收入

候补官员在未得缺以前可以按照身份的不同,领取微额薪水,维持"最低生活水平",但与本文有关的捐纳出身人员则被除外④:

> 各省试用人员,由捐纳分发,不准支给薪水银两外,其由科目截取并各项议叙人员奉旨发往各省试用者,同知、知州等官,每员月给薪水银四两,通判、知县等官,每员月给薪水银三两。佐贰杂职每员月给薪水银二两,造入耗羡项下报销。

---

① 吴趼人《二十年目睹之怪现状》,第十四回,宦海茫茫穷官自缢、烽烟渺渺兵舰先沉,第112—119页。
② (清)盛康《皇朝经世文续编》,卷十八,吏政一,丁日昌,条陈力戒因循疏,第17a—23a页。
③ (清)张文虎《张文虎日记》,同治六年十月二十六日,第110页。《民国宝应县志》,卷九,官师志,第34a页。
④ 《(同治)钦定户部则例》,卷七十七,廪禄,试用人员薪水,第37a页。

对于明知补缺难的大多数候补官来说,靠着这微薄的薪水实际上是难以维持生活的。因此,对于他们中的大多数人来说,署事与差委虽非正式官职,但是可以救得眼前之急。清朝政府对署任官员领俸有如下规定①:

> 直省试用官委署升迁事故员缺,准支俸银,马夫工食。暂署差缺,不准支给俸银。其马夫工食按照在任日月,正署之员,各半分支。

根据这一规定,如果是署理无人之缺,则可以领得全额俸禄和马夫工食。但如果是代理正印官暂时离任之缺,则只能按照在任日期,与正印官平分马夫工食银两。此外,试用候补人员在委署员缺时,只能根据规定"半支"该缺应得养廉银②。

在清代后期,捐纳出身者中的相当一部分人,是借钱报捐的。同治十三年(1874),福建巡抚王凯泰上疏说③:

> 捐章折减以来,持银百余两而为佐杂矣,持银千余两而为正印矣。即道府例银钜万以上,今亦折算至三四千两矣。家非素封,人思躁进。或攒凑于亲友,或借贷于商贾。以本求利,其弊可胜言哉。

对于那些依靠"攒凑"和"借贷"报捐的人来说,他们不仅要偿还以往"十数年"之债,还要为今后"十余年"作准备,所以能否得到署事和差委是十分重要的。丁日昌曾经说过,"署事补缺"的收入,"少者数千,多者数万"④:

> 此前十数年中,衣服饮食之资,养家应酬之费,皆须于一年署事中取偿。而后十余年中,衣服饮食之资,养家应酬之费,又须于一年署事中预置。……无恒产因而无恒心。非独人尽无良,抑亦穷困有

---

① 《(同治)钦定户部则例》,卷七十三,廪禄,署任官员领俸,第36b页。
② 《(同治)钦定户部则例》,卷七十六,廪禄,署任官员养廉,第8b页。
③ (清)盛康《皇朝经世文续编》,卷十三,治体六,王凯泰,胪陈时事变通疏,第73a—77b页。
④ (清)盛康《皇朝经世文续编》,卷十八,吏政一,丁日昌,条陈力戒因循疏,第17a—23a页。

以致之也。

与年收数千乃至数万的署事相比,同属临时性工作的差委则因各局情况不同,收入相差较大。前面介绍过的苦苦等候18年才轮到署事机会的龚之格曾经在保甲局当差,依靠年间288两的"薪水"养活全家"四十余口"。某日,"房主人有婚丧事,促迁居,茫然无策,可叹可怜"。同治七年(1868)四月,他被委署江苏省宝应县知县,但是"虽得缺而四大皆空,赴任尚未有策也"。四月二十二日,龚之格在向张文虎辞行的时候,"言赴任尚缺百金,属代谋之"。结果,张文虎辗转借钱相助,龚之格才得以赴任①。

与年收288两的保甲局相比,厘金局的差委则收入颇丰。给事中刘曾在上奏中说:②

> 查近日各省差事,以厘局为最优。往往委员得一厘差,每年可获万金或三、五千金不等。官场中竟有谓署一年州县缺,不如当一年厘局差之语。臣维厘局薪水,为数无多。若非浸蚀朘削,何以得此钜款? 此中情弊,可以概见。

由此可见,候补官中的许多人不是将署事和差委视为"练其事"的地方,而是如丁日昌所说,将首先其视为"取偿"和"预置"前后各十多年间"衣服饮食之资,养家应酬之费"的场所。在这种心理状况下,他们对于交办的公务往往没有责任感。例如,湖北某候补知县"奉委赴外县查办事件",行前,该人来向当时担任武昌府知府的方大湜禀辞。方大湜向该人询问事件的原委,二人之间有如下对答:

> 对曰:札文繁琐,未曾细阅。

---

① (清)张文虎《张文虎日记》,同治六年十月二十六日、同治七年四月十五、十九、二十二日,第110、133—134页。
② 《光绪朝东华录》,光绪五年十二月乙卯,总851页。《清德宗实录》,卷一百六,光绪五年十二月乙卯,第54册第562—563页。关于清末四川省各局的差委收入,请参看周询《蜀海丛谈》,卷二,各局所,第297—317页。

231

> 问：何以不细阅？
>
> 对曰：自己身任地方应办之事，无不尽心竭力。若代他人办事，便觉意懒心灰。是以未曾细阅。

这位候补官的回答可以说是十分老实，我们从其中可以看到一部分候补官对差委的看法①。

七、"衙参"

如上所述，能够得到署事和差委机会的只是候补官中有门路、或有机遇之人。对于很多候补官来说，他们虽然可以领到微薄的薪水，但是与失业者相差无几。有人在《申报》上撰《穷员文》一篇，形象地描写了候补官员的心态与生活实际②：

> 员以穷称，官之误人也。夫仕非为贫也，而有时乎？为贫奈何？既称员而仍穷耶，则官之误人也，实甚闻之。官久自富，此为实缺之员言之，而非为候补之员言之也。……候补者并有数年不得一差，室比磬悬，难供食指。官如匏系，徒筑债台。吁可慨乎。

他们虽然穷，但是在身份上毕竟属于官。而且，他们作为候补人员，必须在指定的"衙期"前往督抚衙门，谒见长官，站班参加各种仪式。这就是"衙参"。在候补官接踵而至的清代末年，衙参时蜂拥而至的候补官可谓盛况空前③：

> 至于各省候补人员，更较京中倍蓰。向来道员候补最少，近则各省或多至数十员，府厅州县以数百计，佐杂则以千计，每逢衙参之日，官厅几不能容。

面对着上百成千的候补官，"大宪并识认之不暇，遑望鉴别其智愚不

---

① （清）方大湜《平平言》，卷一，候补当差，第600页。
② 《申报》，光绪元年八月二十四日。
③ （清）葛士浚《皇朝经世文续编》，卷十，治体十，王凯泰，应诏陈言疏，第9a—10b页。

肖哉"①。而且,衙参者中又多穷员。有人这样描写候补佐杂②:

> 予在署中,见佐杂上衙门时,面多瘦而黄,头多俯而下,帽靴多十年前物,袍褂多三十年前物。严寒无一人服皮服、绵袍、棉褂,亦或补缀十数处,甚有被夹袍、夹褂之人。出署则帽靴袍褂以一巾包裹,自提而归,罕用仆者,此亦所谓官者也。

衙参作为一种制度,不仅仅是部下谒见上司,而是有着更重要的作用。因为,候补官是否参加了衙参,往往成为在决定差委和署事人选时的重要参考。但是,除了候补道和候补知府那样官阶较高的官员之外,一般的候补官即便衙参也不一定能得到督抚的召见,甚至进不了督抚衙门。他们中的一些人将写有"官衔职名"的纸片交予督抚衙门的把门人役,随即离开。在候补官有如过江之鲫的年代,即便有人在衙参时缺席,也不会太过显眼。这样,有些补缺或轮委顺序尚远的候补官,以及希望避开某些官缺的候补官便在平常的衙参时缺席,当他们认为有必要时再参加衙参。例如,光绪十八年(1892)正月,属于"轮委缺"的江苏省安港巡检司的"署事"即将轮到尽先补用巡检冯瀚,但是无论如何也找不到他本人。结果,从衙参名册得知,冯瀚自光绪十七年(1891)十月以来,一次也没有参加过衙参。但是,光绪十八年(1892)二月,"顶委缺"(伍案:出缺后因无相应官职人员可以署理,故以其他官员代为署理,如本件以巡检署典史)的丹阳县典史的署事轮到了冯瀚。他很早就得到了消息,参加了二月初的衙参③。他的作法很可能是在寻找获利较丰的官缺。

与冯瀚那样瞄准肥缺美缺才参加衙参的候补官不同,有些人觉得署事和差委的希望渺茫,不办理任何手续,随意离开省城他往。光绪年间的江苏省就有几个月乃至几年不来谒见上司,也没留有联络方式的候补

---

① (清)葛士浚《皇朝经世文续编》,卷十,治体十,王凯泰,应诏陈言疏,第 9a—10b 页。(清)邵之棠《皇朝经世文统编》,卷三十三,内政部七,铨选,论停止分发,第 7a—b 页。
② (清)欧阳昱《见闻琐录》,候补官情形,第 49—50 页。
③《江苏省例四编》,详中小班候委人员数月未经呈递职名扣委,光绪十八年三月。

官。这给决定署事和差委带来了不便。江苏省当局为此特别规定,对无故不参加衙参的候补官进行处罚,欠席一次记"大过一次",欠席超过三次"永停差委",效果并不明显①。前述顺天府档案记载的这种"久未到衙"的候补官,实际上在顺天府和很多省都有②。

八、候补官的"官箴"

候补制度的原意是在实际行政事务中"练其事",由此发现人才。随着人数的不断增加,候补官日益成为官僚群体中的一个有职无缺的特殊部分,也成为社会上的一种似官非官的特殊现象。适应着这种情况,在清代中期以后出版的官箴书中,陆续出现了专门谈及候补和候补官员的部分。其中十分有名的当推方大湜的《平平言》③。

方大湜在《平平言》卷一中以相当的篇幅,强调候补制度的重要性,具体列举了很多候补官员应该注意的事情。其相关条目有:

立志在候补时	候补宜读书
候补宜择交	候补宜虚心
候补宜谨言	候补人员见上司
候补当差	出差勿计较供应程仪
候补时宜访求幕友	候补宜检用
候补时同寅女眷不宜往来	

方大湜上来就强调"立志在候补时":

> 士大夫未遇之先,谁不想做好官,何以一入仕途,便变成两截人。则候补时为邪说所误也。故到省候补,即须立定主意,切不可惑于邪说。

---

① 《江苏省例四编》,详明在省候委各员一月内并不来司禀见挂号遇轮到班扣委,光绪十六年十一月。
② 中国第一历史档案馆所藏顺天府档案,第四卷,第023、024号。
③ (清)方大湜《平平言》,卷一,第596—601页。

相比之下，何士祁的《候补二十一则》虽然不如《平平言》广为人知，但是作为专论候补官问题的文献值得注目①。其条目如下：

宜练习公事	请教首府首县
省志律例不可不读	同寅宜虚衷咨访
不可党同伐异	官廨言语尤宜谨默
幕友须平时延访	长随宜随时体察
案未讯定不可先禀上司	衙参陋习不可厌烦
遇有差委奉行宜谨	寓中度用务从节俭
寓中要整肃安静	择交不可不慎
嫌疑不可不避	通行信札必须详慎
燕会宜省	客宜日拜客来宜相见
女眷不宜往来	不可用本地女仆
寓中事宜	

对照阅读方大湜的《平平言》与何士祁的《候补二十一则》，可以发现两书既有基本一致，也有十分有趣的不同之处。请看以下事例。

例如，关于候补官的衙参问题，方大湜没有直接论及，但是要求在上司面前举止要"恭敬"，应对要"详明"，但"不应多口"。何士祁则立有"衙参陋习不可厌烦"一条，在承认衙参属于"陋习"的同时，强调"虽无与于公事，而有关于体统"，是"候补分内之责"。

关于候补官员同寅女眷的往来，方大湜持否定态度：

> 女眷在寓与居家一样，裙布钗荆，未为不可。若听其出门拜客，或结姊妹，或拜干亲，则见多识广，衣服必求华丽，首饰必求精良，宴会馈遗必事事求胜，此亦耗财之一端，不仅惹是非也。

---

① （清）盛康《皇朝经世文续编》，卷二十五，吏政八，何士祁《候补二十一则》，第 13a—15b 页。何士祁为浙江省山阴县人，道光二年（1822）进士，官至江苏省川沙厅同知。秦国经等编《清代官员履历档案全编》，第 3 册第 285 页。

何士祁对此亦持同样观点,认为"女眷不宜往来"。他更认为:"内言出阃,多由本地女仆,候补固不可用,得缺后更宜切戒"。

他们二人都认为应该在候补期间多多读书,并且开列了大致书目。何士祁认为,应该详细阅读"省志律例",尤其是"犯奸杂犯断狱诬告诸条"。而被时人誉为"循吏"的方大湜则开列"经史"、《历代名臣言行录》和官箴书之外,还列举了《海国图志》和"各国通商条约",他特别指出:

> 海上用兵以后,泰西各国互市者纷至沓来。《海国图志》所载以西人谭西事,言较确实。凡各国之沿革始末,建置永促,以及山川形势,道途远近,风土人情,物产技艺,无不灿若星罗,瞭如指掌。其要旨则不外欲筹夷事,必悉夷情,以夷攻夷,以夷款夷,师夷长技以制夷命数语。此留心边务者必读之书。各国通商条约则现行事例也,遇有中外交涉事件,必取决于条约。

在这里我们看到,方大湜十分关注当时国家与社会的变化,已经开始意识到需要培养具有近代知识的官僚。

第五节　候补官补缺问题的对策

清代的候补制度在嘉庆年间之前,虽然存在许多问题,但基本上维持着相对正常的运转。如本章所说,捐纳出身候补官在求缺中主要使用在外候补的方法。这一从雍正皇帝本人最初提案的原意来看,是为了让候补官员等通过在实际行政中得到锻炼,并借此发现人材,就地录用。这一方法在最初发挥了相当的作用。乾隆年间,包括直隶总督方观承在内,一些地方督抚就曾经在"分发人员陆续补用已完"之际,要求派遣新的分发人员①。乾隆三十八年(1773)年底出使北京的朝鲜使节在给本国的报告中提到,捐纳出身者在经过七、八年之后都已经补缺。乾隆四十六年(1781),吏部报告说,在各省候补的"试用人员"中的约60%已经"补

---

① 中央研究院历史语言研究所藏清代内阁大库档案,第 079508 号。

缺"完毕①。嘉庆初年,也有一些地方督抚要求派遣新的候补官员。例如嘉庆元年(1796)二月,湖广总督毕沅以"差遣纷繁"为理由,要求派遣"候补丞倅州县十二员"和"候补佐杂二十员"。在接到他的要求之后,嘉庆皇帝随即于三月二日发出上谕,命令吏部尽快挑选合适候补人员,发放湖广。此外,两江总督苏凌阿也有过同样的要求②。

但是,在此之后,这一制度发生了彻底的变化。随着捐纳频开,分发和指省分发成为可以常时报捐的项目。结果,很多捐纳出身者利用捐纳制度的规定,自己选择以候补官员的身份前往各省等候署事差委和补缺。这样,清末的候补制度丧失了创立初期的精神,沦落为以捐纳出身者为中心的候补官员的"临时避难所"或"临时收容所"。而且,与"累千盈百"和"难计其数"的候补官员相比③,包括补缺、署事和差委在内的机会有限,已经无法解决候补官员的"失业问题"。在官僚定数维持了大约两百多年,几乎没有多大变化的清朝官僚制度的内部,实际上已经没有解决这一问题的任何可能。这表明,候补制度作为清朝官僚人事制度的一个重要组成部分已经开始瓦解。

面对这一问题,负责全国文官人事的吏部乃至清朝中央政府实际上也采取过一些对策。

捐纳,其中尤其是任官资格捐纳,通常由户部和吏部负责实施。关于捐纳问题的上奏和条例等等,往往由户部和吏部连名。作为户部来说,它所关心的是如何增加收入,所以陆续推出减成报捐、延长卯期等等方法,尽一切可能从民间吸收正规财政以外的收入。至于捐纳出身者的补缺问题,不仅为职掌所限,总之基本不在户部的关心范围之内。吏部完全了解开办捐纳对于维持国家财政的重要意义,也完全知道在既有官僚制度之内已经不可能解决候补官员的补缺问题。吏部面对候选候补

---

① 《同文汇考》,补编卷六,使臣别单六,第1068页。《各部院条例册》,准捐分发等例,乾隆四十六年十二月二十日。
② 中国第一历史档案馆编《嘉庆道光两朝上谕档》,第1册第73、114页。
③ 《海防事例》,海防铨补新章,第2a、5b—6a页。

官的壅滞问题,在可能的条件之下还是尽了一定的努力。这就是,以头疼医头,脚疼医脚的方法制定各种仅能用于目前铨选问题的"章程"和"例册",试图缓解壅滞问题的紧迫性和严重性。兹列举其中的一部分①：

①《变通选法条款》(道光二十五年四月)
②《变通补缺章程》(道光二十五年六月)
③《酌议分缺间用与回避即用人员序补章程》(咸丰五年三月)
④《暂行变通章程》(咸丰二年—同治八年)
⑤《大八成铨补章程》(同治八年六月)
⑥《奏进士知县班次壅滞请将选补章程量为变通例册》(光绪六年十月)
⑦《海防事例捐纳各员铨补章程》(光绪十一年二月)
⑧《奏吏部选补章程请酌量变通例册》(光绪十一年六月)
⑨《郑工新例铨补章程》(光绪十三年)
⑩《海防新例铨补章程》(光绪十五年)
⑪《选轮定例》(光绪二十五年)

此外,还有不少直接发给各省的"通行"或"通饬"。这些看似名目繁多的铨选补缺规定,其基本原则都是一样的,即仅仅是为了对应某一类或某一时期的具体问题,对《钦定吏部铨选则例》的规定加以"变通",按照"以新例压旧例"的方法,优先解决按照最新事例报捐之人的铨选补缺问题。这种作法的目的,无疑是为了配合户部确保正规财政外收入的基本方针。

但是,吏部这些努力在严峻的现实面前基本没有发生太大的作用。如上所述,掌握在外候补官员补缺大权的地方督抚,将本来应归"部选"的官缺"扣留外补",使得吏部无缺可用,导致吏部主管的月选逐步变得有名无实。

另一方面,督抚在同一时期也陷于困境。随着在外候补官员有如潮水一般涌入各省,在人数上大大超过官僚定员的约束和外补制度的处理

---

① 史料⑪未见。请参看许大龄《清代捐纳制度》第122—127页。

能力。定员的官缺仅有"数十人",但是排队等候的候补官员却有"千余人"。在这种情况下,外补制度本身已经无法解决候补官员补缺问题了。面对这种情况,一些地方督抚表示今后无法接纳新的分发人员,不断向皇帝请求停止向本省派遣"分发"人员①。

由此可见,随着捐纳的泛滥,无论制度如何变通,月选和候补的制度都已经无法缓解捐纳出身人员的补缺问题。清朝政府在最终无法按照当初的诺言,将他们自身"造就"的大批官僚预备军吸收进入官僚制度内部。面对这种逐步恶化的现象,清朝中央政府在相当长的时间没有采取任何带有根本意义的措施。其原因恐怕在于,面对长期无法缓解的财政困难,清朝中央政府在维持现行人事制度和捐纳制度的大前提之下,基本不存在选择政策的空间。结果,在太平天国结束之后,清代人事制度也开始了瓦解的过程,无论采用什么方法也难以挽救。光绪三十四年(1909)八月,吏部宣布停止官僚铨选人事制度的核心部分,即知州知县"部选"②。我们由此不仅可以看到,官僚人事最重要部分的月选制度已经名存实亡,而且可以看到中央吏部已经无力应付官僚人事的问题。在这种情况下,吏部的存在价值逐步丧失,到了三年后的宣统三年(1911),吏部也被宣布废除。原来主要考虑他人铨选补缺问题的吏部官员被裁缺,轮到他们自己要考虑自身何去何从的问题了。

结　语

捐纳制度与候补制度的关系,是研究中国官僚制度史和官僚生活史的重要问题。在本章中,我们以捐纳出身者如何得缺的问题为中心,探

---

① 关于停止分发,《光绪朝东华录》有如下记载:江苏(光绪六年七月戊戌,总 961 页),广西(光绪六年九月甲申,总 986 页,光绪七年九月戊戌,总 1184 页),江西(光绪七年二月丙辰,总 1058 页),河南(光绪七年七月己卯,总 1137 页),广东(光绪七年八月己丑,总 1179 页),四川(光绪七年十一月癸巳,总 1230 页)。关于各省举办捐纳,《光绪朝东华录》有如下记载:山西(光绪五年闰三月己卯,总 703 页),四川(光绪五年十一月辛卯,总 840 页)。
②《申报》,光绪三十四年八月十五、十六日。《大清最新百官录》,各部奏准新章。

讨了清代捐纳制度与候补制度的关系。我们由此加深了对以下问题的认识,即捐纳规定与官僚铨选人事的实态,世界官僚制度史上十分特殊的失业者集团——候补官员——在清代出现的理由,以及候补官员的生态环境。

如同本章中说明的那样,清朝政府在乾隆年间以前,对实施任官资格的捐纳,往往持比较的慎重的态度。捐纳的收入只限用于各类临时性的财政开支,故只是在确有必要时才实施暂行事例,一旦达到目的,立即宣布停止,在平常时期仅允许实施与初授等无关的现行事例。尤其是在乾隆四十年代以后,虽然有人不断要求开办暂行事例,但是清朝政府在长达二十年的时间里没有开办过一次暂行事例。对于那些要求开办暂行事例的大臣,乾隆皇帝在指明"纳赀授官,本非善政"之后,下令"此奏断不可行"。乾隆皇帝列举的原因之一就是对去铨选制度的影响①:

> 内外职官额缺,止有此数。若捐例一开,正途必至壅滞,有早岁登科,至皓首不得一登仕籍者。朕方为寒畯疏通进身之阶,每届数科后,即举行挑选一次,又岂肯令赀郎壅其仕路乎?

可见,乾隆皇帝在决定捐纳开办与否的问题时,还考虑到官僚制度整体如何平稳运转的问题。在这种情况下,候补制度至迟到嘉庆初年还能够相对有效运转。本章中介绍的乾隆四十年代在各省的大多数候补官员已经补缺,以及嘉庆年间初年地方督抚要求派遣分发人员的事例,就是这一时期候补制度在有效运转的明证。

但是,为了镇压白莲教,清朝政府自嘉庆三年(1799)起实施了大规模的"川楚善后筹备事例"。此后,各种可以报捐任官资格的暂行事例依次付诸实施。截止到清朝末年为止,清朝政府始终将捐纳作为增加财政收入的有效方法,多次开办暂行事例,造就出其自身无法吸收的数目巨大的官僚后备军。捐纳出身者无限制地大量出现,又阻碍了进士等正途

---

① 《清高宗实录》,卷一千二百六十一,乾隆五十一年闰七月庚寅,第 24 册第 964 页。

出身者的铨选补缺。这样,清代的官僚人事制度不仅无法解决候补官员的问题,也无法解决初授的问题,逐渐接近了自身的顶点和终点。换句话说,清朝统治者已经无法将其自身造就的数目庞大的官僚后备军吸收进入体制的内部。以在实际行政中培养人材为目的的候补制度,在清末变成了捐纳出身候补官员的求缺的"捷径"和"紧急避难所"。而对于国家来说,候补制度变成了"扔掉"吏部月选无法处理的候补官员的方法。总而言之,候补制度已经变质,完全失去了创立时的作用。如果从官僚制度的历史来观察这一问题,可以看出,长期以来支持着传统中国和中国官僚文化的官僚制度,具体来说就是以吏部铨选为中心的官僚人事制度,在对其面临的问题经过无数次的改良和再改良之后,终于在20世纪初基本耗尽了其体内积蓄了千年以上的能量,接近了自身的终点。

　　问题到此远未结束。候补官员们驱使一些可资利用的手段,设法通过一个个狭窄的关口也要成为官僚的执着,虽然在清代后期上演了无数的悲喜剧,但在以后的中国并非销声匿迹,即便在今日我们依然可以感到它阴魂未散。其原因之一恐怕是,一旦突破了最后关口,如愿以偿地获得实缺,成为名副其实的官僚之后,其可以获得的利益不仅足以抚慰心理的创伤,而且可以带来常人难以想像的富贵荣华[①]。

[①] 关于捐纳制度对近代中国社会的影响,请参看岩井茂树《中国近世财政史の研究》,附录,《中国の近代国家と财政》。关于对清朝官僚制度的影响,除了许大龄《清代捐纳制度》之外,请参看近藤秀树《清代の捐纳と官僚社会の终末》,分载《史林》,第46卷第2号,1963年3月,第82—110页;第3号,1963年5月,第77—100页;第4号,1963年7月,第60—86页。

第五章 清代官僚的晋升与捐升
——以捐升制度的确立为中心

序　言

如本书第 2 章所指出的那样,清代捐纳制度大致有两个对象。其一为被称为俊秀的民间人。民间人按照捐纳制度的规定,可以捐得贡监生出身、官僚的任官资格、虚衔和封典等。其二为被称为捐员的官僚,其中既包括现任官员,也包括候选候补官员。《清史稿》中对官僚的捐纳项目有如下说明①:

> 而职官并得捐升、改捐、降捐、捐选补各项班次、分发、指省、翎衔、封典、加级、纪录。此外降革留任、离任、原衔、原资、原翎得捐复。坐补原缺、试俸、历俸、实授、保举、试用、离任、引见、投供、验看、回避得捐免。

降革留任、离任、原衔、原资、原翎的捐免属于以合法的金钱手段减免或取消行政处分,关于这一问题将在第 6 章中讨论。根据上述史料,我们可以知道,允许各类官员报捐的项目为 21 个。这些项目中既包括

---

① 赵尔巽《清史稿》,卷一百十二,选举志,第 3233 页。

捐升,也包括利用捐纳免除试用期乃至各类人事手续。总而言之,以各类官员为对象的捐纳主要是与官僚的晋升人事有关的项目,从捐纳项目的数目来看,明显地多于民间人可以报捐的项目。

到目前为止的关于捐纳制度问题的研究,主要集中在前者,即以民间人为对象的捐纳。至于现任官员是如何利用捐纳制度谋求自身晋升的问题,还有许多尚值得探讨的余地。我认为,此种现象的存在反映了包括清朝在内的、近代以前中国官僚制度的研究现状。学界对近代以前中国官僚制度的研究主要集中于对科举制度的研究,也涉及了与之相关的官僚人事、监察制度等问题,并已取得了很多成就。但是,与进士举人的初授以及京察大计等问题相比,对经常性地进行的晋升人事和职务考评的研究则略显不足。

官僚被正式录用之后的晋升问题,对于研究包括清代在内的近代以前中国官僚制度的设计和运用,是一个无法也不应回避的问题。毫无疑问,不希望晋升的官僚几乎是不存在的。国家也利用官僚们的这种心理,将晋升作为操纵官僚于股掌的重要手段。无论从何种意义上来说,官僚的晋升几乎在所有时代都是官僚人事的中心问题。由于这一问题不仅仅影响着官僚群体,而且波及到整个社会,所以不应忽视对它的研究。通过对这一问题的研究,我们可以加深对清代官僚制度的结构和运用的认识,从官僚寻求晋升问题的角度去观察近代以前的中国社会。

本章的目的是,探讨捐纳制度与清代官僚晋升制度之间的关系,以及捐纳制度对官僚人事行政的影响。以下,首先概要地叙述清代官僚晋升制度的结构,然后对捐纳制度在官僚晋升人事中的运用问题进行分析。

第一节 清代的官僚晋升制度

一、官僚的任用

清代将任用官僚称为"授"。现任以及享有任官资格、但尚未得缺得官僚根据"授"的方法被分成6个"班"。即所谓的"授官之班"。关于这6个"班"《(嘉庆)钦定大清会典》中有如下说明①：

> 凡授官之班有六。一曰除班，二曰补班，三曰转班，四曰改班，五曰升班，六曰调班。

张友鹤对这6个班的含义有过简要的解释②：

除班：最初任官，或学习期满补缺叫做除。如进士一甲一名除修撰，额外主事三年学习期满除主事。

补班：因某种原因去职，如丁忧、结婚、患病、回避等等，以后复职叫做补。

转班：在同一官署内，转任同一品而地位略高的官职叫做转，如御史转给事中。

改班：由甲官署转任乙官署的官职叫做改，如左都御史改任尚书，郎中改任御史。

升班：由低级官职任用为高级官职叫做升，如尚书升大学士，知府升道员。

调班：由甲官署改任乙官署同等官职，与改班略同，但属于特定者；或调任某一官职，而有一定任期者叫做调。前一例如各部院尚书调吏部尚书，后一例如刑部主事任本部提牢厅。

由此可见，除班是以解决初授官僚和学习期满官僚的任职为目的的，其余5个班都是以解决现任官僚的平移晋升为目的的。这就是说，等待平移、晋升和降级的现任官僚，都是被分别归入补班、转班、改班、升班和调班进行铨选的。

---

① 《(嘉庆)钦定大清会典》，卷六，吏部，文选清吏司，第9a—27a页。分类授官虽然在嘉庆年前以前已经存在，但是上述关于授官各班的说明，不见于《(嘉庆)钦定大清会典》以前的康熙、雍正和乾隆朝的《大清会典》。在《(光绪)钦定大清会典》中，继承了嘉庆年间的表述。

② (清)李宝嘉《官场现形记》，附录，清代的官制，第1067—1068页。

二、官僚的晋升

(1) 晋升人事的基本原则

清朝初年,在考虑现任官僚晋升问题的时候,首先重视该官僚的业绩。例如,顺治十五年(1685)以前,外官晋升时重视的是,"俸深有荐,无钱粮盗案参罚者"。这里所说的"俸深"的"俸"是指支取俸禄,"深"是指时间的长短,故"俸深"就是在任期间相对较长。此后,清朝政府调整了决定晋升人事时的先后顺序①:

第一,"先尽查解逃人并带征钱粮全完不论俸次即升,及卓异官"。即优先晋升在处理逃人、征收赋税方面做出成绩,并且得到"不论俸次即升"评价的官僚,以及在大计时获得"卓异"评价的官僚。

第二,"俸满官员内论运完白粮"。即任满官僚中完成漕粮运输任务者。

第三,"加级纪荐"。得到"加级纪录"和"保举"的官僚。

第四,"论俸"。即上记以外任满官僚。

这样,与出身资格的高低和在任期间的长短相比,在晋升时更重视官僚的业绩,这对于刚刚在全国范围内建立的新的统治的清朝政府来说,是一种旨在尽快实现安定局面的人事政策。这种重视官僚业绩的人事政策在清初特有的逃人问题趋于沉静以后依然被继承下来。

我们从顺治年间确立的上述晋升人事的基本原则中,可以看出在考虑具体的晋升人事时的两个标准。其一为论功,其二为"资考"。上述的第一、二、三属于前者,即能够如期征收税粮,抓捕逃亡人口,在定"黜陟"的京察和大计等定期考课中获得"一等"评价之人,他们会被授予"卓异即升"的资格,在考虑晋升时不受在任期间长短的限制。后者的"资考"也就是"俸序",即在任期间。在政府考虑晋升人事的时候,除了极少数

---

① (清)鄂海《六部则例全书》,吏部则例,卷上,升转,推升资俸,第33a页。根据同一资料的说明,上述第2项和第3项在康熙三年(1664)被宣布中止。

的"卓异即升",就是不待"俸满"即得到升迁者之外,几乎所有的官僚都是根据官缺的不同,在服务一定年限之后,才能得到晋升的资格①。这种按照在任期间(伍案:即"论俸")依次考虑晋升人事(伍案:即"推升")的方法,被称为"论俸推升"。也就是说,根据年功序列排定的顺序(伍案:即"推")晋升(伍案:即"升"官僚)。上述第四项的"论俸",就属于推升,即论俸推升。

(2)"资考"

清代,人事行政也被称为"铨政"。铨政的基本原则可以大致概括为6项指标,即"别其流品,观其身言,核其事故,论其资考,密其回避,验其文凭"②。这里的流品指被区分为正途和杂途的官僚出身,身言指官僚的身体风貌和举止言行,事故指服丧养亲以及罚俸降调处分,回避指官员不得在本籍或原籍任职,亲属也不能在同一地区或同一衙门任职,文凭指证明官员出身资历的各类官私文书。资考所指主要就是官僚的在任期间。

随着清朝对全国统治的逐步确立,官僚人事制度也逐步从原来的以应对非常时期急需为主转向应对安定时期的人才需要为主,晋升官僚时资考的重要性开始上升。这一点也表现在《大清会典》和《铨选则例》中。以《(光绪)大清会典》为例,上述6项指标中,对资考的说明最为详细。《铨选则例》中对流品和其他各项虽然有不少原则性的规定,但相比之下,对资考及其计算方法的规定却显得十分详细严明。这反映出晋升官僚时需要遵循一定的顺序,《大清会典》和《铨选则例》中关于资考的规定就是为了排列顺序的。如果不将一定数目的官僚按照一定的标准编成序列,那么在考虑官僚晋升人事的时候,不仅难以保证一定的客观性和公平性,而且会为人事行政的具体作业带来障碍,影响官僚晋升工作的顺利进行。这样,我们可以认为,以某种"数值方式"表示的

---

① 《(乾隆)钦定大清会典》,卷五,吏部,文选清吏司,铨政,第1a页。
② 《(光绪)钦定大清会典》,卷十,吏部,文选清吏司,第119—125页。

资考与业绩等,在处理官僚的晋升人事时被作为排列晋升对象顺序的有效指标。

例如,清代对布政使和按察使以下的地方官在晋升时的资考、具体说来就是这些地方官的历俸期间(伍案:亦称阅俸期间、食俸期间)有如下规定①:

> 外任官即升卓异者不论俸,余皆论俸推升。司道阅俸二年始许升转,知府以下有边俸、有腹俸。腹俸三年始许升转,阅边俸二年半准三年。边俸腹俸相等者,先升边俸。

我们根据这一规定可以知道,晋升"即升卓异"者之外的其他官僚时计算资考的基本原则就是上面介绍的"论俸推升",也就是说,一定的历俸期间是考虑晋升人事的基本条件,只有满足这一基本条件才能有晋升的可能。具体说来就是,布政使、按察使和道员的最低在任期间均为两年,在"边俸"地域(伍案:政府指定的位于边远地区的府州县缺,如云南的开化府和广西府的正杂各缺)的知府以下各级官员则为两年半,而在腹地省份的"腹俸"地域任职的知府以下官员则至少需在任三年。可见,布政使以下各级地方官员在任两年或三年是他们求得"升转"的必要条件。

各省的高级官员如总督、巡抚、学政、布政使、按察使和盐运使等除奉特旨补授者(伍案:即特简)之外属于由皇帝直接任命的"开列缺"。即在决定人选时,由吏部"开列应补应改应升之员,具题请旨"②。关于开列的具体内容,请看以下史料③:

嘉庆二年(1797)二月二十三日,在考虑按察使人选时,吏部开列了"现任俸深道员"的名单。

---

① 《(乾隆)钦定大清会典》,卷五,吏部,文选清吏司,铨政,第11a页。
② 《(光绪)大清会典》,卷八,吏部,文选清吏司,第104页。
③ 中国第一历史档案馆编《嘉庆道光两朝上谕档》,第2册第342页。

满洲道员

山西归绥道齐布森_{五十一年六月简放道员历俸十一年}

湖南辰永沅靖道成宁_{五十五年十月简放道员历俸七年}

山东济东道阿礼布_{五十八年三月简放道员历俸四年十个月}

湖北盐法道保定_{五十四年十月简放道员历俸八年}

汉道员

江南盐法道方昂_{五十四年发往江西试用六十年十二月补授道员历俸二年}

云南迤南道颜检_{五十八年十月简放道员历俸四年两个月}

直隶永定河道乔人杰_{五十五年二月简放道员历俸七年十个月}

江西吉南赣宁道雷轮_{六十年二月简放道员历俸二年十个月}

前面曾经说明过,"俸深"是指在任期间较长。这8名"俸深"者就任现在的道员是在乾隆五十一年(1768)至六十年(1795)之间。阅俸时间最长的是长达11年的山西归绥道道员齐布森,最短的是江南盐法道道员方昂。有意思的是,根据吏部在名单上的说明,方昂于乾隆五十四年(1789)发往江西试用,乾隆六十年(1795)十二月补授道员。据此计算,他的在任期间到上奏本名单的嘉庆二年(1797)二月为止只有一年另三个月。但是吏部却注明"历俸二年"。估计是试用期间可以按照一定比例算入历俸期间。无论如何,根据吏部的判断,这8名道员均以具备了升转所必须的条件,即"阅俸二年"。上述名单中虽然注明的这8名官员补缺年月和历俸期间,但是皇帝在最终决定开列缺人选时并非仅仅考虑"俸深"与否[1]。例如,在上述名单中,首先是云南迤南道颜检于嘉庆二年(1797)十二月被任命为江西按察使。他的历俸时间为"四年两个月",从时间上看并非最长,但升迁最早。相比之下,历俸时间最长的齐布森到上述名单做成五年后的嘉庆七年(1802)才被任命为广西按察使。尽管如此,我们从上述名单中可以看出,对于重视"资考"的吏部来说,"俸深"与否是开列人选时的重要标准。

此外,督抚在根据外补制度的规定在各地直接晋升知府、知州和知

---

[1] 钱实甫《清代职官年表》,第2102、2107页。

县的时候,也需要考虑晋升对象的在任期间①。

> 凡府州县官阅俸五年以上,始许题升。三年以上,始许题调。

题升和题调的"题"指题本,即督抚以题本形式将"升"与"调"的人事直接题请皇帝任命。在决定知府、知州和知县的题升人选的时候,"阅俸五年以上"是基本条件,而在决定上述官僚的提调人选时的阅俸条件为在任三年以上。例如,乾隆十年(1745)四月十四日,署理广西巡抚讬庸题报,"广西庆远府天河县知县张镐于乾隆二年二月一日实授上林县知县起,至九年二月六日实授天河县知县止,实历边俸五年已满,称职,请准保题升转"②。

(3)关于资考的补充规定

以上介绍的是关于资考的一般规定。关于历俸期间的计算标准和实施方法等还有十分详细的规定。

首先是"计日扣除"。

乾隆四年(1739)规定了升转论俸扣算日期③:

> 内外官员均按到任日期,较俸升转。如有离任事故者,计日扣除。……其旧任卸事以后,新任未到之前,或本身交代未清,或因患病稽留时日,及往返程途、候缺日期,悉行扣除,不准计算。如有因承办公事未竣,一时不能赴任,经该管官题咨到部,所有留办以后、事竣以前日期,仍准一例论俸。

这里规定了计算历俸期间的如下基本原则。

第一,计算起点为到任日期。

第二,在计算中以天数为单位扣除离任和事故所占时间。

第三,在计算中扣除办理用于前后任交代和候缺赴任的时间。

---

① 《(乾隆)钦定大清会典》,卷五,吏部,文选清吏司,铨政,第13b页。
② 中央研究院历史语言研究所藏清代内阁大库档案,第049259号。
③ 《(光绪)大清会典事例》,卷六十九,汉员升补,升转论俸扣算日期,第5981页。

第四,如确因公务需要不能赶赴新任的,在履行手续之后可以将所需日期等算入历俸期间。

对于在任中遇到事故的官员,其历俸期间可否连续计算的问题也有规定①:

> 内外官员均从实授到任之日论俸,其裁汰告假丁忧告病者,补官后扣除离任月日,仍通理前俸。应降应革遇诏免议,或降革后本案开复,或革职留任后经开复者,亦论前俸。惟废员奉旨起用者,前俸均不准理。

这就是说,历俸期间的计算对象仅限于实授官职的官员,以署理身份代理官职者不属于计算对象。因裁缺、告假、丁忧和告病的官员,以及受到降革处分后被赦免、或降革后被开复的官员,在他们复职之后,将离任月日扣除,可以从当初实授之日起连续计算历俸日期。只有奉旨起用的废员,不能连续计算历俸期间。

根据上述规定,官僚在实授官职之后抵达本任衙门之日,必须以文书形式向上司禀报到任日期。如果是督抚等高级官僚,在以奏折向皇帝报告的同时,还行文通知相关衙门。此举至少具有两重含义。其一,计算在任日期的起点;其二,明确管辖地域发生各类事案的责任所在(伍案:例如发生盗案后的缉捕责任和监督责任)。兹举一例。

光绪二十八年(1902)四月初八日,云南巡抚李经羲被开缺交部议处。初九日,清廷决定以山西布政使林绍年为云南巡抚,在林未到任之前,由云贵总督魏光焘临时兼署。四月十九日,魏光焘接印后即将自己的到任日期奏报皇帝,并以咨文通知有关衙门。在致顺天府尹的咨文中说②:

> 窃照本部堂钦奉电传谕旨,兼署云南巡抚,于四月十九日准前抚部

---

① 《(乾隆)钦定大清会典》,卷五,吏部,文选清吏司,铨政,第11a页。《(光绪)钦定大清会典事例》,卷六十九,汉员升补,升转论俸扣算日期,第5981页。
② 《清德宗实录》,卷四百九十八,光绪二十八年四月戊戌、己亥,第58册第579、580页。中国第一历史档案馆藏顺天府档案,第5卷。

院李(伍案:李经羲)将巡抚关防并兼署云南提督学院关防一并委员赍送前来,本部堂兼署部院,即于是日接印任事。除恭折奏报,并分行文武各衙门一体遵照外,相应咨明。为此,合咨贵府尹,请烦查照施行。

这样,魏光焘兼署云南巡抚的日期从接到关防的光绪二十八年四月十九日开始计算,并且为此日以后发生的事案承担相关责任。

地方督抚在向皇帝题报地方官僚的试俸期满等人事时,也需要说明该官僚的历俸期间。例如,嘉庆十二年(1807)六月初九日,福建巡抚张师诚以题本向皇帝报告捐纳出身的将乐县知县赵锦章试俸已满三年,请求循例销去该员的试俸字样①:

> 兵部侍郎兼都察院右副都御史巡抚福建等处地方提督军务臣张师诚谨题,为钦奉上谕事。该臣看得,定例,捐纳人员,在外道府以下,杂职等官以上,俱令于现任内试俸,三年销去试俸字样。又例载,内外官员,俱按到任日期,较俸升转。如有离任事故者,计日扣除。其因承办公事未竣,一时不能赴任,经该管官题咨到部,所有留办以后、事竣以前日期,仍准一例论俸。兹据布政使景敏会详,将乐县知县赵锦章由贡生遵工赈例捐知县,选授今职。嘉庆八年八月二十九日到任,委解饷银前赴甘肃投纳,十年八月十五日卸事,十一年六月二十九日差竣回闽,八月初三日回任。今自嘉庆八年八月二十九日到任起,连闰扣至十一年七月二十九日止,试俸三年期满,例应销去试俸字样,取具册结,由府查明出考请题。前来。臣查将乐县赵锦章,循分供职,人尚明白。每逢朔望,宣讲《圣谕广训》,务使士民共敦礼让;正学书院延师掌教,文风丕振;征收钱粮,听民自封投柜,并执挡平量,民乐输将;编查保甲,设立门牌,稽察奸匪,词讼案件,随到随审,虚衷剖断,从无拖累。系属称职之员。今试俸三年期满,应请销去试俸字样,除册结送部外,臣谨会题请旨。

---

① 中央研究院历史语言研究所藏清代内阁大库档案,第 122254 号。

我们从这一题本中可以看出,在考虑官僚人事时,证明该人"系属称职之员"的业绩部分固然十分重要,但是题本中那些让人无法得知究竟的考语显得虚无飘渺。例如,"民乐输将"是否等于该县的钱粮已经全额征收完毕,"从无拖累"的词讼案件究竟有多少,等等。这些也许在福建省留有相应记录,但是与在题本中详细叙述该人的资考,即在任期间相比,不能不使人感到在考虑该项人事时,在任期间才是最最重要的过硬条件,或者说基础条件。

第二是对特殊地区任职者的照顾。前面介绍的知府以下地方官在任三年或两年半之后,便可以获得升转的资格,即有可能成为通常的晋升人事的考虑对象①。这些所指的主要是在内地,即"腹俸"地区任职的官僚们。相比之下,清朝政府以在沿海缺、沿河缺(伍案:此处的"河"专指黄河、长江和大运河)以及"边俸"地区任职的地方官僚为对象,制定了俸满即用等优待政策。例如,康熙三十三年(1694)题准②:

> 台湾各官均令遴选调补,三年俸满,如能称职,以应升即用。

雍正元年(1723),清朝政府对沿河州县的升调等做出了如下规定③:

> 河南之祥符、荥泽、中牟、郑州、兰阳、仪封、商丘、考城、虞城、武陟、孟县、河内,山东之德州、东平、济宁、临清、单县、滕峄、鱼台、汶上、阳谷、恩县、曹县、巨野,江南之山阳、江都、甘泉、高邮、邳县、宿迁、铜山、沛县、虹县、灵璧、泗州、盱眙等州县员缺,均令该督抚于本省见任州县内,遴选调补。三年俸满,保题升用。若三年内虽无冲决,而多费国帑,或邻近堤工有冲决,水势已泄,仍不准即升。

根据这一规定,在上述河南、山东和江南沿河州县任职的官员在三年俸满时,可以由督抚"保题升用"。类似的规定以后又被推广到沿海州

---

① (日)织田万《清国行政法》,第1卷,第203—225页。
② 《(光绪)钦定大清会典事例》,卷六十五,汉员遴选,台湾调补,第5921页。
③ 《(光绪)钦定大清会典事例》,卷六十三,汉员遴选,沿河州县调补,第5898—5899页。

县。雍正二年(1724),江南、浙江、山东和广东的 47 处沿海州县被指定为沿海缺,规定这些州县的员缺。"均令该督抚于本省内拣择调补,三年内果能缉盗安民,实有益于地方,该督抚保题,以应升之官即升"。乾隆十九年(1754),这一制度的试用范围又被扩大到福建的沿海州县①。

总而言之,历俸期间是计算官僚资考的基准,也是在排定晋升对象官僚的顺序时的重要参考。

三、"应升之缺"与《品级考》

以上多次提到了"升转"和"题升"专门用语。这里的"升"通常指向"应升之缺"的晋升。在清代,几乎所有在职的官僚都有与其所任官职相对应的"应升之缺"。除去皇帝特授的人事之外,在通常的人事行政,尤其是晋升人事中必须要受到"应升之缺"的制约,不允许在"应升之缺"之外肆意地处理官僚的晋升人事。关于"应升之缺"的规定就记载在《品级考》中。

清代中期以后,清朝政府按照铨选对象的分别编有满官、汉官、蒙古和汉军《品级考》。以汉官用《品级考》为例,该书不仅记录了全国所有文官官职的官品,而且记录与各个官职相关的"由"与"升"的官职。这里的"由"的官职是指原任官职,"升"的官职则是指应升官职。有清一代,《品级考》随着官品的变化和官缺的调整被多次修订。从某种意义上说,《品级考》虽然显得枯燥无味,但是对于了解近代以前中国的官僚人事制度却是不可或缺的基本参考书。

以下以知府为例介绍《品级考》的记载内容和修订的情况。

a【雍正】

正四品

知府

　　由　各部郎中　顺天府奉天府治中　盐运司运同　府同知 升任

---

① 《(光绪)钦定大清会典事例》,卷六十五,汉员遴选,沿海各员调补,第 5913—5916 页。

  升 各省盐运使 按察司副使

b【乾隆】

从四品

各省知府

  由 各部郎中 各部员外郎 顺天府治中 奉天府治中 盐运司运同 府同知^{升任}

  升 各省盐运使 各省道员

c【道光】

从四品

各省知府

  由 各道监察御史 各部郎中 顺天府治中 奉天府治中 盐运司运同 府同知 直隶州知州^{升任}

  升 各省盐运使 各省道员

d【光绪】

从四品

各省知府

  由 各道监察御史 各部郎中 顺天府治中 盐运司运同 府同知 直隶州知州^{升任}

  升 各省盐运使 各省道员

  上述的a、b、c、d分别是雍正、乾隆、道光和光绪年间编纂的汉官《品级考》中关于知府品级、原任和应升官职的规定。在a所示的雍正年间,可以晋升为正四品知府的有各部郎中、顺天府和奉天府的治中、盐运司运同和府同知等4类官员。对于从这4类官职晋升为知府的人来说,这4类官职就是原任官职。而知府可以晋升的官职则是各省盐运使和按察司副使,对于知府来说,这两个官职就是他的"应升之缺"。这样,在考虑晋升人事的时候,上述各部郎中、顺天府奉天府治中、盐运司运同和府同知以外的官僚不可能成为知府,而现任知府也不可能被晋升担任除各省盐运使和按察使副使以外的官职。以后,b、c 和 d 的"由"与"升"的官职根据需要进行过调整①。知府以外所有的文官官职的原任和应升的记载形式与此基本类似。这种使官僚晋升途径相对固定化的方法告诉我们,近代以前的中国官僚人事制度具有这样一种精神,即极力将官僚人事置于一定的框架之内,限制人事中的肆意行为,从而保证制度整体的有序和安定。

在明清时代,《品级考》的刊行始于何时尚有待进一步的资料收集。以收录明代官私书目为主的《千顷堂书目》在职官类下,记载了《品级考》二卷和《品级考》五卷②。据笔者管见所及,现存刊行时间最早的是明代万历二十年(1541)刘光霖等人编纂的《品级考》③。进入清代以后,清朝政府很快着手制定《品级考》。例如,在康熙皇帝即位之后不久的顺治十八年(1661)三月初二日辛亥,清朝政府以皇帝名义发出如下上谕,要求九卿科道等官共同修订《品级考》,以期"允当"④:

> 谕吏部,设官用人,国家大务。除授升迁,宜立画一之规,方可永行无弊。所进《品级考》,为时已久,官衔品级,尚有未符。宜再详订。务期允当,以垂永久。不得各为本衙门起见,但计目前,致日后纷更。著九卿科道会同详酌妥议,以成一代典制。

康熙元年(1662)十二月初一日,针对遵谕修订后的《品级考》,清朝政府再度以康熙皇帝名义发布上谕,要求再次修订⑤:

---

① a:《(雍正)钦定汉品级考》,卷一,第 17a 页。b:《(乾隆)铨选汉官品级考》,卷一,第 49 页。c:《(道光)钦定吏部铨选汉官品级考》,卷一,第 16a 页。d:《(光绪)钦定吏部铨选汉官品级考》,卷一,第 16a—b 页。知府原为正四品,乾隆十八年(1753)改为从四品。奉天府治中在光绪二年(1876)被裁撤。
② (清)黄虞稷《千顷堂书目》,卷九,职官类,233 页。
③ 《稀见明史史籍辑存》,第 30 册,第 1—290 页。该书为清抄本,原藏国立北平图书馆。另据《中国古籍善本总目》记载,江西省图书馆藏有"明万历闵廷甲等刻本"《品级考》(第 628 页),未见。
④ 《清圣祖实录》,卷二,顺治十八年三月辛亥,第 4 册第 52—53 页。
⑤ 《清圣祖实录》,卷七,康熙元年十二月庚子,第 4 册第 128 页。

> 据奏,《品级考》止议汉官升转,满官未经议及。著将满官升转定例并议。又太常寺、光禄寺、鸿胪寺各官,在内升转者多。六部司官不得在内升转。俱系明末陋规,非明初之制。又太常、光禄、鸿胪既经归并礼部,应与六部司官一体升转。俱著再行会议具奏。

康熙二年(1663)四月十七日,户科给事中吴愈圣上疏要求尽快编定并颁布《品级考》①:

> 《品级考》一书,乃铨部用人之成宪。因此书未成,铨部每选一官,则曰相应请旨;每立一法,则曰理合题明。法非画一,似可移甲以就乙,事属游移,未免朝四而暮三。何如早颁成书,使臣工共喻,永远遵行。庶杜凌躐之端,成谨严之法。

估计此后不久,清朝政府颁发了经过初步修订的《品级考》,并随即用于人事行政。例如,吏部从按察使、汉军参领阿达哈哈番和郎中等选定了拟任各省布政使的人选,准备"较俸升转",即根据在任期间的长短做出最后判断。同年七月十七日,朝廷发布旨意:"照《品级考》,止推按察使"②。此后,清朝政府根据运用中的需要,多次对《品级考》进行修订。例如,康熙三年(1664)正月十七日,"命各省学道缺出,将进士举人人出身者一并开列,增入《品级考》"③。以后,在康熙十年(1671)正月二十九日,大学士上奏,报告《品级考》告成。此处所指应该是再次经过修订的《品级考》。清朝政府随即下令,"刊刻遵行"④。以后,清朝政府在雍正十年(1732)和乾隆二十二年(1757)重修《大清会典》时都修订过《品

---

① 《清圣祖实录》,卷九,康熙二年四月甲寅,第4册第144页。
② 《清圣祖实录》,卷九,康熙二年七月壬午,第4册第152页。
③ 《清圣祖实录》,卷十一,康熙三年正月庚辰,第4册第168页。
④ 《清圣祖实录》,卷三十五,康熙十年正月辛巳,第4册第472页。清朝政府的吏部分别编有满洲、蒙古、汉员和汉军《品级考》。又,管庭芬(1797—1880)根据"乙丑(伍案:同治四年,1865)七月"在杭州的"废纸担头"购入的"数页"文献,参考"国初会典",整理出了"海宁管氏传抄本"的《康熙朝品级考》。该书仅仅记录了由正一品至未入流的各级官职,没有关于"由"与"升"的记载。关于品级考,请参看王锺翰《清代各部署则例经眼录》,《王锺翰清史论集》,第3册,第1847—1877页。

级考》①。

《品级考》在人事行政中占有重要地位。举凡在人事行政中负有一定责任的官僚,原则上必须人手一册,且恪遵励行。例如,在官僚交代时,《品级考》属于需要移交的重要文件之一,继任者要在报告到任的文书中叙明是否接收了《品级考》。

乾隆三年(1725)二月初二日,直隶河道总督朱藻以题本向皇帝报告自己已经于当日到任,并收到了如下关防书籍等物②:

> 直隶河道总督关防一颗,王命旗牌十杆,《上谕》一部,又《上谕》二本,《大清会典》一部,《书经》、《诗经》、《春秋》、《性理》(伍案:即明胡广奉敕纂《性理大全》)各一部,《驳正吕留良四书讲义》一部,《吏部铨选则例》、《处分则例》、《品级考》并书吏文卷。

总而言之,对于明清时期的官僚以及相关人员来说,《品级考》是必备之书。他们利用这一书籍可以查得自己的升迁途径,了解自己今后有可能晋升的官职。例如,光绪年间的担任知府的官僚们根据《品级考》,可以知道自己将来能够升任的官职为盐运使和道员。可以这样说,当时的官僚及其相关人员在听到"应升之缺"时,基本上可以知道其中究竟包括了那些官缺。

也正是因为如此,《品级考》也是在官场上谋生的指南书,或者说选择仕途的指南书。例如,知县的"应升之缺"在有清一代虽然有过多次变化,但大致为包括六部主事和知州在内的14或18种官缺。面对着这10余种事前规定好的仕进途径,官僚们可以根据自己情况进行选择。例如,与其晋升为穷京官的六部主事,不如晋升为知州划算。因为后者掌握着一方大权,尤其是税收和治安的权限。这样,现职官僚可以根据《品级考》中记载的各种升迁途径,为自己选择一条最为理想的仕途。一旦

---

① 《清朝文献通考》,卷七十七,职官考一,第考5573页。
② 中央研究院历史语言研究所藏清代内阁大库档案,第43550号。《明清档案》第79册第067号。

选择好之后,他们可以想方设法避开不愿担任的官职。比如,有些官僚为了日后能够得到心仪的官职,甚至利用合法的降捐手段,首先捐纳一个低于现在官品的官职,以便改变自己今后的升迁途径。而他在选择降捐官职的时候,无疑需要参考《品级考》。

四、月选时的晋升

(1)"分缺"及其原则——"二八分缺"

如上所述,除去"卓异即用"者之外,等待"论俸推升"的官僚们的晋升人事基本上都是在每月举行的月选时决定的。在第 4 章中已经说明过,月选的铨选对象不仅有等待推升的官僚,还有等待初授的候选官和等待补缺的候补官。如果不处理好不同类别候选候补官在铨选时的平衡问题,就很可能会出现某些人长期难以得到任用的"壅滞"问题。为此,月选时考虑到参加月选的官缺和各类候选候补官的情况,事先按照一定比例向不同类别候选候补官分配月选的官缺。也就是在决定某一官缺人选时,按照一定比例铨选不同类别的候选候补官。这一作法被称为"分缺"。这里所说的"缺"是指作为月选铨选对象各种官缺,"分"是指不同类别候选候补官者,如等待初授的进士举人,历俸期满等待晋升的官僚等等。在这种制度下,属于某一"分"的候选候补官,通常只能被选授属于该"分"的官缺。也就是说,等待初授的进士举人不可能得到为晋升官员准备的官缺,捐纳出身候选官不可能得到为进士举人准备的官缺。

关于双月大选时推升的分缺,康熙五年(1666)三月制定了"二八分缺"的原则,其大致内容如下[①]:

> 双月大选推升,如有十缺,二缺推升见任二人,八缺大选。五缺以上,推升一人,余归大选。如大选人不足,即归推升。

---

① (清)鄂海《六部则例全书》,吏部则例,卷上,分缺,大选推升二八分缺,第 25a 页;同卷,大选推升汇算分缺,第 25b—26a 页。

凡双月补授各项官员缺，俱按二八分缺。一月并出十缺，将初授大选之人补授八员，见任之官推升二员。如出五缺，将大选之人补授四员，推升官补授一员。如不及五缺，俱归大选。

每年二、四、六、八、十和十二月举行的双月大选亦称"双月升选"，月选中的晋升人事通常是在这时决定的。根据上述原则，双月大选的分缺是按照"2对8"的比例分配的。即以每月出有10缺为例，其中2缺用于"推升见任之人"，其余8缺则用于"初授大选之人"。铨选的大致顺序是，首先是"初授大选之人"，然后是"推升见任之人"。如果仅出有5缺，则以4缺铨选"初授大选之人"，1缺用于"推升见任之人"。在"初授大选之人"不足8人或4人的情况下，可以将该部分官缺用于"推升见任之人"的铨选。

但是，由于"一月所出不过二三缺，俱补大选之人，以致推升之官壅滞"。这就是说，由于所有官职每月可供铨选的大约只有2、3个，使得在上述规定之下掣签得缺者基本上都是"大选之人"，等待推升的官员难以得缺。为了解决这一问题，康熙九年（1670）决定将"二八分缺"的原则灵活运用，这就是"推升大选汇算分缺"：

不论一月十缺五缺并出，将大选之人补授四员满日，即将推升之人补授一员。照此上月下月之缺一并汇算补授，推升之官壅滞可以疏通。

根据这一规定，原来以月为单位计算"分缺"的作法改为跨月连续计算，只要合计补授了"大选之人"4名以后，即补授1名"推升之人"[①]。

以后，"二八分缺"被进一步细化，即将用于大选的8个官缺根据候选候补官的不同情况作了更加细致的区分。以下，以知县缺的铨选为例进行说明。

康熙二十三年（1684），根据吏部的提案，清朝政府决定了"知县分缺

---

① （清）鄂海《六部则例全书》，吏部则例，卷上，分缺，大选推升汇算分缺，第25b—26a页。

之法"①：

> 嗣后，如知县出有十缺，除推升二员外，其大选八缺内，将进士选授二缺，贵州捐纳即用知县一缺，云南捐纳知县一缺，其长沙等处捐纳知县，俱为数较少，应令其轮班选授一缺，举人贡监以知县用者员数甚多，选授三缺。

根据这一规定，在双月选的 10 个知县缺中，用于推升的有 2 个，其余 8 缺用于初授官员，具体来说就是进士和举贡监生共占 5 缺，其余 3 缺是捐纳出身者专用缺。关于这些缺的铨选顺序请参看第 4 章【表- 4 - 3】。这 10 个缺通常被称为双月选的"知县班"，是一次月选的基本单位，也是一次月选可能录用官员的限额。以后，这样的"知县班"的构成逐渐增加，到了康熙四十二年(1703)，已经成为由 17 个缺构成的铨选单位了②。

与铨选单位的逐渐扩大相适应，分缺的规定也发生了变化。其最主要的变化是，废除"二八分缺"制度下各官职推升用月选缺一律为"二"的规定，代之以按照官职决定分缺的比例。例如，双月大选时道员缺的分缺为"升用一"和"捐纳一"。这里的"升用"就是指专门用于晋升人事的官缺。由 17 缺构成的知县班的分缺是 3 比 14，即将 3 缺用于专门用于推升人事③。这样，与最初的"二八分缺"相比，康熙后期的月选分缺已经被详细区分，作为月选单位的"班"的构成也陆续扩大。不过，我们从双月知县班的构成中可以看到这样的现象，即用于推升的官缺虽然从 2 缺增加到 3 缺，但是在知县班中所占比例却从最初的 25% 逐渐下降到 18%。同时，还应该看到，双月知县班中仅有 3 缺用于推升这一点自从

---

① （清）鄂海《六部则例全书》，吏部则例，卷上，分缺，进士举人贡监捐纳分缺，第 26a 页。
② （清）鄂海《六部则例全书》，吏部则例，卷上，分缺，单月举贡捐纳分缺，第 26a—b 页；同卷，分缺，增定进士一班授四名，第 26b—27a 页。（清）汤居业《本朝续增则例类编》，吏部，选法，单月知县以十二员为一班补用捐纳举贡三项各用四人，康熙四十二年十月，第 1b—2a 页。
③ 《(乾隆)钦定吏部则例》，卷二，铨选汉官，月选，双月大选，第 169—170 页。

康熙四十二年(1703)被确定之后,直至清末为止没有进行过任何调整①。

(2) 月选的实际状况

我们从以上的叙述中可以看出,月选中用于晋升人事的官缺相对较少。换句话说,清朝人事政策的方针是,优先考虑初授人员,而相对轻视晋升人事。以下,以可以晋升知县的教职各缺为例对这一点进行说明。

根据道光年间《品级考》的规定,可以晋升为知县的教职各缺包括京府教授、外府卫教授、都司教授、盐运司教授、州学正和县教谕等②。教职官僚的俸满为6年,故在担任上述教职期满、而且未出现较大过失的话,原则上就可以获得晋升的资格。但是,如本书第4章【表-4-1】所示,每次月选时为知县缺准备的23或24个铨选机会中,为"俸满教职"者准备的只有每月2个缺。这还应该视为对教职官僚的优待,因为专门为他们的晋升立有"教职俸满"的铨选项目,而其他等待晋升的官僚则一并归入仅在单月急选中的3个"推升"缺③。如同本书第4章已经指出的那样,立有每次月选2缺的项目,并非意味着一定有2名"俸满教职"的官僚由此晋升为知县。从这一制度的原义来看,只是在有俸满教职之人等待晋升的情况下,这一铨选项目才发生作用。

根据月选的规定,吏部需要事先将编制应该晋升的"俸满教职"者的名单。例如,雍正十年(1732)规定,吏部应从全国"应升知县"的教职官僚中选取没有"参罚案件",而且"俸次最深"的官僚中,"予行截取"20名,以备参加月选④。我们从"俸次最深"的规定可以知道,可以推升为知县的是在职期间最长的教职官僚。兹举一例。

福建省泉州府晋江县籍李倪昱是康熙五十九年(1720)的举人,雍正七年(1729)被选授福建省台湾府诸罗县县学教谕。根据规定,"台湾各缺,……三年俸满,如能称职,以应升之缺即用"。雍正十一年(1733)四

---

① 请参看本书第4章表-4-1。
② 《(道光)钦定吏部铨选汉官品级考》,卷三,第4a—5a页。
③ 《(光绪)钦定大清会典》,卷九,吏部,文选清吏司,第113—116页。请参看本书第4章。
④ 《(雍正)钦定吏部铨选汉官则例》,卷三,开列推升,推升予行截取,第499页。

月,俸满之后的他在"双月升选"中被晋升为江南松江府青浦县知县。他之所以能被登入该次月选的候选候补者名单,无疑是因为上述"予行截取"的结果①。

不过,如果我们将月选的规定与《品级考》对照之后即可看出,对于希望通过推升获得晋升的官僚们来说,实际上可以得到的推升机会是非常少的。首先,月选时为晋升准备的机会,即官缺实在是太少了。我们再来看一看知县缺的月选规定②。清末光绪年间,每年预计部选知县284缺中,分配给"推升"的仅有18个缺,占6.34%。相比之下,分配给"俸满教职"的有24个缺,占8.45%。即便再加上"京升"的6缺,三者合计也不过48缺,约占总数的16.90%。第二,与晋升机会相对较少相比,《品级考》中规定的晋升途径却非常多。就是说,可供某项官职月选的官缺不多,但是可以参加该项官职月选的途径却相对较多。例如,光绪年间因"俸满"可以获得晋升为知县的资格的如下23种官职:

兵马司副指挥　京县县丞　汉军七品笔帖式　京府经历

按察司经历　布政司都事　盐运司经历　直隶州州判

州判　按察司知事　外府经历　外县县丞　京府教授

四氏学教授　外府教授　同知教授　州学正　县教谕

布政司库大使　盐运司库大使　盐道库大使　盐课司大使

批验所大使

这样,除了进士、举人等初授者之外,在上述23种官职任职期满的官僚,从理论上说谁都可以获得晋升为知县的资格,或者说可以得到"推升"或"俸满教职"的资格。在这23种官职任职的官僚至少超过2000人。前面说过,知县的年间月选缺中为晋升人事准备的官缺只有48个。这就是说,即便那2000多人只有占四分之一的500人在某一年终于得

---

① 秦国经等编《清代官员履历档案全编》,第12册,第772、779—780页。《(光绪)钦定大清会典事例》,卷六十三,汉员遴选,台湾调补,第5921页。
② 请参看本书第四章,尤其是表-4-1。

到了晋升的机会,但是得缺的可能性却只在 9.6% 左右。倘若我们再联想到"推升"在双月升选中排在第 21 至 23 缺,"俸满教职"在单月急选排在第 21 和 22 缺,双月升选稍前,排在第 13 和 14 缺,总而言之位置相对靠后。这样,倘若该月出缺少于所在位置,如双月升选时仅有 12 缺可供掣签,则这些原本望眼欲穿地等待晋升的官僚就只能望空长叹。我们从这里可以推知在月选中得到晋升的机会是非常困难的①。

知县缺以外的晋升人事也基本同样。例如,前面曾经提到,知县的在任期间为 3 年或 5 年,从制度规定上来说任满后即可得到推升的资格,但在实际上很难得到推升的机会。河南省归德府鹿邑县籍王树菜生于道光九年(1829),咸丰二年(1852)考中举人,十年后的同治元年(1862)经大挑得到了在江苏省担任知县的任官资格。他在江苏省先后署理或担任过吴县、震泽和宝山的知县,于光绪九年(1883)起就任江苏省苏州府长洲县知县。他根据规定于光绪十六年(1890)任期届满后获得了晋升为知府的机会,光绪十八年(1892)七月在北京履行了就任正印官的重要手续——引见,随后回到任地长洲县以"在任"知县的身份等待铨选知府。从他的经历可以看出,从同治元年(1862)至光绪十八年(1892)的 30 年间,王树菜除去最初的"署理"之外,在江苏省担任知县长达 20 余年。其间,王树菜得到过 3 次"保举",在大计和俸满时得到过"卓异"的评价,但始终担任知县,长期没有得到晋升的机会②。

这种将近 30 年始终未能升迁的情况并不仅仅出现在清末。雍正七年(1729)二月十六日,四川按察使吕耀曾上奏说③:

> ……臣蒙恩按察四川,每于公事接见属员,察其才干优长者,州县中十员可得一二人,杂职中十员可得三四人。此等人员,若循资格升迁,则竭二三十年之力不得一正印。长才沦落,深为可惜。

---

① 请参看本书第 4 章。《(光绪)钦定吏部铨选汉官品级考》,卷三,第 4a—5a 页。
②《江苏同官录》,秋册。
③《宫中档雍正朝奏折》第 12 辑,吕耀曾《奏报地方政务折》,第 465—466 页。

雍正皇帝在读到他的上奏后对此深以为然，留下了"此论固是"的朱批。陈廷献在乾隆三十六年(1771)考中举人之后，"弱冠登科，意气豪迈，十上春官不第，选就兰溪教谕"。他"官兰谕三十余年"。雍正四年(1726)规定，"各省教职六年俸满，该督抚学政保题引见，奉旨以知县用者，归于双单月举人班次之后，各选用二人"。据此可知，他至少担任了五任兰溪县教谕，经历了四次俸满。此外，《品级考》规定的县教谕应升之缺为国子监典籍、翰林院待诏、京府教授、外县知县、外府教授和同知教授。由于他在任期间，"不问家人生产，惟以饮酒赋诗为事"，故始终没有得到"保题"。可见，俸满教职只有在得到保题之后，才能成为可以晋升为外县知县的"俸满教职"。结果，陈廷献直到"年跻八秩，奉部推升国子监典籍"①。

我们从王树棻和陈廷献的事例可以看出，俸满推升并非轻而易举之事。其根本原因首先在于清朝官僚制度本身"官多缺少"的痼疾始终无法克服，等待铨选和升迁的候选候补官员的总数大大超过实际可供铨选的官缺数。此外，在铨选人事中，重初授轻晋升的人事政策也是导致任满官员难以得到升迁的重要原因之一。

以下，我们来看一看清代官僚制度中的另外一条合法的晋升途径，即本文将要讨论的捐升。

第二节　清代捐升的开始

一、清代以前的捐升

捐升就是现职官僚根据国家规定报捐应升之缺的晋升资格。此外，候选候补官员也可以根据国家规定，报捐其应升之缺的晋升资格。例如，候补知县在得缺之前即可以预先报捐知县的应升之缺。总而言之，与月选下的推升等相比，捐升是以财力求升迁的制度。

---

① (清)陈其元《庸闲斋笔记》，卷十一，冷官风趣，第285页。《(道光)钦定吏部铨选汉官品级考》，卷三，第16a页。《(光绪)大清会典事例》，卷四十六，吏部，汉员铨选，教职俸满，第5650页。

第五章 清代官僚的晋升与捐升

清代以前，虽然没有捐升一词，但是存在过以财力求升迁的制度。例如，金宣宗贞祐二年(1214)，金王朝实施了"权宜鬻恩例格"。官僚们可以根据该"格"的规定，"进官升职"①。明代也曾经实施过"纳粮升授"的政策。

为了应付"土木之变"发生后的紧急局面，明朝政府继承正统年间以来的政策，于景泰元年(1450)起，向捐纳者授予"冠带"，并且允许受到处分的现职官员们通过捐纳提前解除处分②。大约在这之后不久，明朝政府宣布在大同开中"准浙盐粮"，同时允许"文武官员舍人旗军吏民纳粮者许升授官级"，即捐升。虽然时间不详，但可以认为明朝至迟在景泰元年已经开办了捐升。这一政策推行之后不久，遇到了如下问题。即"例重而米豆湧贵，报纳者少"。在这种情况下，为了尽快筹措军粮马草，户部于景泰二年(1451)正月初七日"会同在廷文武大臣"协商，决定"量减从轻"，公布了修改后的方案。这一新方案继承了原方案中"文职不准纳粮升授"的规定，对武职官僚的"纳粮升授"标准作了调整③。调整后的标准略低于原方案，详见【表-5-1】。

表-5-1 景泰二年武职纳粮升授规定

纳粮者身份	纳粮基准	报奖项目
正千户-指挥同知	米豆 500 石	"升一级"
副千户以下	米豆 300 石	
总旗	米豆 400 石	"试百户"
小旗	米豆 450 石	

史料来源:《明英宗实录》，卷二百，景泰二年春正月丁未，第 4248 页。

这样，除了卫的长官指挥使(伍案:正三品)之外，百户(伍案:正六品)以上的所有武职官僚只要根据规定交纳一定数额的米豆，即可以"升

---

① (元)脱脱《金史》，卷五十，食货志，第 1125 页。
② 拙稿《明代捐纳制度试探》，《明清论丛》，第 6 辑，第 55—80 页。另请参看本书第 1 章。
③ 《明英宗实录》，卷二百，景泰二年春正月丁未，第 4248 页。

一级"。其中,作为指挥使副手的指挥同知(伍案:从三品)如果能够交纳500石,即可以晋升为正三品的指挥使。

明朝政府对武职官员的"纳粮升授"是有一定的限制的。例如,成化二十二年(1486)三月,担任保定中卫指挥使的常珍"援例纳米升授大宁都指挥佥事带俸,仍乞任用"。都指挥佥事为都司的副职,"带俸"是没有任何具体职掌虚衔,即职衔。对于常珍的任用要求,兵部认为①:

> 窃见去年秦州卫指挥王文等亦缘纳粟升都指挥等官,仍于京卫管事如旧。夫救荒固以权宜为务,而驭下实以名器为先。都指挥乃方面重职,非军功不升。今此辈授以职衔,已为冒滥,加之任用,恐失士心。乞通行内外,纳粟进升有所镇抚千百户授指挥等官,指挥授都指挥以上品秩者,止令于原卫所管事如旧。其间真有廉能谋勇过人,堪以委用者,听所司从实推举。

成化皇帝赞同兵部的意见:

> 见任指挥纳粟升授都指挥者,仍依王文等例,原卫旧任管事。

我们从这一事例可以看出,明朝政府对于捐纳了职衔的官员,只允许他们在原来的卫所"管事如旧"。只有被证明为"真有廉能谋勇过人"者才允许在都司推举之后,等待委用。

与这种限制同样,明朝政府为了解决财政难的问题,多次实施过"开纳事例"。根据这些"开纳事例",民间人可以报捐国子监生资格、武职官僚的任官资格和虚衔,胥吏可以报捐任官资格。许大龄先生也曾经指出,明朝政府允许通过纳粟免考、复职、捐加级、捐散官等②。但是,明朝政府始终没有开办现职文官的捐升。这样,在清朝时代以前,捐升只是国家在特定时期为解决财政问题而实施的特殊政策,其适用对象也主要

---

① 《明宪宗实录》,卷二百七十六,成化二十二年三月己未,第4651页。(清)张廷玉《明史》,卷七十六,职官志五,都司,第1872页。
② 许大龄《清代捐纳制度》,第8页。

限制在武职官僚,没有扩大到关系到近代以前中国统治的根干部分,即文职官僚。

二、现职文官捐升的开始

清代现职文官的捐升始于康熙十四年(1675)。在清朝基本确立了对中国主要地区的统治之后,于顺治六年(1649)年开办了监生的捐纳①。在康熙十四年(1675)以前,可以报捐的项目主要有监生资格、官员的加级纪录和虚衔等等,没有包括开办文官任官资格的捐纳②。在上述可以报捐的项目中,加级纪录虽然与现职官僚的晋升有十分密切的关系,但是现职官僚不能通过报捐应升之缺而获得晋升③。由于三藩之乱的爆发,清朝政府为了筹措军费粮草,开办了截止到当时为止最大规模的捐纳,这一捐纳史称乙卯捐例。

乙卯捐例共有 25 个报捐项目,其中包括有受到革职处分的官僚可以捐复,被褫夺了出身资格的进士举人也可以捐复,民间人可以报捐贡生监生的资格以及官僚的任官资格。本章研究的捐升也是乙卯捐例的报捐项目之一④。关于捐升的具体规定如下:

> 正途知州历俸五年,捐一千两,以同知先升。知县亦照此,以评博中行录用。

根据这一规定,可以捐升的现职官僚仅限于正途出身的知州与知县,而且要求必须任满 5 年。满足上述条件的知州捐纳银 1000 两,即可以获得晋升同知的优先权,而知县捐纳同样数额的银两之后,可以得到

---

① (清)鄂海《六部则例全书》,户部则例,卷下,捐叙,纳监原例,第 79a 页。
② 山田耕一郎《清初の捐納——三藩の乱との関係を中心にして——》,《駿台史学》(东京,骏台史学会),第 66 号,1986 年 2 月,第 21—50 页。
③ 大野晃嗣《清代加级考——中国官僚制度的一侧面》,《史林》,第 84 卷第 6 号,2001 年 11 月,第 1—35 页。
④ 缪荃孙《云自在龛笔记》,《古学汇刊》,第 4 编,下册第 6a—7b 页。缪荃孙在书中没有介绍"乙卯捐例"的史料来源。山田耕一郎根据与同时代史料进行比对的结果,认为"乙卯捐例"记载值得信赖。请参看前揭山田耕一郎论文。

京官,即"评博中行",就是大理寺评事、大常寺博士、内阁中书和行人司行人的录用资格。

大约在乙卯捐例实施3年之后,"三年俸满",没有受到"参罚"处分的正途出身知县,可以在上述标准的基础上加倍、即捐纳2000两的话,便可以与"俸满五年"的正途出身知县同样,得到晋升为京官的"评博中行"的资格①。

这样,乙卯捐例下的捐升规定虽然仅仅限于正途出身的知州和知县,但这不仅是清代捐升的开端,也打破了明代以来捐升仅限于武职的习惯规定,首次将捐升的对象扩大到文官。

此后,现职官僚的捐升不断扩大。康熙十九年(1860),鉴于三藩之乱已经进入尾声,"各路兵马"陆续向贵州省集结。在这种情况下,清朝政府采纳了贵州巡抚杨雍建的提案,开办了以紧急调集军费为目的的贵州捐纳事例②。

贵州捐纳事例在官僚捐升的问题上,一方面继承了上述康熙十四年(1675)乙卯捐例的规定,不过在捐纳标准方面从银两变成了米、草等实物。例如,"俸满五年"的知县在乙卯捐例下须捐纳银1000两,方能得到晋升为"中行评博"的优先权,而在贵州捐纳事例之下则为"米三百二十石"或"草二万二千四百束"。"俸满三年"的知县在此基础上加倍捐纳,即可以与"俸满五年"的知县享受同等的晋升优先权。另一方面,贵州捐纳事例的捐升项目相对多于乙卯捐例。仍以知县为例,在贵州捐纳事例之下,除了原有的京官,即"中行评博"之外,还增加了外官,即同知、运副和知州。这样,知县在捐升时可以根据自身的资金情况和需要选择究竟是报捐京官,还是报捐外官。此后的康熙二十年(1861),清朝政府在实施云南捐纳事例的时候,继承了贵州捐纳事例中的上述捐升规定③。

康熙三十一年(1692),清朝政府实施了西安捐纳事例。在这一事例

---

① (清)鄂海《六部则例全书》,户部则例,卷下,捐叙,贵州捐纳事例,第83a—b页。
② (清)鄂海《六部则例全书》,户部则例,卷下,捐叙,贵州捐纳事例,第81a—83b页。
③ (清)鄂海《六部则例全书》,户部则例,卷下,捐叙,云南捐纳事例,第83b—84a页。

中,捐升的适用范围从原来的正途出身知州知县,扩大到"历俸三年",且无"钱粮盗案"的州同、州判、县丞、运判、通判、司府卫首领官以及教职这些佐贰官、首领官和教职的官僚们,可以根据规定的标准捐纳"应升之缺"的晋升资格。康熙五十四年(1715)实施的甘肃军需捐例中也有类似的规定①。

上述的捐升除了正途出身的条件之外,三年或五年的在任期间也是捐升的条件之一。此外,还存在着不问在任期间长短的捐升。例如,康熙四十五年(1706)清朝政府实施了捐马事例,根据这一事例的规定,"见任知府"以下各类在职文官,均可以捐纳"应升之缺"的晋升资格,对他们的在任期间没有任何限制②。关于这一事例的捐升规定请参看【表-5-2】。

表-5-2 康熙四十五年捐马事例现职文官捐升规定

报捐者身份	捐升项目	捐纳基准(马·匹)
知府	应升即用	80
员外郎	知府先用	60
主事	郎中遇缺即用	45
内阁中书	应升先用	40
知州、知县	同知即用	
通判	应升先用	
同知、知州	员外郎即用	
知县	离任主事先用	
布政司经历	知州即用	
知县	京府通判	30
史料来源:(清)鄂海《六部则例全书》,户部则例,卷下,捐叙,捐马事例,第101a—b页。		

表中的"应升"就是"应升之缺",即《品级考》中规定的应该晋升之缺,"即用"和"先用"等是参加候选的优先权,也就是清代后期的"花样"。

---

① (清)鄂海《六部则例全书》,户部则例,卷下,捐叙,甘肃军需捐例,第115b—又115a页。
② (清)鄂海《六部则例全书》,户部则例,卷下,捐叙,捐马事例,第99a—104b页。

一般来说,"即用"就是"遇缺即用"的简称,只要准备选授的官职出缺,即可不论"单月急选"和"双月大选"的限制,立即在保有"即用"花样之人中选授①。例如,现职知州或知县在捐纳40匹马之后即可得到"同知即用"的铨选优先权。一旦同知出缺,这些拥有铨选优先权的知州知县便可以立即成为铨选对象。在康熙年间开办的捐纳事例中,"先用"是仅次于"即用"的铨选优先权。

康熙五十六年(1717),清朝政府实施了甘肃湖滩河所捐例。在这一事例的捐纳款项中,出现了"不论年俸"的字样,只要是按照规定捐纳的下列现任官员,即便在任期间未满三年或五年,均可"以应升之缺补用"或晋升其他官缺②。详细规定请参看【表-5-3】。

表-5-3　康熙五十六年甘肃湖滩河所事例现职文官不论年俸捐升规定

报捐者身份	捐升项目	捐纳基准(运米折交银两)
中行评博	主事、同知	1512
知府	应升之缺	3240
同知	知府	2880
知州	员外郎、同知	2160
知县	主事	2160

史料来源:(清)鄂海《六部则例全书》,户部则例,卷下,捐叙,甘肃湖滩河所捐例,第117a—120a页。

三、候选文官捐升的登场

前面说过,候选文官的捐升始于康熙十四年(1675)。该年实施的乙卯捐例中除了允许现职文官捐升之外,也允许那些尚在吏部等候铨选的候选官捐升相应官职的任用资格。严格来说,候选官是指那些已经取得

---

① 《(光绪)钦定大清会典》,卷九,吏部,文选清吏司,第112—113页。"凡奉旨即用之员,不论双单月,遇缺即选"。
② (清)鄂海《六部则例全书》,户部则例,卷下,捐叙,甘肃湖滩河所捐例,第118a—b页。

任官资格(伍案:例如会试后奉旨以知县用的进士,知县任官资格的捐纳者等等),尚在吏部等待铨选掣签的"准官僚"。也就是说,他们尚不是严格意义上的"官",充其量不过是一名"准官僚",与以现职官僚为对象的捐升本无关系。但是,清朝政府为了在正规财政以外增加收入,故设法扩大允许报捐者的范围。从开办官僚任官资格捐纳的最初阶段开始,清朝政府就已经瞄准了这一部分"准官僚",将他们包括在报捐者的范围之内。而从这些"准官僚"们的心理来说,正式得缺尚不知需要等候多长时间,如果在候选阶段即能得到更高官职的任官资格,岂不是何乐而不为?故这些"准官僚"也踊跃报捐。

乙卯捐例规定,州同、州判、县丞和经历除了可以捐纳"先用"之外,还可以捐纳更高一级官职的任官资格和铨选优先权①。详情请看【表-5-4】。

表-5-4 康熙十四年乙卯捐例部分候选文官捐升规定

报捐者身份	报捐项目	报捐标准(银两)
候选州同	先用	400
候选州判、县丞、经历	先用	300
候选州同、州判、县丞、经历	知县	1000
	知县先用	1500
史料来源:缪荃孙《云自在龛笔记》,《古学汇刊》第四编,下册第6b页。		

在上述规定之下,候选官僚通过捐纳不仅可以得到铨选的优先权,而且可以越过原来预定就任的官职,直接得到更高一级的官职。例如,候选县丞除了以银300两报捐铨选优先权的先用之外,还可用银1000两报捐知县的任官资格,或以银1500两报捐知县的铨选优先权。从上述推升制度的规定可知,此举可以令他不必等到原定就任官职的俸满,即可获得晋升的资格,也就是说至少"节省"了三至五年的时间。这种捐

---

① 以后废除了"先用"。缪荃孙《云自在龛笔记》,《古学汇刊》,第4编,下册第6b页。

纳政策实际上是对既存人事行政制度的破坏。但是由于可以令候选官在候选阶段即可得到晋升资格,故得到了他们的欢迎。政府方面有鉴于此,在以后实施捐纳时又多次推行了这一政策。

例如,在康熙三十一年(1692)实施的西安捐纳事例中规定,"未任"之"中行评博"在"捐米七百五十石"后,可以直接"以应升之缺选用"[①]。康熙四十五年(1706),清朝政府在开办"捐马事例"时规定,候选主事、中行评博、通判、知县、州同等官僚,都可以捐纳"应升"的官缺和其他较高的官缺[②]。详细情况请参看【表-5-5】。

表-5-5　康熙四十五年捐马事例候选文官捐升规定

报捐者身份	报捐项目	报捐标准
候选中书	主事补用	马 30 匹
候选武学教授	应升	骆驼 10 只
候选训导	应升	马 10 匹
候选国子监典簿	应升	骆驼 8 只
候选未入流闸官	正八品经历改单月用	马 4 匹
以上各款每十匹加二匹		
候选训导	应升即用	马 12 匹
以上各款每十匹加三匹		
候选县丞	布政司经历等缺即用	马 10 匹
候选县丞	知县即用	马 50 匹
候选知县州同	知州即用	马 40 匹
候选知县	都察院经历先用	马 40 匹
候选经历县丞	知县即用	马 40 匹
候选武学教授	应升即用	马 30 匹
候选州同告降县丞	应升即用	马 20 匹
候选理藩院知事	应升知县用	马 20 匹

[①] (清)鄂海《六部则例全书》,户部则例,卷下,捐叙,西安捐纳事例,第 94a 页。
[②] (清)鄂海《六部则例全书》,户部则例,卷下,捐叙,捐马事例,第 99a—104b 页。

续 表

报捐者身份	报捐项目	报捐标准
候选知县	通判即用	马20匹
候选县丞	应升即用	马12匹
候选州同	布经等缺即用	马10匹
候选训导	县丞州判	马6匹
以上各款每十匹加四匹		
候选即用知县	同知即用	马60匹
候选同知主事知州知县	知府即用	马80匹
候选同知	知府先用	马60匹
候选同知	知府先用之中即用	马50匹
候选光禄寺典簿	通判、知州先用	马40匹
监生	州同并应升即用	马22匹
候选县丞	免保举、应升单月即用	马20匹
候选先用县丞免保举	应升即用	马20匹
候选通判	应升遇缺即用	马20匹
候选中行评博	京府通判	马16匹
候选训导	教谕	马4匹
候选训导	教谕应升先用	马12匹
以上各款每十匹加六匹		
候选中行评博	知府即用	马100匹
候选主事	郎中即用	马80匹
候选主事	应升道府先用	马60匹
候选中行评博	员外郎先用	马40匹
候选知县	员外郎先用	马40匹
候选鸿胪寺主簿	司务、主事	马32匹
以上各款每十匹加八匹		
史料来源:(清)鄂海《六部则例全书》,户部则例,卷下,捐叙,捐马事例,第99a—104b页。		

此外,根据捐马事例的规定,候选知县用马 14 匹可以捐纳"长沙等处之前分缺录用",即可以利用江西福建湖广事例的分缺参加铨选的资格(伍案:请参看第 4 章【表-4-3】)。而且,该事例也允许候补官僚报捐。如候补知府可以捐"应升即用",标准为马 84 匹①。

四、现职文官捐免保举

康熙六年(1667)五月,清朝政府规定,"生员纳银例监准贡、书吏升补佐贰等官内,若果有才能者,令各该督抚开明实迹,选择保举,仍以正印官照常论俸升转。若无保举,俱停以正印官用,应以佐贰等缺论俸升用"这一规定同样适用于京官,"其在内有升主事者,本部堂官保举咨送,照常升转,如无保举者,主事无外升之处,应于兵马司指挥等官一体论俸,以在外同知员缺升补"②。这样,监生和胥吏等杂途出身者升任正印官和京官时,必须有督抚或堂官的保举。康熙十八年(1679)八月三十日,吏部在上奏中提出了以下建议,并得到皇帝的批准③:

> 应将捐纳补任道府以下各官到任后,如有不职害民者,不时纠参,照例议处。如三年后,奉公守法清廉才能称职者,该督抚具题后,照例升转可也。

由此可见,保举政策出台的目的是为了保证捐纳出身官僚在赴任临民后能够恪守职掌。这一政策要求督抚等上司对他们严加管理,一旦发现问题立即纠参。这些人在三年任满之后,必须得到上司的保举方能升转。日后极力反对捐免保举的陆陇其就曾经明确指出④:

> 近因有捐纳一途,县令之中,遂不免贤愚错杂。幸皇上洞鉴其弊,特立保举之法以防之。

---

① (清)鄂海《六部则例全书》,户部则例,卷下,捐叙,捐马事例,第 101a—102a 页。
② (清)陆海《本朝则例类编》,吏部则例,卷上,保见卓异,生员例监准贡吏员保举升正印,第 43a 页。
③ (清)汤居业《本朝续增则例类编》,吏部,保荐卓异,第 21a 页。
④ (清)吴光酉等《陆陇其年谱》,第 184 页。

康熙三十年(1691)二月,清朝政府在实施大同张家口捐纳事例时,虽然没有推行现职官僚的捐升,但是却允许现职官僚捐免保举①。详细规定请看【表-5-6】。

表-5-6 康熙三十年大同张家口捐纳事例捐免保举规定

报捐者身份	报捐基准		
	米(石)	豆(石)	草(束)
道员	1200	700	31000
知府	1000	600	25000
同知、运同	700	400	18000
主事、知州、知县	500	300	12000
运判、通判、中行评博	250	150	6000*
司府经历、州县佐贰	120	70	3000

史料来源:(清)鄂海《六部则例全书》,户部则例,卷下,捐叙,大同张家口捐纳事例,第86b—87a页。
* 史料原文作"千二百束",兹根据前后文酌改作"六千束"。

捐免保举虽然不同于直接报捐晋升资格的捐升,但如上述康熙六年(1667)和十八年(1679)的规定中所说的那样,对于非正途出身官员来说,他们如果希望晋升为正印官员等,就必须要得到上司的保举。所以,保举是官僚晋升人事中十分重要的手续之一,对于维持官僚人事制度的运作起着至关重要的作用。正是因为如此,以中央官僚为中心,康熙三十年(1691)五、六月间爆发了围绕着捐免保举与否的大争论,陆陇其尽全力反对捐免保举。他在上疏中力言②:

> 夫保举所重,莫重于清廉。故督抚保举,必有清廉字样,方为合例。若保举可以捐纳,则清廉二字,可以捐纳而得也。

最终,经过九卿会议,清朝政府决定按照计划推行捐免保举。积极

---

① (清)鄂海《六部则例全书》,户部则例,卷下,捐叙,大同张家口捐纳事例,第86a—89a页。
② (清)吴光酉等《陆陇其年谱》,第184页。

反对这一政策的监察御史陆陇其,因都察院左都御史于成龙怒其"拂己意",并因为"议捐纳之干众怒",在同年八月试俸期满甄别时被都察院以不称职为由,送回吏部对品调用,从监察御史变成了无缺的候补官①。此后,清朝政府在开办捐纳时多次实施了捐免保举。例如,康熙三十年(1691)的甘肃捐纳事例、五十二年(1713)的福建开捐事例和五十三年(1714)的广东广西捐纳中都有关于捐免保举的规定②。

从以上叙述中可以看出,截止到康熙末年为止,现职和候选文官的捐升与其他的捐纳项目同样,没有一个相对统一的规定,几乎都是根据开办捐纳时需要临时决定捐纳的项目、条件和基准。在这个意义上,我们可以认为,捐升在康熙年间至多不过是满足一时需要的临时性"政策",尚未成为可以常时实施的、在相当程度上被固定的"制度"。

第三节 清代捐升制度的确立

一、川运事例的实施

雍正五年(1727),清朝政府开办了旨在增加土地开垦的营田事例。这一虽然不许捐纳道员知府,但是允许知州知县等官员捐升。例如,"现任知州营田十八顷以员外同知即用"、"现任知县营田十五顷以主事、中行评博、同知、通判、知州即用"等等。计算的标准为"营田一亩用银一两",故"十八顷"和"十五顷"分别折银 1800 两和 1500 两。雍正九年(1731),修改了"营田事例"中的一些条款③。以上面所举知州知县为例,请看【表-5-7】。

---

① 许大龄《清代捐纳制度》,第九章,康熙开捐之反应,见许大龄《明清史论集》第 140—147 页。山田耕一郎《监察御史陆陇其と捐免保举问题》,《神田信夫先生古稀记念论集清朝と東アジア》,第 289—309 页。
② (清)鄂海《六部则例全书》,户部则例,卷下,捐叙,甘肃捐纳事例,第 89b 页;同,福建开捐事例,第 109a 页。
③ (清)朱植仁《本朝政治全书》,户例下,捐叙,酌定营田事例,第 145b—149b 页。(清)萧奭《永宪录》,续编,雍正五年正月辛卯,第 332 页。

表-5-7 雍正九年酌定营田事例知州知县捐升规定

现任官职	报捐项目	报捐标准(银两)
现职知州	员外郎即用	22顷＝2200两
	同知即用	20顷＝2000两
候选候补知州	员外郎即用	26顷＝2600两
	同知即用	24顷＝2400两
现任知县	主事即用	18顷＝1800两
	同知即用	22顷＝2200两
	知州即用	20顷＝2000两
	通判即用	15顷＝1500两
	中行评博即用	12顷＝1200两
候补候选知县	主事即用	20顷＝2000两
	同知即用	24顷＝2400两
	知州即用	22顷＝2200两
	通判即用	17顷＝1700两
	中行评博即用	14顷＝1400两

史料来源：(清)朱植仁《本朝政治全书》，户例下，捐叙，酌定营田事例，第146b—147b页。

乾隆九年(1744)五月，直隶地区发生了十分严重的水灾①。为了赈济灾民，清朝政府开办了"直赈事例"，规定鉴于"郎中、员外、主事、知府、知州、知县若准一概捐升，恐碍正途"，故只允许"京官自中行评博以下，外官自同知以下"，可以捐升②。乾隆十三年(1748)，为了赈济山东灾民，清朝政府实施了东赈事例，亦称东赈例。这一事例重开了雍正以来停止的道府和郎中等高级官僚的捐纳，现职官僚可以根据规定捐升道员、知

---

① 关于该次水灾的赈济问题，请参看(法)魏丕信《十八世纪中国的官僚制度与荒政》(Pierre-Étienne Will: *Bureaucratie et famine en Chine au 18ᵉ siècle*)。
② 《清高宗实录》，卷二百十七，乾隆九年五月乙巳，第11册第798—799页。

府、郎中等①。

乾隆三十九年(1774),为了筹措军费,以便应付在金川地区的军事行动,清朝政府开办了大规模的川运军粮事例,亦称川运例或川运事例。这一事例的实施期限为两年,在乾隆四十一年(1776)宣告结束。由于这一事例规定详密,"报捐银数,核议最为详尽",是到目前为止历次捐纳事例规定的集大成之作,从捐纳项目到捐纳标准都成为以后历次捐纳事例的重要参考标准②。因此,我认为,可以将川运事例的实施视为清朝捐升制度确立的标志。

二、川运事例下的捐升规定

川运事例将捐升的范围限制在上述道员知府以下外官和郎中以下京官之内,并且根据《品级考》的规定,确定了捐升时只限于报捐"应升之项"的原则。以下以知府的捐升为例进行说明(【表-5-8】)。

表-5-8 乾隆三十九年川运事例捐升知府规定

番号	报捐者身份	报捐标准(银两)
1	正途出身捐职知府*	10300
2	现任郎中	2300
3	候补候选郎中	2700
4	现任员外郎、内阁侍读**	3300
5	候补候选员外郎、内阁侍读**	5300
6	现任直隶州知州	3640
7	候补候选直隶州知州	4840
8	现任治中、同知	4500

---

① 《清高宗实录》,卷三百十一,乾隆十三年三月丙午,第13册第90—91页。(清)程穆衡《金川纪略》,中国野史集成本第48页。东赈事例基本确定了清代捐纳制度中关于捐纳实官的任官资格的规定,即外官道员知府以下,京官郎中以下。此后,直到清末为止,历次的捐纳事例都继承了这一规定。
② 《川楚善后筹备事例》,条款,第1a—17b页。

续 表

番号	报捐者身份	报捐标准(银两)
9	候补候选治中、同知	6480
10	本班先用	1100
11	单月即用	1100
12	不论双月单月即用	1100

史料来源:《川楚善后筹备事例》,满汉在外文职各官,知府,第 1b—2b 页。许大龄《清代捐纳制度》第 111 页。
* 此处的"捐职"指捐纳职衔,即虚衔。捐纳标准低于捐纳任官资格。如果在捐纳职衔后希望"选用",则需要按照"本职一成"的标准追加捐纳。
** 根据乾隆十八年以后刊行的《(乾隆)铨选汉官品级考》的记载,知府的"应升之缺"中并无"内阁侍读"。此处的"内阁侍读"还有待进一步研究。

表中的第 1 至第 9 为现职官僚和候补候选官僚捐升知府,亦即知府任官资格的标准金额。例如,现职的直隶州知州捐银 3640 两即可得到知府的任官资格,而候选候补的直隶州知州为了得到知府的任官资格,则需要捐银 4840 两。在此应该留意的是,上述的第 1 至第 9 仅仅是知府官缺的任官资格,只是报捐了其中之一者并不能进入铨选程序。根据规定,如果要参加铨选,报捐者还要追加捐纳上述第 10 至第 12 的项目。这三个项目就是被称为"三班加捐"的参加铨选的权利和参加铨选的顺序[1]。例如,现职的直隶州知州为了晋升知府,在捐得了知府的任官资格之后,为了将这一任官资格变成现实,也就是参加铨选,以便成为名副其实的、可以行使职权的知府,他还要追加捐纳本班先用、单月即用和不论双月单月即用之中的一项或全部。其中,为了参加双月升选,他必须要追加捐纳本班先用,这是参加铨选的最基本的资格。如果要参加单月急选,则要在已经捐有本班先用的基础上追加捐纳单月即用。倘若他希望以最快的方式进入铨选,那么就要追加捐纳上述全部三项。因为,不论双月单月即用只有在捐有本班先用和单月即用后才发生效力。这样,这

---

[1] (日)织田万《清国行政法》,第 6 卷,第 213—214 页。

位现职直隶州知州捐升知府任官资格以及最快的铨选资格就不仅仅是3640两,至少 3640＋1100＋1100＋1100 两,共计 6940 两。

从上面的表和说明中可以看出,可以捐升知府的仅限于第 1 至第 9 的现职官僚和候选候补官僚。这个捐升范围的限制是源于《品级考》的规定,因为在官僚人事制度中可以晋升为知府的只有这些官僚。但是,这种规定并不等于封死了其他人利用捐升成为知府的门路。上述第 1 至第 9 以外的人根据《品级考》的记载和各个捐纳事例的规定,可以用"递捐"的方法,得到知府的任官资格。例如,现职知县的"应升之缺"中没有知府,故无法捐升知府。但是,现职知县的可以先捐升"应升之缺"的直隶州知州。这样,现职知县可以循知县→直隶州知州→知府的迂回途径,首先报捐直隶州知州的任官资格和"三班加捐",这需要银 2845＋700＋700＋700＝4945 两。然后再以直隶州知州的名义,用上文所说的银 6940 两加捐知府的任官资格和铨选资格。两项合计为银 11885 两。当然,这只是现职知县递捐知府的最低金额而已①。

三、川运事例的铨选规定

川运事例在铨选原则方面,继承了过去的"四新一旧"的方法②。这就是说,铨选时录用了在川运事例下报捐者 4 名之后,录用 1 名在以前的捐纳事例下报捐者。

在川运事例开始实施的乾隆三十九年(1774),依然存在着不少以前实施的 9 种"旧"捐纳事例的报捐者,他们尚在等待铨选补缺。这些事例的名称和开始年代如下③。

  营田事例   雍正五年(1727)
  户部粮运事例 雍正十二年(1734)

---

① 以上是报捐所需最低限度的金额。此外,除了被称为"部费"的报捐手续费之外,报捐者可以按照自身的希望和条件,捐纳"指省分发"和"离任"等项目。
② 《川楚善后筹备事例》,原奏,第 2a 页。
③ 许大龄《清代捐纳制度》,第 67—68、126 页。

乐善好施例	乾隆七年(1742)
直赈事例	乾隆九年(1744)
新江赈例	乾隆十一年(1746)
金川运米事例	乾隆十三年(1748)
东赈事例	乾隆十三年(1748)
河工事例	乾隆十九年(1754)
豫工事例	乾隆二十六年(1761)

由于史料的限制,现在我们尚不知道川运事例下关于铨选顺序的详细规定。但是,我们知道,月选中捐纳出身者的"分缺"为4个,这样便可以大致推算出这"四新一旧"在月选中的分配方法和顺序。请参看【表-5-9】。

表-5-9 乾隆三十九年川运事例铨选序列

	捐纳第一缺	捐纳第二缺	捐纳第三缺	捐纳第四缺
正月	川运事例	川运事例	川运事例	川运事例
二月	豫工事例	川运事例	川运事例	川运事例
三月	川运事例	河工事例	川运事例	川运事例
四月	川运事例	川运事例	东赈事例	川运事例
五月	川运事例	川运事例	川运事例	金川运米事例
六月	川运事例	川运事例	川运事例	川运事例
七月	新江赈例	川运事例	川运事例	川运事例
八月	川运事例	直赈事例	川运事例	川运事例
九月	川运事例	川运事例	乐善好施例	川运事例
十月	川运事例	川运事例	川运事例	户部粮运事例
十一月	川运事例	川运事例	川运事例	川运事例
十二月	营田事例	川运事例	川运事例	川运事例
正月	川运事例	豫工事例	川运事例	川运事例

史料来源:《川楚善后筹备事例》,原奏,第2a页。另请参看本书第四章。表中的粗体字为川运事例以前实施的"旧"捐纳事例。

结合第4章中关于月选的说明可以知道,在川运事例实施的乾隆三十九年(1774),还有一些在大约47年前的雍正五年(1727)开办营田事例时报捐或捐升的人仍然在等待着铨选之日的到来。根据【表-5-9】所示的铨选顺序,在营田事例下报捐、而且在该事例尚未登用者中位列第1位的候选者如果想在川运事例下得缺,那么他最快也要等到分配给捐纳出身者专用的"分缺"的第45缺,亦即在他前面有44个人。依上表所示,假设某轮铨选从该年正月开始,那么营田事例报捐者最快也要等到该年十二月才有参加掣签的机会。这样,捐升者虽然利用捐纳获得了晋升某一官缺的任官资格,也获得了高于现有品级的官品。但是要将捐得的任官资格变成名副其实的官职,对于捐升者来说,他眼前的路程还可能相当遥远。因为,包括捐升者在内,在不同事例下的报捐者均要根据既定的"四新一旧"原则依次等待铨选。

四、"改捐"

"改捐"是指京官通过捐纳方法获得外官的任官资格。

众所周知,自从养廉银政策实施之后,除去一部分高级官僚之外,清代京官的俸禄低于外官。京官中的大部分人忙于各种行政事务,生活十分紧张①。与外官同样,京官的升迁也不是很容易,即便是循序而升也要等上很长时间。例如,陈康祺于同治十年(1871)考中进士,在升至刑部员外郎(从五品)之后,他根据《品级考》的规定等计算自己如果要升至从四品,必须要"内用九阶"。即① 员外郎(从五品)⇒② 郎中(正五品)⇒③ 监察御史(从五品)⇒④ 掌印监察御史(从五品)⇒⑤ 给事中(正五品)⇒⑥ 六科掌印给事中(正五品)⇒⑦ 鸿胪寺少卿(从五品)⇒⑧ 光禄寺少卿(正五品)⇒⑨ 通政司参议(正五品),时人戏称为"九转

---

① 关于这一问题,请参看以下研究成果。① 张德昌《清季一个京官的生活》,② 本书第3章。关于六部司官的生活与勤务状况,请参看《司官叹》。刘烈茂等编《清车王府钞藏曲本·子弟书集》,第270—271页。

丹成"。根据他的记载,由于"京曹沉滞,竟有遍历九阶者"①。清代末年,康有为在抨击清朝官僚人事制度的弊病时,就举出过类似事例。康有为指出②:

> 如京官之迁转,尤为可笑。如工右之至吏左,同为侍郎,而几须十转乃至。盖右侍郎之转仅至左侍郎,工部之升仅为刑部,若工尚之升必从总宪,总宪之任必自吏左。若京卿至侍郎,则自鸿少卿迁光少卿,光少迁通参,通参迁阁读学士,然后迁鸿卿,进而常少、仆少,又进而理少、通副,又进而光卿、仆卿,又进而府尹、常卿,又进而理卿、通使,又转为宗丞,进为副宪,然后得为侍郎,盖必十余转乃能至焉。若自五品员外郎而为四品卿,亦须九转乃至。一升郎中,再升御史,三升巡城掌印御史,四升给事,五升掌印给事中,六升鸿少,七升光少,八升通参,九升乃至阁读学。其自主事、中书而至御史、必必历十数年乃能补缺。……即使弱冠通籍,顺风直上,绝无左降,未尝病卧,亦必年已耆耄矣,精神衰耗矣,血气销缩矣,阅历疲倦矣,非耳聋目暗则足跛病忘矣。

康有为意在抨击清朝的官僚人事制度消磨人材,选拔的官僚形同"冢中枯骨",无法适应"竞争优胜劣败之世"。我们由康有为的议论中可以看出,京官的晋升确实是十分困难的。在这种情况下,有些人申请外放,担任地方官。前述计算自己升至从四品需要"九转"的陈康祺本人就是其中之一。根据他自己描述,"仕宦迍塞,适会选部两更旧例,浮湛十年"。在北京当了十年京官,未得升迁。最终,他"投牒乞外",从京官成为一名地方官③。此外,陈康祺的同年、同治十年(1871)考中进士的李平先似乎比他更早地看到了这一点,在当年五月被任命为"兵部武库司主

---

① (清)陈康祺《郎潜纪闻初笔》,卷六,京曹沉滞,第130页。
② 康有为《康有为全集》,第七册,官制议第十三,改差为官以官为位,第325—326页。
③ (清)陈康祺《郎潜纪闻初笔》,序,第3—4页。光绪十年(1885),时任江阴县知县德陈康祺,"操守平常,嗜好甚重,巧于趋避,物议沸腾"为理由,受到"特参",以"庸劣不职"去职。《清德宗实录》,卷二百一十五,光绪十一年九月戊戌,第54册第1022页。

事"之后，立即"呈改"知县，要求去作外官，得到了皇帝的批准①。"川运事例"及其他捐纳事例中关于"改捐"的规定，就是以这些京官为对象的。

根据川运事例规定，京官可以改捐的外官官缺为，同知（正五品）、知州（从五品）、提举（从五品）、通判（正六品）、知县（正七品）、盐运司运副（从五品）和运判（从六品）等8个。可以改捐这8个官缺的京官为，满汉主事（正六品）、都察院满汉都事（正六品）、经历（正六品）、大理寺寺丞（正六品）、京府通判（正六品）、兵马司指挥（正六品）、京县知县（正六品）、光禄寺署正（从六品）、中书科中书（从七品）、大理寺评事（正七品）、太常寺博士（正七品）、銮仪卫经历（从七品）、内阁典籍（正七品）、内阁中书（从七品）、通政司经历（正七品）、知事（正七品）、太常寺典簿（正七品）、国子监监丞（正七品）、国子监博士（正七品）、国子监助教（从七品）、部寺司务（正八品）、国子监学正（正八品）、国子监学录（正八品）、詹事府主簿（从七品）、光禄寺典簿（从七品）和翰林院待诏（从九品）等26个官缺的现任官僚或候补候选官僚②。我们即便不用参考《品级考》也可以知道，允许这26种京官"改捐"恰恰说明了这些官缺的循例升迁是非常困难的。

其后，嘉庆三年（1798）实施的川楚善后筹备事例和清代后期实施的历次暂行事例都继承了上述的改捐规定。【表-5-10】就是川楚善后筹备事例中关于改捐知州的规定。

从表中可以看出，大理寺寺丞等18种京官按照改捐基准额捐纳之后，可以得到知州的"双月选用"的铨选资格。如果改捐者希望能够尽快参加铨选，则须要根据规定加捐单月即用和不论双单月即用等铨选优先权。

---

① 《广东乡试同官录》，第26a页。《清穆宗实录》，卷三百一十，同治十年五月癸巳，第51册第109页。
② 《川楚善后筹备事例》，京外各官专条，第6b—10a页。此处的品级以《（乾隆）铨选汉官品级考》为准。

表-5-10 嘉庆三年川楚善后筹备事例改捐规定

报捐者身份		改捐基准（银两）	改捐官职
<u>大理寺寺丞</u>、<u>京府通判</u>	现任	1830	知州 （双月选用）
	候补候选	2270	
<u>兵马司指挥</u>、<u>京县知县</u>	现任	3770	
	候补候选	4430	
<u>光禄寺署正</u>	现任	2670	
	候补候选	3000	
<u>中书科中书</u>、<u>大理寺评事</u>、<u>太常寺博士</u>、<u>銮仪卫经历</u>、<u>内阁典籍</u>、<u>中书</u>	现任	3630	
	候补候选	4180	
通政司经历、知事、太常寺典簿、国子监监丞、博士、助教	现任	4320	
	候补候选	4980	
部寺司务	现任	4180	
	候补候选	4840	

史料来源：《川楚善后筹备事例》，京外各官专条，第6b—7b页。伍案：这一事例的报捐银数较川运事例增加一成。

如同【表-5-10】所示，可以改捐从五品的知州包括有，上自正六品的大理寺寺丞，下至从九品的部寺司务为止，共计18种官职的现职或候补候选的官僚。在这18种官职之中，根据《品级考》的规定，大理寺寺丞等11种官职等"应升之缺"为正五品的府同知(伍案：【表-5-10】以下划线表示)。尤其是对于位居这些官职的现职官僚官员来说，他们捐升的知州至少在官品上要低于他们的"应升之缺"。毫无疑问，知州在以正印官为中心的地方行政乃至整个官僚体系中的重要性要高于作为佐贰官的府同知，这里的问题关键在于制度设计的本身。清朝政府通过制度上的如此设计，实际上是为这些官职的官僚在《品级考》规定的"应升之缺"之外，开拓了新的升迁途径，用正印官的官职诱导吸引他们弃京官而就外官。当然，这些新的升迁途径不是通过推升，而是通过捐升才有成为现实的可能。从此不仅可以看出清朝政府在谋划京官升迁问题时的用心良苦,也可以看出清朝政府至少在相当程度上已经对在既有制度的框架内解决京官晋升问题不抱信心①。

五、捐升的充实

前面说过,由于乾隆三十九年(1774)的川运事例号称"报捐银数,核议最为详尽",故成为以后历次捐纳事例的范本。嘉庆年间以后,清朝政府多次开办了大规模的捐纳事例,其中关于捐升的规定也不断扩大,并调整了捐升的金额。

嘉庆三年(1789),清朝政府开办了川楚善后筹备事例。清朝政府通过这一事例得到了约银3000万两的收入,是有清一代规模最大、收入最多的捐纳事例②。这一事例中列有"京外各官专条"(伍案:以下简称为"专条"),共计28个项目,主要是关于京官捐升外官的。这些在日后被称为"加捐"。

这一"专条"的内容涉及了很多方面,兹就以下几个事例进行说明。

第一,调整了佐贰官的捐升标准金额。具体来说就是,为了使同一品级的正印官和佐贰官有所区别,调低了捐升佐贰官任官资格的标准金额。例如,"专条"规定,从五品的现任知州捐升正五品的府同知任官资格须缴纳银1520两。但是,同样是从五品的现任知州,他在捐升正五品的直隶州知州任官资格时,则须缴纳银2420两。佐贰官与正印官的捐升标准相差银900两。在以上的任官资格报捐标准之外,用于铨选的三班加捐的标准金额也不一样。知州捐升府同知时为各银730两,捐升直隶州知州时为各银770两③。

第二,关于报捐离任的规定。对于现任官员来说,捐升手续本身不

---

① 对于京官改捐外官,由京官们组成的印结局推出了减免结费等优惠措施。例如,浙江省印结局决定全额免除京官改捐时的结费。请参看本书第3章。
② 许大龄《清代捐纳制度》,第46页。
③ 《川楚善后筹备事例》,京外各官专条,第3a页;满汉在外文职各官,第3b—4a页。

受在任期间的约束,只要在开捐期间,任何时候都可以捐升。但是,捐升者在报捐了捐升官职的任官资格和铨选资格之后,并不可以立即离任,前往吏部投供候选。为了维持捐升制度的正常运转,保证有一定数目的捐升者,有必要让那些已经捐升之人可以早日参加铨选。为此,清朝政府开办了捐离任。根据规定,捐升者须向上司禀报自己已经捐升,希望履行离任交代手续。在"查明任内并无亏缺"之后,"均即饬令报捐离任,赴部候选"。至于"任内有展参处分,例不准其离任"之人,则不允许报捐离任①。例如,乾隆二十八年(1763),山东省滕县主簿吕又祥捐升了"州同双月选用",在"復又加捐离任"之后,方才赴补投供候选②。

在嘉庆三年(1789)的"专条"中规定了报捐离任的标准,其对象是包括受到罚俸和降级留任处分的"现任应升"和"已经捐升"的官员③。具体规定请见【表-5-11】。

表-5-11 嘉庆三年川楚善后筹备事例捐离任规定(单位:银·两)

四品	五品	六品	七品	八品	九品以下
1100	880	550	330	220	110

史料来源:《川楚善后筹备事例》,京外各官专条,第11b—12a页。

这样,捐升者在交代清楚之后,可以根据上司的命令报捐离任,随后前往吏部投供候选。

第三,修改了捐免坐补的规定。坐补即坐补原缺。根据清朝人事制度的规定,"终养、告病、及亲老、服满"的官员,应该"坐补原省原缺"。这就是说,因为终养、养病和丁忧等理由离任,或因照顾亲老呈请改选较近官缺之后,随着相关理由的消失(伍案:例如病痊或服满等),该官僚应该回到原来任官或选授的省份,等待候补"原缺",即和原任官品级相当的官缺。川运事例中为了给此种官僚开辟捐升的途径,立有捐免坐补的规

---

① 《清宣宗实录》,卷一百四十五,道光八年十月癸未,第35册第213—214页。
② 中央研究院历史语言研究所藏清代内阁大库档案,第203442号。
③ 《川楚善后筹备事例》,京外各官专条,第11b—12a页。

定。根据这一规定,这些官僚可以在捐免坐补之后捐升。在川楚善后筹备事例的"专条"中规定,由于"捐免坐补,恐启趋避之弊,应不准其捐免。"但是又规定,"如此项人员情愿捐升别项者,仍令按照旧例,先行捐免坐补,再准捐升"。实际上,依然为捐升者敞开着捐免坐补的大门。同时,"专条"规定捐免坐补的标准金额在川运事例的基础上酌加一成。主要官职的捐免坐补标准金额如【表-5-12】。

表-5-12 嘉庆三年川楚善后筹备事例主要官职捐免坐补规定

报捐者官职	标准金额（单位:银·两）
道员、知府	1490
运同、同知	1060
直隶州知州、知州、知县	1040
通判	860
盐课司提举	820
直隶州州同、州同、布政司经历、按察司经历、京府经历等	600
直隶州州判、州判、外府经历、外县县丞、按察司知事等	300
县主簿、府知事、州吏目、巡检、典史、驿丞等	200
教谕、训导	140

史料来源:《川楚善后筹备事例》,京外各官专条,第12a—13b页。

从川楚善后筹备事例中修改保留捐免坐补的规定看出,清朝政府是在想方设法地扩大捐升的对象范围①。以后,这一规定被纂入现行常例。

在川楚善后筹备事例实施的过程中,有些捐纳者在非常复杂捐纳规定中发现了可以节省捐纳费用的方法。他们钻捐升规定的空子,利用"绕径"迂回的方法,避重就轻,尽可能地少交捐纳银②。例如:

外官知府,由已截取进士捐银一万二千七百八十两,如先捐郎

---

① 《川楚善后筹备事例》,条款,第6b—7a页;京外各官专条,第12a—14b页。
② 代办报捐者也常为报捐者选择不同的捐纳途径,请参看本书第2章。

中,八千七百十两,再捐知府,二千九百七十两,共一万一千六百八十两,少银一千一百两。如先捐员外郎,再捐知府,则银数相同。

这就是说,已经截取、尚在候选候补的进士报捐知府任官资格时有三条途径:其一,直接报捐知府;其二,先捐郎中,再捐知府;其三,先捐员外郎,再捐知府。在这三条途径中,第二条途径比第一与第三条途径要节省银1100两。清朝政府在调查后发现,此种绕径行为涉及郎中、员外郎、知府、直隶州知州、知州、知县等10余种官职。为此,清朝政府为了保证捐纳收入,专门制定了"绕径不准报捐条例"①:

> 伏查川楚善后筹备事例条款内开,按《品级考》以本衔应升之项,递行报捐。其中升途,数项至十余项不等,加捐银数,参差不一,每有避重就轻,绕径加捐,致干例议。

在这一条例的规定下,报捐者只能根据《品级考》规定的途径直接报捐,不得绕径递行报捐。以上述已截取进士报捐外府知府的三条途径为例,只允许按照第一条途径报捐,其他均属非法。

嘉庆初年充实的这些规定在以后实施的捐纳事中得到了继承。此后,除了报捐官僚的任官资格之外,捐升、改捐、离任、分发、引见,以及捐免坐补、捐免保举、捐免试俸、捐免考试、捐免回避、捐免赴部验看、捐免赴部投供等人事手续都被纳入现行常例,成为可以经常捐纳的项目②。总而言之,除了月选的掣签和引见验看等主要的人事手续之外,清代人事制度中与官僚的选授和晋升有关的许多人事手续都成为捐纳的对象,报捐者通过捐纳不仅可以满足自身得缺和升迁的希望,也可以免去一些手续。捐纳项目在清代中期以后的不断增加,使捐纳事业本身显得"一片繁荣"。

但是,捐纳事业的"繁荣"并不意味着捐纳收入的增加。前面说过,

---

① 《川楚善后筹备事例》,绕径不准报捐条例,第1a—4a页。
② 关于这一点请参看《现行常例》,和(日)织田万《清国行政法》,第6卷,第211—227页。

嘉庆初年的川楚善后筹备事例创下了清代捐纳制度史上收入最多的纪录。此后,清朝政府多次开办暂行事例,允许报捐官僚的任官资格和晋升资格。为了广为招徕,清朝政府还推行了"减价促销"的政策。在捐升方面也是一样,清朝政府多次下调了标准金额。前面介绍过乾隆中期直隶州知州捐升知府需银 3640 两,到了清末的光绪年间,变成了 1047.6 两①。在这种情况下,清朝政府得自捐纳的实际收入不断减少。例如,川楚善后筹备事例前后得银 3000 万两,而光绪三十三年(1907)户部仅得到 319690 两的捐纳收入②。

结　语

笔者在以上从官僚晋升人事的角度概观了清代捐升制度的形成。以下将根据本章的分析简要地叙述以下几点心得。

官僚的晋升人事与官僚的初授人事同样,都是直接关系到近代以前中国的国家统治根干的重要问题。不过,与主要依据考试结果和出身资格的官僚初授人事相比,官僚的晋升人事显得比较困难。其中最根本的问题时,包括现职官僚在内的、享有任官资格者在人数上远远超过了可以选授的官缺,或者说可供升迁的官缺数相对稀少。这种"官多缺少"情况既是包括清代在内的近代以前中国官僚人事的重要特征之一,也是痼疾之一。在呈金字塔型的官僚制度结构下,这种情况随着官位越高就越趋显著。当然,类似的问题并不仅仅限于近代以前的中国。身处现代社会的我们对此类问题应该并不陌生。

毫无疑问,近代中国官僚晋升人事中存在的上述问题从根本上说是制度本身的原因。还应看到,政府的施策往往加重了这一问题的复杂性。例如本书第 6 章中将要讨论的那样,清代虽然有十分严密的考课制度,由于同时还存在着捐复制度,结果造成原本应该被革职降职的官僚

---

① 许大龄《清代捐纳制度》,第 111 页。
② (日)织田万《清国行政法》,第 6 卷,第 246 页。许大龄《清代捐纳制度》,第 99—100 页。

利用捐复制度官复原职。这样,能够用于晋升和初授的官缺在原本不足的基础上又被这些人占用。在本章的论述范围中也有类似的问题。例如,官僚的晋升资格主要是资考,但由于捐升的实施,使得既有的官僚晋升人事制度遭到破坏。在这种情况下,一些人利用捐纳制度,合法地越过在任期间的限制,合法地免除包括保举在内的相关人事手续,以比正常升迁要快得多的速度得到了晋升资格。在这个意义上,我们可以认为,近代以前中国官僚晋升人事制度之所以存在着晋升难的问题,其原因与其说是存在于某一具体制度设计的本身,不如说是由于捐复捐升等诸种制度并存共用造成的。

对于包括捐升在内的捐纳制度本身,始终存在着不少反对意见。但是在国家强调因财政难而不得不开捐的大义名分的面前,很少有人敢于明确表示反对意见。即便本章中提到的陆陇其,他反对的也只是捐免保举,并不反对捐纳制度本身。有些人出面坚决反对捐纳,结果被找借口左迁。潘耒曾经在上奏中要求为昔日同僚胡密子平反①:

> 又臣与胡密子同为讲官,熟知其人端方清介,志行卓然。前岁河臣请罢生童考试,纯用捐纳,奉旨会议。廷臣皆知其不可,而莫肯发言,惟密子抗言其非,诸臣因以定议。即此一端,足以征其刚正有守。而今岁京察,亦被处分。

对于大多数在职与候选候补的官僚来说,捐纳制度的存在与实施可以为他们带来利益。他们利用捐纳可以升迁,可以免除或减轻处分,甚至在为办理捐纳事务而设立的"捐纳局"和"筹饷局"中担任委员,以便在正式得缺之前维持一家大小的生活②。

更值得注目的是官僚们的精神世界,即他们的价值观。在近代以前中国的官僚社会中,身为官僚的意义并不仅仅在于其出身究竟是正途的进士举人,还是异途的捐纳,而在于他能否在升迁,能够取得高于现有官

---

① (清)贺长龄《皇朝经世文编》,卷十三,治体七,用人,潘耒《遵谕陈言疏》,第 17b 页。
② 关于各局的委员,请参看本书第 4 章。

阶的职务和品级。在官僚们中间，对于高官的晋升途径斤斤计较的人固然存在，但是作为官僚的整个群体来说，只有晋升才能证明自身的存在价值，所以那种斤斤计较往往是在发泄自身未能如愿以偿的郁闷，聊以自慰而已。在这个意义上，对于近代以前中国的几乎所有官僚来说，"当官"与其说是实现治国平天下理想的手段，不如说是他们为了谋生和证明自身存在价值的手段。这一点不仅是官僚们之间的"常识"，也是社会全体的"常识"。因为，能否占有尽可能优越的地位，是证明他能否接近社会核心价值体系的标志。在这种社会中，一个人只有当官，而且要当大官，广大的社会成员是不会去计较他当官和晋升的途径的，官位本身就证明他是"符合"社会基本价值观、是社会公认的"成功人士"①。在这种环境之下，能够从信念到行动上完全拒绝捐纳的人究竟能有多少呢？请看汪喜孙的事例。

　　汪喜孙于嘉庆十二年（1807）考中举人，时年22岁。此后，他曾经参加了3次会试，皆铩羽而归，未能如愿以偿。嘉庆十九年（1814），他第3次会试不售之后，在友人的援助之下，通过捐纳成为从七品的内阁中书。以后，他在担任内阁中书的同时，又多次参加过会试，始终"荐而未售"。在6年之后的嘉庆二十五年（1820），恰逢清朝政府正在开办"武陟投效例"，他为了求得更好的职位，以内阁中书的身份"改捐"了从五品的知州。由于"老母"不愿意他赴"外任"，他于是又以候补候选知州的身份报捐了从五品的员外郎和铨选的各项"加捐"②。由于资料方面的限制，我们尚不能准确地知道他报捐知州和员外郎所需的金额。但是，由于武陟投效例的捐纳标准与嘉庆十三年（1808）实施的土方事例基本相同，故参考《捐办土方议叙条例》中记载的捐纳标准，可以知道汪喜孙为了这两次

---

① 丸山真男《超国家主義の論理と心理》，载丸山真男《（新装版）现代政治の思想と行動》，第20页。
② （清）汪喜孙《汪荀叔自撰年谱》，杨晋龙《汪喜孙著作集》，第1186、1191、1197页。根据记载，内阁中书的"应升之缺"为：内阁侍读、六部主事、都察院都事、府同知、内阁典籍。《（道光）钦定吏部铨选汉官品级考》，卷三，第7b—8a页。

捐纳至少用去了银6000两以上①。相比之下,汪喜孙作为一名从七品的内阁中书,他的年间俸禄不过俸银90两和俸米45斛②。

动用如此多额的银两用于改捐和捐升的汪喜孙并非是一个只图当官发财的人物。道光七年(1827),以员外郎身份在户部山东清吏司"行走"的汪喜孙见到了出使北京的朝鲜燕行使申在植,他曾经对后者这样说道:

> 仆曾默祷关帝城隍,居官行事,如有贪赃枉罚弄弊营私之事,雷击其身,火焚其宅。一片血诚,难得古道如执事,愿共勉之。

他的这些话绝非空洞的高论。汪喜孙在致友人的信中说过:"吾以身许国,鞠躬尽瘁,死而后已。"他本人也确实亲身实践了自己的诺言,积劳成疾,在抗旱的第一线"一病不起"③。

毫无疑问,在近代以前中国的官僚社会中,汪喜孙并不属于"贪赃枉罚弄弊营私"之辈。即便是他,在考虑个人的飞黄腾达和安排全家生活的时候,并不拒绝将捐纳作为选项之一。对于我们来说,这一点在了解当时的社会意识和社会环境方面是令人深感兴趣的。这就是说,在利用国家的制度性安排——捐纳获得出身和晋升的机会,谋得更加优越的地位,设法努力接近社会的核心价值观方面,即便如同汪喜孙那样的为官

---

① 《捐办土方议叙条例》,推广土方事例,第1b—2a页;京官改捐外官专条,第6b—7b页。根据规定,候补候选内阁中书改捐知州需银3040两,候选候补知州捐银1580两可以得到员外郎任官资格,此外还需要三班加捐银1590两。以上各项合计为6210两。除此之外,还需要捐免保举,捐免识认等项目,以及办理识结的费用。许大龄《清代捐纳制度》,第92—93页。

在捐升员外郎之后的第二年,即道光元年(1821)起,汪喜孙在八年间一直是"(户部)山东司行走"的身份。直到道光八年(1828),汪喜孙才被"奏补"为"(户部)山东司员外郎"。他在这个职位上服务了11年,道光十九年(1839)被"发往东河差遣委用"。(清)汪喜孙《从政录》,卷三,户部山东司纪事,杨晋龙《汪喜孙著作集》,第488页。《清宣宗实录》,卷三百十八,道光十九年正月壬戌,第37册第975页。由此可见京官升迁之难。

② 《(乾隆)钦定户部则例》,卷九十一,廪禄,中外文员俸,第436页。《大清仕籍全编》,京外额俸。黄惠贤等《中国俸禄制度史》,第561页。

③ 夫马进《朝鲜燕行使申在植の〈笔谭〉に见える汉学・宋学論議とその周边》,岩井茂树编《中国近世社会の秩序形成》(京都,京都大学人文科学研究所,2004年),第292—296页。(清)汪保和《孟慈府君行述》,杨晋龙《汪喜孙著作集》,第1290页。

清廉之人也不例外。我们通过本书中提到的汪喜孙、顾炎武等人的事例可以看出,即便是在这样一些无愧于正人君子之称的人物中,在为官入仕问题上也存在着双重标准,他们不反对利用捐纳取得出身资格、任官资格和晋升资格,但是对于为官之道却认为不应该有"贪赃枉罚弄弊营私之事"。

实际上,在清代乾隆年间以后,有不少人为了取得出身和任官资格、晋升资格乃至减免处分等目的,利用了国家的捐纳制度。例如,收藏于中国国家图书馆的《大捐履历》是在筹饷事例实施时办理捐纳的原始簿册,记载了报捐者的履历、报捐项目和金额等等,对于了解报捐者和报捐行为来说,是一份十分珍贵的文献。该簿册大约作成于咸丰二年(1852)前后,作者应该是代办捐纳之人。簿册中记载的实际报捐者为176人,由于有人多次报捐,故实际报捐件数为179件。在这总计179件报捐之中,以监生、新捐监生身份报捐者为73名,占总数的41%;以现职或候补候选官僚身份报捐者为106名,占总数的59%①。此外,光绪十六年(1890)编纂的《江苏同官录》中记载了包括两江总督、江苏巡抚和江苏布政使在内的435名现职官僚和候选候补官僚的履历。根据这些履历可以知道,其中的345人(79%)在取得出身、任官资格和晋升资格等的时候使用了捐纳的手段。在这345人中,有143名曾经多次利用过捐纳手段②。在上述报捐帐簿和官僚履历中,有些人就是和汪喜孙同样。他们尽管已经保有正途出身,但在取得任官资格和晋升资格时却不拒绝使用捐纳手段③。此外,将自身的捐纳经历明确地记载在"自撰年谱"中,在繁忙的政务中念念不忘彰显先人功德的恐怕也不止是汪喜孙一个人。而在另一方面,社会对正途出身者利用捐纳得官和升迁也表示了一定程度

---

① 《大捐履历》。请参看本书第8章。
② 《江苏同官录》。
③ 根据确立了清代捐升制度的乾隆三十九年(1774)川运事例的规定,可以报捐道员、知府、直隶州知州、知州和知县的主要是正途出身者。这就是说,在制度设计上主要着眼于正途出身的进士和举人等报捐上述官职。这一点为以后的捐纳事例所继承。《川楚善后筹备事例》,满汉在外文职各官,第1a—24b页。

的容忍。19世纪末年编纂的汉语会话教科书《四声联珠·自迩集平仄编》就有类似的记载。该教科书在抨击捐纳出身者贪污腐败的同时,认为:"由举人进士得了小官,改捐大一点儿官的还好。"①

正如本章开始所说,在清朝的捐纳制度中,为了官僚的晋升和各种人事手续的捐纳,在项目比重上远远超过以民间人为对象实施的贡监生员的捐纳。贡监生员的捐纳相当于一块进入官界的敲门砖,而且是一块一次性的敲门砖。对于报捐贡监生员的庶民来说,他们在利用它取得出身资格之后,它的作用就基本宣告结束。相比之下,官僚晋升资格的捐纳和各种官僚人事手续的捐纳对于大多数的官僚来说,只要他希望留在官僚的群体之中,那么在他的有生之年,为了维持以及提高自身的社会地位,他可以多次利用捐纳。这也就是说,与官僚人事制度有关的捐纳是一个可以多次利用的工具。这就是不少现职官僚不仅不反对捐纳政策,相反在谋求升迁时积极利用这一政策的重要原因之一。

---

① 福岛安正编,绍古英继校订《四声联珠·自迩集平仄编》。六角恒广认为,该教科书实际上的编者是"满洲旗士"绍古英继。六角恒广编《中国語教本類集成》,第1集,第1卷,所收书解题,第10—11页;同书第3卷,第37—38页。

第六章　官僚的惩戒处分与捐复制度
——以捐复制度的确立为中心

序　言

对于生活在现代的我们来说,近代以前中国制度史中有不少令人费解的部分。清朝时期确立的捐复制度就是其中之一。在近代以前的中国,皇帝通过庞大的官僚队伍统治着整个国家,历代政府为了维持官僚制度的有效运转,制定了非常严格细密的人事考课制度,或曰官僚监察制度。关于这一问题的研究,是中国史研究中取得了丰富成果的领域之一。另一方面,在官僚监察制度下受到处分的官僚可以利用捐复制度减轻乃至免除自身得到的行政处分。顾名思义,捐复制度就是允许官僚利用捐纳的方法恢复包括官职、品级等在内的既有地位的制度,也是在事实上逃避行政处分的手段。从本质上来说,严格细密的人事考课制度与捐复制度两者是完全对立的,但是这两者在近代以前的中国却都是国家官僚制度的重要组成部分。看似难以相容的两者长期共存,共同维持着国家官僚制度的运转。这种令人费解的现象却正是历史的现实。

人事考课就是对官僚的工作业绩进行定期的或经常性的考评。定期考评主要是指以京官为对象的"京察"和以外官为对象的"大计",经常性的考评主要指按照《处分则例》等相关规定,对具体行政行为的完成情况进行考评,例如税粮征收的情况、窃案命案的处理情况等等。国家根据人事考课的结果决定对官僚的赏罚,以及官僚的晋升、降格或罢免。

清代捐复制度的对象是那些根据人事考课的结果受到"降级"和"革职"处分的官僚。在捐复制度之下,这些官僚可以按照国家规定,通过向国家缴纳一定数目的银两,从而达到减轻乃至免除处分的目的,也可以恢复被褫夺的"原资"和"原衔"等等[1]。在明清时期,包括皇帝本人在内,有不少人对允许利用金钱取得任官资格的捐纳持批评态度,认为它是导致官僚腐败的温床。不过,利用捐纳得到任官资格的候选候补官们如果要就任实际的官职,那么还要和科举出身官员同样在吏部或通过地方督抚履行各种人事手续。例如,试俸、试用、验看和引见等等,在试俸或试用期满之后要由地方督抚进行考核[2]。这也就是说,对于捐纳出身者的任官问题尚有一定的限制。相比之下,受到行政处分的官员可以利用捐复减轻或免除处分,甚至可以恢复到受到处分之前的状态。这就是说,虽然在履历上留有受过处分的相应记录,但是在实际上却没有影响到该官僚的宦途。在这个意义上,捐复在伦理道德方面对官僚和社会产生的恶劣影响,应该远远超过依靠金钱取得任官资格的捐纳。

考课制度与捐复制度是以何种形式并存？当时的统治者是在何种理念之下推行捐复,并将其制度化的呢？这些在研究近代以前中国的官僚制度及其理念的时候是十分重要的问题。通过对这些问题进行分析,可以加深我们对近代以前中国官僚制度的制度设计和运用问题的理解,并且以之为线索考察近代以前中国的统治理论。

---

[1] "原资"指被褫夺前的原有出身资格。以缘事斥革的"文进士举人贡监生员"为例,"除犯奸脏等款不准捐复外,其余因人连累、并非行止不端,及脏非入己者,俱准捐复"原有的进士举人等出身资格。《现行常例》,捐复原资,第74a页。"原衔"指官员在受到革职离任之前的原有虚衔,即官阶或品级。受到革职离任处分的"京外文武官员"中,除按规定不准捐复者之外,可以申请捐复原有虚衔。如原任六部郎中者可以捐复郎中衔。《现行常例》,捐复原衔,第67a页。
[2] 请参照本书第2、4章。

本章的目的在于,探讨捐复制度确立的历史过程,以及捐复制度对清朝中期以后官僚制度所产生的影响。关于捐复制度的问题,《清国行政法》和许大龄的《清代捐纳制度》中都有过涉及①,但是就管见所及,关于捐复制度在整个官僚制度体系中的地位问题,以及捐复制度和考课制度的关系问题尚缺乏专门研究。

在本章中,笔者将首先对明朝以来的捐复和清朝的考课制度做一个概要性的叙述,然后考察清朝乾隆年间捐复制度的确立及其结构。最后,分析捐复制度的实施给官僚制度和社会带来的影响。

第一节 捐复前史

一、明代考课制度概观

恕笔者寡闻,在明代以前,似乎尚不存在官僚利用金钱减轻或免除处分的政策或制度。在这种情况下,受到处分的官僚除了等待经过一定年限或者皇帝的恩赦之外,没有其他减轻或解除处分的途径。以宋代为例,受到勒停、冲替、差替、放罢处分的官员在经过一段时间之后,可以通过叙复之法重新获得任官资格②。在考课制度下得到处分的官僚可以进行捐复的政策最早登场大约是在明代。需要说明的是,明代虽然有推行捐复政策的事实,但"捐复"一词在当时尚未登场。

明代的考课制度由"考满"和"考察"构成。此处的"考"为"考绩"之"考"。《明史》中对考满和考察有简要的说明③:

> 考满、考察,二者相辅而行。考满,论一身所历之俸,其目有三:曰称职,曰平常,曰不称职,为上、中、下三等。考察,通天下内外官

---

① (日)织田万《清国行政法》,第6卷,第232—234页。许大龄《清代捐纳制度》,第82页。
② 关于宋代的叙复制度,请参看苗书梅《宋代黜降官员叙复之法》,载《河北大学学报(哲学社会科学版)》,1990年第3期,第36—41页。另请参看梅原郁《刑は大夫に上らず》,《東方学報》(京都,京都大学人文科学研究所),第67册,1995年3月,第241—289页。
③ (清)张廷玉《明史》,卷七十一,选举志,第1721—1724页。

计之,其目有八:曰贪,曰酷,曰浮躁,曰不及,曰老,曰病,曰罢,曰不谨。

"考满"源于唐代,其考课的对象是任期届满的官僚,故名考满。如上引《明史》所说,"考满之法,三年给由,曰初考,六年曰再考,九年曰通考。依职掌事例考核升降"。可见,官僚的升降与考满的结果有一定的联系。

明朝的考满始于洪武十四年(1381)的"定考劾之法"。这一年,明朝政府决定在京六部等衙门五品以下和地方官中五品以下官僚"三年一考,九年通考黜陟",有负责考核的官员"察其行能,验其勤怠,定为称职、平常、不称职"①。具体规定如下:

> 所司事繁而称职,无过者升二等,有私笞公过者升一等,有纪录徒流罪一次者,本等用,二次者降一等,三次者降二等,四次者降三等,五次以上杂职内用。繁而平常,无过者升一等,有私笞公过者本等用,有纪录徒流罪一次者降一等,二次者降二等,三次者降三等,四次以上杂职内用。简而称职,与繁而平常同。简而平常,无过者本等用,有私笞公过者降一等,有纪录徒流一次者降二等,二次者杂职内用,三次以上黜之。其繁而不称职,初考降二等,简而不称职,初考降三等。若有纪录徒流罪者,俱于杂职内用。九年之内二考称职一考平常,从称职。二考称职一考不称职,或二考平常一考称职,或称职、平常、不称职各一考,皆从平常。

洪武十七年(1384),明朝政府对考绩规定作了调整,主要是在"三年

---

① 明朝的繁简规定如下:"其繁简之例,在外府以田粮十五万石以上,州以七万石以上,县以三万石以上,或亲临王府,都司,布政使司,按察司并有军马守御,路当驿道,边方,冲要,供给之处,俱为事繁。府粮不及十五万石,州不及七万石,县不及三万石,及僻静之处俱为事简。在京诸司,俱从繁例。"《明太祖实录》,卷一百三十九,洪武十四年十月壬申,第2199页。《(万历)大明会典》,卷十二,考功清吏司,考核通例,第228—229页。《吏部职掌》,考功清吏司,有司科,升降定格,第171页。

299

一考,九年通考"的基础上,决定外官九年考满,京官三年考满①。随后,明朝政府根据这一规定对任满朝觐官员进行了考绩。洪武十八年(1385)正月十一日,吏部报告说:

> 天下布政使司按察司及府州县朝觐官凡四千一百一十七人,考其政绩,称职四百三十五人,平常二千八百九十七人,不称职四百七十一人。

在此之外,吏部还报告说,另有"贪污百七十一人,阘茸百四十三人"。对此,朱元璋决定②:

> 称职者升,平常者复其职,不称职者降。贪污者付法司罪之,阘茸者免为民。

与上述的考满相比,《明史》对考察有如下记载③:

> 考察之法,京官六年,以已、亥之岁,四品以上自陈以取上裁,五品以下分别致仕、降调、闲住为民者有差,具册奏请,谓之京察。自弘治时,定外官三年一朝觐,以辰、戌、丑、未岁,察典随之,谓之外察。州县以月计上之府,府上下其考,以岁计上之布政司。至三岁,抚、按通核其属事状,造册具报,丽以八法。而处分察例有四,与京官同。明初行之,相沿不废,谓之大计。计处者,不复叙用,定为永制。

由此可知,考察之后不给由,其标准为"八法",即贪、酷、浮躁、不及、老、病、疲、不谨。根据考察的结果,四品以上官员"取自上裁",五品以下官员则分别被命令"致仕"、"闲住为民"或"降调"。这也就是说,考察的结果与考满不同。考满之后多升迁,而考察之后则多罢黜④。

---

① 《明太祖实录》,卷一百六十四,洪武十七年八月癸未,第2536页。
② 《明太祖实录》,卷一百七十,洪武十八年正月癸酉,第2583页。
③ (清)张廷玉《明史》,卷七十一,选举志,第1721—1724页。
④ 许大龄《明代的官制》,载许大龄《明清史论集》,第366页。

洪武四年(1371)十二月初七日，朱元璋派遣工部尚书朱守仁前往山东莱州诸郡，"廉察官吏"①。正统年间(1436—1449)以后，明朝政府逐步强化了巡察御史的监察权，要求他们对地方官进行"不时考察"。车惠媛曾经指出，嘉靖二十年(1541)十一月至嘉靖二十二年(1543)五月的大约20个月中，有405名地方官在考察中被弹劾，其中包括有249名知县。如果我们联想到这一数字相当于全国知县缺总数的大约五分之一，就不难理解考察在现实中的意义②。

上述考满与考察后的降职处分并非"律"、"例"规定的赎罪对象，在明代景泰年间以前，也没有利用金钱等减轻或免除处分的规定。受到处分的官僚只有在戴罪立功之后，所受处分方有解除的可能。例如，蔺芳在洪武年间以孝廉入仕，官至刑部郎中。"永乐中，出为吉安知府⋯⋯坐事谪办事官。从宋礼治会通河，复为工部都水主事。"③

二、明代捐复的实施

正统十四年(1449)八月，明朝军队在与蒙古族瓦剌部的首领也先率领的部队交战中失利，英宗被俘，大臣将士死伤无算，这就是震动了明朝统治的"土木之变"。为了在危机之际挽救国家，明朝政府采取了很多紧急对策，强化国内的政治安定和北方的防卫线。为了尽快解决包括军费在内的财政问题，明朝政府实施了大规模的捐纳④。

景泰元年(1450)正月二十六日，明朝政府下令⑤：

> 命舍人军民有输米豆二百五十石，或谷草二千束，或秋青草三千束，或鞍马十匹于大同、宣府助官者，悉赐冠带以荣其身。

---

① 《明太祖实录》，卷七十，洪武四年十二月丙戌，第1299页。
② 车惠媛《明代における考課政策の変化》，《東洋史研究》(京都，东洋研究会)，第55卷第4号，1997年3月，第1—40页。
③ (清)张廷玉《明史》，卷一百五十三，蔺芳传，第4205页。
④ 拙稿《明代捐纳制度试探》，《明清论丛》，第7辑，第55—80页。
⑤ 《明英宗实录》，卷一百八十七，景泰元年正月壬寅，第3801页。

在明朝政府的这一捐纳政策之下,"舍人军民"通过向政府提供马匹草料可以得到"冠带"。两天后的二十六日,于谦向明朝政府建议,"在京各营马少,乞敕户部申明买马给授冠带事例,并行总兵官武清侯石亨催督军中有自愿买马者,送部给价,仍请给圣旨榜文"①。鉴于情况紧急,为了向北方国境重镇的大同调运马草,明朝政府实施上述政策之后不久的同年闰正月十三日,决定将原来以"舍人军民"为对象的捐纳政策推广到官僚②。

> 户部奏大同、宣府急缺马草,民间供给不敷。请敕吏部暂令听选官并承差有能输草千五百束,办事官输草二千束者,即时用;应降者加输千五百束,复其原职。

根据这一规定,因故被免去职务,戴罪办事的办事官在捐纳马草2000束之后可以得到即时选授,受到处分应该降职的官员在办事官输草2000束的基础上加输1500束马草之后,即可以"复其原职"。

恕笔者寡闻,这恐怕是受到降职处分的官员可以依靠财力减除处分的最初的事例。此后的七月二十六日,户部又上奏要求允许开办以办事官、承差和受到降职处分官僚为对象的纳米事例,得到皇帝批准③。

> 初,山西代州急缺粮饷。户部奏允军民有能自备脚力赴临清官仓,运米三百石至代州纳者,给予冠带。至是,有吏奏自愿运米如军民例,乞冠带资格出身。事下户部,议令在京办事官吏、承差比军民加米一百石,吏部听选官并在京当该吏典、及官应降等、吏应重历者加米五十石,俱自临清运至代州。办事官、听选官、承差不拘资次除授,官应降等者复职办事,当该吏典不待实拨考核就给冠带,应重历者免重历,亦与冠带,俱拨办事,满日循资格出身。候事平有粮之日停止。

---

① 《明英宗实录》,卷一百八十七,景泰元年正月甲辰,第 3803—3804 页。
② 《明英宗实录》,卷一百八十八,景泰元年闰正月戊午,第 3836 页。
③ 《明英宗实录》,卷一百九十四,景泰元年七月戊辰,第 4101 页。

根据这一规定,办事官自备脚力从山东临清运米 100 石到山西省北部的代州之后,即可初授;受到降等处分的官僚则在运输 150 石米之后,便可"复职办事"。此处的"官应降等者"很可能就是在前述考满中得到"降一等"和"降二等"等处分的官僚。在正常的官僚人事制度之下,这些受到降等处分的官僚,要在所降之"等"等待铨选①。在这个意义上,景泰初年推行的"捐复"政策给既存的官僚人事制度带来了十分巨大的变化。在这种政策之下,受到降职处分的官僚在按照国家规定缴纳一定数额的马草,或运送一定数额的粮米之后,即可以在实际上免于降职。

始于景泰初年的这一政策在以后又被多次实施。成化二年(1466)闰三月初二日,为了赈济南直隶地区发生的饥馑,明朝政府开办了监生资格等的捐纳。几天后的十四日,户部以确保赈济用粮食为目的,要求允许"无赃被冤官吏"捐复官职。即允许被罢免的杂职以上官僚在捐纳 100 至 300 石粮米之后,"还职着役"。户部的这一提案得到认可,并且固定为《无赃被冤官吏人等及有赃例无冠带者送灾荒去处纳米还职著役冠带例》②。嘉靖十六年(1537),明朝政府为了筹措兴建皇帝陵和宫殿等的所需费用,开办了"开纳事例"③。

> 时修饬七陵、预建寿宫及内外各工凡十有九所,工所月费常不下三十万金,而工部库贮仅百万。巡视科道以为言,上命各有事衙门从长会议。于是,工部尚书林庭㭿等会同吏户礼兵诸臣议区处事宜六条。……一、议罪犯收赎。凡文武官吏监生公罪,及军职立功等项,并军民人等徒罪以下,俱准收赎有差。

根据明代官僚人事考课制度的规定,文武官僚如果有犯"公罪"的纪录,在考满时有可能被处以"降一等"等的处分。由于史料的局限,我们

---

① 《吏部职掌》,文选清吏司,缺科,清理员缺,第 23 页。
② 中国第一历史档案馆,辽宁省档案馆《中国明朝档案总汇》,无赃被冤官吏人等及有赃例无冠带者送灾荒去处纳米还职著役冠带例,第 87 册第 93—98 页。
③ 《明世宗实录》,卷二百,嘉靖十六年五月戊申,第 4210—4212 页。

目前无法得知上述规定的具体细节,但既然是"收赎",那么可以理解为通过捐纳免去所得公罪。

景泰初年的政策变化除了上述受到降职处分的官僚可以援例捐复之外,还有人提案,希望允许因"贪淫酷暴"被罢免的官僚纳马赎官复职,结果被否决。例如,景泰元年(1450)三月初七日,吏科给事中习敬在上言中进行了批驳,并且提出了折衷的解决方案①:

> 内外官员先因贪淫酷暴罢为民者,令或自备鞍马以赎官,或输纳草束以复职。名节既亏,廉耻莫顾,惟思多方科敛,朘生民之膏血,偿自己之私债,变之由良以此也。乞令纳草赎罪官员照知府骆敏例,给予冠带,以终其身,则上有以广君恩,下有以遂私愿矣。

对于习敬提出的上述折衷方案,有监生郭佑于景泰二年(1451)十月直接上书,表示不满:

> 昨以国用耗乏,谋国大臣欲纾一时之急,令民纳粟者赐冠带。今军旅稍宁,而行之如故。夫名以表实,服以彰德。彼农工商贩之徒,不分贤愚,惟财是授。使之骄亲戚,夸乡里,而长其分外之心。又有脏污之吏,罢退为民,欲掩乡闾之耻,纳粟纳草,盖冠带而归。何前日以财而去职,今日以财而得官,甚非朝廷重惜名爵之意也。况堂堂天下,藏富于民,未至于大不得已之时,而如此举措,是以空乏示敌,而启其侵寇之心。愿裁自今,止以全国家之体。

监生郭佑指斥这一政策造成了"前日以财而去职,今日以财而得官"的现象,使国家"重惜名爵"的官僚人事制度受到损害。即便是折衷方案,也使一些"脏污之吏"在"纳粟纳草"之后得到冠带,掩盖了"乡闾之耻",要求以"国家之体"为重,彻底废除这一政策。这一建议在交予"大臣会议"之后,被认为是"窒碍难行",没有采纳②。

---

① 《明英宗实录》,卷一百九十,景泰元年三月辛亥,第3902—3903页。
② 《明英宗实录》,卷二百九,景泰二年十月庚寅,第4505页。

允许被罢职的官僚在捐纳后冠带闲住的政策,在景泰年间以后曾经多次付诸实施。例如,天顺七年(1463)初,陕西一代发生饥馑,明朝政府为了赈济开办了陕西纳米冠带则例。根据规定,"文武官下舍人为事为民官员,有能纳米四百石于陕西缺粮去处者,给予冠带,以荣终身"。这一则例在实施后,由于应者寥寥,故有人建议减价招徕。三月二十六日,陕西按察使项忠上奏表示,"比者天时荒旱,米麦腾贵,累次募人上纳,并无至者。乞量减米数,凡纳百石者,给予冠带"。这一减价招徕的建议得到了批准,那些"为事为民官员"只要按照原定标准的四分之一报捐,即可得到冠带①。成化元年(1465)十月,明朝政府为了赈济北直隶保定地区发生的水灾,决定实施纳米济荒事例。根据这一事例的规定,"缘事除名"的"文职"官僚在纳米 300 石之后,即可"冠带闲住"②。成化二年(1466),为了筹措荆襄地区用兵的军饷,户部郎中王育提出了一系列建议,其中有"罢职文官纳米一百五十石者,许以冠带闲住"。包括这一建议在内,在最终都得到批准③。

由上述可知,明代的捐复政策是在景泰元年(1450)以后开始实施的。在有明一代,它始终未成为一项固定的"制度",只是一项带有时间性的"政策"。在这一政策的实施期间,受到降级和罢免处分的官僚可以根据事例的规定,通过捐纳行为恢复官职或"冠带闲住"。

第二节 清代官僚人事考课制度的概要

如上所说,捐复制度的对象是根据官僚人事考课制度受到行政处分的官僚,故以下首先从捐复制度的角度对清代的官僚人事考课制度作一

---

① 《明英宗实录》,卷三百五十,天顺七年三月乙卯,第 7042—7043 页。
② 《明宪宗实录》,卷二十二,成化元年十月丁亥,第 435—436 页。"巡视保定等处工部右侍郎沈义奏,保定等府水灾,视他处尤甚,而本处粟米比之淮杨秔米价值不同,其纳米济荒事例,宜加数上仓。因具为条件以请。……其请敕旌异者,原一百石以上,今加三百石。文职缘事除名者,原二百石,今三百石,准令冠带闲住。……事下户部覆奏。从之。"
③ 《明宪宗实录》,卷二十五,成化二年正月己巳,第 507—508 页。

个概要性的叙述。

一、制度的形成与完善

从某种意义上说,清代捐复制度的形成过程,也是清代官僚人事考课制度形成与完善的过程。清代官僚人事考课制度的特征可以概括为,在继承中国传统的考课制度的基础上,积极吸收了明代后期张居正等人倡导的考成法,并将考成法的适用范围逐步扩大①。

顺治三年(1646)起,清朝政府将考成法适用于钱粮征收,对州县地方官课以定额征收的义务。例如,如果发生"未完",即在指定期间内未能征收的部分超过了额定钱粮的一成,知州知县将会受到罚俸一年的处分。受到处分的官僚在这一年的期间中,即便在任期满(伍案:即俸满)也没有晋升或平调的可能,他必须早日将"未完"钱粮全额征收,否则还会有更重的处分。以后,从顺治年间到康熙初年,运用考成法对官僚进行考课的项目从钱粮逐渐扩大到州县负责征收的所有税目。

治安问题也是考成法的适用对象。例如,在"盗案"的处理上,要求地方官必须在一定期间内将犯人逮捕归案。如果不能按期破案,起获赃物,则会被问以"疏防"的罪名,并且根据状况处以"住俸"、"降级调用"、"降级留任"或"革职"的处分。康熙十五年(1676),江南嘉定县发生了杀人事件。当时的知县陆陇其鉴于证据不足,"是盗是仇,未可遽定",将情况如实上报。其后,"真盗"的犯人被逮捕归案。"部议"认为,陆陇其最初没有明确指为"盗",不仅没有按期逮捕犯人,且有"讳匿"之嫌,根据规定处以"革职"。这样,康熙九年(1670)考中进士,十四年(1675)七月才

---

① 宫崎一市《清初における官僚の考成——清初财政史の一齣(1)》,《钏路论集》(钏路,北海道教育大学钏路分校),第 1 号,1970 年 3 月,第 21—60 页。谷井阳子《明朝官僚の征税责任——考成法の再检讨——》,《史林》(京都,史学研究会),第 85 卷第 3 号,2002 年 5 月,第 33—67 页。小野达哉《清初地方官の考课制度とその变化》,《史林》,第 85 卷第 6 号,2002 年 11 月,第 34—61 页。

就任嘉定县知县的陆陇其仅仅在任一年左右即被罢官去职①。我们从这一事例可以看出考成法在社会治安问题中的运用情况。

随着考成法在日常人事行政中的运用不断扩大,清朝政府开始对考课规定进行整理厘定。

康熙九年(1670),根据湖广道监察御史李之芳的建议,清朝政府开始对处分规定"彻底厘定"②。

> 皇上因雨泽愆期,特谕大小臣工,力图修省。臣查吏部考功事例,有不可不除者。外官参罚处分,降级革职,条例甚多。即罚俸一项,常有莅官一二载,罚俸至五六年,有至十余年者。虽廉能之官,一遇小节细故,即不能久安其位。亦属可惜。况则例纷纭,胥吏欲轻则有轻条,欲重则有重款。事同法异,总缘多立名色,便于高下其手。乞敕部院大臣,将该部见行事例彻底厘定,务使永远可行。

此后,"吏部覆请委满汉司官将见行事例厘定画一",得到了康熙皇帝的批准。

清朝政府在上述作业的基础上,先后于康熙十二年(1673)和二十五年(1686)公布了经过修订和增订的《处分则例》。其间,对官僚的管理也渐趋强化。康熙二十二年(1683)十一月十八日,"九卿詹事科道"根据皇帝的命令在会议之后提出如下建议③:

一、直隶各省人命事件,原限一年审结。因限期甚远,以致牵连苦累、贪缘索诈等弊。今应改限六个月完结。

一、越诉虽有处分之例,近来竟不遵守。嗣后事款,有碍本官,

---

① (清)吴光西《陆陇其年谱》,第42—44页。"(康熙十六年)部议以先生初不直指为盗,疑有讳匿,引例革职。"
② 《清圣祖实录》,卷三十三,康熙九年四月辛卯,第4册第441页。なお,谷井阳子《清代则例省例考》(《東方学報》(京都,京都大学人文科学研究所)),第67册,1995年3月,第195—202页。
③ 《清圣祖实录》,卷一百十三,康熙二十二年十一月乙酉,第5册第165—166页。《(雍正)钦定吏部处分则例》,卷四十二,刑,审断,州县事件,第367—368页。

307

不便控告。或审断不公,须于状内将控过衙门审过情节开载明白,方许准理。

一、恶棍包揽词讼,从重治罪。承问官不依律定罪,严加议处。

一、州县官自理事件,原限一月完结。今改限二十日完结,逾限者议处。其不行查参之督抚,亦交部议处。

一、督抚以下,道府以上官员,除紧要重大事情,许差人至州县。其余小事,止许行牌催提,不许妄差人役。

一、下属审详事件,原批某衙门,即于某衙门完结。不得一官未结,又委别官。

……以上各款,应行直隶各省遵行。

这一建议得到皇帝的批准。根据这一建议,各省的人命事件和州县官自理事件的审结期限,分别从原来的一年和一个月缩短到六个月和20天。对于越诉和包揽词讼问题的处理,也明确了官僚的职责。违反者或严加议处,或交部议处,包括地方督抚在内的上司也不能幸免。这些条款在以后被纂入雍正年间编纂的《钦定吏部处分则例》。

从康熙二十年代到雍正初年,关于官僚考课问题的规定逐渐变得十分详细,而且被应用于人事考课的实际之中。这样,尤其是身处行政系统末端的州县地方官,以及负责监督他们的督抚和知府等官僚被置于经常受到惩戒处分的情况下。例如,雍正元年(1723)二月,吏部处理了总计187件考课个案,有347名地方官受到了程度不同的处分①。在这一时期的运用过程中,清朝政府积累了经验,在雍正末年至乾隆初年刊发了新的《处分则例》,清代的官僚人事考课制度基本上形成了②。

二、制度的特征

在清代,根据所犯过失的内容和程度,对官僚的惩戒处分有罚俸、降

---

① 《雍正朝内阁六科史书·吏科》,第6册第1—20页。
② 谷井阳子《清代则例省例考》,第211—214页。

级和革职 3 类，总共分为 18 种。具体情况请参看【表-6-1】。

表-6-1　清代官僚的惩戒处分

罚　俸	降　级		革　职[1]
	留　任	调　用	
罚俸一个月	降一级留任	降一级调用	革职留任
罚俸二个月	降二级留任	降二级调用	革职离任[2]
罚俸三个月	降三级留任	降三级调用	革职永不叙用
罚俸六个月		降四级调用	
罚俸九个月		降五级调用	
罚俸一年			
罚俸二年			

史料来源：《(光绪)大清会典》，卷十一，吏部，考功清吏司。
注 1．"革职之等在降三级调用之上。"
　 2．"革职留任者，其等在降三级留任之上，与降一级调用同等。"

在上述 3 种惩戒处分之外，还有"住俸"，即在一定期间内停止向受到这一处分的官僚发放俸禄①。与没收俸禄的罚俸相比，住俸属于相对较重的处罚。例如，雍正五年（1727）规定了浙江省秋粮征收的考核标准，即"每年额征其作十分核算"，"初参州县官欠不及一分者免议，欠一分以上者罚俸六月，二分以上者住俸，三分以上者降二级，四分以上者降三级，五分六分以上者革职，俱令戴罪催征，完日奏请开复"②。可见，住俸介于罚俸和降级之间。

清代官僚人事考课制度的基本特征大致如下。

第一，绵密的处分规定。我们透过下述道光二十三年（1843）吏部颁布的《钦定六部处分则例》的条目可以看出，惩戒处分包括了各级政府日

---

① 《(光绪)钦定大清会典》，卷十一，吏部，考功清吏司，第 127 页。
　关于住俸制度，到目前为止只有很少学者论及。例如，艾永明《清代文官制度》，第 178—184 页；孟姝芳《乾隆朝官员处分研究》，第 14—17 页。
② 《(雍正)大清会典》，卷三十三，户部，赋役三，考成上，第 15b—16a 页。

常行政事务的各个方面。

  吏部：公式、降罚、升选、举劾、考绩、赴任、离任、本章、印信、限期、归旗、事故、旷职、营私、书役。
  户部：仓场、漕运、田宅、户口、盐法、钱法、关市、灾赈、催征、解支、盘查、承追。
  礼部：科场、学校、仪制、祀典、文词、服饰。
  兵部：驿递、马政、军政、军器、海防、边防。
  刑部：盗贼、人命、逃人、杂犯、提解、审断、禁狱、用刑。
  工部：河工、修造。

  这一制度的绵密除了表现在上述的涉及范围之外，就某一具体事案也是环环相扣。以"遗失印信"为例，《处分则例》中有如下规定[①]：

  在外各官印信，如在署存储，或系行寓存储，被贼径行窃去，有印官革职。公罪。五日以内自行拿获究办，开复原参处分。未经行用，减为降一级调用。已经行用，减为降二级调用，俱公罪。一个月内自行拿获，未经行用，减为降三级调用。已经行用，减为降四级调用，俱公罪。如非自行拿获，仍不准减议。

  由这一规定可见，当官印遗失之后，负责官印的保管和使用的正印官首先被课以革职处分。如该正印官能在五天以内自行抓获犯人，起回印信。在这种情况下，该正印官所受革职处分可以解除，但是并不等于惩戒处分的所有程序已经完成。因为随即将进入下一个程序，即确认印信在被窃期间是否曾经被犯人使用过。如果未曾使用，则该正印官最终所受处分为"降一级调用"，如果曾经被犯人使用，则该正印官的最终处分为"降二级调用"。当然，如果遗失的印信在最终未被寻获，则该正印官所受的革职处分就是最终处分。例如，

[①] 《(光绪)钦定重修六部处分则例》，卷十，印信，遗失印信，第264—266页。拙稿《官印和文书行政》，周绍泉等编《'98国际徽学学术讨论会论文集》，第332—358页。

道光十五年(1835),刑部遗失"堂印一颗",结果,"协办大学士户部尚书管理刑部事务王鼎照遗失印信例革职"①。此外,盗案则按照发生地点,即道路村庄、城内、官署、省城内、驻扎城外大小文武衙门等分别制定了处罚规定②。

第二,处分累计。兹举一例。雍正元年(1723)七月就任江苏省常州府无锡县知县的李玫,作为征收该县钱粮的负责人未能将以下钱粮全额征收,即"学租追征"(九案)、"亏空追征"(四案)、"牙税追征"(二案)、"驿站追征"(二案)、"那移追征"(一案)、"兵米追征"(一案)、"军需追征"(一案),结果被吏部照例将李玫处以"每案罚俸一年"的处分。这就是说,上述20件征收案被课以共计罚俸20年的处分。李玫为"例监"出身,雍正元年(1723)七月到任之后,在任期间不过短短两年多。上述的征税事案基本上是在他到任之前发生的,有些甚至是10多年以前的旧案。尽管如此,罚俸的年数还是超过了他的在任年数。这种看似荒唐的作法实际上是为了在处理惩戒处分问题时尽可能排除人为的因素,将过失的件数进行机械地累加③。类似的事例可谓不胜枚举。

第三,连坐规定。一个官僚受到处分,在连坐的规定之下,至少会牵连到他的上司。例如,州县发生盗案之后,知州知县作为"承缉州县",必须尽全力破案。与此同时,作为管辖该知州知县的知府和道员也要负起相关责任。如果在指定期间之内未能逮捕犯人,从知州知县到道员都要受到相应的处分④。关于这一点,请参看【表-6-2】。

---

① 中央研究院历史语言研究所藏清代内阁大库档案,第189011号。《清宣宗实录》,卷二百七十五,道光十五年十二月甲子,第37册第242—243页;卷二百七十七,道光十六年正月丁酉,第37册第267页。王鼎以后被加恩减为革职留任,再减为降三级留任。
② 《(光绪)钦定重修六部处分则例》,卷四十一,盗贼,外省盗案,第820—822页。
③ 《雍正朝内阁六科史书·吏科》,第31册第85—96页。《(光绪)无锡金匮县志》,卷十五,职官,第46a页。《文升阁缙绅全书》,江南,无锡县。
④ 《(光绪)钦定重修六部处分则例》,卷四十一,盗贼,外省盗案,第820页。

表-6-2　清代外省盗案处分

	案发四个月	案发一年	案发三年	案发四年
承缉州县印捕官	题参疏防、住俸	降一级留任	再留任一年	照所降之级调用
捕盗厅员	停升、罚俸六个月	罚俸一年		
同城府州、不同城府州	停升、罚俸六个月	罚俸一年		
兼辖道员	罚俸六个月	罚俸一年		

史料来源:《(光绪)钦定重修六部处分则例》,卷四十一,盗贼,外省盗案,第820页。

根据这一规定,凡道路村庄自发生案件之日起,在四个月之内未能将盗犯抓获,承缉州县将被处以住俸一年,继续负责缉捕犯人。如果在案发后一年、三年和四年时仍然未能将犯人抓获,则按上述规定处分。值得注意的是,作为他的上司的知府和道员至少要被处以"罚俸六个月"。雍正三年(1725)十月二十九日夜,家住河南省汝宁府遂平县蔡岗店地方的生员徐志彤家发生盗案,"贼由东墙进院,打门入室,将徐志彤捆缚,搜劫银钱衣饰等物而逸"。由于事发四个月之后依然未能破案,河南巡抚田文镜于雍正四年(1726)四月二十一日以"疏防"的罪名,题参承缉州县正印官遂平县知县程文骆、承缉州县捕官遂平县典史王兆祉、不同城的汝宁府知府张玢和作为兼辖道员的分巡道陈世倕等人①。这里的典史和知县属于案发地承缉官员,而其他二人则是他们的上司,亦即督缉官员。又如,乾隆四年(1739)三月初七日,刑部尚书尹继善根据贵州总督兼贵州巡抚张广泗的题报,建议将督缉命盗案件"不能及半"的贵阳府知府王玠按照规定处以"罚俸六个月"②。

---

① 中央研究院历史语言研究所藏清代内阁大库档案,第○一五六九七号。张伟仁《明清档案》,第40册,河南巡抚为生员家宅被盗题参疏防文职由,雍正四年四月二十一日,第B22889—B22895页。另载张伟仁《清代法制研究》,第2册第489—501页。
② 中央研究院历史语言研究所藏清代内阁大库档案,第073290号。

第六章　官僚的惩戒处分与捐复制度

第四,追求案件的彻底解决。以社会治安的案件为例,清朝政府要求各级行政官员必须力求解决管辖地区内发生的所有案件,对未能在指定期间将犯人缉拿归案、起获赃物者,按照规定给予相应的处分。例如,对于发生在道路村庄的盗案,自发生之日起最长四年四个月时,如果犯人依然未能被逮捕归案,作为承缉州县的知州知县会被"降一级调用"。这并不意味案件本身的终结,因为"盗犯交与接任官照案缉拿"。接任官作为接缉官依然要努力在规定期间内破案。我们从这些处分规定中可以看出清代官僚人事考课制度的如下特征,即不存在不能破获的案件,如果有未能如期破获的案件,只能说明相关官僚的过失和无能。在这种情况下,当然要处分相关官僚。换句话说,发生案件本身就属于相关官僚的过失和无能,只能尽全力将犯人逮捕归案、起获赃物,才是最好的赎罪方法。

我们透过以上4点,不难想像清代官僚们身处何种环境之下。在考课制度的框架之下,无论日常行政中和社会上发生何种事件和案件,政府都会根据规定追究当事官僚乃至相关官僚的责任。这也就是说,无论官僚个人如何竭尽全力,恪尽职守,很可能由于部下或同僚的缘故受到牵连,得到处分。清朝时代的官僚们就生活在如此的业务环境之中,他们之中恐怕几乎没有能够不受任何处分迎来致仕之日的人。在当时,"公罪不可无,私罪不可有"是官僚们中的一种"常识"。贪赃舞弊的私罪固然不可有,"若无公罪,则自保太过,无任事之意"①。官僚衔名中的"降八级又降七级又降六级留任"、"降一级留任又降一级留任又降一级留任又降三级留任又降六级留任"等告诉我们,官僚们受到的处分是多么频繁②。

三、处分的解除

在捐复制度出现之前,官僚们所受到的处分只有在"开复"和"抵销"

---

① (宋)吕本忠《官箴》。
② 中央研究院历史语言研究所藏清代内阁大库档案,第 028807、052780 号。

313

时才可解除。开复是指处分在经过一定的时间之后(伍案:清代规定,"降级留任"的开复处分期间为三年,"革职留任"为四年),而且在此期间内恪尽职守,没有发生过任何新的"议处"事案,其所受处分可以解除。如果在此期间立有功绩,经过上司保奏和皇帝的恩准,其所受处分可以提前开复。

与需要一定经过时间的开复相比,抵销是指官僚们利用"加级"或"纪录"减少处分。加级和纪录都属于清代议叙之法,政府在论功行赏时按照规定给予官僚一定的加级或纪录。例如,清朝政府于顺治十五年(1658)修订了查解逃人的议叙规定①:

> 凡州县吏目典史等官查解逃人十五名者,加一级;三十名者,不论俸即升。知府所属查解三十名者,加一级;六十名者,不论俸即升。道员所属查解四十五名者,加一级;九十名者,不论俸即升。巡抚所属查解七十五名者,纪录一级;一百五十名以上者,加一级;足三百名者,加二级。多解者,照数递加。

在按照业务成绩给予加级纪录的同时,清朝政府还规定,加级和纪录可以用来抵销所得处分②:

> 凡降罚,有加级则当其级,有纪录则当其俸。

具体说来就是,有加一级或有纪录四次,可以抵销降一级。康熙元年(1662)规定,"凡纪录四次抵销降一级,纪录二次抵销罚俸一年,纪录一次抵销罚俸半年"③。由于清朝政府自康熙初年即准许官僚捐纳加级纪录④,故一些地方官在赴任之前为了准备抵销难以避免的公罪处分,纷纷捐纳加级纪录。例如,乾隆五十一年(1786),汪辉祖被选授湖南省永州府宁远县知县,他随即捐纳了"加二级"。据他本人解释说,此举的目

---

① 《(光绪)钦定大清会典事例》,卷一百二十九,吏部,处分例,缉捕逃人,第6806—6807页。
② 《(光绪)钦定大清会典》,卷十一,吏部,考功清吏司,第128页。
③ 《(光绪)钦定大清会典事例》,卷八十六,吏部,处分例,官员降罚抵销,第6209页。
④ 许大龄《清代捐纳制度》,第80页。

的是"备公过抵销"①。

上述的开复与抵销有两个共同之处。即需要在一定的期间内没有得到处分,和在日常事务中作出一定得成绩。达到这两点虽然在理论上不是完全没有可能,但是在实际上是很难实现的。正如前面分析的那样,清代关于官僚人事考课制度的规定十分细密,形成了一个几乎难以规避的法网,无论是那一级官僚几乎随时都可能受到某种处分。而对于已经受到处分的官僚来说,他在等待开复的期间内很难保证不会再次受到新的处分。

对于受到处分的官僚来说,最最切实的问题是他们的升迁。受到降级留任、降级调用和革职处分的官僚自不必论,即便是受到"最轻"的罚俸处分的地方官僚,在罚俸期间终了之前没有晋升的希望。清代规定,"京官任内有罚俸之案不停升,自降留以上皆停升,外官任内有罚俸之案皆停升"②。同治年间编纂的《钦定吏部文选司章程》中对再升再调官僚应该缴纳罚俸银两的问题有如下规定③:

> 各省州县以上再升再调人员,除初升初调任内罚俸处分毋庸核计外,其前任内应缴罚俸银两,必须按限逐案完缴,令该督抚于保题折内将该员有某任罚俸若干案,应缴银若干两,于某年月日解交藩库之处,详细声明。仍一面专咨报明户部查核,保提升调。到部,即行查户部有无完缴。如业经完缴,照例议准。如未完缴,查无别项不合例事故,亦即议准。仍饬该督抚饬令该员迅速完缴销案后,专咨到部,方准再赴升任调任。

可见,在各省等待晋升和调用的地方官僚如果有罚俸案件,除第一次升调时的罚俸处分免除不计外,其他罚俸案件必须完缴清楚。否则即

---

① (清)汪辉祖《病榻梦痕录》,卷上,第55a页。关于加级问题,请参看大野晃嗣《清代加级考——中国官僚制度の一侧面》,《史林》(京都,史学研究会),第84卷第6号,2001年11月,第1—35页。
② 《(光绪)钦定大清会典》,卷十,吏部,第119页。《定例类抄》,卷五,吏部,降复,第22b页。
③ 《钦定吏部文选司章程》,卷十六,升调,再升再任人员应缴罚俸银两,第4b—15a页。

便地方督抚保题,吏部也不承认该项人事。

因此,早日解除所受处分对于所有受到处分的官僚来说,是他们在官场中谋求升迁的最低要求。由上述李玫的案例不难看出,他如果不按照规定上缴20年的俸禄,从理论上说根本不可能有升任和调任的机会。

以上还仅仅是罚俸处分,至于与离任有关的降级调用,对于渴望升迁的官僚们来说,更是希望能够早日解除。如果他们没有足以抵销该项处分的加级和纪录,或者该项处分因与"钱粮"有关不准抵销,那么至少需要等到若干年之后的开复才能解除。姑且不论在等待期间极有可能再次得到其他处分,即便是开复本身也仅仅意味着人事上的解禁,并不意味着该官僚可以恢复降级调用之前的地位。

总而言之,对于清朝时代的官僚们来说,能否早日解除处分是十分重要的。因为无论是正途出身者还是异途出身者,他们为了得到现在的地位,都用去了多年的岁月,倾注了大量的心血和钱财。一旦受到处分,不仅会停止升迁,甚至还要面临降职和罢免,这在相当程度上意味着他们的人生道路被遮断,多年的努力和投资完全付诸东流。从社会流动的角度上来说,原来处于上行流动的官僚突然转向下行流动。在这个意义上,我们不难理解一部分官僚在期待着开复的同时,更期盼着能有简单而迅速地解除处分的手段。正是因为存在着很多希望尽可能缩小下行流动幅度的官僚,清朝政府才有可能开办以他们为对象的捐复制度,正是他们构成了这一制度得以实施的基础。

以下,让我们来看一看清代捐复制度确立的过程。

第三节 清代捐复制度的确立

一、清代捐复制度的创始期——康熙十四年—乾隆三十年

清代的捐复制度始创于康熙年间。康熙十四年(1675)至乾隆三十

年(1675)的大约百年间,清朝政府基本上承袭了明朝的措施,只是在必要时才宣布开办捐复,捐复的规定亦因时而异。

清代首次开办捐复是在三藩之乱发生的时候。康熙十二年(1673)年末,由于三藩之乱的爆发,清朝中央政府为了筹措镇压叛乱所需的费用,于康熙十四年(1675)开办了清朝入关建议以后最大规模的捐纳,即乙卯捐例。这一捐例包括的项目十分广泛,庶民可以循例捐纳贡监生资格和任官资格,现任官僚可以捐升,候补候选官僚可以捐纳铨选的优先权①。除此之外,还包括了以受到处分官僚为对象的捐复。根据缪荃孙的记载,捐复的基本规定大致如下②:

首先是允许捐复的对象。它包括有,① 因公务中的过失受到革职处分的四品以下京官和道员副将以下外官,② 在所谓的"江南奏销案"中受到革职处分地方官和被褫夺身份的进士、举人和生员。第二是捐复的标准。关于这一点请参看【表-6-3】。按照这一标准,受到革职处分的官僚可以捐复"原品",并重新得到任官资格,而被褫夺进士举人等出身资格的人可以捐复出身资格。

表-6-3 康熙十四年乙卯捐例捐复规定

处分	身 分	捐复标准	捐复项目
因公诖误革职	在京四五品满汉文武官、翰林吏部官	银6000两	原品录用
	在外道员、副将		
	知府	银5000两	
	在京满汉六品以下	银2500两	
	在外运同、参将以下		

---

① 关于官僚铨选时候优先权的捐纳问题请参看本书第4、5章。
② 缪荃孙《云自在龛笔记》,《古学汇刊》,第4编,下册第6a—b页。"凡因公诖误革职,在京文武四品官以下,在外道员副将以下,并江南等省抗粮案内革职官,进士、举人、生员,俱准捐银,照原品录用。"

续 表

处分	身 分	捐复标准	捐复项目
抗粮褫夺出身资格	文武进士	银1500两	复还补用
	举人	银800两	
	贡生监生	银200两	
	生员	银120两	
	降调各官	银600两	捐复一级

史料来源:缪荃孙《云自在龛笔记》,《古学汇刊》、第四编,下册第6a—b页。

康熙年间的著名学者徐乾学就曾经援引过上述乙卯捐例中关于捐复的规定。康熙十一年(1672),翰林院编修徐乾学在担任顺天乡试副考官时"遗取"了"汉军卷",结果受到"降一级调用"的处分。三年后的康熙十四年(1675),他根据乙卯捐例的规定捐复了"原级"①。这样,乙卯捐例为受到革职和降级调用处分的官僚打开了利用捐复解除处分的通路。

康熙十七年(1678)八月吴三桂病死之后,三藩之乱渐趋平定,清朝政府开始着手处理旧三藩所占地域的善后处理问题,为此在当地开办了捐纳。康熙十九年(1680)开始实施的贵州捐纳事例就是其中之一。这一事例在项目上继承了乙卯捐例中的规定,除了贡监生资格、任官资格、铨选优先权、加级记录等等之外,还有捐复(【表-6-4】)。

表-6-4 康熙十九年贵州捐纳事例捐复条款

身 分	捐复标准	捐复项目
原任在京四五品文武官员	粮2000石·草140000束	原职录用
原任在外道府副将		
原任在京六品以下文武官员	粮800石·草56000束	
在外运同、同知通判以下		

---

① 《清史列传》,卷十,徐乾学,第678页。

续　表

身　分	捐复标准	捐复项目
革斥文武进士	粮 400 石・草 28000 束	复还出身
革斥举人	粮 200 石・草 14000 束	
原系贡生、监生	粮 40 石・草 2800 束	
降级调用文武官员	粮 160 石・草 11200 束	原级录用

史料来源：(清)鄂海《六部则例全书》,户部则例,卷下,捐叙,第 81a—83b 页。

与乙卯捐例相比,可以援引捐复规定的对象官僚中没有了"翰林吏部官",即翰林院和吏部官僚。这应该是旨在维护官僚制度最起码的"尊严"。此外,捐复标准也从银两变成了粮或草。捐复者根据这一事例的规定,可以和乙卯捐例同样,通过捐纳恢复原职或原级。在此之后,清朝政府在开办捐纳事例时多次实施了捐复。以下根据《六部则例全书・户部则例・捐叙》的记录,将康熙年间实施的捐复制成【表-6-5】,仅供参考。

表-6-5　康熙年间捐复实施概况

实施年代	事例名	捐复对象
康熙十四年	乙卯捐例	革职
		降调
		褫夺进士举人贡监生员
康熙十八年	贵州捐纳事例	革职
		降级调用
康熙二十年	云南捐纳事例	革职
		降级调用
康熙二十八年	直隶捐纳事例	降级留任
康熙二十八年	山西捐纳事例	降级留任
康熙三十年	大同张家口捐纳事例	因公诖误革职
		降级留任
康熙三十年	甘肃捐纳事例	因公诖误革职
		降级留任
		黜退进士举人贡监

续 表

实 施 年 代	事 例 名	捐 复 对 象
康熙三十一年	西安捐纳事例	降级调用
康熙三十四年	通仓运米事例	降级留任
康熙四十三年	山东捐纳事例	罚俸停升
		降级留任
康熙四十五年	捐马事例	降级
		革职
康熙五十年	户部捐银事例	因公诖误降级调用
		因公诖误革职
康熙五十二年	福建开捐事例	罚俸停升
		降级留任
		革职留任
		黜退进士举人贡监
康熙五十三年	广东广西捐纳	罚俸停升
		降级留任
康熙五十三年	甘肃粮草事例	因公诖误革职
		降级留任
康熙五十三年	江南常平仓事例	罚俸停升
		降级留任
康熙五十六年	甘肃湖滩河所捐例	降级留任
		亏空解任
		亏空革职
康熙五十八年	大同宣府喂养驼马捐例	罚俸停升
康熙五十八年	西凤捐补运米脚价事例	降级调用
康熙五十八年	湖滩河所捐驼事例	罚俸停升
		革职留任
		革职
康熙六十年	云南捐补事例	降级留任
		降俸降级停升任

史料来源:(清)鄂海《六部则例全书》,户部则例,卷下,捐叙,第84b—133b页。

从表中可以看出,康熙年间实施的捐复是以解除降级留任、降级调用、革职、罚俸停升等处分为中心的,基本上是一次性的政策,尚未形成相对固定化的制度。这就是说,清朝政府在这一时期承袭了明朝的捐复政策,只是在必要时才付诸实施,并且根据当时的情况决定捐复的标准。在雍正年间和乾隆三十年(1765)以前,清朝政府基本上沿袭了这种作法,断断续续地实施了捐复。

雍正十三年(1735)六月,户部奏上了予筹粮运事例的实施规定①。关于官僚的捐复问题,这一事例规定,除了总督巡抚"特参"之"凶恶"者外,所有受到革职处分的官僚皆可以捐复原职。

乾隆皇帝在即位之后不久,在停止其他捐纳项目的同时,将捐纳监生资格作为一项经常性的政策固定下来,此举成为捐纳制度中出现可以经常实施的现行事例的雏形。此后,乾隆皇帝又将捐纳贡生资格和封典归入可以常时捐纳的经常性项目。在捐复方面,乾隆皇帝继承了康熙皇帝以来的政策,只是在特定的事例中实施了捐复。

乾隆九年(1744)五月,直隶地区发生了水灾。为了筹集赈灾粮米,清朝政府开办了直赈事例②,其中包括了关于捐复的详细规定:

> 吏部议奏,现准户部将京职外任降革人员具呈捐复者陆续咨到,逐一察核。查直赈定例内开,凡京察大计及所犯私罪者均不准捐复外,其余事属因公、审明定案后并无余罪者,均准一体捐复。但其中事介两歧,恐办理歧误,上下其手。臣等酌议内外革职人员除事属因公应准捐复外,至虽非因公、而审明定案后并无余罪,及有余罪而准纳赎者,究与犯贪酷迥异,应准捐复。其或奉特旨,或于京察

---

① 中央研究院历史语言研究所藏清代内阁大库档案,第 026159 号。张伟仁编《明清档案》、第 144 册,第 B81107—B81109 页。关于《予筹粮运事例》的开办时期,《清史稿·选举志》系于雍正十二年(1733),误。
② 《清高宗实录》,卷二百十七,乾隆九年五月乙巳,第 11 册第 798—799 页。"大学士鄂尔泰等……又称,将来普赈兴工,所费不赀,请于江南限满停捐之后,改于直省收捐。……今直属叠被灾伤,赈恤工作,需帑浩繁。该副都御史(伍案:励宗万)请照例开捐,弥补工赈之费,实权宜应行之举。……从之。"

大计案内革职者,或革职后曾经引见奉旨仍行革职者,或革职外余罪不准纳赎者,或犯脏奸及故勘毙命出入人罪者,均不准捐复。若革职后又有另案拟罪者,应否捐复,请照一案内革职又经拟罪人员一体核办。至革职外有别案革职,及别案降调注册者,应将原参革职之案照例准其捐复。但照原捐之例,未免过重,应比照捐复降级减半之例,减半加捐。

再,京察大计案内降调,或曾经引见奉旨仍行降调者,亦应不准捐复。其余降调人员,情罪本轻,例得补用。应请无论是否因公,准其捐复。至比照六法条例降调,与京察大计特参人员不同,亦应准捐复。其降调注册者,应照所降之级报捐。

再,休致人员除由京察大计特参,及奉特旨休致者不准捐复外,其余告休勒休,有愿出赀捐复者,俱准捐复。

以上各项,悉由户部具呈。务将原参续参降革治罪共有几案,并曾经引见与否,逐一声明,移咨查核。

又,文职既经酌量情节准其捐复,则绿旗满汉游击以下武职除军机获罪、军政纠参及贪婪等员不准捐复外,其余因公罣误无余罪者,俱准捐复,与文职画一办理。

由这一规定可以看出,在直赈事例下可以捐复的是那些因公罪受到降级留任、降级调用和革职处分、而且没有余罪的京官和外官。以后,允许捐复的对象又扩大到因私罪被处以上述处分的官僚。但是,这些仅仅限于在日常业务中得到处分者,在京察大计中得到上述处分的官僚则不允许援引规定捐复①。

此后,清朝政府又开办了新江赈例(乾隆十一年、1746)、河工事例(乾隆十九年、1754)、豫工事例(乾隆二十六年、1761)等捐纳事例。在这

---

① 《清高宗实录》,卷二百二十,乾隆九年七月丙戌,第12册第836—837页。

322

些事例中都包括了关于捐复的规定①。我本人现在尚未收集到这些事例中关于捐复标准等的具体规定,但是根据清代内阁大库档案,我们可以大致了解这一时期捐复的概况。【表-6-6】是河工事例和豫工事例下捐复情况的有关记载,仅供参考。

表-6-6 河工事例豫工事例下捐复举例

事例/捐纳年代	职名·姓名	处分	捐银	捐复项目
河工例 乾隆二十四年	知县·谢奉璋	革职	3000	原官补用
	试用知县·王璞	革去原资	900	出身原资
		降一级调用	700	原级调用注册
	典史·冯源	革职	360	原官补用
	试用经历·李超玠	降二级调用	370	原官试用
	御史·朱嵇	降一级留任	275	原级
	试用知县·汪庚	降一级留任	225	原级
豫工例 乾隆二十七年	知县·鲁楷	降一级留任	225	原级
	典史·张申赓	降一级留任	175	原级
	典史·梁璧	革职	360	原官补用
	县丞·汪燕	革职	504	原官补用
	郎中职衔·朱炎	革去职衔	1800	复还原衔
豫工例 乾隆二十七年	郎中·曹槐	降二级留任	550	原级
	知县·朱昱发	降一级留任	225	原级
	知县·汪济	降一级调用	700	原级
	县丞·崔琇	革职	720	原官
	盐大使·董大镛	革职	1200	原官
	吏目·袁成立	革职	360	原官
	试用主簿·谢国瑛	革职	360	原官

---

① 《清高宗实录》,卷二百七十五,乾隆十一年九月己未,第12册第595页。中央研究院历史语言研究所藏清代内阁大库档案,第026159号。张伟仁编《明清档案》,第144册,第B81007—B81009页。

续 表

事例/捐纳年代	职名·姓名	处分	捐银	捐复项目
豫工例 乾隆二十七年	主事·王学文	革职	1350	原衔
	主簿·吴瑶	革职	1080	原衔
豫工例 乾隆二十七年	知县·蒋有道	降一级留任	225	原级
	知县·顾弼	降二级留任	450	原级
	知州·吴祖修	革职	3200	原官
	巡检·郑籽	革职	360	原官
	典史·倪珩	革职	360	原官

史料来源：中央研究院历史语言研究所藏清代内阁大库档案，第 076296、077493、077534、077890 号。

通过【表-6-6】可以看出，捐复的标准在乾隆二十年代已经开始趋于统一。例如，知县捐复降一级留任的标准为银 225 两。这种捐复标准的统一，为日后捐复的常时开办准备了必要的条件。

二、清代捐复制度的形成期——乾隆三十年—三十五年

(1) 完善外补制度的提案

通过以上叙述可以知道，在乾隆中期以前，惩戒处分的捐复与当时已经成为经常性捐纳项目的贡监生资格捐纳不同，还是一种临时性的政策措施。捐复从临时性的政策措施变成一种经常性的固定制度的重要原因，是为了完善外补制度运用过程中出现的问题。

外补制度就是各地督抚掌管地方官选授人事的制度。在某些官缺（伍案：例如州县缺中的要缺和最要缺）的地方官出现空缺时，不必经由吏部铨选，而是由各地的总督巡抚在各省的现任和候补官员中选择"人地相宜"之人，以题本形式直接向皇帝报告之后任命。这一制度萌芽于康熙年间，初具规模于雍正年间，最终形成于乾隆初年①。这一制度的运

---
① 请参看本书第 4 章。

用中遇到了一个当初未曾预想的难题,即由于受到官僚人事考课制度的影响,地方督抚有时无法使用手中的人事权,任命他们认为"人地相宜"的官僚。

如上所说,清代的官僚人事考课制度十分严密,几乎不可能存在终生不受处分之人。而且,只要有一个官僚受到处分,通常会牵连到他的上司和同僚。而且,所受处分只有在开复和遇有皇帝恩赦时才有解除的可能,在此期间,无论是晋升还是平移的相关人事都被冻结。这样,原来旨在促成"为地择人"或"人地相宜"的外补制度在决定人选问题时遇到了尴尬,即虽然有"人地相宜"的人物,但是该人因所受处分尚未开复,故无法任用。这种情况导致督抚手中的人事权在相当程度上受到官僚人事考课制度的限制。从这个意义上来说,外补制度至少在乾隆中期以前,还属于一个尚不完善的制度。

首先指出这一问题的是地方督抚。

乾隆三十年(1765)八月初五日,河南巡抚阿思哈以"因公参罚有碍升调"为由上奏。阿思哈在上奏中首先说明了外补制度下用人的基本条件:

> 要缺州县应在外拣选调补,又,丞倅知州要缺,如调补无人,例应于州县中拣选升补,凡遇缺出,将通省人员逐一较量,必须人材出众,而在任已历三年五年,并无违碍处分者,方膺其选。

随后他指出了地方督抚在运用外补制度时遇到的问题:

> 惟是牧令身任地方,虽繁简不同,而因公议处,在所不免,有精明强干之人,堪以理繁治剧,如年限未满者,尚可专折奏邀恩准。若任内有降革留任,例有转参之案,即于升调之例不符。而处分无碍之员,多系简僻小邑,才具又属中平,难胜繁剧。是以一遇要缺,虽求人地相宜。合例堪用之员,每为难得。稍有未合,动干部议。此在外拣选一事,有非易易也。

可见,在官僚人事考课制度的制约之下,由于无法避免"因公议处",

故"精明强干"之人多因"公罪"被"议处"以"降革留任"等处分,结果在必要之时无法将这些官僚用于急需之地。那些没有受到处分的官僚都是一些在"简僻小邑"任职的"才具中平"之人。结果,很难找到既符合上述外补制度的规定,又胜任繁剧之邑的人选。有时题报一些人事案,吏部又以某人所受降革留任的处分尚未开复为理由驳回。

针对这些问题,阿思哈认为,与对受到革职降调处分的官员相比,在使用受到降革留任处分官僚时限制过多:

> 查降革留任及有展参处分,原属因公诖误。其中不无可用之人。窃见革职降调之员,犹蒙特旨调取引见,荷蒙圣恩,酌予录用。而降革留任及有展参之员,究属有间,格于成例,不能入选。能员淹滞,终觉可惜。

为此,阿思哈认为:

> 似应量为调剂,以励人材。……可否将现任州县官因公诖误,降革留任并例有展参,有碍升调处分,准其随时捐复,俾得自新有路。而臣等为地择人,得以量才器使,不致办理掣肘,于地方政务似有裨益。

可见,阿思哈的最终目的是为了防止在用人行政中的"掣肘"。他同时还照顾到吏部的权限,建议不允许受到"特参"而"降革离任"官员利用捐纳免除处分,并表示在捐复标准和规定等方面尊重吏部的决定①。

乾隆皇帝收到阿思哈的上奏是在八月十五日。根据军机处的记录,乾隆皇帝在这一天共受到了43件上奏。乾隆皇帝对阿思哈这一件上奏的朱批是"该部议奏",即命令吏部协商解决方案,而对于其他上奏的朱

---

① 《汇刊条例册》,第1册,内外官员降级革职留任已经议结之案有情愿捐复者,准其在部投捐,乾隆三十年九月十一日奉旨。又,国立故宫博物院《宫中档乾隆朝奏折》,第25册第667—668页。中央研究院历史语言研究所藏清代内阁大库档案,第064638号。

批都只有三个字,即"知道了"①。我们现在无法知道乾隆皇帝的心理活动,但是从上述朱批的不同可以看出,乾隆皇帝认为阿思哈所提外补制度运用中存在的问题事关重大,有必要研究解决。

吏部根据乾隆皇帝的指示,研究了阿思哈的提案。同年九月初八日以题本报告了处理意见:

> 查官员降级留任,三年无过开复,革职留任,四年无过开复。其未开复之前,例不准其升补。凡身膺繁剧之员,处分必多。每遇要地需员,保题拣选,有碍定例,转不如简僻小邑寻常供职处分甚少者易符升调之例。自应量为调剂,以励人材。今该抚奏称,降革留任原属因公罣误,准其随时捐复,俾自新有路,要地得人等语。应如所请。嗣后官员降级革职留任已经议结之案,有情愿捐复者,听其随时报捐,庶贤能之员益鼓舞以图自效。再,内外官员事同一例,应一体办理。
>
> 至该抚奏称例有展参之案亦准捐复之处,查处分尚有展参,系未经议结之案。如催追钱粮,缉捕罪犯,均有定限,勒令带罪承追承缉,必俟参限满后,始能议结。若将有展参之案概令捐复,凡有承追承缉之责者,均得倖图迁转,脱然事外,则承追者终无完日,承缉者弋获无期,于公务必多贻误。应将该抚奏请捐复展参之案,毋庸议。……
>
> 再,该抚奏请或就近在各省布政司衙门收捐,或在部报捐之处,查捐复人员向例具呈户部,移咨吏部,核明案情相符者,户部收捐后,知照吏部销案。如或另有情节以及案情与例不符者,吏部查出,知照户部,概不收捐。若在各省报捐,必须咨报户部,移咨吏部查核后,再行知照该省。往返需时,且内外各官既准其一体查办,不若令其在部投捐,以归画一。

---

① 中国第一历史档案馆编《乾隆朝军机处随手登记档》,第 17 册,乾隆三十年八月十五日,第 292—294 页。

由上述回覆可以看出，吏部同意允许"降级革职留任已经议结之案"的官僚"随时报捐"，并且表示捐复手续应该一律在北京办理。至于阿思哈提出希望允许有"展参"之案官僚的捐复问题，吏部以"展参"乃未经议结之案，且多与钱粮盗案相关，一旦允许此类官僚捐复，"于公务必多贻误"，明确地表示了反对意见。乾隆皇帝同意了吏部的意见。这样，以地方督抚的提案为契机，"降革留任"的捐复成为经常性的捐纳项目①。

应该说明的是，阿思哈提出这一问题不是没有原因的。在提出上述提案的前一年，即乾隆二十九年（1764），阿思哈奏请升调知县李如龙等人。乾隆皇帝发现，"另单所开参罚事件俱至二三十案之多，或系该员等地方繁剧，任事多而讹误亦易，原属情理所有。但伊等平日如果系急公奋勉之员，公事自应不致阘茸，何以屡干例议，又致积款累累"。于是要求阿思哈"查明覆奏"。阿思哈在上奏中承认，李如龙在河南任官17年，积累了"罚俸二三十案"。并且说明"参罚少者，类皆初任或地僻事简、才具中平、难胜繁剧之员"。这一说明，与上面介绍的他在乾隆三十年（1765）上奏中陈述的意见基本一致。最后，阿思哈提出了一个折衷的解决方案，即"参罚在十案以内者，方准升调，如在十案以外，虽系能员，不准入于拣选"。这就是说，"罚俸未完在十案以外者，照例不准升调"②。可见，阿思哈在外补人事中多次受到处分则例等的限制，无法任意行使手中的权力。他在乾隆三十年（1765）提出上述意见，要求准许受到降革留任者随时捐复，其原因也出于此。

（2）"推广捐复之例"的确立和捐复的恒常化

但是，这一时期初步确立的"降革留任"的捐复很快遇到了阻力。乾隆三十三年（1768）六月十九日，陕西道监察御史金云槐上奏认为，受到

---

① 《汇刊条例册》，第1册，内外官员降级革职留任已经议结之案有情愿捐复者准其在部投捐，乾隆三十年九月十一日奉旨。《清高宗实录》，卷七百四十四，乾隆三十年九月辛巳，第18册第188页。
② 《汇刊条例册》，第1册，州县以上官员罚俸未完在十案以外，照例不准升调，其降住俸并声明已经咨参尚未奉准部覆之案均毋庸计入罚俸之内，乾隆三十年四月十一日河南省准咨。

第六章　官僚的惩戒处分与捐复制度

处分的官僚立即捐复显然"为期太骤",易生弊端,要求在受到处分之后的一定期间之内禁止捐复:

> 伏查现行事例,官员遇有降革留任处分,准其捐复,一体题升调补,俾该员不以一眚置误,遂使迁擢久稽。其中闻有人地相需者,亦不致格于成例,有妨升转,原属爱惜人材之道。捐复之期向未定有成限、或甫经议,即准报捐。一面捐复处分,一面得邀升调,为期太骤。不独体制未协,转使侥幸易萌。……臣请嗣后降革留任人员,酌立捐复限期。查例系应降革留任者,扣限半年,准其捐复。例应降革离任而奉旨从宽留任及带于新任者,扣限满一年,准其捐复。均以题奏奉旨之日为始、按期扣算。

吏部为此再次协商了捐复问题,决定今后凡遇"因公降革留任"官僚的捐复问题,一律"专折奏闻",交由皇帝判断:

> 查地方官罣误处分,在在不免。若既准其报捐,而又定以半年一年之限,则为期日积,处分日多。……臣等悉心酌议,向来要缺需员,格于成例。原有专折奏闻请旨之例,应请嗣后各省遇有紧要员缺,人地实在相需,而所拟升补之员又因公降革留任之案,准照专折奏闻例,将降革留任案件于折内声明请旨。可否准其升用,恭候钦定。如蒙俞允,即将降革原案带于新任,所有随时捐复之例,概行停止。如此则官员升转益加慎重,而弊窦亦可并除。

吏部方案的实质是用"专折奏闻"取代"随时捐复"。即凡遇"所拟升补之员又因公降革留任之案",一律以专折直接向皇帝报告,在得到皇帝的批准之后,可以将原有处分带到新任等待开复。这样,乾隆三十年(1765)初步确立的随时捐复被宣布中止①。

---

① 《汇刊条例册》,第4册,要缺拟补之员有因公降革留任之案准专折奏闻停止捐复,乾隆三十三年七月初七日奉旨。《清高宗实录》,卷八百十四,乾隆三十三年七月壬辰,第18册第1001—1002页。

乾隆三十五年（1770），乾隆皇帝有意增加经常性的捐纳项目，他本人为此重新提出了捐复的问题。

这一年的十月十一日，乾隆皇帝发布上谕，首先指出：

> 从前暂开捐例，原属一时权宜，以遂海内士民急公上进之愿，究于事体非宜。停捐以后，曾有奏请再行开例者，朕皆斥而不允。今国家帑藏充盈，储积广有，朕方屡次加恩，曾蠲粮赋，惟期藏富闾阎，国用更无虞不足，开捐一事，竟当永远停止。

随后话锋一转，肯定现行事例下捐纳贡监、微末职衔和及封典加级等项，"既无碍正途铨选，亦不致滥窃误公"。在这之后，乾隆皇帝立即提到了捐复的问题：

> 至降革留任人员，原属因公处分，且其人尚不至于摈弃。是以量予加恩，俾得在任自效。但一经议处，即停其升转，直待数年无过，方准开复。从前曾有捐复之例，复经部议删除。第念此等人员，未尝无可及锋而用之人。若以微眚淹滞多年，亦觉可惜。自当仍准援例捐复，俾得黾勉自新。

这清楚地表明，乾隆皇帝希望将"降革留任"（伍案：即降级留任和革职留任）的捐复作为经常性的捐纳项目，归入现行事例。乾隆皇帝在这里所罗列的理由，与数年前阿思哈在上奏中所说的基本是完全一样的。

在上谕中，乾隆皇帝虽然没有提到"降革留任"以外的处分是否可以捐复，但细品谕意可知，乾隆皇帝意在进一步扩大现行事例的捐纳项目，在是否允许捐复的问题上提出了一个标准，即获罪是否"因公"。有些官僚立即体会了皇帝的旨意。十一月二十日，大学士尹继善等根据乾隆皇帝的指示，在协商之后上奏了关于实施降革留任捐复的规定。此后，监察御史袁鉴上奏表示，乾隆皇帝批准了尹继善等人上奏的捐复规定，"仰见我皇上慎重名器，亦复恤不情。凡降革留任人员，无不感激涕零，争先报效"。他同时表示，受到降调处分官僚的"急公上进之愿，徒抱悃忱，莫由得遂"，应该将"皇仁"进一步"推广"到因公罪受到降级调用和革职调用处分的官僚,并且提出了具体的方案,即"推广捐复之例"。所谓推广就是指将捐复的适用范围从降革留任官僚扩大到降革调用官僚。乾隆皇帝在收到袁鉴上奏之后,于十一月三十日命令"原议大臣"尹继善等立即商议。

袁鉴上奏中所说的"调用"是指官僚在受到降级和革职处分之后被调往其他衙门任职。例如,康熙五十年(1711)十月初一日,时任礼部尚书的贝和诺因以前在云贵总督任内"不行奏闻"当地发生的"鸠党抢夺"一案,被"照例降一级调用"。同年十一月初十日,贝和诺被任命为盛京工部侍郎①。可见,无论是降级调用还是革职调用,受到处分的官僚都要离开原任,前往其他衙门任职。这样,降级调用亦称降级离任或降调离任,革职调用亦称革职离任。也正是由于降级离任和革职离任的处分都有关于离任的规定,故这两种处分相对重于降级留任和革职留任。

尹继善等人在商议之后于十二月二十一日上奏,他们认为,受到降级离任和革职离任的处分、而且已经离任的官僚与受到降级留任和革职留任的官僚相比,轻重虽然有所不同,但是其中有人确是"事属因公"或"牵连被议"的,对于这些人中间的"急恩报效"之人,应该准许他们随时捐复。这一上奏在当天就得到乾隆皇帝的批准。这样,袁鉴提案的推广捐复之例得到认可,降级离任和革职离任的捐复成为可以随时报捐的项目,并且被归入了现行事例之中②。

根据规定,以下4类官僚即便受到降级离任处分也不能捐复,他们是,① 所受处分被禁止以加级记录抵销者,② "翰詹科道侍卫以上"的京官,③ "藩臬总兵以上"的外官,④ 在京察大计时受处分者。除了这4种官僚之外,其他因公罪受到降级离任处分的官僚都可以"捐复原官补

---

① 《清圣祖实录》,卷二百四十八,康熙五十年十月丙辰朔,第6册第453页;同卷,康熙五十年十一月乙未,第6册第460页。
② 《(光绪)钦定大清会典事例》,卷八十六,吏部,处分例,官员开复,第6217—6218页。《清高宗实录》,卷八百七十,乾隆三十五年十月癸未,第19册第670页。中国第一历史档案馆编《乾隆朝军机处随手登记档》,第22册,乾隆三十五年十一月三十日,第469—470页。中国第一历史档案馆藏清代宁古塔副都统衙门档案,第94号。

用",例如,受到降一级调用处分的知县可以按照制度的规定以银900两捐复,如果是受到的处分是降二级调用,则需要用 900 两＋500 两＝1400 两捐复,捐复降三级调用则需 900 两＋500 两＋500 两＝1900 两,其余以此类推。关于地方文官捐复降级离任的标准,请参看【表-6-7】。

表-6-7 乾隆三十五年地方文官捐复降级离任规定

捐复者官职	捐复一级	以后每捐复一级
道员	1400 两	700 两
知府、运同	1200 两	600 两
同知	800 两	600 两
直隶州知州	1000 两	700 两
运副、通判、提举、运判	700 两	400 两
知州、知县	900 两	500 两
—以下省略—		

史料来源:中国第一历史档案馆藏宁古塔副都统衙门档案,第 94 号。

关于捐复革职离任问题,制度规定,以下 5 类人不属于捐复的对象,即① 因"特旨"被革职者,② "翰詹科道侍卫以上"的京官,③ "藩臬总兵以上"的外官,④ 在京察大计中受处分者,⑤ 受到"永不叙用"处分者。除此之外,受到革职离任,但又被赏给职衔顶戴的官僚,可以"降等捐复补用",即捐复低于受处分前"原官"一等的官职。例如,受到革职离任处分的正四品道员,以银 3800 两可以捐得低于原官的正五品直隶州知州的任官资格。关于地方文官降等捐复革职离任的标准,请参看【表-6-8】。

从表中可以看出,乾隆三十五年(1770)确立的捐复革职离任实际上是"降等捐复"。也就是说,捐复的不是受到处分之前的原级原职,而是低于原级原职一等的任官资格。受到革职离任处分的官僚在履行了捐复手续、得到了新的任官资格之后,被编入"开复班",等待在吏部的月选中掣签得缺。嘉庆二十四年(1819),清朝政府在开办武陟河工事例时,修订了关于捐复的规定,制定了新的捐复革职留任的标准。在这一规定

表-6-8 乾隆三十五年地方文官降等捐复革职离任降等规定

捐复者原级原职	降等捐复品级官职	捐复标准
正四品道员	正五品府同知	3500 两
	正五品直隶州知州	3800 两
从四品知府、运同*	从五品知州	3500 两
	从五品提举	3200 两
正五品同知、直隶州知州	正六品外府通判	3000 两
从五品知州、运副、提举	从六品布政司经历、理问、州同	1800 两
正六品京县知县、外府通判**	正七品知县	3200 两
	正七品按察司经历	1350 两
从六品布政司经历、理问、盐运司运判、直隶州州同、州同	从七品布政司都事、盐运司经历、州判	1350 两
正七品知县、府教授、按察司经历、京县县丞	正八品按察司知事、府经历、县丞	720 两
	正八品州学正、县教谕	520 两
—以下省略—		

史料来源：中国第一历史档案馆藏宁古塔副都统衙门档案，第 94 号。
* 未任正印官的运同不能降等报捐知州。
** 未任正印官的外府通判不能降等报捐知县。

之下，受到革职离任处分的官僚按照高于"降等捐复"的标准，可以捐复原级原职①。例如，正四品道员在"降等捐复"的规定下，用银 3800 两可以得到正五品直隶州知州的任官资格，而在新的标准之下用银 8000 两可以捐复原级原职。关于嘉庆二十四年（1819）增订的地方文官捐复革职离任标准，请参看【表-6-9】。

以上在说明中曾经提到不允许捐复降级离任和革职离任处分的几种官僚。其中的"藩臬总兵以上"的外官属于方面大员，包括总督、巡抚、学政、布政使、按察使和总兵官，由于这些官僚所得处分应该如何处理直接由皇帝决定，故不在吏部户部等掌管的捐复之内。至于"翰詹科道侍

---

① 《现行常例》，清单，第 11a 页。

表-6-9 嘉庆二十四年地方文官捐复革职离任规定

捐复者原级原职	革职离任捐复标准
正四品道员	8000 两
从四品知府	6640 两
从四品运同	6000 两
正五品直隶州知州	4225 两
正五品同知	3525 两
从五品知州	3205 两
从五品运副,提举	2400 两
从六品运判	2080 两
正六品通判	1940 两
正七品知县	2645 两
从六品	865 两
—以下省略—	

史料来源:《现行常例》,捐复降革离任,第 55b—56a 页。

卫以上"的京官,有一点需要说明。"翰詹"即翰林院和詹事府,皆属清要之职。但是,捐复制度并不禁止翰林院和詹事府中所有的官僚捐复。根据乾隆三十五年(1770)的规定可以知道,翰林院的从八品典簿,从九品待诏书、从九品满缺孔目、未入流汉缺孔目,以及詹事府从七品主簿可以捐复处分。至于翰林院中类似修撰那样职掌国史、图籍、制诰、文章之事,号称华选的儒臣是不许捐复的,但却允许负责"文移案牍"的低级官员捐复处分。其次,"科道"指负责监察的六科给事中和监察御史,"侍卫"指担任禁军的满蒙勋戚子弟。他们或是官居言路,或是皇帝的侍从护卫,受到处分之后自应严格掌握,故不允许他们随时捐复[1]。

因为降级离任和革职离任的捐复对象为需要离任的官僚,所以那些已经离任的官僚在循例捐复之后,被归入"开复班",在吏部等待铨选。

---

[1] 中国第一历史档案馆所宁古塔副都统衙门档案,第 94 号。服部宇之吉《清国通考》,第一篇第 50—75 页。

他们如果想早日得缺,可以捐纳过班,即从"开复班"变为"应补班"。例如,被归入开复班的知县加捐银600两,即可以从开复班改入应补班,以候补官的身份等待得缺。

这样,降革留任(伍案:即降级留任和革职留任)和降革调用(伍案:即降级离任和革职离任)的捐复在乾隆三十五年(1770)成为可以经常报捐的项目①。在此后的乾隆四十年(1775),捐复正式被纳入现行事例②。直到清代末年为止,捐复一直是现行事例中的组成项目之一。道光年间的《现行常例》(道光二十九年、1849)和同治年间的《增修现行常例》(同治十年、1871)等都有关于捐复的规定③。关于道光年间以后捐复制度的基本结构,请参看【表-6-10】。

表-6-10 清代文官捐复制度(道光二十九年)

捐复分类	文职	说明
① 捐复降(级)革(职)留任	在京文职捐复降级留任	利用捐纳复还所降之级或所革之职,以原官补用。
	在外文职捐复降级留任	
	在京文职捐复革职留任	
	在外文职捐复革职留任	
② 捐复降(级)革(职)离任	在京文职捐复降级离任	利用捐纳复还所降之级或所革之职,以原官补用。
	在外文职捐复降级离任	
	在京文职捐复革职离任	
	在外文职捐复革职离任	

---

① 《川楚善后筹备事例》,满汉京外文武官员降调。赵德贵《清代乾隆朝〈推广捐复之例〉研究》,《历史档案》,1994年第1号,第98—108页。这一论文首先介绍了《推广捐复之例》,在对捐复制度的理解上有值得商榷之处。乾隆三十五年(1770)以后,清朝政府对捐复规定做过调整。例如,"如应追银两逾限,及银数在三百两以下者。即令照数全缴,方准报捐。其有欠数较多,未经逾限者,准其先行捐复,仍令限内全完。倘逾限不完,已选者即行解任,未选者停其铨用"。《清高宗实录》,卷九百五十,乾隆三十八年闰三月甲戌,第20册第517—518页。
② 《颁发条例》,乾隆四十年十二月二十二日,奏准川捐递捐分发捐免考试保举试俸坐补及捐实授捐复各条例列入常捐例内随时报捐。《上谕条例》,第3册,川运例酌留数条列入常捐,乾隆四十年十二月二十四日奉旨。
③ 《现行常例》,第41a—75a页。《增修筹饷事例条款》,增修现行常例,第565—641页。

续 表

捐复分类	文 职	说 明
③降(级)革(职)加五捐复	京外文员降级留任加五捐复	受到降革留任处分、且不适用展参规定的官员在降革留任捐复标准之上加纳1.5倍,即可复还所降之级或所革之职,以原官补用。
	京外文员革职留任加五捐复	
④捐复原衔	在京文职捐复原衔	受到革职离任处分、且不允许适用②规定的官僚,可以利用捐纳复还原衔。
	在外文职捐复原衔	
⑤捐复原资	文进士举人贡监生员	利用捐纳复还被褫夺的出身资格。

史料来源:《现行常例》、捐复降革留任;同、捐复降革离任;同、降革加五捐复;同、捐复原衔;同、捐复原资;第41a—75a页。

三、捐复的手续

如上所述,乾隆三十五年(1770),捐复成为一项经常性的捐纳项目,呈请捐复的手续基本上承袭了康熙年间以来的方法。以下结合史料作一个简要说明。

【申请】捐复者本人须以呈文向上司或吏部申请捐复。其中需要说明自身的任官履历、希望捐复处分的具体情况,以及在该项处分之外是否还得有其他处分。此外,和其他的报捐者同样,需要说明自身是否有300两以上的未纳钱粮。

【审查】在受到上述呈文之后,吏部考功司对该人受到处分的情况进行核查,并请户部确认有无钱粮的"欠项"。在此基础上,吏部提出"应准应驳"的原案,每月一次向皇帝"汇奏",等待指示。例如,嘉庆五年(1800)十二月,吏部上奏了"十一月分捐复人员分别准驳一折",奉嘉庆皇帝圣旨,"田琦绅、范照藜、胡棕俱著准其捐复,张士凯、黄维伊俱不其捐复"[1]。可见,捐复虽然可以常时报捐,但是许可报捐与否要等待皇帝

---

[1] 中央研究院历史语言研究所藏清代内阁大库档案,第226360号。

的最终判断。

【纳付】申请捐复的官僚从接到皇帝圣旨之日起,在三个月以内要向户部缴纳"捐项"。户部在受到该"捐项"之后,除向该人发行"执照"之外,还以咨文形式"知照"吏部。

【请旨】由于解除处分必须得到皇帝的最终批准,故吏部在受到户部的"知照"之后,每月一次向皇帝"汇奏",请求皇帝对是否解除处分作出最终判断。吏部在上奏中要分别叙述各捐复者受到处分的基本情况和缴纳捐项的具体数目。例如,乾隆四十二年(1777)九月十八日,吏部将同年六月二十九日至七月三十日之间"纳付"了"捐项"的 11 名受到处分的官僚的情况汇总上奏,请求皇帝许可"查销"这些人所受处分。其中包括有受到革职处分的知府、笔帖式、知县和典史,受到降级离任处分的同知和主事。受到处分的原因既有"题本行文关系死罪事件,草卒填发",也有"绞犯在监自缢"等等。皇帝对吏部上奏的原案表示"依议"的话,那么处分才正式被宣布解除①。这也就是说,捐复至此才正式完成。

【候补】对于受到降级留任和革职留任处分的官僚来说,在上述手续完成时,他们所受的处分被正式解除,恢复了受到处分以前的原级原职。但是,对于受到降级离任和革职离任处分的官僚来说,情况则有所不同。尤其是他们中间仅仅办理的"降等捐复"的官僚来说,处分虽然解除,但是尚未能恢复到受到处分以前的原级原职。他们在此时已经离任,不过是一名享有任官资格的候选候补官员。这就是说,他们必须履行相关的人事手续,在吏部等待铨选。至于根据前述嘉庆二十四年(1819)制定的降级离任和革职离任捐复原级原职的规定直接捐复之人,则与捐复降级留任和革职留任处分的官僚同样,无需再次等待铨选得缺。

上述的捐复方法由于官僚系统内部手续繁杂,不仅迁延时日,而且往往会因为某些细故(伍案:例如缺少某项文件,或呈文中缺少某一字

---

① 中央研究院历史语言研究所藏清代内阁大库档案,第 048717 号。张伟仁《明清档案》,乾隆四十二年九月十八日,大学士管吏部阿桂题报革职降调官员遵例捐复原议之案应准查销,第 232 册,第 B130627—B130632 页。

样)被驳回,导致了地方督抚仍然不能及时决定人选。这样,在实际操作中,为了尽快解决官缺的人选问题,常常出现由督抚代替本人直接向皇帝申请捐复许可的情况。督抚在上奏中要说明希望任用之人所受处分的情况和准备令其捐复的理由,以及任命该官僚的必要性。在通常情况下,皇帝会交由吏部审议,当吏部同意之后,即要求申请捐复者本人向户部提交呈请捐复的呈文。与上述方法相比,使用这种方法可以事先得到皇帝的许可,不仅可以解决时间,更重要的是在已经得有皇帝许可的情况下,可以迅速办理捐复的相关手续。

常言道,有一利必有一弊。采用由督抚先期向皇帝直接申请捐复的方法,为督抚与希望捐复者之间发生请托和行贿等不正行为提供了可能性。吏部曾经多次指出了这一点。例如,乾隆五十六年(1791),江西巡抚姚棻上奏为受到降一级调用处分的九江府知府达桑阿申请"加倍捐复知府,留省补用"。后者是"因所属瑞昌县窃犯越狱脱逃,部议降一级调用"。对此,吏部认为:

> 查监犯越狱,案情较重,应不准其捐复。再查定例,凡降革人员在部呈请捐复,俱核明原案情节公私轻重,分别准驳具奏。原以详示甄别,严杜幸进之阶。近来外省督抚每于缘事参处之属员,降革离任后,不论案情公私轻重,率行奏请捐复,甚或有不将被议原委声叙,朦混呈请者,实违定例,且启侥幸夤缘之渐。应请嗣后凡外省降革人员,督抚率行奏请捐复者,臣部概行议驳。

乾隆皇帝对吏部的上述意见表示了支持①。我们由此可以看出吏部和地方督抚之间围绕着地方官僚人事权问题的争斗,任何一方都希望能将尽可能多的权力掌握在自己手中。道光十二年(1832)年还在《处分则例》中增加了"降革人员不准由督抚奏请捐复"的规定,要求"应行捐复之员均著赴部具呈,听其核办"②。但是,直到清末为止,这种由地方督抚为

---

① 《清高宗实录》,卷一千三百八十八,乾隆五十六年十月乙巳,第 26 册第 636 页。
② 《(光绪)钦定六部处分则例》,卷二,降罚,第 70—85 页。

"属员""率行奏请捐复"的情况没有的到根本的改善。

结　语

　　通过本章的说明可以知道,清朝政府在康熙年间至乾隆三十年(1765)之间承袭了明朝以来的作法,断断续续地实施了捐复。乾隆三十五年(1770),捐复才成为一项相对固定的、可以随时报捐的制度。此后,直至清朝末年,虽然有过一些调整变化,但捐复制度始终是构成捐纳制度中现行事例的一个重要部分。这一制度对于清朝的国家和社会产生了何种影响呢？最后,让我们来简单地看一看这一问题。

　　首先,值得注目的是官僚人事考课制度和捐复制度的并用所产生的影响。也许是由于某种巧合,捐复制度和官僚人事考课制度几乎是同步完善,同步运用的。一方面,官僚人事考课制度的规定和运用逐渐趋于严格,而另一方面捐复从临时性的"政策"上升固定成为国家的一项"制度",而后者的对象是在前者运用过程中受到处分的官僚。在通过严格的官僚人事考课制度论功行赏,督促官僚恪尽职守的同时,还准备了可以比"开复"更快地解除处分的方法,为受到处分的官僚提供了"自新"和"自效"的途径。这两种制度结合在一起,构成了一个宽严并存,恩威并施的生态环境。换句话说,官僚人事考课制度与捐复制度的同步运用实际上体现了中国传统的统治手法。不过,从乾隆年间及其以后的"吏治"的情况看,我们很难说这两种制度的同步运用达到了清朝统治者们自身标榜的目的[①]。

　　官僚人事考课制度的目的在于,通过设立尽可能具体的目标,或者以数值形式(伍案:例如赴任是否延期、是否如期逮捕犯人、钱粮的征收比率等等)对官僚进行考核。由于这一考核的结果直接影响到官僚人事,故可以将官僚人事考课制度视为权力和地位的再分配制度。从考核

[①] 唐瑞裕《清代乾隆朝吏治之研究》,第 24—31 页。谢世诚《晚清道光咸丰同治朝吏治研究》,第 87—133 页。

时使用的基准来看,这一制度对于所有官僚来说,可以说是一个相对"公平"的制度。相比之下,捐复制度却明显地缺少"公平"。能够利用这一制度捐复处分的只是那些具有一定财力的官僚,至于那些没有财力,甚至告借无门的官僚来说,他们只能等待理论上将在数年之后到来的开复。而这一期间,他们无疑痛失晋升的机会。结果,捐复制度实际上是鼓励官僚积聚财产的制度。如果不凭借财力早日捐复以往的原级原职的话,升迁的门径就会被堵塞,就必然会在不升即降的社会流动中转向下行流动。

这样,标榜为受处分官僚提供"自新"和"自效"途径的捐复制度,在现实中还扮演着另外一个角色,即处分候补者的再生产制度。之所以这样说,是因为以下原因。

在近代以前的中国,最高统治者的一个念头很可能成为制定某种制度的重要原因,或是某一制度得以存在的最终根据。问题在于,这一念头有时并非经过客观的论证和研究,往往是因时因事而发。而且,在某一具体制度的范围来看,其制度设计往往是相当严密的。但是,当将其放入社会,在与其他制度在一起运用的过程中,有时会出现意想不到的相反效果。清代官僚人事考课制度与捐复制度的并用就是一例。

前面说过,官僚人事考课制度的机能之一就是,在督促官僚恪尽职守的同时,根据目标的达成情况将不合格的官僚强制地剔除出官僚队伍。在明清时期就有人明确地指出了这一点[1]。在清代,官僚后备军的人数超过了官缺数的很多倍,吏部业务中最主要的项目之一是"疏通"官僚人事中的种种"壅滞"。在原来意义上说,利用官僚人事考课制度,将不合格官僚强制地剔除除官僚队伍,可以为其他人提供任官升迁的机会。但是,按照官僚人事考课制度原本应该被彻底革职降级的官僚,却

---

[1] 301 页注② 车惠媛《明代における考課政策の変化》,第 5—6 页。

在"自新"和"自效"的名目下利用捐复制度保住或恢复了原有的地位①。结果导致了原本属于稀少资源的官缺变得更加稀少,造成现任官僚的升迁和新人官僚的选授日趋困难。这一点是造成清代中期以后官僚人事出现"壅滞"的重要原因之一。甚至可以这样说,原本旨在救济一部分因公获罪的"有能"的官僚的捐复制度在运用过程中,严重地侵蚀了官僚人事考课制度的基础,对官僚制度整体造成了十分恶劣的影响。结果,官僚人事考课制度与捐复制度的并存变成了国家维持捐纳制度的道具。官僚人事考课制度成为确保捐复"市场"的装置,不断地制造捐复者,即受到处分的官僚,从而使捐复能够保持一定的"市场规模"。因为,只有捐复者保持在一定的数量范围之上,捐复制度才有维持和实现的可能。总而言之,在捐复制度存在的情况之下,官僚人事考课制度与其说是督促官僚恪尽职守的制度,不如说是维护捐复制度机能的制度。

其次,捐复制度是督抚强化人事权的工具。在清朝捐复制度的创始阶段,继承自明朝的捐复主要是解决财政中紧迫问题的有效手段。当这一制度正式确立之后,除了上述财政方面的机能之外,还成为人事的工具。不过,这里所说的人事工具,与其说是掌握在国家手中的人事工具,不如说是掌握在地方督抚手中的人事工具。在外补制度下,由于督抚掌握着相对独立于中央吏部的官僚人事权,捐复成为他们确保手中人事权的主要方法之一。如上所述,捐复制度得以确立的动力之一来源于地方督抚,因为他们希望能够在外补制度的框架之内充分地行使人事权。在外补制度的当初规定之下,督抚们的人事权受到制约,只能任用那些未

---

① 受到处分离任的官员除了利用《现行事例》中的捐复规定之外,还可以按照《暂行事例》的规定直接报捐其他官职的任官资格。例如,光绪四年(1878),江西省抚州府金溪县知县周福清(伍案:鲁迅的祖父)因"办事颟顸,文理尚优"被革职改教,等待"教职"的铨选。他将家中田地出售,以所得银遵《筹饷事例》报捐了"内阁中书"的候补资格。光绪五年(1879)九月二十九日,他以"额外中书舍人"到任。《清代档案史料丛编》,第9册,第262—264页。松冈俊裕《鲁迅的祖父周福清及(?)その家系,生涯及び人物像について》,《東洋文化研究所紀要》(东京,东京大学东洋文化研究所),第128册,1995年11月,第1—185页。《大清搢绅全书》(清光绪六年斌升堂刊本),内阁,第6a页。周作人《知堂回想录》,第8页。

经处分的官员。在官僚人事考课制度实施的情况下,几乎难以找到没有受到任何处分的官僚。在这种情况,如果循外补制度的规定将没有合适人选的官缺交回吏部,那么就等于督抚失掉了手中的人事权。因此,督抚们首先提出了将捐复固定为可以经常实施的制度,甚至为属员奏请捐复。可见,对于地方督抚来说,捐复制度是维持对他们有利的外补制度,以及维持手中的人事权的制度。我们在这里可以看出,地方督抚希望牢牢地掌握人事权,形成一个以自身为中心的、相对独立于中央吏部的小规模人事金字塔。在这个意义上,捐复制度形成的过程也是地方督抚扩大权力的过程。

　　与历代统治者同样,清代的统治者们无疑也知道这样一个浅显的道理,即"国家之败,由官邪也"[1]。但是,他们为什么会将历代统治者都未曾制度化的捐复在最终确定为国家的一项制度呢?其中固然有财政方面的原因,但是更深刻的原因恐怕存在于他们的政治哲学,即政治思想和支配理念的深处。这一点在今后的研究中有必要进行深入研究。

　　在本章中考察了清代捐复制度的形成,试图说明捐复制度与官僚人事考课制度之间的关系,以及这一制度在中国官僚制度史从明朝到清朝的发展过程中的地位。但是,从把握对官僚的惩戒处分问题的全体来看,还有以下两个问题有待进一步研究。

　　其一是以"律"为代表的刑罚和以"处分则例"为代表的处分之间的关系,另一个是通过赎罪减轻处分的问题。其中尤其是关于后一点,已经有学者指出,官僚的赎罪制度在宋代时已经初具规模,明代以后更进一步充实发展[2]。从以金钱减轻处分这一点来看,赎罪与捐复之间有着共通之处。我认为,应该意识到清代的捐复与赎罪之间的关系,从而推进今后的研究。

---

[1]《春秋左氏传·桓公二年》。
[2] 梅原郁《刑は大夫に上らず》,第241—289页。

第七章　清代的赈捐
——以光绪十五年江浙赈捐为中心

序　言

如何应对各种自然灾害,如何保护人民的生命财产,自古以来就是人们关心的问题。在自然灾害发生期间及其之后保护人民的生命财产,尽可能减少自然灾害带来的损失,对于为政者来说既是使命,也是责任。只有履行了这一使命,才能建立安定的统治秩序。这一点不仅超越了古今东西,而且超越了民族和宗教信仰的不同,甚至超越了任何一种政治统治理论或政治主张。国家和政权,要而言之就是自从一部分人组成的集团对大多数人进行统治的制度或体系在地球上出现以来,为了维持社会秩序和经济活动秩序,以及自身的统治,都必须面对救助灾害的问题,这一点实际上是国家行政的重要组成部分之一,其重要性甚至不亚于抵抗来自外部的武力侵略。

自从秦始皇于公元前221年统一中国的时代起,包括魏晋南北朝和五代十国那样的大分裂时代在内,虽然程度有所不同,传统中国的历代王朝几乎毫无例外地对开展过各种形式的赈灾活动。在中国历史上,由历代王朝推行的赈济灾荒的行政行为被称为"荒政"。关于荒政问题,学界已经有过很多研究。

在中国学界中,邓云特(邓拓)是较早开始荒政问题研究的学者。他在《中国救荒史》中指出,从公元前1766年至该书杀青的1937年的大约3700年间,中国共计发生了5258次各种自然灾害,这一数字居各国之首。作者在此基础上从中国所处地区的自然环境和社会因素等方面入手,分析了自然灾害发生的原因,研究了传统中国的救灾思想和历代王朝的救荒政策及其措施①。

贮藏救济用谷物的常平仓和各种赈济仓在中国历代王朝的救荒政策占有重要地位。星斌夫对此进行了全面的研究。以本文将要涉及的清代为例,他认为,清朝继承了前代王朝的这一政策,在全国各地设立并充实了常平仓。到乾隆年间,常平仓已经成为清朝荒政政策的重要组成部分。嘉庆年间以后,常平仓的经营逐渐呈现出破绽,在太平天国时期的国内动乱中,常平仓彻底地失去了作为救荒设施的作用②。

这些研究的特征之一是,从制度和政策的角度研究清朝的荒政。相比之下,对以下诸点的关注似乎有所欠缺。第一,国家是如何把握受灾情况,又是如何通过官僚体系推行各种救灾措施的?第二,包括官僚体系在内,近代以前中国的国家统治机构是如何发挥救灾机能的?第三,在各种救荒措施之下,近代以前中国的国家与社会、官僚与民众之间存在着何种关系?学界对于这些问题的关注大约是在20世纪70年代以后。

魏丕信(Pierre-Étienne Will)在专著《十八世纪中国的官僚制度与荒

---

① 邓云特(邓拓)《中国救荒史》,第30—61页。本书多次重印。例如,北京的生活·读书·新知三联书店于1958年重印,广州的花城出版社于2002年重印,并收入《邓拓全集》第1卷。本书出版不久后的1939年,川崎正雄将其译成日语,以《支那救荒史》的书名由东京生活社出版。此外,关于中国历史上的自然灾害,请参看陈高佣《中国历代天灾人祸表》,佐藤武敏《中国灾害年表》。近年,关于清代荒政的研究论著有,李向军《清代荒政研究》,陈桦、刘宗志《救灾与济贫》等。
② 星斌夫《中国社会福祉政策史の研究——清代の赈济仓を中心に——》。尤其是该书第1章《清代初期の予備倉と常平倉》(第9—92页),第2章《清代常平倉の発展と衰滅》(第93—203)。

政》(Bureaucratie et famine en Chine au 18ᵉ siècle)一书中,以乾隆八年至九年(1743—1744)发生在北京附近的直隶(伍案:大致相当于现河北省)南部37个州县的旱灾为例,分析了清代的官僚制度、国家财政、地方社会、粮食供应、商业与国内市场、农村经济与农村生活等问题,研究了清朝的国家救荒制度和措置,以及它们的效果①。与那些对传统中国国家解决现实问题的能力持怀疑态度的相比,魏丕信通过这一研究指出,18世纪清朝的统治者和官僚机构在发生自然灾害期间为了维护人民的生命财产和生活采取了很多积极的措施,为国家的经济和社会发展作出了很大贡献。他对18世纪清朝政府应对国内的各种经济与社会问题时的组织能力、权威性和效率性给予了很高的评价。魏丕信研究的旱灾发生于18世纪中期的乾隆年间。自从清朝在1644年(明朝崇祯十七年、清朝顺治元年)建立了入关以后,经过康熙(1662—1722)和雍正(1723—1735)两朝70多年的时间,清朝在内政外交方面的统治基盘得到空前的巩固,对辽阔的国土进行着卓有成效的统治。当乾隆皇帝在25岁即位时,恰逢清朝国力最最强大的时期。因此,一旦发生自然灾害,清朝政府可以立即开动国家机器,倾全力进行救灾活动②。

与研究18世纪救荒政策的魏丕信相比,何汉威的研究对象是光绪二年至五年(1876—1879)发生在华北地区的特大旱灾,他的研究为我们展现了处在衰退时期的清朝荒政的实相。何汉威说明了诱发该次特大旱灾的自然与社会的原因,以及清朝中央政府和地方当局的对应措施,并且分析了这一时期救灾政策和活动的效果。他认为,虽然清朝中央政

---

① (法)魏丕信(Pierre-Étienne Will),*Bureaucratie et famine en Chine au 18ᵉ siècle*,Paris,1980.2003,南京的江苏人民出版社出版了本书的中文译本,题为《十八世纪中国的官僚制度与荒政》。本章主要依据中文译本。
② 在考虑荒政问题时,应该关注地区性的要素。例如,从魏丕信的研究中可以看出,与江南相比,社会经济和文化发展相对后进的直隶地区基本上见不到民间组织的救灾活动,只能由政府承担赈济救灾的全部责任。其原因应该是,直隶当地的民间组织尚无能力对应较大规模的救灾活动。夫马进在关于中国善会善堂史的研究中曾经指出,这种经济发展的不均衡导致了政府活动模式的不同。见夫马进《中国善会善堂史研究》,附篇一《清代沿岸六省における善堂の普及情况》,第757—811页。

府和地方当局在救灾活动中付出了很大努力,但是结果却不尽人意。至于造成这种情况的原因,何汉威指出,清朝政府在救灾方面没有强有力的财政措施①。

正如魏丕信所说,在当时的技术水平之下,根本无法对灾害作出哪怕是程度很低的预测。而且,由于用于救灾赈济的财政支出往往带有某种急迫性,在国家与地方政府的经常性财政支出中通常没有考虑这一方面的财政需要。在近代以前中国的中央政府和地方当局的财政支出中,通常会编列一些用于救济流浪者和鳏寡孤独的经费,没有用于应对大规模自然灾害的财政准备。例如,在清朝统治最盛期的乾隆三十年(1765),用于救济的银钱分别为银 200 两和钱 2930 串,仅占当年清朝中央政府支出总额的 0.03%,可谓是微乎其微②。相比之下,当发生大规模自然灾害时,为了筹集足够粮食等所需的费用却为数巨大。乾隆九年(1744)时在当地直接指挥赈济救灾的直隶布政使方观承曾经记录说,当年清朝中央政府前后动用资金为 110.5476 万两,从古北口外、奉天和江南等地购入用于赈济的米、小麦和高粱等,总数达 110.0720 石,这些粮食被分配给 168.8910 万受灾者。尽管如此,方观承还是遗憾地承认,由于资金有限,有时未能按照计划购入粮食③。

这样,在发生大规模自然灾害时,中央政府和地方当局在实施减免赋税等措施之外,还必须考虑在短时期筹集用于赈济的粮食,为了达到这一目的,就必须在短时期内筹集到足够的资金。通常的征税渠道是无法应付这种突如其来的紧急要求的,必须另外开辟财源。这些是历代中国王朝在实施赈济救灾时首先要考虑的问题之一。为此,清朝中央政府多次开办以官僚和庶民为对象的捐纳,向他们"出卖"官僚的任官资格、

---

① 何汉威《光绪初年(1876—1879)华北的大旱灾》,第 5 章《救灾成效的检讨》,第 87—110 页。
② 岩井茂树《中国近世财政史的研究》,第 489 页。
③ (清)方观承《赈纪》,卷八,序,第 1a—b 页;同书,卷六,院奏于古北口外买米折,第 12a—13a 页;同书,卷六,部覆前事,第 14a—15a 页。方观承原来准备以"库银二十万两"于古北口外购买"粟米二、三十万石"。但因当年谷价高昂,结果仅购入"七万九千二百九十五石六斗"。见魏丕信《18 世纪中国的官僚制度与荒政》,第 126 页。

官僚的人事手续和虚衔等等,借此从通常财政税收渠道以外筹集救济资金。当时,人们将这种以赈济灾害为目的的捐纳称为"赈捐"。

赈捐在中国有十分悠久的历史。根据《史记》的记载,赈捐的开始至迟可以上溯到秦始皇统一中国以前。在秦王政四年(前243)十月,秦国发生蝗灾,"蝗虫从东方来,蔽天。天下疫。百姓纳粟千石,拜爵一级"①。这也是捐纳登场的最早纪录。由此可见,秦国朝廷为了救济灾害,以"纳粟千石""拜爵一级"的方法从民间筹集粮食。此后,历代中国王朝在筹集赈济救灾资金时常常采用这一作法。前汉初年,现在的陕西省延安附近地区发生旱灾,朝廷为了赈济,"复修卖爵令"②。进入清代以后,赈捐与军需、河工等同样,都是捐纳制度的重要组成部分③。由于赈捐在国家的荒政中占有重要地位,如果不研究赈捐的实施等问题,就无法很好地认识中国历史上的赈济救灾问题。

在以往关于中国荒政和捐纳问题的研究中,已经有学者讨论过赈捐的问题。许大龄的《清代捐纳制度》是捐纳制度史研究的奠基之作。如上所述,他在这部著作中指出,清朝政府为了筹集蠲赈、平赋、恤灾和厚生的所需资金,多次开办了赈捐。有清一代,赈捐始终是捐纳制度的一种重要组成部分。此外,魏丕信和何汉威在关于清朝中期和后期的荒政问题研究中,虽然叙述了赈捐实施过程中的种种弊端,但是在赈捐的提案和付诸实施的方法等方面,似乎尚有可以进一步讨论的空间④。

赈捐是捐纳制度的重要组成部分之一,在近代以前中国历代王朝推行的荒政等国家统治政策中也占有十分重要的地位。这样,关于赈捐问题的研究,在分析国家利用捐纳筹集赈济灾害所需资金的基础上,观察

---

① (汉)司马迁《史记》,卷六,秦始皇本纪,第224页。
② (汉)班固《汉书》,卷二十四上,食货志,第1135页。
③ 许大龄《清代捐纳制度》,第16—24页。
④ (法)魏丕信《18世纪中国的官僚制度与荒政》,第123页。魏丕信介绍的方观承的《赈纪》是根据救灾赈济整个过程中的公牍编纂而成的。遗憾的是,该书中没有记载乾隆九年(1744)实施的直赈事例。何汉威《光绪初年(1876—1879)华北的大旱灾》,第4章《清廷及其他省份对灾区的支援》,第67—82页。

中央政府是如何管理国家和地方当局如何统治社会的问题。此外,还可以观察庶民们为了自身利益是如何对待和利用国家的赈捐政策的。

在本章中,首先将对清代的赈捐问题作一个概括性的叙述,然后以光绪十五年(1889)江南赈捐问题为例,分析赈捐的准备、实施和效果,说明捐纳的实际情况及其社会影响,同时还将论及清朝末年国家、地方社会以及庶民之间的关系问题。

第一节　清代赈捐概要

一、清代赈捐的开始

在入关以前,已经在辽东地区建立了有效统治的满洲政权在考虑救灾问题时,曾经提出了赈捐。崇德六年(1642)秋冬之际,"禾谷未收,秋霜早陨",导致辽东地区粮食"价值日渐腾贵,市粜日渐稀少"。在这种情况下,都察院参政祖可法等4人提出了以下的对应措施,即"严沽酒之禁"、"杜塞囤积之弊"、"疏浚河渠之路"和"请开纳粟之例"。其中第4项的"请开纳粟之例"如下[①]:

> 一,请开纳粟之例。或论罪之大小,限以米数捐赎。或无罪之平人有急公输粟者,量加奖录。因荒而用转移之法,遇饥而沛权宜之令。俟秋成丰稔,即行停止,不以为例。

由此可见,这一赈捐的政策提案是开办以犯罪者和庶民为对象,前者根据所犯罪行"捐赎",即缴纳一定"米数",对后者则根据他们"输粟"的数量进行"奖录"。这一提案在上奏之后,立即得到了皇太极的许可:

> 上览奏曰:这所奏俱是。……获罪之人,无银纳赎。愿输粮者,准依时价算收。有余粮愿助者,量给奖赏。

[①]《清太宗实录》,卷五十八,崇德六年十一月戊寅,第2册第788—789页。祖可法传见赵尔巽《清史稿》,卷二百三十四,第9428—9429页。

由于资料的制约,目前尚不清楚这一提案付诸实施后的具体情况。不过,从这一史料中可以看出,满洲政权在入关以前,已经在辽东地区开始推行赈捐。

入关以后,清朝中央政府首次在全国范围内实施赈捐是在顺治九年(1652)秋。这一年的九月初三日,山东道监察御史王秉乾为救灾问题上奏说①:

> 迩来水旱频仍,议赈议蠲,虑或未尽。应仿周礼荒政,专申输粟之令。有罪者,准与纳粟赎罪。倡义助赈者,酌量褒奖。一切山泽之利,暂弛其禁,俾百姓藉以糊口。亦救荒之一策也。

王秉乾认为,政府实施的"赈"与"蠲"尚未能满足救灾的需要,认为应该按照古代奖励庶民输粟救荒的规定,号召庶民和犯罪之人向政府提供粮食,再由政府给予"褒奖"或减免刑期。他建议向捐赠粮食的"士绅富民倡仪助赈者"奖励"顶戴、服色、纪录"。几乎在同一时期,吏科右给事中魏裔介也上疏建议"旌输粟"。户部在协商之后于十月五日向皇帝报告说,"均应如所请,下督抚遵行,以救灾荒"②。这是清朝政府入关以后实施的首次赈捐。

由于缺乏足够的史料,尚不清楚这一次赈捐的实施标准。第二年,即顺治十年(1653),清朝中央政府公布了对捐纳银米的"士民"进行褒奖的标准。对于捐纳"银百两"或"米五十石"者,由地方官名义奖给匾额,捐纳"银贰百两"或"米百石"者,则奖给"九品顶戴"。对于在上述标准以上捐纳者,则视其数量,给予"虚衔"③。根据山田耕一郎的研究,清朝在顺治和康熙年间总共实施了64次捐纳,其中以筹集救灾资金为目的的

---

① 《清世祖实录》,卷六十八,顺治九年九月壬申,第3册第530页。
② 《清世祖实录》,卷六十九,顺治九年十月癸卯,第3册第543页。
③ 《(康熙)大清会典》,卷二十一,荒政,第16a页。《(光绪)钦定大清会典事例》,卷三百八十八,第8940—8941页。

赈捐达 23 次,约占全体的 40%①。

二、清代顺治康熙年间的赈捐报奖项目

以上介绍的顺治十年(1653)赈捐的报奖项目为、顶戴、虚衔和匾额。顺治十一年(1654),贡生、监生和加级记录也成为赈捐的报奖项目。具体情况如【表-7-1】所示。

表-7-1 顺治十一年赈捐规定

捐纳者身份	捐纳标准	捐纳报奖
现任官员、乡绅	银 1000 两/米 1000 石	加一级
	银 500 两/米 500 石	纪录二次
	银 100 两/米 100 石	纪录一次
生员	米 300 石	贡生
俊秀	米 200 石	监生

史料来源:《(康熙)大清会典》,卷二十一,荒政,第 16a—b 页。《(光绪)钦定大清会典事例》,卷三百八十八,第 8941 页。

与顺治十年(1653)仅仅向报捐者提供匾额、顶戴和虚衔等"名誉性"的奖励相比,顺治十一年(1654)实施的赈捐中,在报奖项目中包括有以生员为对象的国子监贡生资格、以一般庶民为对象的国子监监生资格、以及以现职官僚为对象的加级记录,这些都是一些可以期待得到某种"实际利益"的项目。我们通过"充实"到赈捐之中的这些报奖项目,可以看出清朝国家旨在通过这一方法招徕更多的赈捐资金。

以后,清朝政府在实施赈捐的过程中,为了筹集更多的救灾资金,逐步增加了报奖项目。

康熙二十八年(1689),直隶地区发生旱灾,清朝政府接受直隶总督

---

① 山田耕一郎《清初の捐納——三藩の乱との関係を中心に——》,《駿台史学》(东京,駿台史学会),第 66 号,1986 年 2 月,第 21—50 页。该文发掘了大量史料,是一篇关于顺治和康熙年间捐纳研究的优秀论文。遗憾的是在统计捐纳事例略有误差。例如,作者将皇帝遗诏和即位诏书中言及的对慈善行为的奖励也作为捐纳事例。严格来说,这些仅属于皇帝的"恩典",而不是由户部等管理的捐纳事例。

于成龙的建议,实施了直隶捐纳事例。在这一事例中,除了既有的顶戴、监生和加级纪录等报奖项目之外,还增加了封典与开复。其详细情况请见【表-7-2】。

表-7-2 康熙二十八年直隶捐纳事例报奖规定

捐纳者身份	捐纳标准	捐纳报奖
富民	谷400石/米200石	九品顶戴
	谷600石/米300石	八品顶戴
旗民、俊秀子弟	谷200石/米100石	监生
司府首领州县佐贰教职	谷200石/米100石	应得封典
内外大小文武官员	谷400石/米200石	应得封典
旗民文武官员	谷100石/米100石	纪录一次
	谷800石/米400石	加一级
降级留任文武官员	谷400石/米200石	开复一级

史料来源:(清)鄂海《六部则例全书》,户部则例,卷下,捐叙,直隶捐纳事例,第85a—b页。

康熙三十一年(1691),西安附近地区发生灾荒,导致"米谷艰难"。清朝中央政府决定开办西安捐纳事例。与以前的捐纳事例相比,在这一事例的报捐项目中,首次包括了任官资格、铨选优先权(伍案:即"分缺即用")和捐升(伍案:即"以应升之缺先用")等等。详细情况请参看【表-7-3】。

表-7-3 康熙三十一年西安捐纳事例报奖规定

捐纳者身份	捐纳标准	捐纳报奖
汉军、汉人郎中	1500石	道员、知府分缺即用
贡生、监生	500石	兵马司副指挥
	400石	光俸寺典簿
	300石	理藩院知事、国子监典簿等
恩、拔、岁、副贡生等	150石	学正、教谕
七品笔帖式	250石	以应升之缺先用
八品笔帖式	500石	以知县补用

史料来源:(清)鄂海《六部则例全书》,户部则例,卷下,捐叙,西安捐纳事例,第92b—96a页。

这样,到清代康熙年间的中期前后,随着清代捐纳制度的发展,赈捐的报奖项目也从最初的匾额、顶戴和虚衔,渐次扩大到贡监、封典、加级纪录、任官资格、铨选优先权和捐复、捐升、捐花样等等。不过,如果从各次赈捐的情况来看,可以发现,在清代捐纳制度"开创期"的顺治年间和康熙年间,赈捐的报捐标准尚未统一,赈捐的报奖项目也是互有不同。清朝中央政府在实施赈捐时,根据当时的需要决定赈捐的标准和报奖项目。从这个角度上说,这一时期的赈捐和清代捐纳制度整体同样,其本身尚缺乏统一性和安定性。进入乾隆年间以后,清朝中央政府开始着手对捐纳制度进行完善。

三、赈捐的实施与"常例"的确立

乾隆元年(1736)二月十二日,户部根据乾隆皇帝的指示,决定在停止其他捐纳项目的同时,保留国子监监生资格的捐纳。户部在上奏中提及了这一部分收入的用途问题:

> 臣等又考《周官》,大司徒之职"以荒政十有二聚万民",发仓廪以予民者,仅居其一。其根本所恃,则在"五党为州,使之相赒"。而士师掌荒辩之法,令民通财。汉文帝时,许民卖爵。盖以民俗日浇,使相赒则富民吝而不出,使相贷则贫民久而不归。故使各有所利以通其财,然后可以御天灾而救民困也。若以每岁捐监交部之银留为各省一时岁欠赈济之用,勿充他费,以存古昔帝王劝民相养之义。其于士民均有裨益。

由此可见,户部引用《周礼》和汉代的典故,一方面为保留监生资格的捐纳寻找理论依据,另一方面建议将捐纳监生资格的收入作为"一时岁欠赈济之用"的专项经费。户部的这一建议得到了乾隆皇帝的批准。这样,从乾隆元年(1736),在宣布停止其他捐纳项目的同时,只有监生资格的捐纳被作为经常性的捐纳报奖项目保留下来。[①]

[①]《上谕条例》,乾隆元年,议停捐纳止留户部捐监一条。中国第一历史档案馆编《乾隆帝起居注》,第1册第21页。

从乾隆三年(1738)起,乾隆皇帝以充实常平仓为目的,宣布在各省开办"常平捐监"①:

> 国家升平休养,户口繁滋,生聚日多,盖藏未裕。储蓄之方,不可不豫为筹画。从来积贮以常平为善,但地方有司,每以岁久霉变,易罹参处,折耗补数,贻累身家。一见积谷稍多,即为忧虑。而无识之上司,亦遂被其摇惑,而不为缓急可恃之计。独不思民间既鲜盖藏,而仓庾又无储备,天时旱潦,岂能保其必无? 一旦年谷不登,其何赖以无恐乎? 向有常平捐监之例,后因浮费太多,捐者甚少,遂渐次停止,归于户部。乾隆元年,朕将捐款尽停,而独留捐监一条者,盖以士子读书向上者日多,留此以为进身之路。而所捐之费,仍为各省买谷散赈之用,所降谕旨甚明。今再四思维,积谷原以备赈,与其折银交部,至需用之时,动辄采办,辗转后期,不能应时给发,曷若在各省捐纳本色,就近贮仓,为先事之备,足济小民之缓急乎? 去冬侍郎孙国玺从晋省回京,请将捐监事例移回本省。朕降旨询问该抚,并谕他省不得援以为例。今思贮粟养民,乃国家第一要务,果于民生有益,则当因时变通,不必固执前议。著各该督抚,确查所属现存仓谷若干,足敷本地之用与否。若将捐监之例移于本省,令捐本色,于地方有无裨益,各据本省情形,悉心妥议。若事属应行,即将如何定例定数之处,详议具奏。至于在外收捐,则有包揽苛索种种弊端。而积谷既多,则存七粜三,出陈易新之际,其弊更难悉数。此皆该督抚所当随时稽查,尽心厘剔,俾闾阎实受常平之益,而官民无赔累之苦,方不负爱养斯民之重寄也。

这样,清朝政府在各省开办了旨在充实常平仓积谷的"常平捐监"。乾隆皇帝虽然也指出在各省报捐"本色"时可能出现的弊端,但认为此举可以便于就近使用,受益之处更多。乾隆皇帝的初衷似乎无懈可击,但

---

① 《清高宗实录》,卷六十一,乾隆三年正月庚午,第10册第7—8页。

现实的情况却是,他的上述期待完全落空。其原因之一是,报捐者除交纳本色米谷之外,还要负担运输成本,结果不少人望而却步。另外,地方当局也担心收入常平仓的米谷万一发生霉烂变质势必影响考成,故在收捐时百般刁难,令报捐者知难而退。在"常平捐监"实施三年后的乾隆五年(1740),奉天是"报捐者寥寥无几",四川则是"通省仅捐监生十七名"。来自各地的报告都呈现一片惨淡经营的情况①。结果,本来,预计筹集"三千余万石"谷物的目标没有达成,"报部者仅二百五十余万石,合计尚不足十分之一"。为此,清朝政府在乾隆六年(1741)宣布:

> 嗣后仍准在部收捐折色。至于外省收捐本色之例,亦不必停。在内在外,悉听士民之便。地方积谷,不厌其多,赈恤加恩,亦所时有。正未易言仓储充盈。既系士民两便之举,将来亦不必奏请停止。

这样,"常平捐监"的政策在事实上被宣布废止,代之以较为现实的政策,即在北京和各省同时开捐,报捐者既可交折色,也可交本色②。

由以上情况可以看出,从乾隆元年(1736)的捐监,到乾隆三年(1738)的"常平捐监",再到乾隆六年(1741)的政策变化,其宗旨都是为了储备救灾赈济所需的资金和谷物,其中也包括了强化位于行政系统末端的州县政权应付自然灾害能力的目的。

四、赈捐的实施与"常例"的扩大

乾隆七年(1742),淮河泛滥成灾。清朝政府为了筹集赈济资金,由当年十月起开始实施了乐善好施例(伍案:亦称"两江捐例"或"江南捐例")。该事例的实施期间被延长了一年,直至乾隆十年(1745)十月为止。乐善好施例的报捐标准是在雍正五年(1727)营田事例的标准上减

---

① 《清高宗实录》,卷一百十四,乾隆五年四月庚辰,第10册第674—675页;同卷一百二十二,乾隆五年七月癸未,第10册798—799页。
② 《清高宗实录》,卷一百三十六,乾隆六年二月癸卯,第10册第960—961页。

四成收银,其报捐项目亦以营田事例为基准。例如,贡生和监生根据乐善好施例的规定可以报捐州同职衔,现职官僚除了可以捐升之外,还可以报捐铨选的优先权①。

在乐善好施例尚未结束之时,乾隆八年(1743)至乾隆九年(1744)在直隶南部地区又发生了旱灾。前面已经介绍过,魏丕信对此做过专门的研究。由于直隶地区"叠被灾伤,赈恤工作,需帑浩繁",清朝政府于乾隆九年(1744)五月二十八日,决定接受副都御史励宗万的提案,开办直赈事例。这一事例在继承营田事例和乐善好施例规定、允许报捐职衔和捐升等的同时,允许报捐官僚的任官资格,即"京官自中、行、评、博以下,外官自同知以下准捐"②。

乾隆十年(1745)十月初十日,乾隆皇帝鉴于直隶各地的"赈务俱已完竣",要求大学士鄂弥达商议停捐方法③。乾隆皇帝在上谕中说:

> 所有捐款,自应停止。或外省尚有赴京投捐者,遽令中阻,恐有未便。其如何定限停止之处,著大学士会同该部定议具奏。

由此可见,乾隆皇帝在语气中对停止"所有捐款"持保留态度。这与他即位当初在指示停止捐纳的同时,又要求保留生童捐监的作法如出一辙。那时,乾隆皇帝曾经这样说过④:

> 西北两路用兵以来,一应军需皆取给于公帑,不肯丝毫累民。而费用繁多,不得不资藉捐纳,以补国用之不足。此中外所共知者。当日皇考圣意,原欲俟军需告竣,即行停止。今大兵渐撤,军需减省,著将京师及各省现开捐纳事例一概停止。夫议捐纳者,未尝不出于士子之口,而留生童捐纳一款,是士子首以捐资为进身之始矣。

---

① 《清高宗实录》,卷二百十七,乾隆九年五月乙巳,第11册第798—799页。
② 《清高宗实录》,卷二百十七,乾隆九年五月乙巳,第11册第798—799页。
③ 《清高宗实录》,卷二百五十,乾隆十年十月戊申,第12册第229—230页。中国第一历史档案馆编《乾隆起居注》,第4册第690页。中国第一历史档案馆编《乾隆朝军机处随手登记档》,第3册第249页。
④ 《清高宗实录》,卷十一,乾隆元年正月丙辰,第9册第352页。

这时,御史杨开鼎似乎想起了乾隆皇帝在大约十年前的上述指示,于是上奏要求保留生员捐纳贡生和职衔:

> 直隶捐款现在奉旨令大学士等酌定期限停止,原所以慎重名器。但贡生与监生同为士子上进之阶,非捐纳职衔可比。且捐贡例无铨选,不碍正途,应请酌留。至封典,孝治攸关。但身沾一命之荣,皆思显扬其祖父。况所给只属空衔,与实授官职有间,亦请酌留。

杨开鼎首先强调贡生与已经准许报捐的监生同样,都是"士子上进之阶",而且捐贡者根据规定不能参加铨选,故不会影响到官僚的铨选。至于报捐封典不过是为了光宗耀祖,况且报捐者只能得到空衔,与实授官职不同。在此基础上,杨开鼎建议应该将捐贡和捐封典作为常时捐纳项目保留下来。大学士等协商以后于二十二日向乾隆皇帝报告说:"应如所请,令户部入于捐监案内一体办理。"①

我们从上述乾隆皇帝的上谕和大臣们的上奏等可以看出这样一个倾向,即当某一捐纳事例行将结束之时,乾隆皇帝都会在要求大臣们商议停止捐纳方法时给予某种暗示,希望将那些与铨选无关的项目,如捐监、捐贡和捐封典等等保留下来,使之作为可以常时捐纳的项目。正如在本书第2章中说明的那样,捐纳的常例、亦称现行事例就是在这种政策倾向下形成的。在此之后,清朝政府继承了这种政策倾向,每当某一较大规模的捐纳事例结束时,将那些与铨选没有直接关系的捐分发、捐免等等都被作为经常性项目保留下来。由于这种政策倾向的发展结果,现行事例从乾隆元年(1736)时仅有的捐监1个项目,逐步扩大到清代中期以后的16个项目。

---

① 《清高宗实录》,卷二百五十一,乾隆十年十月庚申,第12册第240页。中国第一历史档案馆编《乾隆朝军机处随手登记档》,第3册第261页。

五、清代中期以后的赈捐

直赈事例的实施在乾隆九年(1744)结束之后,清朝中央政府还实施过东赈事例。乾隆十三年(1748),由于山东等地"年遭荒欠,开例赈济,遂捐正印,外至道府,内至郎中"①。此后,为了筹集河工所需资金,清朝政府根据两江总督尹继善的建议,于乾隆十八年十月(1753)"奏准",乾隆十九年(1754)正月二十一日起实施了河工事例。截止至乾隆二十年(1755)正月二十一日为止,河工事例共收银 443.7081 万两和 17.1093 万石的谷物②。乾隆三十五年(1770)十月,乾隆帝以"名器无妨"为理由,决定进一步充实现行事例的项目。他在上谕中说:

> 从前暂开捐例,原属一时权宜,以遂海内士民急公上进之愿,究于事体非宜。停捐以后,曾有奏请再行开例者,朕皆斥而不允。今国家帑藏充盈,储积广有,朕方屡次加恩,曾蠲粮赋。惟期藏富闾阎,国用更无虞不足。开捐一事,竟当永远停止。至于现行事例,如报捐贡监并虚微末职衔、及封典加级等项,皆于名器无妨,原可仍听照旧捐纳。因思未登仕籍之人,冀邀冠服章身,并有加捐实级请封,藉以显扬者,自属人情之常。且所捐只系虚衔,既无碍正途铨选,亦不致滥竽误公。若仅以末职卑阶为限,未免阻人希荣之志。或可推广其例,量以何衔为止。俾伊等各随所愿,量力自为报捐。

可见,乾隆皇帝有意在现行事例既存的捐监、捐贡、捐封典的基础之上,将原有的捐纳微末职衔扩大到更高级别的职衔,以便满足报捐者的"希荣之志"。军机大臣等商议之后建议将报捐职衔的范围扩大,即:

> 今拟照豫工例。京官,自未入流从九品,及一应小京官以上,至

---

① (清)程穆衡《金川纪略》,北京大学图书馆藏旧钞本。
② 中央研究院历史语言研究所藏清代内阁大库档案,第 103216 号,署理两江总督尹继善为暂开捐赈事,乾隆二十年六月十七日。同,第 148083 号,户部为江赈报捐官生续收银两事,乾隆二十年十二月。

郎中为止。外官,自未入流以上,至道员为止。至武职旧例,系捐至游击职衔,已属三品,毋庸再议。俱准其捐纳职衔,不准选用。

这一建议最终得到乾隆皇帝的批准。这样,捐纳职衔的范围从原来的"末职卑阶"扩大到郎中和道员。此后,直至清朝末年,这些项目始终是赈捐的主要项目①。

乾隆四十年代以后,在前所未有的经济繁荣和白银大量流入的影响下,国家的财政状况十分充裕。在这一期间,虽然发生过自然灾害,但是国家有足够的财力用于救灾赈济,除了已经被归入现行事例、可以常时报捐的贡监、虚衔、封典和分发等项目之外②,清朝政府没有开办过赈捐。对于有些人要求开捐的请求,乾隆皇帝表示完全没有必要③。进入嘉庆年间以后,国家财政渐趋紧张,府库日渐空竭。为了筹集救灾赈济的资金等,清朝政府不得不在现行事例之外,另开暂行事例,即赈捐。嘉庆六年(1801)因北京近郊的永定河发生水灾,为了筹集资金修复河堤,救济灾民,清朝政府开办了工赈事例。其报捐规定是以乾隆三十九年(1774)起实施的川运事例为基础,量加变通。报捐者除了捐纳贡生、监生、虚衔和封典等之外,还可以报捐郎中以下京官和道员以下外官的任官资格④。

嘉庆十九年(1814),河南省和山东省境内的黄河泛滥,造成灾害。清朝政府为了"恤抚难民,赈济灾区",开办了豫东事例⑤。在这一事例实施之时,嘉庆皇帝专门发布上谕,向臣工说明自己作出这一决断时的心情:

此朕万不得已之举,非以捐例为必可行也。诸臣食君之禄,皆

---

① 《清高宗实录》,卷八百七十,乾隆三十五年十月癸未,第19册第670页。
② 《颁发条例》,乾隆四十年十二月二十二日,奏准川捐递捐分发捐免考试保举试俸坐补及捐实授捐复各条例列入常捐例内随时报捐。《上谕条例》,第3册,川运例酌留数条列入常捐,乾隆四十年十二月二十四日奉旨。
③ 《清高宗实录》,卷一千二百六十一,乾隆五十一年闰七月庚寅,第24册第963—964页。
④ 许大龄《清代捐纳制度》,第46—47页。
⑤ 《豫东事例》,奏议。未见。转引自许大龄《清代捐纳制度》,第49页。

当忠君之事。除此次曾经交议者毋庸再行渎奏外,其余各大臣果有真知灼见,能为裕国之策者,必须字字确切,毫无流弊,不准泛论,纸上空谈,仍犯议论多而成功少之弊。如确有把握,能济军需河工之用,奏上时,朕决采取施行,即将捐例停止。若只言捐例之弊而别无良谋,其言皆朕所稔知,无庸虚陈奏牍也。

嘉庆皇帝在此首先声明开办豫东事例纯属不得已之举,并非肯定捐纳。随后他要求大臣们必须提出确实能够解决国家财政困难的"裕国之策"。对于那些只是一味批判捐纳,却又提不出可行之策的人,嘉庆皇帝明确表示不希望看到他们的上奏。我们从这一上谕中可以看出嘉庆皇帝的心境,除去捐纳之外,他已经找不出更有效的解决财政困难的方法了①。此后,道光三十年(1850),清朝政府又实施了筹赈事例。

清朝末期,尤其是进入太平天国时期以后,面对内忧外患清朝政府为了筹集军费,从咸丰元年(1851)起,在大约25年的时间里实施了可以捐纳任官资格的筹饷事例。进入光绪年间以后,当筹饷事例的实施宣告结束之后,清朝政府为了筹集军费和河工费用,又依次开办了海防事例、郑工事例和新海防事例等"大捐"。另一方面,对于各地发生的自然灾害,身处救灾赈济第一线的各地督抚直接向中央政府建议实施赈捐。本章中将要讨论的光绪十五年(1889)江浙赈捐,以及在其后的光绪十六年(1890)顺直赈捐和光绪十七年(1891)山东赈捐等的实施都是源于各地督抚的提案。

这些地方性赈捐的报奖项目,为了避免与几乎同时实施的各次"大捐"的报捐项目出现重复,没有包括那些与任官资格、分发、指省、捐免和捐复等与铨选有关的项目,主要集中于虚衔、封典、贡监和翎枝等项目。这些地方性赈捐的捐纳标准,为了广泛招徕,筹集尽可能多的资金,故基本上是在现行事例的基础上减成。

---

① 《清仁宗实录》,卷二百八十二,嘉庆十九年正月己巳,第31册第852—853页。

六、清末赈捐的主要项目

由上述可见,清末地方性赈捐的主要项目是虚衔、封典、翎枝和贡监等。在此,对这些项目作一个简要的说明。

① 【虚衔】

在清代的官僚制度之下,官僚们有职有衔。职为实职,衔为虚衔。在一般情况下,职与衔是统一的。如实职知县,其职为知县,衔也为知县。某些官职由于地位特殊,故有加衔的规定。例如,清代中期以后,考虑到执掌兵权和监察权,各地总督例加兵部尚书和右都御使衔,巡抚例加兵部侍郎和右副都御使衔。这些情况属于有职有衔也有权。相比之下,那些已经得到任官资格,但是尚未选授实职的准官僚,或因某种原因离任等候任命的官僚,均属于有衔无职之人。相对于对上述有职有衔之人来说,他们的衔与具体职掌无关,故称虚衔。例如,以知县或主事归部铨选的进士,在正式得缺之前,他们仅仅保有知县或六部主事的虚衔,而没有实职。另外,皇帝作为恩典向官僚赏赐高于其现任官职之衔,也属于虚衔。例如,康熙五十四年(1715)三月初四日,康熙皇帝向吏部发布如下上谕①:

> 谕吏部,赵弘燮简任直隶巡抚已届十年,勤劳供职,旗民辑睦。京畿重地,赵弘燮著加总督职衔仍管理巡抚事务。

在这里,对于直隶巡抚赵弘燮来说,皇帝赏赐的"总督职衔"就是虚衔。此外,皇帝有时还向致仕官员赏赐虚衔。乾隆五十七年(1792)正月初二日,乾隆皇帝以自己"仰蒙昊眷,庆泽延洪,五代一堂,诞膺多福。因思朕逮事皇祖皇考,复得元孙,亲见七代,实历古今罕有"为理由,要求将臣民中确实"亲身上见祖父,下逮元孙"者奏闻,以便"优加恩赉"。此后,乾隆皇帝发布上谕:"致仕上驷院卿李质颖,年逾八十,亲见七代,五世同

---

① 《清圣祖实录》,卷二百六十二,康熙五十四年三月庚子,第6册第583页。

堂,实为熙朝盛事。除照例给予匾额外,著加恩赏给总管内务府大臣职衔"①。所有这些皇帝赏赐的"总督职衔"和"总管内务府大臣职衔",都是与实际职掌无关的虚衔,亦即一种名誉称号。

根据清代的官僚制度的规定,如果官员保有高于自身实际官职的虚衔(伍案:如正七品的知县保有正五品的府同知衔),那么就可以使用与该虚衔所示官品相应的补服、顶戴、轿子等等②。而且,官僚们之间相见时的礼仪,是以就高不就低的原则制定的。如果双方官职相等,而其中一方保有高于实际官职的虚衔,那么双方之间不能施以平级之礼,必须要以上下级相对。

虚衔的捐纳在乾隆年间以"无碍铨选"为由,被列入现行事例,成为可以经常报捐的项目。根据规定,在文官职衔方面,允许官民报捐郎中以下京官和道员以下外官的虚衔。报捐金额随报捐者身份有所不同。例如,贡监生员报捐郎中虚衔的金额为银3840两,由同知报捐则为银1650两③。在这一规定下,正四品以上外官和正五品以上京官的虚衔不在允许报捐的范围之内。光绪年间,报捐职衔的范围突破了既存的规定,出现了一些保有二三品虚衔的人。张之洞曾经在上奏中言及光绪二十一年(1895)前后上海的情况④:

> 查上海情形,华洋错处,官商杂居。所有富绅巨贾,大率捐有二三品职官虚衔或兼充各省局差,意气甚盛,平日与上海道分庭抗礼,厅县更不待言。

由此可见,原本应该是职衔一致的官僚体制内部,出现了一批衔高

---

① 《清高宗实录》,卷一千三百九十四,乾隆五十七年正月壬申、庚辰,第26册第723—724、729页。
② 关于清代官僚的服饰,请参看张友鹤《清代的官制》,载李宝嘉《官场现形记》,附录,第1075—1077页。
③ 《现行常例》,捐职衔,第87a—90b页。
④ (清)张之洞《张之洞全集》,卷三十七,奏议三十七,江苏办理捐借尚无扰累折,光绪二十一年四月初五日,第979—982页。

于职的官僚,甚至还有一批无职有衔之人,这种情况对行政部门的正常运转自然会造成一定的负面影响。

②【封典】

封典清代国家荣典之一,皇帝根据官僚的品级,将相应的位阶赏赐给官僚本人或其妻室、父母、祖父母等。例如,正四品官员应得位阶为中宪大夫,其妻可得命妇称号为恭人,并可封赠父母一代。这就是说,除了官僚本人及其妻室可以得到与官品相当的位阶之外,其父母也可以等到相同的位阶。赏赐给官僚本人者通称"授",五品以上称诰授,六品以下官称敕授。赏赐给官僚妻室父母等的部分在称呼上略有不同,存者为"封",逝者为"赠"。在得到这些封典之后,官僚本人或其子孙是一定会以某种可以眼见为实的方式将其公之于众的,除了刻在墓碑或墓志铭之外,甚至会立起高大的牌坊。

另一方面,官僚们根据规定,可以奏请将本身应得封典转给父母或祖父母等,此举称为"貤赠"。例如,乾隆三年(1738)二月初四日,河南巡抚尹会一上奏,在请求封赠父母祖父母的同时,并将本身及妻室应得封典貤赠曾祖父母①:

> 为钦奉恩诏事。乾隆二年十二月初五日钦奉恩诏,从前恩诏后,官员有升职改任及加级改衔者,照其职衔给予封典,钦此。伏念臣一介草茅,荷蒙圣恩,简署河南巡抚,于乾隆二年四月二十一日到任,复于乾隆二年十月二十四日奉旨实授,例应请封。查臣祖父母、父母及臣同妻室,前于运使任内,虽经受封,兹奉恩诏,升职改任者照职给封。所有臣祖尹泽升,祖母王氏,臣父尹公弼,母李氏,与例相符,理合奏请。再臣又有请者,臣曾祖父尹先知,一生向善,砥行读书,名著胶庠,未登仕籍。今臣幸沐覃恩,愿将臣本身妻室应得封典,貤赠臣曾祖父尹先知,曾祖母李氏,继曾祖母赵氏,稍遂微臣报本私忱,则生生世世,永戴天恩于无既矣。除履历、亲供、册结送部

---

① 中央研究院历史语言研究所藏清代内阁大库档案,第 022885 号。

外,理合恭疏奏请,谨具奏闻。

我们从这一上奏中可以看出,封典反映着官员职衔的变化。尹会一在担任河南巡抚之前担任两淮盐运使,该职为从三品,例封两代。故除他及其妻室之外,父母和祖父母已经得到过相应的封典。当尹会一升任河南巡抚之后,根据按照职衔给予封典的规定上奏,请求皇帝赏予与河南巡抚地位相应的封典。根据规定,从二品巡抚除本身妻室之外,也只能得到两代的封典。故他在上奏中表示,愿将本身及妻室应得封典"貤赠"给毕生向学,未得一官半职的曾祖父和两位曾祖母。以便"稍遂微臣报本私忱",并使尹氏一族"生生世世,永戴天恩"。

清朝初年,官僚们通常在皇帝"覃恩"和三年考满时可以得到封典。康熙四年(1665),清朝政府将封典作为皇帝"覃恩"的事项之一,废除了三年考满时赏赐封典的规定。除去皇帝本人因事大沛恩泽之外,官僚们需要在本人官职发生变化时直接向皇帝上奏请求封典。例如,康熙十四年(1675)冬,当年四月就任嘉定县知县的陆陇其恰逢康熙皇帝"覃恩",得到封典。由于知县官居正七品,陆陇其本人又是正途出身,故他得到的封典为"文林郎",其妻得到"孺人"的命妇称号。根据规定,正七品官员的封典可以封赠一代,故陆陇其的父母也同样得到了"文林郎"和"孺人"的称号①。又如,康熙二十七年(1688)四月,金世鉴被任命为奉天府尹,同年十月,"遇覃恩,授通议大夫"②。奉天府尹为正三品职官,通议大夫即为正三品官员应得位阶,即封典。上述尹会一上奏请封也属同类事例。

封典大权被收归皇帝专有之后,以往在三年考满之时即可得到的封典成为皇帝的特恩,使得封典的社会价值得到很大程度的提升。清朝封典政策的这一转换对当时的官僚社会所产生的影响一定是很大的。通

---

① (清)吴光西《陆陇其年谱》,第41页。
② (清)张玉书《张文贞集》,卷九,诰授通议大夫奉天府府尹前工部右侍郎万含金公神道碑,第49a—53a页。

过上面的叙述可以看出,子孙在官僚社会所居地位决定了其父母祖父母乃至曾祖父母在社会上的地位。在孝道是社会重要价值之一、国家标榜"以孝治天下"的时代,对于绝大多数的文人官僚来说,能否光宗耀祖并不仅仅限于金榜题名,关键是在官僚社会中能否占有尽可能高的地位。倘如自身的地位不能逐步升迁,那就意味着在黄泉之下的先人也难以抬头。而这种光宗耀祖、恪尽孝道的最好的证明就是得自于皇帝赏赐的、可以眼见为实的封典。

但是,如本书第6章所述,官僚在其任期之内,姑且不论是否可以建功立业,至少很难逃脱受到处分的命运。这样,势必会影响到本人的升迁,而没有官职的升迁就无法得到更高的封典,何况所受处分过多也会影响其得到封典。这样,为官多年始终得不到更高的封典,等于告诉世人自身行止有亏,甚至会堵塞自身升官晋级的门路。官僚中这种对封典的渴求最终成为清朝政府在开办捐纳时引入封典的原因之一。

康熙二十八年(1689),清朝政府根据于成龙的建议开办了直隶捐纳事例。其中明确规定给予封典的目的是"荣亲"[①]:

> 司府首领等官,州县佐贰教职等官,不论已仕未仕,捐谷二百石或米一百石,照各品级给予封典荣亲。再,未得封典内外大小文武官员,捐谷四百石或米二百石,亦各给予应得封典。

此后,清朝政府在开办捐纳时,曾经多次将封典作为允许报捐的项目之一。例如山西捐纳事例(康熙二十八年,1689)、大同捐纳事例(康熙二十九年,1690)、大同张家口捐纳事例(康熙三十年,1691)等等[②]。乾隆十年(1745)以降,封典被归入常例,成为现行事例的一部分。在这种情况下,报捐者只要按照规定捐纳,即可不待皇帝"覃恩",任何时候都可以等到封典。

---

① (清)鄂海《六部则例全书》,户部则例,卷下,捐叙,直隶捐纳事例,第84b—85b页。
② (日)山田耕一郎《清初の捐納——三藩の乱との関係を中心に——》,《骏台史学》,第66号,1986年2月,第21—50页。

捐纳封典在实际的执行过程中出现了一些问题。由于封典与官僚职衔的升降有着连动的关系，一些仅仅捐纳虚衔之人便利用这一点谋求尽可能高的封典。例如，已经捐有四品道员职衔者"再捐加级，便得请封至三品二品"。乾隆三十八年（1773），礼科给事中何曰佩就此提出质疑：

> 伏惟圣主孝治天下，定制从优，原以广锡类仁，普天共戴。惟是二品三品，班级崇隆，有力之家，循例报捐，并未著有劳绩，辄得与内而卿贰，外而封疆大吏顶戴无别，似于慎重名器之道，稍有未协。请嗣后捐职人员，加捐封典，亦以郎中道员为限。其捐职未及郎中道员者，准其报捐加级请封。如已及郎中道员者，不准捐级请封，庶钜典有制，而名器益昭详慎。

吏部在协商之后接受了何曰佩的建议，决定捐级加封不得超过四品官职，至于本人官品在四品以上者则不受限制①。

清代末年，为了增加来自捐纳的收入，在实际操作中允许那些捐有高于本职官品虚衔的官僚和仅仅捐有虚衔的官僚，利用加级请封的方法，即先捐加级，然后捐封典的方法，利用捐得之"级"求得高于本职官品的封典。这样，上述乾隆三十八年（1773）的规定变得有名无实。例如，道光二十九年（1849）的《现行常例》规定②：

> 京外各官及捐职人员，由加级及捐加之级捐封者，准照加级给封，限制报捐。惟捐职四品人员，止准捐至三品。现任及候补候选三四品人员，准其捐至二品；五六品以下京外各官及捐职人员，有加等捐封者，照常例增一倍交银，各准其加一等报捐，仍定限制。五六品准捐至三品，七品准捐至四品，八品以下准捐至六品。

在实际运作中也确实如此。同治年间的一份《捐官条例》中有如下

---

① 《川楚善后筹备事例》，封典，第16a—19a页。
② 《现行常例》，封典，第95a—b页。

记载①：

> 由知府加四级，请从二品封，捐例银二千二百二十两。

根据官品序列的规定，知府为从四品，"加四级"之后正好为"从二品"，故可以请从二品封典。根据规定，现任知府捐加寻常一级为330两，捐"加四级"需银1320两。二品官捐封例银900两。两者合计，恰为2220两。

以后，可以报捐的封典又逐步提高。在光绪初年为救济山西河南大旱而实施的赈捐中，允许报捐的封典已经不限于上述规定中的二三品封典，"从一品封典"也成了允许报捐的项目之一②。

清代后期现行常例下捐封规定请见【表-7-4】。

表-7-4 清代后期京外文武官员报捐封典规定（单位：银·两）

官品	现任候补候选	职衔	报捐项目
一品	1000		
二品	900		
三品	800	960	
四品	700	840	给予应得封典
五品	400	400	
六七品	300	300	
八品以下	200	200	
未入流	100	100	给予从九品封典

史料来源：《现行常例》，捐封典，第92a—b页

【贡监】③

此处所说的贡监专指捐纳出身的贡生与监生。此类贡监在身份上属于国子监的在学生员。这一身份与循岁贡等途径获得贡生资格的其

---

① 《捐官条例》，加级请封。上海图书馆藏旧钞本。
② 《光绪十五年十月 日奉各宪札饬查明本省灾区筹办赈务抚恤卷》（以下简称《赈务卷》），第1a—2b页。
③ 贡监资格的捐纳始于明代。请参看本书第1章。

他国子监在学资格同样,都是一个具有双重性格的身份。首先,贡监享有直接参加乡试的资格。清代中期之后,即便是循上述岁贡途径获得国子监在学资格者也几乎无人前往国子监刻苦攻读,但是在名义上毕竟是国家最高学府的学生,享有多方面的优待。其中最主要的就是可以越过县试、府试和科考、岁考等等诸多考试,直接获得参加乡试的资格。此外,在礼仪、司法等方面也享有高庶民一等的优待。更为重要的是,清代的贡监还是报捐任官资格时的必须条件。这就是说,对于那些没有进士举人等正途出身之人来说,他们如果想要报捐任官资格,首先必须取得贡监的资格。与需要长年学习应考的进士和举人相比,捐纳贡监是取得任官资格的终南捷径。正是由于这种双重性格的存在,所以贡监一直是包括赈捐在内的清代捐纳的主要项目之一。

在本书第1章中已经指出,捐纳出身的贡监分别被称为例贡和例监。前者指各类生员报捐的贡生,后者则指一般庶民报捐的监生。进入清代以后,首次开办"援纳监生"是在顺治六年(1649),目的是为了接济兵饷。而在赈捐中首次开办捐纳贡监则是在顺治十一年(1654)①。

顺治·康熙年间,捐纳贡监的标准因事例而异,并不统一。兹举数例:

顺治十一年(1654):生员纳米300石,准贡;俊秀捐米200石,准入监读书。

康熙七年(1668):俊秀纳米600石或银300两,生员纳米400石或银200两,准入监读书②。

康熙十年(1671)[江南捐例]:生员捐米400石或银200两,准贡;俊秀捐米600石或银300两,准入监读书③。

康熙十九年(1680)[贵州捐纳事例]:廪生捐粮24石或草1680束,增生捐粮32石或草2240束,附生捐粮40石或草2800束,青衣生捐粮

---

① (清)鄂海《六部则例全书》,户部则例,捐叙,纳监原例,第79a页。
② 《(康熙)钦定大清会典》,卷二十一,田土二,荒政,劝输,第16a—b页。
③ (清)鄂海《六部则例全书》,户部则例,捐叙,纳监原例,第79b页。

48石或草3360束,俊秀捐粮56石或草3920束,准送监读书①。

康熙二十八年(1689)[各省常平事例]:俊秀子弟捐谷200石或米100石,准作监生②。

康熙三十年(1691)[大同张家口事例]:俊秀子弟捐米60石或豆35石并草1500束,廪生捐米30石或豆18石并草700束,增生捐米40石或豆25石并草1000束,附生捐米50石或豆30石并草1200束,青衣生捐米60石或豆35石并草1500束,准作监生③。

康熙三十年(1691)[甘肃捐纳事例]:俊秀子弟捐米60石,廪生捐米30石,增生捐米40石,附生捐米50石,青衣生捐米60石,准作监生④。

康熙三十一年(1692)[西安捐纳事例]:俊秀监生捐米150石,准作岁贡⑤。

康熙三十四年(1695)[通仓运米事例]:旗民俊秀子弟运米30石,准作监生⑥。

康熙四十二年(1703)[甘肃常平事例]:俊秀子弟捐米60石,廪生捐米30石,增生捐米40石,附生捐米50石,青衣生捐米60石,准作监生。例监廪生捐米70石,增生捐米80石,附生捐米100石,俊秀捐米150石,准作岁贡⑦。

康熙四十三年(1704)[山东捐纳事例]:俊秀子弟捐米80石,廪生捐米40石,增生捐米50石,附生捐米60石,青衣生捐米70石,准作监生。例监廪生捐米80石,增生捐米90石,附生捐米110石,俊秀捐米150石,准作岁贡⑧。

康熙五十三年(1714)[江南常平仓事例]:俊秀子弟捐谷400石,廪

---

① (清)鄂海《六部则例全书》,户部则例,捐叙,贵州捐纳事例,第81b—82a页。
② (清)鄂海《六部则例全书》,户部则例,捐叙,各省常平事例,第85a页。
③ (清)鄂海《六部则例全书》,户部则例,捐叙,大同张家口事例,第87b页。
④ (清)鄂海《六部则例全书》,户部则例,捐叙,甘肃捐纳事例,第90a页。
⑤ (清)鄂海《六部则例全书》,户部则例,捐叙,西安捐纳事例,第95a页。
⑥ (清)鄂海《六部则例全书》,户部则例,捐叙,通仓运米事例,第96b页。
⑦ (清)鄂海《六部则例全书》,户部则例,捐叙,甘肃常平事例,第97b—98a页。
⑧ (清)鄂海《六部则例全书》,户部则例,捐叙,山东捐纳事例,第97b—98a页。

生捐谷 160 石,增生捐谷 200 石,附生捐谷 240 石,青衣生武生捐谷 300 石,准作监生。廪生捐谷 300 石,增生捐谷 340 石,附生捐谷 360 石,俊秀捐谷 540 石,准作岁贡①。

康熙五十六年(1717)[甘肃湖滩河所捐例]:青衣生俊秀捐银 108 两,附生捐银 90 两,增生捐银 72 两,廪生捐银 54 两,准作监生。廪生捐银 126 两,增生捐银 140 两,附生捐银 180 两,准作岁贡②。

康熙五十八年(1719)[大同宣府喂养驼马捐例]:例监廪生捐豆 45 石并草 1800 束,增生捐豆 60 石并草 2500 束,附生捐豆 70 石并草 3000 束,准作岁贡③。

进入雍正年间之后,清朝政府在开办捐纳事例时依然将贡监作为主要的报捐项目。例如:

雍正五年(1727)[云贵开垦事例]:监生附生垦田 180 亩,增生廪生 140 亩,准作岁贡④。

雍正九年(1731)[酌定营田事例]:俊秀营田 1 顷,附生 90 亩,增生 80 亩,廪生 60 亩,准作监生。监生附生营田 2 顷,增生廪生 1 顷 80 亩,准作岁贡⑤。

雍正十年(1732)[兰州修筑城堡捐例]:俊秀捐土方 1000 方,附生 900 方,增生 700 方,廪生 500 方,准作监生。监生附生捐土方 1700 方,增生廪生 1500 方,准作岁贡⑥。

由上述可见,在乾隆年间以前,虽然捐纳贡监是主要的报捐项目之一,但是报捐标准却因事例而异。而且,上述史料所示仅仅是报捐贡监生本身的标准,即正项费用。根据《永宪录》的记载,在雍正五年(1727)以前,"捐纳俊秀监生正项杂费需银将三百金"。这个数额远远超出了一

---

① (清)鄂海《六部则例全书》,户部则例,捐叙,江南常平仓事例,第 106a—b 页。
② (清)鄂海《六部则例全书》,户部则例,捐叙,甘肃湖滩河所捐例,第 109b 页。
③ (清)鄂海《六部则例全书》,户部则例,捐叙,大同宣府喂养驼马捐例,第 122b 页。
④ (清)朱植仁《本朝政治全书》,户部则例,捐叙,云贵开垦事例,第 142a 页。
⑤ (清)朱植仁《本朝政治全书》,户部则例,捐叙,酌定营田事例,第 145b 页。
⑥ (清)朱植仁《本朝政治全书》,户部则例,捐叙,兰州修筑城堡捐例,第 152a—b 页。

品文官年间俸额的银180两①。

正如本书第2章中说明的那样,进入乾隆年间以后,清朝政府于乾隆元年(1736)和乾隆十年(1745),先后以银为单位分别统一了监生与贡生的捐纳标准,并且将其作为可以常时报捐的项目固定下来②。其具体金额可以参看【表-7-5】。这一标准,终清之世未曾发生变化。

表-7-5 清代现行常例报捐监生贡生规定(单位:银·两)

报捐者身份	监生	贡生
俊秀	108	
附生	90	144
增生	80	120
廪生	60	108
监生		144

史料来源:《现行常例》、捐职衔,第90a—b页。

④【翎枝】

翎枝即装饰在冠帽上的翎毛,是清代服饰制度的一个重要组成部分。以孔雀翎制成者称花翎,以鹖尾制成者称蓝翎。可以戴用花翎者为皇族和五品以上文武官僚,六品以下文武官僚仅能戴用蓝翎。

清朝初年,花翎仅赐给"功绩伟茂"的勋臣。例如,明朝降将洪承畴在助清朝平定江南之后曾经被赏戴花翎。顺治十八年(1661)以后,清朝政府规定除镇国公、辅国公、和硕额驸、内大臣、一二三四等侍卫、前锋、护军各统领、参领、前锋侍卫、诸王府长史、散骑郎、二等护卫可以戴用花翎外,其余皇族和官僚等只有皇帝得到特恩之后,方能戴用。乾隆年间以后,亲王和贝勒始准戴用花翎。皇族出身昭梿在9岁时被乾隆皇帝赏戴"双眼花翎",他认为是"实为千古荣遇",直至成年之后,"犹感激涕零"③。花翎

---

① (清)萧奭《永宪录续编》,第332—333页。
② 《上谕条例》,乾隆元年,议停捐纳止留户部捐监一条。另请参看本书第2章第1节。
③ 赵尔巽《清史稿》,卷一百三,舆服志,第3085页。(清)昭梿《啸亭续录》,(昭梿《啸亭杂录》,附录),卷一,第382—383页。

和蓝翎还经常被用于赏赐有功人员。例如,乾隆十三年(1748),乾隆皇帝命令交给经略大学士傅恒"花翎二十、蓝翎五十",用"以奖赏兵弁之效力杰出者"①。当官僚等犯有罪过的时候,剥夺所戴用的花翎也是一种惩罚。道光八年(1828)九月,大学士英和因承办皇后"万年吉地之工"乖误,被"先行革去顶戴,拔去花翎"②。总而言之,在允许报捐翎枝以前,翎枝出自皇帝的特恩,其所代表的荣誉和地位绝不在今日的勋章和种种称号之下。

前述几种赈捐项目基本在清代前期就已经登场,并且在清代中期逐步固定下来,称为现行常例的报捐项目。相比之下,翎枝作为报捐项目出现则比较晚,而且不属于现行常例的报捐项目。咸丰元年(1851),清朝政府为了筹措镇压太平天国运动的军饷,决定开办筹饷事例。咸丰二年(1852),定郡王载铨等上奏了《酌拟宽筹军饷章程》。该章程共计 22 条,其中第 14 条为③:

> 文武各官分别京外,准各按品级报捐花翎。

要求准许京官和外官按照各自品级报捐花翎,亦即戴用花翎的资格。咸丰皇帝同意了这一建议④,清朝政府随后相继公布了《现办捐翎章程》和《捐戴翎枝章程》。翎枝的捐纳标准如下。

表-7-6 清代后期捐纳翎枝规定(单位:银·两)

身份	花翎	蓝翎
外官	7000	3500
京官	4000	2000

史料来源:《新增筹饷事例》,报捐翎枝,第 30a—b 页。

这样,原来出自皇帝特恩的国家荣典变成了捐纳的项目之一,希望

---

① 《清高宗实录》,卷三百二十六,乾隆十三年十月甲午,第 13 册第 397—398 页。
② 中央研究院历史语言所藏清代内阁大库档案,第 206562 号。
③ 刘锦藻《皇朝续文献通考》,卷九十三,选举考十,赀选,第考 8529 页。
④ 赵尔巽《清史稿》,卷一百十二,选举志,第 3237 页。

以翎枝荣身者,可以不待皇帝赏赐,直接以银两捐得戴用资格。光绪三年(1877)十一月,以刑部左侍郎在河南省帮办救灾赈捐事宜的袁保恒上奏,要求将花翎和蓝翎的报捐作为赈捐的项目之一,得到了清朝中央政府的同意①:

> 办赈集款,筹借之外,捐为大宗……无如近年各省情形,各项捐务,均成弩末。惟查翎枝一项,向准收捐。光绪元年,经户部奏准停止。伏思此项捐输,于仕途尚无甚窒碍,可否仰恳天恩,俯念豫赈紧急,非他项办捐可比,饬部特发花翎执照三百张,蓝翎执照一百张,由驿递交河南省城,为收捐备赈之用,无论何处,概不得援以为例。

由此可见,清代末年,报捐了任官资格之人长年难以得缺的现实导致了包括现行常例和暂行事例在内的各项报捐项目已经逐渐失去了往日的魅力。在这种情况,为了在开办赈捐等捐纳事例时能够用"新商品"以广招徕,一些官僚开始着眼于翎枝的报捐,希望借此保证一定的捐纳收入。袁保恒在上述奏疏中虽然声明,河南开捐翎枝一事他省不得援以为例,实际上不过是一句空话。此后,各省在开办赈捐时几乎都要求将翎枝作为报捐项目之一。

以上,我们大致地观察了清代的赈捐。下面,让我们来具体看一看光绪十五年(1889)的江浙赈捐。

第二节 光绪十五年江南水害的概况

一、光绪十五年的中国

在19世纪中期以后的中国,光绪十五年(1889)是相对平稳的一年。爆发于咸丰元年(1851)、在前后14年间席卷了南方数省太平天国运动早已在同治年间被镇压。自那之后,清朝国内没有发生过如此规模的社

---

① (清)袁保恒《文诚公集》,奏议,卷六,请办翎捐助赈片,第26a—b页。

会动乱。进入光绪十五年(1889)以后,几年前爆发的中法战争已经结束,光绪十三年(1887)决堤的黄河在光绪十四年(1888)十二月宣布修复。这一年,在政治和外交方面虽然不是没有任何问题,但是没有出现类似数年后发生的中日甲午战争和戊戌变法那样的重大事件。正是在这种情况之下,光绪十五年(1889)二月,慈禧太后在长年垂帘听政之后宣布将权力交给大婚在即的光绪皇帝。这样,清朝社会处在光绪二十年(1894)中日甲午战争爆发以前的最后一个相对安定的时期。

同治四年(1864)前后,户部银库中保有的现银仅有十多万两,岩井茂树曾将这种情况称作"户部财政的崩坏"①。与这种情况相比,光绪十五年(1889)时的户部的经常收支虽然有所改善,但是慢性的财政难依然存在。

这一年,对于清朝来说最最重要的头等大事是光绪皇帝的大婚。光绪十三年(1887)五月二十日,慈禧太后命令户部为大婚典礼准备银400万两②。光绪十四年(1888)正月十七日,慈禧太后又以上述银400万两"尚不敷用"为理由,要求户部再准备银100万两。由于户部早已经未雨绸缪,前后总计银500万两的大婚经费没有出现太大的问题③。但是,在其他方面,户部却有着很大的烦恼。例如,前面曾经提及光绪十三年(1887)发生的黄河决堤,为了解决这一问题,河南巡抚倪文蔚要求户部紧急调拨银24万两,以便用于救济灾民,而户部却一筹莫展,"竟无可拨"④。此外,光绪十四年(1888)前后,慈禧太后决定在归政之后以紫禁城西侧的中南海未自己的居所,以修缮的名目要求户部筹措相关经费。在接到慈禧太后的指示之后,同年五月初一日,户部银库等三库连名上

---

① 岩井茂树《中国近世财政史の研究》,第125—126页。
② (清)翁同龢《翁同龢日记》,第4册第2119页。"(光绪十三年五月二十一日)昨日醇面奉懿旨,大婚典礼著户部先筹画银二百万两,并外省预捐银二百万两,备传办物件之用。"
③ 《光绪朝东华录》,光绪十四年正月己巳,总2409页,同十四年三月甲戌,总2433—2434页。(清)翁同龢《翁同龢日记》,第4册第2175页,光绪十四年正月二十日。关于清代户部银库的收支问题,请参看史志宏《清代户部银库收支和库存统计》。根据著者本人的说明,本书的统计是以中国社会科学院经济研究所藏清朝户部银库黄册抄档为依据的。
④ (清)翁同龢《翁同龢日记》,第4册第2141页。"(光绪十三年八月二十九日)入署遇福公,倪文蔚奏请截留三十万办急赈,……同官咨嗟,竟无可拨。"

奏,说明了"户部无款"的窘境①。在此之前大约一个月的四月初四日,户部尚书翁同龢曾经对同僚说明了自己的"三大愿",即"内库积银百万,京师尽换制钱,天下钱粮征足"②。我们从负责清朝财政的最高责任者的上述"三大愿",不难看出清朝的财政基础是十分脆弱的。

在这个意义上,我们不妨认为,光绪十五年(1889)时的清朝政府在内政和外交方面虽然处于一种相对平静的状态,但是国家的财政状况却处于一种慢性的危机之中。清朝政府就是在这种情况下对应江南地区发生的水灾的。

二、光绪十五年的江南水害

清代,江南地方大致包括江苏省南部的苏州府、松江府,以及浙江省北部的杭州府、嘉兴府、湖州府、宁波府和绍兴府一代。这里气候温暖宜人,地理上非常适合农业渔业的发展。自从三国时代的东吴在此创业建基以来,历代王朝都致力于这一地区的开发,唐代以后,这一地区成为中国最重要的经济地区之一。迄今为止,尽管中国内外的政治、经济和社会状况在上千年中发生了天翻地覆的巨大变化,但是这一地区在中国所占的重要性,始终没有出现过根本性的变化。

这里是中国主要的谷仓地带。早在清代以前,"苏杭熟,天下足"就已经脍炙人口。对于清朝中央政府来说,这一地区与同处长江下游的安徽省和江西省都是向北京提供漕粮的重要地区。其中江南地区每年向北京运送的漕粮达250万石,足可见这一地区在财政上和政治上具有十分重要的意义。

自从1860年代以后,这一地区虽然在太平天国期间受到很大打击,

---

① (清)翁同龢《翁同龢日记》,第4册第2200页。"(光绪十四年五月初二日)昨三库奏,三海工程颜料折价,户部无款,……。"
② (清)翁同龢《翁同龢日记》,第4册第2193页。"(光绪十四年四月初四日)饭后访阁相剧谈,余三大愿不遂,激昂殊甚。三大愿者,内库积银百万,京师尽换制钱,天下钱粮征足。即亏六百万犹可自立。钱粮若起,厘金可罢。"

但是在动乱过后,这一地区凭借着良好的自然环境和丰富的资金,很快恢复了往日的元气。当山西、河南、山东,以及东北地区发生自然灾害时,这一地区还积极进行了援助。例如,前面曾经提及光绪十三年(1887)发生的黄河决堤的受灾者达189万人,当时"中外臣工,四方义士"慷慨捐款,总数达白银75万7400两以上。其中浙江省当局的捐款居各省之首,达13万两,江苏省当局的捐款为3万两①。

另一方面,江南地区位于长江下游的太湖流域,东南濒海,经常发生水灾,并且易受台风的影响。根据邓拓的统计,在19世纪,江苏省发生了41次水灾,浙江省发生了27次水灾②。

光绪十五年(1889),江南地区发生了百年一遇的水灾。

在这一年的五月至七月,浙江省北部的杭州府、嘉兴府、湖州府、宁波府和绍兴府等地一直是"晴多雨少"和"晴雨相间"的天气,绍兴府等地发生了"田禾缺水"的情况。七月二十五日,上海的《申报》在一则题为"四明秋景"的报道中说③:

> 宁郡于本月十七日为始,连日秋阳燸燸,犹如火伞撑空,酷热异常。二十日,其热尤甚,寒暑表已升至百余度,若不速降甘霖,以甦民困,将来难免疠疫也。

就在这一刊登了这一报道的当天,即七月二十五日和二十六日,浙江省北部的杭州府、嘉兴府、湖州府、绍兴府、宁波府,以及南部的温州府等地遭受了暴风雨的袭击。八月初,这些地区遭受灾害的消息传到上海。八月初二日的《申报》刊载了"宁郡风雨"的报道④:

> 宁郡天气炎热,前已录报。兹于七月二十六日午后,风自东北

---

① 《申报》,光绪十六年闰二月十二日。
② 邓云特(邓拓)《中国救荒史》,第56—58页。
③ 国立故宫博物院编《宫中档光绪朝奏折》,第4册第528、558—559、641—642页。《申报》,光绪十五年七月二十五日。
④ 《申报》,光绪十五年八月初二日。

而来,雨亦相继而下,旋降旋止,黄昏之际,狂风大作,不辨东西南北,惟觉澎湃磅礴,声如山崩海沸,雨亦倾盆而下,连宵不止,如作风潮之象,河水骤涨二尺许。次早仍黑云密布,忽闻霹雳一声,雨下如注,一时凉沁心脾,如入清凉世界,四野农民可歌暨沾暨足矣。

可见,此时在上海还没有感到发生灾害。但是,情况很快就发生变化。八月初四日的《申报》在第一版刊登了题为"宁波水灾"的报道①:

闻宁波于上月廿八、九两日风雨交加,水势陡涨,平地高至二尺余,而江厦地方,被祸尤烈。水势如高屋建瓴,往下直泻,江厦桥系联船为之,遭水全被冲去,其小舟之断锚脱缆者,更属不知凡几。倾覆入水者,计伤人四十余名。现在一望街市,竟同泽国。是亦一大灾也。

这一报道首次明确指出,宁波地区发生了水灾。此后,浙江省各地的受灾情况陆续传到上海。

例如,位于绍兴府山区的嵊县发生洪水,"七月二十六日大雨如注,次日午前,忽若四山决裂,天上银河直泻,转瞬间岩腰岭脚水高数丈,一路草舍茅檐,人民鸡犬,滔滔滚滚于树尖峰巅。横阔者二十余里,直卷者七十余里,大小八十余村,其间禾稻淹入泥沙,桑田冲如沧海,为百十年来未有之奇灾"。温州府玉环厅辖下之沿江村落,原有 200 余户居民。七月二十七日,"风驰雨骤,陡发大水,合村都成泽国,男妇八百余人,咸与波臣为伍。水退后,闻该村存者仅八人云"。另外,湖州府下某村,原有居民 300—400 户,暴风雨发生后,仅存男子 8 人,"数十年来未有如此奇灾"②。

对于光绪十五年(1889)的浙江省来说,灾害不断。就在七月下旬发生暴风雨之后,浙江省北部的湖州府和嘉兴府,以及江苏省的苏州府从

---

① 《申报》,光绪十五年八月初四日。
② 《申报》,光绪十五年八月十六日、八月十七日、八月二十二日。

八月初到九月下旬的大约40多天一直是阴雨连绵。浙江省湖州府在七月下旬暴风雨袭来时,稻米已经成熟,正在等待收割,结果又被雨水淹没。当地的农民期待着早日放晴,水位下降,以便尽可能地减少损失。但是,从八月初开始的连日阴雨,不但水位没有下降,被水淹没的稻谷开始发芽腐烂,基本绝收。即便如此,农民们还是抱着一线希望,利用水车拼命排水,效果甚微。根据上海的报纸报道,在七月份的暴风雨失去了家园的农民哀鸿遍野①。

大约在同一时期,户部尚书翁同龢请假"修墓",回到了他的故乡——苏州府常熟县。翁同龢七月十八日离开北京,二十六日返抵常熟县,一直到九月初三日离开,总共逗留了36天。根据他的日记记载,在这一期间,有15天是阴雨连绵。在离开故乡数天之前的八月二十九日的日记中,翁同龢这样写道②:

> 晴矣,入夜又雨,棉花已减色,早稻亦恐烂矣。

离开故乡之后,他在上海逗留了大约半个月,等船北上。这一期间,基本也是不停地下雨。九月初八日,他在日记中写道③:

> 竟日雨,二更大雨,棉花既坏,稻亦生芽。吁,可怕哉。

这样,由于七月下旬的暴风雨和八九月间阴雨连绵的影响,江南很多地区的稻米和棉花基本绝收。浙江省省会杭州等地的米价开始上涨。九月二十四日《申报》报道了"米市昂贵"④:

> 杭垣自前月下旬以来,浓云泼墨,大雨倾盆,屈指二十余日,风伯雨师,益形猖獗,农人咸仰屋咨嗟。湖墅(伍案:在杭州城北)米价,每石增至一千文。低色米向卖每升廿六文者,今卖三十六文。顶尖米每石价值四千六百文。至于菜豆油盐各项,无不增价,穷民

---

① 《申报》,光绪十五年九月十八日、二十一日。
② (清)翁同龢《翁同龢日记》,第4册第2309页。
③ (清)翁同龢《翁同龢日记》,第4册第2312页。
④ 《申报》,光绪十五年九月二十四日。

苦况不堪言矣。

浙江省经此二次大灾，居民的生命财产遭受到很大损失。由于足够的史料，尚无法对此作出准确的估计。浙江巡抚崧骏在光绪十六年(1890)二月初六日的奏折中提及需要赈济的对象为，"极贫次贫大小丁口一百一十四万八千余人"，估计受灾人口应该不会少于这一数字①。

第三节　光绪十五年江浙赈捐的实施

一、起案

如上所述，光绪十五年(1889)秋，江苏省和浙江省遭受到罕见的风灾和洪涝灾害，两省的地方长官在发生灾害的最初阶段就已经采取了一系列紧急措施。关于这一点，我曾经有过论述②。

嘉庆年间(1796—1820)以后，包括江南地区在内，原本用于贮藏救灾赈济所需谷物的救济仓等在经营上已经难以为继，相继破产。在太平天国期间，江南地区仅存的救济仓受到了毁灭性的打击，在光绪十五年(1899)前后已经基本不存在了③。而且，这一次发生的灾害影响地区广大，即便是有若干处救济仓存在，也无济于事。因此，每当发生灾害时，都要考虑筹措救济资金。

光绪十五年(1889)，关于筹措江南水害救灾资金问题，浙江巡抚崧骏在八月二十六日和九月二十一日上奏的两份奏折中，就已经言及开办赈捐的问题。例如，崧骏在八月二十六日"为浙江省各属同时猝被风雨

---

① 《赈务卷》，第78a—79a页。
② 拙稿《災害情報の伝達と救済資金の調達——一八八九年中国江南の水害を中心に——》，《東アジア研究》(八尾，大阪経済法科大学)，第43号，2005年11月，第19—33页。
③ 光绪十五年秋的《申报》中有一些文章报道说救济仓等不放粮救灾，指责地方官僚和绅董漠视民命。例如，《申报》，光绪十五年十月十三日。不过，根据灾后编纂的《上虞县志》记载，上虞县的社仓当时为救灾放出的"积谷"达"九千九百七十六石"。《(光绪)上虞县志》，卷二十九，第611—612页。

成灾"一事上奏说①：

> 窃本年入夏以后,雨旸时若。六月间,亢旱兼旬。入伏后,阴雨连朝,禾棉未能畅发。……乃七月二十三、四等日,连得大雨,河水陡涨。至二十六、七、八等日,狂风骤雨,达旦连宵,势若倾盆,风更猛烈,历三昼两夜之久,未常稍息。深虑有妨农事,正在饬查间,即据温州玉环厅同知禀报,七月二十六、七、八等日,飓风大作,狂雨如注,昼夜不息,瓦飞屋塌,人皆露处,无从措手。以致海塘冲倒,灶民有全村漂没之处,掩毙人口牲畜,飘失在地粮石房屋器具,不计其数,实为非常灾异。……又据严州府属之桐庐、分水二县各报大水为灾,兼有伤毙人口,倒塌房屋情事。……又据杭州府属之海宁州、嘉兴府属之海盐县、湖州府属之归安、德清、长兴等县各报,连遭风雨,山乡发蛟,水势凶猛,势若建瓴,当冲之圩埂塍堤多被冲决,水与岸平,禾苗尽被淹浸,无法补救。又,绍兴府属之诸暨、余姚、嵊县、新昌,台州府属之临海、黄岩、太平、天台,金华府属之东阳、浦江等县,各报大水为灾,间有掩毙人口,冲塌房屋情事。其余各属田禾亦多被水,受灾轻重不一。

崧骏这一上奏中力陈浙江省所受灾害为"非常灾异",已经先行动用司库所贮厘金,派人赈济。随后他声明：

> 如有必须赈恤之处,或动放仓谷,或劝谕捐输,速行妥筹禀办,勿使一夫失所,以副圣主惠爱黎元之至意。

大约在同一时期,两江总督曾国荃和江苏巡抚刚毅也奏报了江苏省受灾情形②：

> 窃照苏省本年苏松等属八月下旬起,阴雨兼旬,连绵不息,低区尽遭淹没,高平田地积水甚深。当经臣刚毅……奏明在案。其时尚

---

① 国立故宫博物院编《宫中档光绪朝奏折》,第 4 册第 638—640 页。
② 国立故宫博物院编《宫中档光绪朝奏折》,第 4 册第 727—728 页。

望即日畅晴,俾获挽回万一。不料霪雨浃旬之后,乃九月二十六日,天气虽属开朗,而蒸闷异常,俨同初夏。至晚,雷电交作,大雨滂沱。自兹以后,连日淋漓,势不稍衰。前后接计,业已一月有余。水势有长无退,秋成被淹更重。……似此天灾叠降,人力难施。节交霜降,秋成尚无把握。倘再风雨旬日,其势不堪设想,实为吴中数十年所未有。

关于救灾资金问题,浙江巡抚崧骏在十月初七日的奏折中报告说,"在于藩库正杂项下提银十二万两、运库提银三万两,陆续发交省城善堂绅董经理,以为冬春办赈之需"。同时他还申明,"此后款项如有不敷,再由奴才饬司随时筹画,奏明办理"①。

实际上,就在提出该奏折的前一天,即十月初六日,崧骏向浙江省布政使和按察使发出了指示②:

> 照得浙省现在久雨不晴,秋成万难有望。瞬交冬令,天气渐寒,不能不预筹赈抚,以济民艰。除饬司筹拨公款并由本部院倡捐廉银外,兹派许藩司、廖臬司、德运司、杭嘉湖丰道、候补蒋道国祯、朱道燿成、邹道仁溥办理筹赈劝捐事宜。并督同杭州府李守,会同省城善堂绅士,和衷商酌,将被灾各州县应如何先查户口,及一切事宜应如何举办,均议定办法章程,以昭周妥。

可见,崧骏在此时已经开始为实施赈捐作准备了。以后,在他的指示下,浙江省成立了负责筹集捐款和发放赈济的机构——浙江省筹赈总局。

光绪十五年(1889)十月十八日设立的浙江省筹赈总局在其公布的《开办章程》中,参考"历届赈捐章程",提出了实施赈捐时的报捐项目③。

---

① 国立故宫博物院编《宫中档光绪朝奏折》,第4册第734页。《赈务卷》,第14b—15b页。
② 《赈务卷》,第1a—2b页。
③ 《赈务卷》,第41a页。

第七章　清代的赈捐

　　除奏拨库款外,①所有邻省及本省募捐银洋,均请奏请照历届赈捐章程,准予请奖封典、虚衔、贡监。②并援照晋豫推广章程,准捐从一品封典、三品衔。③其原有三品衔之道员准捐二品顶戴、翎枝一项,现在山东赈捐业已奉准,应请一体禀请准捐纳,俾得踊跃乐输。④再,封典、虚衔、贡监三项赈捐,本系奉准通行,拟请藩司先颁空白实收,发交各府,遇有捐生报捐,即由府就近填给实收,以期迅速观感。

这一提案的主要内容如下：

①参考以往的赈捐规定,对浙江省内外捐纳"银洋"者给予封典、虚衔和贡监。这是沿袭以往的规定,将现行事例的部分项目作为报捐对象。

②和③是为了确保赈捐收入,希望援引晋豫推广章程和山东赈捐的规定,在浙江省也开办新的报捐项目,即从一品封典、三品衔、二品顶戴和翎枝的报捐。

上述①至③是关于赈捐项目的建议,④则是关于报捐①的有关项目手续问题的提案。由于封典、虚衔和贡监的报捐属于现行事例下的项目,故浙江省筹赈总局向浙江省布政使司要求将空白实收发给省内各府,以便可以就近尽快发放实收,争取能有更多的人前来报捐。

我们由以上情况可以看出,在光绪十五年(1889)秋季发生水灾之后不久,浙江省当局在紧急拨款赈济的同时,已经开始筹备实施赈捐,并且设立了收捐和办赈的主管机构——浙江省筹赈总局。而这一机构在成立之初便就赈捐提出了大致的方案。应该说,浙江省当局在这一问题上的行动是比较快的。

二、筹办赈捐的背景

　　浙江省当局为什么在救灾活动开办伊始的十月就提出了赈捐的计划呢？除了如崧骏所说的那样,即"秋成万难有望,瞬交冬令,天气渐寒,不能不预筹赈抚,以济民艰"之外,还因为一部分受灾地区发生了令人忧虑的社会治安问题。

光绪十五年(1889)九月十一日的《申报》登载了如下一条消息①:

> 海盐县顾邑尊接阅乡民报荒禀词,立即下乡查勘。及到乡间,果见田禾尽在水中,一片汪洋,难分高下。正在查勘,被无知愚民将邑尊之轿抬至低处,陡然放下,浸入水中,邑尊大惊,身上衣服业已湿透。幸经从人赶忙抬出,将乡民拿获数名,带回署中管押以待讯究。

可见,民众不满官府的对应,采取了较为激烈的手段表达自己的诉求,结果有数人被捕。

以后,又有很多令人忧虑的消息传到上海。首先是受灾民众不断涌向各地衙门。例如,"慈溪乡民前遭大水,近又苦雨,所植木棉稻禾,都遭损坏,秋收无望,民不聊生,纷纷赴县求恤,扶老携幼,约有万余人。秦邑尊出坐大堂,好言相劝,令各回乡里,又捐鹤俸,每名给发大钱二十文。无如人数甚多,已给六百余千,尚不能一体均沾。乡民仍环请不已。秦邑尊又照名补给。因念灾广人多,急应筹抚恤之方。日前上郡,面请府宪发落……奉化四乡灾民聚众闹衙,邑尊难以礼谕,亦上郡面禀府宪。刻闻府宪商请提、道二宪派兵弹压,一面飞禀省宪,候示施行"②。

九月二十一日,在嘉兴府城发生了骚乱。"是日,有乡民数千,纷纷入城,一半赴嘉兴县署,一半赴秀水县署,呼喊索食。邑尊升堂,慰以好言,乡民喧嚷如故。至薄暮,始各散去。闻南门外某咸肉铺被乡民进内,将物件搬取一空。又,某糕团店被乡民涌入,任意大啖,罄其所有。而夫又闻新塍镇某米行被乡民前去赊米,该店不允。乡民遂硬搬数十石而

---

① 《申报》,光绪十五年九月十一日。文中的"顾邑尊"为时任海盐县知县的江苏上元籍监生顾德恒。《大清缙绅全书》,光绪十六年北京顺济局刊本,浙江,第48b页。
② 《申报》,光绪十五年九月二十四日。文中的"秦邑尊"为时任慈溪县知县的湖南湘潭籍举人秦簧。《大清缙绅全书》,光绪十六年北京顺济局刊本,浙江,第51b页。

去。又闻有米石船欲往湖州,中途被乡民截住,竟图硬借。该舟见势不佳,只得逃回。民情如此,诚地方之隐忧也"①。

此种情况不仅出现在浙江省各地,省会杭州也发生了民众包围官衙的情况。九月底,"仁和、钱塘二县乡民约二千余人诣藩署报荒,并请禁屠祈晴。许方伯尚未允准。适粮道世储宪路经小井巷口,乡民误认为方伯,纷纷拦舆呈禀。当时人多口杂,储宪只得从权将禀收带回署"②。

前面说过,光绪十五年(1889)水灾的特征之一是长达40余日的阴雨连绵。当时,一些地方官采取了传统的祈晴和禁屠的措施,希望能够早日放晴。但是,根据《申报》的记载,九月二十一日,"浙西某府乡人进城报荒,不下四百余人,拥至某县署。而邑尊竟置之不问,乡人皆鼓噪。旋见宅门旁之墙已倒,内即官厨房,而鱼肉鸡鸭等物甚夥。乡民乃为之携出,行至大堂,署中家丁赶即,将鲜肉抢去,尚剩鱼、鸭、鸡等物。乡民异至府署面禀,府宪即发委员至宅门询问,乡民告以故,委员亦不便再问,令差役将荤腥抛之河中,慰谕乡民,挥之使去"③。

其次是对民间人的骚扰。前面说过,灾害发生后,米价等食品价格开始上升。八月,"有(湖州府)长兴农户载米三十余担,赶赴市上粜,路遇二、三小舟,约计三十余人,一拥登船,每人负米五斗,道谢而去。"④

绍兴府余姚县在九月二十三、二十四和二十五日三天之内,几乎每天都发生灾民哄抢富户的事件。如,九月二十五日,灾民在县城内"闯入洪宅,给以钱文,即行抢散,复入内厨自炊,食物劫掠一空而散。城中如此,乡间不堪设想"。结果,"各乡殷户纷纷逃避,几乎十室九空,不成世

---

① 《申报》,光绪十五年九月二十五日。
② 《申报》,光绪十五年九月二十四日。文中的"许方伯"为时任浙江省布政使的许应镰,"粮道世储宪"为时任督理浙江通省粮储漕务道世春。《大清缙绅全书》,光绪十六年北京顺济局刊本,浙江,第44a—45b页。
③ 《申报》,光绪十五年十月初六日。
④ 《申报》,光绪十五年九月十二日。

界"①。为此,余姚县知县于九月二十六日发出如下告示②:

早禾登场	晚禾未割	纵使成灾	岂已绝食
尔等愚民	被棍扇惑	恃众横行	毁门抢物
此等刁风	焉能宽恕	良民归家	奸徒改悟
官兵一临	严拿重惩	如敢违抗	格杀勿论

绍兴府的一位"有心无力人"在致《申报》的投书中这样说明了家乡的情况,即"难民乞食,刁民索诈,良民其何以堪"。他将当地民众分为难民、刁民和良民。所谓良民应该是深受乡民之扰的殷实人家,刁民是指那些利用报荒等趁机略抢之人,而难民应该是普通的受灾民众③。从九月下旬起,绍兴府的一些殷实人家纷纷逃亡上海。据目击者说,这些人在上海下船时,"箱笼物件甚多"。并说,"因该处田畴荒欠,米珠薪桂,贫民无以糊口,纷纷向富户借贷。稍不遂意,即肆抢劫,绅富不得安居,故作移家之计云"④。

由此可见,在灾害发生之后不久,浙江地区已经出现了令人担忧的现象。为此,必须尽快筹集资金,开展赈济,这样不仅可以救济灾民,也可以维持社会的稳定。我认为,浙江巡抚崧骏等就是基于这种考虑,故在赈灾初期就已经开始准备实施赈捐。

三、江南督抚的连名上奏

光绪十五年(1889)十月初六日,两江总督曾国荃在上奏中报告了苏州府及其附近地区的"秋灾情形"和已经采取的紧急救济措施⑤。时隔20天之后的十月二十七日,曾国荃与浙江巡抚崧骏、江苏巡抚刚毅、安徽

---

① 《申报》,光绪十五年十月初三日。
② 《申报》,光绪十五年十月初九日。
③ 《申报》,光绪十五年十月初二日。
④ 《申报》,光绪十五年九月二十九日。
⑤ (清)曾国荃《曾忠襄公奏议》,卷三十一,秋灾情形片,第3087—3088页。

巡抚沈秉成等连名上奏了"请仍开办赈捐疏"①。

①窃江苏浙江两省秋后连遭霖雨,被灾情形迭经两省抚臣专折奏报在案。近日天气虽已晴霁,而江湖充满,消退无期。小民无米可收,无麦可种,人心惶惧,有岌岌不可终日之势。江苏如宜兴、荆溪、吴江、震泽、昭文等县,浙江如杭州、嘉兴、湖州三府,灾象尤重。兼有客民乘机煽惑,地方因之不靖。②现经两省官绅筹办义赈,而灾区太广,筹款极难。臣接京外各绅告灾求赈之书,堆案盈几。奈司局各库支绌异常,应解紧要协饷均尚无款可筹。虽经臣在赈余款内咨拨银三万两,稍济燃眉之急。今冬能否勉强敷衍,尚无把握。迫来年青黄不接之时,即江宁各属及安徽之泗州、凤阳等处皆宜普筹抚恤。杼柚久空,一筹莫展。不敢不未雨绸缪,预筹有着之款,藉救无告之民。查各省连年荒欠,绅富一捐再捐,均已筋疲力竭。非杖朝廷恩意给予奖叙,不足以资鼓动。③上年,臣奏办江苏安徽赈捐,经部臣议准,凡捐封典、虚衔、贡监,均照常例减五成给奖。翎枝,三品以上捐银二千两,四品以下捐银一千两,准给花翎,捐银五百两,准给蓝翎。限半年截止,由臣填发实收,将副实收随册送部,由部核准颁发执照。于正捐毫无占碍,于灾民裨益良多,行之无弊,著有成效。现与司道再四筹思,拟即循照此章续行开办半年,由臣派员及咨邻省各督抚广为劝募,以期集腋成裘,专备江苏浙江及安徽赈抚之用,俾各路饥民蠢蠢欲动之心藉资镇定。

曾国荃等人的这一上奏可以分成以下几个部分。

① 首先指出受灾者生活无着,心怀不安。加之"客民"的煽动,故受灾地区的社会状况有"不靖"之处。言外之意就是必须采取紧急措施,赈济灾民,安定人心。

② 由于受灾地区的范围较大,各省目前财政困难,即便是按照规定

---

① (清)曾国荃《曾忠襄公奏议》,卷三十一,请仍开办赈捐疏,第3095—3100页。

支付"紧要协饷"也很难完成,更无力在现有财政情况下增加用于救灾的之出。

③ 他们"再四筹思",建议在以前曾经实施过的江苏安徽赈捐的报捐规定的基础上,实施为期半年的赈捐。他们希望的赈捐项目和报捐标准如下。

【封典】	依常例减半	
【虚衔】	依常例减半	
【贡监】	依常例减半	
【翎枝·花翎】	三品官以上	银 2000 两
	四品官以下	银 1000 两
【翎枝·蓝翎】	四品官以下	银 500 两

例如,俊秀报捐监生资格的标准为 108 两。而根据上述提案,在江浙赈捐事例下的报捐价格为 $108\times0.5=54$ 两。

除了上述报捐项目之外,他们还以封典和虚衔的魅力已经下降为理由,要求将"二品顶戴"和"捐复"作为江浙赈捐的报捐项目[①]:

> 上年办理赈捐,本系循照常例及推广顶戴升衔收捐请奖,惟二品顶戴职分较崇,未敢擅收。此次灾状既重,而各绅富于捐输重叠之后,凡有愿捐封典虚衔者,大半均已报捐,非再设法推广,难期踊跃。查向章二品顶戴,如道员有三品衔及盐运使衔者,例银五千四百两,如无三品衔,加倍报捐等语,今拟照此数一律减五成收捐。又,各省文武因案被议及年终甄别人员,除情节较重者限于例制,不准捐复外,如有愿捐巨款禀请升复衔翎原官,而核其情节本在可原之列者,自应予以自新之路。拟随时奏明请旨,饬部核准后再将捐项核收,以昭郑重而广招徕,庶冀多得捐款,可以多救民命。

[①] (清)曾国荃《曾忠襄公奏议》,卷三十一,请准捐二品顶戴及开复原官一律减五成片,第 3093—3094 页。中国第一历史档案馆编《光绪朝硃批奏折》,第 80 辑第 166 页。关于这一附片的日期,前者系于光绪十五年十月二十日,后者系于光绪十五年十月二十七日。今从后者。

由此可见,他们还希望按照如下标准实施二品顶戴的报捐。

【二品顶戴】　三品道员・盐运使衔保有者

　　　　　　　银 5400 两×0.5

　　　　　　三品道员・盐运使衔保有者以外

　　　　　　　银 5400 两×2×0.5

此外,曾国荃等人还要求准许开办"捐复"。

本书第 6 章对捐复作了专门叙述。捐复是清代捐纳制度的组成部分之一,即通过捐纳的方法解除或减轻处分。在清代,官僚们由于职务上所犯过失或连带责任,会被处以降级、革职留任、褫夺出身资格和翎枝等处分。从康熙年间开始,这些处分可以用捐纳解除或减轻。乾隆三十五年(1770)以后,捐复作为经常性的捐纳项目被归入现行事例①。根据规定,捐复的对象并非所有的处分,而是那些在履行职务时所犯过失和因连带责任所受处分,即降级留任、降级调用和降级革职等等。在定期的举行的京察和大计时所受的处分,虽然不是捐复的对象,但是如果没有"奸脏情罪"的话也允许捐复原衔。例如,《现行常例》中"捐复原衔"的第一条规定是②:

> 京外文武官员革职离任,有情愿捐复原衔者,准其报捐。至文职京察大计六法,武职军政被劾各官,例不准其捐复。如此项人员并无奸脏情罪,亦准捐复原衔。

可见,定期实施的京察和大计时所受处分虽然在一定条件下允许捐复,但是可以捐复的仅仅是原衔,而不是原级或原官。

从上面引用的曾国荃的上奏可以看出,他要求的捐复的对象是那些在京察或大计时所受的处分,而且特别说明仅限于那些情有可原和愿意报效巨款者。也就是说,他希望将捐复的范围进一步扩大到《现行常例》

---

① (日)织田万《清国行政法》,第 6 卷,第 232—234 四页。许大龄《清代捐纳制度》,第 82 页。关于捐复请参看本书第 6 章。
② 《增修筹饷事例条款》,增修现行常例,捐复原衔,第 6—9 页。

的规定之外。

两江总督曾国荃在提交了关于实施赈捐的上奏之后,于第二天即十月二十八日复信浙江巡抚崧骏,强调目前只有开办捐纳才能筹款救灾[1]:

> 顷奉二十五日环章,敬承种切……日前因念江浙同时被灾,需款孔亟,不得不广筹接济以拯灾黎。而目下筹款之方,非开捐输不足以集巨款。昨已敬列台衔,沥情入告,请照苏皖赈捐,准其报捐衔封翎枝等项,以广招徕。业已备具会回稿咨送尊处,此事得能仰荷恩俞,与两省灾黎深有裨益。至另片所云将来集有成数,由敝处派员会同地方官赈抚一节,实为报销之地,想仁弟必能鉴之。

四、清朝中央政府的对策与江南赈捐实施体制的形成

对于上述曾国荃等江南督抚于光绪十五年(1889)十月二十七日的连名上奏,光绪皇帝于十一月初六日要求户部迅速商议,提出解决方法。作为户部来说,既然他们无力对受灾地区进行大规模的财政援助,也就无法拒绝地方督抚实施赈捐的要求。这就是说,他们只能采取一种允许地方"自由"筹集救济资金的方法。实际上,在清代后期,由地方主办的赈捐已经成为筹集救济资金的主要方法。所以,户部很快就决定基本同意曾国荃等人开办赈捐的要求,并于十一月十一日向皇帝报告。但是,户部对于曾国荃等人要求的开办捐复的主张,则以需要和吏部、兵部进一步"酌核"为理由没有立即答复。光绪皇帝在收到户部的"具奏"之后,也是立即发出了"依议"的圣旨[2]。

光绪皇帝的旨意正式传到江苏省是十一月二十二日,传到浙江省是

---

[1] (清)曾国荃《曾忠襄公书札》,卷二十一,致崧镇帅,第2229—2231页。
[2] 《赈务卷》,第56a—59a页。关于曾国荃等人要求的捐复问题,户部会同吏部和兵部,于光绪十五年十二月二十二日上奏表示,应该遵照现存规定办理,不允许因"甄别"受到革职处分的官僚利用捐纳开复。《赈务卷》,第72b—74a页。

在十一月二十五日①。

两江总督曾国荃作为江浙赈捐的最高负责人,在户部"具奏"之前就已经通过"京友"的"电信",得知户部已经"议准"了他们的上奏,正式的通知将在二十日前后送到②。这样,在光绪皇帝发出"依议"圣旨的第二天,即十一月十二日,他不等正式通知到手,立即命令部下开设负责赈捐的机构,着手建立管理赈捐的组织。十一月二十日,首先在总督所在地的南京设立了"筹办苏浙赈捐总局",随后在上海开设了"筹办苏浙赈捐沪局"。

筹办苏浙赈捐总局在设立后立即以咨文通知浙江筹赈总局,告知总局已经开始办公。该咨文于十二月初二日送达浙江省筹赈总局,浙江省筹赈总局又将此事通知省内各府。例如,绍兴府是在十二月初十日收到这一联络的。此外,时任宁绍台道的吴引孙在收到浙江省筹赈总局的通知之后,也转告所管各府。绍兴府于十二月三十日从吴引孙处收到了类似内容的通知③。

浙江省方面在收到上述通知之后,立即调整了相关人事,派遣一些候补官员前往各府襄办赈捐救济事务。例如,浙江省布政使派候补知府戴燮元前往杭州府,派遣候补知府赵庆祺前往绍兴府,要求他们"会同"当地知府等办理"劝捐事务"④。

五、两江总督与浙江巡抚的分工

前面曾经说过,此次赈捐的最高负责人是两江总督曾国荃,浙江省的负责人为浙江巡抚崧骏。崧骏对他与曾国荃之间的分工,曾向部下作了如下说明⑤:

---

① 《赈务卷》,第79b—81a、70b—71b页。
② (清)曾国荃《曾忠襄公书札》,卷二十二,致崧镇帅,第2270—2272页。
③ 《赈务卷》,第64b—66a、54b—55a页。
④ 《赈务卷》,第45b—46a页。
⑤ 《赈务卷》,第79b—81a页。崧骏曾经多次以上奏形式为报捐请奖。请参看国立故宫博物院编《宫中档光绪朝奏折》,第5册第40、52、55页。

　　　　此项捐输奖叙统归两江奏请,所有各项捐款,除各省大员捐助暨捐请建坊,及不愿请奖者,均由本部院专案具奏请旨外,凡系情愿照章请奖者,无论外省协济并本省绅富盐当丝茶各捐,均由该局及派出劝捐委员暨各该府分别询明情愿何项奖叙,按照原奏捐项实数,核明造册,由总局或按月或汇总造具清册二分,一分送本部院衙门存案,一分详咨两江奏奖。

这就是说,在此次赈捐最高负责人即两江总督的统一指挥下,那些在本省报捐的高级官僚,以及在报捐之后辞退奖励或者要求建立牌坊之人,统归浙江巡抚直接向中央政府报告请示。各地知府和浙江省筹赈总局的"劝捐委员"对于在浙江省报捐的外省人士,以及省内的绅士富豪、盐商、当商、丝商和茶商的捐项要在详细核实之后,造报两部"清册",一部送浙江巡抚衙门"存案",一部送两江总督以便办理请奖手续。

由此可见,浙江巡抚崧骏指定浙江省筹赈总局统一管理省内的赈捐事务。崧骏同时还要求筹赈总局制定赈捐的实施规定,即"捐输章程"。在收到崧骏的指示之后,浙江省筹赈总局与浙江省布政使协议之后,制定了"章程十四条",呈报给崧骏。光绪十六年(1890)二月初六日,崧骏批准了这一章程。随后,这一章程由浙江省筹赈总局送往省内各府。绍兴府是在二月二十二日收到这一章程的①。

六、浙江省赈捐的实施概况

关于此次赈捐在浙江省究竟是如何实施的问题,由于资料的制约,目前还难以说明它的全貌。以下让我们看一看地方政府的实施方法。

如上所述,浙江省筹赈总局在创办伊始,就向浙江省当局建议实施赈捐,以便筹集救灾资金。随后,浙江省筹赈总局以"详文"向浙江巡抚要求将"捐册"发往省内各府州县,以便就地劝捐。这里的捐册是记录捐

---

① 《赈务卷》,第79b—81a页。

户姓名和银数的帐簿,也是日后向中央政府报告,以及向报捐者发放奖项的原始记录。浙江巡抚崧骏于光绪十五年(1889)十一月初九日,亦即光绪皇帝许可在江浙开办赈捐的两天之前,同意了浙江省筹赈总局的上述申请。浙江省筹赈总局随即将此通知给省内各府州县。绍兴府正式得到这一通知是在十一月二十六日。两天后的十一月二十八日,绍兴府还收到了候补知府赵庆祺等以会办劝捐事务的名义被派来绍兴府的通知①。

在实施赈捐的过程中,浙江省各地方当局普遍利用了当地的士大夫。光绪十五年(1889)十一月二十八日,浙江省筹赈总局以办理劝捐事宜不能缺少本地绅士的协助为理由,命令绍兴府籍的候选知府徐树兰会同办理劝捐事务②:

> 照得绍属劝捐办赈,事务殷繁。前经详委候补知府杨鼎勋等分别办理赈务劝捐各在案。查劝捐事宜,应由本地绅士会同办理,方能济事。兹查有候选知府徐树兰,资望素孚,乡里推重,所有绍属劝捐事务,即应由局照会徐绅,会同该府杨守鼎勋、赵守庆祺、候补知县李令绳祺、秦令耀奎,妥为办理,以济赈需。

徐树兰(1837—1902),字仲凡,绍兴府山阴县人。他光绪二年(1876)在乡试中考中举人。光绪三年(1877),徐树兰在会试失败后报捐了郎中,以后又报捐了知府的候选资格。光绪十四年(1888),徐树兰为照顾母亲返乡之后,开始关心社会慈善事业,并且创办了中国近代早期公共图书馆——古越藏书楼,还开办了近代学校——中西学堂。光绪十五年(1889)秋,他奉命与"绍城绅董"一起负责家乡的赈灾活动。绍兴府知府还委托他领取由浙江省分配给绍兴府的"钦颁帑银"3500两③。

---

① 《赈务卷》,第 43b—44a、45b—46a 页。
② 《赈务卷》,第 46a—b 页。
③ 《赈务卷》,第 44a—45b、47a—49a 页。关于徐树兰,请参看顾志兴《浙江藏书史》,第 527—532 页。

除了士大夫之外,浙江省地方当局还利用了各个行会募捐。浙江巡抚崧骏曾经这样指示过①:

> 凡系情愿照章请奖者,无论外省协济并本省绅富盐当丝茶各捐,均由该局及派出劝捐委员暨各该府分别询明情愿何项奖叙。

和其他地方当局一样,浙江省当局自然重视来自个人的报捐。不过,他们更重视的是"本省绅富盐当丝茶",即省内的绅士富豪、盐商、当商、丝商和茶商。浙江巡抚崧骏特意要求浙江省筹赈总局和劝捐委员、各知府要努力劝说他们报捐。这种劝说有时甚至带有某种强制性,导致民间出现了不满的声音。兹举一例。

光绪十六年(1890)二月前后,绍兴府的钱业商人向绍兴府提出了如下禀文:

> 具禀钱业为奉谕禀覆陈叩恩免事。窃商等忝居治下,荩目时艰,承大宪胞与为怀,并各宪谆谆劝谕,凡属胼艨,如能为力,自当仰体宪怀,输将恐后。无如绍地殷富,均恃田土为主,非省会可比。去秋霪雨为灾,收成欠薄。承大宪奏减钱漕,俯怜民困,现在各业经营,清淡异常,而钱业为各业总汇之源,亦因之而获利维艰。然易放难收,不得不勉力支持,俾图后望。支绌情形,谅邀宪鉴。可否仰恳宪恩,转求大宪,俯悯下情,恩准免捐,以纾商力,实为德便,公感上禀。

据此可知,绍兴府的钱业商人在表示完全理解巡抚和各位地方官的"劝谕"的同时,强调了本行业经营上的困难。即绍兴府与省会杭州不同,殷富之人均以农业为主要经济支柱,目前农业歉收,结果导致资金周转困难,目前仅仅是惨淡维持而已。他们希望能够免除派给钱业商人的赈捐份额,并希望绍兴府知府向浙江巡抚转达他们的要求。

对于钱业商人的这一要求,绍兴府知府作出了如下批示:

---

① 《赈务卷》,第80a—81a页。

  上年绍地与杭嘉湖等府均因秋雨为灾,民情困苦。大宪轸念穷黎,设局筹赈,只以地方较广,需款浩繁,全赖各处绅商殷富慷慨捐助,藉资接济。历年外省因灾募捐,绍地绅民铺户尚多踊跃乐输,今有桑梓之谊,奚可反图吝惜。况所劝不仅该钱庄一业,凡各业经营较大者,均当一律劝募,以期集腋成裘。该钱业素来好义急公,着即从丰捐缴,听候给照请奖,毋再藉词观望。切切。

绍兴府知府除了再次说明募捐赈济的重要性之外,特意指出绍兴府的"绅民铺户"以往在省外发生灾害时"踊跃乐输",这一次为了家乡救灾自然不应该"反图吝惜"。同时,绍兴府知府表示,此次劝募除了钱业之外,凡"营业较大者"均在其中,希望绍兴府钱业商人发扬"好义急公"的传统,从速报捐①。

在赈捐开始之后,募得的资金似乎远远没有达到预想的目标。浙江省当局为此多次催促省内的地方官加紧劝捐。例如,光绪十六年(1890)闰二月十一日,绍兴府收到了浙江省筹赈总局催促劝捐的札文②:

  照得绍府劝办赈捐,迄今数月,究竟已捐若干,迄未禀报。现在工赈等款,亟须拨放。典捐为通省遵办章程,尤难任其抗玩,合行札催。札到,该府立即会督印委员暨劝捐绅董,认真劝办,迅速催缴。各处春赈放已逾半,以工代赈等处,亦皆陆续兴工。即如绍郡工赈,拨发允多,前项劝办捐赈,务于本月内劝其收解,以凭拨放。仍将捐数先行具文报查,并分别移行遵照。切切。

几天后的闰二月二十八日,浙江省筹赈总局再次札催绍兴府③:

  照得浙省上年水灾,需款赈济。当将沪上协赈公所送到捐册加盖本局关防,札发该府三百本,转发各县各厘局各学,一体剀切劝办

---

① 《赈务卷》,第77a—b页。
② 《赈务卷》,第83a—b页。
③ 《赈务卷》,第86b—87a页。

393

在案。迄今四、五月之久,捐缴无多,春赈需款甚急,难容再延。札催到府,即便遵照。限于三月十五日以前,将已书捐各册赶紧催缴解济。如有空册,亦即随缴。并转饬各县暨各局各学一体遵照赶办,依限一律缴清,毋任违延。切切。

大约在同一时期,两江总督曾国荃在自行捐银3000两之外①,还致信各地督抚劝募。例如,在致直隶总督李鸿章的信中说,"尚祈广大佛力,设法劝募,多多益善,以应急需"。在致四川布政使崧蕃(伍案:浙江巡抚崧骏之弟)的信中,希望对方"务祈饬属推广招徕"。曾国荃还致信闽浙总督卞宝第,介绍了"满目哀鸿,嗷嗷待哺"的灾后惨状,并以广东地区"为饶富之区,招徕尤易"为理由,请求两广总督李瀚章"转饬广为筹捐"②。

这样,在始于光绪十五年(1889)十月的江浙赈捐中,浙江省截止到光绪十六年(1890)七月底为止共从省内外募得赈济资金银131万余两③。此后,为了处理善后事宜,浙江省的赈捐一直延续到光绪十六年(1890)年末底。负责救济和赈捐事务的浙江省筹赈总局于光绪十六年(1890)十月初一日更名为浙江赈捐核奖局④。

结 语

在本章中,以光绪十五年(1889)秋天江南地区的水灾赈济为背景,尽可能详细地分析了两江总督和浙江巡抚是如何筹集赈灾资金和开办

---

① (清)曾国荃《曾忠襄公奏议》,卷三十一,覆陈江苏江苏赈务情形疏,光绪十五年十一月十七日,第3101—3105页。
② (清)曾国荃《曾忠襄公书札》,卷二十二,复邵筱村,第2267—2269页;致李中堂,第2275—2276页;致崧锡侯,第2287—2288页;致卞颂帅,第2314—2315页;同卷二十一,致李筱帅,第2246—2247页。
③ 国立故宫博物院编《宫中档光绪朝奏折》,第5册第579—581页。关于此次赈捐中报捐者的详细情况,请参看本书附录1。
④ 关于浙江省赈务的结束问题,请参看国立故宫博物院编《宫中档光绪朝奏折》,第5册第390、582—584页。《赈务卷》,第128a—b页。

赈捐的问题。之所以这样做,是因为笔者想通过此次赈捐分析清代的赈捐和地方官僚在筹集赈灾资金时的对策。

综观清代入关以后的赈捐,我们可以大致看出以下的趋势。顺治、康熙和雍正三朝属于第一期,赈捐的报奖项目和捐纳标准几乎都是临时决定,尚未统一。在进入第二期的乾隆、嘉庆和道光年间之后,监生和封典等捐纳报奖项目和捐纳标准趋于安定,而且被陆续收入现行事例。不过,在这一时期,一旦发生较大规模的自然灾害,清朝政府还曾根据需要开办过暂行事例。清代赈捐的第三期相当于同治、光绪和宣统年间。与以中央政府为中心实施的第一期和第二期不同,这一时期赈捐的提案者和实施负责人基本上都是各地的督抚。在他们的命令下,地方官僚和各地的头面人物实际参加到募捐和赈济的具体业务中。在第三期,为了扩大赈捐的效果,招徕更多的报捐者,各地督抚在建议开办赈捐时通常要求在以往报捐标准基础上减成,并且希望能够将捐纳报奖项目的范围逐步扩大。

我们知道,在历代中国王朝的"荒政"之中,赈捐占有举足轻重的地位。荒政从根本上来说根植于国家有义务救助受灾民众的理念,但是在推行过程中却不免遇到很多具体问题。这就是说,在荒政的理念与救荒的现实之间存在着很多问题。其中最大的问题就是,财政方面的原额主义政策与非日常性的救灾紧急支出之间的矛盾。财政上的原额主义是一种旨在安定社会与政治秩序的制度,曾经被认为是一种"善政"。在这一思路之下,中央政府和地方政府的财政收支每年被固定在一个大致的水准之上,不允许任意变动。同时,用于荒政的支出非常微少,根本无法发挥有效的救灾效果。这种根植于善政理念的财政制度,不仅无法应对较大规模的救灾活动,甚至无法维持日常的善政,即养济院的正常运营。从社会福利事业和救灾赈济的角度来说,这种善政实际上往往无法带来预期的效果。这就是说,主观上虽然希望推行善政,但是由于没有财政的保障,实际上根本无法实施。结果,由善政的理念所导致的往往是其反面的恶政。因为,既然政府在理念上负有救民于水火的责任和义务,如果在大灾来临之际完全束手无策的话,到头来政府自身存在的正当性将会受到人民的审判,而这种审判有时是以暴力方式实现的。对于这种财政方面的原额主义政策与非日常性的救灾紧急支出之间的矛盾,中国历代王朝经常采用的解决方法之一就是赈捐。这就是为了实现善政,结果却要借助恶政的手法。

相信通过本章的叙述可以看出,在筹集救济资金方面,与魏丕信研究的乾隆年间直隶地区的地方官僚相比,清代统治末年的江南地方官僚的判断能力和组织能力并没有太大的衰退,他们比较迅速地行动起来,展开赈济,从而维护了江南地区整体的社会稳定。他们在受灾的初期阶段立即从地方财政中紧急拨款救灾,并且直接向中央政府申明情况,要求开办赈捐。他们一旦受到许可的消息,便不等正式文书到手就立即设立赈捐的主管机构。此外,江南地方官僚之间围绕着赈捐的问题,频繁地通过书信交换意见,互通消息。对于其他地区的地方官僚,他们也通过书信诉说灾情,要求救济。这样,江南的地方官僚们通过两个方面,即纵向(伍案:对中央)和横向(伍案:对其他地方)的努力,为赈济救灾筹得了必需的资金。当然,地方官僚们的这种活动方式无疑也存在于光绪十五年(1889)江南水灾以外的赈济活动之中。

人们通常对制度和行动方式会有某种选择,一旦人们利用自己选择的制度或行动方式达到了自身的目的之后,通常会因为行为惯性的影响,惧怕丧失既得权益,固守以往选择的制度或行动方式。如果社会没有发生巨大的变动,人们甚至不会主动寻求新的选择。这也就是说,行为惯性会由于人们的活动而得到加强。另一方面,在社会中由于人们的活动而产生过积极作用的制度,在其后会因人们的行为惯性,在其所处的社会结构和社会环境中得到强化,在为社会提供积极作用的同时,该制度自身无疑也会受到所处社会的结构和环境的影响。最终,该制度成为社会的组成部分之一而固定下来。

依靠赈捐筹集救济资金以实现善政理念的历史就是沿着这样一种模式发展变化的。它不仅存在于本章分析的清代,也存在于整个传统中国荒政的历史中。由于赈济救灾的需要，政府只能寄希望于临时性的财政收入，即开办赈捐，借以筹措所需要的资金。此后，赈捐成了清朝荒政政策和荒政制度的重要组成部分。包括本文重点分析的光绪十五年(1889)苏浙赈捐在内，几乎所有的清代赈捐都是在这一目的下开办的。清朝的国家和官僚们，在行为惯性之下，始终拘泥利用赈捐筹措赈济救灾资金的方法。虽然在近代以前的中国，包括皇帝本人在内对捐纳给社会带来的弊端有着相当程度的认识，但是他们所能采取的有效方法却只有捐纳。

最后，还想强调一点。在本章中曾经介绍过，两江总督曾国荃等人提出开办赈捐要求是在光绪十五年(1889)十一月十一日，在此之前，各地已经开始筹备赈捐的实施。我们由这种情况可以看出，各地的督抚已经确信他们的要求一定会得到中央政府和皇帝的批准。这与厘金制度诞生时的情况十分相似。即不待等到中央政府的许可，当地就已经付诸实施，造成既成事实。在这种情况下，在财政上无法满足地方要求的中央政府也只能承认现实。我们从这一点上，可以看出 19 世纪末期清朝中央政府与地方政府之间的关系①。

---

① 岩井茂树《中国近世财政史の研究》，第 127—137 页。

第八章 捐纳制度的实施与商人

序 言

本章将主要讨论商人,尤其是清代道光年间以后的山西票号商人在捐纳制度实施过程中的作用问题。

国家的制度和法律,以及政策上的某种变动,往往会引起不同的社会集团之间,或者各个社会集团内部的变化。这一变化在不同的社会集团之间,或者各个社会集团内部是如何表现的,取决于变化主体——社会集团——的意识形态和该主体对利益的追求。在通常情况下,某些社会集团对国家权力持反抗意识,甚至不惜以诉诸暴力的形式实现自身的意识形态,或者追求自身的利益。与此同时,也会有一些社会集团积极地适应制度、法律、政策,乃至人事上的变化,以调和的形式追求自身的利益。明清时期的中国社会也不例外。

在中国历史上,存在着以学识为背景、以国家的制度安排(伍案:在明清时期,这一制度安排主要就是科举制度)为阶梯,致力于接近乃至进入国家政权内部的"士"的社会集团。此外,还存在着以商人为中心的社会集团。这个社会集团是以自身的财力为背景,以资财运用能力为手段,利用接近国家政权求得利益的最大化。例如,商人们将国家的食盐专卖制度和国家的采购项目视为自身的商机,借此提升自身的信用度,因而获得了巨大的商业利益,并由此维持了自身的社会存在。在传统中国就存在着一批借结识衙门和官僚而谋取特殊权益的商人。从春秋战国时代的范蠡和吕不韦,到清代的"皇商"范氏、两淮盐商和"红顶子商人"胡雪岩,几乎所有的著名商人都属于这类御用商人。

　　山西商人的活动遍及全国各地。在被称为商帮①的各地域性商人集团之中,山西商人与国家政权的关系相对比较密切。在明代,他们利用国家的开中法,通过向国境地带运送粮草,得到了明朝政府授予的食盐专卖权,由此获得了巨大的商业利益。进入清朝统治时期以后,山西商人的活动更趋活跃。他们在从事传统的食盐买卖的同时,还承担了军需物资的运送、北部国境地带的对外贸易,甚至还参与国家的洋铜贸易,将活动的范围从国内扩展到海外。与明清时期"万般皆下品,唯有读书高"的社会常识相反,山西商人们致力于追求商业利益,与金榜题名的"名"相比,他们更重视来自商业活动的"利"。这种情况影响到山西省的社会风气,以致出现了乡试中举之人低于"解额"的现象②。

　　在以往的研究中,有不少学者分析过山西商人与清朝政府的捐纳制度之间的关系。他们注意到山西票号商人代办捐纳,认为这一行为是商业活动的一个组成部分。他们在研究中叙述了代办捐纳的史实,但是很少涉及国家制度的变化和票号商人在这一制度运转过程中扮演的角色。他们的研究给了笔者很大的启发。在借鉴以往研究的基础上,本章的视

---

① 例如,徽商(伍案:亦称"新安商人")、晋商、闽商、粤商、江右商、陕西商、山东商、龙游商、宁波商、绍兴商等十大商帮。
② 佐伯富《清朝の興起と山西商人》,载佐伯富《中国史研究》二,第263—322页。最初刊于《社会文化史学》一,1966年3月。佐伯富《清代における山西商人》,载佐伯富《中国史研究》三,第94—112页。最初刊于《史林》(京都,史学研究会),第60卷第1号,1977年1月,第1—14页。又,该文被译成中文,题为《清代之山西商人》,刊于《历史学报》(台北,台湾师范大学),5,1977年4月。寺田隆信《山西商人の研究》,第331页。黄鉴晖《明清山西商人研究》,第342页。

点与以往的研究略有不同。在本章中,笔者将关注如下问题,即在国家开办捐纳的过程中,山西商人作出了何种反映和何种行动。笔者试图通过对这些问题的分析,探讨商人集团是如何利用国家制度追求自身利益的问题,并由此思考近代以前中国的国家制度在实际社会中是如何运转的问题。

在本章中,笔者首先将叙述山西票号商人是如何将国家的捐纳制度视作自身商机、并且采取相应手法的过程。然后,将分析山西票号商人代办捐纳的手法和由此而得到的利益。最后,将论述商人在国家制度运转中的作用问题。

第一节 以国家的制度为商机

一、山西商人与捐纳

在清朝政府实施捐纳制度之后,一些山西商人开始利用捐纳提高自身乃至子孙的社会地位。清代前期著名的"皇商"之一,山西介休范氏一门之中,利用捐纳得到任官资格之人不下十人[①]。但是,这些还只是山西商人利用国家的捐纳制度谋得更高的社会地位,他们在这一点上与其他地区的商人集团似乎没有什么不同。至少在乾隆年间至嘉庆年间,我们尚未没有发现山西商人将国家的捐纳制度作为自身商机的事例,换句话说山西商人在这一时期尚没有在自身的商业活动中利用捐纳,也没有参与到清朝国家捐纳制度的运营之中。

在捐纳的实施过程中,一些民间金融商人早在康熙年间已经以包揽的手法代办报捐等项业务。康熙四十四年(1705),王鸿绪在就黄纯祐

---

① 何炳棣著,寺田隆信・千种真一译《科举と明清中国社会——立身出世の阶梯——》,第270—281页。松浦章《山西商人范毓〔ヒン〕一族の系谱と事蹟》,《史泉》(吹田,关西大学史学会),第52号,1978年,第16—40页。张正明等《从〈范氏家谱〉看山西介休范氏家族》,《中国晋商研究》,第416—422页。张正明等利用《范氏家谱》,详细列举了范氏家族获得的各种功名,美中稍感不足的是未能说明这些功名的获得途径。

第八章 捐纳制度的实施与商人

"包揽"报捐的状况致康熙皇帝的"密折"提到,黄纯祐通过北京的"恩成银号"代办报捐业务①。乾隆十九年(1754)前后,有人向乾隆皇帝报告,北京"宣武门外菜市口地方"的"通会银号"和"正阳门西河沿地方"的"广泰银号"都在代办报捐手续②。嘉庆三年(1789),清朝政府在四川、湖北、陕西交界地区镇压白莲教,开办了旨在筹措军饷的川楚善后筹备事例,通称川楚事例。日本国立国会图书馆收藏有一部当时的实施规章——《川楚善后筹备事例》。该书内钤有"正阳门肉市街中人和银号"的戳记。我们由此戳记可以推知,该书原属北京的"人和银号",而该银号保有本书的目的应该是为了代办报捐的业务。由此可见,银号等金融商人在清代开办捐纳的早期阶段,已经开始将代办报捐手续作为自身业务的内容之一。

山西省平遥县颜料商人最早开设日升昌票号,经营汇兑业务大约是在道光三年(1823)前后③。当时,清朝政府为了筹集治河与赈灾的经费,在开办常捐,即现行常例的同时,还多次开办了可以捐纳任官资格的大捐。例如,嘉庆二十四年(1819)的武陟河工事例(伍案:亦称武陟投效例),道光七年(1827)的酌增事例,道光十三年(1833)的筹备经费事例等等。这些大捐的实施,为清朝政府在正规财政收入之外带来了为数可观的收入。例如,清朝政府通过道光七年(1827)实施的酌增事例得银2000万两,创下了清代捐纳史上单年度收入最高的记录④。如果考虑到捐纳还需要缴纳部费、照费、结费等相关费用,那么可以想像当时在国内流动的银两无疑是为数巨大的。也正是在这一时期,刚刚创立不久的票号商人,敏锐地感到可以将国家的捐纳制度作为自身的商机,为了满足各地

---

① 《文献丛编》,第2辑,第14a页。
② 台湾中央研究院历史语言研究所藏清代内阁大库档案,第097641号,户部右侍郎署理步军统领事务阿里衮奏为请旨事,乾隆十九年七月三十日。
③ 黄鉴晖《山西票号史(修订本)》,第55—58页。张正明等《平遥票号商》,第8—11页。还有人主张山西票号诞生于顺治十六年。杨文忠·杨永丽《山西票号创始年代初探》,穆雯瑛主编《晋商史料研究》,第193—199页。
④ 许大龄《清代捐纳制度》,第100页。

报捐者因"得照迅速"而愿意在北京报捐的"消费意欲",他们在自身经营的汇兑业务之外,又开拓了代办报捐的业务①。道光二十四年(1844)七月十三日,山西著名票号之一的蔚泰厚票号京都分号(伍案:即蔚泰厚票号北京分号的正式名称)在致苏州分号的书简中,就捐纳业务有如下表述②:

> 十年间,咱号各处捐项,苏局首一,常局在二,其余不须指望。

这就是说,在过去十年间,在蔚泰厚票号的代办报捐业务中,苏州分号的营业额高居榜首,其次是设在湖南省北部城市常德的常德分号。我们从这一资料可以知道,至迟在道光十四年(1834)前后,蔚泰厚票号已经开始涉足于捐纳的汇兑业务③。顺带说一下,在此前一年的道光十三年(1833)九月,清朝政府实施了筹备经费事例,指定在中央户部报捐上兑④。这一事例在实施之后,第一年的捐纳收入为银800万两⑤。在这之中,应该有相当部分就是通过各地票号汇往北京的。

二、收集传递与捐纳实施有关的情报

代办报捐的业务在山西票号商人的日常业务中占有相当的比重,故票号商人们对此十分重视。对于他们来说,捐纳的实施时期以及捐纳的实施规则都是经营上非常重要的情报。以下,以太平天国爆发之后清朝政府于咸丰元年(1851)实施的筹饷事例为例,说明商人们对相关情报的收集情况。

咸丰元年(1851)九月十二日,蔚泰厚票号京都分号在致苏州分号的

---

① 御史宜崇为推原捐项以期速充国计的奏折,道光二十一年八月二十八日,《山西票号史料(增订本)》,第24页。
② 《山西票号史料(增订本)》第1142—1143页。并参照《山西票号资料 书简篇(一)》,第45页。
③ 黄鉴晖《山西票号史(修订本)》,第100—107页。
④ 《筹备经费事例》,原奏,第2a页。
⑤ 许大龄《清代捐纳制度》,第53、100页。

书简中提到①：

> 耳闻户部奏准开捐,俟有条例,即报兄知。

实际上,在此前一天的九月十一日,户部就开办捐纳的问题上奏请旨,立即得到批准。时任户部左侍郎的王庆云在当天的日记中写道②：

> 十一日,入朝,并带领引见。……又封奏开捐,奉旨依议。……军务河工,意外之费千万,遂致复蹈故辙。此其中殆有天焉？天不可知,无乃人事未尽,不足以挽回天意欤？……恐秕政遂从此萌芽,可危可惧,莫过于此时。

蔚泰厚票号京都分号很快得到了这一消息,第二天就以书信形式告诉了苏州分号。前面曾经提到,蔚泰厚票号的苏州分号办理捐项方面的业绩高居榜首。在实施捐纳的时候,能够在经济发达地区的苏州吸引到尽可能多的报捐者,并且利用票号自身的营业网络为他们在"得照迅速"的北京直接报捐,是票号获得商业利益的重要手段之一。我认为,由此可见,在包括蔚泰厚票号在内的各个承办报捐事务的票号内部,存在着关于收集和传递相关情报信息的规定。故蔚泰厚票号京都分号的上述通风报信应该不是该分号负责人的自作主张,而是依据票号的内部规定做出的当然的行动。在送出上述书简十天后的九月二十一日,蔚泰厚票号京都分号又将他们得到的"户部奏准开捐单一纸"寄给苏州分号③。

同年十一月十九日,蔚泰厚票号京都分号得到了咸丰皇帝前一天批准的户部关于开办筹饷事例的上奏。这一事例是清朝末年开办的各次捐纳事例中实施时间最长、影响最大的捐纳事例。蔚泰厚票号京都分号在得到这一上奏之后,立即寄往苏州,并且在信中扼要说明了上奏的主要内容：

---

① 《山西票号史料(增订本)》,第1191页。并参照《山西票号資料　书简篇(一)》,第142页。
② (清)王庆云《王文勤公日记》,咸丰元年九月十一日,第843—845页。
③ 《山西票号史料(增订本)》,第1192页。并参照《山西票号資料　书简篇(一)》,第144页。

> 至于户部开捐,昨日奏折奉旨依议。现下虽有奏折,尚无捐本,大约银数按豫工二卯,正项减一成,三班不减,五新一旧选法。唯从九、未入(伍案:指从九品和未入流)正项,照旧毋庸议减。来年四月作为一次,按奉旨之日起,咸丰三年腊月停止。大意如此,俟有刻版例本,即与兄寄去,随捎去奏折收阅。适有赶办托咱者,即可按本平足银每百两外加平八两之谱收揽。如有俊秀加捐者,要另加贡监结银。

这里所说的"捐本"和"例本",都是政府公布的关于捐纳实施的详细规定,其中包括了各项目的报捐基准、铨选规定等等。即报捐基准,关于报捐者参加铨选的规定,捐纳的实施期间等等。因此,例本实际上是票号在代办报捐手续时不可或缺的业务手册。故京都分号负责人表示,一旦得到刊刻的"例本",将会立即寄往苏州。在该书信中,京都分号负责人在介绍了筹饷事例的大致规定之后,特意提到了收纳捐项时的秤量银两,即"平"的折算问题。

在清代,银两分为实银与虚银。实银是实有其物,但因铸造地和铸造方法的不同,有不同的名称、形式、大小、重量和成色,例如纹银、元丝银、盐伞银等等。相比之下,虚银仅是实银的价值符号,也是一种称量标准。虚银没有实物,仅有一定的名称、重量和成色。例如库平、漕平等等。银号和票号等金融机构还有其自身规定的标准,即"本平"。由于在全国存在着"无虑几百几千中"的"平",故交易时如同现今的外汇兑换一样,要按照一定的比值进行折算[①]。我们可以认为,虚银是通过各种银两之间的折算才得以存在的。

上述十一月十九日信中所说的"本平"就是蔚泰厚票号独自的秤量标准,"加平"则是在折算不同的"平"的时候,为了弥补秤量的差价而加收的费用。这就是说,在向报捐者征收捐项时,应按照"本平",即蔚泰厚票号的秤量标准征收,再按照该"本平"百分之八的标准征收折算费用。

---

① 杨瑞六《清代货币金融史稿》,第 67—84 页。

如果是"俊秀"之人(伍案:清代称尚无任何功名的汉族民间人为俊秀)报捐任官资格,则还要追加征收"贡监结银",即报捐贡生监生的捐项和结费。这些,都是京都分号和苏州分号之间就捐纳业务互通的信息①。

同年十一月二十九日,蔚泰厚票号京都分号将他们得到的三班加捐②的价格下调的信息写信通知苏州分号,信中说③:

> 至于大捐减成情形,此刻亦有言三班俱减者,究竟尚无例本,望兄等总宜活动答应,将来自是一鼓而行之事也。唯过班者不减。

由此可见,京都分号为了代办报捐的业务在今后能够"一鼓而行",故在得到"三班"减成的消息、而"例本"尚未入手的情况下,立即建议苏州分号"总宜活动答应"。

同年十二月初六日,蔚泰厚票号京都分号将到手的"捐例"寄往苏州分号,信中说④:

> 今随捎去……捐例一本,又苏号用捐例一本。至前报三班减成说,例载,以及从未俱减,照例载阅及收揽可也。

这里所说的"捐例"应该就是十一月二十九日信中提到的"例本"。苏州分号收到这一"捐例"是在 20 天之后的十二月二十六日。京都分号在信中说明三班减成一事可以参考捐例的记载,同时还通报了"从未俱减",即从九品和未入流也在减成报捐,提醒对方在收揽捐项时参照捐例记载。此外,蔚泰厚票号京都分号在咸丰二年(1852)二月初四日,将办理代办报捐业务必须的"福建新涨印结单一纸"寄往苏州分号⑤。

在办理代办报捐业务第一线的票号分号,为了业务上的需要,也向

---

① 《山西票号史料(增订本)》,第 1198 页。并参照《山西票号资料 书简篇(一)》,第 166—167 页。
② 关于三班加捐问题,请看本书第 5 章第 3 节。
③ 《山西票号史料(增订本)》,第 1200 页。并参照《山西票号资料 书简篇(一)》,第 170—171 页。
④ 《山西票号史料(增订本)》,第 1200、1170 页。并参照《山西票号资料 书简篇(一)》,第 175—176 页。
⑤ 《山西票号史料(增订本)》,第 1205 页。并参照《山西票号资料 书简篇(一)》,第 198 页。关于印结问题,请参看本书第 3 章。

京都分号索取他们业务上所需的资料。例如,咸丰二年(1852)正月十二日,蔚泰厚票号苏州分号在致京都分号的书简中,要求寄来"《筹饷事例》四本,《都门纪略》一部"①。

三、积蓄案例

为了代办报捐业务的顺利进行,就有必要更好地理解并把握国家制度和政策的变化,其方法之一就是积累案例和所需的资料。在本书的第2章中曾经说过,捐纳业务的各种手续十分复杂,由于报捐者身份、报捐的任官资格、报捐的方法、报捐时间等不尽相同,故所需要的报捐金额和所需提交的文件也不一样。公开发行的"捐例"或"例本"中开列的往往是就通常情况所作的规定。当遇到某些特殊情况时,往往就需要直接向户部或吏部,以及设在北京的各省印结局咨询。此外,票号的地方分号在承办报捐手续时,由于对有关规定不是十分了解,也需要向北京方面查询。当这些资料在积累到一定程度之后,票号之中就有人为了今后的业务能够顺利进行,将书信中有关报捐手续和人事手续的部分另外抄存,形成了一部独特的事例集。中国的山西财经大学就藏有一部这样的事例集。

根据介绍,该事例集为抄本,编者不详。目前公布的是"由京查来"的13件事例,即光绪四年(1878)四月(2件),同年十二月(1件),光绪五年(1879)三月(3件),光绪六年(1880)八月(1件),光绪八年(1882)五月(1件),光绪九年(1883)四月(1件),同年七月(1件),光绪十年(1884)七月(2件),光绪十一年(1885)四月(1件)②。其中包括了关于捐纳方法、吏部人事、候选候补期间等多方面的事例。以下,根据清朝官僚铨选制

---

① 《山西票号史料(增订本)》,第1171页。并参照《山西票号资料 书简篇(一)》,第179—180页。此处所说的《筹饷事例》是自咸丰元年(1851)起实施的筹饷事例的规程集,《都门纪略》是清末北京的观光指南书,亦称《都门汇纂》。

② 《山西票号史料(增订本)》,第761—762页。本书编者对这一史料本身没有进一步的说明,故无法得知书中抄录的部分是否是该史料的全文。

度规定,对该事例集的内容进行简单的分析。

例如,有这样的事例①。

> 光绪四年腊月由京查来。
>
> 再,拔贡就职未就教谕,不能就训导。若捐训导,与岁贡、廪贡同选,无所分别。

这是为了某拔贡出身者的铨选问题的咨询结果。这起咨询的起因应该大致如下。根据清代人事制度规定,拔贡出身者初授为正八品儒学教谕②。某拔贡出身者或许是为了尽早得官,故愿意放弃需要候补候缺时间较长的教谕的任官资格,转而希望参加官品上相对较低的从八品儒学训导的铨选。为此,该拔贡向票号打听可否以拔贡资格报捐训导。票号为此向北京查询,结果得到了上述答复。即,尽管该拔贡情愿放弃担任教谕的任官资格,但是因体制所限,故不能担任训导。如果一定想担任训导,那么可以报捐复设训导的任官资格,但是不能以拔贡资格报捐,只能以岁贡或廪贡资格报捐,故在铨选上没有任何优先之处,必须和岁贡、廪贡等一起候选。经查当时实施中的筹饷事例,可知对报捐复设训导和复设教谕有如下规定③:

> 复设教谕:由候补候选教谕捐银二百一十六两,由举人捐银二百六十一两,由未经就教之恩拔副贡捐银三百七十八两,由现任训导捐银三百七十八两,候补候选者捐银四百五十九两,准以双月先用。……。
>
> 复设训导:由候补候选训导捐银一百四十四两,由未经就教之岁贡生捐银一百七十一两,由廪生捐贡捐银一百九十八两,准以双月选用。……。

---

① 《山西票号史料(增订本)》,第 761—762 页。
② 《(道光)钦定吏部铨选汉官则例》,卷二,双月大选,第 193 页。
③ 《筹饷事例》,满汉在外文职各官,复设教谕,第 42b—43a 页;同书,复设训导,第 43a 页。清代规定,经制训导专用岁贡候选之人,不得用捐纳出身之人。

根据这一规定,可以报捐复设训导的是"未经就教之岁贡生"和"廪生捐贡"者,即上述事例集中所说的岁贡和廪贡之人。某拔贡属于"未经就教之恩拔副贡",只能报捐复设教谕,不能报捐复设训导。如果一定要报捐复设训导,那么只能比照"未经就教之岁贡"或"廪生捐贡"的身份。由此可见,事例集的记述完全符合当时的报捐规定和铨选规定。我们从上述筹饷事例中关于报捐复设教谕和复设训导的报捐基准也可以推知该拔贡的经济能力。假定该拔贡现时的身份为"未经就教之恩拔副贡",他欲以此身份报捐复设教谕的任官资格,需要纳银378两,而如果以"未经就教之岁贡"或"廪生捐贡"的身份报捐训导,则分别需银171两或198两。

　　另外,出身于"孝廉方正"、希望得到知县官职的"某君",因为在知县的部选中分给孝廉方正出身者专用的铨选名额很少,而且按规定又不能选授其他同等官职,故向票号咨询报捐花样,即铨选优先权的问题。票号在查询之后得到如下答复①:

　　　　光绪十一年四月由京查来。
　　　　查该君孝廉方正,按知事补期无望,不准借补别缺。此项人专归外补,计上次用至分先前,再出缺用分先,故捐分先可望到班。但遇有人捐新班先用,则捐分先拟〔似〕比新班先顶补。如捐本班尽先,补缺无期。又及。

　　根据清代官僚人事制度的规定可知,文中的"知事"所指为知县。从这一"由京查来"的答复可以看出,这位"孝廉方正"只有在报捐"分先",即"分缺先用"花样的情况下,才有可能得知县缺。但是,如果等候选授知县的其他"孝廉方正"中有人捐有"新班先用"或"新班即用"花样的话,则他们会先于"分先"花样保有者得缺。如果报捐了"本班尽先"花样的话,则"补缺无期"。实际上,"孝廉方正"出身知县的铨选问题始终比较困难。根据清代后期知县月选的规定,在全年预定铨选的284缺中,留

---

① 《山西票号史料(增订本)》,第762页。

给"孝廉方正"出身者的只有2缺①,而且并不意味着每年一定会有一名"孝廉方正"被选授知县。而且,在该次查询的光绪十一年(1885),"孝廉方正"出身知县已经从"部选缺"转为"外补缺"。总而言之,查询的结果就是,只有在报捐"分缺先用"花样,而且是利用外补制度的前提下,该人才有得缺的一线可能②。现实中的情况也确实如此。根据瞿同祖的统计,在清朝中期的乾隆十年(1745),全国有"孝廉方正"出身知县69名,占全国知县总数的5.4%;在太平天国爆发前夜的道光三十年(1850),"孝廉方正"出身知县有89名,占全国知县总数的7.0%③。

这样,经过从光绪四年(1878)至光绪十一年(1884)之间的积累,该票号编纂了一部事例集。我们从此可以看出,票号商人将相关的国家制度和政策作为营业资料整理保存,应该是为了该项业务在今后的发展作准备。

如上所述,在北京设有分号的票号商人十分注意收集与捐纳有关的消息和资料,一旦得到开办捐纳或减成报捐等方面的情报,立即动手收集资料,并且在第一时间通过其自身的商业网络将相关情况通知设在国内其他地区的分号。他们对国家制度和政策上的变化十分敏感,其原因无疑是希望借此在与同行的激烈竞争中抓住稍纵即逝的商机,从而追求利益的最大化。对此,曾经在蔚泰厚票号的京都、天津、福州和厦门等分号任职的赵子香在回忆中明确指出,票号代办报捐所得的利益优于其他汇款,正是因为"捐班人员愈多"才导致"票庄之财源愈大",以致借此弥补了太平天国时期所带来的损失④:

但至咸丰三年(1853),太平天国变起,东南沦陷,清军克复,辗

---

① 《(道光)钦定吏部铨选汉官则例》,卷二,双月大选,第192页。根据规定,在"部选"中,需要在"选用两班之后",即经过两次双月大选之后,"孝廉方正"出身者才有一次参加铨选掣签的机会。
② 请参看本书第4章【表-4-1】。
③ 瞿同祖《清代地方政府》,第37页。
④ 赵子香《票庄遗事纪略》,未见。转引自《山西票号史料(增订本)》,第141页。

转十有八年，票庄所受损失，几至一蹶不振，所幸不久平定。斯时清室捐纳功名之例，业已大开而特开，文官可至道台，武职得为游击，京堂二品，各部郎中，鬻实官而买虚衔，加花翎而宽封典。票庄乘机居间揽办，得利优于其他汇款，使太平天国之损失赖以补救。因得中兴，捐班人员愈多，票庄之财源愈大。凡捐班皆出于富豪，挟资而来，无不往来票庄，以作奉迎上司，联络同寅之途津。

第二节 票号的代办报捐业务①

一、汇兑报捐资金

山西商人开办的票号多将本号设在故乡，如平遥、太谷、祁县等地，并在国内的主要城市设有分号，如北京、天津、保定、苏州、镇江、扬州、芜湖、杭州、南昌、汉口、沙市、常德、长沙、重庆、成都、广州等地。例如，蔚泰厚票号在道光二十七年(1847)时，除本号之外，在北京、苏州、汉口、常德、沙市和盛京设有6个分号。著名的日升昌票号在道光三十年(1850)时，遍布在全国主要城市的分号达17个②。票号利用本号和分号之间的联系构筑了各自的商业网络，票号从事的代办报捐业务就是利用这一商业网络，通过各分号之间的有机联系而展开的。

道光二十一年(1841)八月二十八日，御史宜崇在上奏中指出各省捐生往往通过"会票"，即利用票号将捐项汇往北京③：

> 窃思各省富户颇多，近年捐修之案屡见叠出，足见急公乐输之实证。唯向来大捐不成速充者，推原其情，非因捐生不能急公，实由道路遥远，携银来京，不唯费用耗资，亦且时日需久。其有志在二次

---

① 关于报捐，请参看本书第2章。
② 《山西票号史料(增订本)》，第43页。
③ 御史宜崇为推原捐项以期速充国计的奏折，道光二十一年八月二十八日，《山西票号史料(增订本)》，第24页。

及军营投效者,候至来京报捐,按卯期上兑,以致领照后约计时日,大功即可告竣,是以裹足不前耳。况捐生携银来京,岂能多带人照料,更虑路有疏虞,所以近年捐生多由该省会票来京,由京中银号措齐上兑,是仍以京中之银兑交部库。

可见,捐生利用票号将捐项汇往北京是因为携银上京报捐既费时日,又不安全。

根据清代捐纳制度的规定,除在指定衙门和地点开捐时,报捐者原则上必须亲身前往报捐之外,其余可以在各省布政司等处报捐,完全可以不必跋山涉水,亲身前往北京报捐。但是,实际情况如某位御史在奏折中所说①:

> 臣查常例,外省报捐监生,系由藩库上兑,先给印收,汇咨户部,国子监填照,发至本省换给,辗转每至经年。

可见,循官方途径在各省报捐所需时间动辄经年,故不若交由票号代办。同治七年(1857)前后,在安徽省代办报捐业务的票号,"每年所揽皖捐约收银十余万两,实缘价廉咨速之故"②。

1. 汇兑捐项

汇兑捐项大致可以分为两种情况。一种是代报捐者汇兑捐项,还有一种是除汇兑捐项之外,还代办报捐手续。

票号在汇兑捐项时收取一定的手续费。例如,道光二十四年(1844)十月二十七日,蔚泰厚票号苏州分号应董基升之请,将漕平足银"一千三百七十四两九钱"汇往北京的"西顺兴",用于报捐上兑③。两个星期之后的十一月十五日,蔚泰厚票号苏州分号又受"周祝君老爷"之托,将漕平

---

① 陕西道监察御史为拟请颁发各直省监照的奏折,咸丰三年七月初四日,《山西票号史料(增订本)》,第23—24页。
② 《岘樵山房日记》前函,第8册,同治七年十月初八日,未见。转引自《山西票号史料(增订本)》,第26页。
③ 《山西票号史料(增订本)》,第1127页。并参照《山西票号资料 書簡篇(一)》,第84页。

足银"银四百两"汇交北京的"高芝岩老爷"。这是"周祝君"托"高芝岩"为其"办理功名"的款项①。关于这两起汇兑的手续费,在书信中没有提及。实际上,票号的汇兑手续费并无固定的额数,而是由顾客与票号当面商定。陈其田曾经指出②:

> 汇水的大小往往因人而异,看与票庄的关系如何。计算平常汇费,则以两地平色的高下、期口的淡旺、月息的大小、路途的远近等为估定的标准。普通时候,在交通便利的通都大邑,每千两仅需二三两的汇水,若是交通不便的地方,每千两的汇水达二、三十两,时或高至七、八十两。

在有些书信中也有对汇费的明确记载。以下摘录道光二十四年(1844)四月初五日蔚泰厚票号京都分号汇往苏州分号的几笔款项的汇费,仅供参考③:

> 公正号关批足纹银 500 两:"贴过咱费银三两五钱"。
> 集古斋关批足纹银 700 两:"贴过咱费银四两六钱"。
> 同椿号关批足纹银 1500 两:"贴过咱费银一十两七钱"。
> 姚宅关批足纹银 400 两:"贴过咱费银七两二钱八分"。
> 万全号关批足纹银 1000 两:"贴过咱费银六两"。

进入光绪年间以后,在汇兑捐项的业务中还开始采用"电会",即通常所说的电汇。光绪十七年(1891)正月十八日,蔚泰厚票号京都分号负责人李宏龄在致总号的信中,介绍了其他票号在办理郑工事例和海防事例报捐时利用电汇的成绩。他说④:

> 前数年别号电会,所以稍有得意者,适值郑工、海防开捐之时,款项广多。

---

① 《山西票号史料(增订本)》,第1128页。并参照《山西票号资料 书简篇(一)》,第90—91页。
② 陈其田《山西票庄考略》,第114—115页。
③ 《山西票号史料(增订本)》,第1135页。
④ 李宏龄《同舟忠告》,第105页。

他认为,"各省电会银两已属通行,若咱号一家不用电会,势必耽误主道"。这里的主道指主顾、顾客。为了防止因未采用电汇方法而导致顾客流失,他建议开办电汇业务。

在代客汇兑捐项之外,还同时代办报捐。例如,咸丰元年(1851)二月初一日,蔚泰厚票号苏州分号将张承涛的履历寄往京都分号,该人委托票号代其办理报捐监生和未入流尽先补用。二月十三日,苏州分号在信中再次言及此事①:

> 今已将银收清,至日与伊速为上兑,赶头次办出为要,照出之日赶快寄苏,再与伊打听何时可能选出,寄信示。

又如,道光二十四年(1844)三月,蔚泰厚票号苏州分号将"王家言老爷三代单一纸"寄交京都分号。这里的"三代单"就是办理报捐手续时必须提交的个人履历。四月初三日,苏州分号在信中再次附上王家言老爷"三代单"一纸,并且说明,"恐前信迟延,耽搁伊功名大事"。京都分号在收到三月来信后立即着手办理,"(四月)初十递呈,二十四日上兑,二十六日给照"。并且在收到捐纳执照的当天就寄往苏州。五月十二日,苏州分号收到了"王家言兄从九分缺间用部照一张"②。

在承办报捐手续的过程中,设在北京的票号分号和其他地方分号之间有时为了确认某一事项,例如确认报捐者履历书中的一个字句或一个文字,双方要多次书信往返③。

2. 垫借报捐资金

票号除了为报捐者汇兑报捐资金之外,还利用垫借的方法为报捐者提供短期信贷。这就是票号在北京先为报捐者垫付捐项,办理报捐手

---

① 《山西票号史料(增订本)》,第 1173—1176 页。并参照《山西票号资料 书简篇(一)》,第 187—188、193 页。
② 《山西票号史料(增订本)》,第 1109、1135、1112 页。并参照《山西票号资料 书简篇(一)》,第 1—2、14—16 页。
③ 《山西票号史料(增订本)》,第 1117、1121—1123、1128、1143—1144、1146、1152、1155 页。并参照《山西票号资料 书简篇(一)》,第 33、50、56—59、78—79、89—90 页。

续,报捐者本人在该票号的地方分号结算偿还。【表-8-1】所示是蔚泰厚票号的京都分号为苏州分号的顾客垫付报捐资金的大致数额。

【表-8-1 蔚泰厚票号垫付报捐资金】

年月	件数	垫付总额(两)
道光二十四年四月	8	2667.17
道光二十四年五月	2	454.22
道光二十四年六月	9	1157.72
道光二十四年七月	1	113.16
道光二十四年八月	0	
道光二十四年九月	4	3366.33
道光二十四年十月	0	
道光二十四年十一月	3	1087.54
—	—	—
咸丰元年八月	1	2515.80
咸丰元年闰八月	1	136.76
咸丰元年九月	5	660.32
咸丰元年十月	0	
咸丰元年十一月	1	139.82
咸丰元年十二月	0	
咸丰二年正月	0	
咸丰二年二月	3	411.16
咸丰二年三月	1	674.96
咸丰二年四月	1	568.00
合计	41	13952.96

史料来源:《山西票号史料(增订本)》,第1131—1158、1184—1212页。

从上述统计可以看出,蔚泰厚票号京都分号在道光二十四年(1844)四月至十一月、咸丰元年(1851)八月至咸丰二年(1852)四月的18个月中,为苏州分号介绍的总共41名顾客垫付的报捐资金的总额为

13952.96两。其中最高时曾经达到一个月3366两。票号垫付报捐资金,承办报捐业务的事例很多,兹举一例。

道光二十四年(1844)五月二十八日,蔚泰厚票号苏州分号致函京都分号,"封去周学浩兄由俊秀捐从九职,黄伟、司蔼云二位由俊秀捐监生履历各一纸"。这里所说的"从九职"为从九品职衔。京都分号在同年六月二十三日收到"周学浩等履历三纸"之后立即着手办理报捐手续。五天后的六月二十八日,京都分号致函苏州分号称,"黄伟、司蔼云二位各用银一百四十五两零八分,周学浩……用银一百一十八两四钱,另有一单,至日注帐"。这就是通知苏州分号为三人垫付的报捐资金的金额,要求苏州分号在收到详细单据之后将该项金额上帐。七月十六日,京都分号将上述三人的"执照"随信寄出,告诉苏州分号,"至日均为查收转致"。大约二十天后的八月初五日,苏州分号收到了上述三人的捐纳执照。这样,蔚泰厚票号苏州分号在当地承揽代办报捐的业务,将顾客的履历寄往北京,并在信中交代何人以何种身份报捐何种项目。京都分号在收到苏州分号来函和所附履历之后,即为该顾客办理报捐手续,垫付所需的报捐资金,然后将垫付金额通知苏州分号。在完成报捐手续,得到执照之后,京都分号随即将执照寄往苏州。苏州分号在收到京都分号寄来的执照和垫付报捐资金的详细单据之后,即与顾客结算,然后再将执照交与顾客。这样,就完成了一桩垫付报捐资金和代办报捐的业务①。

再举一例。道光二十四年(1844)六月二十七日,蔚泰厚票号苏州分号致函京都分号,寄去"朱士佳兄由俊秀捐从九职履历一纸,查收递捐"。七月十九日,京都分号收到了寄来的朱士佳履历,随即开始办理报捐手续。七月二十二日,京都分号通知苏州分号说,"今朱士佳兄用过咱平足纹银一百一十三两一钱六分,另有一单注帐"。苏州分号在八月十二日收到这一信函之后,立即将所需款项拨入京都分号的帐户。八月十三

---

① 《山西票号史料(增订本)》,第1114、1140—1141、1143、1120页。并参照《山西票号资料 书简篇(一)》,第19—20、37—39、46—47页。

415

日,苏州分号致函京都分号,说明"朱士佳用过捐银已入京帐"。实际上,就在苏州分号收到京都分号通知朱士佳所用捐银信函的八月十二日,京都分号已经将朱士佳的"从九照一张"领出并寄往苏州。九月初四日,苏州分号受到了朱士佳的执照①。由于缺少足够的史料无法了解朱士佳前往蔚泰厚票号苏州分号领取执照的情况,但是可以推知,他在领取执照时首先要和苏州分号之间结算票号为他报捐所垫付的"平足纹银一百一十三两一钱六分"。

此外,还有在北京请票号代办报捐手续,然后在地方分号领取捐纳执照的情况。例如,道光二十四年(1844)七月初十日,蔚泰厚票号京都分号致函苏州分号,其中说②:

> 再有李晓山先生会侄树芳,在京托咱代捐卫千总职衔一名、监生一名、从九二名。今与伊立过在苏取照凭帖,注明在苏九月凭帖取照。随信封去与伊开过捐生名字底单一纸,俟执照发出即为寄去,祈照帖交付为妙。

这里虽然没有言明是否需要票号代垫报捐资金,但是我们由此可以知道,票号在接受顾客代办捐纳的委托时,会与顾客之间订立一种类似服务契约的"凭帖"。当手续完成之后,顾客持凭帖前往票号结算所需费用,领取执照。

对于因故要求加急办理报捐手续的顾客,票号方面的对应有时是十分迅速的。咸丰元年(1851)三月初三日,蔚泰厚票号苏州分号致函京都分号,"今封去阴昌庚老爷由候补知县捐寻常加二级履历一纸,至日查收,与伊赶快递呈上兑,伊唯恐有处分之说,故此托咱赶紧办理"。在初四日的信函中再次强调了此事。如初四日信中说,"今又封去阴昌庚老

---

① 《山西票号史料(增订本)》,第 1117、1143—1144、1121、1146、1123 页。并参照《山西票号资料 书简篇(一)》,第 32、50—51、59—62 页。
② 《山西票号史料(增订本)》,第 1141—1142、1200 页。并参照《山西票号资料 书简篇(一)》,第 44、172—173 页。

爷由候补知县捐寻常加二级副履一纸查收,至日不拘正副履历,先到即可递呈上兑,报知"。初七日的信函中又提及此事。四月初六日,京都分号在复信中说,"所有阴昌庚兄之功名,亦已递捐,共用过我平足纹银五百六十八两,另有一单,至日注帐"①。

二、报捐资金和其他资金的借贷

上述情况基本上属于报捐者本人拥有足够的报捐资金,他们或者是托票号代他们将报捐资金汇往北京,或者是请票号先为他们垫付报捐资金,然后在领照时与票号结算。此外,还存在着报捐者本人没有足够的报捐资金,需要向票号等金融机构借贷的情况。例如,张集馨(1800—1878)是李鸿章姻亲,他担任过知府、道员,官至署理陕甘巡抚。他在自撰年谱中曾经提到,他的三叔父病故于嘉庆十九年(1814),生前"本一诸生,家无长物,贫不能娶,进京与邑人郑健堂太守之子平山诸生借银二千两,又与西贾借银数千两,捐纳双月知县,会票来家兑还"。张集馨之父"念手足情谊,倾家代还",结果,"家事于是不支矣"②。这里所说的"西贾"就是指山西票号商人。

在清代后期,包括山西票号商人在内,北京的一些金融机构和个人都从事报捐资金、赴任资金等与官场有关的资金借贷业务。这就是明清以来有名的"京债"。嘉庆年间,北京流行着这样一首竹枝词③:

> 借债商量折扣间,新番转票旧当删。凭他随任山西老,成例犹遵三不还。

关于"三不还",原词有如下注释:

> 京债者山西人居多,折扣最甚。然旧例未到任丁艰者不还,革

---

① 《山西票号史料(增订本)》,第1178—1179、1211—1212页。并参照《山西票号资料 书简篇(一)》,第201—203、225—226页。
② (清)张集馨《道咸宦海见闻录》,第6页。
③ 雷梦水《中华竹枝词》,第1册,《燕台口号一百首》,第126页。

职不还,身故不还。

寺田隆信于1981年12月曾经访问过三位自称是曾经在山西票号工作过的老人,并且介绍了这三位老人对票号借贷报捐资金情况的说明①:

> 希望成为官僚的人通过票号报捐,这种风潮在慈禧太后时最为盛行。票号先出资代他们报捐,待到新任的捐纳官僚赴任之后再要求他们还本付息。在借钱的时候,通常会有如下的附加条件,即就任之后必须通过票号在当地的分号办理公款往来。

这些老人在向寺田隆信介绍上述情况时已经年近90岁。他们所说的票号先出资代人在北京报捐,待该人赴任后再要求还本付息的情况应该是确有其事。因为,此种债务属于广义上的京债,而京债的回受往往是在官僚赴任之后才进行的。更准确地说,此种京债实际上近似于一种短期贷款,贷方会想方设法让借方尽快还款,其手段之一就是要求"押凭",即要求借方官僚以赴任文凭作为债务的抵押。在这种情况下,贷方会派人持文凭随同该官僚一起前往任地所在省会城市,要求该官僚在履行"缴凭"手续之前清算债务,否则就不将文凭交还。该官僚因无文凭无法向任地的督抚禀到,故被迫在省会设法挪借,偿还京债。

清人延昌在《事宜须知》中写道②:

> 家计素裕,不必筹措者,无论矣。若必须措办,应在族中或戚友前挪借方妥。倘其势不能通融,亦应极力设法。总以不押凭为万全之策,庶免许多掣肘。虽利息稍多,不必计较。

在借京债过程中深感其中滋味的杜凤治有如下记载。同治五年(1866)三月,浙江省绍兴府山阴县籍的杜凤治在部选中被选授广东省肇

---

① 寺田隆信《山西票号覚书——〈山西商人の研究〉補遺之二》,《集刊東洋学》(仙台,东北大学中国文史哲研究会),第54号,1985年,第94—105页。
② (清)延昌《事宜须知》,卷一,措办旅费,《官箴书集成》第9册,第10页。

庆府广宁县知县。此后几个月间,他一直在北京忙于筹措赴任的资金,最后经人介绍,在裕泰银号借得"市平足纹四千两",但因是"对扣",故到手只有二千两。借贷的条件之一就是"押凭",约定"到省归还"。此外,还要"携陈姓同去,归时言明送盘费"。这位跟帐的"陈姓"就是裕泰银号的掌柜之一。杜凤治于同年九月初五日到达广州之后,为了偿还京债,取回抵押的文凭,四下央人筹借。直到九月二十四日,杜凤治才将二千两的京债还清,从"陈姓"处取回文凭,并立即在当天办妥了禀到手续①:

> (九月)二十四日庚辰,晴。大热,可御绨绤。一日不出门。跟帐陈姓人屡次拿捏,丁票不要,又另办与之。均风翁经手,予一概付之不知。共付前路票银二千,将凭取回。当送布政司房办理,该费共广平洋银五十三两。

杜凤治的事例虽然不是捐纳资金的借贷,但是由此可以看出清代后期京债的借贷和偿还的大致情况。所以,上述几位老人对票号借贷报捐资金的介绍大致是不错的。

但是,上述介绍的情况中也有一些与清代制度不尽吻合的地方。例如,报捐任官资格和铨选优先权等等与铨选本身有关系,也有区别。以报捐任官资格者为例,他们或者要通过部选,或者要通过外补,才能得到官职。从本书第4章的说明中可以知道,报捐之人在报捐之后,并非在短期内可以赴任。即便是可以很快赴任,但是能否在"就任之后必须通过票号在当地的分号办理公款往来"呢?或者说该人是否能接受这一附加条件呢?我个人对此感到怀疑。因为票号分号的所在地几乎都是位于交通要冲的重要城市,通常该处的州县地方官缺多是属于由督抚根据外补制度任命的"要缺",既非部选官缺,也不可能授予"新任的捐纳官僚"。这就是说,从人事制度的角度分析,通常只能授予"简缺"的"新任的捐纳官僚"很难就任此类官缺。退一步说,即便"新任的捐纳官僚"确

---

① (清)杜凤治《望凫行馆宦粤日记》,第12、35、37—38、72页。

实在票号分号所在地担任了官职,他们也有意将公款往来委托给曾经关照过自己的票号,但是否能够无视上司同僚的意向和既存的商业往来呢?所以,我对三位老人介绍的附加条件持审慎的怀疑。

总而言之,包括票号在内,清代后期有不少金融机构向报捐者提供报捐资金。但是,具体到票号来说,它们是在何种条件下向报捐者提供报捐资金的信贷服务的还有待进一步发掘新的史料[1]。

三、票号与报捐的手续

由于报捐手续最终要在户部办理,故在各地承揽报捐业务的票号或是委托北京的银号代办,或者是自己直接办理。

1. 委托银号代办

本书第 2 章中已经指出,清代后期北京开设的银号和官炉房(伍案:略称炉房,从事银块加工)、金店(伍案:从事贵金属的加工买卖)一样,都代办报捐务业。银号的主要业务原为兑换银钱、发行银票、办理存款放款和汇款业务。户部为了保证所收银两的成色能有所保证,故指定了一些银号,只接收钤有这些银号戳记的"元宝"(伍案,即马蹄银)和这些银号发行的银票。这一措施提高了一些银号的商业信用。银号也利用与衙门之间的关系展开业务,其中就包括了代办捐纳。故清代末年,北京的银号被人们称为报捐的"总汇"[2]。

例如,道光三十年(1850)二月至四月,日升昌票号京都分号将叶德尧等 12 人的报捐手续委托给设在"东草厂上七条胡同路东"的裕成银号。裕成银号为此立有题为"日升昌宝号捐折"的帐簿。根据该帐簿的记载,裕成银号按照"卯期"办理了报捐手续,它们并不是立即要求日升

---

[1] 关于这一问题,杨文忠和杨永丽在《志成信票号始末》(载《晋商史料研究》,第 286—291 页)中称,"据不完全统计,志成信票号借给买官人的白银竟达 200 万两之多"。遗憾的是,作者没有说明这一说法的史料依据何在。笔者期待着作者说明史料来源,并且早日公布相关原始资料。

[2] 请参看本书第 2 章。清国驻屯军司令部《北京志》,第 421—426 页。

昌票号支付所需费用,而是在经过一定时间之后才结算。截止到四月二十五日为止,裕成银号代办的各项报捐手续共用去银1341.4两,日升昌票号在此期间共分8次向裕成银号支付了银1700两①。此外,日升昌票号在咸丰九年(1859)还将报捐业务委托给设在"京都正阳门西河沿中间路北"的永兴银号②。我们由这些事例可以看出,日升昌票号与这些银号之间至少存在着委托报捐的业务关系。

日升昌票号的竞争对手——蔚泰厚票号也是同样。道光二十四年(1844)初,黄麟在苏州将报捐贡生和更名的手续委托给蔚泰厚票号苏州分号。同年四月十七日,蔚泰厚票号京都分号致信苏州分号,称"黄麟兄更名之件,已托银号在部查核,准改与否,后于再报"③。五月初四日,蔚泰厚票号京都分号再次致信苏州分号,告知手续已经办妥,信中称"黄麟兄更名之事,费银三十二两,内有小结银四两"④。由此可见,此事经银号咨询了主管衙门,得到了肯定的答复之后才着手办理。

2. 票号自身办理

上面说过,银号与中央衙门之间保持着密切得联系,票号因汇兑官款也与中央衙门之间保持了密切联系。例如,日升昌票号京都分号就从某位"部友"那里得到了关于"大捐"实施期间延长的情报,写信通知汉口分号⑤:

> 再闻各大捐截卯有□□之风,部友说大捐议定□□期并展限四月□,冬月底截卯。预报知之,庶不误汉号捐项。

---

① 《山西票号史料(增订本)》,裕成号折,第763—764页。
② 《山西票号史料(增订本)》,永兴银号折,第764—766页。
③ 《山西票号史料(增订本)》,第1134四—1135页。并参照《山西票号资料 书简篇(一)》,第11页为参照。《山西票号史料(增订本)》的编者认为,"更名"乃"功名"之误。笔者没有见过该书简原件,仅就书简内容判断,应该是"更名"。《山西票号资料 书简篇(一)》作"更名"。
④ 《山西票号史料(增订本)》,第1136页。并参照《山西票号资料 书简篇(一)》,第17页。
⑤ 《山西票号史料(增订本)》,第836页。

这里所说的"部友"应该就是在中央六部中供职之人。票号在代办报捐业务时,通常就利用这些"部友"的关系。兹举一例。

光绪十三年(1887)八月初九日,"分发浙江补用知州"的李圭(1842—1903)为办理引见和捐免保举等手续自浙江宁波到达北京,入城之后径直前往事先预定下榻的"煤市街兴隆店"。他在日记中写道,预定在兴隆店下榻的理由是因为"源丰润票号寓内",他事先已将"资斧先自甬汇付,而引见公事亦由其托部承经办,故住兴隆店为便"。这里的部承就是六部胥吏,亦即部友。不料该处已经客满,结果"先投片源丰润管事苏人汪子垣,约明日会晤"之后,改投其他旅社。第二天早饭后,李圭前往源丰润票号,"晤汪子垣,并将咨批、捐照、奖札交其转托部承妥办"。他并询问是否需要拜会"部承",汪子垣答曰无须拜会。他还询问该部承为何人,汪子垣仅答为"付姓"。此后,源丰润票号代李圭办理了捐免保举、引见和印结等手续,并于八月二十一日向李圭收取了各项费用"京公砝足银一千八百二十二两六钱三分"。李圭本人则在两个月之中忙于拜会友人、观剧和购物等等,只有在收到票号通知时才前往吏部或紫禁城参加验看和引见等①。这就是票号利用与中央六部和印结局的关系为客户代办报捐等手续的事例。

中国国家图书馆收藏的撰者不详的《大捐履历》一书是票号代办报捐手续的帐册资料。关于这一资料的大致情况,请参见【表-8-2】。在此仅简要地叙述以下几个问题。

《大捐履历》封面书签题"咸丰二年一册大捐履历",登记的是咸丰二年(1852)三月以后,根据筹饷事例报捐任官资格和分发等人事手续者的个人履历和报捐金额。个人履历的部分包括有报捐者的氏名、本籍、年龄、身体特征、身份、报捐项目、捐纳额、尊属三代,并且记载了承办人和

---

① (清)李圭《入都日记》,光绪十三年八月初九日、初十日、二十一日,第 7a—10a、21a—22b 页。源丰润票号交给李圭的"公事单"中仅开列有付给户部的捐纳费用、付给吏部的引见费用和付给江苏省印结局的结费,共计"京公砝足银一千八百二十二两六钱三分",没有涉及票号代办上述手续时是否需要相关费用。

【表 8-2 大捐履历记载报捐概略】

序号	承办人	姓名	本籍	年龄	报捐时身份	报捐项目	报捐额
1	蔚泰厚	曹燮坤	顺天大兴	56	江西饶州府景德镇同知	知府双月三班分发指省江西	8176
2	蔚泰厚	曹椿业	顺天大兴	39	安徽候补从九	州吏目双月三班分发指省安徽	712
3	蔚泰厚	吴鸿庆	江苏武进	41	议叙八品顶戴	县丞双月三班分发指省江西	1173
4	蔚泰厚	孙承祖	浙江会稽	34	新捐监生	未入双月三班分缺先选	672
5	天成亨	邱学沛	四川天全	24	山西试用直州判	过班分发留省	328
6	蔚泰厚	张承涛	安徽桐城	24	新捐监生	未入双单本班尽先选	504
7	日兴蔚	徐淳	贵州开泰	23	监生	从九双月分发指省陕西	604
8	日兴蔚	潘文镜	四川华阳	26	监生	从九双单	252
9	新蔚厚	吴师曾	江苏江宁	31	新捐监生	未入流不论双单月选用	252
10	光泰永	王友兰	河南孟县	49	贡生	训导不论双单月并分发	508
11	义兴永	沈廷荣	河南祥符	42	豫工例过班即用未入流	过班分缺先选捐免远省指人证省	577
12	蔚丰厚	朴维崧	湖北江陵	26	四川试用从九品	过班分发留省并分缺先补用	752
13	蔚丰厚	徐俊镛	顺天大兴	36	豫工二卯分发四川试用从九	过班分发留省并分缺先补用	752
14	蔚丰厚	孙增	顺天大兴	39	新捐监生	道库大使不论双单月分发指省四川试用	680
15	蔚泰厚	周慎枢	直隶滦州	39	奉天试用未入流	过班并分省留省	332
16	巨和源	王垣	山西岳阳	22	新捐监生	未入流不论双单月并分发指省陕西免试用分缺先补用	1178

续 表

序号	承办人	姓名	本籍	年龄	报捐时身份	报捐项目	报捐额
17	巨和源	王德	山西岳阳	20	新捐武监	营干总本省拨补	504
18	日新中	邵连	浙江山阴	38	新捐监生	按察司经历不论双单月并分发指山东试用	2120
19	聚发源	刘继善	顺天涿州	22	新捐监生	未入流不论双单月并分发指缺先选用	672
20	蔚丰厚	赵德熙	江西南丰	39	监生	未入流不论双单月并分发指陕西免试用分缺先补用	1178
21	万成和	汪承业	江苏如皋	33	浙江分缺同用县丞	过班分发留浙江本班尽先补用	1026
22	隆盛路	宋玉璐	河南祥符	27	新捐监生	外府经历双月选用	702
23	聚发源	钟道铨	浙江长兴	28	新捐监生	未入流不论双单月本班尽先选用	504
24	光泰永	黄尔均	安徽桐城	30	新捐监生	未入流三班分发指甘肃	604
25	天成亨	增裕	汉军正黄	15	新捐监生	八品笔帖式补用	342
26	天成亨	松俊	汉军正白	18	新捐贡生	七品笔帖式补用六品荫丞双月用	2118
27	隆盛长	松保	汉军正白	16	新捐监生	八品笔帖式补用	342
28	日升昌	刘震	顺天大兴	33	监生	从九品双月单不论双单月分发指过人新例分缺先用	604
29	日升昌	金旭昌	江苏盐城	46	插班间选训导	过班分发插班间选入新例分缺先用	489
30	天成亨	姚继祖	江苏娄县	38	贵州试用未入流	捐离原省并过班分发指省四川试用	552
31	义兴永	刘其东	河南固始	33	河南抚标右营额外委	把总分发本省拨补	306

424

续表

序号	承办人	姓名	本籍	年龄	报捐时身份	报捐项目	报捐额
32	蔚泰厚	吕锺璜	安徽旌德	42	就直隶州州判	教谕不论双单月选用	453
33	天成亨	何丙勋	浙江山阴	55	知առ用陕西定远厅同知	加五成捐离任仍留陕西归候补班补用	1512
34	聚发源	郭锡荣	山西介休	56	户部陕西司员外	知府双月本班不论双单月先补用	4752
35	日升昌	沈雯	浙江乌程	40	尽先选用未入	过人新例不论双单月尽先选用	213
36	日升昌	贾礼	安徽盱眙	38	新捐监生	从九双月单月不论双单月选用	252
37	天成亨	吕瑞琪	安徽旌德	24	新捐监生	知州不论双单月选用	5769
38	蔚泰厚	卢成璐	湖北蕲水	58	分发江苏试用从九	过班分发留省	—
39	万成和	张映川	江西南昌	56	分发浙江试用未入	过班仍留原任补用	216
40	万成和	李廷壁	湖北监利	43	新捐监生	从九品不论双单月并发分指省江西试用	604
41	蔚丰厚	黄增	安徽介休	27	按司狱道大使	从九品不论双单月分缺先选用	588
42	聚锦良	郝勋封	山西介休	37	前任五寨县训导	县丞加捐知县不论双单月在任候选	4311
43	蔚泰厚	黎丙甲	陕西乾州	52	现任江西上饶县县丞	布政司理问双月在任候选	405
44	天成亨	协熙	福建闽县	30	新捐监生	从九品不论双单月分发指省浙江分缺先免试用	1178
45	天成亨	协熙	福建闽县	29	新捐监生	县主簿不论双单月分发指省江苏分缺先免试用	1910
46	天成亨	张云祥	四川华阳	24	新捐监生	从未流不论双单月分缺选	672
47	日升昌	焦树森	四川彭县	35	试用训导	过班分发分缺选用	775

425

续 表

序号	承办人	姓名	本籍	年龄	报捐时身份	报捐项目	报捐额
48	光泰永	张守长	山东海丰	34	新捐监生	州吏日不论双单并分发指省甘肃试用	883
49	协庆号	王沛然	直隶束鹿	28	新捐廪贡	训导不论双单月分缺先选用	855
50	日升昌	吴承荟	湖北江夏	46	新捐监生	从九品不论双单月并本班尽先选用	504
51	钟大兄	任召棠	浙江会稽	—	新捐监生	从九品不论双单月并分缺先选用	672
52	蔚泰厚	邓馨	河南洛阳	36	新捐监生	未入流不论双单月并分发指省山东试用	604
53	蔚泰厚	金廷桂	直隶天津	26	候选县丞	监生县丞改班并分发指省河南试用	788
54	蔚泰厚	楼桂馨	浙江萧山	19	监生	未入流不论双单月选用	252
55	新泰源	姚永平	河南辉县	31	现任江南苏州卫前帮领运千总	准归双单月以卫守备即用	1251
56	聚发源	李右文	直隶天津	45	已拣选举人	知县双月本班先用单月不论双单月	2970
57	聚发源	简承纶	河南开封	21	监生	州吏双日不论双单月并本班尽先选用	885
58	万成和	严国佐	浙江建德	48	分发安徽试用从九品	过班分发仍留省试用	—
59	蔚丰厚	曾夔向	江西庐陵	30	捐职布理	布政司理同不论双单月并分发指省湖南试用	2253
60	蔚丰厚	李逢春	直隶景州	31	分发湖南试用知县	捐免试用一年	672
61	天成亨	李宝琛	顺天宛平	51	现任四川保宁府经	通判不论双单月并分发指省四川加盐提举升衔	4502
62	纯裕和	颜荣濂	顺天大兴	37	分发山西试用知州	过班分发仍留原省试用	2344
63	聚发源	余绍祀	江西奉新	42	山西试用大挑知县	以知县仍留原省大挑本班尽先补用	3174
64	新泰厚	信鸿来	山东德平	42	新捐监生	县丞不论双单月选用	1053

续表

序号	承办人	姓名	本籍	年龄	报捐时身份	报捐项目	报捐额
65	聚锦良	程国光	江苏金山	31	议叙八品顶戴	县丞不论双单月分发指省浙江分缺先补用免试用	2338
66	日新中	张允重	山西猗氏	28	分发陕西试用从九品顶戴	未入不论双单月并分发指省陕西分缺先补用免试用	1094
67	日升昌	高善元	湖北竹溪	48	现任湖北德安府学训导	复设教谕不论双单月仍在任候选	612
68	日升昌	齐长庚	江苏甘泉	32	副贡生	内阁中书不论双单月并分发	2893
69	天成亨	魏辅宸	四川大宁	29	分发试用训导	过班分缺先用	672
70	天成亨	吴庆荣	江苏阳湖	20	新捐监生	县丞双月选用	702
71	天成亨	翁植	湖南善化	29	四川试用未入	过班历不论双单月选用	906
72	昌裕和	斯锡玉	顺天大兴	42	豫工例双单月未人流	府经历不论双单月选用	882
73	天成亨	孙定扬	浙江山阴	28	监生议叙八品顶戴	布库大使补用分省缺先用免试用	5416
74	蔚丰厚	史鉴	江苏溧阳	36	监生	未入流双月单月不论双单月分缺先选用	672
75	蔚丰厚	张应蛟	四川巴县	17	捐职从九	从九双月单月不论双单月	153
76	蔚丰厚	徐杰	四川叙永	37	就职教谕	双月单月不论双单月本班尽先选用	912
77	日升昌	谢晴	湖北松滋	8	新捐监生	道库大使不论双单月	328
78	蔚丰厚	冯兰馨	四川忠州	29	双月候选县丞现任顺天府照磨	县丞不论双单月在任候选	642
79	泰山号	杨鸿春	山东滋阳	24	新捐监生	把总分发本省拨补	306

续 表

序号	承办人	姓名	本籍	年龄	报捐时身份	报捐项目	报捐额
80	聚发源	阎魁芳	山东济阳	30	武生	把总分发本省拨补	306
81	聚发源	殷萃哲	直隶清苑	28	议叙从九	从九品不论双单月分发指省河南议叙班用	557
82	聚发源	张道南	山西临汾	42	新捐分发山东试用府经历	府经历不论双单月分发指省山东分缺先补用并免试用	1165
83	隆盛长	秦本提	湖北汉川	19	监生	从九品不论双单月分先选用	672
84	聚发源	董汝兰	浙江山阴	29	双单未人	未入不论双单月过人新班选用	112
85	聚发源	朱燮元	浙江海盐	39	现任河南登封县	同知双月在任选用并免试用	1296
86	沈大兄	张奕亭	浙江山阴	47	候选未人	未人流不论双单月分发省江苏分缺先补用并免试用	960
87	三和世	杨仁植	顺天大兴	20	新捐监生	府经历不论双单月分先选用	1053
88	蔚泰厚	江暄	安徽青阳	30	双月选用科中书	内阁中书不论双单月并分发行走	1184
89	万兴号	孙光弼	湖南沅陵	36	新捐廪贡	训导不论双单月并分发指省山东分缺先补用	855
90	新泰厚	孙承祖	浙江会稽	34	新捐分发先选用未人流	典史不论双单月分缺先选用	76
91	蔚丰厚	宁铠	湖南武陵	30	双单月选用从九品	从九品不论双单月过人新班并分发指省河南试用	332
92	隆盛长	谢国辅	广西宣化	24	新捐监生	府经历不论双单月分发指省河南试用	1373
93	义兴永	勾遇春	山东历城	25	新捐监生	把总分发本省拨补	306
94	协庆号	李全义	直隶束鹿	29	未拣选举人	直隶州知州不论双单月选用	6870

续表

序号	承办人	姓名	本籍	年龄	报捐时身份	报捐项目	报捐额
95	万昌号	定祥	满洲镶红	28	候选八品笔帖	过班分部六部选指分六部缺分先用	1044
96	又兴永	诸鼎	浙江山阴	35	监生	未入流分发指省江苏本班尽先免试用	1010
97	日新中	邵莹葆	安徽黟县	37	议叙国子监籍典籍衔廪贡生	复设训导双单月不论双单月分缺先用	1224
98	又兴永	陈炯	顺天大兴	38	分发河南试用未入流	过班分发原省分缺先补用	752
99	聚发源	李泽霖	汉军正黄	59	分发山东候补知县	不论双单月并分发仍留山东归新例捐纳班补用	2391
100	日升昌	王鹤鸣	江苏东台	15	新捐监生	都司双月即月	3240
101	日新中	萧长华	福建归化	32	新捐监生	未入流不论双单月选用	252
102	万成和	王锡三	直隶抚宁	49	豫工头卯分发漕标试用卫千	卫千总过班不论双单月分缺先选用	428
103	光泰永	秦自昌	江苏金匮	21	监生	未入流分发双单月分缺先选用	672
104	泰山钱铺	张继祖	顺天大兴	29	豫工二卯分发河南候补未入流	过班分发省分缺先补用	752
105	聚发源	王犇炜	安徽六安	31	候选从九	典史不论双单月并分发省河南试用	496
106	聚发源	李茂春	陕西华州	36	监生	从九品不论双单月分缺先选用	672
107	蔚丰厚	恒昌	满洲正黄	39	现任户部山东司员外郎	直隶州知州不论双单月并分发省福建试用	2965
108	新泰永	孙肇祖	浙江会稽	34	监生	府经历不论双单月并分发省福建试用	1363
109	泰山钱铺	庄恭寿	江苏武进	33	捐输未入	未入流不论双单月过人新班选用	112
110	广升号	丁振彪	山东济阳	25	武生	把总分发本省拨补	306
111	蔚泰厚	张倬	安徽定远	—	廪贡	复设训导不论双单月并分发试用	508

429

续表

序号	承办人	姓名	本籍	年龄	报捐时身份	报捐项目	报捐额
112	天成亨	范廷锡	甘肃皋兰	37	双月选用府经	改捐县丞本班不论双单月分发指省陕西	671
113	新泰厚	王荣中	浙江山阴	25	监生	盐大使补用	2160
114	聚发源	杨杰	江西新淦	31	现任山东被县县丞	离县丞任以知县不论双单月仍留山东归候补班无论选缺出留省补用	1952
115	聚发源	王承翼	陕西汾阳	52	现任翰林院待诏	同知不论双单月选用	5535
116	新泰厚	黄紫诏	福建浦城	19	武监	卫千总不论双单月选用	603
117	昌裕和	明舒	满洲镶蓝	18	监生	八品笔帖式补用	342
118	义兴永	奎璧	蒙古正黄	32	附监	通判双月选用	2466
119	义兴永	张清漳	山东夏县	—	监生	县丞不论双单月并分发指省陕西分缺先免试用	2538
120	聚发源	张杰	安徽夏县	26	现任河南荥阳县典史	知县不论双单月选用	4562
121	聚发源	陈清河	顺天宛平	40	应补班候选未入流	未入流不论双单月分发指省安徽归曾任实缺候补班	634
122	杨芝圃兄	寿昌	满洲镶黄	32	一品荫生以三等侍卫用	满洲主事补分部行走	3576
123	天成亨	王洪范	四川永宁	35	就职教谕	复设教谕不论双单月过入新班并本班尽先选用	912
124	天成亨	陈恒吉	浙江义乌	36	捐输即用府经历	府经历不论双单月分发指省福建免试用	712
125	日新中	汪星煌	广西贵溪	31	捐职县丞	县丞不论双单月并分发指省四川免试用本班尽先补用	2043

第八章 捐纳制度的实施与商人

续 表

序号	承办人	姓名	本籍	年龄	报捐时身份	报捐项目	报捐额
126	侯四爷	王树屏	山西平遥	27	监生	卫千总不论双单月选用	603
127	蔚泰厚	李振声	顺天通州	29	武生	卫千总不论双单月尽先选用	1603
128	聚锦良	郝勋封	山西介休	37	不论双单月即用知县	本班尽先选用	3174
129	屠三爷	茅继昌	浙江山阴	37	已满吏	未人流不论双单月指项典史分发指省安徽试用	707
130	屠三爷	刘文麟	顺天大兴	26	监生	未人流不论双单月指项典史分发指项缺先选用	748
131	新泰厚	孙承宗	浙江会稽	29	监生	从九品不论双单月指项巡检分发指省江苏免试用分缺先选用	1254
132	日新中	陈世增	浙江仁和	40	山东候补从九品	过班分发仍留山东补用	276
133	蔚丰厚	洪国柱	安徽歙县	44	现任两淮泰州运判	捐免试俸	1152
134	蔚丰厚	孙兆蕙	顺天宛平	54	候选从九	未人流不论双单月分发指省四川归候补班补用川免试用分缺先补用	686
135	蔚丰厚	凌树棠	安徽定远	52	知州补用	知州不论双单月试用本班尽先补用	3639
136	蔚丰厚	姚尧之	浙江余杭	38	分发山东试用知县	仍留山东免试用分缺先补用	3846
137	隆盛长	齐恩铭	直隶天津	55	分发河南分缺间用未人流	未人流不论双单月过人新班尽先留分发指省并试用	500
138	聚发源	孔继恭	江苏句容	26	监生	未人流不论双单月分分缺先选用	672
139	聚发源	杨承渠	福建政和	41	捐职科中书衔	县丞不论双单月并分发指省江苏试用	1048

续表

序号	承办人	姓名	本籍	年龄	报捐时身份	报捐项目	报捐额
140	聚发源	荣普	汉军镶黄	47	现任武备院员外郎	知县不论双单月选用	1431
141	隆盛长	陶绶紫	江西南昌	35	分发河南试用布政司都事	布政司都事不论双单月过人新班并分发留省河南补用	896
142	又兴永	陈兆观	江苏吴县	47	东河遇缺即补同知	同知过班仍留东河分缺先补用	4666
143	泰山号	何锡龄	浙江嘉兴	31	尽先选用卫千总	卫千总过人新班尽先选用	588
144	日升昌	高延绪	江苏阳湖	28	监生	未人流不论双单月选用	252
145	日新中	单宝书	浙江萧山	45	监生	通判不论双单月分指省陕西免试用本班尽先补用	7548
146	万成和	徐国华	浙江余杭	32	议叙县丞职衔	从九品不论双单月选用	152
147	元成号	吉普	蒙古镶黄	18	监生	八品笔帖式补用	342
148	春馨公	周景	浙江山阴	31	监生	未人流不论双单月选用	252
149	又兴永	李尊荣	安徽阜阳	33	廪贡	部寺司务不论双单月分部行走	2606
150	又兴永	滕在良	顺天大兴	48	议叙候选未人流	未人流不论双单月分指省山东试用	456
151	天成亨	王珊	汉军正蓝	17	捐输候选道库大使	通判不论双单月选用	3348
152	天成亨	胡兴焊	湖南保靖	30	分发山东试用府经历	知县不论双单月选用	3708
153	蔚丰厚	胡榛	江西南城	26	监生	从九品不论双单月选用	252

432

第八章 捐纳制度的实施与商人

续 表

序号	承办人	姓名	本籍	年龄	报捐时身份	报捐项目	报捐额
154	天成亨	姚锟	安徽桐城	45	现任陕西咸阳县县丞	知县不论双单月任任候选选用	1431
155	纯裕和	陶龙见	山西榆次	40	捐输本班尽先训导	复设训导分缺先选用	509
156	新泰厚	徐玉成	江苏甘泉	53	江西候补县丞	县丞过班分发仍留江西补用	394
157	益兴号	钟瑞	蒙古正黄	37	现任直隶广平府同知	捐免试俸	1440
158	聚发源	程绳武	江苏武进	42	现任山东沂州府兰山县巡检	县丞不论双单月并分发指省山东免试用本班尽先补用	2007
159	任老爷	任铨	浙江奉化	34	武举人分发漕标候补卫千总	卫千总过分发漕标归候补班补用	276
160	聚发源	蔡宗茂	江苏上元	52	翰林院侍读降补中允	道员分发陕西归候补班补用	3312
161	蔚泰厚	刘升平	山西洪洞	47	现任贵州广顺州吏目	州判不论双单月并分发指省贵州试用	1787
162	义兴永	方振业	安徽桐城	29	贡生	县丞不论双单月并分发指省东河试用	1373
163	天成亨	帅学孔	四川温江	36	未满吏	未入流不论双单月并分发省陕西分缺先免试用	1223
164	隆盛长	王芫	甘肃陇西	52	东河候补同知以知府用	离同知任免补本班以知府留於河南地方归入候补班补用	3888
165	润茂桐	李昌炽	汉军镶黄	45	分发山西试用大挑知县	知县仍留山西归大挑本班尽先补用	3174
166	天成亨	洪瞻陞	浙江临海	53	分发四川候补知县	知县仍归四川归新例捐纳班补用	2391

433

续表

序号	承办人	姓名	本籍	年龄	报捐时身份	报捐项目	报捐额
167	兑生号	周煋然	浙江诸暨	28	捐输不论双单月阁中书	内阁中书不论双单月过人新班选用并分发行走	1297
168	天成亨	萧汝霖	湖北公安	25	候选教谕	直州判不论双单月分发	853
169	兑生号	和尔锦	汉军正黄	52	现任内务府会计司员外郎	知府不论双单月分发并指省山西试用	7312
170	天成亨	陈海灿	四川纳溪	33	新捐廪贡	教谕不论双单月分发试用	1051
171	泰山号	陈恩寿	顺天宛平	21	监生	州同双月选用	1233
172	义兴永	刘锡俊	陕西韩城	49	现任山东曹州镇标钜野营守备	归双月以都司即用	720
173	义兴永	李俊英	山东历城	20	武生	把总分发本省拨用	306
174	新泰厚	刘颢	顺天通州	—	议叙双月选用县丞	县丞不论双单月分发指省福建试用	671
175	齐老爷	齐应章	河南滑县	29	武进士以卫用	营守备选用	432
176	天成亨	范积芬	直隶清苑	28	甘肃同用府经县丞	商县丞任免补本班以知县仍留甘肃归补班补用	3383
177	春馨公	杨增标	安徽建平	41	捐输训导	复设训导不论双单月选用	325
178	聚发源	瑞琳	满洲正白	46	现任户部江南司员外郎	知县不论双单月选用	1431
179	聚发源	瑞琳	满洲正白	46	现任户部江南司员外郎	知县不论双单月分发指省山西试用	1920

史料来源:《大捐履历》。仅收录实际报捐者。

报捐手续的进行状况。几乎在每个报捐者姓名的上方或钤有"具呈"、"领付"、"交库"的戳记①，或注有"注册"②、"验看"的字样，这些都是办理报捐时所必须的手续。此外，还标有承办人的资料，如"蔚泰厚托"、"日升昌托"等等。从字迹来看，该帐簿应该出于一人之手。我个人认为，该《大捐履历》很有可能是管理报捐业务的户部捐纳房的胥吏根据承办人提供的报捐者履历关系资料和报捐项目资料作成的。

该帐册总共收录了192件报捐，其中包括有途中放弃报捐者、途中改捐别项者和多次报捐者，故实际的报捐者为176人，报捐件数为179件。个人最高报捐额为银8176两（伍案：【表-8-2】No.1），最低为银76两（伍案：【表-8-2】No.90），除去没有记载报捐金额的2件之外，总共涉及金额为银249869两。在报捐者中，包括有"现任户部江南司员外郎"（伍案：【表-8-2】No.178、179）和"现任河南登封县"（伍案：【表-8-2】No.85）的21名现职官僚。此外，还有"已拣选举人"、"山西试用大挑知县"等"正途"出身者7名。报捐者中年龄最大为59岁（伍案：【表-8-2】No.99），最小为8岁（伍案：【表-8-2】No.77）。

该帐册记载的报捐项目不是监生、贡生等的出身资格，而是"知府双月三班分发指省江西"等任官资格、铨选资格和候补资格等等。从本章的研究对象来说，而最值得注目的是关于承办人的记载。

该帐册每页记载一名报捐者的相关资料，在该页右上方记载有承办人的资料，如上述"蔚泰厚托"、"日升昌托"之外，还有"孙老爷自托"等。个人承办的报捐件数较少，仅有8件，而由28个金融机构代办的报捐项目为171件（请参看【表-8-3】）。

---

① 请参看本书第2章。
② 请参看本书第4章。

435

【表-8-3 大捐履历记载代办报捐业务概况】(单位:银·两)

序号	分组	票号	件数	票帮	创业年代	歇业年代	别名	营业额
1	A	天成亨	25	平遥	1826			46262
2		聚发源	25	平遥	1823 后	1863 前		44456
3		蔚泰厚	16	平遥	1826			22327*
4		蔚丰厚	17	平遥	1826			18280
5		義兴永	13	平遥	1823 后	1863 前		18082
6		日升昌	11	平遥	1823 前后			10162
7		新泰厚	11	平遥	1826			9749
8		日新中	7	平遥	1838—1842	1861		14557
9		隆盛昌	7	平遥	1823 后		隆盛长	8373
10		万成和	6	平遥	1823 后	1863 前		2426*
11		光泰永	4	平遥	1823 后	1863 前		2667
12		巨和源	2	阳曲				1682
13		三和世	1	不明	1823 后	1853 前		1053
14	B	聚锦良	3					9823
15		泰山号	3					2127
16		兑生号	2					8609
17		协庆号	2					7725
18		纯裕和	2					2853
19		昌裕和	2					1224
20		日兴蔚	2					856
21		泰山钱铺	2					864
22		春馨公	2					577
23		润茂桐	1					3174
24		益兴号	1					1440
25		万昌号	1					1044
26		万兴号	1					855
27		元成号	1					342
28		广升号	1					306

续 表

序号	分组	票号	件数	票帮	创业年代	歇业年代	别名	营业额
29	C	屠三爷	2					1455
30		杨芝圃兄	1					3576
31		沈大兄	1					960
32		钟大兄	1					672
33		侯四爷	1					603
34		齐老爷	1					432
35		任老爷	1					276
总计			179					249869

史料来源:《大捐履历》。
＊其中1件没有记载金额。

从【表-8-3】中可以看出,承办报捐手续的件数和营业额较多的都是山西商人经营的票号(伍案:即 A 组,No. 1—13)。其中,在"蔚字五联号"旗下的蔚泰厚(伍案:No. 3)、天成亨(伍案:No. 1)和蔚丰厚(伍案:No. 4)三票号共承办 58 件报捐手续,营业额为 86869 两,占总金额的 30% 以上,平均1件的营业额为 1497.74 两。这些数字都远远高于其竞争对手日升昌集团。日升昌集团的日升昌和日新中(伍案:No. 6,8)承办的报捐业务仅有 18 件,涉及金额达 24719 两,平均1件的营业额为 1373.28 两。仅就这一帐册的记载而言,"蔚字五联号"积极地展开代办报捐业务,在竞争上超过了老对手——日升昌集团。

在承办金额方面,我们可以作出以下区分,即山西票号商人为 A 组(伍案:No. 1—13),其他金融机构为 B 组(伍案:No. 14—28),个人承办者为 C 组(伍案:No. 29—35)。在这一区分之下,A 组票号商人承办的报捐金额为总金额的 80%,其他金融机构的 B 组承办的报捐金额占 17%。而且,我们从【表-8-2】中可以看出,现职官

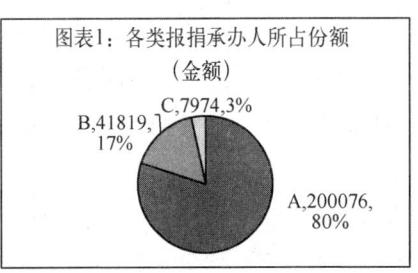

图表1:各类报捐承办人所占份额(金额)

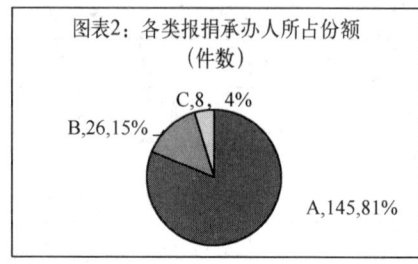

图表2：各类报捐承办人所占份额（件数）

僚在报捐时都是委托票号代办相关手续的。C组的个人承办者办理的报捐金额仅占总金额3％（伍案：请参见图表1）。这3组承办人在报捐者件数方面各占比率也呈大致相同的趋势（伍案：请参看图表2）。这样，我们从这一帐册资料可以看出，代办报捐手续的主体是票号等金融商人，而其中最主要的就是山西商人经营的票号。

四、票号间的竞争

票号商人之间围绕着承揽和代办报捐业务展开过激烈的竞争。我们从票号内部的商业书信可以看出竞争的状况和分析对手的记载。以下，笔者主要利用现存的蔚泰厚票号商业书信，就承揽和代办报捐业务的竞争状况作一个简要的介绍。

例如，道光二十四年（1844）四月二十三日，蔚泰厚票号苏州分号致函京都分号，其中说①：

> 再报苏地大势，功名以及钱店生意，咱号概不能做分文。皆因日升昌、广泰兴等号，今年以来收揽从九监生，加色漕平，二十二两微大些，二十、二十一两不等。照此弟等实无化算，是以只可不做，但不知伊等如何算法。

这里所说的日升昌是创立于道光三年（1823）前后的著名票号，属于山西票号中的平遥帮，长期以来是同属平遥帮的蔚泰厚的竞争对手。广泰兴也是山西平遥帮的票号，但具体情况不详。从书信的内容看，日升昌和广泰兴在承揽报捐"从九品"和"监生"的业务中采用减价竞争的方法，使对手的蔚泰厚票号感到不明底里，难以应付。

---

① 《山西票号史料（增订本）》，第1111页。并参照《山西票号资料　书简篇（一）》，第6—7页。

第八章 捐纳制度的实施与商人

为此,蔚泰厚票号京都分号在同年五月十六日的回信中就此写道①:

> 至云前号收揽捐项情形,伊等二十一即收,弟等核算,按咱二十六收账,实尚不敷其数,即将南北受会票项日期、贴费等等添在其中,焉能相补。再将京局仅余色银一两八钱均算在内,亦补不起,照此尚差银十期(伍案:七?)八两,想是伊等京中另有取巧之处,或者以图现为订兑用项,尚是希冀苏利一时之大区画也。但咱号如遇利佳,订兑用项虽可,然亦得顾算盘可敷否。其银号便宜处,实不敢领教。况亦非早年可比,近来焉能差许多。譬如苏先收银,及至京交兑上库,日期不要少算,按前拉后,折四十天,再加由京往苏一转,个月光景,共得利十两零。再加京贴费六、七、八两,苏曹平内三两余,再加京成色一两六、七,彻骨除净,尚短银八两。各处费许多周章笔墨等费,实实如兄来信,咱号难以收揽。现有仲祥兄由京局至苏,京局时势,一应办理,均可了然。弟等断断乎不敢稍存瞒含,至于耽误己号之处交易耳。只可只可。兄等随时高酌核算,办理是妙。

由信中可见,京都分号的负责人经过核算,得出的结果是,即便用成本最少的方法承办报捐,"尚短银八两",再加上"笔墨周章等费",实在"难以收揽"。他分析日升昌等采用此种经营战术或许是因为在"京中另有取巧之处",或是"图现",即急需现金,总之是对方为了在苏州争夺商业利益。但另一方面,京都分号的负责人也要求苏州分号审时度势,"随时高酌核算,办理是妙"。这一建议显然是出于对自身经营的全盘考虑。因为,一旦彻底放弃,那么在苏州的承揽报捐业务就会被对方抢走,进而影响到自身经营的其他方面。

同年六月一日,京都分号在致苏州分号的信中说②:

---

① 《山西票号史料(增订本)》,第1137页。并参照《山西票号资料 书简篇(一)》,第23—24页。
② 《山西票号史料(增订本)》,第1138八页。并参照《山西票号资料 书简篇(一)》,第29页。

> 所有捐项，真乃内紧外松。刻下库内收平加重，各号皆要每百两比前加平一两才收。此系常捐。其大捐目下大势，名字亦罕，只言照旧不涨。报知酌谅（伍案：量？）收揽为妥。

京都分号负责人在信中说明，在常捐项目下，因户部收纳捐项时加平涨价，故各票号也随之涨价，结果影响了报捐业务，形成"内紧外松"之势。信中说的大捐是指预定在同年九月末截止的豫工事例二卯，虽然没有加平涨价的消息，但是报捐者不多，希望苏州分号酌情收揽。

七月十三日，京都分号在致苏州分号信中全面地分析了代办报捐的业务，并且提出了相应的建议①：

> 至于常捐，如从九、监生，前信已报，各银号俱照旧不收，此刻果然。据弟等之见，至年尽有半载，南北过帐，虽无余剩，只可照旧。望兄等聪明合算，不误收揽为妙。唯大捐以此刻大势俱少，料想秋期各外省许有赶九月办理名字。望兄如大捐名字乘此赶办之际，切宜手松些，到（伍案：或？）许至临时交足。有宗项，胜无宗项，其银数几千两以及万数八千两者，更宜迁就让一二点，有益时多。此事不待弟冗呈，兄等久知。倘遇沾光，京苏何必拘定限制过帐，况限来数。十年间，咱号各处捐项，苏局首一，常局在二，其余不须指望。现在光景，时势所及，显非人力所为，奈何！

该负责人在信中首先通报了各票号因部库收银时加平涨价，以致无利可图，故暂时不受理报捐从九品职衔和监生业务的情况。然后，他表示到年底为止尚有半年时间，为了顾及营业受益，希望苏州分号"聪明合算"，以"不误收揽为妙"。关于豫工事例二卯的大捐业务，该负责人认为在九月底正式结束之前，会有外省人"赶办"，建议苏州分号"手松些"，放宽条件招揽业务。对于那些"其银数几千两以及万数八千两者"，更应"迁就"，以便"有宗项，胜无宗项"，并强调了"有益时多"，即维持与客户

---

① 《山西票号史料（增订本）》，第1142—1143页。并参照《山西票号资料　書簡篇（一）》，第45页。

之间的联系事关今后的业绩。我们从这一书信中可以看出,票号在承揽报捐代行业务的竞争中,一方面重视保证一定的营业收益,一方面也注意维持与客户之间的联系。

蔚泰厚票号的竞争对手日升昌票号也是同样,有时为了维持与客户的关系,甚至是贴钱办理业务。这一点由以下书信可以看出。

这一书信是日升昌票号的京都分号致汉口分号的,年月不详。信中提及为"杨长珩"代办廪贡加捐训导的手续说①:

> 今次杨长珩廪贡加捐训导一名,包来之银数,按咱号之平色上兑,均得与其贴银六两有余。俟开卯即与其上兑不误。但伊开来履历单,未曾开来内三代姓氏存殁。唯杨三兄在汉与咱素属至好,定要与伊着实办理,庶免后首烦渎。汉号未揽与其在部注册。向例,总得有在部注册一层,如不注册,吏部扣咨不与本省发文,而藩司不见部文,将来不能补缺。至祈将此情由面叙伊知,或其愿办与否,来信提明。若要注册,尚用印结银四十一两。

可见,鉴于与"杨三兄"之间关系"至好",日升昌票号京都分号首先说明虽然"贴银六两有余",即出现赤字,但是"定要与伊着实办理",请汉口分号放心。同时,京都分号提醒汉口分号,要当面问清杨长珩是否忘记报捐注册,因为如果不报捐注册,将来"不能补缺"。

由上述史料可见,在与同业的激烈竞争中,票号从大局出发,甚至不惜自身吃亏,也要维持今后与重要客户之间的信用关系。

第三节 代办报捐的利益

一、以往的观点

票号将承揽代办报捐视作自身业务的一环,当然期待着从中得到相

---

① 《山西票号史料(增订本)》,第836页。

应得营业利益。票号在将报捐者的报捐资金汇往北京时,可以得到一定数额得"汇水",还可以享受"得空期"的好处。"汇水"就是汇费,"得空期"相当于期票交易。如苏州分号在某月初一日承办一笔汇款业务,言明下月初一日在北京提取,中间相隔30天。这30天就是"空期",即办理一笔汇款时银钱在票号停留的期间。票号可以在此期间周转汇款,放贷获利。关于"汇水"和"得空期"的问题,已经有不少学者做过研究,恕不赘述①。以下主要分析与结费、馆捐和补平有关的代办报捐的利益问题。

关于这一问题,有些学者有如下见解②:

① 办理印结银两多寡不同,说明规定并不是固定的,有一个讨价还价的余地。

② 馆捐、补平、小费等捐纳银两上还可以讨价还价。

这一见解的根据很可能来源于以下将要介绍的史料③。该史料在介绍了结费、馆捐、小费、补平的规定之后说,"俟揽办时,斟酌加算可也"。

从上述学者们的说明中可以看出,他们将"斟酌"理解为"讨价还价",事情果真是那样吗?为了说明这一问题,我们首先来简要地看一看

---

① 黄鉴晖《山西票号史(修订本)》,第130—132页。张正明等《平遥票号商》,第44页。宋惠中《山西票商与官僚的非正式关系》,载《中国晋商研究》,第88—126页。"汇水"与"得空期"属于票号经营的常用手法,与报捐资金有关的"汇水"与"得空期"问题,尚待进一步研究。

② 黄鉴晖《山西票号史(修订本)》,第163—164页。张正明等《平遥票号商》,第33页。董继斌等《晋商与中国近代金融》,第190页。

③《山西票号史料(增订本)》,第759—760页。该史料集收录的这一史料有以下几点问题:

第一,该史料集编者未能明示这一史料原来是否有标题,令人遗憾。

第二,该史料是摘要公布的。从文中可知,原史料仅仅收录了12个省的结费资料。由此可以推知原史料很可能是一残本。而且,史料中12省和官职的排列顺序与清代的一般常识不符。究竟是史料原文如此,还是编者所为,目前无法判断。

第三,史料中开列的各项结费缺少名目,与清代的结费规定不符。以上述安徽印结的"郎中400"为例,这究竟是报捐郎中任官资格的所需结费,还是报捐郎中职衔的所需结费,亦或是现职郎中报捐加级的所需结费,一概没有说明。

第四,该史料集第759页注①中说,结费是"要上交吏部的"。此说有误。办理捐纳手续时,需要上交给吏部的仅仅是印结,而结费是由发行印结的印结局收取的。关于这一问题,请参看本书第3章。

该史料(伍案:标点从原文)。

> 安徽印结
>
> 郎中 400　员外 360　京六品 320　京七品 40　京八品 30　京九品 30
>
> 治中 130　副挥 100　直知州 160　知县 140
>
> 道员 210　知府 180　知州/运同 150　运副/判 120　同知/提举 120
>
> (以下略)
>
> 江苏印结(略)
>
> ……
>
> 以上所开各省〔计:直隶、山东、山西、河南、安徽、四川、浙江、江苏、江西、陕西、湖南、湖北等十二省〕印结,其馆捐大约每名十～二十两,小费大约每名二～三两,补平每百两加七八两不等,俟揽办时,斟酌加算可也。

以下,我们根据这一史料分析票号承办承办报捐所获利益的问题。

二、分析:结费、馆捐、小费

1. 结费

结费问题在本书第 3 章中已有说明。设在北京的各省印结局规定了结费的征收标准和方法,并且将相关规定刊布公示。所谓办理印结银两多寡不同,正是因为各省印结局对结费的征收标准不尽相同。可见,结费的征收是有固定标准的,在原则上并不属于"讨价还价"的对象。而且,结费不是由吏部,而是由各省印结局负责征收,并且以印结银的形式分配给身为印结局成员的五、六品京官的。总而言之,结费的数目不是由票号决定的,而是由印结局决定的。前面曾经提到蔚泰厚票号京都分号将"福建新涨印结单一纸"送往苏州分号,就是福建省出身京官组织的福建印结局发行的"结费涨价通知"。这样,从与发行印结有关的规定来看,结费是不能"斟酌加算"的①。

2. 馆捐

馆捐是在办理印结时与结费一起支付给印结局的"会馆捐"。在近代以前的中国,人们出于乡土意识,在北京和各大城市往往设有为本省人士提供食宿之便的会馆。会馆经营资金的一部分就来自会馆捐,故可以向利用者提供较为便宜的食宿。会馆捐与结费一样,也是按照一定标准征收的,其征收标准也同样刊布公示。以浙江省印结局代征会馆捐的规定为例,其标准是根据报捐者的官职和籍贯规定的。如浙江省宁波府出身的四品道员在报捐时,须缴纳宁波府馆捐银20两。而籍贯属于宁波府慈溪、鄞县、镇海三县之人,除了宁波府的上述馆捐之外,另外征收各县会馆的馆捐,同样以上述三县出身的四品道员为例,候补候选者须缴纳馆捐50两,实缺者则为100两。例如,鄞县籍的实缺四品道员在报捐时,印结局除了向他征收结费之外,还要代宁波会馆收取馆捐20两,代鄞县会馆收取馆捐100两②。原籍江苏省江宁县的李圭在委托源丰润票号为其代理报捐手续时,就支付了"江宁会馆捐八两,江苏会馆经费四十四两四钱四分"③。由此可见,馆捐也不属于"斟酌加算"的对象。

3. 小费

小费是印结局在收取结费征收的一种附加费用。它的征收也有一定的标准。例如,直隶印结局规定,对报捐封典之人,每一名征收小费"六吊文"④。可见,票号一方是不能为了增加自身赢利而任意"斟酌加算"小费的。上述史料中说"小费大约每名二～三两",这不是指"斟酌"的范围,而是说各省印结局规定的小费征收标准在银二至三两之间。

---

① 例如,《重订浙江印结简明章程》(清光绪年间浙江印结局刊本)中收录有关于结费的详细规定。黄鉴晖在《山西票号史(修订本)》的第163—164页中将"结费"混同于"印结银"。实际上,"结费"是印结局收取的印结发行费用,而"印结银"则是由"结费"转化而来的、由印结局根据规定向"出印结官"支付的津贴。
②《重订浙江印结简明章程》,代收园馆各捐。
③(清)李圭《人都日记》,光绪十三年八月二十一日,第22b页。
④《各省印结》(清光绪年间刊本),直隶。

总之,根据清代后期关于结费、馆捐、小费的征收规定可以知道,这些并非如某些学者所说,是可以"讨价还价"的对象"。如果这一推断不错的话,那么上引史料最后的"斟酌加算"所指的,并不是"讨价还价",而是指在收取各项报捐的费用时,应注意委托人的出身籍贯,然后按照该省印结局的规定加算结费、馆捐和小费。简而言之,代办报捐的利益并不是来自"讨价还价"的"加算"。

三、分析:补平(加平)和余平

前面曾经说过,清代的中国虽然是一个统一国家,但是国家对于在全国各地流通的银两的铸造标准,却采取一种自由放任的政策。在这种金融政策的影响下,国内市场上使用的银两在名称和规格方面不尽相同,银两的种类有上百种,而交易时必不可少的称量标准、即"平"则有"几百几千种"①。票号自身为了汇兑等项业务的进行,也规定有各自的称量标准,即"本平"或"咱平"②。在现代社会中,不同币种,例如外汇是根据一定牌价兑换的。这已经成为现代社会生活的常识之一。同样,在清代后期的日常交易活动中,有时会出现不同称量银两即"平"之间的折算,这时会要求消费者追加支付折算的差额,即"补平"或"加平"。此外,为了弥补银两在再次铸造时出现的损耗,还会要求消费者支付"加耗"或"火耗"。对于生活在当时的人们来说,这也是一种生活和经济活动的常识。

在承办报捐业务时,即便是同一位顾客交来的银两也不一定是同样规格、同样成色的。即所谓"但捐生捐项银两,俱由凑合,原难一色"③。而在各地营业的票号分号固然有其自身的"本平",但是每次交易时接触

---

① 清国驻屯军司令部《北京志》,第 566 页。広畑茂《支那貨幣史錢庄攷》,第 98—113 页。杨瑞六《清代货币金融史稿》,第 73 页。
② 《山西票号资料(增订本)》,第 694—695 页。
③ 云南道监察御史周有簠为制止市侩开设堂名包揽捐项奏折与折片,咸丰元年十一月初十日,《山西票号史料(增订本)》,第 24—25 页。

的也不可能都是同种银两。户部银库在收纳报捐款项时,无论对方交来何种银两,一律以"库平"为标准。各省印结局规定的结费也是按照各自的标准,即"局平"征收的。这样,一旦出现缴纳的银两低于某一征收者所定标准的时候,就需要"加平"或"补平"。这就是说,在缴纳报捐款项时常常要进行不同称量标准之间的折算,其间很有可能发生"加平"或"补平"。

在现代社会中,银行之间在兑换外汇时固然会依据某一基准牌价,但是还会再加上银行自身出于业务需要而征收的手续费,故顾客在不同银行以数目相同的本币兑换外币时,到手的外币数目不一定是相同的。与此同样,票号也是根据自身业务的需要,在"本平"的标准上"斟酌加算",征收"补平"或"加平"的。例如,咸丰元年(1851)闰八月十六日,蔚泰厚票号京都分号将计算"加平"的标准,即"捐项加平细单一纸"寄往苏州分号。同年十一月十九日,京都分号通知苏州分号,收纳捐项时要在"本平足银百两外加平八两"[①]。这些都属于金融行业内部的业务规定。当然,与现代的银行同样,票号只会向顾客说明"加平"的标准,至于制定该标准的理由通常是无须向顾客说明的。从顾客的角度来说,他们可能会知道不同金融机构的外汇兑换牌价或"加平"标准是不一样的,并以此决定自身的行动。但是,顾客作为一般消费者通常是不会去关心该标准是如何得出的。

在代办报捐业务是,关于"加平"和"补平"的行情,票号商人等最多只会将计算标准告知顾客,而不会解释为什么采用该计算标准。而顾客也会如同我们在现代去银行兑换外币时,不会提出超出常识范围的无理要求,例如提出以一比一将日元兑换成美元的荒唐要求。这些实际上就是一种商业常识和社会生活的常识。前面我们曾经举出过李圭的事例,现在再来看一看他的事例。李圭在北京所办手续之一是捐免保举,该项的报捐标准是"库平银一千两"。源丰润票号在和李圭结帐时,向他收取

[①]《山西票号史料(增订本)》,第1188、1198页。并参照《山西票号资料 書簡篇(一)》,第130—131、166—167页。

的捐免保举费用却是"银一千九十六两"。李圭出身江苏,根据江苏省印结局的规定,他需要缴纳的结费是"局平银五百五两五钱",折合"申银五百四十三两九钱三分"。两者之间的差额应该就是用于"加平"或"补平"的部分。根据李圭的日记记载,票号并没有向他说明具体的折算标准和计算方法,只是向他出示了"公事单"和"印结公局原单",他本人也没有就此提出质问①。与此同样,光绪七年(1881)六月,票号为江西省弋阳县知县欧阳骏(伍案:湖南籍)办理了捐免试俸,所需费用为"统共合本平足银一千二百五十两四钱",其中有银130.26两是用于"加平"、"补平"和"火耗"的支出。至于这130.26两的计算标准,票号方面没有任何说明(请参看【表-8-4】)②。

【表-8-4 欧阳骏捐免试俸历俸】(单位:银·两)

收纳机构	支付项目	金额
户部	正银	960.00
	加平火耗	124.80
	部饭银	32.64
吏部	行查吏部复片银	6.00
湖南印结局	试俸	60.00
	历俸	60.00
	随封	1.00
	补平	5.46
	局耗费	0.50
统共合本平足银		1250.40

史料来源:《屡年由京办过取结捐项折》。《山西票号史料(增订本)》,第757页。

票号在代办报捐业务时,往往设法通过复杂的折算,即通过以对自

---

① 李圭《入都日记》,光绪十三年八月二十一日,第21a—22b页。
② 《屡年由京办过取结捐项折》。《山西票号史料(增订本)》,第759页。"试俸"是捐纳出身官僚的试用期间,在此期间(伍案:通常为三年)结束后经过地方督抚甄别,捐纳出身官僚方可正式补缺。利用捐纳可以免除试俸。

身有利的"加平"或"补平"提高收益①。大德恒票号的一位从业人员曾经说,"票号在收交银两中,由于各路平砝的折合关系",会长余出来一定的银两,即"余平"。他说,这些"余平"就是票号在"营业以外的收入"。他说,由于票号熟悉产生"余平"的方法,故"除非在不得已的时候,总是选那些对票号有利的平砝从事收交的"②。

总而言之,票号在代办报捐业务时,往往利用自身的专业知识,通过称量标准之间的折算获得利益。

四、来自垫付报捐资金的利益

关于垫付报捐资金在前面已经提及。垫付报捐资金属于一种信贷行为,此举能够为票号带来多少利益呢?由于史料的限制现在尚无法得窥全貌,前人的研究也很少涉及这一问题。以下,我们根据票号内部的商业书信推测一下来自垫付报捐资金的利益。

从咸丰元年(1851)闰八月到次年二月,蔚泰厚票号京都分号受苏州分号委托,共处理了9件监生资格的报捐手续。京都分号在至苏州分号的信中,开列了为该9件报捐垫付的"咱平"金额。其详细如【表-8-5】。

【表-8-5 蔚泰厚票号得自代办报捐监生资格的部分利益】(单位:银·两)

京都分号寄出日	报捐者	垫付额	标准额*	差额**
闰八月三日	李锦堂	136.76	128.26	8.50
九月二十六日	李应元	137.99	128.26	9.73
九月二十六日	林肇成	137.99	128.26	9.73
九月二十六日	曹玉兰	139.82	128.26	11.56
九月二十六日	王成林	137.02	128.26	8.76
十一月二十九日	周珍宗	139.82	128.26	11.56

---

① 现在,我们很难知道票号利用"加平"和"补平"得到的利益。因为,我们首先无法知道报捐者是持何种银两前来办理相关手续的。
②《山西票号史料(增订本)》,第695页。

续 表

京都分号寄出日	报捐者	垫付额	标准额*	差额**
二月二十九日	钱修仁	137.74	128.26	9.48
二月二十九日	陈正清	137.74	128.26	9.48
二月二十九日	潘志仁	135.68	128.26	7.42

史料来源:《山西票号史料(增订本)》,第1187—1208页。
*《山西票号史料(增订本)》,第1202页。
**差额＝垫付额－基准额。

上述9件报捐手续固然有可能是票号直接办理的,由于没有史料可资证明,故在计算中采用了票号请银号代办时的标准,即"本平松江银一百二十八两二钱六分"。我们从以上各件的差额(伍案:平均差额为九两五钱八分)减去大约"几钱"的"往来笔墨之费"和大约1.4两的"寄照费",可以大致推知票号在垫付报捐资金时可能获得的收益。前引蔚泰厚票号京都分号在致苏州分号的信中,曾经提及"少做不如多做"的薄利多销的承揽报捐业务的方针。由此可见,每件垫付可以获得的收益大致在数两至十数两之间,利益率大约在10%上下。

五、"添设名目"的手法

由金融机构代办捐纳虽属当时社会的常识之一,但是在法律上毕竟属于非合法的行为。清朝政府也曾多次下令禁止,但是毫无效果。非合法的营业在光天化日之下公开进行,即便是现职的官僚也找上门来,委托金融商人代其办理报捐手续。从另一个角度来说,由于此种代办捐纳不受法律保护,自然也没有一定的条规,除去一些约定俗成的习惯之外,在承办者与委托者之间存在着一个在一定程度上可由承办者任意操作的空间。金融商人作为承办者,可以利用自身的专业知识和对报捐事务的了解,谋得利益的最大化。而他们的顾客,即委托他们代办报捐之人中,熟悉报捐规定和银两兑换知识的人应该是寥寥无几。对于大多数的报捐者来说,他们关心的是报捐的结果,而不是报捐的过程。也就是说,对于他们来说,与复杂的计算和换算相比,他们更关心所需资格能否尽早到手。包括票号在内的金融商人往往利用这种"消费者心理",在代办报捐手续时想尽方法追求利益的最大化。

咸丰元年(1851)十一月初十日,云南道监察御史周有簠在上奏文中指斥一些"市侩"借承揽报捐敛财,并且揭露了票号在承揽代办报捐业务时的手法[①]:

> 各省票号,虽不比开设堂名之市侩需索过多,亦每于正项外添设一二名目,向捐生包揽。

我们知道,票号之所以利用"于正项外添设一二名目"的手法,主要是因为普通报捐者对捐纳规定和官僚人事制度等缺乏足够的了解。如本书第2章中指出的那样,报捐规定本身的专门性相对较强,几乎很少有人是在熟知了报捐规定和人事制度的规定之后才去报捐的。这样,即便是被"于正项外添设一二名目",对于大多数的报捐者来说,他们实际上是一无所知,只能是按照票号的要求在付帐交银之后领取执照。

前面我们曾经举出委托源丰润票号代办"捐免保举"的李圭的事例,他对票号商人拿来的总额"京公砝足银一千八百二十二两六钱三分"的"公事单"上的各个项目,没有提出任何一个疑问。以办理报捐手续时须向吏部提交由同乡京官出具的识认印结为例,李圭自己就说,他完全不知道办理手续还需要这种印结[②]。这一事例说明,对于无数个类似李圭的报捐者来说,重要的不是计算的根据,而是捐纳的结果。正是报捐者的这种态度,在相当程度上助长了票号商人用"添加名目"的方法蒙骗报捐者。

上面介绍过的《屡年由京办过取结捐项折》一共记载了为20多名报捐者代办手续的情况,其中包括了各个项目的费用[③]。虽然从理论上说

[①] 云南道监察御史周有簠为制止市侩开设堂名包揽捐项奏折与折片,咸丰元年十一月初十日,《山西票号史料(增订本)》,第24—25页。
[②] 李圭《入都日记》,光绪十三年八月二十一日,第21a—22b页。
[③] 《山西票号史料(增订本)》,第755—759、760—761页。

根据报捐的相关规定可以对这些项目作逐一核实,但绝非轻而易举。倘若经过核实果真发现有被"于正项外添设"的"一二名目",只要金额相去不是很大,恐怕很少有人会为了此种区区小事花费时间和金钱去要求商人更正或取消,就算是和商人为此打官司兴讼,由于请商人代办报捐本身就是属于非合法的行为,故胜诉的可能性基本不存在。清代后期社会上流行"老西儿"是对山西商人的蔑称,我们从其中既可以感到对他们不满,也可以感到对他们的无奈①。一部分的票号商人正是利用这种"添加名目"的方法,在正常的收益之外追求更大的收益。

票号自身也承认,他们的营业利益中有相当部分来自代办报捐业务。曾经担任蔚泰厚票号京都分号负责人的李宏龄就曾经指出,"咸丰初年,筹饷例开,报捐者纷纷,大半归票商承办其事,而营业渐次扩张"②。蔚泰厚票号的一件文书上写道③:

> 我号自咸丰二年【残】,年年蒙天获利,几数十倍。

咸丰二年(1852)正是清朝政府为筹措镇压太平天国的军饷开办筹饷事例的第二年,该事例一直实施到光绪五年(1879),是清代实施期间最长的大捐事例。我们从这一史料可以看出,清末票号收益在很大程度上依赖着政府开办的捐纳。

实际上,各个票号究竟采用何种方法承揽代办报捐业务很难得窥全貌。票号商人们身处激烈的竞争之中,关系到票号收益相当部分的代办报捐业务的经营手段属于内部的"核心机密",轻易不会外露。如上所述,道光二十四年(1844)五月十六日,蔚泰厚票号京都分号在致苏州分号的信中就说过,就常理判断实在难以理解竞争相手的日升昌票号可以

---

① 清国驻屯军司令部《北京志》,第 531 页。关于山西商人的借贷问题,可以参看(清)吴趼人《二十年目睹之怪现状》,第九十六回,教供词巧存体面,写借据别出心裁,第 911—913 页;第九十七回,孝堂上伺候竞奔忙,亲族中冒名巧顶替,第 914—916 页。关于山西商人的势利,请参看同一小说的第八十八回,劝堕节翁姑齐屈膝,谐好事媒妁得甜头,第 827—828 页。
② 李宏龄《山西票商成败记》,序,第 177 页。
③《山西票号史料(增订本)》,第 1213 页。

减价承揽代办报捐业务的原因,只能猜测,"想是伊等京中另有取巧之处"。这里的所谓"取巧之处"很可能就是票号获得收益的秘密所在。

结　语

在本章最后,我想根据以上研究,就山西票号商人在捐纳制度实施中以及当时的中国社会中所起的作用作一个简单的分析[①]。

山西票号商人着手从事代办报捐业务这一点,对于捐纳制度在道光年间以后的运转具有非常重要的意义。如上所述,山西票号商人并非代办报捐业务的创始者,但是他们却将原来由各个商人独立从事的代办报捐业务变成了该行业整体参加的一项商业行为。遍布于国内各地的票号分号共同组成了一个报捐的业务网络,来自全国各地的报捐者的报捐资金就是通过这一网络流向北京,最终流入清朝政府的手中的。在这个意义上说,清代道光年间以后的捐纳制度正是因为山西票号商人主动与政府"合作",才得以维持运转的,而且在原有的基础上扩大了影响范围,使更多的人可以相对容易地利用国家的捐纳制度取得用于提升自身社会地位的功名。简而言之,山西票号商人参加到捐纳制度的运营之中,使这一制度原本具有的庶民性更为广泛。

为了维持捐纳制度的正常秩序,国家当然会作出相应的规定。例如,《铨选则例》中有关于捐纳出身者得缺的规定,以及每逢开办大捐时都会颁布相应的捐例。除此之外,捐纳制度实际的运转者——山西票号商人——在运用这一制度时对制度本身秩序的维护也是不可忽视的原因之一。制度如果没有一定的秩序,就无法发挥原本期待的机能,制定者也无法利用其达到原本期待的目的。与任何时代一样,清代也存在着

[①] 关于山西商人代办报捐的业务,有学者认为反映了山西商人支持清朝统治,具有"封建性"。见中国近代金融史编写组《中国近代金融史》,第113—114页。还有人认为,此举不过是通常的商业行为而已。史若民《从光绪廿二年至廿三年日升昌长沙分号流水账看票号资本的性质》,《中国晋商研究》,第189—208页。

不择手段地追求利益的市侩。前引云南道监察御史周有簠在咸丰元年（1851）十一月初十日的上奏中揭露在湖南省会长沙开办"中立堂"的市侩李家敏时说①：

> 仗伊堂叔候补京堂李象鹍与已革职之巡抚陆费瑔儿女姻亲，因与已革职之藩司万贡珍，同案被议之长沙府雷成朴往来交好，借势包捐，叠次与捐生互控有案。如辜梅林指捐未入，伊误捐从九，致辜梅林在善化县控告。又，陈伟齐指捐道库大使，伊误捐从九，陈伟齐不愿就从九，该县以如不愿就，止得咨部注销，陈伟齐无奈，遵断完案。又，青声远指捐布经历，伊浮开千余金，伊反在巡藩府县控告，委员陈知县勒令出京钱九百钱，青声远不允，该委员以如敢抗断，定行评革，青声远被逼，遵断了案。

周有簠在上奏中将李家敏的行为指斥为"市侩垄断罔利"。这种人的存在不仅破坏了捐纳制度的秩序，也深深地搅乱了地方社会的秩序。与这种"垄断罔利"的市侩相比，山西票号商人在营业方面拥有一整套规章制度，他们出于对自身营业利益的考虑，自然希望捐纳制度能够保持一个稳定和相对正常的秩序。正是因为如此，虽然票号商人之间在承揽报捐业务方面存在着激烈的竞争，但是他们按照一定的商业规则从事的代办报捐业务在客观上维护了捐纳制度内部的正常秩序。

清代后期的山西票号商人与清代中期以前的山西商人在以下的点上有明显区别。清代中期以前的山西商人是接受国家提供的资金，从事国家指定的事业。清代后期山西票号商人从事捐纳这一国家事业并非源于政府的"指定"，完全是在捐纳利益吸引之下的自发选择。这在一定程度上也带有时代的偶然性。指就是说，道光年间以后，刚刚诞生不久的票号商人注意到捐纳在当时频繁实施，有不少人希望通过捐纳改变自身的社会地位。他们以商人的本能敏锐地感到捐纳可以成为新的商机，

---

① 云南道监察御史周有簠为制止市侩开设堂名包揽捐项奏折与折片，咸丰元年十一月初十日，《山西票号史料（增订本）》，第24—25页。

而那些希望利用捐纳改变自身社会地位的人们可以被开拓成为新的顾客群体。于是,他们果断地将代办捐纳作为自身发展的机遇,主动地积极地参加到捐纳事务之中,开拓并在很大程度上占有了这一顾客群体。山西票号最初的发展高潮是在道光年间至咸丰年间,这一时期也恰恰是清朝政府频繁地开办大捐的时期①。如本章中指出的那样,票号自身也承认他们的发展成功离不开政府开办的捐纳。

毋庸赘言,代办捐纳仅仅是山西票号商人经营的业务项目之一,他们在此之外还从事着包括为中央和地方政府汇兑税金等收益性更高的经营项目。这一点突出说明了为什么在为数众多的商帮之中,只有山西的票号商人如此积极地与国家在捐纳问题上进行"合作"的原因。简而言之就是,山西票号商人继承了以往山西商人的传统,将自身的发展与国家的制度政策主动地联系在一起。

在本章的序言中曾经指出,早在明代,山西商人已经开始利用国家的"开中法"等制度政策,想方设法接近国家政权,以此作为谋求商业利益的手段,实现了自身的发展②。正是因为有着如此丰富的"遗产",故山西票号商人同样致力于建立与国家政权之间的联系,以此作为获利的工具。因此,他们不仅注意与皇族和官僚之间的私人关系,而且十分关注国家制度和政策的变化,努力寻找新的商机。正是为了这一目的,各票号派驻北京分号和各省会分号的负责人大多是"文雅干练之人材",其中还有出身于"举贡生员"者,有些人甚至与庆亲王奕劻、张之洞等保持了密切的关系。至于其他"商务码头"所在地分号,则派遣"计算周密、操守严谨"之人才,以便把守住经营的第一线③。如某君"聪明干练,都雅宜人,到处官场往来,大有饮醇自醉之风"。他担任分号老板,"不吝小费,起居衣食,亦备极讲究"。结果被"忌之者以奢侈谗于总号长"。该总号

---

① 黄鉴晖《山西票号史(增订本)》,第98—170页。
② 寺田隆信《山西商人の研究》,第335页。
③ 范椿年《山西票号之组织及沿革》,《山西票号史料(增订本)》第770页。

长的回答十分明了①：

> 某之奢，吾岂不知，然每年结利之多，他人皆不若伊。须知伊之奢，非奢也，其意实为号事计耳。盖不如此，则交游不广，官路不通，而利微矣。如伊之奢，何害也。请退与言。

这位"总号长"的上述表白，尤其是"官路不通，而利微矣"，言简意赅，实际上就是对山西票号商人的经营理念和经营文化的最为精准的说明。

山西商人这种积极主动地将自身价值的实现与国家的制度政策联系在一起的作法，在明清两代没有根本的变化。让人深感兴趣的是，这种作法既是促成山西票号发展到顶点的动力，也是它们走向衰退的原因。在中国社会中，就国家与商人的关系而言，国家无疑始终处于主导地位，商人始终处于从属地位。所以，国家可以根据自身的需要决定是否需要利用商人和以何种方式利用商人。一旦国家认为已经不再需要商人的"合作"，即可以轻而易举地将商人抛开。以山西票号商人曾经承办的税金公款的汇兑业务为例，当国家决定收归自己办理时，随即成立中国通商银行和户部银行，不费吹灰之力，就夺去了山西票号商人主要的利益来源②。

山西票号商人虽然因积极关注并主动适应国家制度政策的变化获得了事业上的成功，但是在形势发生变化的情况下，例如上述的清朝政府开办近代银行之后，山西票号商人固守成规，对社会发生的巨大变化没有足够的关注。等到切实感到这一变化带来的冲击之后，票号界整体却已经没有能力适应新时期的社会要求，趋于全面衰落③。票号在创立初期，将国家的制度和政策作为商机，曾经用不到 20 年的时间，将票号

---

① 山西商业专门学校《晋商盛衰记》，第 14 页。《山西票号史料（增订本）》第 770 页。
② 光绪二十二年（1896）九月二十六日，盛宣怀上奏要求开设银行。光绪二十七年（1897）四月二十六日，中国通商银行正式开办。杨瑞六《清代货币金融史稿》，第 346—349 页。
③ 仅有蔚丰厚票号于 1916 年改组为蔚丰商业银行。《山西票号史料（增订本）》，第 821 页。

的势力扩展到全国。但是,在 19 世纪末 20 世纪初中国社会发生巨大变化的时期,山西票号完全失去了往日的朝气和活力,终于和捐纳制度一起退出了历史的舞台。帮助了国家的商人在最终被国家"抛弃",这也许就是历史留给山西票号商人的局限。

终　章

笔者在本书序章中说过,本研究试图从官僚人事制度史和社会史两个侧面观察中国明清时期的捐纳制度。在本书结束的时候,应该向读者说明笔者通过这一研究获得的几点心得。

在中国明清时代,捐纳作为一项国家制度,对社会究竟发生了何种影响,产生过何种作用呢? 关于这一问题笔者想指出以下三点。

第一,与科举同样,捐纳作为社会流动的工具发生过十分重要的作用。何炳棣曾经指出,唐代以后,科举制度对社会流动和社会变化产生过重大影响,几乎没有能够与之相匹敌的其他因素。近年,以科举学为代表的一系列研究在论证这一点上作出了很大贡献①。的确,从唐代以后中国社会的人才教育和选官的角度,以及社会成员的上升流动的角度来看,科举制度无疑发生了十分巨大的作用。也正是因为如此,学者中有人将宋代以后的中国社会形象地称为"科举社会"②。

但是,不应该忘记,何炳棣所说的"社会流动和社会变化"主要是指

---

① Ping-ti Ho(何炳棣), *The Ladder of Success in Imperial China : Aspects of Social Mobility, 1368—1911*, Columbia University Press, New York, 1964, p. 259. 关于"科举学"的研究不胜枚举,刘海峰在《科举学导论》中对此有比较系统的论述,请参看。
② 例如,日本学者近藤一成著有《宋代中国科举社会の研究》。

取得做官的出身资格。从他的研究对象——科举——来看,这一结论无疑是正确的。可是,人的社会流动贯穿着人的一生。用整个人生来观察的话,为了做官而取得进士、举人乃至监生等出身资格,不过是社会流动的一部分而已。这就是说,取得这些出身资格并不意味着人生的社会流动的结束,而仅仅是社会流动的一个阶段的结束和另一个阶段的开始。实际上,对于那些考上进士或举人的成功者来说,取得做官的出身资格仅仅是构成他们人生链条中的一个环节——当然是重要的环节——而已,并不是人生的最终目的。如果我们将观察的范围从取得做官资格这一狭小视角扩大到整个人生的话,就可以相对全面和客观地分析包括科举和捐纳在内的各种社会流动工具所具有的效能或功能。

笔者在本书中已经明确指出,至少在明清社会中,捐纳与科举同样,都是社会成员在致力于上行流动时使用的工具。例如,庶民利用这一工具可以取得做官的资格,即从俊秀一跃成为监生这一享有双重特权的身份。在明清两代,成为监生之后可以直接参加乡试,从而免去了童试、补廪和出贡等等的竞争和烦恼,更重要的还在于,监生还是利用捐纳获得其他较高职位官僚铨选资格的基本条件。遗憾的是,长期以来,学界在研究中对于中国明清时期的社会流动产生过巨大作用的捐纳制度没有给予足够的重视。

实际上,视捐纳与科举同为出身之途的看法早已存在。北京大学图书馆收藏有一部《各省印结》。该书记录的是履行捐纳手续时缴纳结费的规定,书面有如下题记:

> 昔时士人从科甲谋出路,其中又分进士举人及五贡……富家子弟则捐纳一途可进。天下各得其平,各展其才,有何患哉?览而有感,谨识之。京宦记。

可见,写下这一题记的"京宦"认为,"士人"通过科举谋出身,而"富家子弟"则通过捐纳谋仕途。虽然笔者对这一观点持有保留意见,但是"京宦"将科举与捐纳视为同样的出身方法这一点应该说点到了问题的本质。

关于这一点,我们不妨通过近藤秀树在瞿同祖研究的基础上所作的统计,再做一次确认。

【表-终-1 清代知州知县的出身资格】

年　　代	科目者	捐纳者	其他	合计
雍正二年(1724)	967	296	83	1346
	72	*22*	*6*	*100*
乾隆十年(1745)*	1011	266	153	1430
	71	*19*	*11*	*100*
乾隆三十五年(一七七〇)	1175	235	55	1465
	80	*16*	*4*	*100*
乾隆五十一年(1786)	1076	288	82	1446
	74	*20*	*6*	*100*
嘉庆六年(1801)	1107	234	115	1456
	76	*16*	*8*	*100*
道光二十年(1840)	1037	285	134	1456
	71	*20*	*9*	*100*
道光三十年(1850)*	915	311	196	1422
	64	*22*	*14*	*100*
咸丰四年(1854)	965	332	123	1420
	68	*23*	*9*	*100*
同治元年(1862)	669	544	184	1397
	48	*39*	*13*	*100*
光绪二年(1876)	699	590	127	1416
	49	*42*	*9*	*100*
光绪二十二年(1896)	777	523	103	1403
	56	*37*	*7*	*100*
光绪三十三年(1907)	697	539	141	1377
	51	*39*	*10*	*100*
宣统二年(1910)	773	509	124	1406
	55	*36*	*9*	*100*

史料来源:近藤秀树《清代の捐纳と官僚社会の终末(上)》,《史林》(京都、史学研究会),第46卷第2号,1963年3月,知州知县出身表,第95页。*为引自瞿同祖的统计(瞿同祖《清代地方政府》,表(四):州县官的出身背景,第37页)。
说明:表中斜体字为四舍五入后的百分比。

该表中的"科目者"为享有进士、举人等正途出身资格之人,"捐纳者"为通过捐纳得到贡生监生等杂途出身之人。从该表的统计中可以看出,知州知县中捐纳出身者通常占 20%—30%,有时甚至高达 40% 左右。虽然"科目者"在整体上占有优势,但是捐纳作为社会流动工具的重要性已经不可忽视。笔者在本书第 5 章中介绍了光绪年间的《江苏同官录》。通过该书记载的 435 名官僚履历可以知道,占总数大约 80% 的 345 名官僚在取得做官的铨选资格和升进资格时利用了捐纳。这样,如果我们将获得出身资格、捐升和捐复都包括在内的话,至少捐纳在清代后期作为社会流动工具的重要性将更加突出。

第二,捐纳在相当程度上支持着科举,两者之间存在着千丝万缕的联系。恐怕无人否认科举制度在明清中国社会中发挥的巨大作用。但是,科举制度作为现实中的活生生的制度究竟是什么?或者说对于生活在现实社会中的人们来说科举究竟是什么?这些似乎被当作不问自明的问题,在研究中被有意无意地忽略了。以亲身经历了科举全过程的商衍鎏老先生的说明为例,在他的笔下,清代科举考试系统被描绘为童生→县试→府考→院试→乡试→会试→殿试,县试府试院试的合格者被录取为生员,生员等考中乡试就可以得到举人资格,经过会试和殿试合格的举人被授予进士资格。宫崎市定也基本上依上述图示对清代的科举制度做了说明,即准备考试→县试→府试→院试→岁试→科试→乡试→举人复试→会试→会试复试→殿试→朝考①。无论是商老先生根据亲身经历的说明,还是宫崎市定运用京都学派以坚实的史料为基础的叙述,两者都为读者提供了一个标准的、单纯的图式。读者通过这些著作通常会对科举制度有如下认识,如果想获得正途的出身资格就必须发奋苦读,循序赶考。毫无疑问,这种图式从科举制度构成的观点来看完全是正确的。但是,如果将科举制度视为曾经存在于现实社会中的活生生

----

① 商衍鎏《清代科举考试述录》,第 39 页。宫崎市定《科举—中国の試験地獄》,《宫崎市定全集》,第 15 卷,本书最初由东京中央公论社刊行于 1963 年 5 月 25 日。

的制度的话,那么我们在前人辛勤耕耘的基础上还应该继续前进。

由本书第1章中曾经分析过的罗玘和马一龙的事例可以看出,明代中叶以后存在着利用捐纳取得乡试资格的途径。生员或庶民利用捐纳取得贡生或监生的资格之后,便可以凭借这一资格越过众多考试,和那些苦读多年的生员一样,直接取得参加乡试的考试资格。简而言之,这就是一条利用杂途谋取正途出身的途径。在注重"最终学历"的习惯与制度之下,他们只要在乡试考中举人并且入仕为宦,亦可以在"登科录"或《爵秩全函》之类的书中以正途的身份留名。倘若又成为进士的话,当然在履历中留下的记录就是正途出身的进士。即便他们本人并不一定刻意掩饰回避捐监的经历,但是社会关注的热点在他的最终学历。从这个意义上说,我们有必要重新审视前面介绍过的瞿同祖和近藤秀树的统计数据。因为他们的统计基本上是以《爵秩全函》一类的官僚名簿为基础,分别对担任知州知县的"科目者"和"捐纳者"进行统计,进而区别出"正途"与"杂途"。但是,由于《爵秩全函》在记载出身资格时是以"最终学历"为基准的,故尽管有些人是通过捐纳取得乡试的下场资格的,但是在这一统计中却无法反映。换句话说,在上述统计中的"科目者"者中,有一部分无疑是被统计方法遮盖的"捐纳者"。实际上,何炳棣在他的著作中已经指出《爵秩全函》的局限,注意过正途出身者利用捐纳的问题①。

在商衍鎏和宫崎市定描绘的科举图式之下,或者说科举制度巨大的身影之下(伍案:这种身影的存在既有客观的原因,也有主观的原因),我们往往不容易看出实际上曾经存在着一条通过捐纳取得乡试下场资格的捷径。在研究中存在一种自觉或者不自觉地将科举与捐纳,正途与杂途相对立的倾向,认为捐纳出身者主要是商人②。但是,从利用"杂途"的

---

① Ping-ti Ho(何炳棣),*The Ladder of Success in Imperial China:Aspects of Social Mobility,1368—1911*,Columbia University Press,New York,1964,pp. 49-50.
② 近藤秀树《清代の捐納と官僚社会の終末(上)》,《史林》(京都、史学研究会)第46卷2号,1963年3月,第97页。艾尔曼(Benjamin A. Elman)《再生産装置としての明清期の科挙》,《思想》(东京,岩波书店),第810号,1991年12月,第110页。

461

手法谋求,而且实际上谋求到"正途"出身者除了"富家子弟"的商人之外,也不乏"士人"及其子孙。在第一章中已经介绍过这方面的几个事例。此外,相信是大家都熟悉的《儒林外史》中的著名人物周进就不是什么"富家子弟",而是要靠"丁祭的胙肉"才能每年改善一次生活的乡间塾师。"黑瘦面皮,花白胡子"的周进之所以能够考中举人,随后连捷进士,进而衔命衡文,首先要归功于为他凑钱捐监的几位"客人"。这就是说,周进是靠着捐纳才得以迈出通往正途出身的第一步。由此可见,捐纳在很大程度上支持着科举。我们有理由认为,捐纳制度是使科举制度得以维持正常运转的装置之一。同样在第1章中,笔者根据其他学者的研究已经指出,明代进士的大约一半左右来自国子监的监生,而明朝中后期的人早已说过,当时监生的70%左右为捐纳入监者,这一点也说明了捐纳制度以不易被我们发觉的方式维持着科举制度的正常运转。

第三,捐纳是具有十分广泛的庶民性的制度。与科举制度一样,除"贱籍"以外的所有社会成员都是捐纳制度的适用对象。科举制度除了要求一定的学历之外,还要求得以维持长年求学和往返赶考的经济能力①。但是,对于试图利用捐纳制度谋得出身资格的人来说,所需要的仅仅是捐纳贡生或监生的财力。因此,此处所说的"庶民性"是指包括向他人称贷和得到援助在内,只要有一定数量的金钱,任何人都可以公平地利用这一制度,甚至可以不依靠科举求得自身社会地位的上升。

关于这一点,前面曾经介绍过的"京宦"的题跋值得令人深思。笔者已经指出,对于他将依科举求出身的"士人"和循捐纳谋出身的"富家子弟"相对立的看法持保留意见,但是他认为,无论是利用科举还是捐纳,"天下各得其平,各展其才,有何患哉?"由此可见,在他的意识之中,从

---

① 齐如山曾经引用民谚对科举的及格条件做过十分形象的说明,即"一财二命三风水,四积阴功五读书"。可见,"财"是最最重要的条件。齐如山《中国的科名》,第2页。关于科举考试与经济能力的关系,请参看潘光旦、费孝通《科举与社会流动》,《潘光旦文集》,第10卷,第112—131页。本文原载《社会科学》(北平,清华大学),第4卷第1期,1947年10月。关于江南士人的经济生活,可以参看顾鸣塘《〈儒林外史〉与江南士绅生活》,第71—158页。

"各得其平"的观点来看,与带有庶民性特征的科举同样,捐纳也带有庶民性的特征。

清代中期以后,捐纳一名监生的金额在大约需银100多两。康熙年间,参加童试的府县两考至少需银10两,这当然还不包括学习所需的各种费用①。但是,究竟要参加多少次童试才能考中生员是无法预测的。捐监时60多岁的周进"苦读了几十年的书",以他的门生范进在54岁前后已"考过20余次"计算,他考童试的次数应该与弟子不相上下。如此来看,捐纳一名监生与考中生员在结果上属于殊途同归,都可以获得乡试的下场资格,用银100两左右捐得监生甚至可能比"苦读几十年"要划算。至于举人进京赶考一次需银600两,远远超过捐纳监生和低级官职的费用②。由此可见,利用捐纳制度取得出身资格的门槛决非高不可攀,从利用条件上来说,它在某种程度上甚至低于科举制度。所以,我认为,从为庶民敞开提高社会地位的大门这一点来看,捐纳制度的"门"远比科举的"门"来得高大宽阔。

我们将捐纳视为与科举同样的社会流动的工具,它实际上还带有以下的特征。

第一,作为社会流动工具的长期有效性。科举无疑是做官的工具。如同将它形象地比喻为"敲门砖"一样,一旦取得了正途的出身资格,虽然与其后的升官晋级并非全无关系,但是它作为工具的职能就基本结束了。通常来说,在官僚人事方面正途的科举出身者优于杂途的捐纳出身者。但是,仅凭借着一个正途出身是否可以保证早日得官,或者保证今后能够尽快升迁,则另当别论。在这个意义上,科举好像一个"一次性"的工具。但是,捐纳则不同,它是一个可以无数次使用的工具。在本书的第5章中已经论述过,对于人们来说,捐纳不仅是可以用来取得出身资格的工具,而且还是获得升迁资格的工具。而且,利用捐纳谋求升迁

---

① 中国第一历史档案馆编《清代档案史料丛编》第10辑,何凤岐题报考之童生应纳银助饷事,第145—146页。
② 宫崎市定《科举——中国の試験地獄》,第193页。《宫崎市定全集》,第15卷,第419—420页。

是允许包括进士举人等正途出身者在内的所有官僚自由使用的工具。总而言之,只要有官僚的身份,捐纳是始终可以使用的工具。

第二,防止下行流动的机能。笔者在本书中已经指出,科举作为社会流动工具的职能主要体现在上行流动的方面。但是,科举对于防止公务中得到的各种处分所带来的下行流动没有防止或减轻的机能。与科举相反,捐纳在支持上行流动的同时,还具有如下机能,即对于事先可以预见的下行流动采取预防措施的自我防卫机能(伍案:如捐加级),和遭到处分之后的补救机能(伍案:如捐复)。在本书第 6 章中介绍了不问正途还是杂途出身官员都可以利用这两种机能改善自身处境的情况。而且,被褫夺了正途出身的进士举人还可以循捐纳的方法"恢复"自己的正途出身。

第三,灵活性。科举作为社会流动的工具,其使用者原则上只能是本人。虽然其亲属师友会附带地享受某些荣耀,但是前提是他本人必须在指定的时间前往指定的地点,根据指定的范围参加指定的考试,并且必须及格考中。否则,他就无法享受科举这一道具所能带来的恩惠。与科举相比,只要是在实施期间,捐纳不仅没有如同科举那样严格的时间限制,无论是本人——哪怕本人是刚刚呱呱坠地的婴孩,还是亲友,亦或是包揽此项业务的商人,都可以使用这一工具,出面办理有关手续。一时无法准备好足够资金的人,甚至可以通过亲友的帮助乃至借贷按揭的方法利用这一工具达到自身的目的。这也就是说,捐纳是无论何时何地、无论使用何种手段、无论为了何种目的都可以使用的社会流动工具。在这一点上,捐纳显示出远比科举灵活的一面。

这样,我们可以认为,捐纳在明清时期中国的社会流动方面具有的重要性在某些方面超过了科举制度,在统治阶级的再生产方面也是发挥了重要作用的装置之一。对于一个普通的庶民来说,能够在社会上尽快获得可以为他带来利益的身份、地位和名誉的工具,不是正途的科举,而是杂途的捐纳。对于国家来说,能够尽快向社会成员提供满足他们的种种需要,并由此而获得他们在政治上的支持和财政上的支援,也同样不是正途的科举,而是杂途的捐纳。捐纳本身所具有的这些特征,也是导致这一倍受诟病的制度在中国明清时期得以长期存在的原因之一。

毋庸讳言,捐纳为官僚、为社会带来了腐败。在这个意义上,捐纳既是社会身份和地位的再生产的工具,也是不断地导致腐败再生的工具和侵蚀普通社会成员心灵的工具。在中国明清时代的各种制度当中,尽管自问世以来前后的大约500年间始终发挥着巨大的作用,但始终遭受批判攻击者,恐怕只有捐纳制度了。在此介绍对捐纳制度进行批判的几个事例。

康熙三十年(1691)五月,监察御史陆陇其上奏指斥保举的捐纳问题[①]:

> 近因有捐纳一途,县令之中,遂不免贤愚错杂。幸皇上洞见其弊,特立保举之法以防之……夫保举所重,莫重于清廉。故督抚保举,必有清廉字样,方为合例。若保举可以捐纳,则清廉二字可以捐纳而得也。

陆陇其虽然没有反对实施捐纳,只是反对可以通过捐纳取得保举,但最终还是被解职。类似这样的议论一直存在到清代末年。

对捐纳的批判也来自民间。例如,乾隆五十三年(1788),湖南省衡州府耒阳县的生员贺世圣著《笃国策》。由于他"自幼深恨捐官一途,阻碍士子登进",故在书中列举"开捐害民之处"和"捐纳官员为害地方"。担任审理此案的官员认为,贺世圣"将开捐之事,反复指斥,肆意狂吠",被问以"大逆"之罪,"合依大律凌迟处死,仍传首该犯原籍地方枭示。"最后,贺世圣被乾隆皇帝"从宽改为斩决"[②]。

实际上,清代的皇帝们并不否认捐纳所带来的弊端。就在认可贺世圣死刑的上谕之中,乾隆皇帝也承认,"纳赀授官,本非善政"。乾隆皇帝

[①] (清)吴光西等《陆陇其年谱》,第184页。
[②] 《清代文字狱档》,第3册,贺世圣笃国策案,第1a—7a页。《清高宗实录》,卷一千三百九,乾隆五十三年七月甲申,第25册第647—648页。

如此表述十分值得玩味。尽管"不善",但毕竟是"政"。既然是"政",就不允许民间人随意说三道四。故反对这一"不善"之"政"的人,就要被剥夺生存的权力。这就是专制独裁者的逻辑。

道光二十九年(1849)十一月初五日,道光皇帝当面对张集馨说:

> ……我最不放心者是捐班,他们素不读书,将本求利,廉之一字,诚有难言①。

由此可见,包括皇帝在内的明清时代的人们,无论他们的行动如何,在观念上对捐纳制度具有的负面成份有着明确的善恶判断。但是,为什么这一为社会带来腐败要素的制度没有被断然废止呢?我认为,历代政府的财政需要,应该是该制度一直延续到清末为止的最大的原因。关于这一点,嘉庆皇帝有过明确的说明:

嘉庆十四年(1814),嘉庆皇帝在同意实施"豫东事例",以便为"军需河工"筹集经费时发布了如下上谕②。

> 现在军需河工,各项动用,均出常年经费之外。国家度支有常,实不能不豫为筹备。斯时既别无善策,姑照所请,暂开豫东事例,著各该部会同妥议条款具奏。此朕万不得已之举,非以捐例为必可行也。诸臣食君之禄,皆当忠君之事。除此次曾经交议者,无庸再行渎奏外。其余各大臣果有真知灼见,能为裕国之策者,必须字字确切,毫无流弊,不准泛论,纸上空谈,仍犯议论多而成功少之病。如确有把握,立能济军需河工之用,奏上时,朕采取施行,即将捐例停止。若止言捐例之弊害,而别无良谋,其言皆朕所稔知,毋庸虚陈奏牍也。

---

① (清)张集馨《道咸宦海见闻录》,第 119—120 页。张集馨本人于道光二年(1822)七月在北京捐得国子监生,经录科后下场中顺天乡试第一百三十七名,道光九年(1829)会试及第后成为进士。可见,他本人虽然不是"捐班",但却是借助捐纳的方法得到正途出身的。在以后的宦海生涯中,他不仅自己捐,也为"各省相识者"代捐。他的家族之中还有人向"西贾"称贷数千两,捐得"双月知县"者。

② 《清仁宗实录》,卷二百八十二,嘉庆十九年正月己巳,第 31 册第 852—853 页。

终 章

当时,围绕着是否开捐的问题在政府内部发生过激烈的议论,反对派极言捐纳之弊,而推进派则主张开捐。平心而论,嘉庆皇帝在这里所说的可谓是肺腑之言。因为"国家度支有常",一旦出现特殊情况,在正常的国家财政范围之内确实无法对应。换句话说,在整个明清时期,由于国家财政制度是以田赋为基础的,加之田赋赋额又不能任意变动,所以在出现特殊情况时只能从增加田赋以外的渠道想办法应付财政开支增大的问题。嘉庆皇帝直言同意开捐乃"万不得已之举,非以捐例为必可行也"。同时,为了就此堵住反对派的嘴,要求他们提出"字字确切,毫无流弊"的"裕国之策"。他并且说自己熟知捐纳的弊害,如果仅仅为说明捐纳弊害的话就不要上奏。恰如许大龄先生所说,"观帝所云,语极沉痛,当时筹措无方,莫名焦悚之状,昭然可见"①。

由此可见,"稔知"捐纳弊害的嘉庆皇帝没有废除捐纳制度,同意了推进派的开捐主张,其主要原因应该是出于维持国家财政制度乃至维持国家机器运转的考量。虽然捐纳带来的正规财政外收入日趋下降,但是统治者们始终希望将捐纳作为保证财源的有效手段之一。事实上,中国明清时期的捐纳制度在相当长的时间里,先后支持了明清两代王朝的财政。即便是到了清代末年,随着厘金制度的形成和自国外借入"洋款",捐纳在国家财政中所占比重已经大幅度下降的情况下,尽管得自于捐纳的首日已经十分有限,清朝政府也始终没有放弃这个弊大于利的制度②。

除去财政方面原因之外,政治以及社会方面的心理也是导致捐纳得以长期延续的理由。首先,捐纳制度中为防弊而设计的种种措施,例如,对报捐者的身份审查、要求报捐者必须有同乡五六品京官出具印结担保等等。本书中介绍的这些规定和法令在相当程度上防止了捐纳对政治与社会造成毁灭性的破坏,其结果给人以一种即使继续实施捐纳也无大碍的心理屏障。而且,如同本书第1、4、5章中介绍的那样,明清时代的

---

① 许大龄《清代捐纳制度》,载《明清史论集》,第49—50页。
② 罗东玉《中国厘金史》,第6—7页。岩井茂树《中国近世财政史の研究》,第89、127—128、488—490页。

人们对于近在他们身边的捐纳,尤其是对于以捐监应试和以升迁为目的的捐纳并没有表现出深恶痛绝,至少在实际行动中是这样。这种社会心理也导致了捐纳得以长期存在。此外,在本书第 6 章中介绍的捐纳特有的防止下行流动、和扭转社会流动方向的功能对于宦海中人是必不可少的,所以来自官僚或曰既得利益集团的"需要"也是捐纳长期未能废止的原因之一。

最后,附带说明一下捐纳的终结。

科举制度退出历史舞台是在光绪三十一年(1905)。科举制度的废止意味着从标榜重视人格和道德的中国传统官僚制向重视实际利益和行政能力的近代官僚制的转变。在此之前,围绕着改革八股文等问题进行过相当长的议论①。与此相比,根据许大龄的研究,关于废除捐纳以及废除捐纳后的财政措施的议论至少从嘉庆年间已经开始。其间提出的代替措施有崇节俭、开矿山、兴商务、行钞法、借国债、立银行等等。其中也不乏下令施行者,但是都未能在最终取代捐纳②。

二十世纪初的光绪二十七年(1901),清朝政府在经过义和团事变之后以"振兴庶务"为名,宣布"永远停止""实为吏治民生之害"的"报捐实官"。但是,"虚衔、封典、翎枝、贡监,及现行常例准捐各项"则不在停止之列,仅仅是要求"核议"其"究竟有无妨碍"③。宣统二年(1910),度支部编列了宣统三年(1911)的国家预算。在这部清朝统治最终年度的财政预算案中,岁入总额为"库平银 301910296 两",其中来自"捐输各款"的收入为 565 多万两,大约占岁入总额的 2%④。我们由此可以得知,清朝

---

① 王德昭《清代科举考试制度研究》,新形势·新教育·与科举的废止,第 161—249 页。
② 许大龄《清代捐纳制度》,第 166—170 页。
③ 《清德宗实录》,卷四百八十五,光绪二十七年七月壬辰,第 58 册第 4—6 页。"谕内阁,朕钦奉慈禧端佑康颐昭豫庄诚寿恭钦献崇熙皇太后懿旨,捐纳职官,本一时权宜之政。近来捐输益滥,流弊滋多,人品混淆,仕路冗杂,实为吏治民生之害。现在振兴庶务,亟应加意澄清。嗣后无论何项事例,均著不准报捐实官。自降旨之日起,即行永远停止,统限一个月内截数报部,毋得再请展限。其虚衔封典翎枝贡监及现行常例准捐各项,究竟有无妨碍,著该部核议,奏明办理。"
④ 刘锦藻《皇朝续文献通考》,卷六十八,国用考,第 471 页。

政府直到它统治的最后一刻仍然将捐纳作为财源,始终没有放弃。在这种情况下,捐纳作为一项实施了将近500年、横跨明清两代王朝的国家制度直到清朝统治崩溃之时才最终退出历史舞台。也就是说,捐纳和清朝的官僚人事制度一起被废止了。

综上所述,笔者说明了中国明清时期捐纳制度的构成和运用的实态,分析了该制度的影响和历史作用,其中包括该制度与科举制度之间存在的千丝万缕的联系。同时,说明了明清时期的人们为了自身社会地位的上升是如何看待并如何利用这一制度的问题。在此基础上,笔者就捐纳在明清时期政治和社会中所占的地位问题,和科举制度在明清时期的存在和运用形态问题提出了自己的见解。在此基础上,我们有必要重新考虑科举制度的作用,从而加深对中国明清时期社会流动问题的认识。

#　附录一　清代报捐者的群像
——《造送浙江赈捐第十三次请奖各捐生履历银数底册》的统计分析

在人类的历史上，政府为了解决自身的财政问题，有时会通过制定相应的法规制度，在此基础上向官僚和普通民众"出卖"官僚的任官资格和国家荣典等等，借以在由田赋、商税等构成的正规财政之外直接获得所需要的物资或可供政府任意使用的银钱。这种制度在清代以前的中国，乃至周边的日本、朝鲜半岛和越南等东亚国家，甚至中东的伊斯兰社会以及西欧社会都曾经存在过。在不同的时代和地域，这一制度呈现出不同的表现形态，产生的作用也是各自不同的。例如，在西欧世界绝对王政时期，这种制度的存在促成了近代官僚制的诞生，而在东亚的中国，这一制度虽然在一定程度上加速了传统官僚制的瓦解，但是没有带来新的官僚制度。这样，从卖官鬻爵的角度上看似相近的这一制度，在地球的东、西所发生的影响却是完全不同的。其中，曾经存在于东亚世界的清代中国的捐纳制度，是世界历史上此类制度的典型之一，也是中国式卖官鬻爵制度的完成形态。通过研究这一带有典型性的制度，我们一方面可以借以观察中国社会走过的道路，另一方面可以在此基础上对比东亚世界和西欧世界在人类社会发展史上走过的不同道路。进而言之，甚至有助于我们理解近代以后中国社会存在的卖官现象。

到目前为止，清代中国捐纳制度的研究主要集中于对制度结构和运用问题的分析,也就是说,以俯瞰的角度自上而下地观察捐纳制度。在以往的研究中,很多研究者都涉及了这一制度给社会带来的影响。但是,捐纳对于普通的庶民和官僚来说究竟是什么?捐纳究竟能为他们带来什么?换句话说,对于那些自下而上地观察捐纳制度、并且利用了捐纳制度的人来说,捐纳制度究竟能为他们带来什么"利益"呢[①]?

笔者在研究中,利用清代的政书、档案等史料分析了清代报捐制度和报捐的手续问题。同时,为了具体说明报捐的问题,笔者分析了包括金融商人在内的承揽报捐的问题[②]。但是,在笔者以往的研究中存在一个重大的不足,这就是报捐者具体是一些什么样的人物?他们用于报捐的费用究竟是多少?他们的报捐主要集中在那些项目上?这些问题实际上是关于捐纳制度运用的最最基本的问题。存在这一问题的主要原因是,笔者当初根本不知道报捐者名簿尚存于天壤之间。在关于清代报捐制度研究的最初的论文发表之后(伍案:该论文是构成本书第2章的主要部分),笔者有幸得到独立行政法人日本学术振兴会的资助,通过对日本国内外主要藏书机构的走访调查,终于确认了报捐者名簿的存在。

本文将利用笔者阅览过的一份报捐者名簿,通过对清光绪十五年(1889)江浙赈捐中报捐者基本情况的分析,探索清代报捐者的具体像。笔者梦想能够构筑一个关于清代报捐者资料的数据库,希望本文的介绍能够成为构筑该数据库的一个小小的尝试。

一

从本书第2、3、4章的叙述中可以知道,在报捐过程中会形成大量的文书。在这些文书中,记载了报捐者基本情况的名簿应该是车载斗量,不可胜数。例如,根据汤象龙的研究介绍,道光元年(1821)至道光三十

[①] 关于研究状况,请参看本书序章。
[②] 请参看本书第2、3、4章。

年(1850)之间,除北京之外全国共有 315825 人报捐了监生①。根据报捐的规定,这 31 万多人在报捐过程中应该会按地区、按年分等形成过相应的名簿。但是,恕笔者寡闻,以往关于捐纳制度史的研究中从未介绍过类似的资料。究其原因,其中之一恐怕是学界固然对捐纳保持着相当程度的关心,但是对这一问题对中国社会,尤其是对社会成员的影响没有足够的重视。还有一个原因恐怕是名簿类资料的价值往往不容易被认识。与《爵秩全函》和《搢绅录》等清代官僚名簿不同②,在处理报捐事务过程中形成的报捐者名簿实际上完全没有刊印行世的价值,而且一旦将执照发给报捐者本人、并且在通知其原籍州县之后,报捐时的名簿已经基本失去了使用价值,往往被束之高阁,任其虫蛀腐烂。进入近代以后,公私图书馆致力收藏的古籍主要是宋刻元刊、精校精印之书,或者是曾经名人之手的珍本。至于报捐过程中的公牍之一——报捐者名簿,很多在进入图书馆、博物馆和档案馆之前已经化为尘埃,难以寻觅。

【书影 1】↑

幸好,在日本东洋文库保存有一册报捐者名簿。《东洋文库所藏汉籍目录》将该名簿著录为,《造送浙江赈捐第十三次请奖各捐生履历银数底册》。2003 年暑假,笔者利用赴东京收集资料的机会,前往东洋文库阅览了这一资料(请参看书影 1)。

该名簿长 29.4 cm,高 17.7 cm。在最后一页上题有"光绪十六年十一月　日",其上钤有长方形的"浙江筹赈总局关防"。在名簿扉页有如下题记:

---

① 汤象龙《道光朝捐监之统计》,载《社会科学杂志》,第 2 卷第 4 期,1931 年 12 月,第 431—444 页。
② 关于清代的官僚名簿,请参看中岛立子《搢绅全书·中枢备览》所在目录》,《東洋文庫書報》(东京,东洋文库),第 9 号,1977 年 3 月,第 129—140 页;拙稿《前近代中国の職員録》,《大阪経済法科大学論集》(八尾,大阪经济法科大学),第 88 号,2004 年 10 月,第 59—82 页。

附录一　清代报捐者的群像

浙江赈捐核奖总局呈为造册请奖事。今将浙省赈捐案内第十三次各捐生请奖翎枝、衔封、贡监生履历银数造具清册,鳌送鳌核施行。须至册者。

计开

翎枝、衔封、贡监生共七百九十三名,实银十一万八千二百九十一两五钱。核数相符,理合登明。

在第 1 次阅览该名簿的 2003 年暑假,笔者对上述题记中的"浙江赈捐核奖总局",和"浙省赈捐案内第十三次"没有任何了解,故无从把握这一名簿的形成过程。以后,笔者在京都大学文学部图书馆偶然发现了一部题为《光绪十五年十月　日奉各宪札饬查明本省灾区筹办赈务抚恤卷》(伍案:请参看书影 2。以下简称为《赈务卷》)的公牍抄本。通过阅览这一公牍,笔者方才得知光绪十五年(1889)秋季在江苏省和浙江省发生了罕见的水灾,为了筹集赈灾资金,清朝政府在两江总督曾国荃、江苏巡抚刚毅、浙江巡抚崧骏等人的倡议下,开办了江浙赈捐。笔者以《赈务卷》为基础史料,完成了成为本书第 7 章的论文。也正是在这一过程中,笔者了解到,名簿中的"浙江筹赈总局"和"浙江赈捐核奖总局"就是当时在浙江省设立的统辖省内赈捐事务的机构。

关于该名簿的形成年代,有以下两点值得重视。

第一,名簿中记载的报捐项目包括,贡监(伍案:贡生与监生)、封典、虚衔、翎枝、顶戴。这些与《赈务卷》等史料中记载的始于光绪十五年(1889)冬的江浙赈捐的报捐项目完全一致。

第二,该名簿中记载了道员等 13 名现职地方官的姓名和籍贯、出身资格等人事资料。这些与光绪十六年冬季版的《大清搢绅全书》

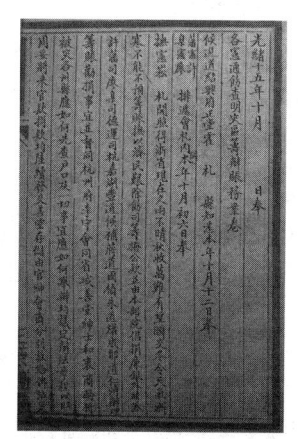

【书影 2】↑

473

的记载完全一致(伍案:见后述)。

总而言之,东洋文库收藏的这一名簿是光绪十五年(1889)末至光绪十六年(1890)末,江浙赈捐在浙江省实施时第十三期报捐者们报捐翎枝、衔封、贡监生的履历银数清帐,是一份可信程度很高的公牍资料。

在对这一名簿作详细确认之后,笔者发现,名簿中收录的报捐者总人数不是题记中所云"七百九十三名",而是"七百八十九名",所得"实银"的总数也不是"十一万八千二百九十一两五钱",而是"十一万八千三十七两五钱"①。

需要说明的是,这789名不是实际人数,而是报捐的总人数。其中,报捐2次的有58人,报捐3次的有5人。这样,实际报捐的人数为721名。笔者根据实际报捐的人数编制了【表-附-1:浙江赈捐第十三次请奖各捐生履历银数底册概要】,请参考。这种多次报捐的现象在清代司空见惯。对于一个需要报捐任官资格或者官僚虚衔的民间人、即俊秀来说,他至少需要报捐两次。第一次是以俊秀身份报捐监生或贡生资格,第二次是以捐生身份报捐任官资格或官僚虚衔。例如,浙江省杭州府海盐州籍的黄朝樑现年11岁,他首先以俊秀身份报捐监生(伍案:No. 554),然后以捐生身份报捐县丞职衔(伍案:No. 78),再以捐员身份报捐蓝翎(伍案:No. 1)②。

该名簿根据编制方式可以大致分为两个部分,①完全手书的部分,和②在事先已经印刷好的用纸上填写相关资料的部分。①是No. 1 - 142、No. 258 - 368,报捐者主要是捐员和捐生。②则主要是はNo. 143 -

---

① 究其原因,或许是该资料编纂者的计算错误,亦或是东洋文库所藏该资料有脱落,但目前无法确认。本文中的叙述谨根据笔者的统计结果。此外,该书扉页记载的人数与银数的部分有订正和添改的痕迹。如"七百九十三名"的"九十三"被用纸贴上,该纸上写有"八十八"的字样。在银数方面,"十一万八千二百九十一两五钱"的部分也是经过多次修改。如"二百九十一"的旁边写有"九百六十一",而在"二百九十一"之下还有无法识读的文字。再有,根据扉页题记,该名簿的乃由"浙江赈捐核奖总局"编造,这一名称与《赈务卷》中记载的"浙江赈捐核奖局"稍有不同。资料中No. 160报捐者的名字被记载为"闻人永泉",殊不可解。

② "No."是笔者根据名簿记载顺序编定的序号,"捐生"指捐纳出身的监生或贡生,"捐员"指捐纳出身的官僚资格或虚衔的保有者。

257、No. 369-789，报捐者主要是俊秀。前者请参看书影1。关于后者，兹举附表中 No. 715 为例。黑体并加灰色底色的部分为填写的文字。

> 俊秀张宗浚，现年三岁，身中，面　　须，系浙江省嘉善县人，报捐监生。缴实银五十四两，当即填给执照，理合登明
> 三代
> 　曾祖 应凤　祖 怀芳　父 文德

为了便于理解报捐者名簿史料，兹对上述内容中的各专门用语作一简要说明。

俊秀：尚无任何出身资格的汉族人。

现年：指报捐时的实际年龄。

身：指身高。通常填写者长、中、短。此处的身中指普通身高。

面：指脸部肤色。通常填写白、赤、紫等等。

须：指有无胡须。通常填写有须、无须、微须等。

此外，"系"字以下的部分填写籍贯，"报捐"以下的部分填写报捐项目，"缴实银"之后填写缴纳银两数目，"当即填给执照，理合登明"等为发给执照的相关套语。在"三代"以下的部分要分别填写报捐者曾祖父、祖父和父亲的名字。这里需要说明的是，如果报捐者或其三代的姓名有触犯"圣讳"之嫌，在报捐时通常会被要求改名。例如，道光二十四年（1844）八月初九日，蔚泰厚票号京都分号致信苏州分号，要求向委托人确认改名用字①：

> 再，郑步墀兄之功名，今部内驳出，伊曾祖名帝春，因帝字犯圣讳，总得更改才可办理。至日向前途叙明，或改何字，寄信示明。并非咱号可作主之事。

以下，笔者根据利用这一名簿统计所得，就光绪十五年（1889）江浙赈捐的实态谈几点看法。至于江浙赈捐，请读者参看本书第7章。

---

① 《山西票号史料（增订本）》，第1146页。另参见《山西票号资料　书简编（一）》，第56页。

二

以上扼要地介绍了《造送浙江赈捐第十三次请奖各捐生履历银数底册》。在本节中,将利用这一名簿资料对在光绪十五年(1889)至光绪十六年(1890)间实施的江浙赈捐中报捐者的情况一些简单的分析,希望能对捐纳制度在清代社会中的存在与作用有更为具体的了解。

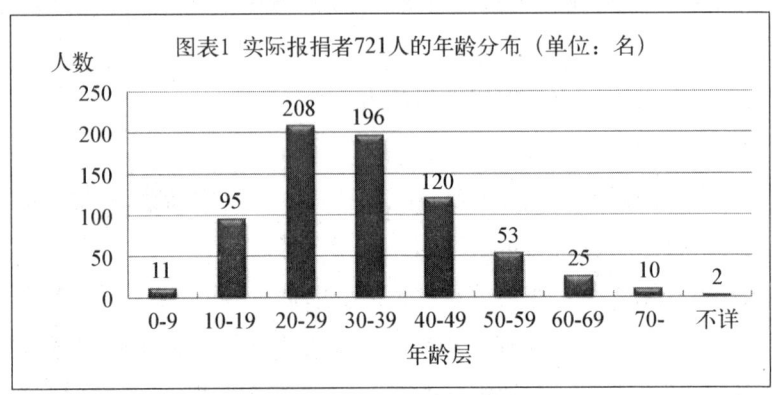

从上述【图表1 报捐者年龄分布】中可以看出,20—29 岁的报捐者最多,第二位是 30—39 岁的报捐者,两者相加,占到了实际报捐者 721 名的 56%。与此相关,在总数 225 名的 20—29 岁报捐者中,报捐时尚未取得任何出身的俊秀有 170,捐生 12 名,捐员 43 名。由此可知,20—29 岁报捐者的 75% 是第一次报捐的。从报捐项目看,在这 170 名俊秀中,有 143 名是报捐监生,27 名报捐虚衔。此外,在报捐了监生或虚衔的这 170 名当中,有 29 人又报捐了其他项目。

在这总数 789 名报捐者之中,有 12 名是 3—8 岁的儿童。除了 1 人报捐了两次之外,其他 7 人的报捐项目都是监生。在这 7 名报捐了监生的儿童当中,有 6 人报捐的是将来可以直接参加乡试、或者可以继续报捐任官资格等的"十成监生"。在清代后期,中央政府和地方当局为了尽可能地增加来自捐纳的收入,常常采用减价招徕,即将报捐基准额减成的方法。在清光绪十五年(1889)实施江浙赈捐时,对于那些在报捐监生时交足满额 108 两的人,给予他们"十成监生"的资格。相反,对于那些按照减半报捐的规定,在报捐监生时缴纳了 54 两的人,只是给予监生的资格。这种只有监生资格的人,将来在参加乡试,或者报捐任官资格等的时候,还要补足监生的差额,即补交 54 两①。此外,在报捐监生资格的人当中,年龄最高的是 70 岁的老人。

二、报捐者省籍分布

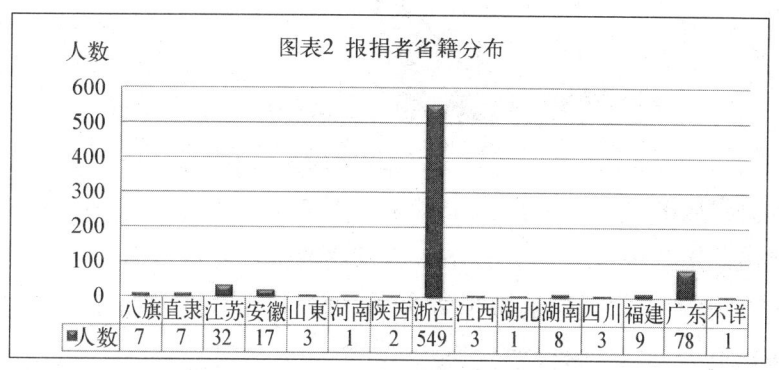

从【图表 2 报捐者省籍分布】可以看出,浙江省出身者占压倒多数,共有 549 名。清光绪十五年(1889)的江浙赈捐主要在江苏、浙江实施,在浙江省的实施是由编制了这一名簿的浙江赈捐核奖总局,即浙江筹赈总局主持的。名簿中省籍分布的情况这正好表明了该项赈捐的地方性。此外,近邻的江苏省、安徽省、江西省和福建省籍的报捐者相对较少,而来自相隔较远的广东省的报捐者在人数上仅次于本地籍贯之人。这种情况令人颇感兴趣。

三、浙江省籍报捐者府籍分布

我们从本帐册反映的第十三期报捐的情况,可以看出 549 名浙江省

---

① 在该史料中,除"十成监生"之外,还有"十成贡生"。

籍报捐者出身府籍的分布(【图表3,浙江省籍报捐者府籍分布】)。

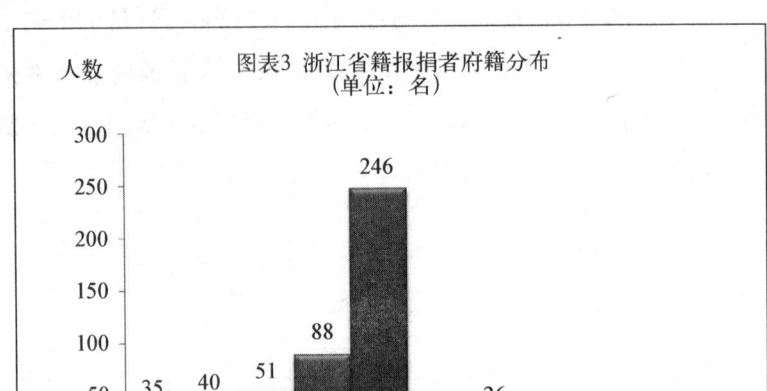

其中最多的绍兴府籍的246名,约占44％。来自光绪十五年(1889)受灾最严重,也是浙江省内经济较为发达的杭州府、嘉兴府、湖州府、宁波府,以及上述绍兴府的报捐者为459名,占浙江省籍报捐者总数的80％以上。

以下根据总人数来看一看报捐者的身份和报捐的项目。

四、报捐者身份

在该名簿记载的总数789名报捐者中,报捐时的身份大致如下:

俊秀　532名　67％

捐生　170名　22％(伍案:其中有武生1名)

捐员　87名　11％(伍案:其中有已满吏1名)

由此可见,报捐者的大部分是尚无任何出身资格的民间人。这里的"捐员"并不意味着都是现职官僚。在上述87名中,我们利用光绪十六年(1890)冬季版《大清搢绅全书》①可以确认的现职官僚有13名,即:

---

① 《大清搢绅全书》,清光绪十六年冬季京师荣禄堂刊本。

道员 1名(伍案:报捐花翎)

知府 2名(伍案:报捐花翎)

知县 6名(伍案:报捐花翎者3人,报捐虚衔者2人,报捐封典者1人)

佐杂官等 4名。

除了这13名现职官僚的捐员之外,还有候选候补官30名,仅有虚衔者44名。这些捐员们的报捐项目,几乎都是翎枝与封典。

与报捐者的身份相关的是报捐项目问题。

五、报捐项目

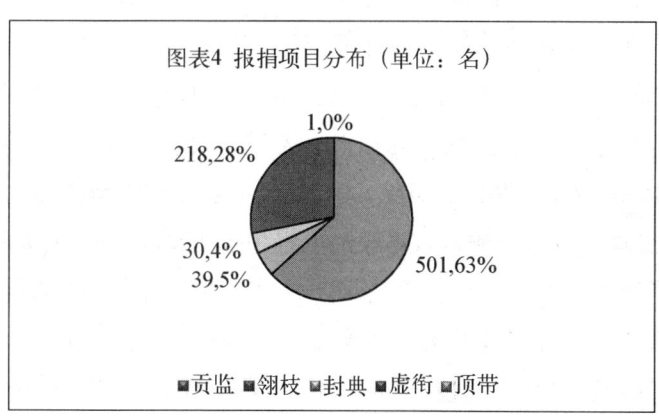

关于清光绪十五年(1889)江浙赈捐的报捐项目,笔者在第7章中已经作了简要的说明,即封典、虚衔、贡监、翎枝,以及二品以下顶戴。名簿中所载总数789名报捐者的报捐项目如下(【图表4 报捐项目分布】)。

从图表中可以看出报捐各类项目的人数分布。关于这一问题的思考,将在结语中言及。

六、报捐金额

最后看一看报捐金额(【图表5 报捐金额】)。

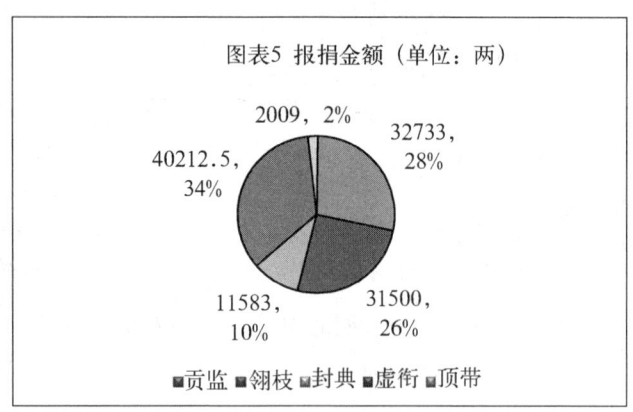

图表5 报捐金额（单位：两）

总计789名报捐者缴纳的总金额为银118037.5两,平均每人约为150两。占报捐者总数63%的501人报捐了贡监,他们缴纳的银两为32733两,占总金额的28%。如上所述,江浙赈捐中采用了减成报捐的方法,如果这501人在报捐时都是按照满额缴纳的话,这一数字还有进一步上升的可能。但是,仅占总报捐总人数5%的39人用于报捐翎枝的金额为31500两,占26%。可见,翎枝在此时已经成为地方赈捐中的"主力商品"。这一点从李鸿章致崧骏的电报中也可看出。在江浙赈捐即将结束的光绪十六年(1890)秋季,李鸿章为了当时准备开办的顺直赈捐能够顺利招徕,致电崧骏,要求尽快停止江浙赈捐。电报中说,"其零星奖票,务饬各局切勿并奖翎枝,致碍顺直捐路"。可见,李鸿章也将翎枝视为赈捐的"主力商品"[1]。而且,报捐翎枝的主要是现职和候选候补的官僚,其中不乏道员和知府。关于翎枝对于官僚们的意义,是一个十分令人感兴趣的问题,让我们留待以下讨论。

在所有的报捐者中,纳银最少的是"已满吏"俞光第(伍案:No. 234),他以银25两捐得从九品职衔;纳银最多的是"准补福州海防同知"徐承禧(伍案:No. 113,同知为正五品),他在上任前以银2873.5两报捐了"三品升衔"。

---

[1]《赈务卷》,第128b—129a页。

结　语

以上,笔者根据报捐者名簿,简单分析了在浙江省实施的江浙赈捐第十三期报捐者的基本状况。应该说,这一名簿所能说明的问题有着不可避免的局限。至少从报捐项目上来说,江浙赈捐不是可以报捐任官资格的大捐,只能报捐那些与文官铨选没有直接关系的贡监、翎枝和封典等属于常捐的项目。不过,从了解报捐者的具体情况的角度来说,上述数据是值得我们参考的,笔者在此仅仅就以下问题谈几点意见。

第一,占报捐者总数63%的501人报捐贡监出身。

究其原因,应该是笔者在本书第1章中曾经论述过的贡监生资格具有双重身份,即越过府州县试,直接参加乡试的身份,和直接报捐任官资格等的身份。在明清时期的中国社会中,这种双重身份实际上是上升成为统治阶层,即成为孔子所说的可以"治人"的"劳心者"的第一步。换句话说,报捐贡监出身,也是接近社会核心价值观①的第一步。此外,贡监身份不仅可以用来提升自身的社会地位,也可以成为现有社会地位的保障。在当时的社会中,即便是捐纳而来的贡生和监生资格也可以享受到相应的礼仪和司法等方面的特权。例如,他们在地方官面前可以不必下跪,在审判中可以不用出庭等等。如上所述,在报捐贡监的俊秀当中,绝大部分人没有进一步报捐其他项目。这些人很可能就是为了利用贡监身份保障目前的社会地位而报捐的。

第二,报捐虚衔和翎枝的意义所在。

名簿记载的报捐虚衔者为218名,占总数的28%。其中最值得注目的是,其中半数以上的121名俊秀报捐了从九品职衔。在官僚社会的金字塔中,这种从九品职衔位居最底层,甚至可以说无足轻重。但是,如此众多的俊秀以银40两捐纳"从九品职衔"的事实令人寻味。因为,对于

---

① 丸山真男《超国家主义の論理と心理》,载丸山真男《现代政治の思想と行動(新装版)》,第20—21页。

身处官界的人来说,从九品职衔犹如一片鸿毛,可是对于一般社会成员来说,从九品职衔毕竟属于"官"的一员。这也就是说,如果我们作一个换位观察,即不是从官界的角度,不是从官僚金字塔的上层俯视从九品职衔,而是从社会金字塔的最底层仰望的话,就可以发现,从九品职衔对于一部分社会成员和他们所从事的事业来说很可能有着非同寻常的意义。在当时的社会情况下,拥有从九品职衔的话,就可以享受作为官僚的身份、礼仪和司法等方面的待遇,就可以享高于普通社会成员的社会地位。所以,才会有如此之多的人去报捐一个微不足道的从九品职衔。在这个意义上,我认为这一问题似乎可以成为观察近代以前中国人乃至现代中国人的社会意识的线索之一。

报捐翎枝的问题在本书第 7 章已有说明。名簿所载报捐者为 39 名,仅占报捐者总数的 5%。但是他们缴纳的银两为 31500 两,占总金额的 27%。报捐翎枝者主要是现职官僚和候补候选的官僚,可以说翎枝对于生活在当时的人们来说,绝不仅仅是一个头上的装饰,而是一种身份的标志,即人们可以使用该装饰来向其他社会成员表明自己已经接近了社会的核心价值观,自身的地位已经有了相应的保障。

以下,笔者利用《造送浙江赈捐第十三次请奖各捐生履历银数底册》中的主要项目制成表格(【表-附-1】),供研究者批判和参考利用。表格中"No."根据名簿的原有顺序排定。

【表-附-1 浙江赈捐第十三次请奖各捐生履历银数底册概要】

No.		报捐时身份	姓名	年龄	本籍	捐纳项目	捐纳额
1	捐员	县丞职衔	黄朝樑	11	浙江海盐	蓝翎	500.0
2	捐员	盐提举衔	史悠扬	32	江苏阳湖	花翎	1000.0
3	捐员	浙江淳安县知县	陶恩泽	53	江苏阳湖	花翎	1000.0
4	捐员	两浙龙头厂大使	王锡礽	30	江苏清河	花翎	1000.0
5	捐员	布理问职衔	庄效超	44	江苏上元	蓝翎	500.0
6	捐员	同知职衔	王淼	47	江苏江宁	花翎	1000.0
7	捐员	光禄寺署正职衔	瞿开桐	64	江苏上海	花翎	1000.0
8	捐员	同知职衔	顾寿岳	33	浙江乌程	花翎	1000.0
9	捐员	同知职衔	张志汾	30	浙江余姚	蓝翎	500.0
10	捐员	盐大使	吴明钰	35	江西新建	花翎	1000.0
11	捐员	议叙班补用通判	裕恒	46	正黄汉军	花翎	1000.0
12	捐员	浙江诸暨县知县	胡永焯	58	安徽休宁	花翎	1000.0
13	捐员	员外郎	承厚	23	正白蒙古	花翎	1000.0
14	捐员	广东雷琼道库大使	陈汝寿	30	顺天大兴	蓝翎	500.0
15	捐员	州同职衔	林李源	27	福建龙溪	蓝翎	500.0
16	捐员	国子监典簿职衔	周培坤	32	浙江余姚	蓝翎	500.0

续 表

No.		报捐时身份	姓名	年龄	本籍	捐纳项目	捐纳额
17	捐员	知县候补班前尽先	冯兆松	52	江苏金坛	蓝翎	500.0
18	捐员	同知职衔	冯景周	24	浙江余姚	蓝翎	500.0
19	捐员	员外郎	陆学源	37	浙江归安	花翎	1000.0
20	捐员	同知职衔	龙锡颖	23	广东顺德	花翎	1000.0
21	捐员	州同职衔	陈光藻	36	浙江秀水	蓝翎	500.0
22	捐员	巡检新班先选用	钟寿康	29	浙江会稽	蓝翎	500.0
23	捐员	运同职衔	夏光熊	54	浙江上虞	花翎	1000.0
24	捐员	湖州府知府	锡光	55	镶红满洲	花翎	1000.0
25	捐员	试用同知	徐承燮	44	正蓝汉军	花翎	1000.0
26	捐员	州同职衔	余铖	31	安徽绩溪	花翎	1000.0
27	捐员	布经历职衔	曹鸿泽	23	安徽青阳	蓝翎	500.0
28	捐员	现任广东雷琼兵备道	朱采	58	浙江嘉兴	花翎	2000.0
29	捐员	员外郎衔候补大理寺左寺丞	葛维垣	44	直隶承德	花翎	1000.0
30	捐员	布经历职衔	夏彬生	44	江苏南汇	蓝翎	500.0
31	捐员	员外郎职衔	郑宗光	21	浙江鄞县	花翎	1000.0
32	捐员	县丞新班先补用	孙承泽	31	顺天大兴	蓝翎	500.0

续 表

No.		报捐时身份	姓名	年龄	本籍	捐纳项目	捐纳额
33	捐员	朴授广东廉州府知府	刘齐浔	47	福建侯官	花翎	1000.0
34	捐员	升朴惠州协右营右哨二司把总	祝时泰	37	广东归善	蓝翎	500.0
35	捐员	运库大使	周继仁	31	湖南益阳	蓝翎	500.0
36	捐员	调署广州协左营头司把总尽先千总	何廷扬	47	广东南海	蓝翎	500.0
37	捐员	委署含山县事	周凤梧	39	湖北咸宁	花翎	1000.0
38	捐员	同知职衔	钱康荣	36	浙江嘉兴	花翎	1000.0
39	捐员	州同职衔	伍学沂	30	广东顺德	蓝翎	500.0
40	捐生	监生	周昌熊	26	浙江上虞	同知职衔	1000.0
41	捐生	监生	唐荣元	15	江西德化	翰林院待诏衔	180.0
42	捐生	监生	邵祥骥	24	浙江乌程	太常寺博士衔	375.0
43	捐生	贡生	陆景献	23	浙江仁和	国子监典籍衔	180.0
44	捐员	进士签分刑部主事	葆平	37	满洲正蓝	员外郎升衔	1016.0
45	捐生	监生	张赐符	26	山东荣城	翰林院待诏衔	180.0
46	捐生	贡生	王思朴	23	直隶定州	主事衔	830.0
47	捐生	贡生	蔡祖彝	38	浙江嵊县	中书科中书衔	325.0
48	捐员	国子监典簿职衔	马格藻	13	浙江鄞县	光禄寺署正衔	270.0

续 表

No.		报捐时身份	姓名	年龄	本籍	捐纳项目	捐纳额
49	捐生	监生	潘世钧	49	浙江嘉善	中书科中书衔	325.0
50	捐生	监生	徐维湘	21	浙江会稽	詹事府主簿衔	325.0
51	捐生	监生	张祖槐	24	浙江余姚	光禄寺署正衔	450.0
52	捐生	监生	冯銮	36	浙江海宁	中书科中书衔	325.0
53	捐生	监生	王忠标	29	浙江余姚	中书科中书衔	325.0
54	捐生	监生	周培坤	32	浙江余姚	国子监典簿衔	250.0
55	捐生	监生	王恩培	28	浙江余姚	光禄寺署正衔	450.0
56	捐生	监生	包谦	16	江苏丹徒	翰林院孔目衔	160.0
57	捐生	乡试副榜	郑宗光	21	浙江鄞县	员外郎职衔	1383.0
58	捐生	监生	沈世鏶	47	浙江乌程	中书科中书衔	325.0
59	捐生	贡生	徐相唐	31	浙江龙泉	国子监典籍衔	180.0
60	捐生	监生	刘家熙	10	江苏上元	翰林院待诏衔	180.0
61	捐生	监生	顾润钰	38	江苏嘉定	光禄寺署正衔	450.0
62	捐生	十成监生	吴家棠	22	浙江归安	中书科中书衔	325.0
63	捐生	贡生	李焕章	60	—	翰林院待诏衔	180.0
64	捐员	选授泰顺县学教谕	徐森	38	浙江海盐	国子监典簿干衔	120.5

续 表

No.	报捐时身份		姓名	年龄	本籍	捐纳项目	捐纳额
65	捐生	监生	吴毓麟	6	浙江仁和	国子监典籍衔	180.0
66	捐生	监生	何庆潮	23	湖南道州	布理问职衔	150.0
67	捐生	监生	谢宝年	16	江苏常熟	布理问职衔	150.0
68	捐生	岁试拨入府学	俞殿荣	27	浙江嵊县	把总职衔	60.0
69	捐生	监生	叶广渊	45	广东嘉应	县丞职衔	100.0
70	捐生	监生	叶梦元	13	浙江仁和	州同职衔	150.0
71	捐生	监生	汤其濂	42	浙江乌程	同知职衔	1000.0
72	捐生	监生	王锡藩	31	浙江奉化	布理问职衔	150.0
73	捐生	监生	施承楷	40	浙江武康	州同职衔	150.0
74	捐生	十成监生	钱文彬	40	浙江海盐	照磨职衔	60.0
75	捐生	监生	叶鸿祥	29	浙江慈溪	同知职衔	1000.0
76	捐生	监生	潘祖德	26	江苏吴县	盐大使职衔	100.0
77	捐员	都察院七品笔帖式报捐知县	荣谦	35	满洲正蓝	同知升衔	634.0
78	捐生	监生	黄朝楝	11	浙江海盐	县丞职衔	100.0
79	武生	入学	张玉良	36	直隶乐亭	守备职衔	300.0
80	捐生	监生	陈云光	52	广东新安	同知职衔	1000.0

续 表

No.	报捐时身份	姓名	年龄	本籍	捐纳项目	捐纳额
81	捐生 贡生	谢克桐	62	浙江鄞县	盐大使职衔	100.0
82	捐员 进士即用知县	葛祥熊	35	浙江慈溪	同知升衔	634.0
83	捐生 监生	郑敏华	15	浙江秀水	州同职衔	150.0
84	捐生 十成监生	许鼎钧	19	浙江嘉兴	县丞职衔	100.0
85	捐员 分缺先选用盐大使	张嘉谋	37	浙江会稽	运判升衔	979.5
86	捐生 监生	黄泰如	33	浙江余姚	州同职衔	150.0
87	捐生 监生	马纯清	33	浙江海宁	布经历职衔	150.0
88	捐生 监生	洪昌彝	20	浙江余姚	县丞职衔	100.0
89	捐生 监生	袁在兴	39	浙江镇海	布理同职衔	150.0
90	捐生 监生	谢培	43	浙江余姚	县丞职衔	100.0
91	捐生 监生	周集成	22	浙江余姚	盐运司知事职衔	100.0
92	捐生 监生	陈之潘	33	浙江余姚	州同职衔	150.0
93	捐员 中书科中书职衔	冯景周	24	浙江余姚	同知职衔	675.0
94	捐生 监生	经宝源	33	浙江上虞	县丞职衔	100.0
95	捐生 监生	李国荣	35	广东鹤山	布经历职衔	150.0
96	捐生 监生	简容光	69	广东新会	州同职衔	150.0

续 表

No.	报捐身份	报捐时身份	姓名	年龄	本籍	捐纳项目	捐纳额
97	捐生	监生	伍联光	56	广东新宁	州同职衔	150.0
98	捐生	监生	伍镜湖	54	广东新宁	州同职衔	150.0
99	捐生	监生	梁凤芳	46	广东嘉应	州同职衔	150.0
100	捐生	监生	吴汝秦	10	江苏吴县	布经历职衔	150.0
101	捐生	监生	邹怀清	27	浙江山阴	州同职衔	150.0
102	捐生	监生	金莘康	19	浙江仁和	县丞职衔	100.0
103	捐生	监生	岑邦翰	24	浙江余姚	州同职衔	150.0
104	捐员	在部候选知县	陈祥燕	27	浙江慈溪	同知升衔	634.0
105	捐生	监生	李光裕	32	湖南长沙	布理问职衔	150.0
106	捐生	监生	徐廷贵	17	浙江乌程	布理问职衔	150.0
107	捐生	监生	谢杭	16	陕西安康	盐大使职衔	100.0
108	捐生	贡生	陈光藻	36	浙江秀水	州同职衔	150.0
109	捐生	监生	宋传俊	35	浙江会稽	同知问职衔	1000.0
110	捐生	十成监生	顾鸿藻	18	浙江仁和	布理问职衔	150.0
111	捐生	监生	沈成章	49	浙江德清	布理问职衔	150.0
112	捐生	监生	柴振坤	35	浙江镇海	州同职衔	150.0

续表

No.		报捐时身份	姓名	年龄	本籍	捐纳项目	捐纳额
113	捐员	准补福州海防同知	徐承禧	56	江苏六合	三品升衔	2873.5
114	捐员	知县双月选用	余钹	31	安徽绩溪	同知升衔	634.0
115	捐生	监生	曹家瑞	16	安徽青阳	盐大使职衔	100.0
116	捐生	贡生	徐赞唐	32	浙江龙泉	按知事职衔	100.0
117	捐生	十成监生	施肇会	25	浙江钱塘	县丞职衔	100.0
118	捐生	监生	孙国培	36	浙江仁和	布理问职衔	150.0
119	捐生	双月选用布理问	朱湘	52	浙江乌程	同知升衔	1472.5
120	捐生	监生	徐逢吉	34	浙江桐乡	布理问职衔	150.0
121	捐员	酌补昆山县知县	葛培义	43	湖南湘乡	四品顶戴	2009.0
122	捐生	监生	孙吉孚	45	浙江归安	布理问职衔	150.0
123	捐员	江西试用知县	郭立朝	39	湖南湘阴	同知升衔	518.5
124	捐生	监生	应约之	19	浙江永康	光禄寺署正衔	450.0
125	捐生	贡生	朱宝第	26	浙江海宁	国子监典籍衔	180.0
126	捐生	贡生	符谦	69	广东海康	按知事职衔	100.0
127	捐生	监生	张濂	49	广东顺德	州同职衔	150.0
128	捐员	准补广东海阳县知县	杜友白	48	河南孟县	同知升衔	519.0

续 表

No.	报捐时身份		姓名	年龄	本籍	捐纳项目	捐纳额
129	捐员	题朴广东长宁县知县	胡汝渊	52	陕西汉阴	同知升衔	519.0
130	捐员	举人拣选知县	陈赞襄	53	广东大埔	同知升衔	634.0
131	捐员	监生	马应铨	32	广东潮阳	守御所千总衔	200.0
132	捐生	监生	李朝铨	46	广东嘉应	同知职衔	1000.0
133	捐生	监生	郭玉麟	40	湖南长沙	同知职衔	1000.0
134	捐生	指分湖北试用通判	梁承润	40	顺天大兴	提举升衔	357.0
135	捐生	武学生员	郝云鹏	19	江苏高邮	把总职衔	60.0
136	捐生	监生	谢发双	43	广东文昌	按经历职衔	125.0
137	捐生	从九品衔	曾模	77	广东澄迈	按照磨职衔	90.0
138	捐生	十成监生	林辉春	32	广东文昌	按知事职衔	100.0
139	捐生	贡生	孙兆凤	27	浙江余姚	盐大使职衔	100.0
140	捐生	武监生	陈凤山	41	广东文昌	把总职衔	60.0
141	捐生	贡生	潘泰增	41	江苏南汇	州同职衔	150.0
142	捐员	广东朴用知县	陈庆膜	45	直隶玉田	同知升衔	519.0
143	俊秀		吴勤学	34	浙江仁和	从九品职衔	40.0
144	俊秀		许苹平	39	浙江天台	从九品职衔	40.0

续 表

No.	报捐时身份	姓名	年龄	本籍	捐纳项目	捐纳额
145	俊秀	黄澍寿	40	浙江余姚	从九品职衔	40.0
146	俊秀	殷伯纯	19	浙江嘉善	从九品职衔	40.0
147	俊秀	干德咨	47	浙江海盐	从九品职衔	40.0
148	俊秀	谢钟龄	32	浙江上虞	从九品职衔	40.0
149	俊秀	程宽远	20	安徽歙县	从九品职衔	40.0
150	俊秀	张嘉英	32	浙江山阴	从九品职衔	40.0
151	俊秀	陈廷范	11	浙江诸暨	从九品职衔	40.0
152	俊秀	张政渊	24	浙江海宁	从九品职衔	40.0
153	俊秀	龙兆基	12	湖南安化	从九品职衔	40.0
154	俊秀	韦锵	32	浙江东阳	从九品职衔	40.0
155	俊秀	许成周	34	浙江天台	从九品职衔	40.0
156	俊秀	许宝璋	29	浙江天台	从九品职衔	40.0
157	俊秀	郑铿	47	浙江浦江	从九品职衔	40.0
158	俊秀	钟文程	69	浙江浦江	从九品职衔	40.0
159	俊秀	方华资	64	浙江义乌	从九品职衔	40.0
160	俊秀	闻人永泉	34	浙江余姚	从九品职衔	40.0

续 表

No.	报捐时身份	姓名	年龄	本籍	捐纳项目	捐纳额
161	俊秀	史致升	38	浙江余姚	从九品职衔	40.0
162	俊秀	赵炳灿	60	浙江诸暨	从九品职衔	40.0
163	俊秀	骆维岳	27	浙江诸暨	从九品职衔	40.0
164	俊秀	柴富良	67	浙江山阴	从九品职衔	40.0
165	俊秀	王谋惠	63	浙江镇海	从九品职衔	40.0
166	俊秀	樊廷桂	51	浙江新昌	从九品职衔	40.0
167	俊秀	俞传钧	15	浙江海宁	从九品职衔	40.0
168	俊秀	金大生	44	浙江长兴	从九品职衔	40.0
169	俊秀	姚文光	37	浙江长兴	从九品职衔	40.0
170	俊秀	陈惟仁	37	安徽休宁	从九品职衔	40.0
171	俊秀	张树俊	44	浙江长兴	从九品职衔	40.0
172	俊秀	刘裕源	16	浙江长兴	从九品职衔	40.0
173	俊秀	戚远亭	16	浙江余姚	从九品职衔	40.0
174	俊秀	邓宝华	26	浙江余姚	从九品职衔	40.0
175	俊秀	邓宝和	19	浙江余姚	从九品职衔	40.0
176	俊秀	阮宝康	14	浙江余姚	从九品职衔	40.0

续表

No.	报捐时身份	姓名	年龄	本籍	捐纳项目	捐纳额
177	俊秀	吴正贤	29	浙江海盐	从九品职衔	40.0
178	俊秀	刘泉馨	62	广东新宁	从九品职衔	40.0
179	俊秀	李锦芳	52	广东鹤山	从九品职衔	40.0
180	俊秀	伍国瑞	71	广东新宁	从九品职衔	40.0
181	俊秀	伍凤翔	74	广东新宁	从九品职衔	40.0
182	俊秀	伍凤光	56	广东新宁	从九品职衔	40.0
183	俊秀	赵国材	51	广东新会	从九品职衔	40.0
184	俊秀	赵国瑞	57	广东新会	从九品职衔	40.0
185	俊秀	赵国勤	54	广东新会	从九品职衔	40.0
186	俊秀	蔡崇高	63	浙江鄞县	从九品职衔	40.0
187	俊秀	舒锡寿	28	浙江鄞县	从九品职衔	40.0
188	俊秀	毛沛然	47	浙江江山	从九品职衔	40.0
189	俊秀	朱圭	39	浙江上虞	从九品职衔	40.0
190	俊秀	吴作人	24	浙江长兴	从九品职衔	40.0
191	俊秀	周志彪	44	浙江诸暨	从九品职衔	40.0
192	俊秀	周维馨	20	浙江江山	从九品职衔	40.0

续 表

No.	报捐时身份	姓名	年龄	本籍	捐纳项目	捐纳额
193	俊秀	邵伯营	49	浙江余姚	从九品职衔	40.0
194	俊秀	邱楚良	33	浙江归安	从九品职衔	40.0
195	俊秀	张汝昌	21	浙江归安	从九品职衔	40.0
196	俊秀	吴兴宾	20	浙江归安	从九品职衔	40.0
197	俊秀	来晋瀛	22	浙江萧山	从九品职衔	40.0
198	俊秀	高犀	39	浙江山阴	从九品职衔	40.0
199	俊秀	陈启濂	54	浙江上虞	从九品职衔	40.0
200	俊秀	徐忠达	39	浙江长兴	从九品职衔	40.0
201	俊秀	宗昭	17	浙江嘉兴	从九品职衔	40.0
202	俊秀	王文蔚	26	浙江长兴	从九品职衔	40.0
203	俊秀	王椿林	55	浙江江山	从九品职衔	40.0
204	俊秀	吴光利	18	江苏元和	从九品职衔	40.0
205	俊秀	宋鸿玙	34	浙江上虞	从九品职衔	40.0
206	俊秀	苏晃	32	安徽黟县	从九品职衔	40.0
207	俊秀	黄廷奎	45	江苏宜兴	从九品职衔	40.0
208	俊秀	徐南凯	38	江苏宜兴	从九品职衔	40.0

续 表

No.	报捐时身份	姓名	年龄	本籍	捐纳项目	捐纳额
209	俊秀	汪立诚	62	江苏宜兴	从九品职衔	40.0
210	俊秀	汪文熙	43	安徽休宁	从九品职衔	40.0
211	俊秀	瞿元鳌	25	浙江黄岩	从九品职衔	40.0
212	俊秀	何承恩	27	浙江余姚	从九品职衔	40.0
213	俊秀	张修齐	21	浙江余姚	从九品职衔	40.0
214	俊秀	王秉璋	20	浙江江山	从九品职衔	40.0
215	俊秀	陈之英	25	浙江诸暨	从九品职衔	40.0
216	俊秀	李思滏	53	浙江会稽	从九品职衔	40.0
217	俊秀	张鋆	34	浙江会稽	从九品职衔	40.0
218	俊秀	罗元章	29	浙江嵊县	从九品职衔	40.0
219	俊秀	姚云瑞	38	浙江山阴	从九品职衔	40.0
220	俊秀	许宗慎	26	浙江山阴	从九品职衔	40.0
221	俊秀	吴中值	24	浙江仁和	从九品职衔	40.0
222	俊秀	陈珍璇	25	浙江仁和	从九品职衔	40.0
223	俊秀	陈珍玫	22	浙江天台	从九品职衔	40.0
224	俊秀	邱佳林	45	浙江天台	从九品职衔	40.0

续 表

No.	报捐时身份	姓名	年龄	本籍	捐纳项目	捐纳额
225	俊秀	王殿光	49	浙江临海	从九品职衔	40.0
226	俊秀	黄颂声	47	浙江临海	从九品职衔	40.0
227	俊秀	蒋寿昌	50	浙江金华	从九品职衔	40.0
228	俊秀	吴宝善	45	浙江桐乡	从九品职衔	40.0
229	俊秀	温东	49	广东嘉应	从九品职衔	40.0
230	俊秀	吴枫	43	江苏震泽	从九品职衔	40.0
231	俊秀	吕星善	45	浙江诸暨	从九品职衔	40.0
232	俊秀	胡旭升	32	浙江临海	从九品职衔	40.0
233	俊秀	蔡孔周	26	浙江临海	从九品职衔	40.0
234	已满吏	俞光第	37	浙江奉化	从九品职衔	25.0
235	俊秀	戴显达	62	浙江奉化	从九品职衔	40.0
236	俊秀	宋箴方	32	浙江奉化	从九品职衔	40.0
237	俊秀	楼观澜	28	浙江奉化	从九品职衔	40.0
238	俊秀	蒋芝亭	31	浙江奉化	从九品职衔	40.0
239	俊秀	张启纲	70	浙江奉化	从九品职衔	40.0
240	俊秀	张开纲	64	浙江奉化	从九品职衔	40.0

续 表

No.	报捐时身份	姓名	年龄	本籍	捐纳项目	捐纳额
241	俊秀	张宝恒	37	浙江奉化	从九品职衔	40.0
242	俊秀	俞敬凉	48	浙江奉化	从九品职衔	40.0
243	俊秀	王忠伟	41	浙江奉化	从九品职衔	40.0
244	俊秀	应上德	60	浙江奉化	从九品职衔	40.0
245	俊秀	俞德文	49	浙江奉化	从九品职衔	40.0
246	俊秀	庄成钧	46	浙江奉化	从九品职衔	40.0
247	俊秀	张祖俊	45	浙江永康	从九品职衔	40.0
248	俊秀	程义钟	68	浙江永康	从九品职衔	40.0
249	俊秀	胡自堆	61	浙江黄岩	从九品职衔	40.0
250	俊秀	郑祖荣	38	山东长山	从九品职衔	40.0
251	俊秀	路福崇	40	山东淄川	从九品职衔	40.0
252	俊秀	晏立功	23	四川富顺	从九品职衔	40.0
253	俊秀	雷正扬	36	广东归善	从九品职衔	40.0
254	俊秀	邓德光	51	浙江鄞县	从九品职衔	40.0
255	俊秀	李积荣	49	四川新都	从九品职衔	40.0
256	俊秀	刘士清	49	四川新都	从九品职衔	40.0

续 表

No.	报捐时身份	姓名	年龄	本籍	捐纳项目	捐纳额
257	俊秀	钟凤章	33	广东龙川	从九品职衔	40.0
258	监生	周畛	26	江苏荊溪	县丞职衔	100.0
259	同知职衔	叶鸿祥	29	浙江慈溪	封典	200.0
260	同知职衔	陈汝钧	—	浙江山阴	加级封典	1540.0
261	同知职衔	陈云光	52	广东新安	封典	200.0
262	布理问职衔	姚以钊	34	浙江德清	封典	150.0
263	州同职衔	郑槭华	15	浙江秀水	加级封典	575.0
264	州同职衔	郑槭华	15	浙江秀水	封典	200.0
265	贡生	范埕	46	浙江山阴	加级封典	462.5
266	浙江试用府经历	任步瞻	47	江苏宜兴	封典	200.0
267	贡生	范埕	46	浙江山阴	封典	200.0
268	中书科中书职衔	冯鋆	36	浙江海宁	封典	150.0
269	中书科中书职衔蓝翎	林李源	27	福建龙溪	加级封典	575.0
270	州同职衔	陈之藩	33	浙江余姚	加级封典	575.0
271	员外郎职衔蓝翎	谢元寿	37	浙江余姚	加级封典	1632.5
272	光禄寺署正职衔	王恩培	28	浙江余姚	封典	150.0

续 表

No.		报捐时身份	姓名	年龄	本籍	捐纳项目	捐纳额
273	捐员	知府衔指分江苏试用同知	顾寿乔	50	浙江乌程	封典	450.0
274	捐员	州同职衔	梁凤芳	46	广东嘉应	封典	575.0
275	捐员	布理同职衔	李光裕	32	湖南长沙	封典	150.0
276	捐员	同知职衔	宋传俊	35	浙江会稽	封典	200.0
277	捐员	运同衔江苏补用知府常熟县知县	吴康寿	—	浙江石门	封典	350.0
278	捐员	同知职衔	汤其濂	42	浙江乌程	加级封典	710.0
279	捐员	国子监典籍职衔	吴毓麟	6	浙江仁和	封典	100.0
280	捐员	州同职衔	周希增	30	广东归善	加级封典	575.0
281	捐员	升补太平府明江同知回籍修墓	李宗庚	62	浙江嘉兴	封典	350.0
282	捐员	内阁中书不论双单月分发行走	周景濂	51	广东归善	加级封典	463.0
283	捐员	同知职衔	郭玉麟	40	湖南长沙	封典	200.0
284	捐员	未入流职衔	钟凤章	33	广东龙川	封典	50.0
285	捐员	守御所千总职衔	马应凤	32	广东潮阳	封典	200.0
286	捐员	按知事职衔	符谦	69	广东海康	封典	100.0
287	捐员	州同职衔	张濂	49	广东顺德	封典	150.0
288	捐员	光禄寺署正职衔	应约之	19	浙江永康	封典	150.0

续　表

No.		报捐时身份	姓名	年龄	本籍	捐纳项目	捐纳额
289	捐生	岁试入学科试补增	萧世芙	35	浙江长兴	贡生	60.0
290	捐生	科试入学	张集成	28	浙江乌程	贡生	72.0
291	捐生	岁试入学	费赓飏	36	浙江乌程	贡生	72.0
292	捐生	入学后增补	王永燊	32	浙江兰溪	贡生	60.0
293	捐生	入学	王思朴	23	直隶定州	贡生	72.0
294	捐生	科试入学	朱凤逸	40	浙江余姚	贡生	72.0
295	捐生	科试入学	蔡祖彝	38	浙江嵊县	贡生	72.0
296	捐生	监生	金荣祖	26	浙江义乌	贡生	72.0
297	捐生	监生	陈钧	40	浙江义乌	贡生	72.0
298	捐生	科试入学	余愈芝	60	浙江余姚	贡生	72.0
299	捐生	十成监生	韩寿椿	22	浙江新昌	贡生	72.0
300	捐生	岁试入学	吕瀣	21	浙江嘉兴	贡生	72.0
301	捐生	岁试入学	张润祺	35	浙江余姚	贡生	72.0
302	捐生	科试入学	徐县沫	31	浙江山阴	贡生	72.0
303	捐生	科试拨入府学	范宗琅	35	浙江钱塘	贡生	72.0
304	捐生		孙锡祺	26		贡生	72.0

续 表

No.		报捐时身份	姓名	年龄	本籍	捐纳项目	捐纳额
305	捐生	科试拔入府学	储庚年	24	江苏宜兴	贡生	72.0
306	捐生	岁试拨入府学	朱涛	43	浙江余姚	贡生	72.0
307	捐生	科试入学科试增补	傅毓兰	48	浙江开化	贡生	60.0
308	捐生	科试入学科试增补	谢庆楼	49	浙江余姚	贡生	60.0
309	捐生	岁试入学	邵铭鼎	45	浙江余姚	贡生	72.0
310	捐生	科试入学	王孝思	54	浙江镇海	贡生	72.0
311	捐生	岁试入学	张兆秀	47	浙江鄞县	贡生	72.0
312	捐生	岁试入学	沈毓梧	34	浙江归安	贡生	72.0
313	捐生	监生	郭怀清	27	浙江山阴	贡生	72.0
314	捐生	监生	江国本	46	安徽婺源	贡生	72.0
315	捐生	监生	江国柰	34	安徽婺源	贡生	72.0
316	捐生	岁试入学	顾承焕	36	浙江海宁	贡生	72.0
317	捐生	监生	李廷楒	25	浙江海盐	贡生	72.0
318	捐生	科试入学科试增补	张晋绅	34	浙江归安	贡生	60.0
319	捐生	监生	陈之鋆	39	浙江新昌	贡生	72.0
320	捐生	监生	单化成	49	浙江嵊县	贡生	72.0

续表

No.	报捐时身份		姓名	年龄	本籍	捐纳项目	捐纳额
321	捐生	科试入学	岑乔	38	浙江余姚	贡生	72.0
322	捐生	岁试入学	马保衡	35	浙江嵊县	贡生	72.0
323	捐生	科试入学	宋维城	41	浙江嵊县	贡生	72.0
324	捐生	岁试入学	任翰章	44	浙江嵊县	贡生	72.0
325	捐生	岁试入学	朱邦彦	59	浙江义乌	贡生	72.0
326	捐生	岁试入学	徐廷荣	44	浙江秀水	贡生	72.0
327	捐生	岁试入学	屠文蔚	35	浙江秀水	贡生	72.0
328	捐生	岁试入学	沈秉经	17	浙江乌程	贡生	72.0
329	捐生	岁试入学	吴维潘	31	浙江龙泉	贡生	72.0
330	捐生	岁试入学	徐相唐	31	浙江龙泉	贡生	72.0
331	捐生	岁试入学	徐赞唐	32	浙江龙泉	贡生	72.0
332	捐生	监生	姚履诚	34	浙江遂安	贡生	72.0
333	捐生	科试入学	竺承简	35	浙江嵊县	贡生	72.0
334	捐生	监生	孙兰芬	43	浙江嵊县	贡生	72.0
335	捐生	科试入学	邹佐清	43	浙江会稽	贡生	72.0
336	捐生	附生	王铭	34	浙江临海	贡生	72.0

续 表

No.	报捐时身份	姓名	年龄	本籍	捐纳项目	捐纳额
337	捐生 岁试入学	陈庆绥	31	浙江山阴	贡生	72.0
338	捐生 科试入学	陈戒	42	浙江嵊县	贡生	72.0
339	捐生 科试入学	魏恕	36	浙江嵊县	贡生	72.0
340	捐生 科试入学	施彦彬	57	浙江仁和	贡生	72.0
341	捐生 岁试入学	许邦洽	28	浙江钱塘	贡生	72.0
342	捐生 十成监生	刘澄源	36	浙江镇海	贡生	72.0
343	捐生 岁试入学	林凤仪	47	浙江镇海	贡生	72.0
344	捐生 科试入学科试补廪	来受谦	33	浙江萧山	贡生	54.0
345	捐生 岁试入学岁试补廪	沈普成	32	浙江桐乡	贡生	54.0
346	捐生 岁试入学岁试补廪	汤彬	38	浙江萧山	贡生	54.0
347	捐生 入学	吴上桢	44	浙江浦江	贡生	72.0
348	捐生 十成监生	蔡鼎桑	37	浙江临海	贡生	72.0
349	捐生 监生	何其才	71	浙江义乌	贡生	72.0
350	捐生 岁试入学	殷作霖	34	浙江长兴	贡生	72.0
351	捐生 附生	谢榗	18	浙江余姚	贡生	72.0
352	捐生 附生	叶廷相	31	浙江慈溪	贡生	72.0

续 表

No.	报捐时身份	姓名	年龄	本籍	捐纳项目	捐纳额
353	附生	骆树棠	50	浙江义乌	贡生	72.0
354	附生	孙庚稷	42	浙江会稽	贡生	72.0
355	增生	孙瀚稷	40	浙江会稽	贡生	60.0
356	岁试入学	宋巧枌	24	浙江山阴	贡生	72.0
357	科试入学	郑之源	49	广东文昌	十成贡生	144.0
358	科试入学	周鹏翔	70	广东博罗	贡生	72.0
359	增生岁试补廪	唐纪勋	32	浙江嘉兴	贡生	54.0
360	附生	朱宝第	26	浙江海宁	贡生	72.0
361	监生	吴学谦	28	浙江奉化	贡生	72.0
362	监生	周景武	70	福建浦城	贡生	72.0
363	科试入学	洪启运	26	浙江镇海	十成贡生准予一体乡试	144.0
364	岁试入学	汪承晋	26	江苏昆山	十成贡生准予一体乡试	144.0
365	监生	毛瑞图	35	浙江义乌	十成贡生准予一体乡试	144.0
366	科试入学	顾浩	24	浙江仁和	十成贡生准予一体乡试	144.0
367	岁试入学	何炳元	27	浙江山阴	十成贡生准予一体乡试	144.0
368	俊秀	钱国光	19	浙江山阴	十成监生准予一体乡试	108.0

续　表

No.	报捐时身份	姓名	年龄	本籍	捐纳项目	捐纳额
369	俊秀	戴祥熙	31	浙江永嘉	十成监生准予一体乡试	108.0
370	俊秀	戴祥煦	27	浙江永嘉	十成监生准予一体乡试	108.0
371	俊秀	潘文锦	18	浙江新昌	十成监生准予一体乡试	108.0
372	俊秀	张联芳	47	浙江缙云	十成监生准予一体乡试	108.0
373	俊秀	张瑞廷	21	浙江缙云	十成监生准予一体乡试	108.0
374	俊秀	朱拱薇	32	浙江山阴	十成监生准予一体乡试	108.0
375	俊秀	朱烈	39	浙江会稽	十成监生准予一体乡试	108.0
376	俊秀	孙锡蕃	26	浙江会稽	十成监生准予一体乡试	108.0
377	俊秀	孙锡九	24	浙江山阴	十成监生准予一体乡试	108.0
378	俊秀	徐荣甲	21	浙江镇海	十成监生准予一体乡试	108.0
379	俊秀	陈亨嘉	32	浙江镇海	十成监生准予一体乡试	108.0
380	俊秀	张开锚	27	浙江镇海	十成监生准予一体乡试	108.0
381	俊秀	郑钟澜	23	浙江镇海	十成监生准予一体乡试	108.0
382	俊秀	李成章	18	浙江鄞县	十成监生准予一体乡试	108.0
383	俊秀	洪塘	21	浙江镇海	十成监生准予一体乡试	108.0
384	俊秀	苏达曙	19	浙江镇海	十成监生准予一体乡试	108.0

附录一 清代报捐者的群像

续　表

No.	报捐时身份	姓名	年龄	本籍	捐纳项目	捐纳额
385	俊秀	刘祖尧	25	浙江镇海	十成监生准子一体乡试	108.0
386	捐生	吴家棠	22	浙江归安	十成监生准子一体乡试	90.0
387	俊秀 岁试拨入府学	张传经	24	浙江余姚	十成监生准子一体乡试	108.0
388	俊秀	史悠颐	31	浙江余姚	十成监生准子一体乡试	108.0
389	俊秀	胡堂	22	浙江余姚	十成监生准子一体乡试	108.0
390	俊秀	何洋	20	浙江余姚	十成监生准子一体乡试	108.0
391	俊秀	何凤藻	21	浙江余姚	十成监生准子一体乡试	108.0
392	俊秀	吴家洽	14	浙江余姚	十成监生准子一体乡试	108.0
393	俊秀	许鼎钧	19	浙江嘉兴	十成监生准子一体乡试	108.0
394	俊秀	周斯陶	18	浙江鄞县	十成监生准子一体乡试	108.0
395	俊秀	周之兴	27	浙江鄞县	十成监生准子一体乡试	108.0
396	俊秀	林植墉	28	浙江鄞县	十成监生准子一体乡试	108.0
397	俊秀	席裕愳	17	江苏长洲	十成监生准子一体乡试	108.0
398	俊秀	陈祖方	37	浙江余姚	十成监生准子一体乡试	108.0
399	俊秀	陈振瀛	33	浙江新昌	十成监生准子一体乡试	108.0
400	俊秀	吴竟成	28	浙江东阳	十成监生准子一体乡试	108.0

507

续 表

No.	报捐时身份	姓名	年龄	本籍	捐纳项目	捐纳额
401	俊秀	朱宝华	25	浙江义乌	十成监生准予一体乡试	108.0
402	俊秀	吕瑄	21	浙江新昌	十成监生准予一体乡试	108.0
403	俊秀	徐承昌	8	浙江余姚	十成监生准予一体乡试	108.0
404	俊秀	徐承铣	5	浙江余姚	十成监生准予一体乡试	108.0
405	俊秀	徐承惠	4	浙江余姚	十成监生准予一体乡试	108.0
406	俊秀	徐承庆	6	浙江余姚	十成监生准予一体乡试	108.0
407	俊秀	陆炳奎	16	浙江乌程	十成监生准予一体乡试	108.0
408	俊秀	王承旦	20	浙江江山	十成监生准予一体乡试	108.0
409	俊秀	鲍宗禹	18	浙江会稽	十成监生准予一体乡试	108.0
410	俊秀	吴宗泰	28	浙江新昌	十成监生准予一体乡试	108.0
411	俊秀	石法祖	43	浙江新昌	十成监生准予一体乡试	108.0
412	俊秀	石俊阶	27	浙江新昌	十成监生准予一体乡试	108.0
413	俊秀	贾文达	16	浙江山阴	十成监生准予一体乡试	108.0
414	俊秀	李芳荣	72	广东新宁	十成监生准予一体乡试	108.0
415	俊秀	赵森	22	广东新会	十成监生准予一体乡试	108.0
416	俊秀	方积璆	20	浙江镇海	十成监生准予一体乡试	108.0

续 表

No.	报捐时身份	姓名	年龄	本籍	捐纳项目	捐纳额
417	俊秀	方积瑜	8	浙江镇海	十成监生准予一体乡试	108.0
418	俊秀	方积端	15	浙江镇海	十成监生准予一体乡试	108.0
419	俊秀	傅廉	27	浙江鄞县	十成监生准予一体乡试	108.0
420	俊秀	傅祺	19	浙江鄞县	十成监生准予一体乡试	108.0
421	俊秀	李绍晟	30	浙江山阴	十成监生准予一体乡试	108.0
422	俊秀	宋文渭	32	浙江会稽	十成监生准予一体乡试	108.0
423	俊秀	施肇曾	25	浙江钱塘	十成监生准予一体乡试	108.0
424	俊秀	孙德华	24	浙江仁和	十成监生准予一体乡试	108.0
425	俊秀	孙榖华	25	浙江仁和	十成监生准予一体乡试	108.0
426	俊秀	叶麟	16	浙江永嘉	十成监生准予一体乡试	108.0
427	俊秀	俞文明	39	浙江新昌	十成监生准予一体乡试	108.0
428	俊秀	俞品衡	17	浙江新昌	十成监生准予一体乡试	108.0
429	俊秀	杜子榆	18	浙江山阴	十成监生准予一体乡试	108.0
430	俊秀	潘鸣岐	28	安徽婺源	十成监生准予一体乡试	108.0
431	俊秀	余铺清	22	江西武宁	十成监生准予一体乡试	108.0
432	俊秀	盛世显	47	浙江镇海	十成监生准予一体乡试	108.0

续 表

No.	报捐时身份	姓名	年龄	本籍	捐纳项目	捐纳额
433	俊秀	华雏藻	24	浙江镇海	十成监生准予一体乡试	108.0
434	俊秀	杨瑜良	16	江苏阳湖	十成监生准予一体乡试	108.0
435	俊秀	詹鸿荫	27	浙江诸暨	十成监生准予一体乡试	108.0
436	俊秀	魏其臣	24	浙江嵊县	十成监生准予一体乡试	108.0
437	俊秀	魏贤齐	13	浙江嵊县	十成监生准予一体乡试	108.0
438	俊秀	黄星枢	28	浙江余姚	十成监生准予一体乡试	108.0
439	俊秀	周镐	8	浙江余姚	十成监生准予一体乡试	108.0
440	俊秀	王国宝	22	浙江余姚	十成监生准予一体乡试	108.0
441	俊秀	杨成灿	18	浙江余姚	十成监生准予一体乡试	108.0
442	俊秀	林辉春	32	广东文昌	十成监生准予一体乡试	108.0
443	俊秀	杜恒熠	43	浙江鄞县	监生	54.0
444	俊秀	马少白	30	浙江山阴	监生	54.0
445	俊秀	马恩	37	浙江山阴	监生	54.0
446	俊秀	王承钦	35	浙江江山	监生	54.0
447	俊秀	沈启涛	21	浙江秀水	监生	54.0
448	俊秀	吴文镛	31	浙江长兴	监生	54.0

续 表

No.	报捐时身份	姓名	年龄	本籍	捐纳项目	捐纳额
449	俊秀	朱锦标	18	浙江平湖	监生	54.0
450	俊秀	彭仁寿	22	福建崇安	监生	54.0
451	俊秀	张国清	22	福建崇安	监生	54.0
452	俊秀	吴永煌	53	安徽歙县	监生	54.0
453	俊秀	柴殿嗣	55	浙江江山	监生	54.0
454	俊秀	杨芜章	19	浙江新昌	监生	54.0
455	俊秀	张宗鉴	24	浙江遂安	监生	54.0
456	俊秀	方建玉	54	安徽绩溪	监生	54.0
457	俊秀	陈启堂	21	浙江镇海	监生	54.0
458	俊秀	谢崇宰	37	浙江镇海	监生	54.0
459	俊秀	陆昌浩	38	浙江鄞县	监生	54.0
460	俊秀	邵秉章	25	浙江鄞县	监生	54.0
461	俊秀	吴士茂	29	浙江鄞县	监生	54.0
462	俊秀	赵邦翰	24	浙江鄞县	监生	54.0
463	俊秀	楼绍采	39	浙江鄞县	监生	54.0
464	俊秀	张韶武	42	浙江嵊县	监生	54.0

续 表

No.	报捐时身份	姓名	年龄	本籍	捐纳项目	捐纳额
465	俊秀	张锦纶	36	浙江嵊县	监生	54.0
466	俊秀	裘馥初	23	浙江嵊县	监生	54.0
467	俊秀	喻传佐	34	浙江嵊县	监生	54.0
468	俊秀	尹文彬	16	浙江嵊县	监生	54.0
469	俊秀	裘观澜	25	浙江嵊县	监生	54.0
470	俊秀	楼寿祺	16	浙江嵊县	监生	54.0
471	俊秀	王家式	22	浙江嵊县	监生	54.0
472	俊秀	邢洪业	27	浙江嵊县	监生	54.0
473	俊秀	邢汝潘	21	浙江嵊县	监生	54.0
474	俊秀	罗士良	25	浙江归安	监生	54.0
475	俊秀	吴汝泰	10	江苏吴县	监生	54.0
476	俊秀	金莘和	19	浙江仁和	监生	54.0
477	俊秀	胡辅仁	25	浙江慈溪	监生	54.0
478	俊秀	卢崧	27	浙江海宁	监生	54.0
479	俊秀	许智达	24	浙江海宁	监生	54.0
480	俊秀	许知椿	22	浙江海宁	监生	54.0

附录一 清代报捐者的群像

续　表

No.	报捐时身份	姓名	年龄	本籍	捐纳项目	捐纳额
481	俊秀	唐诩勋	34	浙江石门	监生	54.0
482	俊秀	宗穆	4	浙江嘉兴	监生	54.0
483	俊秀	毛元鹏	20	浙江江山	监生	54.0
484	俊秀	张晋福	32	浙江归安	监生	54.0
485	俊秀	严扶	15	浙江上虞	监生	54.0
486	俊秀	岑邦翰	24	浙江余姚	监生	54.0
487	俊秀	陈之鋆	39	浙江新昌	监生	54.0
488	俊秀	张成鹤	44	浙江安吉	监生	54.0
489	俊秀	张恩永	20	浙江安吉	监生	54.0
490	俊秀	韩步蟾	31	浙江余姚	监生	54.0
491	俊秀	韩兰生	23	浙江余姚	监生	54.0
492	俊秀	黄瑞廷	23	浙江余姚	监生	54.0
493	俊秀	岑禹禅	32	浙江余姚	监生	54.0
494	俊秀	沈坦	33	浙江嵊县	监生	54.0
495	俊秀	吕金莹	50	浙江新昌	监生	54.0
496	俊秀	陈登灿	40	浙江嵊县	监生	54.0

续 表

No.	报捐时身份	姓名	年龄	本籍	捐纳项目	捐纳额
497	俊秀	何登云	33	浙江新昌	监生	54.0
498	俊秀	李光裕	32	湖南长沙	监生	54.0
499	俊秀	谢杭	16	陕西安康	监生	54.0
500	俊秀	谢锡荣	25	浙江乌程	监生	54.0
501	俊秀	陆永桂	20	浙江乌程	监生	54.0
502	俊秀	张焕斌	34	浙江乌程	监生	54.0
503	俊秀	张庆裕	21	浙江乌程	监生	54.0
504	俊秀	杨廷钰	47	江苏元和	监生	54.0
505	捐生	李树	35	浙江乌程	监生	45.0
506	俊秀	沈成章	49	浙江德清	监生	54.0
507	俊秀	洪雨春	30	浙江天台	监生	54.0
508	俊秀	胡凌云	44	浙江瑞安	监生	54.0
509	俊秀	苏锡禄	14	浙江钱塘	监生	54.0
510	俊秀	曹家瑞	16	安徽青阳	监生	54.0
511	俊秀	蔡佩绅	18	浙江海宁	监生	54.0
512	俊秀	汪鹤梅	24	浙江江山	监生	54.0

科试入学

续 表

No.	报捐时身份	姓名	年龄	本籍	捐纳项目	捐纳额
513	俊秀	孙国培	36	浙江仁和	监生	54.0
514	俊秀	周光鉴	30	浙江诸暨	监生	54.0
515	俊秀	叶鹤鸣	32	浙江平阳	监生	54.0
516	俊秀	黄绍奎	41	浙江瑞安	监生	54.0
517	俊秀	虞绍光	49	浙江瑞安	监生	54.0
518	俊秀	莫恩溥	18	浙江仁和	监生	54.0
519	俊秀	邵祥熊	27	浙江乌程	监生	54.0
520	俊秀	沈淼祥	24	浙江乌程	监生	54.0
521	俊秀	柳棠	24	浙江武康	监生	54.0
522	俊秀	施承楷	40	浙江乌程	监生	54.0
523	俊秀	邵祥骥	24	浙江乌程	监生	54.0
524	俊秀	潘宗岳	26	浙江新昌	监生	54.0
525	俊秀	厉性善	25	浙江慈溪	监生	54.0
526	俊秀	俞棠	35	浙江归安	监生	54.0
527	俊秀	蒋傅霖	27	浙江富阳	监生	54.0
528	俊秀	胡兆铨	23	浙江山阴	监生	54.0

515

续 表

No.	报捐时身份	姓名	年龄	本籍	捐纳项目	捐纳额
529	俊秀	凌云	19	浙江海宁	监生	54.0
530	俊秀	傅作羹	40	浙江义乌	监生	54.0
531	俊秀	李景仪	11	浙江海盐	监生	54.0
532	俊秀	袁志贤	36	浙江诸暨	监生	54.0
533	俊秀	王人骏	49	浙江诸暨	监生	54.0
534	俊秀	锺学拱	51	浙江浦江	监生	54.0
535	俊秀	李德恭	15	浙江海盐	监生	54.0
536	俊秀	邱松筠	14	浙江海盐	监生	54.0
537	俊秀	沈宝珍	19	浙江海盐	监生	54.0
538	俊秀	叶志荣	21	浙江海盐	监生	54.0
539	俊秀	黄荣德	45	浙江余姚	监生	54.0
540	俊秀	章祖镐	19	浙江会稽	监生	54.0
541	俊秀	张书镕	29	浙江山阴	监生	54.0
542	俊秀	张子文	33	浙江山阴	监生	54.0
543	俊秀	张鏊	36	浙江会稽	监生	54.0
544	俊秀	汪庆初	18	浙江西安	监生	54.0

附录一 清代报捐者的群像

续 表

No.	报捐时身份	姓名	年龄	本籍	捐纳项目	捐纳额
545	俊秀	瑑构成	51	浙江江山	监生	54.0
546	俊秀	瑑渭泉	42	浙江江山	监生	54.0
547	俊秀	何发台	48	浙江金华	监生	45.0
548	俊秀	陈尔昌	26	浙江诸暨	监生	54.0
549	俊秀	朱慎修	53	浙江永康	监生	54.0
550	俊秀	周联江	31	浙江余姚	监生	54.0
551	俊秀	朱士光	21	浙江桐乡	监生	54.0
552	俊秀	铁林	13	正白满洲	监生	54.0
553	俊秀	潘祖德	26	江苏吴县	监生	54.0
554	俊秀	黄朝檂	11	浙江海盐	监生	54.0
555	俊秀	张赐符	26	山东荣城	监生	54.0
556	俊秀	许芳龙	14	广东普宁	监生	54.0
557	俊秀	王信浩	26	浙江新昌	监生	54.0
558	俊秀	张春皋	31	浙江嵊县	监生	54.0
559	俊秀	张绍溪	30	浙江嵊县	监生	54.0
560	俊秀	周文瀚	21	浙江嵊县	监生	54.0

续 表

No.	报捐时身份	姓名	年龄	本籍	捐纳项目	捐纳额
561	俊秀	钱宠焕	17	浙江嵊县	监生	54.0
562	俊秀	马裕裕	31	浙江鄞县	监生	54.0
563	俊秀	卢占梅	64	浙江东阳	监生	54.0
564	俊秀	徐卓荣	36	浙江武义	监生	54.0
565	俊秀	俞其清	24	浙江宣平	监生	54.0
566	俊秀	许鹤年	37	浙江天台	监生	45.0
567	俊秀	傅世川	54	浙江义乌	监生	54.0
568	俊秀	毛瑞图	35	浙江义乌	监生	54.0
569	俊秀	何其才	71	浙江义乌	监生	54.0
570	俊秀	何锦章	35	浙江义乌	监生	54.0
571	俊秀	蒋润旺	46	浙江义乌	监生	54.0
572	俊秀	金荣祖	26	浙江义乌	监生	54.0
573	俊秀	陈钧	40	浙江嵊县	监生	54.0
574	俊秀	楼宝深	25	浙江嵊县	监生	54.0
575	俊秀	楼宝璇	13	浙江嵊县	监生	54.0
576	俊秀	韩宗耀	20	浙江余姚	监生	54.0

续表

No.	报捐时身份	姓名	年龄	本籍	捐纳项目	捐纳额
577	俊秀	韩松年	14	浙江余姚	监生	54.0
578	俊秀	韩荣龄	20	浙江余姚	监生	54.0
579	俊秀	张闻梅	11	浙江余姚	监生	54.0
580	俊秀	张闻夔	8	浙江余姚	监生	54.0
581	俊秀	陈学乂	19	浙江余姚	监生	54.0
582	俊秀	陈时夏	17	浙江余姚	监生	54.0
583	俊秀	崔文焕	27	浙江余姚	监生	54.0
584	俊秀	张益树	47	浙江余姚	监生	54.0
585	俊秀	王立盛	53	江苏句荣	监生	54.0
586	俊秀	鲁廷铠	24	浙江余姚	监生	54.0
587	俊秀	胡昌熙	26	浙江余姚	监生	54.0
588	俊秀	胡蔚煦	27	浙江余姚	监生	54.0
589	俊秀	吴镕钧	19	浙江余姚	监生	54.0
590	俊秀	吴壎	26	浙江余姚	监生	54.0
591	俊秀	田于生	24	浙江上虞	监生	54.0
592	俊秀	徐增鎜	22	浙江余姚	监生	54.0

续 表

No.	报捐时身份	姓名	年龄	本籍	捐纳项目	捐纳额
593	俊秀	谷南枝	17	浙江余姚	监生	54.0
594	俊秀	史仰贤	18	浙江余姚	监生	54.0
595	俊秀	劳天祥	21	浙江余姚	监生	54.0
596	俊秀	洪永祥	36	浙江慈溪	监生	54.0
597	俊秀	张廷良	23	浙江海盐	监生	54.0
598	俊秀	李祖培	25	安徽婺源	监生	54.0
599	俊秀	虞中韶	29	浙江镇海	监生	54.0
600	俊秀	詹昌炯	42	浙江鄞县	监生	54.0
601	俊秀	伍唐玉	41	浙江汤溪	监生	54.0
602	俊秀	王安庆	58	浙江松阳	监生	54.0
603	俊秀	潘肇荣	32	浙江松阳	监生	54.0
604	俊秀	周燮勋	39	浙江诸暨	监生	54.0
605	俊秀	赵志明	46	浙江诸暨	监生	54.0
606	俊秀	袁镔	40	浙江诸暨	监生	54.0
607	俊秀	袁光荣	55	浙江诸暨	监生	54.0
608	俊秀	王燕国	45	浙江镇海	监生	45.0

附录一 清代报捐者的群像

续 表

No.	报捐时身份	姓名	年龄	本籍	捐纳项目	捐纳额
609	俊秀	陈振声	35	浙江诸暨	监生	54.0
610	俊秀	徐永谐	31	浙江诸暨	监生	54.0
611	俊秀	黄棣华	38	浙江鄞县	监生	54.0
612	俊秀	沈景明	32	浙江象山	监生	54.0
613	俊秀	余步霞	19	浙江象山	监生	54.0
614	俊秀	许坦	17	浙江海宁	监生	54.0
615	俊秀	郑良	34	浙江仁和	监生	54.0
616	俊秀	丁振佳	28	浙江嵊县	监生	54.0
617	俊秀	易世铏	19	湖南善化	监生	54.0
618	俊秀	吕朝贤	43	浙江缙云	监生	54.0
619	俊秀	李鸿宾	56	浙江新昌	监生	54.0
620	俊秀	张润呈	22	浙江嘉兴	监生	54.0
621	俊秀	张鸿铭	22	浙江嘉兴	监生	54.0
622	俊秀	林国富	25	浙江镇海	监生	54.0
623	俊秀	潘世钧	49	浙江嘉善	监生	54.0
624	俊秀	郑械华	15	浙江秀水	监生	54.0

521

续 表

No.	报捐时身份	姓名	年龄	本籍	捐纳项目	捐纳额
625	俊秀	梁孝乾	31	浙江海宁	监生	54.0
626	俊秀	章家勷	18	浙江会稽	监生	54.0
627	俊秀	叶张芳	40	浙江云和	监生	54.0
628	俊秀	刘祖箕	28	浙江黄岩	监生	54.0
629	俊秀	周福珪	37	浙江山阴	监生	54.0
630	俊秀	张承章	13	浙江长兴	监生	54.0
631	俊秀	吴寿	20	浙江兰溪	监生	54.0
632	俊秀	杜伟庄	42	浙江上虞	监生	45.0
633	俊秀	郑宝光	28	浙江江山	监生	54.0
634	俊秀	陈汉忠	40	浙江长兴	监生	54.0
635	俊秀	殷士荣	26	浙江长兴	监生	54.0
636	俊秀	马树森	32	浙江临海	监生	54.0
637	俊秀	黄志锺	25	安徽黟县	监生	54.0
638	俊秀	周光仪	30	浙江诸暨	监生	54.0
639	俊秀	邱传梧	19	浙江长兴	监生	54.0
640	俊秀	吴良焯	42	福建宁化	监生	54.0

续 表

No.	报捐时身份	姓名	年龄	本籍	捐纳项目	捐纳额
641	俊秀	阴绍鏊	29	福建宁化	监生	54.0
642	俊秀	王斌	30	浙江山阴	监生	54.0
643	俊秀	叶增源	25	浙江乌程	监生	54.0
644	俊秀	邢洪楷	21	浙江嵊县	监生	54.0
645	俊秀	邢洪极	16	浙江嵊县	监生	54.0
646	俊秀	邢洪焕	27	浙江嵊县	监生	54.0
647	俊秀	张煃	28	浙江嵊县	监生	54.0
648	俊秀	郭绪来	28	浙江嵊县	监生	54.0
649	俊秀	郭绪杞	20	浙江嵊县	监生	54.0
650	俊秀	邢汝沄	24	浙江嵊县	监生	54.0
651	俊秀	邢绩惠	16	浙江嵊县	监生	54.0
652	俊秀	邢汝年	31	浙江嵊县	监生	54.0
653	俊秀	邢汝棽	30	浙江嵊县	监生	54.0
654	俊秀	洪昌彝	20	浙江余姚	监生	54.0
655	俊秀	刘寿铭	10	浙江余姚	监生	54.0
656	俊秀	刘寿恒	7	浙江余姚	监生	54.0
657	俊秀	马嘉绩	21	浙江余姚	监生	54.0

续 表

No.	报捐时身份	姓名	年龄	本籍	捐纳项目	捐纳额
658	俊秀	周达全	36	浙江余姚	监生	54.0
659	俊秀	刘培基	17	浙江余姚	监生	54.0
660	俊秀	刘葆光	18	浙江余姚	监生	54.0
661	俊秀	卯履祥	20	浙江余姚	监生	54.0
662	俊秀	卯斯硍	20	浙江余姚	监生	54.0
663	俊秀	崔绍麟	18	浙江余姚	监生	54.0
664	俊秀	程鹤翔	18	浙江海盐	监生	54.0
665	俊秀	谢培	43	浙江西安	监生	54.0
666	俊秀	陈之藩	33	浙江余姚	监生	54.0
667	俊秀	李国荣	35	广东鹤山	监生	54.0
668	俊秀	简答光	69	广东新会	监生	54.0
669	俊秀	伍联光	56	广东新宁	监生	54.0
670	俊秀	李之荣	28	广东新宁	监生	54.0
671	俊秀	李若梧	62	广东新宁	监生	54.0
672	俊秀	伍联辉	73	广东新宁	监生	54.0
673	俊秀	伍镜湖	54	广东新宁	监生	54.0

续 表

No.	报捐时身份	姓名	年龄	本籍	捐纳项目	捐纳额
675	俊秀	刘荣桂	68	广东新宁	监生	54.0
676	俊秀	包濂	16	江苏丹徒	监生	54.0
677	俊秀	萧栋	36	浙江桐乡	监生	54.0
678	捐生岁试入学	徐宗道	26	江苏新阳	监生	45.0
679	俊秀	叶宝黄	35	浙江桐庐	监生	54.0
680	俊秀	金桂芳	35	浙江永嘉	监生	54.0
681	俊秀	余冠芳	31	浙江永嘉	监生	54.0
682	俊秀	缪寿谦	13	浙江山阴	监生	54.0
683	俊秀	余荣开	27	浙江遂安	监生	54.0
684	俊秀	马炳熊	18	浙江会稽	监生	54.0
685	俊秀	叶大业	14	浙江永嘉	监生	54.0
686	俊秀	吴肇光	53	浙江瑞安	监生	54.0
687	俊秀	何绍江	26	浙江上虞	监生	54.0
688	俊秀	祝元坡	37	福建浦城	监生	54.0
689	俊秀	俞汝占	29	浙江新昌	监生	54.0
690	俊秀	吴崇光	25	浙江新昌	监生	54.0
691	俊秀	沈嘉煜	28	浙江山阴	监生	54.0

续 表

No.	报捐时身份	姓名	年龄	本籍	捐纳项目	捐纳额
692	俊秀	金祖刘	24	浙江嵊县	监生	54.0
693	俊秀	李芳谷	23	浙江嵊县	监生	54.0
694	俊秀	尹步莘	23	浙江嵊县	监生	54.0
695	俊秀	邢日政	22	浙江嵊县	监生	54.0
696	俊秀	吴文琦	41	浙江嵊县	监生	54.0
697	俊秀	汤锺岳	34	浙江嵊县	监生	54.0
698	俊秀	宋亦芳	31	浙江嵊县	监生	54.0
699	俊秀	孙兰芳	39	浙江嵊县	监生	54.0
700	俊秀	杨文渊	35	浙江新昌	监生	54.0
701	捐生 岁试入学	何庆潮	23	湖南道州	监生	45.0
702	俊秀	周其昌	35	浙江海宁	监生	54.0
703	俊秀	杜友明	40	浙江海宁	监生	54.0
704	俊秀	杨芝亭	29	浙江奉化	监生	54.0
705	俊秀	谢宝年	16	江苏常熟	监生	54.0
706	俊秀	陈鹏舞	44	浙江新昌	监生	54.0
707	俊秀	陈鳞跃	38	浙江新昌	监生	54.0
708	俊秀	朱善麒	48	浙江瑞安	监生	54.0

续 表

No.	报捐时身份	姓名	年龄	本籍	捐纳项目	捐纳额
709	俊秀	凌凤沼	28	浙江会稽	监生	54.0
710	俊秀	余广勤	38	安徽绩溪	监生	54.0
711	俊秀	叶梦元	13	浙江仁和	监生	54.0
712	俊秀	洪桂章	34	浙江天台	监生	54.0
713	俊秀	俞文富	25	安徽婺源	监生	54.0
714	俊秀	金玉相	33	浙江松阳	监生	54.0
715	俊秀	张宗波	3	浙江嘉善	监生	54.0
716	俊秀	杨赞庆	46	浙江长兴	监生	54.0
717	俊秀	郑曾顗	42	浙江镇海	监生	54.0
718	俊秀	邓培基	36	福建侯官	监生	54.0
719	俊秀	俞熙冰	31	江苏上海	监生	54.0
720	俊秀	吴士荣	35	浙江嵊县	监生	54.0
721	俊秀	钱原	30	浙江嵊县	监生	54.0
722	俊秀	吴燮源	20	浙江嵊县	监生	54.0
723	俊秀	林显芳	43	浙江奉化	监生	54.0
724	俊秀	林显隆	46	浙江奉化	监生	54.0
725	俊秀	孙瀛洲	30	浙江奉化	监生	54.0

续表

No.	报捐时身份	姓名	年龄	本籍	捐纳项目	捐纳额
726	俊秀	俞正位	49	浙江奉化	监生	54.0
727	俊秀	何显读	30	浙江奉化	监生	54.0
728	俊秀	林章烈	50	浙江奉化	监生	54.0
729	俊秀	张国泰	33	浙江奉化	监生	54.0
730	俊秀	张联辉	27	浙江奉化	监生	54.0
731	俊秀	方存政	23	浙江奉化	监生	54.0
732	俊秀	范炳森	27	浙江奉化	监生	54.0
733	俊秀	范铭新	33	浙江奉化	监生	54.0
734	俊秀	应上楷	44	浙江奉化	监生	54.0
735	俊秀	卓慈经	31	浙江奉化	监生	54.0
736	俊秀	田赓年	36	浙江奉化	监生	54.0
737	俊秀	丁秉山	43	浙江奉化	监生	54.0
738	俊秀	丁品良	39	浙江奉化	监生	54.0
739	俊秀	仁润增	24	浙江余姚	监生	54.0
740	俊秀	徐绍棠	21	浙江余姚	监生	54.0
741	俊秀	谢裕晋	22	浙江余姚	监生	54.0
742	俊秀	谢懋宇	19	浙江余姚	监生	54.0

续 表

No.	报捐时身份	姓名	年龄	本籍	捐纳项目	捐纳额
743	俊秀	谢懋勋	18	浙江余姚	监生	54.0
744	俊秀	刘佩芳	55	浙江余姚	监生	54.0
745	俊秀	刘佩棠	52	浙江余姚	监生	54.0
746	俊秀	刘寿康	10	浙江余姚	监生	54.0
747	俊秀	刘寿丰	11	浙江余姚	监生	54.0
748	俊秀	叶滋松	30	浙江平阳	监生	54.0
749	俊秀	陈敷松	37	浙江诸暨	监生	54.0
750	俊秀	董继煌	40	浙江会稽	监生	54.0
751	俊秀	陈礼文	54	广东琼山	监生	54.0
752	俊秀	符龙章	46	广东乐会	监生	54.0
753	俊秀	云茂达	48	广东文昌	监生	54.0
754	俊秀	陈凤山	41	广东乐会	监生	54.0
755	俊秀	何荣光	28	广东文昌	监生	54.0
756	俊秀	刘暄棠	36	广东乐会	监生	54.0
757	俊秀	陈冠朝	39	广东海阳	监生	54.0
758	俊秀	伍云山	61	广东文昌	监生	54.0
759	俊秀	王敬文	31	广东澄迈	监生	54.0

续 表

No.	报捐时身份	姓名	年龄	本籍	捐纳项目	捐纳额
760	俊秀	王明书	39	广东澄迈	监生	54.0
761	俊秀	林逢玉	23	广东澄迈	监生	54.0
762	俊秀	王德杰	29	广东澄迈	监生	54.0
763	俊秀	曾文端	25	广东澄迈	监生	54.0
764	俊秀	黄卿云	32	广东文昌	监生	54.0
765	俊秀	李景云	56	广东文昌	监生	54.0
766	俊秀	欧呈云	38	广东文昌	监生	54.0
767	俊秀	韩瑞章	27	广东文昌	监生	54.0
768	俊秀	韩呈祥	30	广东文昌	监生	54.0
769	俊秀	欧厚纶	72	广东乐会	监生	54.0
770	俊秀	陈聚星	44	广东文昌	监生	54.0
771	俊秀	韩俊章	29	广东文章	监生	54.0
772	俊秀	许登庸	29	广东文章	监生	54.0
773	俊秀	蔡承煜	32	广东徐闻	监生	54.0
774	俊秀	赵克献	36	广东徐闻	监生	54.0
775	俊秀	郑文焕	14	广东文昌	监生	54.0
776	俊秀	李泽宽	51	广东文昌	监生	54.0

续 表

No.	报捐时身份	姓名	年龄	本籍	捐纳项目	捐纳额
777	俊秀	郑凤洲	58	广东文昌	监生	54.0
778	俊秀	陈如凤	67	广东文昌	监生	54.0
779	俊秀	陈性初	52	广东文昌	监生	54.0
780	俊秀	黄祖绵	43	广东南海	监生	54.0
781	俊秀	林嘉修	46	广东归善	监生	54.0
782	俊秀	周作霖	27	广东博罗	监生	54.0
783	俊秀	李逢霖	27	广东博罗	监生	54.0
784	俊秀	黄庆如	59	广东归善	监生	54.0
785	俊秀	张廷榆	36	广东归善	监生	54.0
786	俊秀	周学荣	44	广东归善	监生	54.0
787	俊秀	余启文	52	广东归善	监生	54.0
788	俊秀	许友仿	38	浙江秀水	监生	54.0
789	俊秀	锺合辉	46	四川华阳	监生	54.0
合计						118037.5

附录二　高山景行　厚德载物
——学习《清代捐纳制度》的一点体会

1947年6月,业师许大龄先生向燕京大学历史学研究所提交了毕业论文——《清代捐纳制度之研究》,经审查后被燕京大学授予文科硕士学位。此时的许先生尚未满25岁。本文奠定了许先生在海内外中国历史研究界的学术地位。1950年,许先生的上述学位论文由哈佛燕京学社以《燕京学报》专号第22号公开发表,并且定名为《清代捐纳制度》。以后,本文经许先生亲自选定,编入了《明清史论集》。

捐纳,亦即卖官鬻爵,其历史可谓源远流长。一般来说,所谓的卖官鬻爵就是政府根据自身颁布的规定贩卖任官资格、封典虚衔、各种人事手续,以及国立学校入学资格。以笔者管见,"官"和"爵"做为商品登上中国历史舞台的源头,至少可以追溯到先秦时代。早在先秦诸子的著作中,已经有了关于买官的记述。例如,商鞅主张,"粟爵粟任"可以导致"国富"①。韩非子在目睹"财利多者买官以为贵"现实后认为,虽然可以导致"工商不卑",但毕竟是"亡国之风也。"②管子更明确指出,"上卖官爵,七年而亡"③。根据司马迁《史记》的记载,秦王政四年(前243)十月

---

① 朱师辙《商君书解诂定本》,第19页。
② 陈奇猷《韩非子新校注》,第196、第1120页。
③ 赵守正《管子译注》上册,第115页。另参看黎翔凤《管子校注》,卷五,八观第十三,第271页。

初六日,"蝗虫从东方来,蔽天。天下疫。百姓纳粟千石,拜爵一级。①"如果将公元前221年当做中国作为一个统一国家的历史的起点,那么捐纳制度的历史比中国作为统一国家的历史还要悠久。虽然捐纳作为一种国家制度早已经退出了历史的舞台,但其影响直至今日尚难言被彻底扫进了历史的垃圾堆。直至今日,不同形式的卖官鬻爵做为一种"潜规则"仍然存在于人类社会的某些场合。从这个角度上看,捐纳制度在长达两千年以上的时间里虽然不断遭人诟病,旋兴旋废,但以其所具有的独特的庶民性和广泛的适用性,始终保持着相当"顽强"的生命力。也正是因为如此,对捐纳制度的研究可以加深中国历史发展进程的认识,也可以深化我们对传统中国政治哲学、社会伦理、官僚制度乃至社会生活等方面的认识。另一方面,卖官鬻爵并非中国特有的现象。在东亚的朝鲜、日本和越南,在中东的伊斯兰世界以至西欧世界都曾经广泛存在过各种形式的卖官鬻爵制度。在这个意义上,卖官鬻爵又折射出人类社会在发展过程中曾经存在过的某种共通性。

但是,这样一个如此重要的国家制度在很长时期内却没有得到学界应有的重视。许先生在《清代捐纳制度》序言中指出②:

> 捐纳为清代秕政。吾人欲究其原委,考之官书,既乏有系统之记载,求之私人著述,又复为数不多;即询之当日躬与铨政者,亦皆语焉不详,视为书办之学问,不屑齿及。《清史稿·选举志》中虽有叙述,惟以材料不足,遗漏滋多。

具体到明清时代来说,国家开办捐纳,除"志趋卑陋甘于污下"者趋之若鹜之外③,正人君子之中亦不乏受其"恩惠"者,或为入学(伍案:如顾炎武)、或为后代寻出路(伍案:如林则徐)等私人目的纳银纳粟。尽管他们本人及其后人并没有极力掩饰,但后代学者不知出于何种考虑,往往

---

① 司马迁《史记》,卷六,秦始皇本纪,第224页。
② 许大龄《清代捐纳制度》,第3页。
③ (清)陆陇其《三鱼堂外集》,卷一,台湾商务印书馆影印文渊阁四库全书第1325册第197页。

避而不谈,或闪烁其词,或轻描淡写。由于缺乏系统史料和研究者主观方面对这一研究课题的忽视,使捐纳问题甚至难以成为研究课题。就国内学术界而言,这种情况直到许先生的《清代捐纳制度》问世才得到了根本的改变。在这个意义上,许先生对清代捐纳制度的研究是一项具有开创意义的学术成果①。正如王天有师兄在《明清史论集》的序言中指出的那样,这本书以其科学性、创见性及材料翔实深受学术界好评(序第3页)。商传师兄和李世愉师兄在《谦谦君子良师益友——记许大龄教授二三事》一文中也指出,在关于清代捐纳制度的研究专著方面,"至今没有超越之作"②。

以下,笔者将首先概述1980年代以前清代捐纳问题的研究史,由此说明许先生对清代捐纳问题的研究在学术史上的地位;其次,笔者将谈谈学习《清代捐纳制度》后的点滴体会和展望。

一、源流

1.《清代捐纳制度》问世之前

正如本文以下将会说明的那样,清朝历代皇帝并不讳言捐纳问题。因此,在清朝历代的官书之中不乏对捐纳问题的相关记载。唯由于捐纳问题的特殊性,或系之于邦计,或系之于官制,没有系统性的记述,长期以来令人难窥全豹。

早在江户幕府末年,来华游历的日本人在旅行日记中记载了捐纳。1862年,日本江户幕府派遣的使节团乘千岁丸访问上海的时候,遇到了"松江府学优贡生顾麟"。后者在笔谈中告诉日本人:"吾邦有文学而不仕者,亦有纳粟而作官者"③。这恐怕是日人文献中关于捐纳问题的最早

---

① 冯尔康先生在《清史研究与政治》(载《史学月刊》,2005年第3期,第5—11页)中称赞,许先生关于捐纳的研究"开辟清代政治史研究的一个领域"。
② 《光明日报》,2000年12月22日,历史周刊。
③ 请参看本书第16页注②。

记录①。

较早开始关注捐纳问题的是日本学者。清朝末年,自1902年至1909年应清朝政府聘请担任北京大学的前身——北京大学堂正教习的服部宇之吉在北京撰写了研究当代史——清朝国家制度的著作《清国通考》(1905年三省堂初版)。在该书中关于学校制度的部分言及了捐纳入学的问题,在关于文官铨叙的部分论述了利用捐纳升迁的问题。服部宇之吉原计划对捐纳问题做详细的论述,但是由于各种原因,《清国通考》只完成了第一和第二两篇,第三至第六篇未能问世②。数年后,服部宇之吉为《北京志》一书撰写关于清朝官制和文官出身国家制度的部分时,基本上重复了上述观点③。可见,服部宇之吉在当时只是将捐纳作为文官出身资格的一种(其他两种为正途和吏员),而没有言及捐纳在清代的出现、发展、以及捐纳在清朝国家制度中的地位与作用。

1911年11月24日至12月8日,当清军与辛亥革命起义军在汉阳、武昌夹江对峙,清朝的命运已经到了最后关头的时候,内藤湖南在京都大学的前身——京都帝国大学就清朝的前景发表三次特别演讲。同年3月13日由该校以文会编辑出版,题名为《清朝衰亡论》。此时的清朝已经成为历史。在演讲中语及清朝财政经济变迁的时候,附带提到了捐纳④。严格地说,服部宇之吉和内藤湖南都还只是局限于对捐纳的一般性介绍。

几乎与此同时,以著名法学家织田万为首的一批学者在编纂《清国行政法》的过程中也提到了捐纳问题。在该书第四编"财务行政"的第2章"收入"中专门编列了第4节"捐纳"⑤。为了便于说明,兹将该节篇目引用于下:

---

① 此说不确。请参看本书序章第二部分中的相关叙述。
② 请参看本书第18页注③。
③ 请参看本书第18页注④。
④ 请参看本书第18页注②。
⑤ 请参看本书第19页注②。

第一款　概论

　　　第一　捐纳的性质

　　　第二　捐纳的沿革

　　　第三　清朝的捐纳

　　第二款　捐纳的种类

　　　第一　捐职官

　　　第二　捐花样

　　　第三　加纳

　　　第四　改捐

　　　第五　捐升

　　　第六　降捐

　　　第七　捐离任

　　　第八　捐免

　　　第九　捐加级记录

　　　第十　加成过班

　　　第十一　捐复

　　　第十二　捐分发及捐分发指省

　　　第十三　捐职衔

　　　第十四　捐封典

　　第三款　捐纳的方法

　　　第一　捐纳事务的管理

　　　第二　捐纳的手续

　　　第三　捐生的资格

　　　弟四　捐纳的期间

　　第四款　源于捐纳的国家收入

　　从上述篇章款目中可以看出，《清国行政法》对清末捐纳的叙述是比较详细的。该书的编纂者在论述捐纳的性质时认为，捐纳官职是中国特有的制度,其目的在于为国家财政增加收入。也正是由于这种观点,该书的编纂者与内藤湖南一样,都将捐纳作为国家财政制度的一个组成部分。该书编纂于清朝政权覆亡之前,即相当于当时人记当时事,书中将捐纳项目分为十四类做了说明,其详细程度在某些方面甚至超过了稍晚成书的《清史稿》,这些说明直至今日仍然有很高的参考价值。不过,由于该书是以清末中国为研究对象的,虽然勾勒了清末捐纳制度的基本轮廓,但却未能说明这一制度在清代的发展变化。

国内学者较早开始注意这一问题的有王锺翰先生。1940年,王锺翰先生自燕京大学研究院文科研究所历史学部毕业的时候,在邓文如先生指导下撰写了硕士毕业论文——《清代则例及其与政法关系之研究》,其中特列第八章为"则例与捐纳"。在这一章中,王锺翰先生认为,由于卖官为清代"政治上之一大污点,尤为士大夫所羞道",结果造成在《会典》和官书中对"捐例",即政府颁布的关于捐纳之相关规定没有记载[①],他主张"欲研究此种特殊政治之捐纳,焉可不从捐例加以注意乎?"同时,王锺翰先生还就清代开办捐纳的基本情况做了简要的介绍。由于王锺翰先生的研究旨在揭示清代则例与行政之关系,故没有深入探讨捐纳问题,但是王锺翰先生首先提出了捐例在研究捐纳问题上的重要性。这一点应该是深受高度评价清朝各部则例史料价值的邓文如先生的影响[②]。以后,许先生在邓文如先生指导之下解剖清朝捐纳制度时也正是从捐例入手的。

由此可见,始于日本学者的捐纳研究在上个世纪40年代以前取得

[①] 我个人认为,细读《大清会典》之后可以发现,该书并非没有对捐纳的记载。该书的问题在于对捐纳缺乏系统之记载,而这一点是因为体例所限,并非是出于"士大夫所羞道"之政治上的"大污点"。

[②] 王锺翰《清代则例及其与政法关系之研究》,载《王锺翰清史论文集》,第三册,第1695—1846页。据王锺翰先生追忆,当年邓文如先生希望能通过则例"将清代政治与法律的演变过程清理一番,以证有清一代之成败得失兴衰。"岂料"后来收集的则例愈来愈多,涉及的问题层出不穷,几乎使每一单独部院的情况也难以进行完整的整理和概括,更遑论各部门之联系以及一代政治法律全貌的把握了。"结果,"非但未能收其全功,连自己预计的一半也未能实现。"见王锺翰《王锺翰学述》,载《王锺翰清史论文集》,第四册,第2592页。

了很多成就,学者们在研究中勾勒了清朝捐纳制度的基本轮廓。不过,当时学者们注意的主要是清朝末年的捐纳问题,不仅没有将捐纳作为一个独立制度进行研究,而且没有涉及捐纳在清朝的出现、发展以及与清朝政治、社会的关系问题。

2.《清代捐纳制度》问世之后

当《清代捐纳制度》于1950年出版之后,当时身在大洋彼岸的中国学者对本书立即表现出了极大的兴趣。1953年前后,当时在华盛顿大学从事中国社会史研究的张仲礼在探讨19世纪中国绅士问题时参考了该书①。1962年,瞿同祖在研究清代地方政府的实际构成和实际运作模式时,参考许先生的研究成果探讨了清代州县官员的任官资格和"士绅"定义的问题,指出捐纳是唯一绕过科举考试,将财富直接转变为地位的方法②。以后,哥伦比亚大学的何柄棣在其关于科举与中国社会的研究——《The ladder of success in Imperial China: aspects of social mobility, 1368—1911》中也参考了许先生的著作③。直至今日,在海外中国史学界,许先生的这部著作一直是研究明清时期中国政治史和社会史的重要的参考书之一。例如,台湾学者林丽月在关于明代国子监生的研究中,法国学者Pierre-Etienne Will(魏丕信)在以荒政为例研究18世纪中国官僚制度具体运作方式的研究中都参考了许先生的研究④。

日本的中国史学者对许先生的这部著作同样表示出了经久不衰的

---

① Chung-li Chang, *The Chinese Gentry: Studies on Their Role in Nineteenth—Century Chinese Society*, University of Washington Press, Washington, 1955. 中文版请参看张仲礼著;李荣昌译《中国绅士》。
② T'ung-tsu Ch'u, *Local government in China under the Ching*/[by] T'ung-tsu Ch'ü, Harvard University Press, 1962.—(Harvard East Asian studies; 9). 中文版请参看瞿同祖著;范忠信、晏锋译《清代地方政府》。
③ Ping-ti Ho, *The ladder of success in Imperial China: aspects of social mobility, 1368—1911*, Columbia University Press, 1962. 参考书目将《清代捐纳制度》的出版系于1947年。
④ 林丽月《明代的国子监生》。Pierre-Étienne Will, *Bureaucratie et famine en Chine au 18e siècle*, Paris: École des hautes études en sciences sociales, c1980. 中文版请参看魏丕信著;徐建青译《18世纪中国的官僚制度和荒政》。

极大兴趣①。1950年代,日本东洋史学界在贝冢茂树、铃木俊、仁井田升、宫崎市定、森鹿三和山本达郎的主持下编纂了多卷本《アジア歴史事典》,该书代表了到20世纪中叶为止的日本史学界研究中国史、朝鲜史乃至整个亚洲史的最高学术水准。其中,在"捐纳"条目下作为参考文献开列了许先生的《清代捐纳制度》。上个世纪70年代,以京都大学文学部东洋史研究室为中心编辑了《東洋史辞典》,其中"捐纳"一条也将许先生的列为参考书目。上述两书距出版虽然已经过去了很多年,至今依然是教学研究时不可缺少的重要参考书。日本弘文堂自1994年开始刊行由尾行勇、岸本美绪等人主编多卷本历史百科全书——《歴史学事典》。全书计划按专题出版15卷和总索引1卷,目前已经刊行了13卷。在两年前、即2005年出版的该书第12卷《王と国家》的"捐纳"条目之下,许先生的《清代捐纳制度》与织田万、宫崎市定等人的著作一起被列为关联文献。

除了上述史学百科全书式的著作之外,在不少史学专著中也将《清代捐纳制度》列为清代研究的必读书目。已故东京大学教授坂野正高是日本著名学者,他在中国近代史、外交史等方面取得了不少成就。1973年,东京大学出版会出版了他的著作——《近代中国政治外交史》。该书附有详细的文献解题,在关于清代中国统治机构的部分,坂野正高介绍了《清代捐纳制度》。他不惜赞词,称该书为"犀利的制度史",并称该书中关于清代捐纳制度影响的论述十分精彩②。上个世纪末,由著名学者松丸道雄、池田温、斯波义信、神田信夫、滨下武志主编了多卷本《中国史》,第四卷为明清史部分。该书为治史者开列了详细的参考文献,其中就包括了许先生的《清代捐纳制度》③。直至今日,在日本的明清史研究界,《清代捐纳制度》已经是必读的著作之一。

在研究方面,囿于篇幅,在此仅举一例。在国内,知道近藤秀树的人

---

① 关于本段叙述,请参看本书第21页注③。
② 请参看本书第21页注④。
③ 《中国史》第4卷,第115页。

应该不是很多，这位毕业于京都大学文学部东洋史研究室的日本中国史学者在清代制度史方面取得的成就是十分重要的。1958年，崭露头角的近藤秀树发表了论文《清代の銓選——外補制の成立》，首次论述了清代雍正年间形成的外补制度，探讨了该制度对清代政治与国家制度的影响[1]。1963年，近藤秀树发表了长篇论文《清代の捐納と官僚社会の終末》。在这篇论文中，他在许先生著作的基础上，积极发掘《爵秩全函》和《搢绅录》的史料，以计量统计的方法说明了捐纳出身官员和科举出身官员在清代的势力变化，由此探讨中国传统社会的解体问题[2]。他留下的论文至今仍然在日本的明清史研究界发挥着重要的影响。

由于《清代捐纳制度》在1950年出版时印数有限，以后又长期没有再版，所以造成了一书难求的情况。我本人在北京大学求学时曾经听许先生讲过，师自己手边连一册都没有[3]。1968年，香港龙门书局有鉴于此，率先将该书影印出版，以应港台和海外学界的急需。1977年，台湾文海出版社又将《清代捐纳制度》编入《近代中国史料丛刊续编》，影印出版。在国内，经王天有师兄的多方努力，收录了该书的《明清史论集》才终于在2000年得以问世。遗憾的是许先生生前未能来得及看到该书的出版。

《清代捐纳制度》是一部出版于将近60年前、成书于一位年轻学者之手的制度史专著，在以后的岁月里，这部著作未曾获得过任何奖项。从这个意义上来说，许先生的这部著作可以说有些生不逢时。众所周知，1950年代的中国对不少学者来说是一个疾风骤雨的时代。《清代捐纳制度》在出版之后立即遇到的是对电影《武训传》的批判、三反五反、院系调整、知识分子思想改造、史学革命乃至反右等一系列的令人目不暇接乃至自顾不暇的运动，国内史学界实际上根本来不及消化这部著作的

---

[1]《東洋史研究》（京都，东洋史研究会），第17卷第2号，1958年9月，第34—55页。
[2] 请参看本书第22页注①。
[3] 1984年自北京大学毕业之后，我曾经奉职于北京图书馆（现中国国家图书馆）。记得我曾经从柏林寺分馆借出1950年"燕京学报专号本"复印后送呈先生。

内容。在研究的课题方面,正如向觉明先生于1957年上旬在北京大学历史系系务会议上以形象的比喻所说的"五朵金花"之外,没有研究的问题很多①。但是,如上所述,海外学者却较早地注意到本书所具有的学术价值,而且长久不衰,影响着一代又一代的学者。1980年以后,国内学术界开始重新关注许先生的这部著作。其间情况,想必大家都已经了解,在此恕不一一提及。

二、体会

捐纳本身具有政治、经济、文化以及社会等多方面的因素,是一个十分复杂的问题。在传统中国,国家推行捐纳的目的是为了在正规财政收入(伍案:例如田赋和盐税)之外增加财政收入,其所采取的手段之一就是卖官鬻爵。具体地说就是政府根据相应的规定出卖国家最高学府——国子监——的入学资格、任官资格、封典虚衔以及各种官僚人事手续等等。它不仅关系到国家财政,也关系到官僚人事。正是因为捐纳问题具有多方面的要素,既可以将捐纳视为国家财政制度的一个组成部分,也可以视为官僚人事制度的一个组成部分,无论从哪个角度都可以对这一问题进行研究。

许先生是将捐纳定位为国家制度进行研究的第一人。从这一点来看,许先生研究的出发点和着眼点与其他学者明显不同。在这一基本前提之下,许先生对开办捐纳的原因、目的、捐纳后的任官以及开办捐纳的影响等问题进行了全面的观察。这些正是《清代捐纳制度》成为清代制度史研究领域重要著作的原因之一。以下谈谈我本人在学习后的两点体会。

1. 关于清代捐纳制度的分期

在第一篇"沿革"之中,许先生首先叙述了自秦得天下至南明时期开

---

① 肖良琼《忆向达先生》,载中国社会科学院历史研究所编《求真务实五十载:历史研究所同仁述往》,第95页。张传玺《新史学家翦伯赞》,第188—190页。

办捐纳的情况之后,将开办捐纳的具体目的归纳为军需、河工、赈灾、营田四项,分析了清朝政府在康熙、雍正、乾隆年间开办捐纳主要是为了在政府常规财政收入之外筹措军饷,借以避免军饷支出对国家正项开支的冲击。及至道光以后,清朝国势日弱,财力不支,府库空竭,民生凋敝,清朝政府开办捐纳已经完全是为了解决财政上捉襟见肘窘状。

在这一部分中,许先生以军需为例,对捐纳进行了客观分析。捐纳为一代秕政早为天下公论,直至今日为止,不少著作在言及捐纳时亦不断重复着这一点。许先生在指出捐纳的腐败性质的同时,以历史的眼光观察了有清一代捐纳的发展变化,客观地评价了清代前期以筹办军需为目的的捐纳:

> 考康、雍、乾三朝之军需捐纳,多供侵略之用。其时国家鼎盛,财力尚足自给,唯不欲以兵费牵动政费,故另外筹款,势不得不恃捐纳为唯一之弥补。

在上述分析之后,许先生对清代前期的军需捐纳做出了"尚不致扰民"的结论(18页)。

许先生将捐纳在清朝的发展变化归纳为如下四个时期。即

> 开创期:康熙
>
> 因袭期(上):雍正、乾隆
>
> 因袭期(下):嘉庆、道光
>
> 变更期:咸丰、同治、光绪、宣统

将因袭期分为上下的作法说明了许先生对这一时期清代捐纳制度发展变化观察的细致。在清朝初年开办捐纳之后,雍正、乾隆两朝虽然在即位初期曾经宣布停止捐纳,但是不久之后又宣布重开。但是在此期间,清朝当局或者是为了借开捐纳牵制科举出身人员,从而达到肃清科场之目的(伍案:如雍正年间),或者是为了筹措军饷(如乾隆年间)。而且,在这一时期,除了定期实施的实官捐纳之外,乾隆朝还在照顾"人之常情"的名目之下,将"无碍正途铨选"的捐纳贡监、虚衔、封典、级记、分

542

发、捐复等项作为时常可以捐纳的常捐项目,列为永制。这样,从乾隆年间开始,清代的捐纳分为暂行事例和现行常例。前者定期举办,可以捐纳实官,开捐时除了公布捐纳标准之外,还一并公布铨选方法。与此相比,后者是常年举办,且不能捐纳实官。不过,在雍正、乾隆时期,由于府库充盈,国家只是在为了不影响正常财政开支的情况下才开办捐纳,因此是相对有节制的。

进入嘉庆年间以后,清朝政府虽然继承了雍正、乾隆年间的政策继续开办捐纳。由于府库空竭,岁入不丰,这一时期以及以后开办的捐纳,已经不仅是为了在正规财政收入之外满足军需、河工、赈济等方面的财政需要,甚至连国家正规的财政开支也需要通过开办捐纳来弥补。于是大捐小捐连开,中央开捐与地方开捐并举。这样,这一时期虽然因袭着已往的政策,但是在本质上已经发生了根本的变化。许先生在注意到这一时期捐纳制度与前一时期之间的内在联系的同时,也注意到这一时期捐纳制度所发生的变化。

捐纳作为一种国家制度,在长达两百年以上的时期内支持了清朝的统治,清朝政府始终将它做为维持国家财政正常运转的重要手段之一。即使是在将近150年的时间里君临天下,迎来了传统中国社会、经济、文化发展的顶峰,最终奠定了今日中华人民共和国版图的康熙、雍正、乾隆三朝也没有放弃过这一手段。在太平天国势力席卷大半个中国、列强侵略横行的情况下,清朝政府正是利用捐纳和其他制度,才解决了迫在眉睫的财政问题,从而使自身的统治得以延续,进而保住了中华文化得以安身立命的根基。因此,在这个意义上可以说,捐纳制度在中国历史固然留下了很多为害甚深的负面影响,但是如果没有捐纳制度,不仅所谓的康雍乾"盛世"很可能会是另外一番景象,而且清末的历史甚至会出现任何中国人都不愿意想像的局面。对于这样一种制度,如果简单地斥之为弊病,就无法客观地了解这一制度存在的具体原因。许先生结合清代政治的发展,客观具体地分析了捐纳制度在清代不同历史时期的作用及其演变。

2. 关于捐纳出身者的铨选问题

众所周知,制度史的研究有其独特的难度,而研究制度史的论文专著的写作更难。不少学者都在努力尝试写出深入浅出、通俗易懂的制度史著作。在这方面,《清代捐纳制度》是一个典范,特别是该书中对捐纳出身者铨选的叙述。在著作的第二篇"组织"中,许先生从清代捐纳制度的基本结构、捐纳标准的前后变化、捐纳出身者的铨选问题等三个方面对该制度做了深入细致的剖析。我个人认为,这一部分充分显示出许先生作为一名著名历史学家在史料学方面所具有的深厚功力,也是最终奠定这部制度史名著基础的最重要的部分之一。

前文已经多次讲过,捐纳制度历来遭人诟病。但是,持批评意见者多是攻击卖官鬻爵的腐败性质,或者是指斥其破坏选法,阻碍循科举等正途出身人员的仕进之路。相反,对于捐纳作为一种国家制度所具备的某些基本要素,即制度构成本身的问题并没有作多少研究。正如陈仲夫先生在书评中所说的那样,该书首次从制度的角度上说明了清朝一代"登庸失当,杂流冗进"的问题①。

正如许先生在该书序言部分所说,捐纳原为"书办之学问"(3页)。书办亦称胥吏。他们在清代历史上的作用和影响,从"本朝与胥吏共天下"的说法中已经可以探知一二。在这一部分中,许先生首先说明了现行事例(伍案:"常例")与暂行事例(伍案:"大捐")的区别(70—87页)②,并且指出还应该根据开捐的情况对事例进行具体分析,防止将那些名为"常例",实则"大捐"的事例归入暂行事例。许先生从捐实官、捐虚衔、捐封典、捐出身、捐加级纪录、捐分发、捐复、捐免等八个方面说明了这些捐纳项目的出现和演变。前面说过,日本学者在《清国行政法》中虽然对捐纳的十多个项目做了十分详细的说明,许先生对项目的说明在数目上虽然不及日本学者,但是从了解构成捐纳制度的主要项目的发展变化的历

---

① 陈仲夫《清代捐纳制度书评》,载《燕京学报》第38期,1950年6月,第267—268页。
② 白钢主编《中国政治制度史》(修订本)将现行事例和暂行事例分别称为"常开事例"和"暂开事例"。见白钢《中国政治制度史》,第十二章,第854页。

史来看却是十分重要的。

第二篇第八章"铨法"是《清代捐纳制度》中十分精彩的部分(124—139页)。关于捐纳制度,历来有一种误解,有人认为国家通过这一制度卖官鬻爵贩卖的是官职,报捐之人购买的自然也是官职。似乎在这一制度下只要付出相应的银两,就可以得到所期待的官职。实际上,捐纳制度虽然是金钱与权力之间的交易,但是完全不同于同样是权钱交易的行贿买官。严格来说,国家通过捐纳制度贩卖的只是任官资格。如同考上进士举人只是获得了"正途"的出身一样,并不等于立即可以任官。捐纳出身者得到的只是"杂途"的出身,至于他何时可以任官还要经过吏部的铨选。许先生通过对清代史料,特别是关于文官铨选以及捐纳则例中关于捐纳出身者铨选任官规定的详细研究,在学界首次说明了捐纳出身者的入仕问题。

清代的文官铨选人事分为单月急选和双月大选。每次铨选对于不同出身(伍案:如正途之进士举人,杂途之吏员捐纳)和不同身份(伍案:如新科进士、丁忧起复官员等等)的应选者均有一定的名额限制。即在铨选时类似今日选举制度中的差额选举一样,首先分别按照官职预定可能出缺的名额。例如,康熙十四年(1675)曾经设想每月有10名知县出缺(125页)。其次再将这些名额分配给不同的"班"。在这里,"班"以出身资格和身份而定。例如,进士班、捐纳班等等。最后,应选者按照在"班"中的顺序(伍案:"次")等待铨选,即"候选"。例如,进士根据"某甲第某名"决定自己的"次",捐纳者则根据上兑日期决定自己的"次",上兑日期相同者还要抽签决定各自的"次"。这个"班次"实际上就是铨选时的应选顺序,亦即接受抽签的顺序。由于实施了这种作法,所以每位应选者在原则上均预先知道自己的顺序,可以大致估计出自己何时可以作官。兹举两例。

雍正二年(1724)三月,朝鲜户曹参判权以镇等人衔命出使清朝。闰四月十三日,一行在赴京途中投宿于"丰润县民舍"。该处主人对朝鲜使者"自言绍兴府人,为候选来北京十八年,今后二年当得官。以北京艰食,来此赁屋以居云。①"由此可见,这位绍兴出身的候选官推算出自己"今后二年当得官"。

候补官也是同样。日本国立国会图书馆收藏着一部《安徽同官全录》,该书原来的所有者在书中写道②:

> 己亥(伍案:光绪二十五年)七月廿五日,刘谷民云,直判本班已有一人,如捐分缺先,二缺到班,惟出缺尚须送部选一次,要三次出缺方可补。

由此可知,该人当时正在等待"直隶州通判"出缺。刘谷民告诉他,如果捐纳"分缺先"的花样,那么在出第三缺的时候就可以补缺。可见补缺是按照一定顺序的,而该顺序也是大致可以估算的。

这一名额限制(伍案:即出缺名额)在清代随着应选者人数的增加而略有调整。以双月选用知县为例,康熙年间预想的是 10 名,这一数字在乾隆年间上升为 17 名③。而到了光绪年间,这一人数已经上升到 23—24 名。不过,这每月 23—24 名、全年 284 名的数字并不意味着每月一定会有 23—24 名知县出缺和每年一定会有 284 名知县出缺,只不过是在综合考虑了各种情况之后所设定的一个铨选基准、或者说参加抽签的最大人数而已④。

在康熙年间制定的知县铨选顺序中,为捐纳知县者准备的"缺"是 3 个,就是说如果某月有 10 个县的知县"出缺"的话,其中有 3 个"缺"是专供捐纳知县用的。而在光绪年间的知县铨选顺序中每月专供捐纳出身者用的"缺"为 4 个。与知县缺(伍案:双月知县)的应选名额在这一期间中增加了 1 倍以上(伍案:13 名)相比,专供捐纳出身知县铨选用"缺"则仅仅增加了 1 名,即 30%。由此我们可以得出如下结论,假设这每月的 4

---

① (朝)权以镇《燕行日记》,林基中编《燕行录全集》第 35 册第 127 页。
② 《安徽同官全录》,第 5 册第 4b 页。
③ 《(乾隆)钦定户部则例》,卷二,双月大选,第 170 页。
④ 请参看本书第 4 章。

个"缺"均可以用于铨选(伍案:亦即每月可以采用 4 名)捐纳出身者,每年的充其量也不过 48 名。我们不难想像,在报捐者蜂拥而至的情况,每年参加铨选的报捐知县之人不可能正好只有 48 名。以嘉庆三年(1798)开办的川楚事例为例,报捐各类(伍案:"不论单双月"、"本班"、"双月")知县的人共计有 157 名①。姑且以这 157 名均是通过"部选"任官计算,那么至少需要 3 年多的时间才能全部铨选完毕。但是,实际所需要的时间还会更长。因为,每月出缺的知县不可能正好是规定上的 20 几名。笔者曾经根据《申报》转载的"京报"查阅过清末若干年份的知县铨选情况。例如,同治十二年(1873)全年经"部选"的知县有 47 名,平均每月不到 4 名。

那么,这上述每月专供捐纳出身者用的 4 缺又是如何在捐纳出身者之间分配的呢?许先生通过研究,在学界首先说明了这一问题。

至迟不晚于嘉庆年间,清朝政府在开办捐纳事例时制定了相关的选轮原则。豫东事例(嘉庆十九年,1814)时规定捐纳出身者 45 人为一周,筹备经费事例(道光十三年,1833)时规定以 90 人为一周,筹饷事例(咸丰元年,1851)时更规定 120 人(京官)和 132 人(外官)为一周。以下以筹饷事例的双月知县的铨选为例略加说明。

太平天国事件爆发之后的咸丰元年(1851),清朝政府开办了将近筹饷事例。这一事例一直开办到光绪五年(1879)才告停止,长达将近 30 年。以大捐事例而论,筹饷事例在清朝一代开办时间最长,对官僚铨选制度的影响最为深刻。许先生引用《筹饷事例条款》中关于铨选的规定对这一点做了十分浅显生动的说明。在《筹饷事例条款》中对捐纳出身外官的铨选顺序有如下规定②:

> 用筹饷四人,豫工头卯一人,豫工二卯一人;筹饷四人,筹备一人;筹饷四人,豫工头卯一人,豫工二卯一人;筹饷四人,酌增头卯一

---

① 《川楚事例文武官生名次全录》。
② 《筹饷事例条款》,原奏,第 16b—17b 页。

人;筹饷四人,豫工头卯一人,豫工二卯一人;筹饷四人,酌增二卯一人;筹饷四人,豫工头卯一人,豫工二卯一人;筹饷四人,续增武陟一人;筹饷四人,豫工头卯一人,豫工二卯一人;筹饷四人,武陟投效一人;筹饷四人,豫工头卯一人,豫工二卯一人;筹饷四人,豫东一人;筹饷四人,豫工头卯一人,豫工二卯一人;筹饷四人,续增土方一人;筹饷四人,豫工头卯一人,豫工二卯一人;筹饷四人,土方投效一人;筹饷四人,豫工头卯一人,豫工二卯一人;筹饷四人,捐输一人;筹饷四人,豫工头卯一人,豫工二卯一人;筹饷四人,衡工一人;筹饷四人,豫工头卯一人,豫工二卯一人;筹饷四人,豫工头卯一人,豫工二卯一人;筹饷四人,工赈一人;筹饷四人,豫工头卯一人,豫工二卯一人;筹饷四人,川楚一人。以百三十二缺为一轮,周而复始,挨次轮补。

根据上述规定,在铨选时(伍案:"部选"),每当用过铨选筹饷事例报捐的4人之后,再用以前诸事例报捐之人,"周而复始,挨次轮补"。上述规定中所云诸事例开捐时期如下(伍案:依上述史料中出现时间为序):

  筹饷事例:咸丰元年(1851)

  豫工二卯事例:道光二十三年(1843)

  豫工头卯事例:道光二十一年(1841)

  筹备经费事例:道光十三年(1833)

  酌增二卯事例:道光八年(1828)

  酌增头卯事例:道光七年(1827)

  续增武陟投效例:嘉庆二十五年(1820)

  武陟河工事例:嘉庆二十四年(1819)

  豫东事例:嘉庆十九年(1814)

  续增土方事例:嘉庆十五年(1810)

  土方投效事例:嘉庆十三年(1808)

捐输事例：嘉庆十一年(1806)

衡工事例：嘉庆八年(1803)

工赈事例：嘉庆六年(1801)

川楚善后筹备事例：嘉庆三年(1798)

这段关于铨选顺序的规定看似枯燥无味，实际上十分形象生动。它说明当年官僚后备军们求职的辛酸。以排在最后的川楚善后筹备事例报捐、且顺序最靠前者(伍案：即序列第1名)而论，他要等到第132缺铨选时才有作官的可能。依上述每年最多录用捐纳出身者48名计算的话，他至少要等将近3年左右。但是，筹饷事例开捐的咸丰元年(1851)距川楚善后筹备事例开捐的嘉庆三年(1798)已经过去了53年(伍案：这一规定本身亦等于政府承认当时有时隔53年尚未得缺人员得存在)。姑且以该人报捐时的年龄为25岁计算，当他终于如愿以偿时，至少已经是 $25+53+3=81$ 岁的龙钟老态。不过，上述的各项假设倘若真能实现，那么他还应该算是万幸。因为，他在川楚善后筹备事例报捐同样官职之人中毕竟名列第一，而名列第二之后的人则必须等到第264缺铨选时才有参加抽签的资格，实际上就等于宣布该人在有生之年循上述"正常"途径已经没有做官的希望。如此类推之后，读者就不难想像那以百千计的报捐者的命运如何了。"挨次轮补"的一个"挨"字让多少求职者在等待中流失了生命。因此有些人在终于"挨"到缺后，已经无喜无悲，丝毫没有终于熬出头的兴奋。

在本章的最后部分，许先生根据光绪二十五年(1899)《选轮定例》列表说明了单月知县的铨选轮次(131—138页)。那是一个长达572缺的表格，在《选轮定例》中被排在第572的捐纳出身者，按照单月知县每月最多铨选4缺、每年最多铨选48缺的规定计算，至少要等12年以上。实际上，在这种情况下，捐纳出身者循"正常"铨选制度已经很难入仕。当然，制度也为他们准备了疏通的途径，他们或者可以通过"分发指省"，在前往各省之后再循"外补"任官，或者捐纳"花样"，以便取得参加抽签的优先权,或者捐纳"过班",以便从原来所在的班次(伍案:如上述川楚善后筹备事例之班)升到得缺较快的班次(伍案:如上述筹饷事例之班)①。

由此可见,虽然在制度设计上可以将捐纳视为做官的终南捷径,但是对普普通通的捐纳出身者来说,展现在他们面前的并非是一条康庄大道。许先生通过对官制史料如此详细的爬梳,栩栩如生地说明了在清代中期以后大捐频开的情况之下报捐者的命运以及捐纳制度本身对官僚人事制度的冲击。恕笔者寡闻,这恐怕是关于清代人事制度和捐纳出身者铨叙问题的最为详尽的说明。

大量引用清代的各种则例是许先生研究捐纳制度最有特色、最有学术价值、也最具说服力的部分。根据笔者的不完全统计,许先生在本书中引用的清代则例达六十种左右。其中除了中央六部的则例之外,引用最多的是开办捐纳时的具体规定——捐例。其中除了全国性的则例之外,还包括了很多地方开捐的章程。则例在清代的国家与地方行政中具有十分重要的作用。以捐例而言,通常在开办捐纳时,户部要会同吏部等相关衙门就开办方法提出上奏,除了说明开办捐纳的必要性,规定捐纳的具体金额之外,还要制定捐纳出身者的铨选顺序。尽管这些则例并非严格意义上的第一手资料②,但由于它是政府在开办捐纳时制定的基本准则,所以,欲研究捐纳制度就必须从这些捐例入手。由于这些则例的内容十分专业(伍案:特别是关于铨选资格、班次和金额的规定),属于"书办之学问",一般捐纳者不易了解。而且,一旦某一捐纳事例开办之后,这些捐例就失去了作用,往往被随手抛弃。所以,这些则例的史料价值在很长时期之内没有得到有效的认识,则例的大部分也很快散佚。

许先生能够有效地利用这些史料,与独具慧眼的导师邓文如先生是密切相关的。在清朝覆亡之后,有关清代政治制度的各种史料如同废

---

① 请参看本书第4章。
② 有学者称研究清朝文官制度的"第一手资料"是《大清会典》和《吏部处分则例》等。我个人认为,《大清会典》等不过是一种"第二手"乃至"第三手"的编纂资料。请参看艾永明《清代文官制度》,第404页。

纸,几乎无人问津。正是在这一时期,日本人大木干一在北京收集了大量的官制史料,构成了现在东京大学东洋文化研究所大木文库的基本藏书。其中收藏的清代官员名录——《爵秩全函》和《搢绅录》——和各种则例十分丰富①。大约在同一时期,邓文如先生鉴于则例史料对研究清代政治制度所具有的无可替代的重要性,遂建议燕京大学图书馆积极收购。当年经办此事的王锺翰先生回忆说,燕京大学图书馆购入的各类则例多达500—600种②。这些构成了许先生研究捐纳问题时的基本史料,而许先生也是仔细翻检、详细爬梳这些则例的第一人。

对这一部分史料的爬梳决非轻而易举之事。所有阅读过则例史料的人都知道,则例反映昔日的官僚制度,其间涉及着不同衙门之间的联系(伍案:例如户部主管的捐纳和吏兵二部主管的铨选之间的联系)、某一制度的内部构造(伍案:例如"部选"与"外补"构成的人事行政),而且在行文中使用了许多涉及各项制度的"成语",即专用名词,即便是当时人对这些规定也并非一望即知。许先生以其不懈的努力和渊博的学识,其中特别是以对清代政治制度发展演变的深刻了解的基础之上,系统地阅读了各次开捐时的捐例,并且"询之当日躬与铨政者",终于生动地说明了捐纳出身者的铨选问题,而且通过对各次捐纳则例的横向对比,揭示了捐纳标准的变化。正如陈仲夫先生在书评中所说:"著者能不避烦剧,聚而成书。尤为近代史学界利用公牍文书作专题研究之创举。"③

三、展望

许先生为我们揭示了清代捐纳制度发展在各阶段的基本特征和基本结构,但是问题的研究远未完结,我们应该在许先生已经达到的高度继续向上攀登。近年来,笔者利用清代官方档案、民间文书和私人日记

---

① 关于这一部分史料,请参看大岛立子《搢绅全書、中樞備覽所在目錄》和拙稿《前近代中國の職員錄》。
② 王锺翰《清代各部署则例经眼录》,载《王锺翰清史论集》,第三册,第1847—1877页。
③ 陈仲夫《清代捐纳制度书评》,载《燕京学报》第38期,1950年6月,第267—268页。

信函等史料，对清代的捐纳问题做了一些探讨。以下，结合我自身的体会，谈一谈关于捐纳制度研究的展望。

1. 清朝统治者的政治哲学

捐纳作为一种权钱交易的制度历来遭人诟病的这一点，历代统治者并非一无所知。满清政权入主中原之后随即在全国范围内开办捐纳，并且将已往历代的"捐纳政策"发展为"捐纳制度"。清朝的历代皇帝对捐纳本身多次发表过批判的意见，虽然囿于政治上（伍案：主要指清代前期）和财政上（伍案：主要指清代后期）的需要，清朝政府始终不愿意、也无法彻底停止开办捐纳。但是，与前代历朝相比，清朝历代皇帝在捐纳问题上表现出的认识是比较清醒的，他们竭力想在制度范围内对卖官鬻爵的弊病做出某种限制。

例如，雍正皇帝在雍正六年（1728）商议开捐时曾经指出①：

> 至于捐纳一项，向因各例人员甚多，难于铨选，故降旨停止。数年以来，将次用完，再越数年，必至无捐纳之人，而需用科目。朕近见科目之人苟且因循，而贪脏坏法者亦复不少。至于师友同年，夤缘请托，比比皆是。若仕途尽系科目，则彼此网结，背公营私，于国计民生为害甚巨。古圣人立贤无方，不可执一而论。且使富厚之家叨授官职，便不希冀功名，亦是肃清科场之道。

由此可见开办捐纳的目的之一是借以"肃清科场"，亦即皇帝有意在科举出身者之外培养一个捐纳出身者的集团，以达到居中操控的目的。这里流露出来的是皇帝出于政治需要而开办捐纳。与此相比，清代中后期开办捐纳则是为了缓解捉襟见肘的国家财政。

嘉庆十九年（1814）开办豫工事例时，嘉庆皇帝曾经发表的一通言论十分形象地说明了这一点②。

---

① 《永宪录·续编》，第417页。
② 《清仁宗实录》，卷二百八十二，嘉庆十九年正月己巳，第31册第852—853页。

本日据曹振镛等三人议上,仍以暂开捐例为请。现在军需、河工各项动用,均出常年经费之外。国家度支有常,实不能不豫为筹备。斯时既别无善策,姑照所请,暂开豫东事例,著各该部会同妥议条款具奏。此朕万不得已之举,非以捐例为必可行也。诸臣食君之禄,皆当忠君之事。除此次曾经交议者,无庸再行渎奏外,其余各大臣,果有真知灼见,能为裕国之策者,必须字字确切,毫无流弊。不准泛论纸上空谈,仍犯议论多而成功少之病。如确有把握,立能济军需、河工之用。奏上时,朕采取施行,即将捐例停止。若止言捐例之弊,而别无良谋。其言皆朕所稔知,毋庸虚陈奏牍也。

由此可见,皇帝本人并不回避捐纳的弊病。乾隆皇帝本人在乾隆五十一年(1786)也曾明确承认,"纳赀授官,本非善政"①。即便是频开大捐的道光皇帝在召见官员时也说:"我最不放心者是捐班,他们素不读书,将本求利,廉之一字,诚有难言。"但话音未落,又"拍手叹息":"无奈经费无所出,部臣既经奏准,伊等请训时,何能叫他不去,岂不是骗人么?②"这些史料表明,清朝国家完全了解捐纳制度的负面因素,而且从来也没有否认过捐纳的非道德性质。只是出于各种政治和财政方面的考量,直到最后没有放弃开办捐纳。对于这种政治理念和实际政策之间的差异,我认为不能简单地解释为清朝政府的伪善和腐败。相反,我们可以从捐纳问题的角度观察清朝政府的政治哲学③。

清朝入关以后,在各种场合经常强调为政要讲究"实效",反对"虚名"。顺治皇帝在《御定人臣儆心录》中指出④:

> 凡为臣者,宜崇实效,不宜务虚名。务名者,其行必矫,其意必浮。苟取一时之声称,而其言与事之当否弗顾也。推原厥心,以为

---

① 《清高宗实录》,卷一千二百六十一,乾隆五十一年闰七月庚寅,第 24 册第 963—964 页;卷一千三百九,乾隆五十三年七月甲申,第 25 册第 647—648 页
② 张集馨《道咸宦海见闻录》,第 119—120 页。
③ 关于清朝政治哲学问题,请参看谷井俊仁《一心一德考——清朝における政治の正当性の論理》。
④ 台湾商务印书馆影印文渊阁四库全书第 761 册第 765 页。

> 吾发之于言,举之于事,但可以见吾志、成吾名足矣。至于必可见之施行,必可垂之永久者,则皆贻之君上,而彼不与。夫使人人尽怀好名之心,则国家之实事又将谁倚?

这里十分清楚地指出,国家需要的是能够处理"实事"、"崇实效"的官员,至于名声如何则是第二位的问题。康熙皇帝在接见大臣的时候也多次首先强调要"实心任事"①。晚年的康熙皇帝对"好官"的定义有过十分明确的说明②:

> 可为官之人,不取非义之财,一心为国效力,即为好官。或操守虽清,不能办事,无论旨意批驳,或部院驳行之事,积年累月概不完结。似此清官,反不如不清之官矣。

康熙皇帝在这里并没有禁止"为官之人"取财,只是泛泛地告诫他们不能取"非义之财",而且,"当为清官者,并不系于贫富"。清朝皇帝在官员之间发生的金钱馈赠问题上表现出来的态度有时是比较灵活的。康熙五十四年(1715年)十一月二十五日,徐元梦向康熙皇帝奏报就任浙江巡抚一年以来接受了下属馈赠的白银二万五千两,除用于奖励部下和送往迎来之外,尚余三千两。康熙皇帝在朱批中赞扬说:"真满洲也。毫无隐瞒之处,所奏知道了。"③无独有偶,同年十二月初九日,康熙皇帝在接见了福建巡抚陈瑸之后对大学士松柱等人发表了一通十分有意思的见解:

> 朕昨召陈瑸入见,细察其举动言语,实系清官。谓将来全无报复私仇之事,朕不能保。但就现在观之,真能为人所不能为,与苦行

---

① 《康熙起居注》,康熙十三年正月十五日,第147页。《清圣祖实录》,卷四十五,康熙十三年正月庚辰,第4册第594页。
② 《康熙起居注》,康熙五十三年十二月二十四日,第2138页。《清圣祖实录》,卷二百六十一,康熙五十三年十二月壬辰,第6册第577页。
③ 中国第一历史档案馆编《康熙朝满文朱批奏折全译》,第1074页。根据《大清律例》的规定,徐梦元应该被处以"绞"刑。《大清律例通考校注》,卷三十一,刑律,受脏,官吏受财,第905—913页。

僧无异。且陈璸系海滨务农之人,非世家大族,朝中士大夫,又无门生故旧,而天下之人,莫不知其清。苟非真清,岂能至此?朕面谕陈璸云,尔为巡抚,与为司道等官不同,若贪财好利,诚为非道。但应得之物,亦宜取为赏兵之需。身为封疆大吏,而室中萧然无一物可以与人,亦非大臣所宜。夫第谓一介不以与人,一介不以取诸人,岂于己必无所得?不过不肯与人,到后日仍是自肥耳。

康熙皇帝看到面前这位"真能为人所不能为"、形同"苦行僧"的国家大员,实在过意不去,于是对他做了如此这般的开导,告诉他为了赏兵,不妨拿一些"应得之物",将话说到了已经不能再说的地步。据说,陈璸经过开导,"亦深心服"[1]。通过这段史料,出现在我们眼前的是一位有血有肉、通达人情世故、关心下属的统治者,实在是不愧"圣祖"的谥号。

康熙五十六年(1717)二月二十六日,康熙皇帝在畅春园召见大臣时提到顺天府尹余正健"居官虽清,全不能办事。顺天府尹事务具坏,即如木雕草束之人"。大学士萧永藻觉得余正健还有可以肯定之处,因为"办事虽迟钝,人还正气"。这句话换来的是皇帝的嬉笑怒骂[2]:

不能办事,虽正亦无用。不要钱即算好官,如九卿会议处,将泥塑木雕之人列于满座,不饮不食,即以此为正,可乎?此言甚错!

保留至今的"履历片"上密密麻麻地写着皇帝在接见官员时的感想:"平常"、"人聪明"、"识一两字文书看不来"、"大聪明伶俐人"、"特糊涂"、"人明白好老成去得将来可府道材"等等。这些都说明了统治者在观察官员时重视的是他们的办事能力。

由此可见,清朝统治者在"操守"与"办事"能力之间,更重视的是后者。当然,这并不是意味着他们无视捐纳的弊病。就在上述康熙五十六

---

[1]《康熙起居注》,康熙五十四年十二月初九日,第2233页。《清圣祖实录》,卷二百六十六,康熙五十四年十二月辛未,第6册第615页。
[2]《康熙起居注》,康熙五十六年二月二十六日,第2360页。《清圣祖实录》,卷二百七十一,康熙五十六年二月辛亥,第6册第661页。

年(1717)二月二十六日,当吏部尚书张鹏翮要求开办捐纳的时候,康熙皇帝在详细询问了军需所需要的数目之后,明确地表示没有开办的必要①。在这里,体现出一种现实主义的治国理论。在这种思想的指导之下,清朝国家主动地将诸种非道德性质的弊端纳入国家的管理之下,由国家将这些弊端限制在适度的、可以控制的范围之内。换句话说,就是将原来官员个人的不法行为合法化。来自陋规的养廉银、源于买官卖官的捐纳之所以能够被置于国家管理之下,都是与这种政治哲学是密不可分的。

内藤湖南曾经认为中华民族在长期的历史发展之中,由于克服了多种弊害,结果获得了一种免疫性。他以清朝的养廉银政策为例,认为这种免疫性在政治上表现的尤为显著。无论何种弊害只要在一定的秩序之下就不会导致纲纪的紊乱②。清朝政府正是通过将卖官鬻爵制度化,使这种遭人诟病的敛财方法转而为国家的政治目的服务。在这个意义上,我们可以认为清朝政府在国家运营方面与以前历代,至少与明代政府有明显的不同。清朝政府在上述问题上所采取的态度是十分现实、灵活的。他们公开承认国家需饷和官员个人需要相当数目的金钱,他们将已往历代作为特定政策实施的捐纳充实,使之成为一种常年实施的国家制度,在指责该项制度所存在的弊病的同时,又利用该制度达到自身的政治目的。

2. 捐纳对身份的社会流动所产生的作用

已往的研究中很少关注捐纳出身者的情况。由于国家在捐纳制度下出售的各种"商品"之中包括了出身资格和任官资格等,这就势必对社

---

① 《康熙起居注》,康熙五十六年二月二十六日,第 2359 页。
② 内藤湖南《支那に還れ》,载《内藤湖南全集》,第 8 卷,第 171—181 页。该文首次发表于大正十五年(1926)5 月 25—30 日的《大阪每日新闻》。在该文的最后,内藤湖南说,没有工业,亦不富强,在政治上几乎一无可取的中国民族在今日反而让世界感到了它具有一种永久的生命力,这无疑是悠久历史的结果。我们不应该忘记,当时的内藤湖南面对的是一个军阀混战、积贫积弱、饱经列强蹂躏的中国,这一见解充分地显示了内藤湖南作为一位世界中国学杰出研究者的洞察力。毫无疑问,这一见解已经得到了近百年来世界历史发展的证明。

会成员社会身份、地位的变化发生影响。国家通过各种制度对社会进行控制和管理,另一方面,社会也支持着国家制度,并且对国家制度发生着影响。因此,在研究制度的时候应该注意到制度与社会的关系。

在明清时期,科举入仕已经成为社会成员提高自身社会地位的最主要的途径。为了不知何时才能到来的"金榜题名",一般要从幼年起开始努力学习①,而考中科举还要通过多次的考试。根据张仲礼的研究,考中生员的平均年龄为 24 岁,考中举人的平均年龄是在 31 岁,考中进士的年龄是在 33—36 岁②。在人的平均寿命大约只有 60 岁、社会意识又以做官为唯一出路的情况下,能否早日取得入仕资格、早日得缺(伍案:因为即便是考中进士也并不等于可以立即做官)实际上是整个社会都十分关心的问题。众所周知,如同今日的高等教育一样,在理论上标榜平等的科举并非免费大餐,没有相当经济能力的人是无法应付长达数年乃至数十年闭门苦读的,何况进省进京赶考和拜师谢恩等也需要相当的费用。对于士子们来说,早日得缺不仅意味着人生的成功,更重要的是伴随着这一成功所带来的特权和收入。如果不能早日得缺,不仅昔日苦读时的"投资"无法回收,而且今后的生计无疑也会发生问题。在这种情况下,一部分拥有一定经济能力之人就希望借金钱的力量缩短这一过程,尽快地得到出世的资格和官缺。捐监之后可以越过童生的考试,立即得到乡试的下场资格("监生");捐纳官职的话更可以越过举人和进士的考试一举获得入仕的资格。在正常的科举考试制度之下,考中举人进士实属凤毛麟角。实际上,考上生员取得州县学的入学资格又谈何容易③。《儒林外史》中的周进在久经波折,困顿场屋,长年不得入学之后,随着经商的亲戚进城参观贡院时,"不觉眼睛里一阵酸酸的,长叹一声,一头撞

---

① 宫崎市定曾经指出,士子要背诵《论语》、《孟子》、《易经》、《书经》、《诗经》、《礼记》和《左传》,共计 431286 字。参见宫崎市定《科举》,载《宫崎市定全集》,第 15 卷,第 271 页。
② 张仲礼《中国绅士》,第 104、134、138 页。
③ 关于童生入学,请参看商衍鎏《清代科举考试述录》,周作人《知堂回想录》上,齐如山《齐如山回忆录》及《中国的科名》中的相关章节。

在号板上,直僵僵的不醒人事"。抢救过来之后,周进"放声大哭起来,众人劝也劝不住。"正在伤心的周进,突然听到众人说可以用捐监的方法入场应考,立即就止住了哭声。并且说:"若得如此,便是重生父母,我周进变驴变马,也要报效!"联想到现时每年都要上演的高考、考研和求职的悲喜剧和血泪辛酸,我们应该不难理解当年周进们即便变驴变马也要入学的重要性,而且可以知道没有相应经济能力的人是多么渴望能够通过借贷捐纳的方法达到上述目的①。

在中国传统社会中,人们的身份不是一成不变的。不仅存在着自下而上的社会流动,也存在着自上而下的社会流动。流动方向的重要性自不待论,流动速度的快慢直接影响到社会成员的地位。如果在有限的人生中能够较早取得一定的地位,那么今后在时间方面还有进一步上升的余地,否则很可能会在人生的投资方面出现巨大赤字。请看清末直隶两位候补知县的例子。光绪元年(1875)出生的吴宝棣在光绪二十七年(1901)由监生捐纳县丞,次年通过保举得到了知县的候补资格,时年 27 岁。王寰清生于道光十八年(1838),在吴宝棣出生的光绪元年(1875)中举,光绪十二年(1886)48 岁时成为进士,"以知县归部铨选",等待 3 年之后,光绪十六年(1890)才被"截取",分发到直隶候补。此时的王寰清已经是 52 岁。当 27 岁的吴宝棣取得知县候补资格的光绪二十八年,64 岁的王寰清已经在那里候补了十多年。我们假设王寰清得缺早于吴宝棣,但是他进一步晋升的可能已经是微乎其微了②。在这种情况下,王寰清们的人生投资极有可能是一笔赤字。相比之下,吴宝棣以不低于 318 两(监生 108 两+县丞 210.6 两,此外还有部费、结费等相关费用)的投资得到了入仕(县丞)的身份。在这个意义上,他用 27 年的时间走完了王寰清用 52 年才走完的路。换句话说,吴宝棣以不低于 318 两的价格购买了王寰清用 52 年的时间才得到的知县候补资格,平均每年 6 两左右。

---

① (清)吴敬梓《儒林外史》,第三回,周学道拔士校真才,胡屠户行凶闹捷报,第 26—27 页。
② 《畿辅同官录》,第 4 册,各项知县。关于生员的期望寿命,参看张仲礼《中国绅士》,第 102—106 页。

而王寰清在这52年间为应付考试使用的金钱无疑应该超过吴宝棣投资的数目。捐纳在身份的社会流动方面所起的巨大作用,由此可见一斑。

结　语

以上是本人在学习之后的一些体会和心得,考虑得还很不成熟,希望师兄学长暨各位同仁批评指正。

在纪念许先生的时候,不能不使我联想到当年的史学教育体系。我这样想是因为曾经读过一篇概述1949年以来中国政治制度史研究状况的文章,其中认为1949年以前的"中国政治制度史研究与当时的中国社会一样百废待兴",并将1950年至1965年视为中国政治制度史研究的"继承恢复期"。作者认为,这一时期主要的特点是"马克思主义理论成为此时期中国政治制度史研究的主要世界观和方法论"。作者开列了"本时期比较有代表性的著作",其中第1部就是许先生的《清代捐纳制度》,并且注明哈佛燕京学社1950年版,认为许先生的这部著作和其他著作一样,"试图用马克思主义的立场、观点和方法认识、分析和解决问题。[①]"虽然评论本身见仁见智,但如本文开始部分所述,许先生对清代捐纳制度的研究在1947年6月就已经基本完成,可见该作者对基本事实都缺乏最起码的了解,就将许先生在作者所说的"百废待兴"的"当时的中国社会"完成的研究,肆意划入了在马克思主义理论指导之下取得的成果。这种做法至少忽视了史学教育的重要性,试图以某种政治理论取代治学的具体方法。

许先生以25岁的弱冠之年写下了这部经典性的著作,除去个人天赋之外,我认为,包括旧辅仁大学和旧燕京大学在内的史学教育体系实在有值得研究总结的必要。比如,陈援庵先生当年在辅仁开讲的"史源学实习"就是十分有特色的课程之一。根据许先生的说明,史源学的课

[①] 赵秀玲《50年来中国政治制度史研究及其展望》,原载《政治学研究》1999年第4期,传引自中国社会科学院近代史研究所主办"近代中国研究"网站之"专题研究·晚清政治史"。

程是为了帮助学生初步分析史料的渊源,辨别史料的真伪,考证史料的来龙去脉,训练学生搜集资料。收录在《明清史论集》中的《〈鲇崎亭集〉课纪实》就是许先生对此的回忆(443—448页)。记得我本人第一次读到《史源学杂文》是在本科时代的1980年前后。1991年到日本留学之后,京都大学文学部东洋史研究室当时的主任教授竺沙雅章先生在一次私人谈话中提到,自己以及京都学派的主要研究方法之一就是"史源学"。直至今日,京都大学人文科学研究所的"史料会读"和文学研究科东洋史课程中的"演习"仍然遵循着这一思路。我本人在这里并非有意探讨史源学问题,只是想借此说明应该关注培养出一位未满25岁年轻学者取得了《清代捐纳制度》这一学术成果的教育环境。虽然人们经常谈到学术随着时代而发展,但是无论时代和学术如何变化,学术本身都有其不依时代和人们的主观意识为转移的内在规律和治学的基本手段。即便是在当今,认真仔细、系统地研读史料仍然是历史科学的基础和生命线。记得在北京大学问学时,许先生要求我们从阅读《中华二千年史》入手,再阅读《明实录》。现在回想起来,受益实在很深。

许先生并非著作等身,论文的篇目屈指可数,既没有种种显赫震人的头衔,更没有得到过什么奖项。在这个意义上,我们不得不承认许先生有些生不逢时。其实包括许先生在内的那一代人中的许多人又何尝不是如此。但是,当他们离开这个世界的时候,我想他们内心应该会感到自豪。因为,他们没有辜负时代,他们通过不懈的努力留下了后人无法绕过的学术上的一座座高峰。这一点是不仅是值得敬佩和学习的,也是值得深思的。

许先生为人正直忠厚,不求名利,平易近人,对学生的学习以及生活琐事都十分关心。记得许先生逝世若干年之后,我因公晋京,在北京大学图书馆查阅资料时偶遇一位在图书馆工作多年的学长。她告诉我,1982年我们从外校考入北京大学后不久(伍案:我本人本科毕业于广州中山大学历史系),许先生担心我们不了解图书馆的情况,曾经把接受他指导攻读明清史几位同学的名字特意告诉过图书馆的工作人员,以便在我们有需要帮助时给予关照。我至今无法忘记她说话时的表情。每当想到这些,想到已经永远无法当面向先生道一声感谢,就更觉得先生可敬可亲。厚德载物,其此之谓乎!

附记: 1984年的烟花三月,我和几位同学随许先生游学江南。我们在苏州告别从南京开始就专程陪同的李广廉师兄,搭乘夜航船沿大运河南下杭州。抵达杭州当晚,许先生带领我们去柳浪闻莺散步。记得许先生看着西湖的湖水不停地拍打着湖岸,对我说,每当看到西湖的湖水,就觉得其中蕴涵着用不完的力量。我想,在先生身边多年的师兄学长们一定十分了解先生此言的含意。说老实话,我当时并不理解。1998年年底,我在时隔多年之后再访柳浪闻莺,当晚,又一次搭乘夜航船。不过,这一次是沿大运河北上苏州。似乎是到了那时,我才开始理解先生为什么喜欢西湖,喜欢西湖荡漾的湖水。因为,人生需要力量。

2007年7月　于京都北白川

补记: 2011年3月的早春时节,我因公赴杭州,下榻之处就在西湖之滨。抵杭次日的清晨,我在晨曦中再一次造访柳浪闻莺。虽然在过去的20多年里,世事变换,一切宛如换了人间。不过,眼前的杨柳岸晓风残月在西湖荡漾的湖水的映衬下,依然引起人对往事的回想。我相信,远在天国的先生一定依然和往日一样,喜欢西湖,喜欢那充满活力的西湖水。

2012年9月　再订于羊城白云山鸣泉居

日文版跋

本书是笔者十多年来研究中国捐纳制度的一些心得。在搁笔之际，谨向读者报告一下笔者在研究这一问题过程中的一些经历。

首先，本书各章的构成情况如下：

序章　新作。

第一章　《明代的社会：纳贡与例监——中国近世社会庶民势力成长的一个侧面》，《东吴历史学报》（台北，东吴大学），第20期，2008年12月，第155—191页。

第二章　《清代捐納制度論考——报捐を中心に》，夫马进编《科学研究费研究成果报告书·中国明清地方档案の研究》，京都，京都大学文学部，2000年3月，第103—130页。

第三章　《捐納と印結について——清代捐納制度論考（二）》，《史林》（京都，史学研究会），第86卷第1号，2003年6月，第1—34页。

第四章　《清代の捐納制度と候補制度について——捐納出身者の登用問題を中心に》，岩井茂树编《中国近世社会秩序の形成》，京都，京都大学人文科学研究所，2004年，第361—412页。

第五章　新作。

第六章　《清代における捐復制度の成立について——考課制度と

の相互関係を中心に》,《東洋史研究》(京都,東洋史研究会),第67卷第4号,2009年3月,第70—97页。

第七章第一、二节 新作。

第三节 《災害情報の伝達と救済資金の調達——一八八九年中国江南の水害を中心に》,《東アジア研究》(八尾,大阪経济法科大学アジア研究所),第43号,2005年12月,第19—33页。

第八章 新作。

终章 新作。

附录一 《清代捐納制度に関するデータベースの構築に向けて——一八八九年江浙賑捐を例に》,《大阪経济法科大学論集》(八尾,大阪経济法科大学),第90号,2006年3月,第64—94页。

本书第一章原是提交给2007年10月由台湾中国明代研究学会、东吴大学、暨南国际大学等主办的国际学术研讨会——"全球化下明史研究之新视野"的论文之一部分,在将原载《东吴历史学报》的论文翻译之后,略作了章节的调整和修订。

第2、3、4、6各章,第7章第3节和附录1,谨作了一些文字和史料方面的订补,基本上保持了最初发表时的原状。

1982年,我作为"77级",即文化大革命之后重开高考的第一届大学生完成了4年的学业,从广州中山大学历史系毕业。随后,进入了北京大学历史系,攻读硕士研究生。具体指导研究和论文写作的是许大龄先生。

在许先生的指导下,我们首先从邓之诚先生所著《中华二千年史》的明清史部分开始阅读,进而逐步进入《明史》和《明实录》等史籍。当时,我主要关心的问题是明代徭役制度的变革,并以此题目提交了硕士论文。毕业后,奉职于北京图书馆(伍案:现中国国家图书馆)。几年后,我开始思考如何在学术上进一步提高和充实,而且希望能够去海外留学。为此,不揣冒昧地给时任京都大学文学部东洋史研究室的主任教官竺沙雅章先生写了信,很快就收到了先生热情洋溢的回信。就这样,我于

1991年来日，先是以研修员的身份进入京都大学文学部东洋史研究室，以后于1993年参加编入学考试，进入京都大学大学院文学研究科博士后期课程，主攻东洋史学。

在进入博士后期课程之后，我仍然埋头于对明清时期徭役问题的研究。这一时期主要关注的是徭役制度与国家行政制度之间的关系问题，而且注意到徭役制度与官僚生活的关系，以及徭役制度与地方行政制度的关系。1997年12月，我向京都大学大学院文学研究科提交了题为《中国近世における徭役制度と地方行政制度との関係について》的博士学位申请论文，在通过答辩之后，于翌年3月获得了京都大学授予的文学博士学位。

从负笈于北京大学时起，我对近代以前中国的官僚制度，其中尤其是官僚人事制度一直很感兴趣。其中固然有《儒林外史》、《官场现形记》等的影响，更主要的还是因为，我通过学习之后感到，为了更好地认识近代以前中国的国家与社会，就必须认识参予国家管理运营的官僚集团以及官僚个人。

在北京大学历史系求学期间，第1次认真阅读了许先生的著作《清代捐纳制度》。这本书写于1947年，当时许先生尚未满25岁。但是，书中展现的宽阔的视野和丰富的史料，深深地打动了我。不过，由于当时我埋头于对明代徭役问题的研究，没有就捐纳制度向许先生请益。当然，在当时做梦也没有想到，在离开北京大学20多年之后，我在许先生研究的基础上，再次攻读捐纳制度问题，并且将自己的心得汇为1册。实话说，当时未能就此问题向许先生请益的主要原因是，当时我认为在许先生已经达到的高度再向上攀登，绝非轻而易举。

1991年来日以后，我重新开始了中断数年的研究生活。当时，京都大学文学部东洋史研究室夫马进先生在授课中大量使用中国明清时期的官方档案、契约文书、书简日记等等。在我参加的京都大学人文科学研究所明清班（班长，小野和子先生）的史料会读中，使用的也主要是明清时期的各种公私文书。夫马先生在授课之外，还组织学生们一起阅读清代的地方衙门档案——《太湖厅档案》。京都夏天的闷热潮湿，举世闻名。夫马先生组织的读书会主要是利用暑假。那时,夫马先生的研究室位于文学部东馆二楼南侧,十分狭小,书籍又占去了大半的空间,而且没有空调,只有一台年龄在半百左右的古老电风扇。在那个研究室里,夫马先生和我们都是在书架间"见缝插针"而坐,以致常常有只闻人语,不见人影的情况。大家完全是在"挥汗如雨"的状态下阅读史料的。我最初看到培养出数名诺贝尔奖得主的经济大国高等学府是在如此情况下求知问学的,实在是感慨万千。时至今日,我坐在冷暖适宜的研究室里还常常回想起那时的情景,以及当时获得的那种充实感,以致不由得会感到一丝羞愧。那是终生都不会忘却的记忆。此外,我还参加了东洋史研究室学生们自发组织的读书会,一起阅读《雍正朱批谕旨》。了解战后日本的中国史学发展的人都知道,一起攻读《雍正朱批谕旨》在京都大学的东洋史研究中具有悠久的传统和特殊的意义。当时,我在研究室中各位学长的帮助下,从语言到专业都得到了不少教益。

虽然说在那之前,我对档案政书史料的重要性有一定程度的了解,但是没有做过认真的阅读。我在京都大学求学期间接触了大量公私文书和政书史料,这些史料中反映出的活生生的历史给了我很大的冲击。我开始认识到,从制度设计和制度结构的角度研究官僚制度固然重要,还应该从社会的角度、亦即自下而上地观察官僚制度。这些史料学的训练给我很大的影响。如果没有在京都大学大学院文学研究科东洋史研究室求学期间的严格训练,浅学非才的我是根本不可能完成这一研究的。现在回想起来,觉得自己当年确实是置身于一个奢侈而又幸福的环境之中。

京都大学大学院博士课程修了之后,承蒙夫马先生的信任,我以"研究协力者"的身份参加了日本学术振兴会的资助项目——中国明清地方档案的研究(2007年度—2009年度)。京都大学文学部利用这一计划的资助购入了清代《顺天府档案》的缩微胶卷。我通读了《顺天府档案》中关于官僚制度的部分,尝到了档案史料的独特滋味。在阅读了档案中的大量捐纳史料之后,我开始萌生出以下的想法,即探讨捐纳对于普通社会成员的意义和作用,探讨普通社会成员与捐纳这一国家制度之间关系。

我之所以对这一问题感兴趣,首先是因为这一问题具有极大的吸引力。在本书中已经指出,中国卖官鬻爵的历史要早于中国作为同一国家的历史。而且,捐纳制度及其前身的各类卖官鬻爵制度在实施跨越了两千年以上的时间和不同的统治民族。在中国的历史上,这恐怕是唯一一个饱受包括来自社会上下,甚至包括最高决策层在内的激烈批判的制度。而从另一个角度来说,上自皇帝,下及庶民,在批判这一政策或制度的同时,却又祈求期待它能发挥作用。换句话说,就是身背恶名,却又广受欢迎的政策和制度。能够在长达两千年的时间里维持了存在的如此强韧的政策或制度,恐怕也只有捐纳。我们甚至可以认为,金钱与权力的交换实际上是一种超越了国家、民族和意识形态的、在人类社会发展的长河中带有某种普遍意义的文化。对于如此长寿、强韧,并且带有强烈的庶民性的政策和制度,仅仅用"秕政"对此进行批判是无法说明该政策和制度自身的构造,以及存在于社会之中的理由。毫无疑问,明清时期的捐纳是给官僚和社会带来腐败的"秕政",即便是捐纳提案者和决策者也不否认这一点。具体说来,我想探寻的是,这些"秕政"为什么会在明清时期存在了几百年?利用这一"秕政"获得国家功名的普通社会成员是如何看待捐纳问题的?最后,这一"秕政"在近代以前中国社会中是如何存在?

1998年的初秋,在参加了安徽省绩溪县召开的国际学术会议之后,夫马先生和我在归途中路过上海。某日傍晚,在从书店返回饭店途中,我向夫马先生表示了利用档案史料研究捐纳问题的想法。夫马先生鼓励了我的想法,激励我放手从事这一问题的研究。此后,我以日本和中国国内的图书馆、档案馆和博物馆为中心,收集了大量有关捐纳制度的档案史料和政书史料。

"中国明清时代地方档案的研究"前后持续了三年。对我来说。这是专注于研究捐纳制度的三年,是初步构筑了从捐纳的角度研究清代官僚人事制度的基础的三年。正是由于这一期间的研究,我写成了构成本书主要部分的第2、3、4章的论文,并且为构成其他章节的研究作了准备。在这个意义上说,如果没有这三年间专心致志的研究,本研究是不可能以现在的形式奉献给读者的。

2002年起,我奉职于大阪经济法科大学。其后,先后以"中国明清时代捐纳制度的研究"和"关于前近代中国卖官制度的基础研究"为题,两次获得了日本学术振兴会的资助。此外,我还作为研究分担者,参加了日本学术振兴会资助的"中国明清时代官箴书·公牍书目编纂"的研究。通过这些研究活动,我收集到了大量与捐纳制度有关的档案、政书和公牍史料。正是在阅读这些史料的基础上,我逐步加深了对捐纳制度和近代以前中国社会的认识。

值此本书刊行之际,我首先要向夫马进先生表示感谢。

我最初的目的仅仅是局限于探讨报捐问题,即普通社会成员是如何通过捐纳与国家建立联系的问题,没有打算讨论包括印结、捐复等相关问题。夫马先生在循循善诱的同时,还为我发表的论文召开书评会和读书会,使我在史学之外,还深受其他学术领域的教益。在母校京都大学大学院担任的东洋史特别讲义,对我既是鼓励,也是一个整理自己研究心得的宝贵机会。此外,将我的捐纳研究刊入具有悠久传统的东洋史研究丛刊,也是夫马先生的提案。在此首先向夫马先生表示衷心的感谢。

在研究近代以前中国的捐纳制度的过程中,我深受京都,尤其是京都大学文学研究科东洋史研究室的各位先生和同窗的教导、帮助和支持。1991年来日以后,承蒙竺沙雅章先生、永田英正先生、砺波护先生、杉山正明先生和吉本道雅先生的指导,还受到过山根幸夫先生、岩见宏先生、岸本美绪先生的鼓励。温厚君子的岩井茂树先生在他主持的京都大学人文科学研究所的研究班上,多次为我提供了发表和学习的机会。相比之下,我对研究班做得贡献却很少。谷井阳子先生自我来日留学当初起,就曾经给了我很多帮助和启迪。我至今难以忘记和谷井俊仁先生一起赴海外收集史料时的情景。那时,思维敏捷的他给了我很多有益的启示。在我研究的官僚制度的方面,还得到过大野晃嗣和小野达哉的帮助。在此谨向各位先生表示感谢。

此外，中国社会科学院历史研究所的陈高华先生曾经给我以很多指导和帮助。北京大学求学时的老师张广达先生客居京都时，我曾向先生报告了自己的研究计划。张先生借用学界的典故，鼓励我一定要把这一研究做好。许先生的高足、我们的大师兄王天有先生，以及东吴大学的徐泓先生都曾经为我提供过发表研究心得的机会。我还从老朋友中国南京大学的范金民教授、美国 Colgate University 的 David Robinson 教授那里得到过很多帮助和建议。原北京图书馆时代的上司杨讷先生也曾经多次给我帮助。在此谨向各位先生友人表示深深的谢忱。

我奉职的大阪经济法科大学对我和研究给予了多方面的支持。在此谨向藤本和贵夫校长、吴清达副校长和华立先生，以及各有关方面表示感谢。

在本书出版之际，首先应该向许大龄先生报告。许先生是将"书办之学问"变成了科学研究的新课题的开拓者。先生为人虚怀若谷，以自身的努力实践了自己在学术上"甘为人梯"的信念。关于捐纳问题的研究，实际上首先应该向许先生求教。现在，我在阅读与清代捐纳制度有关的档案、则例和公牍时，常常遇到难解的问题。每当那时，我都会后悔昔日求学时未能利用机会很好地向先生请教。现在，无法将拙著直接呈献给先生，直接聆听先生的教诲，是一份永远留在心中的遗憾。值此之际，谨以此书的完成为先生遥祝冥福。

在本书的刊行之际，谨向国方荣二等京都大学学术出版会的各位先生，以及永野香小姐表示感谢。

本书的出版得到了日本学术振兴会平成 22 年度（2010）科学研究费补助金（研究成果公开促进费）的资助，谨表感谢。

最后，谨向多年支持我的求学研究生活的妻子、孩子和其他家庭成员表示感谢，并将此书献给一直在天国关心我的父亲。

2010 年 8 月 20 日于生驹山麓

伍　跃

中文版跋

本书的中文版是从日文版翻译而来。考虑到主要面向中文读者,故在征引史料和叙述方面作了一些技术性的修订,在基本观点上与拙著日文版完全保持一致。为了便于读者理解清代捐纳制度问题以及关于捐纳制度问题的研究史,特意增加了日文版中没有收录的一篇附录,即《高山景行,厚德载物——学习〈清代捐纳制度〉的一点体会》。该文原载王天有·徐凯先生编辑的《纪念许大龄教授诞辰八十五周年学术论文集》(北京,北京大学出版社,2007年,第545—569页)。

众所周知,以买卖国家的任官资格等为中心的捐纳制度既是为国家提供用于解决紧急财政需要的手段,也是造成腐败的温床。如同笔者在拙著中多次说明的那样,关于这一点,即便是捐纳制度的提案者和决策者们也不否认。仅就中国历史而论,就是这样一种经常被鄙视为"秕政"的制度,却在明清时代延续了将近四百多年,如果上溯到捐纳制度的原始形态,即春秋战国时期的鬻爵,那么其历史长达二千年以上。通过对捐纳制度的分析研究可以看出,一种制度之所以能够具有如此强韧的生命力,仅有提案者和决策者的推动是远远不够的,这一制度在实际社会中能为它的利用者,简而言之就是那些具有一定经济能力的社会成员所接受才是某项制度或某种政策得以延续的关键所在。在这个意义上说,捐纳制度作为国家的一种制度性安排,为一部分社会成员提供了一条可以尽快提高自身社会地位的途径,而在另一方面,它又为另外一部分社会成员提供了维持乃至挽回既有社会地位的方法。正是这种来自社会的需要,才使这种遭人诟病的制度延续了几百年乃至上千年。所以,我认为,在制度史的研究过程中,首先需要了解制度的形成、结构以及运用方式。此外,还应该注意到制度存在于社会之中,故应该从社会成员的角度观察制度,观察人们是如何看待制度、评价制度、选择制度和利用制度的。只有这样,我们才能在制度史的研究中获得一个全景图像,才能推进制度史的研究。作者本人希望在自己的研究中能够在这一方面有所前进,并求教于广大读者。

承蒙南京大学范金民教授的提议和推荐,本书中文版才有机会奉献给广大读者。为此,特向范金民教授表示深深的感谢。同时,感谢江苏人民出版社王保顶先生和京都大学学术出版会的大力支持。

大阪经济法科大学　伍跃
2012 年 9 月 22 日　于生驹山麓

主要参考文献一览

凡例

一,仅收录本书中的主要参考文献。

一,对收录文献进行适当分类排列。

一、正史·实录·政书·档案

二十四史,北京,中华书局,1959—1978年,标点排印本

《明实录》,台北,中央研究院历史语言研究所,1962—1968,校印本

《清实录》,北京,中华书局,1985—1987年,影印本

(唐)杜佑《通典》,北京,中华书局,1988年,标点排印本

(清)徐松《宋会要辑稿》,北京,中华书局,1957年,重印国立北平图书馆影印原稿本

(宋)谢深甫《庆元条法事类纂》,东京,古典研究会,1968年,影印静嘉堂文库藏抄本

《通制条格》,杭州,浙江古籍出版社,1986年,标点排印本

(明)黄佐《南雍志》,续修四库全书第749册影印明嘉靖二十三年刊

增修本

《(正德)大明会典》,东京,汲古书院,1989年,影印明正德六年司礼监刊本

《(万历)大明会典》,扬州,广陵书社,2007年,影印万历十五年司礼监刊本

《(康熙)大清会典》,清康熙二十九年会典馆刊本

《(雍正)大清会典》,清雍正十年内府刊本

《(乾隆)钦定大清会典》,清乾隆年间内府刊本

《(嘉庆)钦定大清会典》,清嘉庆年间内府刊本

《(光绪)钦定大清会典》,台北,新文丰出版公司,1976年,影印清光绪二十五年石印本

《(光绪)钦定大清会典事例》,台北,新文丰出版公司,1976年,影印清光绪二十五年石印本

《吏部职掌》,四库全书存目丛书第258册影印明万历刊本

《康熙朝品级考》,民国九年江阴缪氏烟画东堂小品本,民国九年江浦陈氏房山山房丛书本

《(雍正)钦定汉品级考》,清雍正年间吏部刊本

《(乾隆)铨选汉官品级考》,海口,海南出版社,2000年,故宫珍本丛刊第282册影印清乾隆年间吏部刊本

《(道光)钦定吏部铨选汉官品级考》,清道光二十三年刊本

《(光绪)钦定吏部铨选汉官品级考》,清光绪十二年刊本

《(雍正)钦定吏部铨选汉官则例》,海口,海南出版社,2000年,故宫珍本丛刊第281册影印清雍正年间吏部刊本

《(乾隆)钦定吏部铨选汉官则例》,海口,海南出版社,2000年,故宫珍本丛刊第282册影印清乾隆年间吏部刊本

《(道光)钦定吏部铨选汉官则例》,台北,成文出版社,1969年,影印清道光二十三年刊本

《(乾隆)钦定吏部则例》，海口，海南出版社，2000年，故宫珍本丛刊第282册影印清乾隆年间吏部刊本

《钦定吏部铨选章程》，清同治十二年刊本

《(乾隆)钦定户部则例》，海口，海南出版社，2006年，故宫珍本丛刊第285册影印清乾隆四十八年刊本

《(同治)钦定户部则例》，清同治十三年刊本

《(雍正)钦定吏部处分则例》，海口，海南出版社，2000年，故宫珍本丛刊第281册影印雍正年间吏部刊本

《(光绪)钦定重修六部处分则例》，台北，文海出版社，1966—1973年，近代中国史料丛刊第34辑影印清光绪十八年上海图书集成印书局石印本

《钦定学政全书》，海口，海南出版社，2000年，故宫珍本丛刊第335册影印清嘉庆十七年刊本

《钦定科场条例》，海口，海南出版社，2000年，故宫珍本丛刊第336册影印清咸丰二年刊本

(清)陆海《本朝则例类编》，清康熙四十二年刊本

(清)汤居业《本朝续增则例类编》，清康熙五十二年刊本

(清)鄂海《六部则例全书》，清康熙五十五年刊本

《六部颁行本朝定例成案合抄汇编》，清康熙年间刊本

《定例类抄》，清雍正年间刊本

(清)朱植仁《本朝政治全书》，清雍正年间山阴朱氏承恩堂刊本

《上谕条例》，清乾隆年间刊本

《上谕条例》，清乾隆年间江苏省布政使司衙门刊本

《颁发条例》，清乾隆嘉庆道光年间山东刊本

《各部院条例册》，清乾隆年间刊本

《汇刊条例册》，清乾隆年间河南布政使司刊本

《各部院通行条例》，清刊本

《通行条例》,清光绪十四年江苏书局刊本

(清)吴坛著、马建石等校注《大清律例通考校注》,北京,中国政法大学出版社,1992年

(明)王圻《续文献通考》,北京,现代出版社,1991年,影印明万历年间刊本

《皇朝文献通考》,上海商务印书馆,1935—1936年,剪贴影印本

刘锦藻《皇朝续文献通考》,上海,商务印书馆,1935—1936年,排印本

《治浙成规》,合肥,黄山书社,1997年,官箴书集成第6册影印清道光十七年刊本

《粤东省例新纂》,清道光二十六年广东刊本

《东粤藩储考》,清光绪十三年木活字本

《福建省例》,清光绪年间刊本

《福建省例》,台北,台湾银行,1964年,台湾文献丛刊第199种标点排印本

《江苏省例》,清同治八年江苏书局刊本

《江苏省例续编》,清光绪元年江苏书局刊本

《江苏省例四编》,清光绪年间江苏书局刊本

《奏定东河新设河防局章程》,清光绪十六年刊本

陈师礼《皖政辑要》,合肥,黄山书社,2005年,标点排印本

中国第一历史档案馆、辽宁省档案馆《中国明朝档案总汇》,桂林,广西师范大学出版社,2001年,影印本

中央研究院历史语言研究所藏清代内阁大库档案

张伟仁《明清档案》,第1—10辑,台北,联经出版事业公司,1986—1995年,影印本

张伟仁《明清档案》,第11—12辑CD版,台北,联经出版事业公司,出版年不详,影印本

中国第一历史档案馆《雍正朝内阁六科史书·吏科》,桂林,广西师范大学出版社,2002年,影印本

中国第一历史档案馆藏清代吏部档案

中国第一历史档案馆藏刑部档案

中国第一历史档案馆藏清代内务府档案

中国第一历史档案馆藏清代宁古塔副都统衙门档案

中国第一历史档案馆藏顺天府档案

中国第一历史档案馆《康熙起居注》,北京,中华书局,1984年,排印本

中国第一历史档案馆《乾隆帝起居注》,桂林,广西师范大学出版社,2002年,影印本

中国第一历史档案馆《乾隆朝军机处随手登记档》,桂林,广西师范大学出版社,2000年,影印本

故宫博物院《宫中档雍正朝奏折》,台北,故宫博物院,1977—1980年,影印本

故宫博物院《宫中档乾隆朝奏折》,台北,故宫博物院,1982—1988年,影印本

故宫博物院《宫中档光绪朝奏折》,台北,故宫博物院,1973—1975年,影印本

中国第一历史档案馆《光绪朝朱批奏折》,北京,中华书局,1995—1996年,影印本

中国第一历史档案馆《嘉庆道光两朝上谕档》,桂林,广西师范大学出版社,2000年,影印本

中国第一历史档案馆《咸丰同治两朝上谕档》,桂林,广西师范大学出版社,1998年,影印本

中国第一历史档案馆《康熙朝满文朱批奏折全译》,北京,中国社会

科学出版社,1996年,标点排印本

中国第一历史档案馆《雍正朝满文朱批奏折全译》,合肥,黄山书社,1998年,标点排印本

秦国经等《清代官员履历档案全编》,上海,华东师范大学出版社,1997年,影印本

故宫博物院文献馆《清代文字狱档》,北平,故宫博物院,1931年,排印本

故宫博物院明清档案部/中国第一历史档案馆《清代档案史料丛刊》,北京,中华书局,1978—1990年,标点排印本

故宫博物院文献馆《文献丛编》,民国十九年故宫博物院,排印本

李光涛《明清史料癸编》,台北,中央研究院历史语言研究所,1975年,排印本

《直隶册结款式》,清乾隆年间直隶布政使司刊本

《云南省册结式》,清乾隆年间刊本

二、捐纳

《乾隆二十六年各部院条例册豫工事例奏议》,未见。转引自许大龄《清代捐纳制度》

《陕省各府州县捐监粮数条例》,香港,大东图书公司,1978年,影印清乾隆年间刊本

《川楚善后筹备事例》,清嘉庆三年刊本

《川楚事例文武官生名次全录》,清嘉庆三年刊本

《捐办土方议叙条例》,清嘉庆十五年刊本

《武陟投效例》,清嘉庆年间刊本

《豫东事例》,清嘉庆年间刊本

《筹备经费事例》,清道光十三年江苏布政使司刊本

《现行常例》,清道光二十九年江苏布政使司刊本

《推广捐输条例》,清道光年间刊本

《筹饷事例条款》,清咸丰八年刊本

《增修筹饷事例条款》,台北,华文书局,1968—1969年,中华文史丛书第六辑影印清同治五年刊本

《新增筹饷事例》,清同治年间刊本

《增修现行常例》,清光绪十年京师荣录堂刊本

《筹饷事例》,清光绪十年京师荣录堂刊本

《海防事例》,清光绪十年京师荣录堂刊本

《造送浙江赈捐第十三次请奖各捐生履历银数底册》,清光绪十六年浙江赈捐核奖总局稿本

《光绪十五年十月　日奉各宪札饬查明本省灾区筹办赈务抚恤卷》,清末稿本

《康熙初年有关捐纳御史奏章》,《历史档案》,1993年第2期,1993年5月,第12—16页

《嘉庆年间皂役及其子孙冒捐冒考史料》,《历史档案》,1998年第1期,1998年2月,第29—37页

《道光十年私造假照案》,《历史档案》,1993年第4期,1993年11月,第34—52页

《各省印结》,清光绪年间抄本

(清)浙江省印结局《公议印结条款章程》,清咸丰七年刊本

(清)浙江省印结局《重订浙江印结简明章程》,清光绪年间刊本

(清)河南省印结局《己酉等年印结簿》,清道光咸丰年间写本

(清)河南省印结局《河南印结汇定章程》,未见。转引自许大龄《清代捐纳制度》

《大捐履历》,清咸丰年间写本

三、登科录·搢绅录·职官录

《成化五年进士登科录》,宁波,宁波出版社,2006年,天一阁藏明代

科举录选刊登科录影印明成化年间刊本

《成化二十三年进士登科录》，宁波，宁波出版社，2006年，天一阁藏明代科举录选刊登科录影印明成化年间刊本

《嘉靖二年进士登科录》，宁波，宁波出版社，2006年，天一阁藏明代科举录选刊登科录影印明嘉靖年间刊本

《文升阁搢绅全书》，清雍正二年刊本

《海防新班文职官册》，清末稿本

《文职候补官册》，清末稿本

《山东同官录》，清咸丰九年刊本

《安徽同官全录》，清光绪二十五年同升阁刊本

《畿辅同官录》，清光绪三十年直隶北洋官报局活字本

《江苏同官录》，清光绪年间刊本

《广东乡试同官录》，清光绪二年广州富文斋刊本

《大清仕籍全编》，清乾隆二十七年京师卿云阁刊本

《缙绅全书》，乾隆三十年春，清乾隆三十年京师宝名堂刊本

《大清搢绅全书》，清嘉庆元年京师荣庆堂刊本

《大清搢绅全书》，清光绪六年京师荣华堂刊本

《大清搢绅全书》，清光绪六年京师斌升堂刊本

《大清搢绅全书》，清光绪十三年冬荣禄堂刊本

《大清搢绅全书》，清光绪十六年冬季京师荣禄堂刊本

《大清搢绅全书》，清光绪二十三年夏荣禄堂刊本。

《大清直省同寅录》，清光绪三十三年京师琉璃厂槐荫山房活字本

《大清最新百官录》，清光绪三十三年京师琉璃厂槐荫山房活字本

《大清最新百官录》，清宣统二年京师琉璃厂槐荫山房刊本

《大清搢绅全书》，清宣统二年京师荣禄堂刊本

《钱谷指南·亨·议叙议处》，《明清公牍秘本五种》，北京，中国政法大学出版社，1999年，排印本

《出山指南》,清光绪三十三年京师琉璃厂槐荫山房刊本

四、地方史志资料

《(弘治)徽州府志》,台北,台湾学生书局,1965年,明代方志选影印明弘治十五年刊本

《(正德)汝州志》,上海,上海古籍书店,1963年,天一阁藏明代方志选刊影印明正德五年刊本

《(嘉靖)湖广图经志书》,北京,书目文献出版社,1991年,日本藏中国罕见地方志丛刊影印明嘉靖元年刊本

《(嘉靖)尉氏县志》,上海,上海古籍书店,1963年,天一阁藏明代方志选刊影印明嘉靖二十七年刊本

《(嘉靖)香山县志》,北京,书目文献出版社,1991年,日本藏中国罕见地方志丛刊影印明嘉靖二十年刊本

《(万历)杭州府志》,台北,台湾学生书局,1965年,明代方志选影印明万历七年刊本

《(康熙)临清州志》,清康熙十三年刊本

《(光绪)无锡金匮县志》,清光绪七年刊本

《(光绪)上虞县志》,台北,成文出版社,1970年,中国方志丛书影印清光绪十七年刊本

《民国宝应县志》,民国二十一年铅印本

《(民国)嘉禾县图志》,台北,成文出版社,1975年,中国方志丛书影印民国二十七年刊本

何刚德《话梦集》,北京,北京古籍出版社,1995年,标点排印本

何刚德《春明梦录》,北京,北京古籍出版社,1995年,标点排印本

夏仁虎《旧京琐记》,北京,北京古籍出版社,1986年,标点排印本

金受申《老北京的生活》,北京,北京出版社,1989年,标点排印本

待余生《燕市积弊》,北京,北京古籍出版社,1995年,标点排印本

尚绶珊《北京炉房、钱铺及银号琐谈》,《文史资料选辑》,第44辑,北

京,文史资料出版社,1980年,第249—276页

傅崇矩《成都通览》,成都,巴蜀书社,1987年,标点排印本

五、奏议集·日记·年谱

(清)贺长龄·(清)魏源《皇朝经世文编》,北京,中华书局,1992年,影印清光绪十二年思补楼重校本

(清)饶玉成《皇朝经世文续编》,清同治十二年刊光绪八年补刻续编江右饶氏双峰书屋刊本

(清)葛士浚《皇朝经世文续编》,清光绪十七年上海广百宋斋校印本

(清)盛康《皇朝经世文续编》,清光绪二十三年思刊楼刊本

(清)邵之棠《皇朝经世文统编》,清光绪二十七年上海宝善书斋石印本

《道咸同光四朝奏议》,台北,台湾商务印书馆,1970年,影印本

(清)王庆云《王文勤公日记》,扬州,江苏广陵古籍刻印社,1998年,影印本

(清)杜凤治《望凫行馆宦粤日记》,广州,广东人民出版社,2007年,国家清史编纂委员会·文献丛刊·清代稿抄本,

(清)王文韶《王文韶日记》,北京,中华书局,1989年,标点排印本

(清)翁同龢《翁同龢日记》,北京,中华书局,1992年,标点排印本

(清)张文虎《张文虎日记》,上海,上海书店出版社,2001年,标点排印本

(清)李圭《入都日记》,清光绪年间刊本

(清)李慈铭《越缦堂日记》,扬州,广陵书社,2004年,影印本

邓之诚《邓之诚日记》,北京,北京图书馆出版社,2007年,影印本

周可真《顾炎武年谱》,苏州,苏州大学出版社,1998年

(清)吴光酉《陆陇其年谱》,北京,中华书局,1993年,标点排印本

(清)张其锦《凌次仲先生年谱》,《清代徽人年谱合编》,合肥,黄山书社,2006年,标点排印本

(清)汪辉祖《病榻梦痕录》,清光绪十二年山东书局刊汪龙庄先生遗书本

(清)汪辉祖《梦痕录余》,清光绪十二年山东书局刊汪龙庄先生遗书本

六、别集·笔记

(宋)韩元吉《南涧甲乙稿》,台湾商务印书馆影印文渊阁四库全书第1165册

(宋)杨仲良《皇宋通鉴长编纪事本末》,南京,江苏古籍出版社,1988年,影印宛委别藏本

(宋)李心传《建炎以来系年要录》,台湾商务印书馆影印文渊阁四库全书第三二七册

(宋)李心传《建炎以来朝野杂记》,北京,中华书局,2000年,标点排印本

(宋)吕本中《官箴》,合肥,黄山书社,1997年,官箴书集成影印百川学海景刊宋咸淳本

(明)王世贞《弇州山人四部稿》,台北,伟文图书出版社有限公司,1976年,明代论著丛刊影印明万历五年世经堂刊本

(明)何良俊《四友斋丛说》,北京,中华书局,1959年,断句排印本

(明)郑晓《今言》,北京,中华书局,1984年,标点排印本

(明)严嵩《钤山堂集》,四库全书存目丛书集部第56册影印明嘉靖二十四年刊增修本

(明)谢肇淛《五杂组》,沈阳,辽宁教育出版社,2001年,标点排印本

(明)焦竑《国朝献征录》,四库全书存目丛书史部第101册影印明万历四十年刊本

（明）宋诺《宋金斋文集》，四库全书存目丛书补编第 97 册影印明万历年间周世选开封刊本

（明）宋濂《宋学士文集》，四部丛刊影印明正德年间刊本

（明）张萱《西园闻见录》，民国二十九年燕京哈佛学社铅印本

（明）沈德符《万历野获编》，北京，中华书局，1980 年，标点排印本

（明）马一龙《玉华子遊艺集》，北京，书目文献出版社，出版年不详，北京图书馆古籍珍本丛刊第 108 册影印明万历三十二年马震伯等刊本

（明）文征明《文征明集》，上海，上海古籍出版社，1987 年，标点排印本

（明）方孝孺《方正学文集》，四部丛刊影印明嘉靖四十年王可大台州刊本

（明）罗玘《圭峰集》，台湾商务印书馆影印文渊阁四库全书第 1259 册

（明）陆容《菽园杂记》，北京，中华书局，1985 年，标点排印本

（明）姚旅《露书》，四库全书存目丛书子部第 111 册影印明天启五年刊本

（明）汪道昆《太函集》，四库全书存目丛书集部第 118 册影印明万历年间刊本

（明）袁中道《珂雪斋近集》，上海，上海书店，1982 年，影印 1936 年上海中央书店排印本

（明）朱国祯《涌幢小品》，四库全书存目丛书子部第 106 册影印明天启二年刊本

（明）张弘道等编《皇明三元考》，台北，明文书局，1991 年，明代传记丛刊影印明聚魁楼刊本

（清）陆陇其《三鱼堂外集》，台湾商务印书馆影印文渊阁四库全书第 1325 册

（清）林则徐《林则徐致杨以增书札（下）》，《文献》第八辑，北京，书目

文献出版社,1981年,第129—130页

(清)黄六鸿《福惠全书》,东京,汲古书院,1973年,影印日本嘉永三年(1850)刊本

(清)顾炎武著,(清)黄汝成集释《日知录集释》,上海,上海古籍出版社,2006年,标点排印本

(清)顾公燮《丹午笔记》,南京,江苏古籍出版社,1999年,标点排印本

(清)吴敬梓《儒林外史》,北京,人民文学出版社,1958年,标点排印本

(清)朱彭寿《旧典备征》,北京,中华书局,1982年,标点排印本

(清)昭梿《啸亭续录》《啸亭杂录》,北京,中华书局,1980年,标点排印本

(清)蒋敦复《随园轶事》,《袁枚全集》第八卷,南京,江苏人民出版社,1993年,标点排印本

(清)张集馨《道咸宦海见闻录》,北京,中华书局,1981年,标点排印本

(清)陈康祺《郎潜纪闻初笔》,北京,中华书局,1984年,标点排印本

(清)陈其元《庸闲斋笔记》,北京,中华书局,1989年,标点排印本

(清)陈鼎《东林列传》,清康熙五十年刊本

(清)程穆衡《金川纪略》,成都,巴蜀书社,1993年,中国野史集成第40册影印本

(清)方观承《赈纪》,清乾隆十九年刊本

(清)方大湜《平平言》,合肥,黄山书社,1997年,官箴书集成第7册影印清光绪十八资州官廨刊本

(清)叶梦珠《阅世编》,上海,上海古籍出版社,1981年,标点排印本

(清)梁章钜《南省公余录》,台北,新兴书局,1962年,笔记小说大观续编第21册影印本

(清)汪喜孙《汪喜孙著作集》,台北,中央研究院中国文哲研究所,

2003年,标点排印本

(清)张玉书《张文贞公集》,清光绪二十七年木活字本
(清)萧奭《永宪录续编》,北京,中华书局,1959年,标点排印本
(清)延昌《事宜须知》,合肥,黄山书社,1997年,官箴书集成第9册影印清光绪十三年桂林杨鸿文堂刊
(清)欧阳昱《见闻琐录》,长沙,岳麓书社,1986年,标点排印本
(清)袁保恒《文诚公集》,台北,文海出版社,1966年,影印本
(清)张之洞《张之洞全集》,石家庄,河北人民出版社,1998年,标点排印本
(清)曾国荃《曾忠襄公奏议》,台北,文海出版社,1967年,近代中国史料丛刊第44辑影印清光绪二十九年刊本
(清)曾国荃《曾忠襄公书札》,台北,文海出版社,1967年,中国近代资料丛刊第58辑影印光绪二十九年刊本
(清)黄爵滋《黄爵滋奏疏》,北京,中华书局,1959年,标点排印本

袁世凯《袁世凯奏议》,天津,天津古籍出版社,1987年,标点排印本
康有为《康有为全集》,北京,中国人民大学出版社,2007年,标点排印本
周询《蜀海丛谈》,台北,文海出版社,1966—1973年,近代中国史料丛刊第1辑影印民国三十七年排印本
徐珂《清稗类抄》,北京,中华书局,1984—1986年,标点排印本
崇彝《道咸以来朝野杂记》,北京,北京古籍出版社,1982年,标点排印本

七、其他史料

《邸报》,清乾隆年间公慎堂木活字本。
《御定人臣儆心录》,台湾商务印书馆影印文渊阁四库全书第761册
(清)黄虞稷《千顷堂书目》,上海,上海古籍出版社,2001年,标点排

印本

（葡）安文思（Gabriel de Magalhães）《中国新史》，郑州，大象出版社，2004年，排印本，原题：*Nouvelle relation de la Chine*

（法）白晋（Joachim Bouvet）《康熙帝传》，中国社会科学院历史研究所清史研究室编《清史资料》第一辑，北京，中华书局，1980年，排印本，原题：*Histoire de L'empereur de La Chne*

陈汉第［等］《冬暄草堂师友笺存》，台北，文海出版社，1966—1973年，近代中国史料丛刊第29辑影印民国二十六年影印本

北京大学图书馆古籍善本特藏部《清代名人手札汇编》，北京，国际文化出版公司，2002年，影印本

（法）李明（Le Comte, Louis Daniel）《中国近事报道1687—1692》，郑州，大象出版社，2004年，排印本，原题：*Nouveaux memoires sur l'état présent de la Chine*, *1687—1692*

李希圣《光绪会计录》，清光绪二十二年上海时务报馆石印本

李宏龄《山西票商成败记》，太原，山西经济出版社，2003年，标点排印本

李宏龄《同舟忠告》，太原，山西经济出版社，2003年，标点排印本

（清）西周生《醒世姻缘传》，北京，中华书局，2005年，标点排印本

（清）李宝嘉《官场现形记》，北京，人民文学出版社，1957年，标点排印本

（清）李宝嘉著，入矢义高·石川贤作译《官场现形记》，东京，平凡社，1986年，中国古典文学大系第50卷，标点排印本

（意）利玛窦（Matteo Ricci）·（法）金尼阁（Nicolas Trigault）《利玛窦中国札记》，北京，中华书局1983年，排印本，原题：*China in The Sixteeth Century: The Journals of Mathew Ricci*

（法）魁奈（Francois Quesnay）《中华帝国的专制制度》，北京，商务印书馆，1992年，原题：*Despotism in China*

吴趼人《二十年目睹之怪现状》，北京，人民文学出版社，1959年，标

点排印本

缪荃孙《云自在龛笔记》,列朝二,《古学汇刊》,第四编下册,上海,国粹学报社,1913年,排印本

《稀见明史史籍辑存》,北京,线装书局,2003年,影印本

《徽州千年契约文书》,石家庄,花山文艺出版社,出版年不详,影印本

滨下武志[等]《山西票号資料 書簡篇(一)》,东京,东京大学东洋文化研究所附属东洋学文献中心,1990年,标点排印本

《山西票号史料(增订本)》,太原,山西经济出版社,2002年,标点排印本

《申报》

《仁井田升博士辑北京工商ギルド史料集》,东京,东京大学东洋文化研究所附属东洋学文献中心,1975—1983年,标点排印本

福岛安正,绍古英继校订《四声联珠·自邇集平仄编》,东京,陆军文库,1886年,排印本

雷梦水[等]《中华竹枝词》,北京,北京古籍出版社,1997年,标点排印本

李华《明清以来北京工商业行会碑刻选编》,北京,文物出版社,1980年,标点排印本

刘烈茂《清車王府抄藏曲本·子弟书集》,南京,江苏古籍出版社,1993年,标点排印本

《中国古籍善本总目》,北京,线装书局,2005年,标点排印本

《朝鲜王朝实录》,汉城,大韩民国文教部国史编纂委员会,1968年,影印本

《同文汇考》,汉城,大韩民国文教部国史编纂委员会,1978年,影印本

(朝)孙万雄《野村集》,汉城,东国大学出版部,2001年,《燕行录全集》影印本第28册

（朝）权以镇《燕行日记》，汉城，东国大学出版部，2001年，《燕行录全集》影印本第35册

（朝）洪大容《湛轩燕记》，汉城，成均馆大学大东文化研究所，1960年，《燕行录选集》影印本上册

（日）《荻生考》，《名家叢書》下，吹田，关西大学东西学术研究所，1982年，影印内阁文库藏写本

（日）日比野辉宽《没鼻筆語·乾集》，小岛晋治《幕末明治中国見聞録集成》，东京，ゆまに書房，1997年，影印本

八、研究论著　中文（依著者名按拼音排序）

艾永明《清朝文官制度》，北京，商务印书馆，2003年

艾永明［等］《臣纲：清代文官的游戏规则》，北京，法律出版社，2008年

白钢《中国政治制度史》，天津，天津人民出版社，2002年

陈宝良《明代儒学生员与地方社会》，北京，中国社会科学出版社，2005年

陈高佣《中国历代天灾人祸表》，上海，上海书店，1986年再版

陈桦·刘宗志《救灾与济贫》，北京，中国人民大学出版社，2005年

陈宽强《清代捐纳制度》，政治大学博士论文，台北，国立政治大学，1986年

陈其田《山西票庄考略》，上海，商务印书馆，1937年

陈奇猷《韩非子新校注》，上海，上海古籍出版社，2000年

邓云特（邓拓）《中国救荒史》，上海，商务印书馆，1937七年；北京，生活·读书·新知三联书店，1958年再版；广州，花城出版社，2003年邓拓全集第一卷，再版

董继斌［等］《晋商与中国近代金融》，太原，山西经济出版社，2002年

（美）Eisenstadt, Shmuel N. 阎步克译《帝国的政治体系》，贵阳，贵州人民出版社，1992年，原题：*The political systems of empires*

方志远《明代国家权力结构及运行机制》,北京,科学出版社,2008年

傅宗懋《清代文官部选缺之选用》,同《清制论文集》,台北,台湾商务印书馆,1997年,上册,第152—176页

高寿仙《明代农业经济与农村社会》,合肥,黄山书社,2006年

郭培贵《明史选举志考论》,北京,中华书局,2006年

郭卫东[等]《北京大学历史系简史》,出版事项不详

顾鸣塘《〈儒林外史〉与江南士绅生活》,北京,商务印书馆,2005年

顾善慕《清代乾隆年间的捐纳制度》,《黑龙江社会科学》,哈尔滨,黑龙江省社会科学院,2006年第5期,第158—159页

顾志兴《浙江藏书史》,杭州,杭州出版社,2006年

何汉威《光绪初年(一八七六—七九)华北的大旱灾》,香港,中文大学出版社,1980年

黄慧贤[等]《中国俸禄制度史》,武汉,武汉大学出版社,2005年

黄鉴晖《山西票号史(修订本)》,太原,山西经济出版社,2002年,初刊于1992年

——《明清山西商人研究》,太原,山西经济出版社,2002年

黄仁宇著,阿风[等]译《十六世纪明代中国之财政与税收》,北京,生活·读书·新知三联书店,2001年,原题:*Taxation and Governmental Finance in Sixteenth Century Ming China*

计翔翔《十七世纪中期汉学著作研究——以曾德昭〈大中国志〉和安文思〈中国新志〉为中心》,上海,上海古籍出版社,2002年

蒋礼鸿《商君书锥指》,北京,中华书局,1986年,新编诸子集成本

黎翔凤《管子校注》,北京,中华书局,2004年,新编诸子集成本

林丽月《明代的国子监生》,台北,私立东吴大学中国学术著作奖助委员会,1978年

刘凤云《康熙朝的捐纳制度及其对铨制的影响》,《明清论丛》第四辑,北京,紫禁城出版社,2003年,第182—192页

——《清康熙朝捐纳对吏治的影响》,《河南大学学报(社会科学

版)》,第43卷第1期,2003年1月,第6—11页

刘海峰《科举学导论》,武汉,华中师范大学出版社,2005年

刘鹏生[等]《山西近代经济史》,太原,山西经济出版社,1995年

刘子扬《清代地方官制考》,北京,紫禁城出版社,1988年

李向军《清代荒政研究》,北京,中国农业出版社,1995年

罗玉东《中国厘金史》,上海,商务印书馆,1936年

(米)Morse, Hosea Ballou(马士)《中华帝国对外关系史》第一卷,北京,商务印书馆,1963年,原题:*The International Relations of the Chinese Empire*, Vol. 1

孟姝芳《乾隆朝官员处分研究》,呼和浩特,内蒙古大学出版社,2009年

苗书梅《宋代黜降官员叙复之法》,《河北大学学报(哲学社会科学版)》,1990年第3期,第36—41页

——《宋代官员选任和管理制度》,开封,河南大学出版社,1996年

钱茂伟《国家、科举与社会》,北京,北京图书馆出版社,2004年

钱实甫《清代职官年表》,北京,中华书局,1980年

齐如山《故都三百六十行》,北京,书目文献出版社,1993年

——《齐如山回忆录》,沈阳,辽宁教育出版社,2005年

——《中国的科名》,沈阳,辽宁教育出版社,2006年

瞿同祖《清代地方政府》,北京,法律出版社,2003年,原题:*Local Government in China Under the Ching*

商衍鎏《清代科举考试述录》,北京,生活·读书·新知三联书店,1958年

史若民《从光绪廿二年至廿三年日升昌长沙分号流水账看票号资本的性质》,《中国晋商研究》,北京,人民出版社,2006年,第189—208页

史志宏《清代户部银库收支和库存统计》,福州,福建人民出版社,2008年

宋惠中《山西票商与官僚的非正式关系》,《中国晋商研究》,北京,人

民出版社,2008年,第88—126页

唐瑞裕《清代乾隆朝吏治之研究》,台北,文史哲出版社,2001年

汤象龙《道光朝捐监之统计》,《社会科学杂志》,第2卷第4期,1931年12月,第432—444页

王德昭《清代科举制度研究》,北京,中华书局,1984年

王曾瑜《秦汉至隋唐五代卖官述略》,《石泉先生九十诞辰纪念文集》,武汉,湖北人民出版社,2007年,368—389页

——《宋朝卖官述略》,《史学集刊》,2006年第4期,60—78页

——《辽金元卖官述略》,《邓广铭教授百年诞辰纪念论文集》,北京,中华书局,2008年,925—936页

(清)王先慎《韩非子集解》,北京,中华书局,1998年,新编诸子集成本

王志明《雍正朝官僚制度研究》,上海,上海古籍出版社,2007年

王锺翰《清代各部署则例经眼录》,《王锺翰清史论集》,北京,中华书局,2004年,第3册,第1847—1877页

——《清代则例及其与政法关系的研究》,《王锺翰清史论集》,北京,中华书局,2004年,第3册第1695—1846页

(法)Pierre-Étienne Will(魏丕信),凯建青译《十八世纪中国的官僚制度与荒政》,南京,江苏人民出版社,2003年,原题:*Bureaucratie et famine en Chine au 18e siècle*

伍跃《官印与文书行政》,周绍泉等编《'98国际徽学学术讨论会论文集》,合肥,安徽大学出版社,2000年,第332—358页

——《清代报捐研究》,《明清论丛》第六辑,北京,紫禁城出版社,2005年,第4—27页

——《明代捐纳制度试探》,《明清论丛》第七辑,北京,紫禁城出版社,2006年,第55—80页

——《高山景行,厚德载物——学习〈清代捐纳制度〉的一点体会》,王天有·徐凯《纪念许大龄教授诞辰八十五周年学术论文集》,北京,北

京大学出版社,2007年,第545—569页

——《明代的社会:纳贡与例监——中国近世社会庶民势力成长的一个侧面》,《东吴历史学报》(台北,东吴大学),第20期,2008年12月,第155—191页

肖宗志《候补文官群体与晚清政治》,成都,巴蜀书社,2007年

谢世诚《晚清道光咸丰同治朝吏治研究》,南京,南京师范大学出版社,1999年

徐泓《何炳棣〈明清社会史论〉在明清科举与社会流动研究史上的地位:〈明清社会史论〉译序》,《东吴历史学报》(台北,东吴大学),第21期,2009年6月,第191—201页

——《何炳棣著〈明清社会史论〉译注:第一章社会意识形态与社会阶层》,《东吴历史学报》(台北,东吴大学),第21期,2009年6月,第209—273页

——《何炳棣著〈明清社会史论〉译注:第二章社会身份制度的流动性》,《东吴历史学报》(台北,东吴大学),第23期,2010年6月,第203—260页

——《何炳棣著〈明清社会史论〉译注:第三章向上流动:进入仕途》,《明代研究》(台北,中国明代研究学会),第15期,2010年12月,第119—152页

许大龄《清代捐纳制度》,《燕京学报》专号之22,燕京大学哈佛燕京学社,1950年;香港龙门书局一九六八年再版,台北文海出版社1977年再版。后收入许大龄《明清史论集》,北京,北京大学出版社,2000年

阎步克《品位与职位》,北京,中华书局,2002年

杨瑞六《清代货币金融史稿》,武汉,武汉大学出版社,2007年。初刊于1962年,生活·读书·新知三联书店

杨文忠·杨永丽《山西票号创始年代初探》,穆雯瑛主编《晋商史料研究》,太原,山西人民出版社,2001年,第193—199页

——《志成信票号始末》,穆雯瑛主编《晋商史料研究》,太原,山西人

民出版社,2001年,第286—291页

张传玺《新史学家翦伯赞》,北京,北京大学出版社,2006年

张德昌《清季一个京官的生活》,香港,中文大学,1970年

张德泽《清代国家机关考略》,北京,中国人民大学出版社,1981年

张寿安《以礼代理——凌廷堪与清中叶儒学思想之转变》,台北,中央研究院近代史研究所,1994年

张伟仁《清代法制研究》,台北,中央研究院历史语言研究所,1983年

张友鹤《清代的官制》,(清)李宝嘉《官场现形记》,北京,人民文学出版社,1957年,标点排印本附录

张正明[等]《从〈范氏家谱〉看山西介休范氏家族》,穆雯瑛主编《中国晋商研究》,北京,人民出版社,2006年,第416—422页

——《平遥票号商》,太原,山西教育出版社,1997年

张仲礼《中国绅士——关于其在十九世纪中国社会中作用的研究》,上海,上海社会科学院出版社,1991年,原题:*The Chinese Gentry, Studies on Their Role in Nineteenth-Century Chinese Society*

——《中国绅士的收入》,上海,上海社会科学院出版社,2001年,原题:*The income of the Chinese gentry: a sequel to the Chinese gentry: studies on their role in nineteenth century Chinese society*

赵德贵《清代乾隆朝〈推广捐复之例〉研究》,《历史档案》,1994年第1号,第98—108页

赵守正《管子译注》上册,南宁,广西人民出版社,1982年

中国大百科全书总编辑委员会中国历史编辑委员会《中国大百科全书·中国历史》,北京,中国大百科全书出版社,1992年

中国近代金融史编写组《中国近代金融史》,北京,中国金融出版社,1985年

中国历史大辞典编纂委员会《中国历史大辞典》,上海,上海辞书出版社,2000年

中国社会科学院历史研究所编《求真务实五十载:历史研究所同仁

述往》,北京,中国社会科学出版社,2004 年

周作人《知堂回想录》,香港,三育图书文具有限公司,1980 年

朱师辙《商君书解诂定本》,北京,古籍出版社,1956 年

Ping-ti Ho(何炳棣), *The Ladder of Success in Imperial China: Aspects of Social Mobility, 1368—1911*, Colunbia University Press, New York, 1964. 著者自署:明清社会史论

九、研究论著 日文(依著者名按五〇音排序)

安部健夫《耗羡提解の研究》,《東洋史研究》(京都,东洋史研究会),第 16 卷第 4 号,1958 年 3 月,第 108—262 页;后收入安部健夫《清代史の研究》,东京,创文社,1971 年;东洋史研究会编《雍正時代の研究》,京都,同朋舍出版,1986 年

井上陈政《禹域通纂》,东京,大藏省,1888 年

岩井茂树《中国専制国家と財政》,木村尚三郎[等]《中世の政治と戰争》,东京,学生社,1992 年,第 272—310 页

——《中国近世財政史の研究》,京都,京都大学学术出版会,2004 年

臼井勝美[等]《日本近現代人名辞典》,东京,吉川弘文馆,2001 年

梅原郁《刑は大夫に上らず》,《東方学报》(京都,京都大学人文科学研究所),第 67 册,1995 年 3 月,第 241—289 页

Benjamin A. Elman(艾尔曼),森玲子译《再生産装置としての明清期の科挙》,《思想》(东京,岩波书店)第 810 号,1991 年 12 月,第 95—112 页

远藤哲夫《管子》,东京,明治书院,1989—1992 年,新译汉文大系第 42、43、52 卷

大野晃嗣《清代加級考》,《史林》(京都,史学研究会),第 84 卷第 6 号,2001 年 1 月,第 1—35 页

尾形勇[等]《歷史学事典》,第 12 卷,东京,弘文堂,2005 年

织田万《清国行政法》六卷,东京,临时台湾旧惯调查会,1905—

1915年

小野泽精一《韓非子》,东京,集英社,1975年,全释汉文大系第20、21卷

小野达哉《清初地方官の考課制度とその変化》,《史林》(京都,史学研究会),第85卷第6号,2002年11月,第34—61页

貝塚茂樹[等]《アジア歴史事典》,东京,平凡社,1952—1962年

加藤繁《支那経済史考証》,东京,东洋文库,1952—1953年

狩野直喜《清朝の制度と文学》,东京,Misuzu书房,1984年

何炳棣著,寺田隆信・千种真一译《科举と近世中国社会——立身出世の階梯》,东京,平凡社,1993年,原题:*The Ladder of Success in Imperial China: Aspects of Social Mobility, 1368—1911*

岸本美绪《清代における〈賎〉の観念——冒捐冒考問題を中心に》,《東洋文化研究所紀要》(东京,东京大学东洋文化研究所),第144号,2003年12月,第81—131页

京都大学东洋史词典编纂会《東洋史辞典》,东京,创元社,1980年

久保文明[等]《アメリカ政治》,东京,有斐阁,2006年

(韩)吴金成著,渡昌弘译《明代社会経済史研究》,东京,汲古书院,1990年

伍跃《清代地方官の病死・病気休養について》,《東洋史研究》(京都,东洋史研究会),第59卷第2号,2000年9月,第31—67页

——《清代捐納制度論考——報捐を中心に》,夫马进编《中国明清地方档案の研究》,京都,京都大学文学部,2000年,科学研究费研究成果报告书,第103—130页

——《捐納と印結について——清代捐納制度論考(二)》,《史林》(京都,史学研究会),第86卷第1号,2003年1月,第1—34页

——《清代の捐納制度と候補制度について——捐納出身者の登用問題を中心に》,岩井茂树编《中国近世社会の秩序形成》,京都,京都大学人文科学研究所,2004年,第361—412页

——《前近代中国の職員録》,《大阪経済法科大学論集》(八尾,大阪経済法科大学),第 88 号,2004 年 10 月,第 59—82 页

——《災害情報の伝達と救済資金の調達——一八八九年中国江南の水害を中心に》,《東アジア研究》(八尾,大阪経済法科大学),第 43 号,2005 年 11 月,第 19—33 页

——《清代における捐復制度の成立について——考課制度との相互関係を中心に》,《東洋史研究》(京都,东洋史研究会),第 67 卷第 4 号,2009 年 3 月,第 70—97 页

近藤一成《宋代中国科挙社会の研究》,东京,汲古书院,2009 年

近藤秀树《清代の捐納と官僚社会の終末》,《史林》(京都,史学研究会)第 46 卷第 2 号,1963 年 3 月,第 82—110 页;同卷第 3 号,1963 年 5 月,第 77—100 页;同卷第 4 号,1963 年 7 月,第 60—86 页

——《清代の銓選——外補制の成立》,《东洋史研究》(京都,东洋史研究会),第 17 卷第 2 号,1958 年 9 月,第 34—55 页

佐伯富《清朝の興起と山西商人》,佐伯富《中国史研究》二,京都,东洋史研究会,1971 年,第 263—322 页;初刊于《社会文化史学》1,1966 年 2 月

——《清代における山西商人》,佐伯富《中国史研究》三,京都,同朋舍,1977 年,第 94—112 页;初刊于《史林》第 60 卷第 1 号(京都,史学研究会),1977 年 1 月;本文中文译本刊于《歷史学報》(台北,台湾师范大学),5,1977 年 4 月

佐藤武敏《中国災害史年表》,东京,国书书刊行会,1993 年

岛田虔次《中国における近代思惟の挫折》,东京,筑摩书房,1949 年

清国驻屯军司令部《北京誌》,东京,博文馆,1908 年

铃木康彦《アメリカの政治と社会》,东京,国际书院,1999 年

高桥芳郎《訳注名公書判清明集:官吏門・賦役門・文事門》,札幌,北海道大学出版会,2008 年

竹内照夫《韓非子(下)》,东京,明治书院,1964 年,新释汉文大系第

12 卷

谷井俊仁《一心一德考——清朝における政治的正当性の論理》,《東洋史研究》(京都,东洋史研究会),第 63 卷第 4 号,2005 年 3 月,第 68—104 页

谷井阳子《清代則例省例考》,《東方学報》(京都,京都大学人文科学研究所),第 67 册,1995 年 3 月,第 137—239 页

——《明朝官僚の徵税責任——考成法の再檢討》,《史林》(京都,史学研究会),第 85 卷第 3 号,2002 年 5 月,第 33—67 页

車惠媛《明代における考課政策の変化》,《東洋史研究》(京都,东洋史研究会),第 55 卷第 4 号,1997 年 3 月,第 1—40 页

寺田隆信《山西商人の研究》,京都,东洋史研究会,1972 年

——《山西票号覚書——〈山西商人の研究〉補遺之二》,《集刊東洋学》(仙台,东北大学中国文史哲研究会),第 54 号,1985 年,第 94—105 页

——《顧炎武《生員論》をめぐって》,《東北大学東洋史論集》(仙台,东北大学),第 11 辑,2007 年 2 月,第 259—282 页;后收入《明代郷紳の研究》,京都,京都大学学术出版会,2009 年

东亚同文会《支那経済全書》第 2 辑,东京,东亚同文会,1908 年

邓云特(邓拓)著,川崎正雄译《支那救荒史》,东京,生活社,1939 年

内藤湖南《清国創業時代の財政》,《内藤湖南全集》第 5 卷,东京,筑摩书房,1972 年,第 261—277 页

——《清朝衰亡論》,《内藤湖南全集》第 5 卷,第 187—290 页

——《支那に還れ》,《内藤湖南全集》第 8 卷,东京,筑摩书房,1969 年,第 171—181 页

中島立子《〈搢紳全書・中樞備覽〉所在目録》,《東洋文庫書報》(东京,东洋文库),第 9 号,1977 年 3 月,第 129—140 页

仁井田升《中国の社会とギルド》,东京,岩波书店,1951 年

根岸佶《中国のギルド》,东京,日本评论新社,1953 年

狭间直树［等］《データでみる中国近代史》，东京，有斐阁，1996 年

服部宇之吉《清国通考》，东京，株式会社大安，1966 年

坂野正高《近代中国政治外交史》，东京，东京大学出版会，1973 年

广畑茂《支那貨幣史錢莊攷》，东京，建设社，1933 年

夫马进《中国善会善堂史研究》，京都，同朋舍出版，1997 年

——《朝鮮燕行使申在植の〈筆譚〉に見える汉学・宋学論議とその周辺》，岩井茂树编《中国近世社会の秩序形成》，京都，京都大学人文科学研究所，2004 年，第 281—330 页

（日）福井宪彦《フランス史》，东京，山川出版社，2001 年

星斌夫《中国社会福祉政策史の研究——清代の賑済倉を中心に》，东京，国书刊行会，1985 年

松浦章《山西商人范毓〔ヒン〕一族の系譜と事蹟》，《史泉》（吹田，关西大学史学会），第 52 号，1978 年，第 16—40 页

松冈俊裕《魯迅の祖父周福清攷（7）：その家系，生涯及び人物像について》，《東洋文化研究所紀要》（东京，东京大学东洋文化研究所），第 128 册，1995 年 11 月，第 1—185 页。

松丸道雄［等］《中国史》第 4 卷，东京，山川出版社，1999 年

丸山真男《（新装版）現代政治の思想と行動》，东京，未来社，2006 年

宫崎市定《九品官人法の研究——科举前史》，京都，东洋史研究会，1956 年；后收入《宫崎市定全集》第 6 卷，东京，岩波书店，1992 年

——《雍正帝による俸工銀扣捐の停止について》，《東洋史研究》（京都，东洋史研究会），第 22 卷第 3 号，1963 年 12 月，第 1—24 页；后收入宫崎市定《アジア史論考》下卷（东京・名古屋・大阪・北九州），朝日新闻社，1976 年；《宫崎市定全集》第 14 卷，东京，岩波书店，1991 年

——《科舉——中国の試驗地獄》，东京，中央公论社，1963 年；后收入《宫崎市定全集》第 15 卷，东京，岩波书店，1993 年

宫崎一市《清初における官僚の考成——清初財政史の一齣（1）》，《釧路論集》（钏路，北海道教育大学钏路分校），第 1 号，1970 年 3 月，第

21—60页

山田耕一郎《清初の捐納——三藩の乱との関係を中心にして》,《駿台史学》(东京,骏台史学会),第66号,1986年2月,第21—50页

——《清初の捐納出身者対策について——仮冒頂替の情弊をめぐって》,《山根幸夫教授退休記念明代史論叢》,东京,汲古书院,1990年,第1107—1128页

——《監察御史陸隴其と捐免保挙問題》,《神田信夫先生古稀記念論集清朝と東アジア》,东京,山川出版社,1992年,第289—309页

好并隆司《商君書研究》,广岛,溪水社,1992年

六角恒广《中国語教本類集成》第1集,东京,不二出版,1991年

和田博德《許大齡著清代捐納制度》,《史学》(东京,庆应义塾大学三田史学会),第25卷第3号,1952年,第176—177页

渡昌弘《明代捐納入監概観》,《集刊東洋学》(仙台,东北大学中国文史哲研究会),第56号,1986年11月,第20—35页

——《捐納監生の資質について》,《歴史》(仙台,东北史学会),第68辑,1987年4月,第115—123页

伍躍：《中国の捐納制度と社会》

京都大学学術出版会,2011年2月,545页

范金民

中国是科举大国,前后实行1300余年的科举考试,影响中国社会至深且巨,因而一直备受人们关注,成果源源推出。然而,与科举几乎具有相同功能,某些方面甚至具有科举所没有的功能,并影响到科举作用的发挥,在明清中国的社会流动中极为重要的捐纳制度,却殊少有人研究。

在寥若晨星的研究成果中,许大龄先生发表于1950年的《清代捐纳制度》(《燕京学报》专号第22号,后收入氏著《明清史论集》,北京大学出版社2000年),利用关于捐纳问题的不少具体规定即捐例以及相关公牍,并走访清末曾任吏部文选司掌印郎中的崇彝,将清朝一代的捐纳区分为开创期、因袭期、变更期,并从暂行事例和现行常例的区别、捐纳的具体规定和报捐者的铨选问题三个角度,说明了清代捐纳制度的基本构造,更在分析捐纳造成恶果的同时,介绍了清朝人就取代捐纳而提出的种种方案。该著以丰富坚实的史料为基础,提出了诸多经得起历史考验的结论,即使在大量史料尤其是档案史料被陆续公布的今日,仍然是研究捐纳制度必不可少的重要参考书。

作为研究清代捐纳制度的一部拓荒性力作,许著"开辟了清代政治史研究的一个领域"(冯尔康《清史研究与政治》,《史学月刊》2005年第3期)厘清了捐纳制度的诸多基本问题,也为捐纳制度的继续研究夯下了

坚实的基础。然而整整一个甲子过去,学界对于捐纳的研究,再无大的进展,黄仁宇、何炳棣等重量级学者对捐纳制度的一些误解依然流行,《中国大百科全书》等工具书相关条目的失误仍未澄清。令人欣喜的是,许大龄先生的学生、现在供职于日本大阪经济法科大学的伍跃教授新近推出的《中国的捐纳制度与社会》一书,追武前贤,或许有望弥补中国捐纳制度史研究的种种缺憾,恢廓中国捐纳史研究的新局面。

许著着重制度,重在兴革,而伍著着重官僚人事制度史和社会史,既厘清制度的规定,更着眼实际的运作,结合制度和运作,从捐纳和科举、捐纳和官僚铨选、捐纳和社会流动等方面,来探讨捐纳的功用地位和影响。

伍著由序章、正文8章和终章构成,正文依次为:第1章,明代的例监与纳贡;第2章,清代的报捐制度;第3章,清代的报捐与印结;第4章,捐纳出身者的登用与候补制度;第5章,清代官僚的晋升与捐升——以捐升制度的成立为中心;第6章,官僚的惩戒处分与捐复制度——以捐复制度的成立为中心;第7章,清代的赈捐——以光绪十五年江浙赈捐为中心;第8章,捐纳制度的实施与商人。全书在以下几方面取得了较突出的成绩。

一是视角新颖,清晰揭示了捐纳对于社会流动的重要作用。捐纳制度在明清时期实行500余年,一向遭人诟病,连最高统治者也多意识到其消极作用和恶劣影响。既有研究多从捐纳和财政层面着眼,注意到捐纳之实行,是朝廷为解决财政问题,摆脱财政困境。然而何以在财政并不拮据的康乾盛世,捐纳制度仍实行不辍?即如许先生,就明确将其归结为供给军需、政治作用和优待满族。伍著别出蹊径,见物见人,以人为中心,先从人事制度史的角度,探讨了社会各界利用捐纳取得入仕与铨选的资格、取消或减轻处分、升官晋级等问题,继而从社会的需要和影响的角度,通过分析明清时期的人们对捐纳的观察和利用,列举明清两代通过捐纳走上正途成为科举考试捷径的事例,研究了捐纳作为社会流动工具的有效性,指出捐纳作为社会流动的工具具有一种终身有效性,即捐纳不仅可以推动人的上行流动,还可以对可能预见的下行流动采取事先的防止措施,当下行流动发生后,还可利用捐纳挽回或减轻下行流动所带来的损失。伍著提出,清代捐纳的制度化,官从财政利益出发,民从自身需要出发,是官与民社会互动的产物。清代的捐纳,既可捐贡生、监生等出身,又可捐实官资格,还可捐顶戴、翎枝等虚衔与封典,既可捐京官郎中以下、外官道府以下、武职参将游击以下等升迁,又可捐降革、留任、离任、原衔、原资、原翎捐复等维持或防止降职,既可捐分发指省、加级、记录等任职,又可捐补原缺、免试俸历俸、实授保举、实用离任、引见、投供、验看、回避等,名目繁多。许著及随后的捐纳制度的研究,已将捐纳之类别、形式、名目、捐额等规制以及开捐原因等论说明白,而均未垂意于社会流动之功用。将捐纳于社会流动的功用论述明晰,从本质上把握捐纳的制度与运作,正是伍著的一个重要创意。

二是左右兼顾,翔实阐明了捐纳与科举制度的关系。明清时期,科举与捐纳,本是人们登进和社会流动的双翼,所谓"士人从科甲谋出路……富家子道则捐纳一途可进。天下各得其平,各展其才"(佚名《各省印结》跋)。既有研究却将两者人为割裂开来,或只论科举在社会变动和社会流动中的途径作用,或只看到捐纳影响科考者仕进之路的一面。伍著既关注科举的结果,更关注科举功名取得的途径,择举大量事例,从历时长短与经济代价等方面,分别解析科举与捐纳的仕进功用,从而客观地探讨捐纳与科举的关系。伍著先如是论述:科举正常顺序下,必须经童生试,而乡试而会试,但如果捐纳贡生监生,获得乡试资格,就跳过了童生试,而直接进入了乡试。也就是说,所谓正途,有了捐纳,未必全是通过考试,正途已不纯"正";捐纳成为科举制度的有机部分,既是社会流动的工具,对于作为社会流动的主体的人来说,捐纳在本质上就与科举并无二致。伍著的这一视角,前人似从未提及,訾议捐纳为异途者也从未指陈。再就官僚人事制度立论,捐纳可以捐即选即用,任职已着先鞭;铨选后可以捐升,捐保举,升迁步伐加快;为官后可捐考满等,可以事先防止下降;如遭降罚,因故去职,可以捐复,拓宽自新再生之路。明清时期无论正途杂途的官员,利用这种机能者大有人在。伍著在充分举证后,于终章精辟指出,捐纳与科举同样是社会流动的重要工具,并且在相当程度上支持着科举,捐纳作为社会流动的工具还具有如下特征:一是长期有效性,科举的作因仅仅限于取得出身资格,一旦取得了这种资格,科举作为社会流动工具的作用就基本结束了,而如果将社会流动放宽到人的整个生涯时,捐纳作为社会流动的工具具有一种终身有效性。二是防止下滑流动的机能性,捐纳与科举一样,向"贱籍"之外的所有社会成员开放,但捐纳所具有的庶民性远较科举广泛,完全循科举求得出身,一定的学力和经济力的结合是科举成功必不可少的条件,而在捐纳制度下,只要具有一定的经济能力,均可援例取得出身,一时无法筹措资金的人也可通过借贷的方法捐纳,从而改变自身的社会地位。三是使用的柔软性,科举作为社会流动的工具有着严格的使用条件,要由本人在指定的时间和地点参加指定的考试,而捐纳则不然,无论本人自理还是他人代办,无论是作古之人还是刚出世的婴孩,无论是在故乡还是异乡,作为社会流动的工具,可以满足各类社会成员的不同需求,即庶民可以藉此获得出身和官僚的铨选资格,官僚可以用它尽快升迁或防止地位的下滑,官民还可以用它来光宗耀祖。将捐纳结合科举制度考察,再比较捐纳制度与科举制度的特性,从而形象地再现了捐纳制度和科举制度在中国社会的功用,正是伍著的另一个重要创意。

　　三是一以贯之,深入探讨了捐纳制度与官僚铨选的关系。无论科举还是捐纳,目标均在出世仕进,必然与官僚人事制度有关,而因为有了捐纳,官僚人事制度就充满变数,内容更加丰富多彩。严格地说,明清捐纳制度下买卖的并不是官位或官职,而只是做官的资格,这一点,以往的理解并不准确。未有功名者,可以通过报捐,购得出身资格,并在此基础上购得铨选资格,现任、候选和候补的官僚则可以利用捐纳取得升职晋级的资格,但无论哪一种情形,均只是进入了候补官序列。庞大的候补官群体,成为前近代中国政治史、官僚制度史及近代中国社会无法回避的重要问题。研究捐纳的功用和社会影响,也必然要研究捐纳之于候补官的关系,而既有研究简单地理解为捐纳获得的是官位,所以对此认识不足。伍著以三章的篇幅,着力探讨捐纳对于官僚人事制度的影响。在第4章"捐纳出身者的登用与候补制度"中,主要讨论捐纳出身者利用候补制度得到官缺的问题。首先,说明清代的官僚铨选制度与候补制度的区别,以知县为例分析通过吏部月选取得官缺的资格;而后,根据新近公布的档案等资料,探讨候补制度形成的过程,以数量统计说明各省候补官员的人数和通过外补得缺的概率,进一步阐述前人很少提及的"分发"和"指省"捐纳的由来和结果,通过候补官的登用形式、职责和收入等,阐明了候补制度的前后变化。1871年,候补于湖北的汪曾唯感叹:"茫茫宦海,正不知何日得登彼岸也。"(陈汉第《冬暄草堂师友笺存》,第244页)《官场现形记》将候补道列为清末南京"三多"之一。可见,候补官要得到实缺,不知有多少路要走。伍著即将候补时的新班先用、新班即用、遇缺先用、轮用班次等各种班次,各种花样的捐纳述说得清晰明了,通过学理的分析,展示了捐纳候补官缺的丰富内容和候补官的"就职难"的实态。

以往研究捐纳制度,主要集中在一般民人捐纳,而现职官员如何利用捐纳制度作升进计,则尚不完全明了。官僚如何升进,居于官僚人事中心的位置,影响到社会全体,对其研究,可以加深认识清朝官僚制度的设计与运用,进而准确把握前近代中国社会。伍著在第5章"清代官僚的晋升与捐升"中,讨论捐升在清代官僚人事中的作用。首先利用《品级考》说明"应升之缺",然后通过对"历俸"、"分缺"问题的分析,叙述清代官僚晋升制度的基本规定,阐明捐升制度在清代的形成过程。最后还通过《大捐履历》的记录,发现捐升者中现任官僚远高于一般民人的贡生、监生,占79％,进而指出捐纳成为维持社会地位并不断向上的工具。

"捐复",即通过捐纳取消或减轻处分的制度,是官僚考课制度中的重要环节,学界对于中国官僚人事考课制度的研究非常深入,而对于"捐复"制度却几无研究。伍著在第6章"官僚的惩戒处分与捐复制度"中,首先叙述清代官僚考课制度的基本特征和前后变化,探讨捐复制度的适用对象和具体金额以及实施办法,到18世纪中期以后,在各地督抚的积极推动下,捐复被归入"现行常例",凡因"公罪"受到降革留任或离任的官员大多可以援例捐复,恢复原级原职,至少可以减轻处分。而后分析考课制度与捐复制度如何并用,指出通过考课制度,肃正官僚纲纪,而开复处分,开了官僚自新、自效之路,宽严相济,恩威兼施,考课制度体现公平,而捐复制度有失公平,促使官吏趋向敛财。最后论述捐复制度的消极影响,认为通过考课制度,可以刷除部分不称职者,提供更多的官缺,而利用捐复制度,考课的黜落者又回复原位;捐复制度也强化了督抚的人事权,捐复制度确立的过程,也是督抚权力扩大的过程。伍著敏锐地看到在捐复处理上,吏部和地方督抚围绕人事权的争斗,全方位地把握了清代官僚惩戒处分的全貌,有助于我们加深对前近代中国官僚制度设计与运用的理解。

四是拾遗补阙,较大程度地丰富和深化了明清捐纳制度的基本内容。

1. 关于报捐。报捐是通过捐纳取得资格乃至做官资格或晋级资格的首要程序,捐纳制度实施起来繁复琐细,报捐一项即大有名堂。以往研究,只提报捐其名,而如何具体实施尚不明晰。伍著专辟两章,依次讨论报捐和报捐所需的印结问题。在报捐一章中,首先说明"现行常例"和"暂行事例"的异同,根据《大清会典》、《户部则例》等官书和档案复原了在中央和地方的报捐手续;随后考察了报捐的实际情形,定例报捐者应该亲赴衙门办理各种手续,但事实上是由商人代办各种报捐手续。在北京,一部分金店和银号利用它们与户部等中央衙门的关系居间代理,形成了一个由国家—中间代理商—报捐者组成的遍布全国的捐纳业务网,而后统计了中间代理商报捐的比例。对于报捐,既有研究几乎尚未涉及地方报捐的手续问题,也没有涉及"实收"的问题。伍著根据《福建省例》等史料,复原了地方报捐的具体办法,又利用中国社会科学院历史研究所所藏光绪二十五年的《江西筹赈捐输总局给余联瀛捐监正实收》,简要说明了实收的内容,发现围绕地方报捐,各省与中央政府之间、省与省之间为了争夺正额外财政收入的重要提供者即报捐者,曾经发生过激烈的争执,地方报捐中也存在明显的强迫行为,活跃着靠代办报捐获利的社会集团,商人通过代办报捐所得到的利益一部分流向了官员和胥吏。就这样,伍著清晰地复原了报捐手续,分析了报捐的实际运营机能,揭示了报捐时中央和地方、经办官员和报捐代理人以及中间人的利益,其内容丰富具体,论述足以服人。日本著名的中国行会史专家根岸佶认为,行会与代表着国家的政府之间的关系是根本对立的,夫马进先生在探讨中国善会善堂的作用时,曾对此观点表示异议。伍著则通过代办报捐,展示了行会和官员、胥吏之间的复杂联系,阐述了行会在与国家的关系中的角色,这就为探讨商人群体与国家的关系提供了又一个新的典型事例。

2. 关于印结。印结是由官员出具的、钤有官印的身份保证书。既有研究也曾提及,但其由来以及运作管理,并不明了。伍著利用新近公布的档案资料,依次阐明印结的由来、捐纳与印结的关系、印结的管理制度、印结银的分配以及印结银与京官收入的关系,指出:按规定,为了防止假冒,报捐者在办理相关手续时必须提供同乡五六品京官出具的印结。印结的发行由各省在京五六品京官组成的印结局统一管理,掌印结官通常为正途出身人员。印结局制订并公布发行印结的有关规定,向报捐者收取"印结费"和"饭银"等费用。结费随后以印结银的名义,按一定的比例发给印结局的组成人员。又依据档案,注意到查印结官、管印结官的身份和操行,得出结论:印结的手续费"结费"说明,在前近代的中国,伴随着公权力的行使,官员常常以肥私囊。在清代后期,印结银成为京官收入必不可缺的重要来源,国家开办捐纳,京官这个集团得到捐纳的"余润"。由印结章程,伍著进一步指出,有着数千年历史的中国官僚,至此也开始采用民间工商组织征信录的方法,在局内呼友,制订印结章程,以示无私。伍著通过印结和印结银及其分配的探讨,使我们知道清末的京官,除了正俸、恩俸以及外官的炭敬、冰敬、节敬、别敬等外,还有当时称为"公费"的印结银。伍著关于报捐和印结的研究,推进了官僚的制度史、生活史乃至人际关系史研究。

3. 关于赈捐。近年来学界对于中国灾赈史的研究，迭有新著问世，而对于赈捐，却进展不大。伍著第7章以清末光绪十五年的江浙赈捐为分析对象，考察了赈捐案从提出到付诸实施过程中的有关问题，特别是地方督抚在其中的作用，还利用新发现的江浙实施赈捐的资料，分析了报捐者的状况，构筑了中国捐纳制度史的信息基础。此类捐纳者的名簿，从来未见人利用，弥足珍贵。伍著通过此次赈捐的分析，阐明了包含赈捐在内的清末捐纳的准备、实施、效果，探讨了捐纳的实态和捐纳的社会影响以及清末国家、地方社会和庶民的关系。

4. 关于商人在捐纳实施中的角色。晚清国家政策变化特别是广泛实施捐纳过程中商人如何反应，如何行动，如何扮演角色，此类问题，既有研究并不深入。伍著第8章，以山西商人为分析对象，主要依据山西票号的商业书信和账簿，探讨山西票号商人利用其与政府之间的密切关系，通过遍布于全国都市的分号代办捐纳手续的问题，认为山西商人积极收集与捐纳有关的各种信息，积累相关案例，利用汇兑贷款等方式代办捐纳手续，进而指出，捐纳的实际运作机能，有赖票号商人从内部维系，捐纳制度本身的运作在很大程度上得益于山西票号商人，票号在成长过程中，正逢清廷频繁实施捐纳，票号机敏地抓住机会，积极的加入，成为票号最初发展的动力，票号的发展正是清廷实施捐纳的结果。伍著的视角和结论，无疑深化了目前如火如荼的票号史研究，为我们考虑前近代中国国家与社会间的关系，提供了一个颇具典型性的实例。

5. 关于明代捐纳。学界关于明代捐纳的研究，自许著而后，几无任何进展，很多内容未曾涉及。如嘉靖十七年捐监事，许著未提，具体人数、捐监占全部监生的比例等更未涉及。伍著专列明代的纳贡与例监一章，予以发覆，为探讨清代的捐纳找出渊源。更依次探讨纳贡例监出现的社会背景是庶民势力的成长，从录取率探讨补廪和出贡的难度，从成化十一年捐纳监生争取正常拨历的事例等案例探讨捐纳者的身份意识和社会地位。再如景泰四年以后到正德、嘉靖年间，民间子弟可以纳粟入监，前此只有简略叙述，殊少本质分析。伍著直指其实质，认为代表明朝官立学校教育制度的国子监和府州县儒学教育人才的机能已失,而成为单纯获得任官资格的装置,以前是财力加学力,现在是仅仅财力就可依赖为"立身出世的阶梯"。更通过计算生员成为廪生的时间,得出以花费五百石至八百石的代价,换取需要二三十年时间的廪生,指出明朝捐监政策的成立,有着府州县学生员群体努力的成分在内。如此考镜源流,或拾遗补阙,或深化前论,具见功力。

至于论述时随时考辨,纠正何炳棣等人将捐纳之资格误解为实职,指陈何炳棣对捐纳官员的比例作过度夸大的解读,纠正黄仁宇和《中国大百科全书》等所谓捐纳的规定不载于政书的不当说法(其实相关规定载在《明实录》、《皇明条法事类纂》和《大清会典》等官书中),纠正个别研究者所谓"清代乾隆时卖官明码标价"(其实康熙时即如此)之错讹,以及与所谓报捐可以讨价还价的误读的商榷等,在在反映了作者的谨严审慎和在捐纳问题研究中的融会贯通。

需要指出的是,伍著的上述结论和成就,是积十数年研究之力,搜集和征引了大量一手材料获得的。全书除了引用大量大陆和台湾之已刊未刊档案,引用政书近50部,捐纳资料27种,登科录、缙绅录、职官录22种,尤其是缙绅录、职官录多达19种,奏议、日记、年谱、文集、笔记、官箴书70余种。其中中国第一历史档案馆所藏《己酉等年印结簿》、《候补正印各员衔名单》和《候补佐杂各员衔名单》,中国国家图书馆所藏《大捐履历》,上海图书馆所藏《重订浙江印结简明章程》,北京大学图书馆所藏《各省印结》,日本国会图书馆所藏《安徽同官全录》、《川楚善后筹备事例》,东洋文库所藏一册报捐名簿即《造送浙江赈捐第十三次请奖各捐生履历银数底册》,东京大学东洋文化研究所所藏《海防新班文职官册》,京都大学文学部所藏一册抄本赈务卷即《光绪十五年十月日奉各宪札饬查明本省灾区筹办赈务抚恤卷》等,绝大部分是作者搜集和引用的。作者利用这些真正的新资料,披沙拣金,精心解读,获得说明问题的珍贵信息。如作者依据《大捐履历》,制成《大捐履历报捐概略》表和《大捐履历所见捐纳代行业务状况》表,列出报捐者的身份和报捐目的,也显示出28

个金融机构代行报捐了171件,其中蔚字五联号所属的票号代行报捐银86869两,占总额3成以上,借以显示出某个票号与官府的关系,也显示出金融机构内部对代理报捐业务的竞争,进而推测代行报捐的利益。作者更擅长比勘,结合使用各种资料,得出结论。如核对《造送浙江赈捐第十三次请奖各捐生履历银数底册》和《光绪十五年十月日奉各宪札饬查明本省灾区筹办赈务抚恤卷》,发现两册所载项目一致,又核查光绪十六年刊《大清搢绅实录》,发现名簿所记自道员起始共13名现职地方官的名字等人事资料完全一致,足以凭信,从而观察报捐者的实态,列出报捐人721人的年龄、本籍分布制成示意图,又制成府别图、报捐项目及其分布图、报捐银数及其分布图等。新用材料,又用足到位,故能出新出彩。

显而易见,伍著不仅在捐纳制度史方面,而且在科举制度史、官僚铨选史研究方面,均有重大的突破和推进。至于捐纳因理财而起,占国家财政收入十分之一左右的捐纳收入,当会对清代财政发生重大影响,而条分缕析,加大力度深入探讨,仍需待诸他日。

【作者范金民,南京大学历史系教授】

索 引

阿礼布　248
阿思哈　325—328,330
挨贡　35,59,60,67
挨委班　223
艾永明　23,89,309,550,587
安徽同官全录　217,546,578,607
安禄山　66
安文思(Gabriel de Magalhāes)　585
岸本美绪　75,539,567,594
敖册贤　144
八法　300
八奸　4
拔贡　144,145,407,408
白进(见白晋)　12
白晋(见白进,Joachim Bouvet)　12,14,585
班　2,5,8,9,25,44,63,69,102,131,132,136,137,179,183,197—200,202,205,217,220,222—224,228,232—234,244,260,347,365,404,405,408,435,545—547,550,564,567,603
班次　132,197,198,224,242,264,545,550,603
坂野正高　21,539,597
办理江浙晋赈捐输转运沪局　97,98
半印字号　85
保定　228,248,266,305,410
保甲局　231
保题升用　252
报捐　19,21,24—26,30—32,41,42,74,75,77—118,122—125,128—133,135—143,146—151,156—160,162,163,165—168,171,196—198,201—203,207,209,210,215,217,218,220,226,228,230,237,238,240,242,243,264,266—275,277—280,282,285—290,292,294,295,305,322,327—329,331,333,335,336,339,340,350—359,361,364—367,369—372,380,381,386—395,400—422,435—453,467,468,470—482,545,547—550,562,567,590,594,599,600,602,604—608
报捐离任　286,287
抱呈　120

北京志　18,108,174,420,445,451,535　224,238,239,262,408,409,418,419,546—548,551,588
北洋饷捐局　111,112
贝和诺　331
贝冢茂树　21,539
备遣官员　187—193,207
本班分缺间　204
本班尽先　204,217,408
本班先用　132,197,279
本朝六部则例全书　15
本朝则例类编　15,129,188,274,573
本平　404,445—447,449
毕沅　237
边俸　247,249,252
卞宝第　394
卞子城　228
变通补缺章程　238
变通选法条款　238
标朱　85,90,185
滨下武志　539,586
兵工厂　226
禀缴执照　219
病痊候补　132,180
拨历　52,62—64,606
博霁　186,188,189
卜式　65,70
补班　132,179,180,182,244
补救机能　464
补廪　44,57—62,68,458,606
补平　442,443,445—447
补缺　81,107,173,176,182,187,191,194,195,209,214—219,226,229,230,233,236—241,244,248,258,280,283,408,409,441,447,546
补缺概率　213,214
不论双单月即用　132,284
布莱特敕令(La Paulette)　13
部承　104,422
部选　25,53,176,186,192,208,217,

部友　421,422
部员出学差任满回京候补　180
裁缺候补　132,179
曹少泉　69
曹叶卜　184
漕平　404,411,438
曾国荃　379,384—389,394,397,473,584
查结官　144,159
查印结官　605
差遣　9,220,237,292
差替　298
差委　181,188,206,209,218—222,225—235,237
常捐例　79,207,335,358
常钧　100
常例　18,41,79,209,352,354,356,364,365,385,386,411,544
常平仓　99,100,344,353,354
常平捐监　353,354
常珍　266
超委班　223
朝鲜使节　236
朝鲜燕行使　293
车惠媛　301,340
掣签　132,175,181,183,185,187,200,202,203,207,208,218—220,259,263,271,282,289,332,408
陈璸　554,555
陈豪　205,206,216,217
陈建　45,46,65,68,69
陈康祺　282,283,583
陈宽强　22,587
陈其田　412,587
陈仁熙　164,165
陈世倕　312

陈廷献　264

陈溢鸿　133—135

陈援庵(陈垣)　559

陈仲夫　544,551

陈仲眉　229

陈子嘉　228

成都通览　111,112,115,580

成宁　248

呈文　82,83,94,109,133,135,136,142,336—338

承缉州县　311—313

程厚　136—138,140—142

程文骆　312

程瑜　95,96

惩戒处分　31,139,296,308—311,324,342,600,603,604

池田温　539

赤金　106

冲繁疲难　193,222

冲替　298

崇彝　20,105,584,599

筹办苏浙赈捐沪局　389

筹办苏浙赈捐总局　389

筹备经费事例　80,401,402,547,548,576

筹饷局　291

筹饷事例　17,27,80,94,103,156,198,202—204,206,214,215,294,340,359,371,402—404,406—408,422,451,547—550,577

筹饷事例条款　202,335,387,547,577

筹赈事例　359

出贡　36,37,57—62,68,458,606

出结官　140—143,146—148,151,159—162,164,166,171

出身资格　1,7,10,11,18,22,68,73,79,80,138,139,161,245,267,290,294,295,297,317,336,387,435,

458—463,473,475,478,535,545,556,602

初考　299

除班　179,182,244

处分的解除　313

川楚军粮事例　207

川楚善后筹备事例　26,202,203,208,240,278—281,284—290,294,335,365,401,549,550,576,607

川楚事例　26,202,401,547

川楚事例文武官生名次全录　25,26,547,576

川运军粮事例　124,195,278

川运例　207,278,335,358

川运事例　276,278,280—282,284—288,294,358

戳记　84,105,122,144,146,159,401,420,435

慈禧太后　373,418

粗金　106

达桑阿　338

大八成铨补章程　238

大计　100,127,175,243,245,263,296,300,321,322,331,332,387

大捐　27,80,116,156,157,160,202,288,359,401,405,410,421,440,451,452,454,481,543,544,547,550,553

大捐履历　294,422,435—437,577,603,607

大木干一　551

大清直省同寅录　210,215—217,578

大挑　130,221,263,435

大同捐纳事例　12,364

大同宣府喂养驼马捐例　320,369

大同张家口捐纳事例　12,275,319,364

大同张家口事例　368

戴燮元　389

戴尧臣　163

戴云丰 108
单月即用 15,132,273,279,284
单月急选 132,175,182—184,187,198,199,206,261,263,270,279,545
到省缴照 218,219
道光皇帝 466,553
得空期 442
德川吉宗 15
邓尔巽 102,103
邓拓 344,375,587,596
邓文如(见邓之诚) 537,550,551
邓云特(见邓拓) 344,375,587,596
邓之诚 20,563,580
荻生观 15,16
抵销 151,313—316,331
地方报捐的流程 85,86
垫借 413
丁日昌 214,229—231
丁士选 102
丁忧服满候补 180
顶委缺 233
定郡王载铨 371
东赈例 277
东赈事例 277,281,357
董华国 164,165
董基升 411
董开沅 221
都门纪略 406
都门竹枝词 166
笃国策 465
杜凤治 130,131,198,418,419,580
渡昌弘 23,40,45,47,594,598
鄂弥达 78,355
恩成银号 401
恩俸 165,605
恩生 38,52
二八分缺 258—260
二品顶戴 88,381,386,387

二十等爵 4,5
二十年目睹之怪现状 226,229,451,585
发审局 156,215,221,225,226
罚俸 146,246,287,306—309,311,312,314—316,320,321,328
法兰西斯一世(François Ier) 13
饭费 83,114,166
饭银 83,116,117,447,605
范进 463
范蠡 399
范照藜 336
方昂 248
方大湜 231,232,234—236,583
方观承 127,236,346,347,583
放罢 298
分发 26,106,107,132,138,142,148—150,159,167,190,194—196,206—209,215,216,218—220,227,229,232,236,237,239,240,242,289,358,359,422,435,542,549,558,603
分发试用委署人员 189,190,193—195,207,209
分发制度 193,207,208
分肥制(spoils system) 2
分缺 198,199,258—260,274,281,282,413,603
分缺即用 351
分缺先 204,217,408,409,546
封典 74,78,79,81,87,112,116,123,138,148,242,321,330,351,352,356—360,362—366,381,386,395,410,444,468,473,479,481,532,541,542,601
封赠 79,362,363
冯瀚 233
奉(奉天)捐局 111
奉办江浙等省晋赈捐输转运总局 97,98

奉旨设立报销山西赈捐总局　112
俸满教职　261—264
俸满推升　264
俸米　39,169,293
俸深　245,247,248
俸序　245
夫马进　24,110—112,169,293,345,562,564,567,594,597,605
伏尔泰(Voltaire)　13
服部宇之吉　18,19,334,535,597
福建捐局　140
福建开捐事例　276,320
福建省例　574,604
福建新涨印结单一纸　86,92,95,405,443
府试　46,119,120,367,460
附贡　78,142
附监　77
附生　41—43,45,55,58,60,61,77,78,367—370
附学名目　44
附学名色　44
附学生员　41,42,55
赴选册结　133,196,197
赴选清册　135
副实收　89,385
傅崇矩　111,112,115,580
傅恒　371
傅宁　36
腹俸　247,252
改班　179,244
改捐　19,158,160,242,282,284—286,289,292,293,295,435,536
甘结　126,127,133—135,139,143
甘省开捐事例　99
甘肃常平事例　368
甘肃湖滩河所捐例　270,320,369
甘肃捐纳事例　12,276,319,368

甘肃军需捐例　269
刚毅　379,384,473
高墨缘　228
高芝岩　412
革职　103,104,176,180,184,267,290,297,306,307,309—311,315,317—324,326,330—332,337,340,387,388,417,453
革职离任　139,297,309,331—337,387
革职留任　250,309,311,314,320,326—328,330—332,335—337,387
各官委署　222—224
各省常平事例　368
各省印结　114,148,149,151,156,157,160,406,443,444,446,458,577,601,607
各省赈捐并七项实官常捐局　112
各项轮用班次　204,205
给照　82—84,93,109,133—135,139,196,393,413
工赈事例　201,202,358,549
公费　96,160,162,165,605
公共原理　157,160,161,170,172
公金店　106—108
公罪　303,304,310,313,314,322,326,330,331,604
宫崎市定　6,49,94,460,461,463,539,557,597
龚之格　229,231
贡监　52,81,87,91,109,112,120,121,138,196,198,199,242,259,260,295,297,318—320,324,336,352,357—361,366,367,369,381,385,386,404,405,468,473,474,479—481
贡监事例　120,121
贡生　1,15,16,35,44,54,57—61,63,64,67,78—81,84,86,89,91,98,121,123,136,137,148,158,199,205,251,

613

267,318,319,350,351,355,356,366,367,370,405,407,408,421,435,454,460,461,473,474,477,481,534,601,603

顾麟 16,534

顾绍芾 45

顾炎武 29,34,45,66,294,533,580,583

关文 69,86,95,97,98,130,133,171

官报局 221,578

官场现行记 104,107,111,112

官代书 120,122

官僚监察制度 296

官僚人事制度 2,9,11,19,30,31,33,49,53—55,74,129,147,175,179,194,237,241,246,253,255,275,280,283,295,303,304,408,450,457,469,541,550,564,566,600—603

官炉房 420

官生 47,52,89,127,197,357

官职年税(droit annuel) 13

官职转让附加税(marc d'or) 13

馆谷 131

馆捐 442—445

管印结官 144,145,156,157,605

管子 3,66,532,588,592,593

光绪皇帝 373,388,389,391

光绪会计录 116,585

光绪十五年十月 日奉各宪札饬查明本省灾区筹办赈务抚恤卷 473

广东广西捐纳 276,320

广泰兴 438

广泰银号 109,401

广西开垦事例 80

广西省垦田事例 89

规费 108,109,116

贵州捐纳事例 199,268,318,319,367

桂(广西)捐局 111

桂良 228

郭培贵 23,38,51,52,56,588

郭佑 304

国子监 2,11,33,35—38,41—44,47,48,51,52,54,57—68,70,71,73,81,84,85,89—92,108,114,118,119,130,140,173,264,266,272,284,285,350,351,366,367,411,462,466,538,541,588,607

国子监监生 33—38,40—48,51—54,56,57,62—64,66—73,75,77,119,173,350,352

国子监执照 84

过班 19,132,204,335,405,536,550

海防班 132

海防事例 17,80,132,158,204,205,220,237,359,412,577

海防事例捐纳各员铨补章程 238

海防新班 132,222

海防新班即用 204,205

海防新班文职官册 220,222,578,607

海防新班先用 204,205,220

海防新例铨补章程 238

海国图志 236

韩非子 3,4,532,587,590

翰林试 67

行查 83,93,129,136,447

行会 75,107—110,123—125,256,392,586,595,597,605

行政诉讼 120

何炳棣 25,33,72,400,457,461,591,593,594,600,607

何道奎 228

何德基 221

何汉威 345—347,588

何如璋 17

何胜 50

何士祁 235,236

何顺　112
何曰佩　365
和田博德　21,598
和盐鼎　128,129
河防局　225,574
河工事例　80,207,281,322,323,357
河南省印结局　149—151,161,162,577
贺世圣　465
亨利三世(Henri Ⅲ)　13
亨利四世(Henri Ⅳ)　13
恒和　105
恒久　105
恒利　105
恒源　105
衡工事例　201,202,549
红叶山文库　15
洪承畴　370
洪大容　14,15,587
侯小槐　101,102
后库　108
候补二十一则　235
候补官　103,111,139,168,173—175,180—182,188,194,199,200,206,208—210,213,214,216—223,225,226,228—237,258,259,274,276,280,294,297,335,479,546,578,602,603
候补官员　79,167,173,174,176,179,181—183,188,200,201,208—210,218,220,221,223,229,232,234—242,264,324,337,389,603
候补苦员　228,229
候补与即用知县轮补次序　222
候补正印各员衔名单　221,607
候补制度　24,31,173—175,179,194,196,207,218,234,236,237,239—241,600,603
候补佐杂各员衔名单　221,607

胡密子　291
胡世勋　26
胡雪岩　399
胡潆　54
胡棕　336
湖北捐局　112
户部报捐的具体流程　82
户部粮运事例　280,281
户部银行　455
户部则例　12,24,75,82,83,86,93,109,128,133,139,140,143,148,165,196,229,230,267—270,272—276,293,319,320,351,364,367—369,546,573,604
户部执照　84,86,87,89,90,114,133,196,197
户部奏准开捐单一纸　403
户书　143
花翎　103,370—372,385,386,410,479
花押　113,144—146
花样　19,91,106,136,157,159,197,202—207,217,269,270,352,408,409,536,546,549,603
滑文成　89,114,115
唤醒梦梦子　138
荒金　106
荒郡　6
荒县　6
荒政　77,277,343—347,349,350,352,367,395,397,538,589,590
皇清经世文编　17
皇商　399,400
黄纯祐顶捐例　26
黄国材　191
黄爵滋　84,105,108,584
黄麟　421
黄仁宇　27,28,588,600,607
黄伟　415

黄肇华　120—123,144
黄维伊　336
回避开缺候补　180
汇兑捐项　411—413
汇水　412,442
会办　108,215,226,391
会馆捐　444
会票　410,411,417,439
会通银号　109
火耗　114,445,447
即用　26,198,199,208,224,227,252,256,258,260,261,269,270,272—274,276,277,408,601,603
集政备考　15
己酉等年印结簿　149—151,161,165,577,607
计日扣除　249,251
纪录　19,135,138,242,245,267,290,299,303,314,316,347,349—352,544
寄俸　9
寄禄官　9
寄名　55,62,63
寄名生员　55
加耗　445
加级　19,79,87,138,139,151,160,242,245,266,267,314,316,318,330,331,350—352,357,362,365,442,464,536,544,601
加结转详　143
加捐　103,131,134,135,143,158,168,198,203,204,206,207,209,216—218,220,279,280,284,286,287,289,292,322,335,357,404,441
加平　107,113,114,404,440,445—447
嘉庆皇帝　208,237,336,358,359,466,467,552
贾熙　15
监生　1,11,12,16,18,19,33,35,36,38,42,43,45,47,48,51—54,57,59,62—66,68,73,75,77—81,84—86,88,89,91,93,95,97,98,101,102,114,115,118—123,127,138,142,143,145,146,148—151,157,196,198,199,204,210,215,220,227,242,260,266,267,273,274,294,295,297,303,304,317—319,321,324,336,350—352,355,356,358,361,366—370,382,386,395,405,411,413,416,435,438,440,448,458,460—463,466,471,473—477,481,538,557,558,588,601,603,606
监照　84—86,89,90,92,114,119—122,411
拣补缺　176
拣选　130,131,190,192,193,198,224,325,327,328,435
检结　126
减成新章　88
江南常平仓事例　320,368,369
江南捐局　111
江南捐例　354,367
江南奏销案　317
江清骥　131
江苏省印结局　144,159,160,422,447
江苏同官录　263,294,460,578
江西福建湖广事例　80,199,274
江西省筹赈捐输总局　111
江浙赈捐　31,94,343,359,372,378,386,389,394,471,473—477,479—481,600,606
蒋礼鸿　4,588
降等捐复　332,333,337
降等捐复补用　332
降等捐复革职离任　332,333
降革加五捐复　79,336
降革开复候补　180

降革留任　138,139,242,325—331,335,336,604

降革人员不准由督抚奏请捐复　338

降革调用　331,335

降级　151,180,244,297,305—309,315,316,318—322,326—328,330,331,340,387

降级离任　331,334,335,337

降调候补　180,287,306,314,315,319—322,327,330,331,335—337,351,387

交付　83,84,87,108,416

交库　113,435

脚子　114

结费　138,139,147—149,151,159,160,166,286,401,405,422,442—447,458,558,605

结押　126

截取　130,227,229,261,262,288,289,558

金川运米事例　281

金店　105—110,116,420,604

金举人,银进士　56

金世鉴　363

金云槐　328

进纳　8,9

进纳补官　8,9

进纳出身　8

进士即用班　208

近代中国政治外交史　21,539,597

近藤秀树　22,122,184,188—190,194,241,458,459,461,539,540,595

晋升　30,31,242—248,252—255,257—264,266—272,275,279,280,282,283,286,289—295,297,306,315,325,340,558,600,603

京察　127,175,243,245,291,296,300,321,322,331,332,387

京公砝足银　422,450

京官生活　117,165,171

京控　143,225

京外各官专条　284—288

京债　106,417—419

精英(élite)　70

井上陈政　17,593

旧例银捐遇缺先　204,205

局平　446,447

举监　47,52

举人　12,38,47,49,52,54,56,57,59,62,67—69,118,119,127,130,131,139,174,179,180,183,192,193,198—200,205,243,256,258—264,267,291,292,294,295,297,317—320,336,367,382,391,407,435,458,460—464,545,557

具呈　82,130,136,188,196,197,321,322,327,338,435

捐班　23,68,197,409,410,466,553

捐办土方议叙条例　292,576

捐本　26,353,354,404,408

捐册　89,93,136,197,390,393

捐戴翎枝章程　371

捐分发　19,79,195,207,209,218,236,335,356,358,536,544,601

捐封典　19,79,356,357,365,366,385,386,536,544

捐复　18,19,23,24,207,242,267,291,297,298,301,303—305,317—319,321—324,326—342,352,358,359,386—388,460,464,536,543,544,567,601,603,604

捐复革职离任　332—335

捐复降革离任　79,334,336

捐复降革留任　79,336

捐复降级离任　332,333,335

捐复原官补用　331

捐复原衔　79,297,336,387
捐复原资　79,297,336
捐复制度　31,290,291,296—298,305,306,313,316,324,334,335,339—342,600,603,604
捐官条例　365
捐柜　106
捐监　18—20,23,35,37,40,43,44,47,61,70—72,75,77,78,87,97,99,100,102,113,115,118—120,128,143,210,294,352—354,356,357,370,415,461—463,468,471,557,558,590,604,606,607
捐局　95,111—113,218,221
捐捐加级记录　79
捐离任　19,79,287,536
捐例　14,20,22,27,80,168,203,215,240,317,330,357—359,366,405,406,452,466,467,537,550,551,553,599
捐廉　94,380
捐马事例　26,269,272—274,320
捐免保举　79,104,131,142,157,158,207,219,274—276,289,291,292,422,446,447,450
捐免考试　79,207,289,335,358
捐免历俸满年限　139
捐免实授　79,139
捐免试俸　79,132,207,289,447
捐免成限　139
捐免验看　132
捐免坐补　79,287—289
捐纳　1—5,11—31,33—38,40—48,56,61,63—84,86—89,91,94,95,98—100,102—107,109—120,122—133,135,138—151,156—159,163,167,168,170,171,173—175,180,183,194—210,214,215,217,224,227,229,230,236,237,239—243,251,258—260,265—272,274—282,284,286,288—297,301—305,314,317—319,321—324,326,328,330,335,336,346—353,355—359,361,364—367,369—372,381,387,388,395,397,399—407,409,410,413,415—420,422,442,447,449—454,457—469,471,472,474,476,481,532—547,549—553,555—559,562,565—568,576,577,588,599—608
捐纳出身者的铨选方法　200
捐纳出身者月选定员的变化　198
捐纳房　82—84,89,107—109,117,130,143,435
捐纳进士先　206
捐纳局　291
捐纳孝廉方正先　206
捐纳制度　1—3,9—11,16—25,27,29—34,40,61,68,72—75,123—125,129,131,146,147,160,171,173—175,207,209,237,239,241—243,265,291,294,295,301,321,339,341,347,352,398—401,452,453,456—458,462,463,465—467,469—472,476,533,537,538,543—545,550,552,553,556,562,564,566,567,569,570,588,590,599—604,606,608
捐入补班　79
捐升制度　31,242,276,278,287,290,294,600,603
捐输事例　201,202,549
捐项加平细单一纸　446
捐职衔　19,79,361,370,536
俊秀　15,43,48,55,77—80,85,88,90,93,95—98,101,129,133,135,242,350,367—370,386,404,405,415,458,474—476,478,481

索　引

俊秀子弟　43,46,351,368
开复　228,250,309,310,313—316,
　　325—327,329—331,339,340,351,
　　386,388,604
开复班　332,334,335
开列缺　247,248
开纳事例　43,46,47,266,303
开印　143,144
开中法　72,399,454
康熙朝满文朱批奏折全译　184,186,
　　188,554,575
康熙帝传　12,585
康熙皇帝　12,129,187—190,192,255,
　　307,321,360,363,401,554—556
康有为　283,584
考察　15,160,184,297,298,300,301,
　　342,602,604,606
考成法　306,307,596
考劾之法　299
考绩　298—300,310
考满　298—301,303,363,601
科举社会　68,457
科举制度　11,33,37,38,44,49,51—
　　53,71—73,118,130,179,243,398,
　　457,460—464,468,469,590,601,
　　602,608
科则　39
空白执照　91,92,100
孔天胤　44
扣留外补　176,194,214,238
库平　84,404,446,468
快手　101,143
快役　143
矿税　72
魁奈(Francois Quesnay)　585
兰州修筑城堡捐例　369
蓝翎　370—372,385,386,474
蓝云蛟　184

老西儿　451
乐善好施例　80,281,354,355
勒捐　102,103
勒停　298
雷轮　248
雷以諴　111
厘金　20,226,227,374,379,467,589
厘金局　156,221,226,231
厘金制度　111,397,467
黎天监　69
李宾　41
李慈铭　140,156,157,162—164,167—
　　170,580
李广廉　561
李圭　83,104,141,142,144,159,422,
　　444,446,447,450,580
李瀚章　394
李宏龄　412,451,585
李鸿章　228,394,417,480
李家敏　453
李经羲　250,251
李扩　52
李玫　311,316
李明(Louis Le Comte)　12—14,585
李倪昱　261
李如龙　283,328
李世愉　534
李维钧　192
李锡彬　166
李星沅　226
李衍　42
李烨然　184
李之芳　307
李质颖　360
历代名臣言行录　236
历俸年限　139
历俸期间　247—251,253
历事　52—54,57,59,62,71

励宗万 321,355
利玛窦（Matteo Ricci） 585
例本 404—406
例贡 69,78,120,215,367
例贡生 61,78,79,118,119,121—123,130
例监 23,24,31,33,43,48,49,52,66,73,77,120,129,274,311,367—369,562,591,600,606
例监生 23,43,45,47,48,61,63,77,79,87,102,118—123,130,210
两淮盐商 399
两江捐例 354
邻族甘结 93,134,135,196
林丽月 33,38,48,52,54,73,538,588
林起峰 221
林绍年 250
林庭㭼 303
林则徐 29,217,533,582
临时收入局（bureau des partie casuelles） 13
麟趾 228
廪保 58
廪贡 58,78,407,408,441
廪监 77
廪膳生员 35—38,41,55,60
廪生 38,41—44,52,55,57—61,63,77,78,367—370,407,408,607
蔺芳 301
铃木俊 539
凌行均 163
凌廷堪 68,119,592
翎枝 88,97,359,360,370—372,381,385—388,468,473,474,479—482,601
领付 435
刘曾 231
刘凤云 23,588

刘谷民 217,546
刘光霖 255
刘廷璘 143
刘艺 219
刘豫 66
刘正品 144,164,165
刘政 52
留补缺 176,214
柳浪闻莺 561
六班 132
龙镡 52
卢梭（Jean-Jacques Rousseau） 13
鲁迅 122,340
陆陇其 274—276,291,306,363,465,533,580,582
陆世明 56
路易十四世（Louis XIV） 12
轮委 222—224,233
轮委缺 222,225,233
论俸 245—247,249—251,274,314
论俸推升 246,247,258
论功 245,314,339
罗玘 66—68,70,72,73,119,461,582
罗玉东 20,589
吕不韦 399
吕耀曾 193,263
吕雯 42
屡年由京办过取结捐项折 447,450
履历档 15,23,26,145,235,262,576
马秉元 84,85
马士（Morse, Hosea Ballou） 19,589
马一龙 64,65,68,72,119,461,582
买马给授冠带事例 35,302
卖官 1—4,7,8,10,13,14,28,470,532,537,556,567,590,607
卖官鬻爵 2—13,23,27,28,33,71,470,532,533,541,544,545,552,556,566

卖爵令　347
满保　191
毛建中　150
卯期　82,150,197,202,203,237,411,420
门包　107
孟德斯鸠(Charles-Louis de Montesquieu)　13
免罪符(indulgentia)　2
民间白丁　65
皿字号　118,119
母金店　106
纳贡　24,31,33,37,38,42—46,48,49,59,61—67,73,127,317,330,367,369,542,562,591,600,606
纳贡生　37,45,47,48,63,78,321,356,358,462,601
纳谷寄学　45
纳马冠带生员　35
纳米济荒事例　305
纳米事例　302
纳粟　8—10,14,16,40,43,47,62—64,66,69,71,266,304,347—349,532—534,606
纳粟补官　9
纳粟授官人　9
纳赀　8,65,240,465,553
内官班　197
内号　122
内藤湖南　17—19,535,537,556,596
内选　25,186,189
倪文蔚　373
欧阳骏　447
派捐　46,102,103
潘耒　291
批示　86,87,392
票号　104,105,142,401—422,436—456,475,586,588,589,591,592,596,606,608
票号商人　399,401,402,409,437,438,446,450,451,453,454,606
品级考　253—258,261—264,269,278—280,282,284,285,289,292,572,603
平平言　232,234,235,583
平遥帮　438
凭帖　416
凭限　185,219
凭约　113,114
期条　106
齐布森　248
千顷堂书目　255,584
千岁丸　16,534
钱伯芳　104
钱庄　104,105,393
乾隆皇帝　76—78,123,207,240,321,326—328,330,331,338,345,352,353,355—358,360,370,371,401,465,553
乔人杰　248
乔汝楫　220
钦定吏部铨选汉官则例　133,140,181—183,185,195,196,199,261,407,408,572
钦定吏部文选司章程　315
亲供结　127,196
秦晋实官捐　94
青衣生　77,367—369
清册　133,135,390,473
清朝衰亡论　18,535
清代捐纳制度　3,20—22,26,32,33,80,83,123—126,128,156,162,174,197,198,201—203,206,207,215,238,240—242,266,276,277,279,280,286,290,292,298,314,347,352,358,387,401,402,411,467,468,

532—534,538—542,544,545,551,
559,560,564,568,569,576,577,587,
590,591,599
清代捐纳制度之研究　20,532
清代文官制度　23,309,550
清代则例及其与政法关系之研究　537
清国行政法　19,92,132,139,174,204,
252,279,289,290,298,387,535,536,
544,593
清国通考　18,334,535,597
请旨缺　176
庆亲王奕劻　454
庆锡纶　145,146
穷员文　232
权宜鹭恩例格　10,265
权以镇　545,587
铨选资格　1,5,25,26,131,132,137,
196,203,280,284,287,435,458,460,
550,602
铨政的基本原则　246
劝捐　3,100,102,380,389—393
劝募秦晋赈捐分局　111
绕径不准报捐条例　289
人和银号　401
人事考课制度　296,303,305,306,308,
309,313,315,325,339—342,603
仁井田升　539,586,596
任官资格　1,10,11,13,24,33,38,52,
74,76,79,80,98,115,116,122—124,
128—133,137—141,148,149,156—
158,160,173,174,195—197,201—
210,215,216,220,237,240,242,243,
263,266,267,271,277,279,280,282,
286,287,289,290,292,294,297,298,
317,318,332,333,337,340,346,351,
352,355,358—360,367,372,400,
401,405—408,419,422,435,442,
470,474,476,477,481,532,538,541,

545,556,569,607
任来茹　220
日比野辉宽　16,587
日升昌　401,410,420,421,435—439,
441,451,452,589
日升昌宝号捐折　420
日新中　436,437
冗员　174
入粟拜官　10
入粟补官　9,10
入粟补官法　9
入粟之制　6,7
入赀　8,10,48,131
三班加捐　132,279,280,286,292,405
三不还　417
森鹿三　539
山本达郎　539
山东甘捐局　145,146
山东工赈捐局　111,112
山东捐纳事例　320,368
山东省印结局　160
山东赈捐　359,381
山田耕一郎　23,76,129,267,276,349,
364,598
山西捐纳事例　12,319,364
山西票号商人　398—400,402,417,
437,452—456,606
山西商人　105,399,400,410,418,437,
438,451—455,588,595—597,606
陕省各府州县捐监粮数条例　95,576
陕西纳米冠带则例　305
善堂　110,345,380,605
商帮　399,454
商传　534
商君书　4,532,588,593
商衍鎏　122,460,461,557,589
商鞅　4
上兑　83,84,86,87,89,90,95,105,

111,114,117,131,145,168,402,411,
413,416,417,441,545
上行流动 38,54,316,458,464,601
绍兴府的钱业商人 392
社会变化 34,457
社会地位 49,50,54,57,61,62,66,68,
70—72,75,98,123,173,295,400,
452—454,462,463,469,481,482,
557,570,602,603,606
社会流动 31,34,38,44,49,72,73,98,
123,316,340,457,458,460,462—
464,468,469,556,558,559,591,
599—602
社会流动的工具 457,463,464,
600—602
申报 112,138,167,200,210,232,239,
375—378,382—384,547,586
申文 133,135
申银 447
申在植 293,597
身份意识 61,606
神田信夫 276,539,598
沈秉成 384
沈德符 57,66—68,582
审案出力人员议叙章程 226
升班 179,182,244
生童捐监 76,77,355
生员 12,34—38,40—46,48,49,51—
62,64—67,71,80,103,112,116,
119—121,129,143,227,274,295,
297,312,317—319,336,350,356,
361,366,367,454,460,461,463,465,
557,558,587,607
省亲修墓送亲归娶假满候补 180
师映垣 150,151
十八世纪中国的官僚制度与荒政
(Bureaucratie et famine en Chine au
18ᵉ siècle) 277,344,345,590

十成监生 81,133,135,476,477
石亨 302
石麟瑞 150
石文焯 192
实收 16,24,86—91,93,96,97,102,
111,114,191,381,385,604
实银 88,404,473—475
食俸期间 247
史源学 559,560
史源学杂文 560
事例 14,17,18,21—24,26,27,36,42,
44—46,50,52,65—68,75,78—83,
89,90,94—96,101,103,104,106,
110,111,117,120,122,124,125,
130—133,139,142,145,157,158,
161,166,173,176,181,182,186,196,
197,199—204,207,214,215,235,
236,238,240,249,250,252,253,262,
264,266,268—270,274,277,278,
280—286,292,294,299,302,305,
307,311,314,318—324,329—331,
335,339,340,349—351,353—359,
361,363,364,367,369,372,381,386,
387,395,400,402,403,406—409,
415,419,421,422,446,450,451,461,
462,465,468,544,547,548,550,572,
600,601,605,606
事宜须知 418,584
授 3,5—10,17,20,25,28,35,36,40,
46,49,52,53,66,78,79,98,109,127,
129,130,138—140,180,182,183,
186,188,189,193,195,198,199,207,
210,240—245,247—251,253,255,
258—262,264—266,270,272,287,
289—291,302—304,314,324,333,
335,341,356,358,360,362,363,399,
407—409,418,419,460,465,532,
534,539,552,553,560,564,568—

570,590,598,600,601,608

授官之班　244

书办之学问　21,31,533,544,550,568

舒大信　113,114

舒行五　113,114

舒重华　109

输赏之格　6

赎罪制度　342

署理　102,107,112,174,185,186,189,
191,194,217,227,228,230,233,249,
250,263,357,401,417

署理制度　184,185,189

署事　187,188,192,209,214,218—
226,228—234,237

署事官员　185,186

庶民性　30,34,72,452,462,463,533,
566,602

双月　25,57,131,132,136,137,181,
182,198—201,205,258—260,270,
279,284,285,287,407,408,417,435,
466,545—547

双月升选　175,182—184,198,200,
259,262,263,279

顺天府档案　93,94,107,133,219,221,
222,234,250,565,575

顺直善后实官捐　80,219

顺直善后事例　94

顺直赈捐　359,480

硕色　99,100

司蔼云　415

司务厅　108,166

私罪　313,321,322

斯波义信　539

四川省印结局　144,164

四川赈捐局　111

四大恒　105,106

四恒号　105

四声联珠·自迩集平仄编　295

四新一旧　201,202,280—282

寺田隆信　33,66,399,400,418,454,
594,596

松丸道雄　21,539,597

松柱　554

崧蕃　394

崧骏　378—381,384,388—392,394,
473,480

宋礼　301

苏凌阿　237

随封　114,148,150,151,447

岁贡　36,38,47,52,57—61,64,366—
369,407,408

岁考　45,367

孙吉堂　110

孙镜湖　112

孙庆咸　163

孙万雄　14,586

摊捐　94

覃恩　362—364

汤象龙　19,20,210,471,590

堂房　108

特简　247

提调　215,226,249

题补缺　176,214

题升　249,253,329

题调　193,194,249

天成亨　436,437

田琦绅　336

田文镜　190,191,193,312

调班　179,244

调补缺　176,214

通仓运米事例　320,368

通会银号　401

通考　10,52,256,299,371,468,554,
574

通省学务处　226

同乡京官印结　94,119,125,128—130,

136,139,193
同治皇帝 103
童生 112,119,120,463,557,601
童试 44,45,58,119—123,210,458,463
投呈 86,87,114
投供验到 129,181,182
图结 82
土方事例 201,202,292
土方投效事例 548
土木之变 35,301
推广捐复之例 328,331,335,592
推广捐输事例 95
推升 183,198,199,245,246,258—264,271,285
推升大选汇算分缺 259
讬庸 249
外补 25,179,190,194,213,214,216,229,328,408,409,419,549,551,603
外补制 184
外补制度 184,187—189,193,194,213,238,239,248,324—327,341,342,409,419,540
外官班 197
万良弼 67
汪曾唯 216,603
汪洪钧 221
汪辉祖 51,314,581
汪绍谟 120—122
汪树堂 163
汪喜孙 292—294,583
汪子垣 104,142,422
王秉乾 349
王成骧 119
王鼎 311
王铎 52
王鸿绪 26,400
王寰清 227,558,559

王家言 413
王玠 312
王金和 150
王凯泰 182,216,230,232
王麟书 206,216
王莽 66
王庆云 403,580
王树楘 263,264
王天有 20,534,540,568,569,590
王文韶 117,215,216,580
王文桢 184
王孝廷 150
王懿德 91
王育 305
王云五 22
王兆祉 312
王志明 23,26,590
王锺翰 20,31,256,537,551,590
韦继贤 145,146
尾行勇 21,539
委员 22,23,27,102,107,111,225—227,231,251,291,383,390,392,393,453,580,586,588,592
蔚丰厚 436,437,455
蔚泰厚 402—406,409—416,421,435—438,441,443,446,448,449,451,475
魏光焘 250,251
魏丕信(Pierre-Étienne Will) 344,345
文凭 181,182,246,418,419
文新元 103
文征明 56,58,60,61,582
翁同龢 373,374,377,580
无脏被冤官吏人等及有脏例无冠带者送灾荒去处纳米还职著役冠带例 303
吴宝棣 227,558,559
吴葆晋 150,151
吴金成 51,56,594

吴三桂 318
吴士骐 136—142
吴式芬 218
吴引孙 389
吴愈圣 256
五蠧 3
伍铭 36,40,60,61
伍跃 24,570,590,594,600
武艮 36
武功爵 5
武陟河工事例 332,401,548
武陟投効例 576
西安捐纳事例 12,268,272,320,351,368
西贾 417,466
西顺兴 411
习敬 304
下行流动 38,316,340,464,468,601
夏原吉 52
先先用 203
先用 203,269—273,351,407,408,603
咸丰皇帝 371,403
衔翎 91,112,157,386
县试 119—122,367,460,481
现办捐翎章程 371
现行常例 21,79,129,138,139,288,289,297,333—336,361,365,366,370—372,387,401,468,543,576,599,604
献纳 8
献助 8
向觉明（向达） 541
项忠 305
萧起元 184
萧一山 22
萧永藻 555
小费 112,148,182,442—445,454
小票 82—84

孝廉方正 206,408,409
谢俊美 23,27
谢蘭圃 109
谢钺 163
谢肇淛 48,65,581
新海防捐局 111
新江赈例 281,322
星斌夫 344,597
醒世姻缘传 100,585
虚衔 1,4,17,22,79,81,87,91,106,138,148,228,242,266,267,279,297,347,349,350,352,357—361,365,381,385,386,410,468,473,474,476,479,481,532,541,542,544,601
虚银 404
徐承禧 480
徐乾学 318
徐树兰 391
徐元梦 554
徐志彤 312
许大龄 3,20,22,26,33,80,83,124,125,156,162,174,197,198,201—203,206,207,215,238,241,266,276,279,280,286,290,292,298,300,314,347,358,387,401,402,467,468,532—534,563,568,569,576,577,590,591,599,600
许仁杰 120
许振褘 225
叙复之法 298,589
续增土方事例 548
续增武陟投効例 548
选贡瘴,举人瘴 60
选轮定例 206,238,549
选缺 176,179,182,183,260,262
薛尚义 144,145
薛希琏 36
学政全书 120—122,573

押凭 418,419

匍参 216,232—235

匍期 232

烟瘴俸满班 223

严卜琴 112

严嵩 69,581

严震 8

岩井茂树 94,210,241,293,346,373,397,467,562,567,593,594,597

沿海缺 252,253

沿河缺 252

阎佐之 112

颜检 248

验看 132,138,142,150,157,159,181,182,185,219,220,227,228,242,289,297,422,435,601

杨开鼎 78,356

杨同高 134,135,221

杨以增 217,582

杨雍建 268

杨瓒 55

杨长珩 441

洋款 467

洋务局 215

姚棻 338

姚华佐 226

姚夒 41

也先 301

叶德尧 420

叶梦珠 58,60,61,128,583

夜航船 561

宜崇 402,410,553

移文 41,97,98

乙卯捐例 14,76,128,129,203,267,268,270,271,317—319

以新压旧 201,202,204

异途 47,66,68,72,73,118,120,205,291,316,601

因差开缺差竣候补 180

阴昌庚 416,417

荫监 38,52

银号 84,104,105,107—110,114,116,401,404,411,420,421,439,440,449,579,604

银票 106,420

银元局 221

尹会一 362,363

尹继善 207,312,330,331,357

引见 104,107,138,142,181,182,185,190,193,208,219,227,228,242,263,264,289,297,322,326,403,422,601

印结 24,31,82,86,93,107,114,116,117,125—151,156—168,170—172,185,197,292,405,422,442—444,447,450,467,567,577,600,604,605

印结局 125,138,139,144,146—149,156,157,159—165,167—172,286,422,442—445,447,605

印结银 108,114,116,117,125,140,149,151,156,161—172,441—443,605

印信保结 126

英和 371

瑛棨 218

营田事例 276,280—282,354,355

应补班 335

应升之缺 26,160,253,254,257,261,264,267,269,270,272,279,280,285,292,351,603

雍正朝官僚制度研究 23,26,590

雍正朝满文朱批奏折全译 184,190,191,576

雍正皇帝 184,188—193,207,236,264,552

壅滞 174,179,191,208,215,216,238,240,258,259,340,341

627

永宪录　276,369,552,584
永兴银号　421
于成龙　26,276,351,364
于谦　35,302
余润　117,605
余荫朝　228
余正健　555
俞光第　480
俞樾　17
俞锺颖　144,145
予筹粮运事例　321
禹域通纂　17,593
遇例纳银民生　43,47
遇缺即用　203,269,270,273
遇缺先　133—135,204,603
御定人臣儆心录　553,584
裕成银号　420,421
裕泰　150,151,226
裕泰银号　419
豫东事例　136,201,202,358,359,466,547,548,553,576
豫工二卯事例　548
豫工事例　207,281,322,323,552,576
豫工事例二卯　440
豫工头卯事例　548
鹭度牒　9
元宝　84,105,420
袁保恒　372,584
袁鉴　330,331
袁枚　119,583
袁世凯　227,584
袁中道　50,582
原捐衙门咨文　136,197
原名应试　120,121
原衔　138,242,297,323,324,336,387,601
原资　83,138,242,297,323,601
援例捐输开复候补　180

源丰润　104,142,422,444,446,450
远缺改近候补和亲老事毕候补　180
院试　119,460
月选　175,176,179,182—185,195—208,223,238,239,241,258—264,281,282,289,332,408,603
阅俸期间　247
云贵开垦事例　369
云南捐纳事例　199,268,319
杂途　118,141,246,274,460,461,463—465,545,602
再考　53,299
在部候补　180,181,195
在籍候补　180,182,195
在外候补　184,194,195,206,207,209,210,213,214,218,219,225,236,238
咱平　415,445,448
暂行变通章程　238
暂行事例　21,79—83,124,130,132,138,139,173,207,210,214,219,240,284,290,340,358,372,395,543,544,599,604
造送浙江赈捐第十三次请奖各捐生履历银数底册　32,81,470,472,476,482,577,607,608
增订海防新例印结章程　158
增订郑工新例印结章程　158
增贡　78
增广生员　41,54,55
增监　77
增生　41—43,46,55,58,60,61,64,67,77,78,367—370
增修现行常例　139,335,387,577
札付　83
展参　287,326—328,336
张玢　312
张承涛　413
张俸　60

张镐 249

张公苣 184

张光璧 150

张广泗 312

张集馨 223,224,228,417,466,553,583

张居正 306

张鹏翮 556

张师诚 251

张士凯 336

张万华 150

张旺 14

张文虎 229,231,580

张贤 35,36

张瑛 60

张友鹤 156,244,361,592

张增仁 145,146

张昭远 93

张之洞 361,454,584

张仲礼 98,119,122,227,538,557,558,592

张宗浚 81,475

章懋 60

章乃崟 163,164

赵弘燮 360

赵锦章 251

赵庆祺 389,391

赵温 104,107,131

赵子香 409

浙江省筹赈总局 380,381,389—394

浙江省印结局 140,144,157—164,169,286,444,577

浙江赈捐核奖局 394,474

赈济仓 344

赈捐 15,31,46,87,89,112,133,135,220,343,347—350,352,354,356,358—360,366,367,371,372,378,380,381,384—386,388—397,473,474,477,480,577,600,604,606

赈捐局 112,226

征信 169,170,172,605

正俸 165,605

正实收 87,89,90,604

正途 56,68,72,73,78,118,120,122,144,145,160,163,174,183,205,224,240,246,267—269,275,277,278,291,294,316,330,356,357,363,367,435,460—466,535,542,544,545,600—602,605

正乙祠 108,110

正印官 176,185—187,194,195,210,213,230,263,274,275,285,286,310,312,333

郑工班 132

郑工事例 17,132,158,204,359,412

郑工新例铨补章程 238

郑叔清 7

郑组成 218

政党分赃制（spoils system） 2

知县分缺之法 198,259

知县轮委章程 223

织田万 19,92,132,139,174,204,252,279,289,290,298,387,535,539,593

执照 24,81,84,89—94,97,106,112,114,115,118,119,136,137,145,146,188,190,196,197,203,219,337,372,385,413,415,416,450,472,475

直隶册结款式 127,196,576

直隶捐纳事例 12,319,351,364

直赈事例 78,277,281,321,322,347,355,356

指省 19,106,132,138,142,217,242,359,435,536,549,601,603

指省分发 209,218,237,280

中国近事报道 1687—1692 12,585

中国救荒史 344,375,587

中国善会善堂史研究　110,112,169,
　345,597
中国通商银行　455
中国新史　11,585
中立堂　453
终养事毕候补　180
锺殿选　226
重订浙江印结简明章程　139,144,
　157—160,162,443,444,577,607
州县缺出分别委署　223
周进　462,463,557,558
周树人　122
周五赏　114,115
周瑄　41,42
周学浩　415
周有簠　445,450,453
周祝君　411,412
周祖培　103
周作人　122,340,557,593
朱士佳　415,416
朱守仁　301
朱唯若　114
朱元璋　51,53,54,58,300,301
朱藻　257
朱正思　114
竺沙雅章　560,563,567
住俸　306,309,312,328
注册　81,91,96—98,115,130,132—
　137,142,145,146,148,149,157,158,
　188,196,197,202,203,219,322,323,
　435,441
转班　179,244
转详　136,196
酌定营田事例　276,277,369
酌拟宽筹军饷章程　371
酌委　222,224,225
酌委缺　222,224,225
酌议分缺间用与迴避即用人员序补章
　程　238
酌增常例　116
酌增二卯事例　548
酌增事例　136,137,401
酌增头卯事例　548
咨部换照　89—92
资考　245—249,252,253,291
自我防卫机能　464
字记　108
总办　111,215,226
邹干　36
奏进士知县班次壅滞请将选补章程量
　为变通例册　238
奏吏部选补章程请酌量变通例册　238
祖可法　348
最终学历　68,72,461
佐杂委署章程　223
佐杂与即用知县轮补次序
佐杂酌委章程　223
坐办　111

"海外中国研究丛书"书目

1. 中国的现代化 [美]吉尔伯特·罗兹曼 主编 国家社会科学基金"比较现代化"课题组 译 沈宗美 校
2. 寻求富强:严复与西方 [美]本杰明·史华兹 著 叶凤美 译
3. 中国现代思想中的唯科学主义(1900—1950) [美]郭颖颐 著 雷颐 译
4. 台湾:走向工业化社会 [美]吴元黎 著
5. 中国思想传统的现代诠释 余英时 著
6. 胡适与中国的文艺复兴:中国革命中的自由主义,1917—1937 [美]格里德 著 鲁奇 译
7. 德国思想家论中国 [德]夏瑞春 编 陈爱政 等译
8. 摆脱困境:新儒学与中国政治文化的演进 [美]墨子刻 著 颜世安 高华 黄东兰 译
9. 儒家思想新论:创造性转换的自我 [美]杜维明 著 曹幼华 单丁 译 周文彰 等校
10. 洪业:清朝开国史 [美]魏斐德 著 陈苏镇 薄小莹 包伟民 陈晓燕 牛朴 谭天星 译 阎步克 等校
11. 走向21世纪:中国经济的现状、问题和前景 [美]D.H.帕金斯 著 陈志标 编译
12. 中国:传统与变革 [美]费正清 赖肖尔 主编 陈仲丹 潘兴明 庞朝阳 译 吴世民 张子清 洪邮生 校
13. 中华帝国的法律 [美]D.布朗 C.莫里斯 著 朱勇 译 梁治平 校
14. 梁启超与中国思想的过渡(1890—1907) [美]张灏 著 崔志海 葛夫平 译
15. 儒教与道教 [德]马克斯·韦伯 著 洪天富 译
16. 中国政治 [美]詹姆斯·R.汤森 布兰特利·沃马克 著 顾速 董方 译
17. 文化、权力与国家:1900—1942年的华北农村 [美]杜赞奇 著 王福明 译
18. 义和团运动的起源 [美]周锡瑞 著 张俊义 王栋 译
19. 在传统与现代性之间:王韬与晚清革命 [美]柯文 著 雷颐 罗检秋 译
20. 最后的儒家:梁漱溟与中国现代化的两难 [美]艾恺 著 王宗昱 冀建中 译
21. 蒙元入侵前夜的中国日常生活 [法]谢和耐 著 刘东 译
22. 东亚之锋 [美]小R.霍夫亨兹 K.E.柯德尔 著 黎鸣 译
23. 中国社会史 [法]谢和耐 著 黄建华 黄迅余 译
24. 从理学到朴学:中华帝国晚期思想与社会变化面面观 [美]艾尔曼 著 赵刚 译
25. 孔子哲学思微 [美]郝大维 安乐哲 著 蒋弋为 李志林 译
26. 北美中国古典文学研究名家十年文选 乐黛云 陈珏 编选
27. 东亚文明:五个阶段的对话 [美]狄百瑞 著 何兆武 何冰 译
28. 五四运动:现代中国的思想革命 [美]周策纵 著 周子平 等译
29. 近代中国与新世界:康有为变法与大同思想研究 [美]萧公权 著 汪荣祖 译
30. 功利主义儒家:陈亮对朱熹的挑战 [美]田浩 著 姜长苏 译
31. 莱布尼兹和儒学 [美]孟德卫 著 张学智 译
32. 佛教征服中国:佛教在中国中古早期的传播与适应 [荷兰]许理和 著 李四龙 裴勇 等译
33. 新政革命与日本:中国,1898—1912 [美]任达 著 李仲贤 译
34. 经学、政治和宗族:中华帝国晚期常州今文学派研究 [美]艾尔曼 著 赵刚 译
35. 中国制度史研究 [美]杨联陞 著 彭刚 程钢 译

36. 汉代农业:早期中国农业经济的形成　[美]许倬云 著　程农 张鸣 译　邓正来 校
37. 转变的中国:历史变迁与欧洲经验的局限　[美]王国斌 著　李伯重 连玲玲 译
38. 欧洲中国古典文学研究名家十年文选　乐黛云 陈珏 龚刚 编选
39. 中国农民经济:河北和山东的农民发展,1890—1949　[美]马若孟 著　史建云 译
40. 汉哲学思维的文化探源　[美]郝大维 安乐哲 著　施忠连 译
41. 近代中国之种族观念　[英]冯客 著　杨立华 译
42. 血路:革命中国中的沈定一(玄庐)传奇　[美]萧邦奇 著　周武彪 译
43. 历史三调:作为事件、经历和神话的义和团　[美]柯文 著　杜继东 译
44. 斯文:唐宋思想的转型　[美]包弼德 著　刘宁 译
45. 宋代江南经济史研究　[日]斯波义信 著　方健 何忠礼 译
46. 一个中国村庄:山东台头　杨懋春 著　张雄 沈炜 秦美珠 译
47. 现实主义的限制:革命时代的中国小说　[美]安敏成 著　姜涛 译
48. 上海罢工:中国工人政治研究　[美]裴宜理 著　刘平 译
49. 中国转向内在:两宋之际的文化转向　[美]刘子健 著　赵冬梅 译
50. 孔子:即凡而圣　[美]赫伯特·芬格莱特 著　彭国翔 张华 译
51. 18世纪中国的官僚制度与荒政　[法]魏丕信 著　徐建青 译
52. 他山的石头记:宇文所安自选集　[美]宇文所安 著　田晓菲 编译
53. 危险的愉悦:20世纪上海的娼妓问题与现代性　[美]贺萧 著　韩敏中 盛宁 译
54. 中国食物　[美]尤金·N.安德森 著　马孆 刘东 译　刘东 审校
55. 大分流:欧洲、中国及现代世界经济的发展　[美]彭慕兰 著　史建云 译
56. 古代中国的思想世界　[美]本杰明·史华兹 著　程钢 译　刘东 校
57. 内闱:宋代的婚姻和妇女生活　[美]伊沛霞 著　胡志宏 译
58. 中国北方村落的社会性别与权力　[加]朱爱岚 著　胡玉坤 译
59. 先贤的民主:杜威、孔子与中国民主之希望　[美]郝大维 安乐哲 著　何刚强 译
60. 向往心灵转化的庄子:内篇分析　[美]爱莲心 著　周炽成 译
61. 中国人的幸福观　[德]鲍吾刚 著　严蓓雯 韩雪临 吴德祖 译
62. 闺塾师:明末清初江南的才女文化　[美]高彦颐 著　李志生 译
63. 缀珍录:十八世纪及其前后的中国妇女　[美]曼素恩 著　定宜庄 颜宜葳 译
64. 革命与历史:中国马克思主义历史学的起源,1919—1937　[美]德里克 著　翁贺凯 译
65. 竞争的话语:明清小说中的正统性、本真性及所生成之意义　[美]艾梅兰 著　罗琳 译
66. 中国妇女与农村发展:云南禄村六十年的变迁　[加]宝森 著　胡玉坤 译
67. 中国近代思维的挫折　[日]岛田虔次 著　甘万萍 译
68. 中国的亚洲内陆边疆　[美]拉铁摩尔 著　唐晓峰 译
69. 为权力祈祷:佛教与晚明中国士绅社会的形成　[加]卜正民 著　张华 译
70. 天潢贵胄:宋代宗室史　[美]贾志扬 著　赵冬梅 译
71. 儒家之道:中国哲学之探讨　[美]倪德卫 著　[美]万白安 编　周炽成 译
72. 都市里的农家女:性别、流动与社会变迁　[澳]杰华 著　吴小英 译
73. 另类的现代性:改革开放时代中国性别化的渴望　[美]罗丽莎 著　黄新 译
74. 近代中国的知识分子与文明　[日]佐藤慎一 著　刘岳兵 译
75. 繁盛之阴:中国医学史中的性(960—1665)　[美]费侠莉 著　甄橙 主译　吴朝霞 主校
76. 中国大众宗教　[美]韦思谛 编　陈仲丹 译
77. 中国诗画语言研究　[法]程抱一 著　涂卫群 译
78. 中国的思维世界　[日]沟口雄三 小岛毅 著　孙歌 等译

79. 德国与中华民国　[美]柯伟林 著　陈谦平 陈红民 武菁 申晓云 译　钱乘旦 校
80. 中国近代经济史研究:清末海关财政与通商口岸市场圈　[日]滨下武志 著　高淑娟 孙彬 译
81. 回应革命与改革:皖北李村的社会变迁与延续　韩敏 著　陆益龙 徐新玉 译
82. 中国现代文学与电影中的城市:空间、时间与性别构形　[美]张英进 著　秦立彦 译
83. 现代的诱惑:书写半殖民地中国的现代主义(1917—1937)　[美]史书美 著　何恬 译
84. 开放的帝国:1600年前的中国历史　[美]芮乐伟·韩森 著　梁侃 邹劲风 译
85. 改良与革命:辛亥革命在两湖　[美]周锡瑞 著　杨慎之 译
86. 章学诚的生平与思想　[美]倪德卫 著　杨立华 译
87. 卫生的现代性:中国通商口岸健康与疾病的意义　[美]罗芙芸 著　向磊 译
88. 道与庶道:宋代以来的道教、民间信仰和神灵模式　[美]韩明士 著　皮庆生 译
89. 间谍王:戴笠与中国特工　[美]魏斐德 著　梁禾 译
90. 中国的女性与性相:1949年以来的性别话语　[英]艾华 著　施施 译
91. 近代中国的犯罪、惩罚与监狱　[荷]冯客 著　徐有威 等译　潘兴明 校
92. 帝国的隐喻:中国民间宗教　[英]王斯福 著　赵旭东 译
93. 王弼《老子注》研究　[德]瓦格纳 著　杨立华 译
94. 寻求正义:1905—1906年的抵制美货运动　[美]王冠华 著　刘甜甜 译
95. 传统中国日常生活中的协商:中古契约研究　[美]韩森 著　鲁西奇 译
96. 从民族国家拯救历史:民族主义话语与中国现代史研究　[美]杜赞奇 著　王宪明 高继美 李海燕 李点 译
97. 欧几里得在中国:汉译《几何原本》的源流与影响　[荷]安国风 著　纪志刚 郑诚 郑方磊 译
98. 十八世纪中国社会　[美]韩书瑞 罗友枝 著　陈仲丹 译
99. 中国与达尔文　[美]浦嘉珉 著　钟永强 译
100. 私人领域的变形:唐宋诗词中的园林与玩好　[美]杨晓山 著　文韬 译
101. 理解农民中国:社会科学哲学的案例研究　[美]李丹 著　张天虹 张洪云 张胜波 译
102. 山东叛乱:1774年的王伦起义　[美]韩书瑞 著　刘平 唐雁超 译
103. 毁灭的种子:战争与革命中的国民党中国(1937—1949)　[美]易劳逸 著　王建朗 王贤知 贾维 译
104. 缠足:"金莲崇拜"盛极而衰的演变　[美]高彦颐 著　苗延威 译
105. 饕餮之欲:当代中国的食与色　[美]冯珠娣 著　郭乙瑶 马磊 江素侠 译
106. 翻译的传说:中国新女性的形成(1898—1918)　胡缨 著　龙瑜宬 彭珊珊 译
107. 中国的经济革命:20世纪的乡村工业　[日]顾琳 著　王玉茹 张玮 李进霞 译
108. 礼物、关系学与国家:中国人际关系与主体性建构　杨美惠 著　赵旭东 孙珉 译　张跃宏 译校
109. 朱熹的思维世界　[美]田浩 著
110. 皇帝和祖宗:华南的国家与宗族　[英]科大卫 著　卜永坚 译
111. 明清时代东亚海域的文化交流　[日]松浦章 著　郑洁西 等译
112. 中国美学问题　[美]苏源熙 著　卞东波 译　张强强 朱霞欢 校
113. 清代内河水运史研究　[日]松浦章 著　董科 译
114. 大萧条时期的中国:市场、国家与世界经济　[日]城山智子 著　孟凡礼 尚国敏 译　唐磊 校
115. 美国的中国形象(1931—1949)　[美]T.克里斯托弗·杰斯普森 著　姜智芹 译
116. 技术与性别:晚期帝制中国的权力经纬　[英]白馥兰 著　江湄 邓京力 译

117. 中国善书研究　[日]酒井忠夫 著　刘岳兵 何英莺 孙雪梅 译
118. 千年末世之乱:1813年八卦教起义　[美]韩书瑞 著　陈仲丹 译
119. 西学东渐与中国事情　[日]增田涉 著　由其民 周启乾 译
120. 六朝精神史研究　[日]吉川忠夫 著　王启发 译
121. 矢志不渝:明清时期的贞女现象　[美]卢苇菁 著　秦立彦 译
122. 明代乡村纠纷与秩序:以徽州文书为中心　[日]中岛乐章 著　郭万平 高飞 译
123. 中华帝国晚期的欲望与小说叙述　[美]黄卫总 著　张蕴爽 译
124. 虎、米、丝、泥:帝制晚期华南的环境与经济　[美]马立博 著　王玉茹 关永强 译
125. 一江黑水:中国未来的环境挑战　[美]易明 著　姜智芹 译
126. 《诗经》原意研究　[日]家井真 著　陆越 译
127. 施剑翘复仇案:民国时期公众同情的兴起与影响　[美]林郁沁 著　陈湘静 译
128. 华北的暴力和恐慌:义和团运动前夕基督教传播和社会冲突　[德]狄德满 著　崔华杰 译
129. 铁泪图:19世纪中国对于饥馑的文化反应　[美]艾志端 著　曹曦 译
130. 饶家驹安全区:战时上海的难民　[美]阮玛霞 著　白华山 译
131. 危险的边疆:游牧帝国与中国　[美]巴菲尔德 著　袁剑 译
132. 工程国家:民国时期(1927—1937)的淮河治理及国家建设　[美]戴维·艾伦·佩兹 著　姜智芹 译
133. 历史宝筏:过去、西方与中国妇女问题　[美]季家珍 著　杨可 译
134. 姐妹们与陌生人:上海棉纱厂女工,1919—1949　[美]韩起澜 著　韩慈 译
135. 银线:19世纪的世界与中国　林满红 著　詹庆华 林满红 译
136. 寻求中国民主　[澳]冯兆基 著　刘悦斌 徐硙 译
137. 墨梅　[美]毕嘉珍 著　陆敏珍 译
138. 清代上海沙船航运业史研究　[日]松浦章 著　杨蕾 王亦铮 董科 译
139. 男性特质论:中国的社会与性别　[澳]雷金庆 著　[澳]刘婷 译
140. 重读中国女性生命故事　游鉴明 胡缨 季家珍 主编
141. 跨太平洋位移:20世纪美国文学中的民族志、翻译和文本间旅行　黄运特 著　陈倩 译
142. 认知诸形式:反思人类精神的统一性与多样性　[英]G.E.R.劳埃德 著　池志培 译
143. 中国乡村的基督教:1860—1900 江西省的冲突与适应　[美]史维东 著　吴薇 译
144. 假想的"满大人":同情、现代性与中国疼痛　[美]韩瑞 著　袁剑 译
145. 中国的捐纳制度与社会　伍跃 著
146. 文书行政的汉帝国　[日]富谷至 著　刘恒武 孔李波 译
147. 城市里的陌生人:中国流动人口的空间、权力与社会网络的重构　[美]张骊 著　袁长庚 译
148. 性别、政治与民主:近代中国的妇女参政　[澳]李木兰 著　方小平 译
149. 近代日本的中国认识　[日]野村浩一 著　张学锋 译
150. 狮龙共舞:一个英国人笔下的威海卫与中国传统文化　[英]庄士敦 著　刘本森 译　威海市博物馆　郭大松 校
151. 人物、角色与心灵:《牡丹亭》与《桃花扇》中的身份认同　[美]吕立亭 著　白华山 译
152. 中国社会中的宗教与仪式　[美]武雅士 著　彭泽安 邵铁峰 译　郭潇威 校
153. 自贡商人:近代早期中国的企业家　[美]曾小萍 著　董建中 译
154. 大象的退却:一部中国环境史　[英]伊懋可 著　梅雪芹 毛利霞 王玉山 译
155. 明代江南土地制度研究　[日]森正夫 著　伍跃 张学锋 等译　范金民 夏维中 审校
156. 儒学与女性　[美]罗莎莉 著　丁佳伟 曹秀娟 译

157. 行善的艺术:晚明中国的慈善事业(新译本)　[美]韩德玲 著　曹晔 译
158. 近代中国的渔业战争和环境变化　[美]穆盛博 著　胡文亮 译
159. 权力关系:宋代中国的家族、地位与国家　[美]柏文莉 著　刘云军 译
160. 权力源自地位:北京大学、知识分子与中国政治文化,1898—1929　[美]魏定熙 著　张蒙 译
161. 工开万物:17世纪中国的知识与技术　[德]薛凤 著　吴秀杰 白岚玲 译
162. 忠贞不贰:辽代的越境之举　[英]史怀梅 著　曹流 译
163. 内藤湖南:政治与汉学(1866—1934)　[美]傅佛果 著　陶德民 何英莺 译
164. 他者中的华人:中国近现代移民史　[美]孔飞力 著　李明欢 译　黄鸣奋 校
165. 古代中国的动物与灵异　[英]胡司德 著　蓝旭 译
166. 两访中国茶乡　[英]罗伯特·福琼 著　敖雪岗 译
167. 缔造选本:《花间集》的文化语境与诗学实践　[美]田安 著　马强才 译
168. 扬州评话探讨　[丹麦]易德波 著　米锋 易德波 译　李今芸 校译
169. 《左传》的书写与解读　李惠仪 著　文韬 许明德 译
170. 以竹为生:一个四川手工造纸村的20世纪社会史　[德]艾约博 著　韩巍 译　吴秀杰 校
171. 东方之旅:1579—1724耶稣会传教团在中国　[美]柏理安 著　毛瑞方 译
172. "地域社会"视野下的明清史研究:以江南和福建为中心　[日]森正夫 著　于志嘉 马一虹 黄东兰 阿风 等译
173. 技术、性别、历史:重新审视帝制中国的大转型　[英]白馥兰 著　吴秀杰 白岚玲 译
174. 中国小说戏曲史　[日]狩野直喜 张真 译
175. 历史上的黑暗一页:英国外交文件与英美海军档案中的南京大屠杀　[美]陆束屏 编著/翻译
176. 罗马与中国:比较视野下的古代世界帝国　[奥]沃尔特·施德尔 主编　李平 译
177. 矛与盾的共存:明清时期江西社会研究　[韩]吴金成 著　崔荣根 译 薛戈 校译
178. 唯一的希望:在中国独生子女政策下成年　[美]冯文 著　常姝 译
179. 国之枭雄:曹操传　[澳]张磊夫 著　方笑天 译
180. 汉帝国的日常生活　[英]鲁惟一 著　刘洁 余霄 译
181. 大分流之外:中国和欧洲经济变迁的政治　[美]王国斌 罗森塔尔 著　周琳 译　王国斌 张萌 审校
182. 中正之笔:颜真卿书法与宋代文人政治　[美]倪雅梅 著　杨简茹 译　祝帅 校译
183. 江南三角洲市镇研究　[日]森正夫 编 丁韵 胡婧 等译　范金民 审校
184. 忍辱负重的使命:美国外交官记载的南京大屠杀及劫后的社会状况　[美]陆束屏 编著/翻译
185. 修仙:古代中国的修行与社会记忆　[美]康儒博 著　顾漩 译
186. 烧钱:中国人生活世界中的物质精神　[美]柏桦 著　袁剑 刘玺鸿 译
187. 话语的长城:文化中国历险记　[美]苏源熙 著　盛珂 译
188. 诸葛武侯　[日]内藤湖南 著　张真 译
189. 盟友背信:一战中的中国　[英]吴芳思 克里斯托弗·阿南德尔 著　张宇扬 译
190. 亚里士多德在中国:语言、范畴和翻译　[英]罗伯特·沃迪 著　韩小强 译
191. 马背上的朝廷:巡幸与清朝统治的建构,1680—1785　[美]张勉治 著　董建中 译
192. 申不害:公元前四世纪中国的政治哲学家　[美]顾立雅 著　马腾 译
193. 晋武帝司马炎　[日]福原启郎 著　陆帅 译
194. 唐人如何吟诗:带你走进汉语音韵学　[日]大岛正二 著　柳悦 译

195. 古代中国的宇宙论　[日]浅野裕一 著　吴昊阳 译
196. 中国思想的道家之论:一种哲学解释　[美]陈汉生 著　周景松 谢尔逊 等译　张丰乾 校译
197. 诗歌之力:袁枚女弟子屈秉筠(1767—1810)　[加]孟留喜 著　吴夏平 译
198. 中国逻辑的发现　[德]顾有信 著　陈志伟 译
199. 高丽时代宋商往来研究　[韩]李镇汉 著　李廷青 戴琳剑 译　楼正豪 校
200. 中国近世财政史研究　[日]岩井茂树 著　付勇 译　范金民 审校
201. 魏晋政治社会史研究　[日]福原启郎 著　陆帅 刘萃峰 张紫毫 译
202. 宋帝国的危机与维系:信息、领土与人际网络　[比利时]魏希德 著　刘云军 译
203. 中国精英与政治变迁:20世纪初的浙江　[美]萧邦奇 著　徐立望 杨涛羽 译　李齐 校
204. 北京的人力车夫:1920年代的市民与政治　[美]史谦德 著　周书垚 袁剑 译　周育民 校